中国社会科学院创新工程学术出版资助项目

文化新潮中的人伦礼俗

（1895—1923）

罗检秋◎著

中国社会科学出版社

图书在版编目（CIP）数据

文化新潮中的人伦礼俗（1895—1923）／罗检秋著 . —北京：中国社会科学
出版社，2013.12

ISBN 978 - 7 - 5161 - 3911 - 0

Ⅰ.①文…　Ⅱ.①罗…　Ⅲ.①礼仪—风俗习惯—研究—中国—1895 ~
1923　Ⅳ.①K892.26

中国版本图书馆 CIP 数据核字（2014）第 016433 号

出 版 人	赵剑英	
选题策划	郭沂纹	
责任编辑	郭　鹏	
责任校对	周　昊	
责任印制	张汉林	

出　　版	中国社会科学出版社	
社　　址	北京鼓楼西大街甲 158 号（邮编 100720）	
网　　址	http://www.csspw.cn	
	中文域名:中国社科网　　010 - 64070619	
发 行 部	010 - 84083685	
门 市 部	010 - 84029450	
经　　销	新华书店及其他书店	

印　　刷	北京君升印刷有限公司	
装　　订	廊坊市广阳区广增装订厂	
版　　次	2013 年 12 月第 1 版	
印　　次	2013 年 12 月第 1 次印刷	

开　　本	710 × 1000　1/16	
印　　张	29.5	
插　　页	2	
字　　数	483 千字	
定　　价	76.00 元	

目 录

导　论

　　中国素称礼仪之邦，又是伦理型社会。五四前后关于中国社会特质的讨论中，论者文化倾向不同，却无不赞同伦理本位的说法。《东方杂志》的主编杜亚泉声称"尊崇孔子之伦理"①，立异于清末以降的西化潮流。至 20 世纪 40 年代，现代新儒家梁漱溟一再论述："我们应当说中国是一'伦理本位的社会'，'家族本位'这话不恰当，且亦不足以说明之……伦理始于家庭，而不止于家庭。"② 在传统中国，儒家伦理深入到社会生活的每一角落，支配着人们的价值观念，也塑造了社会礼俗的面貌。无论是社会生活史，还是礼俗史、礼制史，都不能忽视人伦观念。

　　先秦儒经总结、记载了上古时期的道德教化，也是中国人伦观念的主要源头。《周礼》述三代礼制，深藏伦理关怀。孔子谓《诗经》"迩之事父，远之事君"，后人也视之为"经夫妇，成孝敬，厚人伦，美教化，移风俗"的范本。③ 《尚书》寓人伦教化于记事之中，尧"亲九族"，舜"敬敷五教"，禹"正德"，其根本主张均在阐扬德治。孟子谓"孔子成《春秋》而乱臣贼子惧"，《春秋》凸显了人伦大防和道德评判，成为寓论于史的典范。《周易》云："有天地然后有万物，有万物然后有男女，有男女然后有夫妇，有夫妇然后有父子，有父子然后有君臣，有君臣然后有上下，有上下然后礼义有所错"④，全书贯穿了人伦主旨。清末经学家皮锡瑞认为："故《易》者，所以继天地、理人伦而明王道……君亲以尊，

---

　　①　伧父：《答〈新青年〉杂志记者之质问》，《东方杂志》第 15 卷第 12 号，1918 年。
　　②　梁漱溟：《中国文化要义》，学林出版社 1987 年版，第 79 页。
　　③　《毛诗·国风·周南》"序"，《十三经》（上），北京燕山出版社 1991 年版，第 217 页。
　　④　《周易·序卦传》，宋元人注《四书五经》（上），中国书店出版社 1985 年版，第 73 页。

臣子以顺，群生和洽，各安其性，此其作《易》垂教之本意也。"① 《五经》彰显了人伦主题，也成为后世德治思想的依据。

中国社会不像欧洲中世纪那样政教合一，而是将伦理政治化，提升为政治原则。对士大夫而言，德性修养、伦理规范，乃至治国之道贯通如一。宋儒讲"理一分殊"，清初大儒王夫之谓立教之本，但求会通，教家即以教国，"教成于家而推以教国"②。儒家所谓"理"，所谓"教"，主要是儒家伦理。中国古代德主刑辅的政治格局长期未变，治国、平天下的根本依据不是法律制度，而是人伦道德。法律承认贵族、官吏、平民和贱民的不同身份。人伦观念贯穿于法律之中，法律承认父权，也承认夫权及尊长的优越地位。"法律之所以特别着重上述两种身份，自是由于儒家思想的影响。在儒家心目中家族和社会身份是礼的核心，也是儒家所鼓吹的社会秩序的支柱。古代法律可说全为儒家的伦理思想和礼教所支配。"③

古代人伦规范掩盖、甚至取代了法律，而其实现途径是礼。礼制、礼教及礼学是介乎人伦道德与法律制度的中间地带，是思想与制度的混合物。清末研习西方政法的反孔人物吴虞认为："吾国之法律，根本于儒家，不重成文之法典。以为古代圣王，准理以制义，即用理以制刑……儒家制礼，首重等差，因亲疏贵贱之不同，而恒异其制。以礼定分，以分为理，凡犯分即为犯律，故出乎礼者入乎刑。"④ 吴虞有感于袁世凯政府践踏法律、任人唯亲的倒行逆施而发此论，却不自觉地揭示了传统礼、法的真实关系。在传统中国，礼之所以法力无边，笼罩万物，恰恰在于有其伦理基础和依据。

一　理与礼

人伦礼俗的内容十分丰富，其外层是见诸社会生活的礼俗，侧重于大众文化；其核心是侧重于观念和规范的伦理，与精英思想有同有异。人伦礼俗本身是精英思想和大众文化的有机结合，相互渗透。不过，不同阶层

---

①　皮锡瑞：《经学通论》，中华书局 1954 年版，第 2 页。

②　王夫之：《读四书大全说》卷一，《船山遗书》（二十），同治四年湘乡曾氏金陵刊本，第 37 页。

③　瞿同祖：《中国法律与中国社会》，中华书局 1981 年版，第 326 页。

④　吴虞：《情势法》（1916 年 5 月），《吴虞集》，四川人民出版社 1985 年版，第 112 页。

在其中的主导作用仍有差异。孔子区分了不同群体的教化意义："君子之德风，小人之德草。草上之风必偃。"① 孔子认为，民德如草，随士人道德风气而转移，犹如风吹草动。近代关注道德改良的梁启超具体言之：

> 自古移风易俗之事，其目的虽在多数人，其主动恒在少数人。若缺于彼而有以补于此，则虽弊而犹未至其极也。东汉节义之盛，光武、明、章之功，虽十之三，而儒学之效，实十之七也。唐之与宋，其专制之能力相若，其君主之贤否亦不甚相远，而士俗判若天渊者，唐儒以词章浮薄相尚，宋儒以道学廉节相坊也……而晚明士气，冠前古者，王学之功，不在禹下也。②

梁启超针砭清代学风和士风，凸显了思想学术对士风，乃至社会风俗的巨大作用。清末张亮采述古代风俗时，不限于社会习俗，并且将士风、学风纳入其中。③ 这不能说全无道理。在漫长的历史演进过程中，精英思想与社会礼俗有着千丝万缕的关联。如果借用传统学术概念，则历代士人关于理和礼的认识、思考就是该主题的集中体现。这里不妨略加回顾，作为认识人伦与礼俗关系的参考。

理和礼是历代士人不断关注、阐释的议题。《礼记》云："礼也者，理之不可易者也。"④ 理、礼内涵丰富，外延可变，士人阐释的重心不同，对两者辩证关系的认识也不尽一致。传统士人所谓"理"，使用最广的含义为规则和条理，又引申为规律义，如云"格物穷理"。不过，中国士人"穷理"的重心不是自然科学，而是修齐治平之术，尤其是人伦之理。儒家伦理以三纲五伦为核心，但有些人阐述的伦理主题不限于人伦规范，还包括内圣功夫和德性之学。惟其如此，他们从不同途径对儒家伦理进行了修正和发展。

"伦理"与"道德"为同义词，都用来表示人的品质状况其及行为习

---

① 《论语·颜渊》，《四书五经》（上），中国书店出版社1985年版，第52页。

② 梁启超：《新民说·论私德》，《饮冰室合集》专集之四，中华书局1989年版，第125页。

③ 参见张亮采《中国风俗史》，东方出版社1996年重印本。

④ 《礼记·乐记》，《四书五经》（中），中国书店出版社1985年版，第214页。

惯。在西方，"伦理"（ethic）一词源于希腊文 ethos，而"道德"（morals）一词则源于拉丁文 mores。从广义上说，伦理与道德属于同一领域。在中国，伦理与道德是既密切相关而又有所区别的范畴。伦理即"人伦之理"，是指以血缘、家族、等级为依据构成的人伦关系，基于历史遗传或社会需要而形成的秩序、原理和规范，见诸社会生活，如三纲五伦。道德或德，则为"得道之行"，偏重个人的内在修养、品质、气质等，探讨事物的本体、本真，所谓"行道而得之于心谓之德"，与"德性"或"美德"的内涵基本相同，古代"四维八德"、"五德"等均属于这一范畴。追求人伦与德性的统一是儒家的理想，但事实上，两者在社会实践中或即或离，难以贯通。

　　上古《周易》、《尚书》、《诗经》等典籍多讲德性、品德修养，伦理规范尚非主题。《周易》各卦的"彖"、"象"、"文言"之辞，多谈"进德"、"修德"、"合德"的内容，如"忠信"、"刚健中正"、"柔顺"、"文明"等品格。《尚书》也多称颂古代圣贤的德行，又以直、宽、刚、简为"四德"（《尧典》），宽、柔、愿、乱、扰、直、简、刚、强为"九德"（《皋陶谟》），正直、刚克、柔克为"三德"（《洪范》）。《周易》讲父子、兄弟、夫妇等人伦关系，尚未将"德性"与"人伦"贯通起来。后人常常征引《尚书》关于尧帝"克明俊德，以亲九族；九族既睦，平章百姓；百姓昭明，协和万邦"一段，这虽类似于"修齐治平"的儒学论题，但尧所谓"九族"、"百姓"与后世有所不同。这种经过儒家理想化的传说反映了尧成为部落首领的辉煌历程，仍缺乏贯通"克明俊德，以亲九族"的理论运思。

　　人伦与德性的贯通定型于以孔子为代表的西周末年和春秋时期。孔学核心——"仁"成为后世儒学"五常"之首，既为个人德性修养，又与人伦关系密不可分，并通过人伦关系而体现。就字义上看，"仁，亲也，从'人'从'二'"；"伦，辈也，从'人'，'仑'声；一曰道也"①。两者皆是指人、人关系。"仁"注重相亲相爱的品格，"伦"则注重辈分、等级规范，训"伦"为"道"体现了后世儒家的思想总结和价值提升，从"伦"到"理"的演化结果。质言之，"仁"和"伦"体现了人类社

---

① 许慎：《说文解字》（第八上），中国书店出版社 1989 年版，第 1、2 页。

会关系的不同品格，互为表里。故孔子云："孝悌也者，其为仁之本乎！""君子笃于亲，而民兴于仁。""克己复礼为仁"。仁德不仅以孝悌之道、亲情为基础，且包含礼的规范。孔子也提出，"仁者"当兼备恭、宽、信、敏、惠五种德行。在孔子看来，仁德的外在体现是君臣、父子、夫妇、兄弟、朋友等人伦关系，而人伦之理的内在本质是仁。

战国时期，孟子阐发孔学，好谈仁、义、礼、智"四德"和君臣、父子、夫妇、长幼、朋友"五伦"，并提出"父子有亲、君臣有义、夫妇有别、长幼有序、朋友有信"，从而将德性与人伦贯通起来。作为社会状况的基本反映，成书于战国的多数典籍已开始凸显人伦规范的重要性。《礼记》有所谓"十伦"，即鬼神之道、君臣之义、父子之伦、贵贱之等、亲疏之杀、爵赏之施、夫妇之别、政事之均、长幼之序、上下之际；还有"四道"，即亲亲、尊尊、长长、男女有别；"五达道"：君臣、父子、夫妇、兄弟、朋友。这些观念体现了人伦规范的进一步完备和强化。

总之，在宗法制高度发达的先秦时代，先贤的伦理运思还带有平民社会的血缘烙印，其人伦之理虽强调家族、社会的人际法则和秩序，但以丰富的德性内涵为前提，力求将"人伦"与"德性"统一贯通，从而奠定了中国文化的人文主义传统。然而，秦汉以后，儒家伦理衍变为偏重维护社会秩序和等级规范，德性从属、服务于人伦，五常为三纲所笼罩。人伦规范丧失了双向义务性，而与等级制度混同。董仲舒提出以"三纲五常"取代先秦"五伦十教"，并使之进一步神化。君臣、父子、夫妇三种对应关系的基础不是人格平等而是主从、服从。经过两汉统治者的提倡，三纲五伦成为人伦规范的核心，而其践履途径则取道于礼，以至于"道德仁义，非礼不成，教训正俗，非礼不备。分争辨讼，非礼不决。君臣上下、父子兄弟，非礼不定。宦学事师，非礼不亲。班朝治军，莅官行法，非礼威严不行。祷祠祭祀，供给鬼神，非礼不诚不庄。是以君子恭敬撙节退让以明礼"①。

礼的范围相当广泛：有侧重制度的礼制，讲求原理的礼学，偏于规范的礼教，见诸社会生活的礼俗。礼既是教化修身的表征，又维护着传统社

---

① 《礼记·曲礼上》，《四书五经》（中），中国书店出版社1985年版，第2页。

会的等级秩序和人伦规范。孔子强调以德性贯通于礼，所谓"人而不仁，如礼何？人而不仁，如乐何？"①秦汉以后，儒家多从人伦关系阐释礼，士人对理、礼关系的认识见仁见智。这既是其学术研究论题，又折射出人伦观念的差异。

宋儒没有排斥礼学，朱熹便是一位礼学大师，但宋儒的礼学重心不在古代的礼制、礼意，而在内圣修养，并最终落实于人伦规范。他们认为，"天者，理而已"，考诸天地万物都离不开一个"理"字。"理一而分殊"，理是万事万物的本体，也贯穿于全部人伦道德。仁、义、礼、智、信是"天理"，三纲五伦更是"天理"，故二程说："人伦者，天理也。"②实际上，宋儒未能将德性追求与人伦道德贯通起来。他们把"仁"作为心性本体和理想人格，继孟子性善论之后进一步发掘其哲学价值。朱熹云："仁者，爱之理，心之德也。"而"礼者，天理之节文，人事之仪节也"③。在这里，仁与礼分属心性和人事两个范畴，其接榫之处唯有"天理"。程、朱认为，人有养成仁德的本性，天理则是仁的体现。但他们所谓天理，主要体现为人伦规范，或者说礼教。程、朱认为，"礼，即是天理"。故朱熹强调"三纲五常，礼之大体，三代相继，皆因之而不能变"④。宋儒一方面大讲性善、仁心；另一方面往往将天理与世俗生活对立起来，导致作为天理本原的"仁"与作为践履途径的"礼"大相径庭，不能从本质上将德性之仁与外在之礼贯通起来。于是乎，他们标榜的"内仁"流为心性空谈，而"外礼"也成为封建礼教。

清前期理学复兴，一扫晚明王学空疏学风。清中叶汉学兴起后，士人治学崇尚考据，礼学空前繁荣。乾嘉时期，皖派汉学家崇礼、考礼，较之吴派学者更重视议礼，改造礼学思想。钱穆注意到，戴震"深斥宋儒以言理者"，凌廷堪"乃易之以言礼"，同时焦循、阮元以下，皆承其说，"一若以理、礼之别，为汉、宋之鸿沟焉"⑤。这反映了乾隆年间的学术流

①　《论语·八佾》，《四书五经》（上），中国书店出版社 1985 年版，第 9 页。

②　朱熹编：《河南程氏外书》卷七，《丛书集成》第三编第 14 册，新文丰出版公司 1997 年影印本，第 327 页。

③　《论语·学而》"朱熹注"，《四书五经》（上），中国书店出版社 1985 年版，第 1、3 页。

④　《论语·为政》"朱熹注"，《四书五经》（上），中国书店出版社 1985 年版，第 8 页。

⑤　钱穆：《中国近三百年学术史》下册，中华书局 1986 年版，第 494 页。

别。乾嘉汉学家的儒学重心由理学转向礼学，这既是汉学提升为学术主流的必然结果，又蕴含了士人的思想变动。因为许多人的礼学研究不限于考证、校注，而是从德性之学或社会现实来重释礼经，故其礼学讨论蕴含了超越了宋学伦理教条的潜流。

皖派汉学的开山鼻祖戴震解构了宋儒的哲学基础，揭露其"存天理、灭人欲"的教条导致"以理杀人"。他认为，人有情、有知、有欲，都是自然而生，道德修身不应局限于"格物致知"、"格物穷理"，而应肯定自然情欲的合理性。他说："古人之言天理何谓也？曰：理也者，情之不爽失也。"① 他摒弃宋儒的"理欲二元论"，强调从人伦日用中见道穷理，"就人伦日用而得语于仁，语于礼、义，舍人伦日用，无所谓仁，所谓义，所谓礼也"②。戴震超越宋儒以天理释礼的思想框架，而注重阐释儒家德性之学，关怀现实生活。这些思想在乾嘉学者中产生了深远影响。

凌廷堪进一步以德性之学阐释礼意。他在嘉庆初年指出："有仁而后有义，因仁义而后生礼。故仁义者，礼之质干；礼者，仁义之节文也。夫仁义非物也，必以礼焉为物；仁义无形也，必以礼焉为形。"③ 这里涉及仁、义与礼的关系。仁、义是礼的本质，而礼则是仁、义的外在体现。如果借用儒家习语，仁、义与礼，是道与器、体与用的关系。他意在贯通仁、礼，回归孔孟儒学的本真，由此体现了对儒家礼教观念的调整。

嘉道以降，汉学家更明显地调融宋学，强调理、礼会通，并对两者的关系进行重释。朱子释"一日克己复礼，天下归仁焉"时强调："为仁者，必有以胜私欲而复于礼。"④ 汉学家阮元就此指出，"克己复礼"是古语，"己"在古代不指"私欲"，而宋儒误解了孔子。在阮元看来，"克己复礼"的"己"只是"人、我"对应之词，并不特指"身之私欲"。所谓"克己复礼"也只是约己修身，而非否定己私。阮元援宋入汉，认为"朱子中年讲理固已精实，晚年讲礼尤耐繁难，诚有见乎理必出于礼也。

---

① 戴震：《孟子字义疏证》卷上，《续修四库全书》影印清乾隆刊本，上海古籍出版社1995 年版，第 1 页。

② 戴震：《孟子义字疏证》卷下，《续修四库全书》影印清乾隆刊本，上海古籍出版社1995 年版，第 15 页。

③ 凌廷堪：《复钱晓征先生书》，《校礼堂文集》，中华书局 1998 年版，第 221 页。

④ 《论语·颜渊》"朱熹注"，《四书五经》（上），中国书店出版社 1985 年版，第 49 页。

古今所以治天下者，礼也。五伦皆礼，故宜忠宜孝，即理也"①。他诠释朱子，调和礼、理，凸显了礼的本体性和社会实用性。在阮元看来，"凡子臣弟友之庸行，帝王治法，性与天道，皆在其（礼）中"②。他认为四书五经既重礼学，又贯通了性与天道，故对宋儒看重的"性"、"命"、"心"、"敬"、"顺"、"达"、"仁"、"孝""一贯"等概念再加诠释，发掘礼学的思想内涵。

定海黄式三、黄以周父子是清代礼学的"重镇"，发展了戴震、凌廷堪、阮元等人的礼学思想。黄式三对古代礼制如郊禘、宗庙、学校、明堂、宗法进行了研究，而其《复礼说》、《崇礼说》等文接续凌廷堪的"复礼"主张，进一步倡导礼学，阐述礼意。他认为，礼学是践履圣人之道的途径，而一些汉、宋学者的失误，就在于没有以礼学作为尊德性和道问学的指针："后世君子，外礼而内德性，所尊或入于虚无；去礼而滥问学，所道或流于支离。此未知崇礼之为要也。"而"复礼者，为仁之实功也，尽性之实功也"③。他以礼学统摄儒学，又像阮元那样将性理之学纳入礼学，从德性之学来阐发礼意："礼与德有分言者，《论语》分道德、齐礼，即《曲礼》云'道德仁义，非礼不成'。合而仍分也；有以礼为德者，仁、礼、义、信、智为五德是也。五德亦曰五性，故礼即为德性。"④他认为宋儒抛开礼学，空谈性理，可谓误入歧途。黄以周继承家学，历时19年而成《礼书通故》，学者视为"体大思精"之作，晚年其主讲南菁书院多年，门生遍布江南，清末一些礼学家受其影响，如吴县曹元弼也以礼学统摄儒学。

晚清岭南汉学的宗师陈澧调和汉、宋而又融会理、礼。他指出："《中庸》、《大学》，后世所谓理学，古人则入于《礼记》者。《仲尼燕居》云'子曰：礼也者，理也'。《乐记》云'礼者，理之不可易者也'。

---

① 阮元：《书东莞陈氏学蔀通辩后》，《揅经室续集》卷三，上海涵芬楼《四部丛刊》影印初刻本，第5页。

② 阮元：《石刻孝经论语论》，《揅经室一集》卷十一，上海涵芬楼《四部丛刊》影印初刻本，第2页。

③ 黄式三：《复礼说》，《儆居集》"经说一"，光绪十四年刊本，第17—18页。

④ 黄式三：《崇礼说》，《儆居集》"经说一"，光绪十四年刊本；第18页。

故理学，即礼学也。"① 他赞同"礼是郑学"的说法，又对朱熹的礼学推崇备至，列举朱子的礼学论著，认为"朱子深于礼学于此可见"②。陈澧治汉学而推崇程朱，《东塾读书记》有《朱子》一卷，发掘郑玄和朱熹学说的相同点，礼学正是其会通郑、朱的主题。陈澧带有以礼解经的倾向，认为孔子谓《诗》三百篇"一言以蔽之曰：思无邪"，而"思无邪者，忠恕也，礼也"③。并且"《论语》所言，皆礼也。以其小者观之，如趋过者，子见父之礼；沐浴者，臣朝君之礼；行束修者，弟子初见师之礼；非公事不至者，士人见官长之礼；三愆者，侍坐之失礼；居于位与先生并行者，童子之失礼。小者如此，大者可知也。""天下无一事无礼也。"④ 陈澧考丧服、考深衣，补正程瑶田等人的不足；又撰文作图，考释古代明堂制度及射礼。他还与郭嵩焘、侯康等人切磋礼学，赞赏郭氏不避艰难，研究《礼经》。陈澧在教学和著述中首重德性而又使之落实于礼学。

　　汉学家崇礼、治礼，一些学者沟通理、礼，重释德性之学，从而在思想源头上改造了宋学；还有一些人较少涉及德性之学，而是直接关注礼俗改良，后者如江都汪氏父子。乾隆年间的"异端"学者汪中推重礼学，并对礼制、礼俗进行了广泛考释，指陈其违背孔儒主旨的礼教规范（详见本书第一章第二节）。汪喜孙传其父汪中之学，以礼学沟通汉、宋，重视改良风习。他认为，郑玄的《孝经》、《论语》注，十之五六为朱子《集注》所采纳。而许慎《说文解字》"解'性'字，标明'性善'之说，合于孟子；其解'情'字、'欲'字，亦与孟子相合。孔门大义，得此益明，彼以声音训故之学概《说文》者，浅之乎视许君矣"。为了"化经学门户之见"，他致力于研究《大戴礼记》，以发挥先秦儒家的微言大义，补正前人注疏⑤。他不像汪中那样注意汉、宋对立，而是在汉、宋调和中重视改良风习，曾指出："夫读《礼》，非口诵而已，必将发悟于心；非发悟而已，必将践履于行……伏愿以礼自守，化行于家。由家以及族，

①　陈澧：《东塾读书记》卷九，上海，中华书局《四部备要本》，第14页。

②　陈澧：《东塾读书记》卷二十一，中华书局《四部备要本》，第8页。

③　陈澧：《东塾读书记》卷二，中华书局《四部备要本》，第5页。

④　同上书，第9—10页。

⑤　汪喜孙：《上张石洲先生书》，杨晋龙编《汪喜孙著作集》（上），"中央研究院"文哲所2003年版，第188—189页。

由族以及乡，士大夫之责也，可勿勉诸？"① 汪喜孙任河南怀庆知府期间，勤于治狱，访问民间疾苦，又倡兴文教，为官清廉尽责。

清末汉学家俞樾认为，孔学"重在救偏，不在去私"，而救偏的途径就是礼。他也认为："'克己复礼'者，能身复礼也。"② 俞樾像一些人那样训"克"为"能"，并将"克己复礼"与"为仁由己"统一起来，凸显己身的意义。他认为"礼"出于"理"，并重申了以礼治天下的主张。他指出：

> 礼出于理乎？理出乎礼乎？曰：礼虽先王未之有，可以义起也。是礼固出于理也。然而圣人治天下则以礼，而不以理。以礼不以理，无弊之道也。且如君臣无狱，父子无狱，若是者何也？礼所不得争也。礼所不得争，故以无狱绝之也。使不以礼而以理，则固有是非曲直在矣！君臣父子而论是非曲直，大乱之道也。是故圣人治天下以礼，不得已而以理……礼者，治之未讼之先；理者，治之于既讼之后也。然而遇君臣父子之狱，则仍不言理而言礼。舍礼而言理，是使天下多讼也。且礼者天下无一人不可以遵行，而理则能明之者鲜矣！③

汉学家关于理、礼关系的阐述不尽一致，但大体主张以礼治天下，视之为治平之策的践履途径。他们治天下之礼的范畴宽泛，一些人仍依重礼教。不过，繁荣的礼学为反思、调整传统礼教提供了可能，也为重释礼学的德性基础开辟了道路。因之，清代礼学的兴起不仅为学术流变的表征，而且是士人伦理观念变化的前奏。在广泛的礼学讨论中，一些人不自觉地抨击了社会生活中背离人性和儒学原意的礼教和礼俗。

与此同时，晚清理学家既接续宋学，又对宋学观念有所发展和调整，其中不乏重视礼学者。曾国藩好谈内圣功夫，又重视以礼修身，以"求阙斋"名其居，自称"凡外至之荣，耳目百体之耆，皆使留其缺陷。礼

① 汪喜孙：《与江饮吉书》，杨晋龙编《汪喜孙著作集》（上），"中央研究院"文哲所2003年版，第169—170页。

② 俞樾：《与易笏山方伯》，《春在堂尺牍》卷六，《近代中国史料丛刊》初编第四十二辑第414册，文海出版社影印本，第10页。

③ 俞樾：《礼理说》，《宾萌集》卷二"说篇二"，《春在堂全书》光绪二十八年刊本，第13—14页。

主减而乐主盈，乐不可极，以礼节之，庶以制吾性焉，防吾淫焉"①！在他看来，"先王之道，所为修己治人，经纬万汇者，何归乎？亦曰礼而已矣"！故他为"圣哲画像"时，清代学者首推顾炎武，其次为秦蕙田。②曾氏以礼学统摄儒学，又兼顾礼学的德性内涵，试图将礼学与儒家仁义道德统一起来，认为"盖圣王所以平物我之情而息天下之争，内之莫大于仁，外之莫急于礼"③。他认为，仁与礼是儒学不可分割的整体。仁偏重于内圣功夫，作为社会规范的礼则是仁的外化和体现。只是在实践中，曾国藩所谓礼仍体现为礼教，未必真正能与内仁贯通起来。他长期研究《礼记》及清代礼学，其宗宋崇礼及调和汉、宋的取向对郭嵩焘、刘蓉、邵懿辰等人有所影响。

郭嵩焘对"亲亲为仁"、由仁生义、因义制礼的主题进行了具体阐发，肯定"人心之爱敬因事而生，圣人制为礼以达之，故凡礼之行皆本于仁"④。儒家讲"礼以义起"，郭氏也认为"读书辨明一义字，而后泰然有以自处。非礼之礼，非义之义，最足乱道。君子之所以辨者，辨此而已"⑤。他好质疑前人经注，而于《仪礼》、《礼记》考辨最勤。自咸丰二年开始读王夫之的《礼记章句》，至光绪二年八月，即在他奉命出使英国之前，撰成《礼记郑注质疑》49 卷。⑥此书成于作者涉足洋务及回湘讲学期间，洋溢着鲜明的现实关怀。《礼记质疑》主要针对郑注孔（颖达）疏，大体上超越汉、宋门户，平心论衡，兼采诸家义疏。曾国藩、郭嵩焘是晚清务实宋学家的代表，他们重视礼学，重释礼意，也从不同角度关注礼俗改良，同样显露出超越宋学伦理教条的苗头。

综上所述，清代士人对理、礼关系已有重新认识，无论是强调以礼治天下，或者讲内仁外礼、礼以义起，均兼顾从德性之学来认识礼的本质。

---

① 曾国藩：《求阙斋记》，《曾文正公文集》卷一，《曾文正公全集》，《近代中国史料丛刊》续编第一辑第 4 册，文海出版社影印本，第 32—33 页。

② 曾国藩：《圣哲画像记》，《曾文正公文集》卷三，《曾文正公全集》，《近代中国史料丛刊》续编第一辑第 4 册，文海出版社影印本，第 24—25 页。

③ 曾国藩：《王船山遗书序》，《曾文正公文集》卷二，《曾文正公全集》，《近代中国史料丛刊》续编第一辑第 4 册，文海出版社影印本，第 62 页。

④ 郭嵩焘：《礼记质疑》，岳麓书社 1992 年版，第 609 页。

⑤ 郭嵩焘：《郭嵩焘日记》第 1 卷，湖南人民出版社 1980 年版，第 508 页。

⑥ 参见《郭嵩焘日记》第 3 卷，湖南人民出版社 1982 年版，第 57 页。

相对于两汉及宋明儒家侈谈三纲和天理，这更加接近先秦孔儒的看法。清代汉宋学者对礼义的新认识，使之有时超越纲常教条来认识、思考人伦规范。在此学术氛围中，晚清士人改良礼俗的呼声不绝如缕，最终对礼俗变革产生了推动。

礼俗是历史衍变过程中积淀而成的婚、丧、葬、祭及社会交往等礼仪习俗，是人伦道德外在的、社会的体现。正如《礼记》所云："故朝觐之礼，所以明君臣之义也。聘问之礼，所以使诸侯相尊敬也。丧祭之礼，所以明臣子之恩也。乡饮酒之礼，所以明长幼之序也。昏姻之礼，所以明男女之别也。"① 日常礼俗蕴藏着人伦观念，而人伦关系需要礼俗来维护、协调。礼俗表征着人伦观念和社会风俗的相互汲取和转化，沟通了价值体系和社会秩序。

"礼俗"一词源远流长。《周礼·大宰》"以八则治都鄙"，其"六曰礼俗，以驭其民"。后世经师注云："都鄙，公卿大夫之采邑，王弟子所食。""礼俗，婚姻丧纪旧所行也。"孙诒让认为："礼俗当分为二事。礼谓吉凶之礼，即《大司徒》十二教，阳礼教让，阴礼教亲之等是也。俗谓土地所习，与礼不同，而不必变革者，即十二教之'以俗教安'。"② 孙诒让遵循古义，区分礼、俗，从教化万民的功能看待礼俗，而其内容仍然是"婚姻丧纪"之类。在社会实践中，礼与俗很难绝对区分，俗定成礼和以礼化俗的现象是十分普遍的。孙诒让的说法未必能得到后人赞同，有论者认为："历史地看，人们生活中某一活动形式，反复行之，浸久则成俗；'俗'一旦形成之后，在上的采风者，制礼者认为是良风美俗，就给予一种有意识的规则，这时就成为'礼'……'礼'成之后，在履行的过程中，还会不断地加入某些新的'俗'。这样，礼与俗就是一种相互吸收、结合的运动形式。"③ 礼与俗各有侧重，却如水乳交融，故有学者指出：所谓礼俗，即是以礼化俗，使社会风习遵循礼治的轨道。"礼与俗在相互作用中得到增强。""礼俗整合的效果，使得礼中有俗，俗中有礼"，两者难分难解④。事实上，从先秦到晚清，礼俗连用，已成习语。

---

① 《礼记·经解》，《四书五经》（中），中国书店出版社1985年版，第274页。
② 孙诒让：《周礼正义》第1册，中华书局1987年版，第71页。
③ 王贵民：《中国礼俗史》，文津出版社1993年版，第2页。
④ 刘志琴：《礼俗互动是中国思想史的本土特色》，《东方论坛》2008年第3期。

与礼俗相关的范畴是"风俗"。一般说来，风俗表现了受自然环境影响而形成的民情、民性，范围较礼俗为广。应劭《风俗通义》云："风者，天气有寒暖，地形有险易，水泉有美恶，草木有刚柔也；俗者，含血之类，像之而生，故言语歌讴异声，鼓舞动作殊形，或直或邪，或善或淫也。圣人作而齐之，咸归于正。"① 风俗带有自发、自然的特征，且多有地方性，但风俗的载体并不限于下层民众，古人有"上好下甚、下好上从"的说法，反映了不同阶层对风尚习俗的作用。士大夫的许多思想观念都来自下层民众，从民间社会消化、提炼而成。同时，士大夫也是社会风俗的参与、引导者，所谓"圣人作而齐之，咸归于正"。南朝刘昼认为："风有厚薄，俗有淳浇，明王之化，当移风使之雅，易俗使之正。"② 故元代学者李果题《风俗通义》云："上行下效谓之风，众心安之谓俗。"③ 在不同群体的相互影响中，风俗才逐渐达到"众心安之"的程度，成为社会生活的主流方式。"圣人"使地方风俗"雅"、"正"的途径不只是道德教化，并且建立一整套令人遵循的礼仪和制度，从而形成蕴藏伦理内涵的礼俗。礼俗具有一定的规范性，是社会风俗的核心，也体现了正统文化和精英思想对民间社会的渗透。

二　精英思想和大众文化

文化分层是多年来海内外的学术热点，目前有关近代人伦礼俗的研究成果大体分属精英思想和大众文化（民间文化）两个领域。研究伦理者偏重于精英思想，研究社会风俗者偏重于大众文化，而对于两者的复杂关联，对其相互渗透和作用的实证研究仍相当薄弱。

准诸历史情形，精英思想与大众文化的畛域远不如后人想象的那样显著。一些学术框架大致是后人的观念预设，而缺乏史料证实。人伦礼俗内涵丰富，延伸于从精英思想到大众文化的不同层面，其近代变迁鲜明地体现了精英思想与大众文化的交融、互缘和互动。

精英、大众文化的两分研究可以溯源于美国人类学家雷德斐（Robert

① 应劭：《风俗通义序》，王利器《风俗通义校注》上册，中华书局 1981 年版，第 8 页。
② 刘昼：《新论·风俗》，《风俗通义校注》上册"序"，中华书局 1981 年版，第 9 页。
③ 应劭：《风俗通义》卷前"李果题词"，上海涵芬楼影印元大德刊本。

Redfield）的"大传统"（great tradition）、"小传统"（little tradition）理论。他认为，这对概念也可称为"上层文化与下层文化，民间文化与经典文化，或大众传统与学者传统，亦可称为科层文化和世俗文化"①。他又以此认识城乡差异，认为人类学家调查中国、印度、中东等农民社会时发现，即便是小社会亦非孤立存在、自我完善，不仅形成一种并列关系，而且存在上下关系。这种关系的一方面是较原始的农村族群，另一方面则是城镇。②

受此影响，西方不少学者倾向于把文化传统分为精英文化与通俗文化。人们对大、小传统的理解一直见仁见智。思想史家余英时认为，中国文化中的"雅"、"俗"两个层次，恰好相当于大、小传统或两种文化的分野。他认为："大体说来，大传统或精英文化是属于上层知识阶级的，而小传统或通俗文化则属于没有受过正式教育的一般人民。由于人类学家或历史学家所根据的经验都是农村社会，这两种传统或文化也隐含着城市与乡村之分。大传统的成长和发展必须靠学校和寺庙，因此比较集中于城市地区；小传统以农民为主体，基本上是在农村中传衍的。"③

大、小传统的说法遭到一些人质疑。美国人类学家施坚雅认为，大、小传统的创造者并非完全分开：农村的地方绅士"也都与农民一样，参与地方小传统——虽则他们当然也赋予某些成分以更精致、更具普遍性的小修小改。我们也不能忽视那一大群各行各业的专家（商人、手艺人、僧道、抄胥、讼师、风水先生等等），其中不少是知书识字的，但他们既非农人，也非绅士"。他也认为，中国的"大传统"也不能与一些论者看重的儒学等同，"把儒教装扮成'大传统'的角色，起了遮蔽或贬低与佛、道相关的高级文化的作用"。他认为两种传统并不隐含着城市与乡村之分。施坚雅通过对一些士大夫传记的分析并采用潘光旦、费孝通的研究成果，认为同治、光绪年间，住在城市中的士大夫"至多占四分之一"，

---

①　Robert Redfied, *Peasant Society and Culture*, the University of Chicago Press, 1963. p. 41.

②　Ibid, p. 17.

③　余英时：《汉代循吏与文化传播》，《士与中国文化》，上海人民出版社 1987 年版，第129—130 页。

"中国士大夫绝大多数决非来自城市"①。他凸显了"大传统"的丰富内涵和复杂性，试图超越两分的模式。

近年来国内学者对大、小传统的理论进行了不少批评和修正，见仁见智，分歧甚多。笔者认为，"精英"不是固定的群体，也非一成不变的概念。按一般理解，"精英"是与"大众"相对应的阶层，是在某一时期、某一地域或行业领域发挥主导作用的个人和群体。他们未必有钱或有权，也不一定趋新或西化。在中国近代，精英群体变动不定，思想新旧不一。在清代，传承旧学的文人学者固然是精英，传统文化和社会的改良者也是精英。清末至民国年间，传播新文化、献身变法和革命的仁人志士更是精英。精英文化（其核心为精英思想）与大众文化之分不妨参考，但值得注意的是：

其一，文化和文化的创造者不能完全等同。精英文化的创造者并非都属社会精英，历代下层民众直接或间接地为精英文化的形成添砖加瓦。《诗经》作为儒家经典，长期作为"精英文化"而存在，上升为士人熟悉的大传统。但《诗经》的"国风"则无论是古代的创造者，还是后来的传播者，都有大众参与，而其文学形式也有民间文化色彩。反之，社会精英也可能是创造大众文化的积极参与者、引导者。历来论者注意到士人思想在民间的流播，比如儒家伦理作为古代的精英思想对社会礼俗、民间人伦观念和秩序的影响是显而易见的。有学者认为，儒家伦理产生了为大众接受的礼仪，并渗透于大众宗教。② 同时，民间多神信仰一般被视为大众文化，但崇信者不限于乡民或城市平民，许多文人学者、官绅也是虔诚信徒。有的文人学者还参与了民间宗教仪轨和理论的创造，成为神灵的代言人。古代士人既留下了范缜《神灭论》这样的无神论名篇，又有大量敬神祀鬼的祭文。直到清末民初，官绅祭祀鬼神的仪式仍较之民间更为隆重。

其二，精英文化与大众文化的内容同异互见。两者既有差异性，有些内容又不能决然两分。精英文化蕴含了大众因素，反之亦然。一些文学作

---

① 施坚雅（G. Willian Skinner）主编：《中华帝国晚期的城市》，叶光庭等译，中华书局2000年版，第314—316页。

② Liu Kwang-ching（刘广京）ed. *Orthodoxy in Late Imperial China*, Berkeley：University of California Press, 1990. p. 21.

品明显是两种文化交融的产物，很难归之于某一文化传统。比如，宋元以来的白话文学大体是士人、学者的作品，而其素材多来自民间。经过文人学者改编的白话文学又向大众传播着士人的思想观念，如《水浒传》、《三国演义》等。

清代以来的京剧虽然最初属于大众文化，但晚清"供奉内廷"以后，京剧接受了士大夫的伦理观念，音乐、服装和表演艺术不断完善，忠孝节义的内涵更为凸显了，一些剧目在宫内演出时改换了思想主题。宫中京剧体现了不同文化传统的融合，而巡回乡镇演出的地方戏和京剧的思想内容、演出形式则均更具有大众文化色彩。京剧与精英思想的关系也是错综复杂。在京剧艺术趋于成熟的五四时期，新思潮对旧剧的冲击前所未有，可是剧界不认同新文化人的激进主张。于是，清末民初一度出现的中西戏剧融合之局，到五四时期则随着京剧与话剧渐趋成熟而明显分流，代表了文化新潮中精英思想与大众文化的明显歧异。

其三，不同文化的转化和互缘。精英文化和大众文化在某一时期畛域分明，但经过漫长的历史演变，其属性可能发生转换。长期以来，儒学属于"大传统"或者说"精英文化"，倘若考其源流，则非一成不变。关于儒家的起源，从刘歆的《七略》，到《汉书·艺文志》都有所谓"出于司徒之官"的说法。而据近人胡适、钱穆、冯友兰等人研究，"诸子出于王官论"不能成立。20世纪30年代初，胡适提出"儒"是殷民族的遗民，到周代逐渐演变成"人民的教师"，职业是"治丧、相礼、教学"以及其他宗教事务①。冯友兰对此观点有所修正，认为儒不都是殷的遗民，"所谓儒是一种有知识、有学问的专家；他们散在民间，以为人教书相礼为生"②。钱穆等人也有类似看法。故"儒"最初也不属于社会上层，而孔、孟、荀之后，儒学得到前所未有的发展，成为一个学派。儒学对社会政治的关怀，治国平天下的抱负，为其从"小传统"发展为"大传统"提供了可能。儒学作为"大传统"的地位在汉代以后基本定型。其后，儒学不断更新、发展，而思想重心因人而异。上层儒家人物及"王者之师"

---

① 胡适：《说儒》，姜义华主编《胡适学术文集·中国哲学史》（下册），中华书局1991年版，第641页。

② 冯友兰：《原儒墨》，《中国哲学史》（下册）附录，中华书局1992年版，第28页。

着意于建立一套适应政治需要的人伦规范。于是，忠德主要变成忠君，孝道提升到政治领域，贞操观念变成压抑人性的封建礼教。这些固然是传统道德的"大传统"。不过，即使在儒学成为文化正统、高居庙堂之时，其支流仍可能发扬先秦儒家的"民贵君轻"、"义利之辨"、"君子小人"诸说，程度不同地张扬人性和个性，对正统儒学提出批评，有些儒家人物甚至为民请命，杀身成仁。同时，这些思想也可能流播民间，衍变成思想"异端"，成为"小传统"因素。

在精英思想与大众文化的转化过程中，其因果关系也非固定不变，借用佛家的说法是"互缘"。一些民间观念随历史变迁而转化，逐渐为时代精英发现、采纳和提炼，成为精英文化。反之，精英思想也会通过法律、制度以及文化运动、思想启蒙而社会化，最终成为大众文化的重要因素。19 世纪 70—80 年代的早期维新思想，最初只是商人、市民对传统体制的不满情绪和异议，通过一些洋务人才零零星星地表达出来。经过数十年的改良运动，早期维新思想，乃至被"戊戌政变"扼杀了的"异端邪说"，逐渐得到清政府的承认，得以在清末新政中推行，成为官方思想。又如，五四精英思想契合了晚清以来的社会心理，反映了民间已有的部分事实（如丧葬祭礼的简化，旧贞节观念的松弛），但又成为近代道德变迁的引擎。经过戊戌到五四的新文化运动、经过民初的法制和礼俗改革，近代精英思想逐渐渗透于不同社群，见诸后来城乡民众的社会生活，成为大众文化的一部分。比如，废除缠足、跪拜礼仪在戊戌时期还属于精英思想，到五四以后则成为大众文化。民国年间，这些新礼俗即使没有深入农村，至少也是市民文化的基本内容。

其四，两种文化与正统、异端的关系并非固定的、一成不变的。文化一旦与政治发生关系，其地位便有正统与异端之分。作为儒家思想体现的纲常伦理渗透于大众日常生活，被视为正统文化。大众文化虽属下层，但其中仍有正统和异端之分。民间多神信仰基本上属于大众文化，而不同神祇的地位形同天壤，有的受政府保护、扶持，有的则被禁止。同时，精英思想不总是文化正统，两者不能完全等同。精英思想最初多是涓涓细流，遭受正统文化的压制、打击，如清末启蒙思想那样，只是时移世变，才逐渐壮大，跻身于正统。故就某一时段的社会影响来说，精英文化和大众文化难分大小。

　　在精英思想的制度化、正统化过程中，影响由微而著。从戊戌到辛亥，近代精英思想由弱而强，汇集为时代思潮，许多内容都在民元以后以法律形式推行，比较迅速地扩散于民众社会。精英思想的发展、转化与社会变迁密切相关。在传统社会，士人交游对精英意识的传播、发展意义显著，如嘉道年间，士人的修禊雅集便是传播经世意识的重要媒介。① 但清末以降，报刊、通信、传媒逐渐发展，精英思想的扩散也变得更加便利。在大兴大革的时代，精英思想的正统化、大众化进程无疑会加速。

　　总之，精英文化与大众文化、上层文化与下层文化、学者文化与通俗文化的区分有助认识文化的差异性，但将一切文化内容完全纳入"大传统"、"小传统"范畴则未必恰当，其差异性、社会地位和影响等都很难以大小之别来概括。不过，淡化大、小传统的概念，并不等于否定文化传统的复杂多样性。中国古有士庶之别，雅俗之分，这些概念不必完全沿袭，却仍可参照、重释。

　　中国古代社会的流动性较之欧洲中世纪明显得多，而士、农、工、商的阶层观念仍然根深蒂固。庶民文化无疑是民间文化或者说下层文化，但其主体在古代与近代并不完全一样。古代城乡间的庶民文化区别不大，近代以来则反差明显。近代市民文化迅速壮大，比较典型地反映了新观念、新礼俗的滋长，因而成为近代庶民文化的主体。士人文化的外延较宽，其重心也有变化。就其主要载体而言，古代是各级绅士，近代则是逐渐扩大的知识群体。后者多由绅士转化而来，来源广泛，思想色彩不一。清末以降，新知识群体的重要性逐渐凸显，其中一些人成为精英思想的创造者、倡导者和传播者（在此意义上，本书称之为知识精英），其思想观念、文化归属都与原有的绅士阶层明显歧异。

　　关于近代精英思想与大众文化的交融和认同，一般认为知识精英和大众在衣、食、住、行等物质生活方面容易趋同，而在思想信仰、接受近代观念等精神领域反差明显，但实际情形也较复杂，有时难以体现文人学者的雅俗之辨。清代学者钱泳认为："富贵近俗，贫贱近雅。富贵而俗者比比皆是也，贫贱而雅者，则难其人焉。须于俗中带雅，方能处世，雅中带

---

① 参见罗检秋《嘉庆以来汉学传统的衍变与传承》，中国人民大学出版社 2006 年版，第 164—195 页。

俗，可以资生。"① 这虽就处世态度而言，却在一些方面适用于观察近代社会生活和文化。

三　本书重心

《礼记》云："立权度量，考文章，改正朔，易服色，殊徽号，异器械，别衣服，此其所得与民变革者也。其不可得变革者则有矣：亲亲也，尊尊也，长长也，男女有别，此其不可得与民变革者也。"② 儒家强调稳定人伦秩序，又肯定社会礼俗因时而变。历代士大夫对此多有阐发，见解大同小异。朱熹、顾炎武、王夫之、张之洞皆认为，"不可得与民变革者"即指三纲五伦。张之洞的《劝学篇》总结前儒思想，对此罗列甚详，所谓"三纲为中国神圣相传之至教，礼政之原本，人禽之大防"③。士大夫强调作为礼俗原本的三纲五伦永恒不变，尽管历史和现实并非完全如此。

历史上，纲常规范时紧时松，人伦观念也非一成不变。定型于周代的古礼从未真正恢复过，士大夫侈谈复周、孔之旧或如呓语，或是以古开新。董仲舒提出"三纲五常"，并使之进一步神学化、封建化。在国家礼制体系中，"三纲"和"五常"的重要性不能比肩。"三纲"成为不可动摇、人人遵守的社会原则；而"五常"侧重于个人的内在修养，具有较大的伸缩性。君臣、父子、夫妇三种对应关系不是平等而是主从、服从关系。臣对君要绝对的忠，子对父应绝对的孝，妻对夫要恪守片面的贞节规范。经过两汉统治者的提倡，三纲成为封建伦理道德的核心。在中国影响深巨的"三纲五常"、"三纲六纪"等说法，均以一定的观念（如忠、孝、贞节、礼、义利之辨等）为核心内容。这些观念既是人伦规范，又蕴含了一定的德性内涵，历代士人的诠释和发展代表了传统伦理的衍变轨迹。五四时期的陈独秀认为：

　　　忠、孝、贞节三样，却是中国固有的旧道德，中国的礼教（祭

---

① 钱泳：《臆论》，《履园丛话》上册，中华书局1979年版，第195页。

② 《礼记·大传》，《四书五经》（中），中国书店出版社1985年版，第189—190页。

③ 张之洞：《劝学篇·序》，苑书义等编《张之洞全集》第12册，河北人民出版社1998年版，第9704页。

祀教孝，男女防闲，是礼教的大精神)、纲常、风俗、政治、法律，
都是从这三样道德演绎出来的；中国人的虚伪（丧礼最甚）、利己、
缺乏公共心、平等观，就是这三样旧道德助长成功的；中国人分裂的
生活（男女最甚），偏枯的现象（君对于臣的绝对权，政府官吏对于
人民的绝对权，父母对于子女的绝对权，夫对于妻、男对于女的绝对
权，主人对于奴婢的绝对权），一方无理压制，一方盲目服从的社
会，也都是这三样道德教训出来的；中国历史上现社会上种种悲惨不
安的状态，也都是这三样道德在那里作怪。①

　　陈独秀对旧道德的激烈抨击，虽不免偏颇，却揭示了传统道德体系的
核心观念和深远影响。按后世的说法，忠偏重于政治伦理，孝属于家庭伦
理，而贞节是性伦理。它们统摄着传统道德体系，是世俗社会不能逾越的
道德规范。人伦观念是社会礼俗的灵魂，其变化总会或快或慢地引起礼俗
改良。由于社会变局，又经启蒙思潮的洗礼，忠、孝、贞节观念在近代知
识群体中历经沧桑，也在民众生活中不同程度地出现了更新。伴随着这些
变化，社会礼俗在一些地区和群体中焕然一新。婚、丧、葬礼得以改良，
即使官绅家庭的祭礼也基本趋简，相见礼则转化为新的社交礼仪。故考察
近代人伦礼俗，显然不能忽视忠、孝、贞节等人伦观念及其社会变迁。

　　清末民初是人伦礼俗的巨变时期。借用保守者的说法，则"自共和
以来，教化衰息，纪纲扫荡，道揆凌夷，法守隳斁，礼俗变易，盖自羲、
轩、尧、舜、禹、汤、文、武、周、孔之道化，一旦而尽，人心风俗之
害，五千年未有斯极"②。从政治鼎革来说，清末与民国属于由清帝国向
民族国家过渡的关键时段；而就文化变迁来说，清末民初 30 年一脉相承，
同属一世。晚清到民国年间，学术文化表现了深厚的传承性和变革的连续
性。现代学术既是五四思潮的产物，又传承清代汉学的学术精神和考据方
法，契合学术发展的内在理路。

　　深层的学术思想如此，社会文化也存在类似情形。政治鼎革的作用固

　　①　陈独秀：《调和论与旧道德》，《新青年》第七卷第 1 号，1919 年。
　　②　康为有：《中国学会报题词》（1913 年 2 月 21 日），汤志钧编《康有为政论集》（下
册），中华书局 1981 年版，第 797 页。

然不能忽视，而文化的传承性同样不能低估。甲午之后，中国士大夫大梦初醒，制度变革开始进入知识精英的视野。从 1895 年至 1923 年，中国经历了戊戌变法、清末新政、民国建立和五四运动等一系列政治、文化事件。在这些震古烁今的政治、文化革新中，无论是知识精英，还是市民社会，其思想观念、日常生活以及社会风习均经历了空前变局，人伦礼俗正是这些文化地震的核心地带。这些接踵发生的文化革新没有出现明显间隔，而是环环相扣，层层深入。一些以清代或民国为时段的论著，往往以政治鼎革为依据，对两代之间的文化连续性注意不够。本书在古今交替和中西交融的背景下，集中研究戊戌到五四时期的人伦礼俗。但因追本溯源或顾及论述的完整性，对此期前后的相关情况也偶有涉及。需要说明的是，本书不是考察人伦礼俗变迁的全史，而是在此论域中，围绕精英思想和大众文化的复杂关系，从不同角度探讨一些重要现象和问题。

中国幅员辽阔，近代城乡差异日益扩大，一些城市和通商口岸成为引进西方文明的中心地带，也是精英思想和新文化生长的渊薮。农村生活既受邻近城市的影响，又处于相对的封闭状态，变化迟缓而微弱。报刊在清末民初迅速发展，1913 年最盛之时，全国报纸达 500 家，成为文化传播的主要渠道。但这些报纸绝大多数发行量很小，对农村及偏远城镇影响甚微。据当时"邮局之统计，以与人口相比较，则报纸最多之地，每 9 人可阅一份报纸；最少之地，每 3 万人只阅一份；全国平均每 164 人可阅一份，然此尚包括印刷物在内，足见我国报纸之缺乏也"[①]。狭窄的文化传播渠道自然限制了新思想的扩散。清末民初，当思想新潮在一些城市接踵而起时，许多城镇仍然波澜不惊，广大农村则大体上是一潭死水。

在偏远的农村，即使民国建立多年之后，不少人还以为"皇帝坐着龙庭"，甚至盼望如此。辛亥革命后，废除缠足陋俗已由政府公告，升为法令，而对偏僻县城的触动不大。比如，山西"自民国元年，晋督阎锡山迭次宣劝放足，积弊既深，势难骤返，除省垣及少数缙绅实行解放外，各县乡镇可以说没有。查山西全省缠足之风酷且烈，尤以大同一带为最甚"[②]。新伦理观念难以深入农村，贞节旧俗相沿难改（详见本书第四章

---

①　戈公振：《中国报学史》，中国新闻出版社 1985 年版，第 187 页。

②　雪晴：《应县风土民情记》，北京《晨报》1922 年 2 月 17 日。

第四节）。孝道在中国传统社会根深蒂固，新陈代谢也非短期内可行。虽然新观念流播了数十年，并且五四时期的"非孝"思潮也一度高涨，但村民观念少有变化，浙江方志记载民国年间的情形：

> 一般来说，重孝悌友爱之训，以无后为大，喜兄弟同居共爨，家庭组织比较庞大；其次是男尊女卑，男子绝对统治家庭，女子毫无地位……旧时，乡人皆恪守孝道，惟父母之命是从，不敢稍有违反。否则，即为忤逆，不仅受国法族规之严厉制裁，而且还受社会舆论之普遍谴责……及至父母死后，即使家境清贫者，办理丧事亦必隆重，盖恐被人目为不孝。"孝"还表现在"传代"问题上。孔孟之训："不孝有三，无后为大。"这个"后"，指是男孩……为了必须"传后"，旧时家贫无子者乃只得走"典妻"、育"螟蛉子"等道路，甚至非法同居；富有者则娶三妻四妾或多房承桃。①

显然，广大农村尚不能鲜明地反映人伦礼俗的变迁。比较而言，由于近代化进程和西俗西学的传入，近代市民生活日趋丰富，人伦观念不同往古，社会礼俗与时更新。因之，北京、上海、广州、天津等城市成为研究者关注的焦点，京、沪尤具典型意义。近代京、沪双城对于传播西学的重要性不同，接受西俗程度有别，礼俗变迁也各有特色。所谓京派、海派之分其实不限于文学、戏曲方面，而且可以援用于社会风俗和思想观念，以之考察近代市民文化、生活方式的性格差异。可惜目前研究者对此注意不够，近代京派文化的研究尤显薄弱。

近代人伦礼俗是古今中西的合奏曲，既有传统礼学礼俗的强音，又充满了西学西俗的音符。近代社会生活复杂多变，当中国人渐渐分享着物质文明的新成果时，却难以抵御奇技恶俗的腐蚀；许多人崇慕、移植西器、西俗时，却不免陷入精神上的混乱和困惑。近代人伦礼俗的改良主张和实践不是无源之水，而有其思想凭借。传统礼学是近代精英思想的重要渊源，从戊戌到五四的启蒙思潮又不断地为其注入了思想活力。

---

① 《浦江风俗志》，《金华地区风俗志》（上），金华地区方志办公室编印，第139—140页。

第一章

日常生活与思想传统

"仓廪实，则知礼节。衣食足，则知荣辱。上服度，则六亲固。四维张，则君令行。故省刑之要，在禁文巧。守国之度，在饰四维。顺民之经，在明鬼神，祇山川，敬宗庙，恭祖旧。"① 先哲管子的论述对中国学者并不陌生，但其深刻蕴含并没有得到完整的认识和发掘。管子一方面认识到社会经济对礼义荣辱的决定作用；另一方面则强调了道德教化、敬祖明鬼的重要性，重视士大夫的引导、表率作用。这是先贤治国安邦的思想总结，蕴含了鲜明的民族性，而与20世纪风行的"唯物史观"本质相通。

时移世界，社会经济运行的具体规则有所变更，而基本人性和一些理念仍世代相传，在日常生活中发挥着潜在作用。秦汉以后，社会经济发展缓慢，士大夫强化纲常，倡明礼教，也不断地诠释、完善礼学。历代士人的思想观念和价值取向从不同渠道流播民间，对大众文化产生了影响，成为近代中国不能忽视的思想遗产。近代人伦礼俗是在社会生活与思想传统的交融、调适中更新衍化。

第一节 日常生活的变迁

日常生活既是社会意识的基础，又折射出人伦礼俗的状况。在传统中国，衣、食、住、行大体都蕴含一定的人伦规范和礼制秩序。人伦道德本与日常生活密不可分，儒家原本不排斥百姓日用之学。理学家朱熹云：

---

① 戴望：《管子校正》，《诸子集成》（5），上海书店出版社1986年影印本，第1页。

"理在事中，事不在理外，一物之中，皆具一理。就那物中见得个理，便是上达，如'大而化之之谓圣，圣而不可知之之谓神'。然亦不离乎人伦日用之中。"① 其思想关怀本来也包括社会生活方面，只是在其格物穷理的学术追求中，淡化了对人伦日用现实和特性的思考。王夫之发展了宋明理学，在道、器关系中凸显了器的重要性，他指出："天下惟器而已矣！道者，器之道；器者，不可谓之道之器也。无其道则无其器，人类能言之。虽然，苟有其器矣，岂患无道哉……无其器则无其道，人鲜能言之，而固其诚然者也。"② 作为形下之器的生活物用，与形上之道的天理人伦不可分离，然而王夫之强调"无其器则无其道"，不失为对宋儒心性之学的调整。晚清以降，精英思想推陈出新，大众文化日趋丰富，这些恰恰基于近世日常生活的变迁。正如社会文化史的倡导者所云："在百姓日用之学中，生活与观念之间相互渗透，甚至混为一体。"③ 故讨论近代人伦礼俗，必须察其语境，了解日常生活的基本情形。

晚清以降，一些商埠步入了近代化进程。它们像一个个巨大的磁场吸纳了乡村人口。随着近代工商业的兴起，市民成为日渐重要的社群。中国城市人口在 19 世纪的增长率比总人口的增长率大不了多少，"然后在 1900 至 1938 年间比较快，几乎是人口平均增长率的两倍"④。最显著的上海，1852 年人口为 54.4 万，到 1900 年迅速增至 108.7 万，其后 1935 年又猛增至 370.2 万。⑤ 迅速增多的近代市民包括商人、企业主、产业工人、职员、手工业者、文化人、店员及各类下层贫民等。他们来源不一，不同程度地接受了传统伦理教化和西俗熏染，与近代生产、生活方式紧密相连。近代市民社会的衣、食、住、行因时而变，与传统生活方式渐显

①　朱熹：《朱子语类》卷四十四"论语二十六"，《文渊阁四库全书》第 700 册，台北商务印书馆影印本，第 42 页。

②　王夫之：《周易外传》卷五，《船山遗书》（五），同治四年湘乡曾氏金陵刊本，第 45 页。

③　刘志琴：《礼俗文化的再研究——回应文化研究新思潮》，《史学理论研究》2005 年第 1 期。

④　费正清编：《剑桥中华民国史》（1912—1949）上卷，中国社会科学出版社 1993 年版，第 40 页。

⑤　参见邹依仁《旧上海人口变迁的研究》附表一，上海人民出版社 1980 年版，第 90—91 页。张开敏主编《上海人口迁移研究》，上海社会科学院出版社 1989 年版，第 28—29 页。

差异。

近代生活方式通过京、沪等中心城市逐渐向中小城镇扩散，最后不同程度地波及乡村。由于扩散过程的时空差异，中心城市与中小城镇、农村地区的生活方式各不相同，城乡差异较之明清时期进一步扩大。随着社会生活的变迁，市民的价值观念或多或少地发生着变化，并成为近代文化新潮的基础。

一 城乡民居二元分立

近代农村的居住环境变化甚微，中世纪的城墙则逐渐坍塌。在城门被迫向外国人开放的同时，也逐渐向市民、乡民打开。较为典型的是上海拆城填壕，改城为市。上海县城墙建于明代抗倭时期，清末时城高1丈4、5尺，有城门10座，另有水门3座，并有箭台、敌楼、层台等设施。上海成为通商口岸后，来华西人在城北荒郊建立了租界。数十年后，租界成为十里洋场，房屋鳞次栉比，街道迅速扩展，商业、娱乐设施日趋繁华。租界实行西方市政管理体制，有竹枝词云："洋场马路阔而平，南市前经仿筑城。新筑浦滩外马路，电灯巡捕一章程。"① 租界的城市设施和管理，与城门低隘、交通梗塞的上海县城形成了鲜明对照，县城商户纷纷迁入租界。1900年，上海出现了拆城之议。在清末筹办地方自治之际，上海县绅商率先尝试学习租界的管理方式。1906年，上海绅商数十人上书道台，请求拆除城墙，以开通道路，振兴商业，但有人以"保全地方以弥后患"为由加以反对，加之社会不靖，拆城之议乃寝。

辛亥革命后，社会改革风行全国。1912年1月13日，姚文楠等向苏、沪都督及上海民政总长李平书呈请拆城。经苏、沪都督府批准，1912年1月，李平书明令拆除上海城垣，公告云："为商业一方面论，固须拆除城垣，使交通便利。即以地方风气，人民卫生两项，尤当及早拆除，以便整理划一……即日动工拆除，并将城壕改设大阴沟，填筑马路，以便交通。"② 拆城并非一帆风顺，一些绅商成立了"城壕保护公会"。经江苏都

---

① 秦荣光：《上海县竹枝词》，见雷梦水、潘超、孙忠铨、钟山编《中华竹枝词》（二），北京古籍出版社1997年版，第998页。

② 《拆除城垣启示》，上海《时报》1912年1月15日。

督程德全等人干预，风潮始渐平息。拆城工程需要巨款，主持其事的城壕事务所将城基土地定价由原地市民购买，以筹措资金。拆城工程于 1912年 7 月全面动工，至 1913 年 6 月，北半城路面修筑完工，名为民国路，共长 850 丈。南半城路面于 1914 年竣工，长 890 丈，取名中华路。① 上海旧城乃与城外华界、租界连成一片，具备了新城市的基础。拆城之时，建有关帝庙的一小段城墙未拆，成为新上海的古迹。拆城填壕标志着上海更广泛地同化于近代生活方式中，至 20 世纪 20 年代基本形成了现代上海市的规模。

　　清末北京开始修筑新式马路，民初又拆除了长安街左右门，修筑了天安门前的东西大道，打通南北长街和南北池子，使皇城南部的交通大为改观。南城"正阳门外最堪夸，王道平平不少斜。点缀两边好风景，绿杨垂柳马缨花"②。新马路笔直平坦，点缀树木，装有路灯，给市民带来了新奇的感受。1888 年，清廷在中南海安装了北京第一台发电机组，专供皇宫照明。1905 年，官绅集资建立京师华商电灯公司，向城内主要街道和部分商户、居民供电照明。有竹枝词称赞："大地茫茫日暮时，鲁阳指日日仍驰。菩提揭起千万火，指点人间过客痴。"③ 民初北京的城市设施仍在改善之中，1913 年"二次革命"后，北京拆除了部分城墙，铺设了更多的新式马路。国民政府定都南京后，南京的改造明显加速了，而且不像北平那样较完整地保存了古城。在作家林语堂的笔下，20 世纪 30 年代的南京代表了现代化和工业主义，北平则代表了旧中国的灵魂、文化和平静，代表了"和顺安适的生活"④。

　　近代城市化进程淡化了都市社会的民族性和传统蕴含，市民的居住环境相沿成习而又发生了不小变化。北方民居以砖土瓦房为主，以砖石砌成，结构多为合院式建筑，有四合院、三合院之别。民初北京的王公府第虽未完全圯废，却已失去往日的威严和繁华。一些王府逐渐败落，被典卖和改作它用。北京民居不再显示森严的政治等级，却有明显的贫富之分。

---

①　上海通社编：《上海研究资料》，上海书店出版社 1984 年版，第 365—369 页。

②　忧患生：《京华百二竹枝词》，《中华竹枝词》（一），北京古籍出版社 1997 年版，第 278 页。

③　吾庐孺：《京华慷慨竹枝词》，《中华竹枝词》（一），北京古籍出版社 1997 年版，第 311 页。

④　林语堂：《迷人的北平》，姜德明编《北京乎》下册，生活·读书·新知三联书店 1992 年版，第 507 页。

普通的四合院，即四面都是围房、中间有一个院子的独立院落。四合院一般是三、五间正房坐北朝南，为尊长住所；两、三间厢房东西相向，为晚辈住房；大门开在东南角，进大门是一道影壁；另外配有厨房、厕所等。富贵之家往往多套院落相连，形成前院、后院、东院、西院的格局，前后相连，组成四合院群落，通称大宅门。

　　四合院讲究东、西、南、北的严整布局，居住体现尊卑长幼之序，蕴涵传统的伦理要素和风水观念。四合院都是四周盖房子，中间为全家的公共活动空间，这与西式庭院中间盖房子、四周为开放的空间完全相反，体现了中西文化的差异。四合院门墙紧密围合，注重人与自然的和谐，院子里一般种有石榴树或槐树，院子里放置金鱼缸，形成一个方便、封闭、幽静、和谐的居住空间。清末北京俗语云："天棚、鱼缸、石榴树，先生、肥狗、大丫头。"说的是满族大家庭必有的六样东西。请的塾师先生一般是山东秀才，又有"八尺大獒，大足之婢"①。其实不只满族大家庭，较富裕的京城人家大多如此。这正是林语堂所谓旧中国的灵魂、文化和平静的主要载体。

　　但是，北京城逐渐受到近代物质文明的渗透，清末以后开始出现西式公共建筑，如国会会场、前门邮局、北京饭店、东交民巷及西河沿银行等。1921 年落成的协和医院则是中西合璧的建筑。民初，除了一些富商、官僚、军阀仿建西式洋楼之外，西式建筑材料（如钢筋、水泥等）和设施也逐渐在四合院使用。城内一些建筑外表看上去还很传统，房内却有了自来水、电灯、西式地板、餐厅、水暖气。一些人家的厕所也装上了干净的抽水马桶；原来糊窗户的高丽纸、玻璃纸逐渐被玻璃取代；因取暖条件的改良，相沿已久的火炕也渐渐换成了木床，富裕时髦的家庭或许会在房中摆上了全套的西式家具……，传统民居程度不同地有了新因素。

　　近代物质文明进入寻常百姓家经历了一个过程。比如，自来水对城市生活的影响既大且广，至关重要，但推广起来步履维艰。上海租界自光绪六年创办自来水公司，光绪八年开始出水。北京则经朝廷允准，于光绪三十四年（1908）成立了官督商办的京师自来水股份有限公司，任命周学

---

　　①　谏书稀庵主人：《清季野史》，见张守常辑《中国近世谣谚》，北京出版社 1998 年版，第 264 页。

熙为总理（相当于今天的董事长）。在其主持下，自来水公司引京东北的孙河水入城，购买了德国的供水设备和器材，水楼子建在东直门。1910年2月建成供水，分为专用水管和公用水龙头买水两种，全城共安装了480个水龙头。这对于京城百姓还是颇为新鲜的事物，有竹枝词咏道："城北方塘一鉴开，千万龙蛇地下排。问渠那得清如许？为有源头活水来。"① 字里行间流露出对自来水的好奇和兴奋。但北京居民最初对"洋胰子水"心存疑虑，不敢轻易接受。为了消除居民疑虑，自来水公司煞费苦心地在京城《白话报》、《爱国报》宣传推广，解释自来水如何因压力大，开水时会带一点白水泡，而本身是如何干净可靠。为了打开销路，公司开业之初免费向市民赠水一周。不过，清末京城自来水用量有限，官宦人家仍喝御用的玉泉山水，多数市民仍购买水夫运送的井水。1910年，京城平均每天供应1613立方米自来水，只占全城用水量的极少数。直到1911年，官方仍在张贴劝用自来水的白话传单，其中云：

　　京城地方，向来是用井水，有甜水井又有苦水井。苦水不能吃是不必说了，就是甜水井的水，也有含着苦碱的滋味的。这是什么缘故呢？就是水的本质不好，又没有人制造他的缘故了。因为都市地方住户是多的，人家的秽水跟街上的脏东西都渗到地里头去的，又加上旧来的井淘的不得法，或是井口坏了，不知道修理，到了大风大雨的时候，什么脏水秽土一齐都流到井里去啦！你想这水能够干净吗？吃了这水能够不生病吗？所以上年自来水公司奏办自来水，本厅屡次出告示，让大家都吃自来水，这就是为大家卫生起见了。谁知道现在吃自来水的，还是不多，想是不知道自来水的好处呦！这自来水，是挑选最好的水质，用机器把他滤净了，又从铁管子里流到别处，一点脏东西也渗不进去的。这管子又可以安到家里来，随便取用……就是不能安专管子的，也可以就近购买自来水票，让他给送到自己家里来，千万不要再吃那不干净的井水，妨碍卫生。②

① 吾庐孺：《京华慷慨竹枝词》，《中华竹枝词》（一），北京古籍出版社1997年版，第307页。

② 《内外城巡警总厅劝食自来水白活浅说》，见《清末北京扩充自来水专管史料》，《历史档案》1992年第2期。

这则告示主要依据卫生条件来劝用自来水，颇能反映那时北京的居住环境和市容。清末民初，北京的居住条件看起来确实有些"文化和平静"，不像沿海商埠那样喧闹，但其近代化进程也相对迟缓得多。

居住环境受经济条件的限制，并带有地域性。相对于北京民居的民族风貌，开放地区则凸显了中西建筑文化的融合。在珠江三角洲，民初以后兴起了雕楼。这种多层的砖石建筑可以防避洪水，且窗户很小，一层装有铁门，便于防御匪患。但雕楼比一般民居造价高得多，除了一些富裕家庭，建造雕楼的资金多来自华侨汇款。随着邮电业务日益普及，漂洋过海的广东人一有积蓄就汇回家乡，用于建造雕楼。雕楼多为华侨所建，外观设计带有西式建筑的特征，建造过程则由本地工匠完成，带有中西合璧的风格。雕楼风行于20世纪20、30年代，40年代以后，战乱频繁，雕楼不能保一方平安，更多的人不得不背井离乡，雕楼也失去了往日的风光。

清末民初，在通商口岸及大城市，西式建筑日益增多。上海租界的西式建筑鳞次栉比，天津、青岛的洋房别墅成为富人追逐享受的场所。除了一些饭店、旅馆之类的商业建筑外，新式民居大致可分为里弄建筑、花园别墅和高层公寓三类。

以上海"石库门"为代表的里弄建筑不同于传统的低层院落，而接近外国的联立式住宅。一般是"三上三下"两层，楼下正中为客堂，两边各有厢房，二楼的形制也与此类似，建于1872年的上海兴仁里为其标本。有人描写道："租界里的住宅，差不多完全都是石库门的房屋。就是每个石库门里面是一个天井，经过一排长窗，就是客厅。要是两楼两底或是三楼三底的，那末在旁边多了一个或两个的厢房，最后就是厨房。"① 连排的石库门就组成了所谓"弄堂"，构成了以里弄为特征的居住区。②

石库门建筑在保持传统院落独立性的基础上，大幅节省了空间。1914年以后，上海石库门房子大量出现，建于思南路周边的老渔阳里和新渔阳里尤为典型。旧式石库门房子在邻里之间似乎还有"深宅大院"的特征，大门闭合，连接天井围墙和厢房。环境闹中取静，安闲独立，故有人谓其

---

① 绝尘：《住宅革新谈》，天津《大公报》1928年2月2日。
② 相关情况可参阅罗苏文的《石库门：寻常人家》，上海人民出版社1991年版。

脱胎于"四合院",传承中国住宅的一些特征。不过,石库门房子的外墙装饰和联排布局又打上了西洋建筑的烙印,而且不久即衍变为相对开放的空间。石库门建筑的价格非一般市民所能承受,最初多为迁居上海的绅商家庭所有。人世沧桑,迁居上海的一些绅商很快破落了,不得不依靠租售房屋为生。于是,一幢石库门房子有时要住上7、8户人家。在这种"大杂院",社会信息、生活习性,乃至个人隐私均处于开放状态。较之北京四合院的文化内涵和宁静,上海居民的生活空间已经斗转星移了。在近代文化人的笔下,石库门房子徒有亭阁楼台的美称,实则是呆板、狭窄,甚至拥挤的空间。但这种房子造价不高,适应了城市人口迅速膨胀的需要。20世纪30年代,上海有20万栋石库门房子,占当时民居的四分之三以上。20世纪40年代以后,兴建石库门的潮流趋于低落,一般只是修缮维护了。

花园洋房或曰别墅,最初只是租界洋人的住宅,后来扩大到华人之中。但其拥有者也仅限于占人口极少数的军阀、官僚、买办、资本家以及社会名流。别墅的设计各具特色,多模仿西方各国,有英式、法式、德式、混合式等等,风格各异。民初至抗日战争全面爆发的20余年中,花园洋房迅速增多,由租界、商埠扩展到一些风景名胜地和中小城市。一些花园洋房并非普通民宅,而是官商"金屋藏娇"的秘密场所。至于高层公寓,则是20世纪30年代以后才发展起来的,主要适应了中层社会的需要。

新的居住环境增加了人们对西方文明的感性认识。上海成为近代生活的陈列馆,清末和民国年间许多初到上海的青年都产生过思想震动。不断近代化的都市像一个巨大的磁场,吸引了越来越多的农村人口,也成为引领社会风尚的火车头。

二　饮食习惯"中体西用"

清末至民国,城乡饮食的习惯差异渐趋扩大。农村旧俗基本未变,而城市饮食结构逐渐改观,这主要源自西式饮食的渗透。在京、沪等地,西式饮食渐成时髦消费。尽管西餐的嗜好者不多,但它成为改良传统饮食、改变社会礼俗的新因素。近代大众饮食的变化很小,"南人食米,北人食面"体现了主食的地域差异。以动、植物为原料的菜肴多带地方风味,以米、面制作的副食糕点也有地方特色,并随时令节日而变化。生逢乱世的广大乡民及城市贫民饮食简单,甚至无粮充饥。温饱之家的饮食习惯大体沿袭不变，并无明显改进。

京城集传统饮食之精粹，菜肴丰富，档次分明。清末民初，源于广东的谭家菜享誉一时。谭莹、谭宗浚、谭祖任祖孙三代久居京官，交游众多。谭氏家中广贮鱼翅、燕窝、鲍鱼、海参，家中菜品融合南甜北咸的特点，注重味道鲜美，原汁原味。谭家常常以精美肴馔宴请朋友同僚，颇得称赞，声名鹊起。民初北京有"伶界无腔不学谭（鑫培），食界无口不夸谭"的说法。谭家菜最初专供达官贵人、社会名流享用，后来也承办宴席，每桌需大洋一百多元，但不挂牌营业。清末以来城市饮食的发展主要体现在面向社会的餐馆业。清末民初，宫廷御膳流播民间，丰富了民间的饮食文化。北京大规模的中餐馆称为"饭庄"，专门侍候"大宅门"或官商聚会以及婚丧宴会。清末著名的饭庄有惠丰堂、天寿堂、会贤堂、燕寿堂、同和堂、福寿堂、天福堂、同兴堂、庆丰堂、庆和堂、庆福堂、聚寿堂等，这些饭庄厅堂宽敞，菜品精美，每桌价为白银6、7两至4、5两不等。饭庄还有专门的戏台，可供数百人看戏。但这些饭庄不设散座接待一般顾客，价钱又贵，清朝灭亡和满洲贵族衰落后，饭庄的生意冷清起来，有些只得关门歇业。

取而代之的是比饭庄低一等而对外招揽顾客的"饭馆"，其著者为"八大居"、"八大楼"，而具体说法不一。饭馆经营灵活，既办宴席，又有散座，菜肴品种丰富。"饭馆类别甚多，计分本京馆、天津馆、山东馆、南饭馆、教门馆，及闽、粤、河南等馆7、8种。"如包席，"鱼翅席四大件，价8元至12元或16元不等；海参席三大件，价6元"。民初北京的著名菜品如"太丰楼之烩爪尖与软炸鸭腰，天和玉之炒芙蓉鸡片与锅贴金钱鸡，福兴居之清蒸小鸡，致美楼之四作鲤鱼、红烧鱼翅，东升楼之酱汁鲤鱼，同福馆之烩鸭腰，及河南菜馆、怡华春之生扒鱼翅，醒春居、一枝春之著名浙、宁南菜，均最脍炙人口云"①。这些流行菜品多属北方菜系。民国初年，浙、川、湘、徽等南方菜还不时兴，20世纪20年代有地方风味的餐馆数十家，以山东、江苏和广东风味为多，但尚未形成后来的鲁、粤、川、湘、苏、浙、闽、徽"八大菜系"。同时，北京形成了一些有特色的专门菜馆，羊肉馆有东来顺、西来顺，白肉馆有砂锅居，

---

① 中华图书馆编辑部编：《北京指南》卷五，上海中华图书馆1916年版，第3—4页。

素菜馆有功德林，烤肉馆有烤肉宛、烤肉季。

上海中餐馆也是丰富多彩，各具特色。著名的雅叙园、同兴楼、庆兴楼、中和园等经营北京菜，其中雅叙园的特色菜是炸鸡、爆肚和拉丝山药；杏花楼、万福楼、荔香园、会元楼经营广帮菜，杏花楼的夜宵也很有名；德和楼、益庆楼、鸿运楼经营苏州、宁波菜；老饭店、老正兴、德兴馆等经营本帮菜，而老正兴的菜比较"物美价廉"。其他地方特色的餐馆很多，如徽菜馆："徽馆申江最是多，虾仁面味果如何。油鸡烧鸭家家有，汤炒凭君点什么。"① 中餐仍然是上海人宴请亲朋的主要场所。

上海租界开辟不久，西式饮食随之移植过来。19 世纪 50 年代，租界有了名为老德记的西餐馆，不久又有理查饭店等经营西式饮食。清末上海福州路开设了一品香西餐馆，后来又有了海天春、万年春、一家春、江南春、吉祥春等西餐馆。西餐馆被当时人们统称为"蕃菜馆"或"大餐馆"。吃"大餐"的礼仪习惯显然与中菜馆不无差异，清末竹枝词描写上海人吃西餐的情形：

> 海上风行请大餐，每人须要一洋宽。
>
> 主人宴客殷勤甚，坐定先教点菜单。
>
> 主人独自中间坐，请客还须列两班。
>
> 近则为尊卑者远，大清会典可全删。
>
> 大菜先来一味汤，中间肴馔辨难详。
>
> 补丁代饭休嫌少，吃过咖啡即散场。
>
> 纵饮休云力不胜，劝君且慢点香冰。
>
> 白兰地本高粱味，红酒何妨代绍兴。
>
> 点菜还须各自书，今朝例菜问何如。
>
> 免教搜索枯肠遍，不过猪排炸板鱼。
>
> 寿头最怕请西餐，箸换刀叉顶不欢。
>
> 还可照人敷衍过，要他点菜更为难。②

---

① 朱文炳：《海上竹枝词》，见顾炳权编《上海洋场竹枝词》，上海书店出版社 1996 年版，第 191 页。

② 同上书，第 190 页。

　　这时上海人对西餐还较陌生，老人尤其不习惯。西餐菜品也较简单，不过是"猪排炸板鱼"之类。但西餐的卫生条件和饮食环境比较讲究，开始成为民初上流人士的时髦饮食。"从前应酬场中，酒菜之一、两元而已。今上海以请客应酬，妓院之事、局菜等费，统计不下百余元。遇有佳客，尤非大菜花酒，不足以示敬诚。"① 上海的一品香西餐馆常有名人光顾。例如，1913 年 2 月 10 日，国民党领导人宋教仁拟由上海乘火车赴京，与袁世凯讨论国事。当晚 6 时，欧阳成等 14 人在一品香设宴，为宋教仁饯行。不料当晚 10 点多，宋教仁登火车前即被袁党刺杀。1922 年 8 月 13 日，由刘海粟主持，"上海美术专门学校筹建校舍募金委员会"，假一品香举行欢迎委员大会，到者 50 余人，梁启超也到会并发表演讲。② 此类事例，不胜枚举。民初上海的西餐馆迅速增多，至 20 世纪 40 年代末多达千余家。北京风气紧随其后，西餐成为上流人士的时髦饮食：

　　　　外国人初到北京，最惊异者，为街上巡警之多，及大小饭馆之多……在前清时代，如余园、福善馆、燕寿堂等，颇极一时之盛。及至民国，一般人均喜外城新式者……至最近（1918），则以东方饭店之大菜适于新人物之嗜好。殆因西洋菜之清洁与规律时间之关系上为现时人所欢迎。于是乎大菜馆之开张广告，接二连三发现于新闻纸上。即如东安饭店，一时几欲歇业，近则大加扩充，增设大餐厅、单间雅座……至数日前，西交民巷西口外之小楼亦一变而为英法之大菜馆，颜其名曰西美楼，生涯甚为发达，每日至夜间 12 时，顾客不绝。亦可觇时流之嗜好矣。③

　　北京西餐馆多在前门一带，"其价每人每食 1 元，点菜每件自 1 角 5、6 分到 4、5 角不等……惟洋酒之价甚巨，每瓶 4、5 角或 4、5 元不等，如遇牛饮之客，则一餐或饮酒至数十元亦不为罕"。民初北京著名的西餐馆有迎春豫、体育、燕春园、宴宾等家。④ 20 世纪 20 年代著名的西餐馆

---

①　虎痴：《做上海人安得不穷》，《申报》1912 年 8 月 9 日。

②　《请看梁启超之大演说》，上海《民国日报》1922 年 8 月 14 日。

③　《北京饭馆之变迁》，上海《时报》1918 年 8 月 24 日。

④　中华图书馆编辑部编：《北京指南》卷五，上海中华图书馆 1916 年版，第 4 页。

已有 10 多家，一些高档宾馆如六国饭店、北京饭店等均经营西餐。民国
初年，北京的西式饮食不如上海风行，但洋食品如火腿、西式糕点、洋干
果、罐头、冰淇淋等，洋饮料如洋酒、咖啡、汽水、啤酒等均不罕见。北
京有专门的西点店、面包房，其中著名者如西美店、法国面包房、正昌面
包房等，奶酪店有天和仙、德顺轩、源兴义等。

　　吃西餐非一般民众的消费，却为崇洋风气推波助澜，也成为传播西方
社交礼仪的重要渠道。因之，饮食成为近代中西文化冲突与交融的象征。
中餐以煎、炒、烹、炸为主要制作方法，注重色、香、味，讲求营养与食
疗的功用，制作火候也多依赖于经验和会意，成品浑然一体而不失观赏
性。西餐偏重于营养价值，以烘烤、生食、煮汤为基本方法。两者在选
料、制作、口味、营养、食法和功用等方面均产生了反差。但西餐也在扩
展过程中多少中国化了。被人们称为"洋臭豆腐"的奶酪因为不受欢迎，
往往在西餐中省去了。为了迎合中国人的口味，西菜中做的现象已不罕
见。一些西餐馆的牛排、羊排也不再做成半生不熟，而是做得熟透了以适
合国人口味。在崇洋成风的广州，诸如瑞士焗排骨、西汁煎猪扒、茄汁煎
牛柳、美利坚虾球等西菜已具有中菜风味。另一方面，西菜的做法、调味
品也逐渐应用于中餐。"切成小块，用酱油红烧的西方牛排，也已经变为
一道中国菜。锅巴虾仁加番茄汁更是一种新花样。中菜席上有时也要加上
冰淇淋、咖啡和金山橙子。"① 北京西来顺的回族厨师褚祥就以西菜的味
精、咖喱、胡椒、番茄酱和牛奶等调味品，创制了茉莉竹笋、扒四白、鸭
泥面包等新菜品。②

　　在中西融合中，传统饮食加速了改良、更新的进程。因口味、价格、
食法等因素的影响，西式饮食在民国都市社会始终不占主流。1923 年 7
月 15 日北京《晨报·副刊》的民意调查显示：2477 名北京人中，回答爱
吃中餐的有 1907 人，约占 77%；回答爱吃西餐或"中餐西式"、"西式中
餐"、"改良的中餐"和"中西餐合而食之"总共才有 570 人，约占
23%。这个比例反映了市民社会的饮食习惯，乡民受西式饮食的影响微乎
其微。西餐虽属都市社会的时髦，而真正喜好者很少。一般人只是社会应

①　蒋梦麟：《西潮·新潮》，岳麓书社 2000 年版，第 237 页。
②　李少兵：《民国时期的西式风俗文化》，北京师范大学出版社 1994 年版，第 15 页。

酬或好奇尝鲜时才用西餐，以体现场面上的"文明"。借用近代的流行语，民国年间中国人的饮食结构可谓"中体西用"。

中国人的饮茶习俗历史悠久，文化底蕴丰厚。唐代精于茶理，宋代精于茶事，明清时期的种茶更为普遍，茶文化也从择器、择茶、择水、煎法、饮法等方面发展完善起来。饮茶非唯日常生活所需，并且具有社会功能，后者尤见于茶馆之中。晚清以来，城镇的茶馆业异常兴旺。北京茶馆众多，有"茶楼、茶轩、清茶馆之别。茶楼最高尚，每人价铜元 6 枚。稍次者为茶轩，每人价铜元 1、2 枚不等，均带卖点心。唯清茶馆则不卖食物，每人价铜元 2、3 枚。间有邀人说书、清唱者。另有一种每遇庙会之时，在彼张搭彩棚以售茶者，谓之野茶馆，其价甚巨，多者收至 2、3 角不等"。民初北京有名的茶楼有玉品茶社、荔香茶社、中兴茶楼、玉壶春等，茶轩有万德楼、天汇轩、天德轩等，清茶馆有太平店、德仁轩等。①

各地城镇均有茶馆，新兴的上海"不特舞榭歌楼、戏园酒肆争奇斗胜，生面独开，即一茶室也，而杰阁三层，明灯万盏，椅必细木，碗必炉窑，一日之市可得数金，一店之本不下一、二万"②。"宣统元年，上海有茶馆 64 家，到民国 8 年达到 164 家。"③ 上海的茶馆最先多开在城隍庙附近，较有名的如宛在轩、春风得意楼、四美轩、也是轩、第一楼、春江听雨楼、鹤园、雅叙园、赏乐楼等。后来，各国租界也出现了大批茶馆。有些茶馆设施还带有洋气，如位于四马路的阆苑第一楼为洋房结构，四面全是玻璃窗，茶客入座，如置身水晶宫中。上海著名茶馆还有九江路的天香阁、云南路的鹤林春、广州东路的松风阁、四川北路的群芳居等，而丽水台则常常是文人流连吟咏的场所。

茶馆是喝茶、休闲的好去处，常有说书、弹词等曲艺表演。在上海，"茶楼高坐有红妆，半面琵琶歌羽裳。一笑回头谁属意，状元台上状元郎（茶坊多有女说书者，高坐唱书，其外两桌相并，名'状元台'）"④。各地都有一些专门"泡茶馆"的闲人。民初，北京无业的八旗子弟就是茶

---

① 中华图书馆编辑部编：《北京指南》卷五，上海中华图书馆 1916 年版，第 6 页。

② 黄式权：《淞南梦影录》，葛元煦等《沪游杂记·淞南梦影录·沪南梦影》，上海古籍出版社 1989 年版，第 101 页。

③ 汤伟康等编：《上海轶事》，上海文化出版社 1987 年版，第 215 页。

④ 佚名：《春申浦竹枝词》，《上海洋场竹枝词》，上海书店出版社 1996 年版，第 58 页。

馆的常客。茶馆的功能主要不在于品茗休闲，而是交际场所和信息渠道。茶馆是社会的缩影，茶客三教九流，鱼龙混杂。在老舍的名著《茶馆》里，上至昔日大内的大太监、玩鸟斗蛐蛐的遗老遗少、走红的名角、交际花以及政客、文人，下至拉洋车的苦力、小贩、手艺人，都出现在茶馆之中。他们在那里打发时光，借机攀附经商或卖艺谋生。茶馆成为民国年间的信息场，变成说媒算命、息讼办案，乃至欺蒙拐骗的媒介。在淫风盛炽的上海，茶馆也是妓女密集之所，所谓"茶楼步步斗新装，风雅题名器具良。茗碗多佳群妓集，通宵灯烛耀辉煌"①。一些茶馆还有行业或帮会背景，作家郁达夫写道：

> 上海的水陆码头，交通要道，以及人口密聚的地方的茶楼，顾客大抵是帮里的人。上茶馆里去解决的事情，第一是是非的公断，即所谓吃讲茶；第二是拐带的商量，女人的跟人逃走，大半是借茶楼作出发地的；第三，总是一般好事的人去消磨时间。所以上海的茶楼，若没有这一群人的支持，营业是维持不过去的，而全上海的茶楼总数之中，以专营这一种营业的茶店居五分之四；其余的一分，像城隍庙里的几家，像小菜场附近的有些，总是名副其实，供人以饮料的茶店。②

茶馆看似是一个自由的公共空间，但并不是没有拘束。民初画家陈师曾绘有一幅名为《墙有耳》的画，反映了民初北京茶馆受特务监视的情形。后来有人为之题诗："莫谈国事贴红条，信口开河祸易招。仔细须防门外汉，隔墙有耳探根苗（北京茶坊酒肆，每贴莫谈国事红条，戒客之谰言而累己也）。"③ 近代茶馆之发达不以京、沪为限，西南重镇成都也有"闲人多，茶馆多，厕所多"的说法。④ 一般中小城市的茶馆不像北京那样"须防门外汉"，而是相对轻松的公共空间，但其混杂诡秘情形有时并

---

① 颐安主人：《沪江商业市景词》，《上海洋场竹枝词》，上海书店出版社 1996 年版，第 134 页。

② 郁达夫：《上海的茶楼》，《良友》第 112 期，1935 年 12 月。

③ 《墙有耳》"画上题词、题诗"，陈师曾画《北京风俗图》第四图，北京古籍出版社 1986 年版。

④ 参见王笛《街头文化——成都公共空间、下层民众与地方政治，1870—1930》，中国人民大学出版社 2006 年版。

不逊于北京，一些茶馆往往是帮会或政治势力的活动场所。

三　城市交通与时俱进

清末民国的交通工具新旧杂陈，轿子、马车、独轮车仍行走于乡村道路；人力车、汽车、电车、自行车则渐成城市的交通主流；在长途运输中，火车、轮船逐渐增多，至 1924 年全国铁路总长为 12000 公里，20 世纪 30 年代以后又有了飞机。近代交通典型地体现了物质文明的进步，也对中国社会生活产生了巨大影响。

清代官商出行多是骑马或乘轿子、乘车。官轿有八抬、四抬、二人抬之分，等级分明，不得逾越。清朝用轿制度十分严格，京官最多是乘四人轿，只有王公亲贵、各省总督、巡抚及三品以上京官出京才乘八人轿。富绅巨贾有的也有家用轿子，但乘轿费用高，速度不快，一般官商多选择乘马车、骡车出行。骡车分自备和租赁两种，租车的地方类似后来的马车行、汽车行。清末还出现了专供雇用的轿行，但商业化的轿行很快就被人力车、马车取代了。

马车作为载客工具，中国古已有之。而清末津、沪、京等城市流行的马车多属西式，一直沿用到民国早期。西式马车自 19 世纪传入上海后，成为时髦、高档的交通工具。西式马车形制豪华宽敞，有双轮、四轮之别，一马、两马之分。官僚买办、小姐阔少以及青楼女子，多乘马车出行。宋伯鲁有诗云："青楼大道柳依依，尽日骅骝掣电飞。赢得张园茶散后，双双载得玉人归。"[①] 上海滩的马车集中于三马路、四马路一带，因为这里妓院集中。1900 年"庚子事变"后，西式马车逐渐流行于京城，辛亥革命前夕已有 3 家出租马车的车行，一些达官富豪有私人马车。民初北京"官绅士商出游拜客多乘马车"，"文明结婚"也用马车，"均结以五色彩绸"，租用马车一般每日每辆约 5 元[②]。据说，袁世凯坐的是双白马朱漆四轮车，这辆马车还接待过北上会谈的孙中山。民初城市中也出现了一些待人雇用的"买卖车"。20 世纪 20 年代以后，汽车成为更时髦、高

---

① 宋伯鲁：《沪渎竹枝词》，《中华竹枝词》（二），北京古籍出版社 1997 年版，第 1066 页。

② 中华图书馆编辑部编：《车行·马车》，《北京指南》卷六，上海中华图书馆 1916 年版，第 4 页。

档的交通工具，马车逐渐被官商冷落了。

"马路纵横处处通，洋车飞跑气冲冲。独怜轿馆门罗雀，轿佬围谈诉困穷。"[①] 20 世纪早期，城市人力交通的重要变化是人力车逐渐取代轿子。人力车创制于日本，俗称"东洋车"，自 19 世纪 70 年代初引进上海后，凭借其简便、灵活和廉价而迅速风行，成为 20 世纪早期最普通的城市交通工具。清末上海人的感受是："东洋车子最轻灵，经过长亭即短亭。人坐便趋飞鸟捷，双轮迅可逐流星。"[②] 人力车有胶皮、铁皮之别，胶皮较铁皮价格略贵。民国元年，北京"人力车之行于市者，多为高大铁色木轮，小轮者已不多见，胶皮轮则仅东交民巷内闻有三四辆耳。岂知四、五年间，胶轮之车居然盈街皆是，而所谓铁轮者，则转瞬淘汰尽矣"[③]。顾客乘车分包月、包日及拉散座三种。北京"拉散座车每句钟价洋 2 角，或每一里铜元 2 枚。如遇雨雪之时，车价骤涨，要非可以常例观也"[④]。

人力车成本不高，每辆新车的价格约大洋 70 至 100 元不等。但贫穷的车夫不能自己买车，只能租车谋生。开办人力车行有利可图，不少投资者开办车行或生产人力车。1925 年北京有出租人力车的大小车行一千多家。人力车几经改良，如由橡胶轮胎改为充气胎，安装铜喇叭、脚铃和车灯等，随季节变化而装上厚薄不同的车篷。上海、南京等南方城市规定人力车须涂以桐油或黄漆，又叫"黄包车"。但北京必须叫"洋车"，据郑振铎说，如叫黄包车，"准保个个车夫都不会理会你，那是一种侮辱，他们以为"。因为"黄包，北音近于王八"[⑤]。1923 年上海出现了脚踏黄包车，车夫不必步行，坐在车的前部蹬动脚踏板驱车前行，兼备人力车与自行车的优长。脚踏黄包车速度快，车夫的劳动强度较人力车有所减轻。

人力车取代轿子、马车为出行带来了方便，也淡化了出行者原有的等级身份，对传统礼仪产生一定冲击。另一方面，人力车增多和平民化又衍生出新的社会群体。人力车缓解了城市就业压力，很多没有一技之长的青

① 胡子晋：《广州竹枝词》，《中华竹枝词》（四），北京古籍出版社 1997 年版，第 2899 页。
② 辰桥：《申江百咏》，《上海洋场竹枝词》，上海书店出版社 1996 年版，第 81 页。
③ 胡朴安：《中国全国风俗志》（下），河北人民出版社 1986 年版，第 19—20 页。
④ 中华图书馆编辑部编：《车行·人力车》，《北京指南》卷六，上海中华图书馆 1916 年版，第 5 页。
⑤ 郑振铎：《北平》，《北京乎》上册，生活·读书·新知三联书店 1992 年版，第 259 页。

年男子，乃至女子，就像老舍笔下的骆驼祥子那样做人力车夫。其中还有因贫困所迫的"童工"，巴金曾记述一次坐车的经历说："在我眼前晃动着一个瘦小的背影。我的眼睛没有错，拉车的是一个小孩，我估计他的年纪还不到十四。"① 1915 年，北京的人力车夫达到 2 万余人，20 世纪 30 年代末则超过 5 万人，约占全市人口的 5%，而上海的人力车夫在 20 年代中期已达 6 万人之多。1921 年有人调查广州的人力车状况："人力车数目已加至 3 千辆，车夫日夜二人交替，合租一车，共有 6 千余人。车租日夜 6 角 6 分，牌照费每季 2 元 3 角。至车夫生活，如遇旺季，日夜可得 1 元 8 角余，除车租外，实得 1 元 2、3 角，二人均分，每人可得 6、7 角。"② 20 世纪 30 年代末，人力车最盛之时，全国共有人力车夫几十万人，实际收入远远低于广州旺季，是一个庞大的城市贫民群。

人力车夫生活艰苦，竞争激烈。车夫一般从早晨 4、5 点起床拉客，晚上 10 点钟才将车送回车行。车夫每天拉车奔跑的时间约 4、5 个小时，其余时间在等待乘客。一般每个车夫每月可挣银元 10 余元，约一半交车行作租车金，车夫的收入不够养家糊口。尤其悲惨的是，人力车夫有时还遭受乘客的殴打、辱骂。有一篇新闻写道：

> 西直门附近一个巡警派出所门前，停了一辆洋车。车夫年龄约略
> 40 岁前后。上着灰色短褂，下穿一条破烂不堪的说不出颜色的裤子，
> 头包一块紫色的布，形容憔悴，一见就知道是营养不良的结果。车上
> 一位雄赳赳的军人，双手抱着许多罐头和水果。到了派出所门前的时
> 候，车上人一面骂一面跳下来，三言两语还没说完话，把手里东西放
> 在车上，就举起手来，把一个骨瘦如柴的车夫，按在地上，踢打交
> 加。车夫无力自卫，只好大哭起来……不久车夫头上的头巾被打掉下
> 来……观众才知道这位车夫，是一位女性……（她说丈夫外出从军）
> "生死不明，母子二人，无法糊口，只得拉车度日……那知道这位先
> 生嫌我拉得太慢，一路用脚乱踢，把我的手都踢坏了。"③

---

① 巴金：《一个车夫》，《北京乎》上册，生活·读书·新知三联书店 1992 年版，第 240 页。
② 郑筹伯：《广州劳工状况调查录》，《东方杂志》第 18 卷第 7 号，1921。
③ 《一个可怜的女车夫》，天津《大公报》1923 年 10 月 1 日。

　　这只是车夫悲惨生活的一页，却不是罕见的现象。五四新文化人关注着人力车夫的处境，对东洋车的感受已与清末市民不可同日而语了。胡适称"人力车代表的文明就是那用人作牛马的文明"，他颇为同情地写道："我们坐在人力车上，眼看那些圆颅方趾的同胞努起筋肉，弯着背脊梁，流着血汗，替我们做牛马，拖我们行远登高，为的是要挣几十个铜子去活命养家。"① 沈尹默有诗云："人力车上人，个个穿棉衣，个个袖手坐，还觉冷不过。车夫单衣破，他却汗珠儿颗颗往下堕。"② 随时推移，人力车的形象从清末的"洋车飞跑气冲冲"，变成了代表"用人作牛马的文明"，这种变化不仅说明人力车趋于普及，已经不能适应人们日益增长的消费需求，而且体现了文人学者对人力车的认知趋于成熟和深化。

　　五四前后，一些人呼吁要研究解决人力车夫的生存问题，但都不过是纸上谈兵。车夫们因生活所迫，不得不起而自救，举行罢工。1915 年，上海人力车夫因反对车行增加车租而罢工。③ 1921 年五一劳动节期间，汉口的人力车夫也因反对增加车租而罢工，并取得了一定成效。④ 20 世纪40 年代以后，随着自行车及公共交通逐渐增多，人力车的数量趋于减少。正像人力车取代轿子一样，人力车也很快被新式公交及自行车取代了。

　　20 世纪初年以后，自行车（俗称脚踏车）在上海、北京等地已不罕见，式样也比 19 世纪有所改良。人们的初步印象似乎是新鲜多于好感："臀高肩耸目无斜，大似鞠躬敬有加。噶叭一声人急避，后边来了自行车。"⑤ 自行车很快成为富裕家庭的时髦用品。1900 年，宋查理送给女儿宋蔼龄的 10 岁生日礼物就是一辆自行车。1909 年，有两位西方人坐骡车行经山西时，"十分惊讶竟有一名地方绅士骑着脚踏车超越他们"⑥。但当时买得起自行车的人不多，一般是租赁使用。1916 年北京已有"快马"、

　　① 胡适：《漫游的感想》，欧阳哲生编《胡适文集》（4），北京大学出版社 1998 年版，第30 页。

　　② 沈尹默：《人力车夫》，《新青年》第 4 卷第 1 号，1918 年。

　　③ 《本埠纪事·纪人力车夫罢工事》，上海《时报》1915 年 12 月 3 日。

　　④ 《劳动节之汉口车夫罢工》，北京《晨报》1921 年 5 月 6 日。

　　⑤ 忧患生：《京华百二竹枝词》，《中华竹枝词》（一），北京古籍出版社 1997 年版，第 291页。

　　⑥ 参见冯客（Frank Dikotter）《民国时期的摩登玩意、文化拼凑与日常生活》，见李孝悌编《中国的城市生活》，新星出版社 2006 年版，第 434 页。

"荣利"、"云飞"、"绍芝"4 家自行车行，以供市民租用，① 每日租金需
1 元左右。20 世纪 20 年代以后，随着道路改善，自行车在大中城市日益
流行，成为邮政、警察等行业的主要交通工具。一些富裕家庭使用的自行
车多是从英国进口的蓝牌、三枪、凤头、双金人等名牌车，而售价较低的
飞利浦车，则受一般市民的欢迎。1934 年，广州大约有 8000 辆自行车登
记在案，而上海至 1948 年已有 23 万辆自行车。② 20 世纪 30、40 年代，
自行车在一些县城流行开来。在有关抗战题材的文学作品中，"便衣队"、
"侦缉队"、"特务队"、"武工队"的成员多是骑自行车集体行动。20 世
纪下半期，中国成为自行车的王国，象征着社会程度介于传统与现代之间
的半工业化状态。

代表近代工业文明特征的交通工具是汽车、电车和火车。1901 年，
第一辆汽车进入上海租界，形似马车，当时工部局列为马车类管理。辛亥
革命后，上海的汽车明显增多了。1913 年，上海的报刊不断报道使用汽
车的消息。有人感慨上流社会"拉风易为风扇矣，马车易为汽车矣"！而
下层民众生活困苦不堪。③ 据 1918 年上海工部局统计，该市共有汽车
1248 辆，其中私有车 934 辆，公有车 121 辆，运货车 23 辆，其他 170 辆。
民初轿车多是方轿式的福特车，后来种类增多，有了通用、克莱斯勒等公
司的车子，外观也出现了多种流线型。民国年间，拥有私车者毕竟很少，
但一些高官富商纷纷以乘坐轿车显示气派、威风，名妓出堂差也以坐轿车
为时髦，汽车出租行业遂应运而兴。1911 年，美商平治门洋行和美汽车
公司开办了上海首家出租车行，随后出现了"云飞"、"祥生"、"银色"
等有名的出租汽车公司，租金以时间或行程计算。20 世纪 20 年代初，上
海人坐汽车更加流行，"每至礼拜日，必有许多少年男女，同乘一车，疾
驰于南京路、静安寺路、福州路。而马车中，今仅见四十许男子一人兀
坐，无复向日盛事矣"④。至 1933 年，上海已有汽车出租行 95 家，出租
车 1000 余辆。

---

① 中华图书馆编辑部编：《车行·脚踏车》，《北京指南》卷六，上海中华图书馆 1916 年
版，第 5 页。

② 李孝悌编：《中国的城市生活》，新星出版社 2006 年版，第 434 页。

③ 《时评二·苦乐不均》，上海《时报》1913 年 8 月 21 日。

④ 胡朴安：《中国全国风俗志》（下），河北人民出版社 1986 年版，第 216 页。

北京紧随其后，1913 年出现了第一家汽车出租行。但 1914 年元旦袁世凯以总统名义举行记者招待会时，中外名人还是乘马车而来。紫禁城小朝廷的奢侈消费则领先一步。"当时除皇宫内使用汽车外，北京还很少看见汽车；不久由于道路改进了，就运来了几百辆汽车。"① 至迟到 1916 年，北京已有飞龙公司、飞燕公司和高大公司 3 家汽车行。"汽车分用电与用煤油两种，向惟西人用之。近则中国人士亦多乘用。赁价每一日约 22 元，早 8 点至午 12 点价 12 元，午后两点至 6 点，价 12 元，每一句钟加洋 4 元。"② 1918 年，北京开始使用汽车投递邮件。

汽车使交通工具得到了进一步改良，城市更显繁华，但人们的道德水准并没有随之提高。相反，潜藏的市侩气息和劣根性随之暴露出来了。民初轿车肇事伤人事件接连不断。1913 年 10 月 14 日《申报》报道上海汽车伤人事件两起，12 月 23 日又刊载汽车撞毙人命案三起。工部局对车祸大为棘手，只得对一些无法无天的汽车司机"各存巨金交保"，并取缔其驾驶资格。③ 次年，租界当局又采取措施，对汽车的声、光系统加以改良：

> 沪上自汽车盛行以来，一般富绅巨贾以及时髦少年莫不乘坐汽车游行街市以为显耀，惟车行甚疾，且系橡皮空气车轮，绝无声响，故均装置手捏回声（俗称喇叭），俾行人及他项车辆闻声走避，以免碰撞之虞……又闻工部局以各汽车前面所装之电灯每有回光镜者……易于肇事。拟除西人自置之汽车自行开驶者仍准点燃外，凡公司出租之汽车及华人自置者概改他项灯火，以免行人眩目而免危险。④

这些管理措施徒有其表，实效不大。此后，上海轿车撞人事件接踵不断，甚至像 1922 年 4 月 17 日那样，一天之内发生 5 起车祸，蹑死农妇 1 人，撞伤 5 人。⑤ 更有甚者，汽车为犯罪抢劫提供了更有效的作案工具。

---

① 保罗·S. 芮恩施：《一个美国外交官使华记》，商务印书馆 1982 年版，第 89 页。
② 中华图书馆编辑部编：《车行·汽车》，《北京指南》卷六，上海中华图书馆 1916 年版，第 4 页。
③ 《从严取缔车夫之先声》，《申报》1913 年 12 月 26 日。
④ 《取缔汽车之志闻》，《申报》1914 年 7 月 6 日。
⑤ 《昨日一日间汽车肇祸五起》，《申报》1922 年 4 月 18 日。

民国初年，上海等地劫匪开车抢劫，然后逃之夭夭的案件屡屡发生。①

北京、天津、南京、广州也遇到了类似的混乱。北京人的感受是："汽力催车危更危，风驰电掣去如飞。可怜士女忙趋避，扑得纷纷满面灰。"② 故舆论讥讽北京的"十大特色"就包括"汽车在狭道上人丛内横冲直撞，巡警不加阻拦"；"高级军官不骑马，而乘汽车飞跑，若开往前敌然"③。天津的"达官伟人，以及稍有几文臭钱者，莫不鄙视人力车、马车，而以高坐汽车为阔绰。驾驶者又夙无经验，恃其坐主之有势力财力，横行乱骋。在坐车者自觉御风而行，非常得意，而贫苦人民，彳亍街头，被蹂躏于飞轮之下，时有所闻，良可痛也"④。鉴于此，天津警察厅规定汽车在人众稠密之地不得行驶过速。1920 年南京的"汽车已达 30 余辆，类皆政客之酬应物，及一般阔少之装饰品。纵横行道，人民因此致伤或殒命者，屡有所闻"⑤。上海、广州等地市民视汽车为吃人的"市虎"，无奈地感慨："往来如织密如麻，满眼汽车与电车。谁说中华生命重，噬人虎口日增加。"⑥ 近代物质条件如果没有相应设施和道德规范相配合，则成为危害大众的奢侈品。

汽车产生的混乱虽与驾驶技术差、道路狭窄等客观条件不无关系，但主要缘于乘车、驾车者的道德修养。当时在上海，"一听得汽车夫三个字，凡是上等人，一定蹙眉摇首；懦弱的人，一定战兢畏惧；下等的人，一定钦敬羡慕"。何以至此？有人撰文分析汽车司机的人格，认为他们像从前的优伶和马夫一样，具有"好勇斗狠和贪财淫乱"的特性，"人们都畏惧他三分"。"因为收入较丰，衣服个个穿得非常漂亮，闲空的时候，便花天酒地，很得下贱的窑姐儿欢迎。又因时常闯事，没有一个不入帮拜老头子。"于是，养成了低下的人格。⑦ 对于这种人，社会各界自然是无可奈何，只能"敬"而远之。从社会礼俗来看，民国年间人力车淡化了

①　比如《上海利用汽车之大劫案》，北京《晨钟报》1917 年 9 月 6 日。

②　张笑我：《首都杂咏》，《中华竹枝词》（一），北京古籍出版社 1997 年版，第 429 页。

③　悼红：《北京十大特色》，上海《时报》1919 年 8 月 12 日。

④　邋：《时评·汽车实行取缔矣》，天津《大公报》1919 年 5 月 24 日。

⑤　野如：《金陵闲话》，《申报》1920 年 3 月 24 日。

⑥　余槐青：《上海竹枝词》，《上海洋场竹枝词》，上海书店出版社 1996 年版，第 264 页。

⑦　茸余：《上海汽车夫的人格》，《申报》1925 年 5 月 2 日。

中世纪轿子附带的排场和等级特征，而不能大众化的汽车又一定程度上恢复了这种礼俗蕴含。

相比起来，大众化的公共交通则没有这类负面作用。20 世纪初，有轨电车开始从国外引进。光绪三十年（1904）三月，直隶总督袁世凯批准世昌洋行在天津开办电车，即所谓围城电车，"所行之路线即昔年县城之地址"①。至 1906 年，比利时商人在天津开办的首条有轨电车投入营运。电车公司援引西方管理方式，"车上不许吐痰涎"，"不得用污言秽语，亦不得污秽本公司之车，又不得侮弄同车之客"。这些规定有利于市民养成文明礼貌习惯，形成良风美俗。至 1927 年，天津共有 6 条电车线路投入营运，在国内处于领先地位。1905 年，上海引进了电车。1908 年，外商创办的上海第一辆有轨电车首先在法租界运行，全长 6.04 公里，分头等、二等两种车厢，分段计价。当时观者如潮，沿途经过之地，茶楼酒肆座无虚席。1913 年，上海已有 3 条电车线路。华商也成立了电车公司，并于 1918 年开通了 3 条电车线路。1914 年，无轨电车也传入上海。不久，沪、京、津等市逐步开办无轨电车。1927 年，上海的有轨、无轨电车线路达到 32 条。

1915 年，在北京政府交通总长朱启钤的推动下，北京城墙外修建了全长 15 公里的环城铁路，沿途设德胜门、安定门、东直门、朝阳门、东便门和前门 6 个车站，连接京汉、京张、京丰等铁路车站。但北京公交电车相对滞后，直到 1922 年才由官商合资，以 5.5 万英镑从法国电气制造公司购买底盘和零部件组装成电车，至 1924 年年底开通了前门至西直门的第一条有轨电车线路，全程 9 公里，以后又陆续开设了 5 条线路。有轨电车是由司机站着开车，车行走时"当当"地发出声响，北京人称为"当儿当儿车"。电车行走中遇有紧急情况时，由司机单臂绞动手闸刹车，要求司机有丰富的经验和强健的体力。

电车载客多，票价低，速度较快，迅速成为人力车的竞争对手。1929年，北京电车营运里程将近 40 公里，有电车 82 辆。而当时，"人力车夫6 万名，沿街无处不居停。却因汽电来争胜，剥夺机穷一线生"②。因此人

① 王守恂：《天津政俗沿革记》卷一，1938 年天津刊本，第 22 页。
② 张元坡：《故都杂咏》，《中华竹枝词》（一），北京古籍出版社 1997 年版，第 378 页。

力车夫与电车公司的冲突时有发生，1929 年 10 月的冲突尤为激烈。当时，电车公司工会为了扩建子弟学校，强占了珠市口内铁山寺庙宇，与人力车夫工会发生冲突。人力车夫借机发泄不满，1929 年 10 月 22 日千余车夫聚集天坛东门外的电车修造厂，捣毁、推翻有轨电车 63 辆，重伤电车工人 8 人。当局出动大批军警镇压，事件才算平息。北京的有轨电车不如津、沪发展顺利，而且线路少，乘坐率低。这与北京的城市格局和生活习惯不无关系。

　　民国时期，城市交通工具接踵更新，但也非一蹴而就。各阶层的经济生活千差万别，加之地理、习俗的影响，形成主流更新而又新旧杂陈的局面。有作家描述 20 世纪 30 年代的北京："在同一个城门洞里，可以出入着极时兴的汽车，电车，极轻便的脚踏车；但是落伍的四轮马车，载重的粗笨骡车，或推或挽的人力车，也同时出入着。最奇怪的是，在这新旧车辆之中，还夹杂着红绿轿，驴驮子，甚而至于裹着三五辆臭汽洋溢的粪车。"① 尽管如此，电车、汽车等体现近代科技和工业文明的城市交通工具日益增多，而古代留传的交通工具日趋减少。新式交通虽然带来了许多社会问题，甚至一段时间内暴露了人性的弱点和道德缺失，但增进了近代物质文明，对市民的日常生活和思想观念主要产生了积极影响。

四　服饰时尚及创新

　　清末服饰变化不大，除了租界之外，富商贵族的趋新风气只是初露端倪。而到民国年间，最炫目的城市生活是服饰时尚，其主要特征是趋洋求新，但崇洋风气也几经变化。民初服饰偏重模仿西俗，20 世纪 20 年代以后崇洋热又有所降温，融合中西的服饰创新开始引人注目。南京临时政府进行了一系列除旧布新的改革，涉及社会制度和风俗礼仪诸方面，如通令全国剪除发辫，革除满俗。加之，民初改革直接以西法西俗为样本，为崇洋风气推波助澜。在剪发易服的推动下，上海、广州、天津等地的服饰趋洋风气加速发展，时髦洋货已不限于洋火、洋皂、洋布、钟表、洋烟、毛

---

　　① 老向：《难认识的北平》，姜德明编《北京乎》上册，生活·读书·新知三联书店 1992 年版，第 295 页。

巾等物。民初的"北京指南"将"马车、自行车、汽车、电灯、电扇、叫人钟、洋式楼房、洋式火炉、洋式桌椅、洋眼镜、洋皮包"列为"文明器具"①。此外，人力车、自来水、电话、银行、警察、西餐馆、西式饭店也成为文明的象征，文明戏、文明结婚、文明丧葬、文明礼仪等更是生活时尚。近代中国人关于域外器物的认知经历从夷器、洋货到"文明"器物的变化，反映了社会价值观的转变。洋货既然成为"文明"的标志，都市社会的崇洋风气乃如火上浇油，"衣食住之模仿欧风，日用品物之流行洋货，其势若决江河，沛然莫御……世风既因之日侈，富力即因之日竭"②。报刊讽刺当时的政府官员："头戴外国帽，眼架金丝镜，口吸纸卷烟，身着哔叽服，脚踏软皮鞋，吃西菜，住洋房，点电灯，卧铜床，以至台灯、毡毯、面盒、手巾、痰盂、便桶，无一非外国货，算来衣食住，处处仿效外国人。"③

除西装外，西式的围巾、皮鞋、眼镜、怀表、文明棍及洋伞在大中城市流行起来。1912年，有人撰文讽刺上海的时髦派："女界上所不可少的东西：尖头高底上等皮鞋一双，紫貂手筒一个，金刚钻或宝石金扣针二三只，白绒绳或皮围巾一条，金丝边新式眼镜一副，弯形牙梳一只，丝巾一方。再说男子不可少的东西：西装、大衣、西帽、革履、手杖，外加花球一个，夹鼻眼镜一副，洋泾话几句，出外皮篷或轿车或黄包车一辆，还要到处演说。"④时髦用品远不止此，又如手杖，上海人"且不称之为手杖，必用西语高声呼之日思的克"⑤。有的时髦饰品还带有政治烙印，如上海的女装，"民国成立后，乃有绣五色旗于衣际者，时人多反对之。惟国货公司新出一种爱国缎，遍绣交叉五色旗于其上，而其缎又作荷花色，以之制衣，甚为雅观"⑥；有的也以国徽作为衣服上的饰品。⑦凡此种种，人们多看重其文明形式，而不是文化内涵。

---

①　邱钟麟编：《文明器具》，《新北京指南》第二编（下）第15类，撷华书局1914年版，第12页。

②　伧父：《论社会变动之趋势与吾人处世之方针》，《东方杂志》第9卷第10号，1913年。

③　中国人投稿：《中华民国国务员之衣食住》，《申报》1912年5月7日。

④　田：《时髦派》，《申报》1912年1月6日。

⑤　小言：《思的克》，上海《时报》1918年9月14日。

⑥　《词林·摘录》，上海《时报》1913年4月20日。

⑦　《词林》，上海《时报》1913年4月13日。

剪辫风行后，讲究式样的理发业逐渐取代单调的剃头业。帽子的功能和式样也有了改变。在传统社会，帽子用于保暖、防晒，士大夫的帽子也是地位、官阶的标志。民国以后，帽子不再显示官阶之别，而装饰性作用明显增强。1912 年伊始，许多报纸都有此类广告："本号现研究各种洋帽如礼帽、略帽、普通帽、猎帽等以供剪发同胞之购用，并发售各种剪发器具，华制居多，又售各种皮靴，无不物美价廉。"① 民初上海流行一种低檐便帽，有诗云：

> 俗易风移万象新，何劳束发戴唐巾。
> 少年争买低檐帽，眉目模糊不认亲。
> 　少年以戴西式便帽为时尚，招摇过市，意态昂昂，明末时人民制帻低侧，其檐毋乃类是。②

其后，博士帽、草帽、卫生帽及毛绳便帽也渐次流行起来。至 1917 年夏，上海的流行饰品是"草帽也，白帆布鞋也，黑色之眼镜也，妇女之五色绸伞也……又多属舶来品"③。帽子必须与季节、衣服相配，而男子戴西式礼帽最普遍。

邻近通都大邑的乡村也出现了服饰洋化的迹象。有的地方，人们"穿着绸缎者日少"，而"洋布、洋伞、洋鞋、呢帽（村民叫荷兰帽）之类的洋货，在上层人物的身上以及他们的屋里一天天增多了"④。民初的报纸书刊中充斥着西式面料的广告，一家军服公司的广告云："本公司由外洋各工厂定购各种花素呢革，并各种礼服材料，批发、零售，格外从廉。及现成礼服、便服、大衣、胶布、雨衣，各种礼帽、便帽、毡帽、草帽，各式皮靴、皮鞋，毛绒卫生衣裤，以及西装应用物件，无不全备。"⑤军服公司的业务变化从侧面反映了民初的服饰新潮。

---

① 《广告》，天津《大公报》1912 年 1 月。

② 亦庐：《海上新风俗诗二首》，上海《时报》1914 年 4 月 25 日。

③ 小可：《流行品》，上海《时报》1917 年 5 月 28 日。

④ 梁若尘：《一个山村的革命风暴》，《辛亥革命回忆录》（二），中华书局 1962 年版，第 366 页。

⑤ 《兴华有限公司军衣庄广告》，《新北京》第一编第一类"历数"文末，撷华书局 1914 年版。

服饰西化看起来使社会生活更加文明了，却不无负面影响。1912年，民国政府酝酿制定礼服方案时，以西服为礼服的设想遭到了传统纺织、服装行业者的反对。他们指出："我国衣服向用丝绸，冠履亦皆用缎，倘改易西装，衣帽用呢，靴鞋用革，则中国不及改制呢革，势必购进外货，利源外溢。故必亿兆民用愈匮，国用愈困矣。"从而导致"农失其利，商耗其本，工休其业"①。故有人提出折中办法，即"易服不易料"。他们认为："我国同胞而欲国之富也，则宜爱用国货。用国货则改易西服宜尽以国货为之，不必用西人之呢羽。"② 他们提出："装可改，服可易，外国货不可用，国货不可废也。"③ 当时，沪、津、穗等地报刊出现了倡用国货的舆论。一些人起而行动，1912年在上海成立了"剪发缓易服会"，该会存在数年之久，直到1917年才取消。同年，江、浙、沪等地的丝绸、典当、成衣行业还成立了"中华国货维持会"。这些行动对纠正民初服饰崇洋风气不无意义，也对政府制定礼服产生了影响。

1912年5月，民国政府"博考中外服制，审择本国材料，参酌人民习惯以及社会情形"，着手拟定民国公服、便服制度。议定分中西两式。西式礼服以呢羽等材料为之，自大总统以至平民其式样一律。④ 1912年10月，政府正式颁布男女礼服。除学生、军人、警察、法官及其他官吏之制服有特别规定者外，一般官吏均用以下礼服："男子礼服分为：大礼服和常礼服。"大礼服即西式礼服，有昼晚之分。"昼服用长与膝齐，袖与手脉齐，前对襟，后下端开"，用黑色，穿黑色长过踝的靴。晚礼服似西式的燕尾服，"长过胯，前对襟，后下端开"。裤，用西式长裤。穿大礼服要戴高而平顶的有檐帽子。常礼服有两种：一种为西式，其形制与大礼服类似，唯戴较低而有檐的圆顶帽，另一种为中国式，外褂色青，对襟用领，袖与手脉齐，左右及后下端开；袍色蓝，袖齐褂袖，用领，左右下端开。料用本国丝、毛织品或棉、麻织品。女子礼服"用长与膝齐、袖与手脉齐、对襟、用领、左右及后下端开"。下身着裙，前后中幅平，左

①《服饰刍议》，《申报》1912年1月7日。

②《易服以保存国货为要义》，天津《大公报》1912年1月12日。

③《维持国货以兴商业说》，《申报》1912年6月13日。

④《袁总统饬定民国服制》，《申报》1912年5月22日。

右打裥，上缘两端用带。①

民国礼服取消了历代官服的等级标志，首次肯定了西式服饰，表明服饰文化中的等级差异及夷夏观念已被历史淘汰。当然，这种礼服事实上并未推广。据载："京师自国会议决大礼服以后及国会重开，议员鲜有着大礼服者，或不着乙种常礼服，而以大襟马褂、皂鞋与会。邻邦讥其无礼，无惑乎立法不适民情，人民多数不遵行，名器虚设……西装少年，民国元二年多有之。"② 民国日常男女服饰因经济条件、职业和社会地位而有所不同，但已没有严格的官民、贵贱之分，甚至男女界限也不重要了。新旧杂陈、斑斓多彩成了此时服饰的主要特征。即使是礼服，也没有一直朝西化的方向发展。

五四前后，服饰崇洋热有所降温，完全模仿西俗毕竟不合国情。在农民、工人占人口绝大多数的中国，加上呢纺织业的落后和经济条件的限制，服饰的洋化必然受到相当的限制。民国年间，上流社会男子穿西装者不是主流，长衫、马褂仍是最普通的服装。北京的大中小学教师多是外穿蓝布长袍，下穿西装裤子。1929 年颁布的《民国服饰条例》也将长袍马褂定为男子礼服。从事体力劳动的男子多是上穿袄衫，下着裤子、布鞋。20 世纪 30 年代的方志记载："居民普通衣服，惟布一种，着绸缎、呢绒者甚少，而又以青、蓝、白三色居多。单、夹、棉随时更易，在极寒极暑之期，亦鲜有用葛与裘者。以长衫短褂为常服，农人俱服短衣，以其便于操作也……妇女鲜有饰金珠、衣绸缎、敷脂粉者，于此可见一般人民性尚朴素之风矣。"③ 一些交通便利的县城，服饰略显时髦：河北晋县属产棉区，原来一般民众衣着率用土布，民国以后较廉价的"高阳布"逐渐流行，"至于洋布与一切丝织品，惟大商富绅间用之。其用西式毛织品者，

① 《服制附图》，《政府公报》第 157 号，1912 年 10 月 4 日。又参见《巴县志》（民国二十八年刻本），《中国地方志民俗资料汇编》（西南卷·上），书目文献出版社 1991 年版，第 44 页。

② 吴廷燮等纂：《北京市志稿·礼俗志》，北京燕山出版社 1998 年版，第 186—187 页。

③ 《桓仁县志》（1937 年铅印本），《中国地方志民俗资料汇编》（东北卷），书目文献出版社 1989 年版，第 96—97 页。

更寥如晨星"①。

　　20 世纪 20 年代以后，服饰新潮呈现一定的创造性，成为男子礼服的中山装是其代表。中西合璧的中山装由孙中山创制，而其来源和形成时间说法不一。有的说系根据英国式猎装改制，有的认为根据南洋华侨中流行的"企领文装"改进，有的说源于日本铁路工人服，也有人说是以日本陆军士官服为样本改制。清末孙中山在海外从事革命活动时，多穿西服，南京临时政府时期也是如此。在民初维持国货的呼声中，孙中山曾表示要对西服加以改良。其后，他在海外组织中华革命党，常穿南洋华侨流行的"企领文装"，颇接近于后来的中山装。孙中山回到上海后，据说请上海荣昌祥呢绒西服号的师傅，设计一件像西服那样精神，但不戴领带的中式正装。于是，裁缝做成了立翻领、前襟有七颗扣子、四贴袋（袋盖成倒山形笔架式）的贴身服装。不久，前襟又改为五粒纽扣，据说象征五权分立。20 世纪 20 年代开始，这种朴实、庄重的男装在南方的文职人员和学生中流行起来，后来称为中山装。中山装不再含有官阶等级之别，且赋予了新的政治文化内涵。在国民政府重新颁布的《民国服制条例》中，中山装被确定为礼服之一，从此成为全国公务员的基本服装，国际上也视为中国男子礼服。长袍马褂和中山装的礼服化和流行，一定程度反映了服饰崇洋风气趋于低落，民族性在服饰文化中得到恢复和发展。

　　但是，民国都市社会的服饰时髦接踵不断，上海、广州等地服饰更是追新求异，变化莫测。上海号称东方的巴黎，引领国内时尚。有人指出："第一，上海人的衣比较的来得重要"，以致形成"目今世上人情薄，只重衣衫不重人"的风气。在许多上海人看来，"衣居第一位，住居第二位，而食则居第三位"。"第二，上海人的衣比较的来得漂亮。夏革冬裘，四季分明，那可不必说了；上海人在这夏革冬裘之中，式样务求其新奇，颜色务求其鲜艳，真是炫奇斗胜，不可方物。"② 这显然与上海浓厚的商业氛围和拜金主义风气分不开。鲁迅写道：在上海生活，"如果一身旧衣服，公共电车的车掌会不照你的话停车，公园看守会格外认真地检查入门

---

　　① 《晋县志料》（民国二十四年石印本），《中国地方志民俗资料汇编》（华北卷），书目文献出版社 1989 年版，第 91 页。

　　② 陶百川：《上海人的衣》，上海《民国日报》1928 年 1 月 30 日。

券，大宅子或大客寓的门丁会不许你走正门。所以，有些人宁可居斗室，喂臭虫，一条洋服裤子却每晚必须压在枕头下，使两面裤腿上的折痕天天有棱角"①。

女性服饰的变化更显多姿多彩。满族入主中原，更改衣冠服饰，又有"生降死不降，男降女不降，老降少不降，妓降优不降之说。故生从时服，死可古制。成童以上从时服，而儿童可依古制。男子从时服，女子犹袭明装"②。"妓降优不降"是指妓女服饰趋从时潮，优伶演出则沿用前代衣冠。19世纪中叶以降，中国女装逐渐浸润于西风西俗，以色侍人的青楼女子引领新潮。民初学者马叙伦感叹："余观今世妇女装饰几视娼妓为转移，士大夫不惟不能止，且从而导其妇女。风俗如此，道德衰落，元气潜坏矣！"③清末妓装款式是领高及颊，衣长不及膝。先是改良了裙子，将纽扣替代带子，而后又兴起裤装替代了裙子。一些妓女还在鞋帮上绣上英文字母，以显示洋气。

民初女装一般是上衣下裙，所谓"素裙革履学欧风，绒帽插花得意同。脂粉不施清一色，腰肢袅袅总难工"④。女性不施脂粉的素装受人青睐，而女学生则多穿校服，但女装更趋多样化，变化更迅速，引领潮流的时髦女性也不限于妓女了。由于清末民初大批留日学生回国，东洋女装曾流行一时。一些受过新式教育的中上层女子有时也穿男式西装、男式大衣。民国初年，俗尚奢靡。京、沪地区的时髦太太、小姐和交际花总是在服饰上追新求异。上海的电影明星和模特们更是带头追逐巴黎、好莱坞的时装。正如竹枝词所云："春江女子忒文明，装束无端又变更。高底皮鞋长筒袜，袒胸露臂若为情。"⑤

服饰追新求异的风气也体现在上海女性的头髻"式样翻新，层出不穷"，有人列举出冲天辫、葵花红、子母结、牧羊结、燕尾髻、蚨蝶须、蜗牛髻、半朵梅花、三星辫、双龙辫、高丽髻、三星结、五福辫、螺旋髻、倒垂鸳鸯髻、蟠云髻、蝶恋花、戴月披星式、三仙桃、迎风鬓、蝉翼

---

①　鲁迅：《上海的少女》，《鲁迅全集》第四卷，人民文学出版社1981年版，第563页。

②　马叙伦：《读书续记》卷一，中国书店出版社1985年版，第1页。

③　同上书，第19—20页。

④　玉壶生：《厂甸竹枝词》，《中华竹枝词》（一），北京古籍出版社1997年版，第350页。

⑤　刘豁公：《上海竹枝词》，《上海洋场竹枝词》，上海书店出版社1996年版，第248页。

鬏、鱼尾鬏、纱帽鬓、蜻蜓鬓等二十余种。① 民初上海的梳头女佣十分忙碌，"雇者一朝多至十余家"②。20 世纪 20 年代开始，新潮女性又模仿欧美妇女的发式，烫发、染发也流行起来。

许多城市女性追趋时髦。1913 年，广东一些女性"穿着猩红袜，裤脚高不掩胫，后拖尾辫，招摇过市。其始不过私娼荡妇所为，继则女学生亦纷纷效法"③。针对服饰新潮，有的地方当局就女生服饰做出了规定，广东教育司"令女学生自中等学校以上着裙"，"其小学女生凡 14 岁以上已届中学年龄者亦一律着裙，裙用黑色，丝织布制均无不可"④。南京江宁县知事规定女学生服装面料"一律用布服，不得侈用绸缎"⑤。因当局的管制措施，加之社会舆论的作用，女生盲目趋时的现象有所遏制。民国时期，女生一般穿朴素大方的布衫黑裙，上衣较窄小，领口高低不同，袖口呈喇叭形。裙子长至膝下，无褶裥自然下垂。

女生服装略有定式，而社会女性的服饰花样翻新，时潮难以遏止。"民国三、四年，北京官家闺秀，竞尚奢荡。冶服香车，招摇过市，以内务总长朱启钤之三小姐为祭酒。其他名媛醉心时髦，从者不乏其人。濮伯欣先生北京打油诗曰：'欲将东亚变西欧，到处闻人说自由。一辆汽车灯市口，朱三小姐出风头。'纪实事也。争艳斗侈，礼仪荡然。而筹安会、女子请愿团、女子参政会，如唐群英、沈佩贞、蒋淑婉、安静生之流，时往新华宫，求谒项城，称女佐命。"⑥ 鉴于此，袁世凯又令肃政史夏寿康具折"整饬风俗，严警效尤"。朱启钤也训令朱三小姐，一月内不准出门，据说"京师风气为一时不变"⑦。1915 年 8 月，北京警察厅规定："各居户所有妇女除旗装一派须着到底长衣外，余则均须系裙，若妓女则一概禁止系裙"；对于学生，禁止"顾影弄姿"，"效为妇女装束"，违反

---

①　肇援：《女子新装束》，上海《时报》1916 年 10 月 6 日。

②　亦庐：《海上新风俗诗二首》，上海《时报》1914 年 4 月 25 日。

③　《粤女学生之怪装》，天津《大公报》1913 年 6 月 15 日。

④　《划一女校服式》，《申报》1913 年 6 月 9 日。

⑤　《江宁县整顿女校》，《申报》1913 年 5 月 26 日。

⑥　刘成禺：《整饬纲纪之滑稽事》，见《洪宪纪事诗本事簿注》，山西古籍出版社 1997 年版，第 6 页。

⑦　同上书，第 7 页。

者加倍科罚，所在学堂革除名籍。①

1917 年夏季，京、沪等地开始流行无领、袒臂、露胫的女装。有人对此表示赞成，认为东西各国都是如此，"否则层层密领，既遮其蜷蜷之领，于美观不合，且喉部忌热，于卫生不宜"②。但反对的呼声也很高："近日女界中新流行一种女服，则衣无领而秃颈也……迄来风尚，妇女界渐渐欲以肉体示人，如裤短之渐露其胫也，袖短之渐视其臂也。今既秃颈，则不久且将呈其玉雪之胸臂，是乌可哉，是乌可哉！"③ 随后，北京警察厅还采取了管制行动，其通告云："查近来衣服式样竟为奇异，几于不中不西。而妇女衣服日趋紧小，亦殊失大家风范……嗣后各宜自重，不得故着奇异服装致干例禁。各该家长亦宜随时告诫，默化潜移，俾服妖永禁，风化日端。"④ 1918 年夏，上海市议员江确生致函江苏省公署：

> 妇女现流行一种淫妖之时下衣服，实为不成体统，不堪寓目者。女衫手臂则露出 1 尺左右，女裤则吊高至 1 尺有余。及至暑天，内则穿一粉红洋纱背心，而外则罩一有眼纱之纱衫，几至肌肉尽露。此等妖服，始行于妓女。夫妓女以色事人，本不足责，乃上海大家闺阃，均效学妓女之时下流行恶习。妖服冶容诲淫，女教沦亡，至斯已极。⑤

士绅斥为"妖服"，当局也不乏整饬布告。1920 年的一张布告更声称：凡"故意奇装异服以致袒臂露胫者，准其立即逮案，照章惩办"⑥。对于女性的时髦风气，舆论的批评包含了复杂的思想色彩，政府的管制则沿袭了传统思维。时髦女装虽与传统的伦理规范和审美心理不相容，然而，传统的衣冠之治至近代趋于解体，依托于社会变迁的服饰潮流有其自身趋向，官方干预的实效不大。

---

① 《北京风化之整顿》，上海《时报》1915 年 8 月 24 日。
② 孙味冰：《不领主义》，上海《时报》1917 年 5 月 29 日。
③ 梅娴：《秃颈之鸦》，上海《时报》1917 年 5 月 18 日。
④ 《警界维持风化》，《申报》1917 年 8 月 19 日。
⑤ 《取缔妇女妖服之呈请》，上海《时报》1918 年 5 月 14 日。
⑥ 《上海取缔妇女之时装》，天津《大公报》1920 年 11 月 2 日。

追趋洋风的同时，五四时期的女装也逐渐显示一定的创造性。一些人从女性解放和个性独立的角度对时髦女装进行批评。曹靖华主张"男子去长衫，女子去裙"①。有的主张女子剪除长发，废除艳装华服，认为女子"常装得像舞台上的花旦一样，斗胜争妍，自以为快"，无非都是取男子欢心，"不啻自己承认自己是男子玩物，岂不把人格丧尽了吗？"② 他们也反对妇女束缚身体的做法，主张做到："（一）天然足；（二）不缚乳；（三）不着裙；（四）不穿耳；（五）剪发；（六）不戴花；（七）不戴项链；（八）不戴手镯；（九）不戴戒指。"③ 这些返璞归真的主张，虽不免有些偏激和形式主义，却是对民初女装盲目崇洋的纠正，只是不可能完全付诸实行。

20 世纪 20 年代初，迅速流行的旗袍既沿袭女装的无领、袒臂、露胫趋势，又体现了融合中西审美情趣的创新特征。旗袍的来源说法不一，有一篇介绍旗袍图画的说明文字云：

> 满清入关以后，他们妇女的衣服，宽袍大袖，双镶阔滚，只有贵族可穿。民间若要仿造，便犯大罪。庚子年联军入京，光绪逃难，官中宝贵物品，流散在外，细毛皮货，到处拍卖，衣庄店里才敢收买，现在还有挂在门前的。那时戏子和妓女都效他们的服饰，以为可以出风头……不料上海妇女，现在大制旗袍，什么用意，实在解释不出。有人说："她们看游戏场内唱大鼓书的披在身上既美观，到冬天又可以御寒，故而爱穿。"又有人说："不是这个道理，爱穿旗袍的妇女，都是满清遗老的眷属。"④

综合多种记载，旗袍源于满族妇女服装，故名"旗袍"，但旗袍的流行与清朝遗老的眷属没有关系。20 世纪 20 年代初的旗袍与满族旗袍式样并无大异，其特点是宽大、平直，下长至足，以绸缎制作，衣上绣有花纹，领、袖、襟、裾都滚有宽阔的花边。所谓"簇新时派学旗装，髻挽

---

① 曹靖华：《男子去长衫女子去裙》，《青年》第 5 期，1920 年 4 月 4 日。
② 沈求己：《现在女子急宜革除的恶习》，《解放画报》第 1 期，1920 年。
③ 朱叠新：《妇女解放与生理条件》，《解放画报》第 5 期，1920 年。
④ 病鹤：《旗袍的来历和时髦》，《解放画报》第 7 期，1921 年 1 月。

双双香水香。拖地花袍宫样好，宽襟大袖锦边镶"①。方志有所谓"清之世，衣尚宽大；民国初年，改尚瘦长；至十年以后又尚宽大"的说法②，大体反映了这一变化。20世纪20年代末，旗袍的式样迅速变化，如减短袖子长度，缩小袖口，收紧腰身，滚边也不如以前宽。其后，旗袍风行二十余年，款式几经变化，如领头的高低、袖子的短长、开衩的高矮等等，几乎年年翻新。旗袍完全摆脱了旧式样，更加轻便适体。面料除一般的绸缎之外，青布旗袍也是女学生和民众欢迎的时装。旗袍从20世纪20年代初流行于大中城市，30年代几乎成为中国妇女的礼服，也流播到一些城郊乡村。其后，外国妇女也把旗袍作为时装之一。

看似平常的日常生活其实与人伦礼俗密切相关：从传统四合院到西式洋房的改变，淡化了原来长幼尊卑的等级表征；轿子改为人力车也淘汰了旧有的等级特征，私人汽车又增添了只认金钱不认人的价值倾向。在这些点点滴滴的变化中，原有的官绅礼俗受到冲击，以西方礼俗为样板的城市官商风习逐渐形成。一般市民也多少受日常生活变迁的影响。比如出行，当时北京人对电车颇感新鲜，有竹枝词云："电车一动响郎当，来往行人上下忙。乘客不分男女座，可怜坐下挤非常。"③ 车上男女合座自然会出现逾越男女大防的现象，需要建立与公共空间相适应的新礼仪，于是文明礼貌的重要性更加凸显出来。又如，服饰潮流对传统衣冠之治和人伦观念产生了冲击，体现社会等级的色彩、标志逐渐消失。旗袍在衍变过程中摒弃了传统服装宽袍大袖的特征，而吸取了西方的审美习惯，大胆地体现了女性的曲线美。这与传统女教的"德"、"容"规范格格不入，也隐含了人伦观念的变化。

五　时潮冲击下的礼防

晚清以降，衣、食、住、行的变迁从不同途径冲击着原有的人伦秩序和礼俗习惯。20世纪早期，西潮较之19世纪更为猛烈，在中国城市社会

---

① 佚名：《沪北竹枝词》，顾炳权编《上海洋场竹枝词》，上海书店出版社1996年版，第431页。

② 《南皮县志》（民国二十二年铅印本），《中国地方志民俗资料汇编》（华北卷），书目文献出版社1989年版，第406页。

③ 张笑我：《首都杂咏》，《中华竹枝词》（一），北京古籍出版社1997年版，第430页。

激起了壮阔波澜。晚清上海租界西俗东渐之时，一些士大夫还声称"中华男女尚防闲，笑彼西人礼法删"①。到了民国初年，中华礼法已"不成体统"，西方礼法已广泛移植进来，一些城市、商埠一度崇洋成风。同样值得注意的是，中国社会的内部变化浸染了人的价值观念，导致人伦礼俗发生静水深流般的变化。

社会流动直接冲击了原有价值观念。在传统中国，士、农、工、商之间没有森严的界限。尤其是明清时期，四民之间的流动、转化较之魏、晋、隋、唐各代更为频繁。宋明新儒学强调义利之辨，却并不排斥经营衣食。士儒群体不乏贬低商人的言论，而在实践中保持着对商业活动的开放性。清代许多学者如阎若璩、戴震、凌廷堪等也可谓出身商人家庭，反映了由商而士的转化。社会流动使士人阶层的思想观念多少直接地受社会生活的渗透，催生出一些有别于正统儒学的声音。但在整个社会结构尚未大变之时，那些声音不过是强势话语中的微弱杂音。

近代社会流行性加速扩大，工、商群体急剧发展。一些商人、企业主、买办是由官绅转化而来，清末状元、进士、举人"下海"经商者屡见不鲜。这些由士而商者，多不失为儒商，思想观念既有所变化，又与士儒社会在政治上、观念上仍保持着千丝万缕的联系。不过，晚清日益扩大的商人群体并不都属儒商，不少人是由其他阶层发展而来。这种状况无疑会对士儒的思想体系、价值观念产生较大冲击。在此背景下，一些商人也捐纳得官，所谓"商之与官，本不相联络。其间惟经营大获，纳资得官，乃得厕身于缙绅之列"②。捐纳得官便于从事经济活动，提高社会地位。在冒险家的乐园上海，暴发后跻身士儒阶层者为数不少。例如，昔为赌徒后拥资至数十万的杨某，"宫室车马拟于世家，出入上流社会，俨然以缙绅自居"。因此有人感慨："高车驷马过通衢，谁识当年旧博徒。冠履于今真倒置，缙绅家世半屠沽。""屠沽发迹侪于缙绅者宁止杨某一人，又岂限于上海一隅乎？噫！"③ 这些商人模仿缙绅阶层的生活方式，而其思想观念已与传统士儒不可同日而语了，事实上多少腐蚀、改变着士儒阶层

---

① 朱文炳：《海上竹枝词》，《上海洋场竹枝词》，上海书店出版社 1996 年版，第 199 页。
② 《论整顿茶市》，《申报》1880 年 5 月 6 日。
③ 刘豁公：《上海竹枝词》，《上海洋场竹枝词》，上海书店出版社 1996 年版，第 243 页。

的人伦观念和礼俗。

在士人分化和儒学地位跌落的过程中，儒学对商人的感召力大为削弱。少数巨商大贾可能亦官亦绅，但人数远远不及与近代生产、生活方式相联系的新兴工商业者。所谓"央求荐保费吹嘘，入市而今胜读书。底怪门前桃李少，束修多半付陶朱"①。这反映了近代商埠新兴市民阶层的价值取向。他们更关注其经济利益，而非人伦规范。在上海洋场，儒家仁、义、礼、智的德性早被一些富商新贵抛之脑后。有人就此指出："海上奢华之风日甚一日，友朋竹戏动掷多金，一人勾栏则尤挥金如土，然对于阶前流丐，虽一铜元亦吝而不予。"正是"月朗星稀夜已阑，华筵歌舞饮方欢。座中多少貂裘客，那问阶前范叔寒"②。暴富的商人缺少儒学教养，衰落的士绅则失去了维系传统道德的力量。在近代社会生活发生巨变的都市及商业、交通中心，传统人伦礼俗逐渐陷入纷崩离析之势。

商品经济加剧了趋利之风，淡化了道德操守。历史上，择偶标准常随世风转移。"男女婚嫁，全凭父母之命、媒妁之言，以门第财产相当者为合格。"③细分之，婚姻注重门第，或者以财论婚又因时因人而有差异。一些官绅家庭强调门当户对，有的且将门第论婚作为家训。而一般平民社会则难有高攀的机会，只求丰衣足食，故较重财产。同时，重门第或财产的不同取向又表现出鲜明的时代性。宗教伦理牢固的传统社会偏重贞操、门第；商品经济发达的近代社会则重经济能力或个人才干。买卖婚姻古已有之，官绅阶层的纳妾很大程度上属于买卖婚姻，下层贫民甚至不乏买妻、典妻现象。晚清的买卖姻姻不限于"门第财产相当者"，并且常见于不同社会地位之间。或者说此时买卖婚姻更看重财产，而门第观念逐渐淡薄。在商品经济发达的地区，观念变化尤为明显。道光年间，福建"省会议姻，多重资财……簪履必满金玉，衣襦必穷绮绣，几案必求檀楠，器皿必极雕镂。房之中之饰未足，复增以厅堂之设。儿女之资未足，复继以

①　袁翔甫：《海上竹枝词》，见《中华竹枝词》（二），北京古籍出版社 1997 年版，第 790页。

②　刘豁公：《上海竹枝词》，《上海洋场竹枝词》，上海书店出版社 1996 年版，第 243 页。

③　《台安县志》（民国十九年铅印本），《中国地方志民俗资料汇编》（东北卷），书目文献出版社 1989 年版，第 84 页。

姑舅之冠衣"①。清末浙江海宁，"婚姻不论门第"，彩礼则颇为讲究②。
而上海更是如此：

> 媒妁纷纷说对亲，只论财礼不论人。
>
> 尺头要做衣裳去，件件还挑花色新。

纳币向用绸缎，俗谓尺头。近来，女家图省，要男家做成衣服行送，而颜色花样稍不
合意尚要退换，此等陋习亦昔所无，故近来寒士娶妻尤不易云。

> 若说妆奁难比前，两橱那有八箱全。
>
> 做朝做节多虚礼，犹是挑人去赚钱。

旧俗富家嫁女，多用四橱、八箱为全副嫁妆；今则上等之家亦仅能两橱四箱为半副矣，
而奴仆往来虚文礼数不能稍减。

> 贫女攀亲不易成，豪门作婿共求营。
>
> 兴家立业全无志，只望妻财过一生。③

　　即使较偏僻地区，婚姻重财的风气也明显增强。福建永春县，"百数
十年前，聘礼无过百金者，生女过多者辄溺之，虽经慈善家之劝诫，育婴
堂之救济，然不能免。近则聘礼动至数百金，无在百金之下者，而妆奁之
厚薄转未过问，虽穷乡僻壤，女孩均得保全矣"④。山西应县的经济条件
差，"他们择婿的条件，必须具备的是功名财产，至于品学年龄反居其
次。只要有钱，老夫娶少妻，巧妇伴着拙汉眠，不足为怪"⑤。
　　买卖婚姻一方面剥夺了女性的爱情，腐蚀着男性的性爱；另一方面则

　　①　陈寿祺：《正俗十诫为总督桐城汪尚书作》，《左海文集》卷十，《续修四库存全书》影
印清刻本，上海古籍出版社 1995 年版，第 51 页。
　　②　《海宁州志稿》（民国十一年铅印本），《中国地方志民俗资料汇编》（华东卷·中），书
目文献出版社 1995 年版，第 664 页。
　　③　瞿中溶：《续练川竹枝词廿八首》，见《中华竹枝词》（二），北京古籍出版社 1997 年
版，第 747 页。
　　④　《永春县志》（民国十九年中华书局铅印本），《中国地方志民俗资料汇编》（华东卷·
下），书目文献出版社 1995 年版，第 1300 页。
　　⑤　雪晴：《应县风土民情记》，北京《晨报》1922 年 2 月 21 日。

冲击了旧的门第和贞节观念。此类现象中，有的是名正言顺的买卖婚姻，有的则是为钱姘居。有人讽刺清末民初的上海风气："恋爱于今尚自由，欲谈贞操使人愁。朝秦暮楚寻常见，身世真如不系舟。"[①] 例如，咸丰、同治年间有"苏州妇因避难携其已嫁女至上海者。贼退后，女不归苏，而另与一人为夫妇，即俗所谓姘头也。妇利其资而不之禁，如是者有年。婿在苏不知也。久之，其人资罄，女出佣于巨室以自给，然归来则相处如故。又久之，妇以乏资厌其人，遂声言苏婿来索，将掣女去，席卷所有登舟"[②]。此事后来引发命案，故载入士人笔记，而未致命案的现象则不胜枚举。在号称九省通衢的武汉，买卖婚姻也出现了骗拐行为，有竹枝词写道：

楚人嫁女利为罗，不管新郎鬓发皤。
要戴金珠穿锦绣，更无妯娌与公婆。

习俗如此，内政所以不修。

一树梨花傍海棠，百般趋奉不相当。
开笼放雀囊空后，拖艍年年有几场。

老夫少妇，受累不一，此特举其一端耳。其求去之辞曰"开笼放雀"。暗地卷财，乘间私逃。兴讼索人，俗语总括之曰拖艍。[③]

"开笼放雀"、卷财而逃的现象既是妇女对传统婚制的背叛，又冲击了旧的贞节观念。商品经济对传统道德的冲击不可谓不大。

与此同时，女性职业变化也对两性伦理产生了影响。古老的"淫业"虽然也算女性外出"就业"，腐蚀着人伦道德。但在中国传统社会，妓女属于"贱民"，不受"良民"的道德约束。晚清以后淫业泛滥，良贱不分，反映出社会风气和道德观念的变化。

在传统社会，不必说农村"男耕女织"成为生活模式，即使城市女

① 刘豁公：《上海竹枝词》，《上海洋场竹枝词》，上海书店出版社1996年版，第244页。

② 陈其元：《庸闲斋笔记》卷七，见章伯锋、顾亚编《近代稗海》（10），四川人民出版社1988年版，第459页。

③ 叶调元：《汉口竹枝词·闺阁》，《中华竹枝词》（四），北京古籍出版社1997年版，第2613页。

性也很少走出闺门。近代工商业促使妇女外出就业日益增多，渐渐对传统礼防产生了冲击。广东商人陈启源于 1872 年在南海县创办继昌隆缲丝厂。作为第一家民族资本创办的机器缲丝厂，该厂雇用工人达六七人之多，其中多为女性。雇用女性一度遭清政府禁止，不久又得到认可。到 1880 年代，广东的缲丝厂达 11 家，上海后来居上，逐渐成为全国纺织业中心。在晚清士大夫眼中，上海女工："上工一路散工时，环绕浮头状醉痴。脚捏手牵诸丑态，竟容白昼众旁窥。"（按：各工女种种丑态，招摇过市，全不避人，廉耻扫地矣）①。讥讽之词折射出女性就业与传统礼俗的矛盾。当时有舆论罗列了雇用女工之弊：男女"借行家栈铺之地，得以彼此相聚，互为牵引，几不殊濮上桑间，采兰赠勺，各有所私；甚而往来出入之际，拥挤争前，捉腕捺胸，备诸丑态；更有青年子弟，猎艳寻春，俟妇女出栈之时，任意轻薄"。故"男女相淆，已非风俗之正"②。显然，妇女做工短时间内还不能得到士绅们的赞同。与时推移，女工成为不可忽视的社会群体，士大夫更为忧心忡忡："试思二十年前，烟馆有雇妇女为堂倌者，而风气因之大坏……今者中国风气愈开，制作愈广，如织布、轧花、纺纱等机器局厂日见增多，于是雇妇女以资工作。女工一项，仿之于各处茶栈。以妇女采茶而流弊即已不小，往往有监工、收发等司事与妇女调笑……中国妇女以廉耻为重，若一丧廉耻，则无所不为矣。"③ 道德风俗上的担忧成为其反对妇女外出工作的主要根据。

　　由于工商业发展的需要，也由于女性工资及技能优势，官绅们已不能禁止妇女就业。于是有人提出折中的办法："督工者宜以老年健媪，其弊自少。即用伙伴，务须老成持重之人，平日举动端方，笑言不苟，始可使之司理其事。并须地方官明出示谕，不许妇女以艳妆赴工，盖冶容即海淫之具也……苟伙伴有犯嬉戏诱惑诸弊，立行斥逐。更于放工之时，严禁少年子弟在外诱引，有犯此者必予重惩。"④ 这样既让妇女做工，又无损于传统道德规范，体现了一些人的良苦用心，但难以实行。戊戌时期，大中城市茶楼酒肆禁用女性的规定已经失效，形成所谓"缠脚梳头雇六婆，

<hr>

① 秦荣光：《上海县竹枝词》，《中华竹枝词》（二），北京古籍出版社 1997 年版，第 860 页。
② 参见李长莉《近代中国社会文化变迁录》第一卷，浙江人民出版社 1998 年版，第 618 页。
③ 《女工不如男工说》，《申报》1894 年 6 月 23 日。
④ 《论妇女做工宜设善章》，《申报》1888 年 4 月 1 日。

赚钱还让惰民多"的局面。而纺织、茶栈等行业雇用女工更是有增无已。据载，到19世纪末，上海女工约有六七万。[1] 清末民初，提倡妇女出外就业的言论不绝于耳。无论是从发展工业，或是家庭生计，或是女子自立、男女平权等方面着眼，女性走向社会成为不可阻挡的潮流。

近代都市生活也冲击了传统孝道，当时社会中出现的各种"奇闻异事"折射出孝亲观念的初步变化。有一则母子纠纷案从侧面折射出子女权利意识的增长：

> 郭张氏前投公堂，控长子嘉和私取银洋，判令管押赎罪出外。现嘉和以父遗产甚巨，伊母听从某甲唆使，将家产花费，自己反被逐出，心不甘服，故延巴和律师代表投法公廨。控称：郭张氏夫故时，嘉和只有三岁，伊母不敢出资教育，以致难以自立。嘉和系张氏亲生之子，因张氏另外螟蛉三子，故嘉和有失伊母之欢。儿子控母虽有不是，惟内中特别原因，无奈具控，请堂上着张氏将嘉和应得之遗产交出，另请第三保护人监护以免遗产无存。[2]

母亲声称儿子自幼不肯读书，后又不愿到自己所开的土行习业。儿子则辩驳，父故后直到9岁才有机会进学堂，11岁即被母阻止再读。15岁时，母亲令他去土行向堂叔取钱回老家潮州，并非送往土行习业。此案结果不详，但子告母的现象反映了道德观念的变化。按照传统法律及伦理规范，"天下无不是的父母"，子女更无权控告父母。此子竟然请律师与母亲对簿公堂，显然背离了传统人伦道德。这种背离体现了自我保护意识的增长，直接或间接地受近代法律观念的影响。

更有甚者，在商品经济较为发达的沿海地区，金钱已经腐蚀了基本的道德底线，家庭悲剧不断发生，成为真正的"逆伦案"。清末民初的广东，气死母亲者有之，向父母行劫者有之：

> 麦某尽情挥霍，欲将其家中田产变卖。有老仆刘某在麦府多年经

---

[1] 《女工志盛》，《女学报》第9期，1898年10月。
[2] 《子控生母之异闻》，《申报》1917年12月20日。

理财产，凡田房契据皆在其手中，麦某欲变卖家业而苦于老仆人之牵制，不能如愿，乃诬告刘某为乱党重要人物……麦母闻之，责以不应，麦竟反唇相稽，遂与母绝，母病并不省视。昨日母病少寥，麦适回家，母方用膳，乍见逆子，积愤难平，向其督责。麦复忤逆。母大怒，致被所食之物哽咽喉中，气闭而死。

逆伦劫匪梁阿南……15 岁时行窃本村陈碧田家衣物，因将其逐往香港，又在港窃伊舅陈日通金戒指、衣服。民国二年九月初七夜，阿南包头涂面，纠党 5 人持枪来家，用铁笔撬门，抢去谷及衣服，临行开言"此次始行劫得，而奈我何"。认得系阿南声音。旧年十月二十三日由港回家手持短枪，声明约人到来行劫伊母，向伊母跪求勒迫银 10 元始去，阿南仍限三天续足 30 元，后又回家恐吓伊母，云要放火烧屋，又勒银 5 元。①

这些逆伦案令人震惊，也不能不引起忧时之士的省思。历代匪盗不断，但许多匪盗仍不乏忠孝观念。古代史籍、小说不乏"强盗"践行孝义的故事。对于清末以来抢劫父母的骇闻，舆论不乏评论。有的认为：

自欧化输入群趋向于文明之外表，而此道德之根本已稍变动，未几而内乱起，未几而外患来，社会生活日趋困难，国人常惕然有朝不保暮之虑，而此道德亦遂因之日就澌灭焉……我国所与立国之旧道德益复扫地以尽，寡廉鲜耻之行为随地发现……广东逆伦控案所披露者是道德破坏之结果。②

逆伦案频发源于多种因素。西方礼俗对传统道德造成了冲击，却并未导致伦理体系的断裂。当时教忠教孝的文学作品中，也不乏西方实例。如名为《儿兮归来》的小说，讲述一位英国母亲思念在外当兵的儿子归来，后发疯而死。儿子逃归后，自责不已，因"既不忠，复又不孝"，一旦为

---

① 平生：《粤东迭演家庭悲剧》，《申报》1915 年 7 月 10 日。
② 讷：《杂评二·广东之家庭悲剧》，《申报》1915 年 7 月 10 日。

官中知道，必处重刑，于是自杀于母亲坟前①。又如，《弱女救亲记》的故事：一位俄国武官的女儿，为救流放到西伯利亚的父亲而历尽千辛万苦，终于感动沙皇，使父亲获赦生还。女则因瘐疲积疾，溘然病逝。作者在文末指出：一个弱女子，濒于死者屡矣，卒能殉父死，死亦可以偿志矣。故译之以风我国之人心②。西方并不是缺乏伦理道德的社会，近代频发逆伦案也不能归咎于西方影响。

　　所谓"社会生活日趋困难"的情形则是值得重视的，但其情形颇为复杂。商品经济的发展，改变了原有的社会经济结构，贫富分化加剧，人们的价值观念发生畸变。一方面，五光十色的时髦生活日益吸引了青年男女，金钱的刺激作用更加明显。于是，无视道德规范、贪图享乐、唯利是图的风气迅速滋长。这些变化只是似是而非的"社会生活日趋困难"；另一方面，在近代社会变动过程中，一些人破产衰落，确实加剧了不顾道德约束、为生活铤而走险的现象。

　　近代社会生活冲击了传统道德秩序，人们在失范的社会中无所适从。张继指出："旧的风俗习惯一天一天的倒坏了，新的社会规则也没有出来；旧的思想全失了令人信仰的能力，新的道德也没有立出一定的标准来。"③民国初年，新道德尚未健全，不过，清代以来新旧士人对改良人伦礼俗的思想探索持续不断。从晚清传统学者的温和改良，到戊戌、辛亥知识分子的激进言行，再到五四"伦理革命"，其思想线索一脉相承。这些思想不同程度地渗透于社会民众，与日常生活的变迁交互作用，相得益彰。

第二节　传统礼学的思想活力

　　学术传统对于新思想、新风俗既有制约作用，又有孕育、激活功效。清代礼学超越前代，并且不完全是考据学的附庸。乾嘉学派的礼学已广涉礼制、礼仪，一些宋学家也重视研讨礼仪，且不乏现实关怀。清代士人的

---

① 《儿兮归来》，《中华学生界》第 1 卷第 3 期，1915 年。

② 雨峰：《弱女救亲记》，胡寄尘编《小说名画大观》，上海文明书局 1916 年版。

③ 张继：《什么是新道德?》，北京《晨报》1919 年 10 月 31 日。

礼学讨论已经孕育了改良思想，其具体主张已涉及诸多领域。

一　缘情制礼与因时变更

孔子曰："夫礼，先王以承天之道，以治人之情。故失之者死，得之者生。"① "礼治人情"是儒家的重要思想传统，历代士人不乏论述。宋儒侈谈克制情欲，张扬天理，其礼学思想与儒家德性之学日益疏离。明末清初思想家李贽、陈确、王夫之、唐甄等人已经肯定"欲"的合理性和积极作用。清代礼学家或者批评宋儒为代表的礼教，或者主张恢复古礼，但其学理依据大体不离"礼缘人情"的思路。在此思想基础上，清代学者逐渐走出宋儒"存天理，灭人欲"的偏颇，同时也对社会生活中有悖情理的礼俗提出了改良主张。戴震等人进一步抨击宋学的理欲观念，肯定自然的人性，阐发理、欲的辩证关系："举凡饥寒愁怨、饮食男女、常情隐曲之感，则名之曰人欲，故终其身见欲之难制……凡事为皆有于欲，无欲则无为矣。有欲而后有为，有为而归于至当不可易之谓理；无欲无为，又焉有理！"② 戴震、汪中、张惠言等汉学家肯定情欲的合理性，强调缘情制礼。其后，陈澧明确认为："古今礼文异，而礼意不异。礼意即天理也，人情也，虽阅百世不得而异者也。"③ 陈澧讲"天理"，又以"人情"来补充诠释。这一思想代表了清代礼学讨论的基本倾向。

在汉、宋调融趋势中，晚清一些宋学家也回到缘情制礼的轨道上，郭嵩焘不失为代表人物。他肯定"情"的重要性，且认为情出于性："生人之大用，性与情而已，二者同物。情者性之发也，爱敬之理根于性而发之为情。"④ 他肯定以性节情，但未使两者对立起来。《大学》位居《四书》之首，郭嵩焘认为"《大学》自正心而后，皆就情之发用处言之。情者，人与人所以相接之机也"⑤。显然，情出于性而贯穿于社会生活。

那么，如何以性、道节制情和欲？一些儒家人物构建了以三纲五伦为

　　① 《礼记·礼运》，《四书五经》（中），中国书店出版社1985年版，第121页。
　　② 戴震：《孟子字义疏证》卷下，《续修四库全书》影印清乾隆刊本，上海古籍出版社1995年版，第24页。
　　③ 陈澧：《赠王玉农序》，《东塾集》卷三，光绪十八年菊坡精舍刊本，第2页。
　　④ 郭嵩焘：《礼记质疑》，岳麓书社1992年版，第464页。
　　⑤ 同上书，第695页。

核心的礼教规范，宋儒进一步充实其哲学根据，以理统情。郭嵩焘强调："人之生，生于味声色之各有其情，故礼者治人情者也，非能绝远人情以为礼者也。"① 礼不是"绝远人情"，而是"致其情"、"治人情"。这种思想体现在其关于婚、丧、祭祀及相见诸礼的评述中。与夏炘凸显丧服的"尊尊之义"不同，郭嵩焘认为"凡丧服有二义：亲亲也，尊尊也"②。事实上，他更重视服制蕴含的亲亲之情。他注释服制云："主丧者大功，自尽其亲亲之谊，以终丧为之节；主丧者朋友，本非亲属，而于死者有相维系之情，以毕丧事为之节：皆仁之至义之尽也，而一准乎人之情为之。"③ 在亲友关系中，服制不同，但都力求达情，而不是杀情、绝情。对于《礼记》"礼有微情者，有以故兴物者"一语，孔疏释"微"为"杀"。郭嵩焘指出，《说文》释"微"为"隐行"，《尔雅》也以"幽"、"匿"释"微"。故此处"微情者，哀之至若隐之，似无节杀其情之义"④。郭嵩焘的《礼记》研究彰显了缘情制礼的思想。

如何发挥礼学的社会功能？儒家人物有的试图恢复古礼，建立良风美俗的理想社会；有的则发扬儒家"礼，时为大"的思想，讲求因时制礼；有的也在"复古"的旗帜下尝试礼制改良。从戊戌到辛亥，清末知识精英对改良礼俗颇多见解，较早地冲击了传统纲常，研究者近来对此不乏论述。而同样值得注意的是，一些对西学知之甚少的传统学者考礼、议礼并不完全是"以经典为法式"，而往往试图以古开新，寻找因时制礼的根据。传统学者虽不无泥古、守旧言论，但其议礼、论礼主张也蕴含某些改良思想。曾国藩指出："庄生有言，礼义法度，应时而变者也。行周于鲁，犹推舟于陆也。古今之异，犹猿狙之异乎周公也。"⑤ 其中流露出因时制礼的意识。郭嵩焘明确强调："时者，一代之典章互有因革，不相袭也。生乎今之世，反古之道，则与时违矣，故时为大。"⑥ 他主张国家的

① 郭嵩焘：《礼记质疑》，岳麓书社1992年版，第263页。

② 同上书，第527页。

③ 同上书，第408页。

④ 同上书，第116页。

⑤ 曾国藩：《复郭筠仙》，《曾文正公书札》卷八，《曾文正公全集》本。《近代中国史料丛刊》续编第一辑第5册，文海出版社影印本，第3页。

⑥ 郭嵩焘：《礼记质疑》，岳麓书社1992年版，第272页。

礼制、举措应准诸民情，认为"天下皆人情为之，故事必顺民情"①。礼制无疑属于这一范畴。这与他强调缘情制礼的思想是一致的。正如清末国史馆的章梫所云："礼缘人情，代有因革变通。"② 重视缘情制礼就必然顺乎民情，因应社会的变化。故从缘情制礼到变通礼制，这成为晚清礼学的思想逻辑。

咸丰、同治之际，清朝内外矛盾错综复杂，郭嵩焘的议论也蕴含针砭朝廷礼法的内容。他强调，帝王推行仁治的途径不是恢复古代礼乐，加尊君威，而是顺应民情，因时而变："君人者，降礼尊贤而王，重法爱民而霸，好利多诈而危，权谋倾覆而亡。"③ 他认为《礼记》"故君者所明也，非明人也"一语，郑注"明，犹尊也"的解释不当。在他看来，"明，犹视也"，"明人"即"指人之失"。"然所明者，以身示之，则非日取人而强之使明也。"④ 他委婉地否定尊君，反对帝王"日取人"，而重视君主"以身示之"，蕴含了一定的重民思想。

清末今文家皮锡瑞也注重缘情制礼，并以仁释礼，如他所谓"礼者，因人之情而为之节文"，而"丧祭之礼，所以教仁爱也"⑤。皮锡瑞讲求通经致用，也旗帜鲜明地主张因时制礼。他肯定凌廷堪、邵懿辰等人"礼所以节情复性，于人心世道，尤有关系"的论述，并且强调：圣人制礼是为了"涵养德性，范围其才"，而不是"以此为束缚天下之具"⑥。显然，他对礼学的价值层面有所区分，重视其"涵养德性"的功能，而排斥"束缚天下"的礼教，故而他提倡改革礼制："孔子谓殷因夏礼，周因殷礼，皆有损益。《乐记》云：'三王异世，不相因袭。'是一代之制度，必不尽袭前代。"《三礼》所载均是周时之礼，后来汉、唐各代又对礼制多有更定。对于《礼经》所载及历代礼制，"学者惟宜分别异同，以待人之审择。若必坚持一说，据为一定之制，则礼自孔子时，而其经不具，又

---

① 郭嵩焘：《郭嵩焘日记》第 1 卷，湖南人民出版社 1980 年版，第 81 页。
② 章梫：《拟请饬议臣民兼祧服制折》，《一山文存》卷八，文海出版社影印本，第 20 页。
③ 郭嵩焘：《郭嵩焘日记》第 2 卷，湖南人民出版社 1981 年版，第 394 页。
④ 郭嵩焘：《礼记质疑》，岳麓书社 1992 年版，第 260 页。
⑤ 皮锡瑞：《论六经之义礼为尤重》，《经学通论》（三），中华书局 1954 年版，第 82 页。
⑥ 皮锡瑞：《论礼所以复性节情经十七篇于人心世道大有关系》，《经学通论》（三），中华书局 1954 年版，第 13 页。

安得有一书可为定制乎?"①　这里蕴含了对古文家独尊《周礼》以及"复周孔之旧"的批评,体现了因时变革的思想。

晚清礼学家孙诒让也是改良礼俗的代表人物。他所著《周礼正义》凡86卷,运用汉学方法,寻绎经旨,博采众长,举凡名物制度,古字古例,无不考辨精详。同时,孙诒让重视《周礼》的经世价值,犹如他释古代"六典"所云:"王谓之礼经,常所秉以治天下也;邦国官府谓之礼法,常所守以为法式也。"②　总之,古代佐王治邦国的制度离不开礼。他称赞《周礼》所载上下通情、君民不隔的政教制度,并且认为"(《周礼》)非徒周一代之典也。盖自黄帝、颛顼以来,纪于民事以命官,更历八代,斟酌损益,因袭积累,以集于文、武,其经世大法,咸粹于是"③。在他看来,《周礼》不仅是记载一代典制的史书,而且是适应后世需要的"经世大法",可惜后儒对此缺少阐发。他推崇《周礼》,但不是要恢复古礼,而是要为礼制改革寻找学理依据。

孙诒让的礼学与晚清的社会变革息息相通,其《周礼政要》较之《周礼正义》更鲜明地体现了这一特色。该书立足于清末新政的需要,全面勾勒了《周礼》与近代礼制的相通内容,意在以古开新。他认为人类社会有的是不变的,有些则随时而变。具体言之,古往今来"人之性犹是也。所异者,其治之迹与礼俗之习而已"。故对于礼制、礼俗,"久而有所不安,则相与变革之,无勿可也"④。当然,他关注的重心仍在礼制。1901年,清政府试办新政,令中外大臣各抒己见。侍郎盛宣怀请孙诒让代撰条陈,他乃草成《变法条议》40篇,以《周礼政要》为名出版。该书以《周礼》为纲,西政为目,提出了一系列改革措施,涉及废拜跪、除忌讳、裁冗官、革宫监、革吏役、改兵制、申民权等内容。这些主张虽有西俗背景,却与传统礼学密切相关。比如他废拜跪之礼的主张:"案古常朝之仪,有立、有坐而无跪,有揖而无拜。今则有拜跪而无坐揖,此其异也。"故他主张"明降谕旨,援据古礼,每日常朝易拜为揖,议政之顷

---

① 皮锡瑞:《论三礼皆周时之礼不必聚讼当观其通》,《经学通论》(三),中华书局1954年版,第46—47页。

② 孙诒让:《周礼正义》第1册,中华书局1987年版,第58页。

③ 孙诒让:《序》,《周礼正义》第1册卷前,中华书局1987年版,第1页。

④ 同上书,第3页。

则一律赐坐。纡尊达情，既以新普天之耳目，而霁威崇礼，亦不嫌外侮之
要求"①。《周礼政要》既接续于清代礼学，又全面地提出了改良礼俗的措
施。在缘情制礼的思想探索中，一些士大夫的伦理观念不无变化。

二　贞节观念初变

明清时期，统治者以法律形式褒扬节烈妇女，一些官绅推波助澜，提
倡贞节烈女的风气长盛不衰。但与此同时，有识之士对此进行了广泛而不
乏深刻的批评。有论者将其概括为"反对男尊女卑，主张男女平等"、
"驳斥女祸论，主张妇女参政"、"反对片面的节烈观，主张妇女婚姻自
由"、"不以妇人见短，提倡女子文学"和"反对妇女缠足"五个方面。②
这些新思想的表达途径不一，有的基于礼学、礼制的学术探讨，有的针对
社会生活的悲剧事件有感而发，有些则流露于小说、诗文之中，以下主要
就礼学讨论流露的改良思想略加述论。

儒家礼制在漫长的衍变过程中，一些内容发生了变异，背离了儒学
本原，致使伦理规范疏离现实，变得不近人情。这为后世学者提供了广
阔的思想空间。明代归有光针对贞女守志的风气云："女未嫁人而或为其
夫死，又有终身不改适者，非礼也。夫女子未有以身许人之道也，未嫁而
为其夫死且不改适者，是以身许人也。"他用归谬法指出，按照礼制，女
子自己不能以身相许，婚姻均需父母或长辈主之。"女未嫁而为其夫死且
不改适，是六礼不具、婿不亲迎、无父母之命而奔者也，非礼也。"③ 这
些礼学见解显露出伦理观念的松动迹象。清初几位学者则明确地针对夫妇
之伦立论。唐甄重释夫妻之伦，认为"敬且和，夫妇之伦乃尽"④。他反
对丈夫"暴内"，以之为"大恶"，而主张广行恕道："恕者，君子善世之
大枢也。五伦百姓，非恕不行，行之，自妻始。不恕于妻而能恕人，吾不

---

① 孙诒让：《周礼政要》，光绪二十八年刊本，第2—3页。

② 李国彤：《明清之际的妇女解放思想综述》，《近代中国妇女研究》第3期，"中央研究
院"近史所，1995年。

③ 归有光：《贞女论》，《震川集》卷三，《文渊阁四库全书》第1289册，台北商务印书馆
影印本，第5页。

④ 唐甄：《内伦》，《潜书》上篇下，《续修四库全书》影印清康熙刊本，上海古籍出版社
1995年版，第41页。

信也。"① 如此，则所谓"七出"科条就没有存在的道理。同时期的颜元仍然强调"制欲"为第一功夫，但针对片面的贞操观，凸显了男子的贞操问题。他认为：男女失身、辱亲的道理是一样的，"世俗非类相从，止知斥辱女子失身，不知律以守身之道。而男子之失身，更宜斥辱也"②。"世俗但知妇女之污为失身，为辱父母，而不知男子或污，其失身辱亲一也。"③

康熙时曾任翰林院检讨的毛奇龄早年还应约为贞女做传、写诗，至晚年而观念大变，试图重新认识礼学本意和礼制规定。在其年近九十之际，他撰写了《禁室女守志殉死文》，阐述了类似归有光的见解。他认为，婚礼颇重，一礼未备，即谓之奔，谓之野合。女子为未婚夫守志之说，只是注《礼记》者所云，而不见于《礼记》经文。"自古无室女未嫁而夫死守志之礼，即列代典制所以褒扬妇节者，亦并无室女未嫁而守志被旌之例。"他又肯定《周礼》所载为史实，认为古礼是禁止"迁葬"和"嫁殇"的。"今室女求归与死者合葬，两禁俱犯，既斁名教，复蔑典礼，且又犯三代先王所制之禁例，是历求之而无一可者。"④ 显然，在他看来，无论室女在生或死后，均与未婚夫毫无关系，从而否定了"贞女"存在的意义。

乾嘉时期，以戴震为代表的学者对纲常礼教的批评潜滋暗长了。史学家钱大昕肯定妇女离婚再嫁，认为夫妇之间"义合则留，不合则去，俾能执妇道者可守从一之贞，否则宁割伉俪之爱，勿伤骨肉之恩，故嫁曰归，出亦曰归……出而嫁于乡里，犹不失为善妇，不必强而留之，使夫妇之道苦也"⑤。这种看法有别于正统的贞节观念，如果借用后世语言，则是重视婚姻质量，彰显了以爱情为基础的婚姻本质，对于减少"夫妇之道苦"具有实践意义。"异端"学者汪中是批评旧礼恶俗的典型。他密切

①　唐甄：《夫妇》，《潜书》上篇下，《续修四库全书》影印续清康熙刊本，上海古籍出版社1995年版，第41—42页。

②　颜元：《理欲第二》，《颜习斋先生言行录》卷上，《丛书集成》新编第23册，新文丰出版公司1985年版，第462页。

③　颜元：《法乾第六》，《颜习斋先生言行录》卷上，《丛书集成》新编第23册，新文丰出版公司1985年版，第466页。

④　毛奇龄：《禁室女守志殉死文》，《西河集》卷一百二十四，《文渊阁四库全书》第1321册，台北商务印书馆影印本，第1、9页。

⑤　钱大昕：《答问五》，《潜研堂文集》卷八，《续修四库全书》影印清嘉庆十一年刊本，上海古籍出版社1995年版，第8—9页。

地关怀现实社会，通过考释儒家礼制规范，抨击了压制人性、背离生活情理的陈规旧俗。作为乾嘉时期研究《荀子》和礼制的重要学者，汪中对束缚妇女的礼教危害有着深刻认识。他以士人身边的两桩教训为例：袁枚的妹妹和郑虎文的婢女许嫁给两个"不肖流荡"的纨绔子，她们的未婚夫和父母"咸愿改图"，但二女"执志不移"。结果，袁氏妹妹过门后被卖掉，郑氏婢女不堪受窘而服毒自杀。这种悲剧很大程度上起因于守贞旧俗。汪中认为"夫妇之道，人道之始也"。未成夫妇，就不应循夫妇之礼。"许嫁而婿死，适婿之家，事其父母，为之立后而不嫁者，非礼也"；"生不同室，而死则同穴，存为贞女，没称先姒，其非礼孰甚焉！"① 汪中以礼学为依据批评盲崇贞女的风气，与毛奇龄所见略同。他的见解颇得王念孙、孙星衍等人赞誉，但位居下层而性格狂狷的汪中在嘉道士大夫社会中多招物议，毁誉交加。

　　章学诚、胡承珙等人在礼学上否定汪中的看法，臧庸、俞正燮、袁枚等人则提出了类似于汪中的见解。安徽是皖派汉学的中心，盛行旌表贞节烈女。黟县俞正燮尊崇汉学，著述旁征博引，而身处碑坊密集的人文环境中，其论学也关怀社会。他博征史迹，对儒家的女德予以重新阐释。《礼记·郊特牲》云："一与之齐，终身不改，故夫死不嫁。"《后汉书·曹世叔妻传》云："夫有再娶之义，妇无二适之文。"他针对节妇观念指出：

　　　　妇无二适之文，固也。男亦无再娶之义。圣人所以不定此仪者，如礼不下庶人，刑不上大夫。非谓庶人不行礼，大夫不怀刑也。自礼义不明，苛求妇人，遂为偏义。古礼夫妇合体，同尊卑，乃或卑其妻。古言终身不改，身则男女同也。七事出妻，则七改矣。妻死再娶，则八改矣。男子理义无涯涘，而深文以罔妇人，是无耻之论也……妇人之节，男子所不及。及其再嫁者，不当非之，不再嫁者敬礼之，斯可矣。②

---

① 汪中：《女子许嫁而婿死从死及守志议》，《述学·内篇一》，上海涵芬楼《四部丛刊》影印无锡孙氏藏本，第14—15页。

② 俞正燮：《节妇说》，《癸巳类稿》卷十三，道光十三年求日益斋刊本，第7页。

这里，他既涉及两性伦理的平等性问题，又提出了如何理性地对待妇女守节行为，认为再嫁与否应尊重当事人意愿，实则对褒扬节妇之风不以为然。同时，他也反对旌表贞女的风气，谓"贞女"、"其义实有难安"：

尝见一诗云："闽风生女半不举，长大期之作烈女。婿死无端女亦亡，鸩酒在樽绳在梁。女儿贪生奈何逼，断肠幽怨填胸臆。族人欢笑女儿死，请旌藉以传姓氏。三丈华表朝树门，夜闻新鬼求返魂。"呜呼！男儿以忠义自责则可耳，妇女贞烈，岂是男子荣耀也。①

俞正燮深刻揭露了褒扬贞节烈女的虚伪性和非人道，虽然未明确否定妇女节守，但视"贞操"为两性相互对峙的一种道德，流露出男女平等思想。既然片面的节烈观不值得提倡，那么囿于传统纲常的妇德也当重新审视。俞正燮认为，"妒在士君子为恶德，谓女人妒为恶德者，非通论也"。"夫妇之道，言致一也。夫买妾而妻不妒，是恝也，恝则家道坏矣。天地絪缊，万物化醇，男女构精，万物化生……依经史正义言之，妒非女人恶德，妒而不忌，斯上德矣。"他认为，对于妒而忌的妇人不必大张挞伐。"妒者，妇人常情，妒而忌则杀人者死，伤人抵罪。何烦诏表令檄牵妒言之哉？"② 这类言论可谓汪中思想的回响，难免被有些士大夫视为"迂诞之学"③。

山东王筠精于《说文解字》，十一岁时曾读《砀山县志》，见所书贞

---

① 俞正燮：《贞女说》，《癸巳类稿》卷十三，道光十三年求日益斋刊本，第8页。

② 俞正燮：《妒非女人恶德论》，《癸巳类稿》卷十三，道光十三年求日益斋刊本，第9—10页。

③ 像汪中一样，俞正燮数十年奔走衣食，久困科场，虽在47岁时中举，却中得有些讽刺意味。时乡试主考为汤金钊，副主考熊遇泰。翌年春入都会试，谒汤、熊二人，皆曰："尔与我朱卷刻本，我未见尔文也。"正燮骇问其故。汤金钊曰："尔卷临束监属副主考，宜细阅此卷。副疑且怒，置不阅。揭晓日，先拆尔卷，见黟县人，问曰：'此徽商耶？'予曰：'若是黟县俞某，今之通人也。'副主考幡然曰：'然则中矣。'其实我两人均未见尔文，故欲一读耳。"（见蔡元培参订，王立中纂辑《俞理初先生年谱》，北京图书馆珍本年谱丛刊，第134册，北京图书馆出版社1998年版，第614页）这次会试报罢，十三年后再试，虽得主考阮元及分校王藻赏识，但某主考大臣"深疾迂诞之学"，将其考卷"捆束置高阁"（见张穆《癸巳存稿原序》，《癸巳存稿》卷前，光绪十年刊本，第2页）。俞、汪均涉猎诸子，好墨学。所不同者，俞笃信佛道及鬼神，汪则不然。

女，颇以为非。后来读到汪中的《女子许嫁而婿死从死及守志议》，谓其
"议论甚正，洵足有裨女教而挽浇风"。但对此亦别有所见。在他看来，
女子未嫁而为夫死及守志，当然不能誉为贤智，却不能因此指责守志的女
子。他认为：女子未嫁而为夫死及守志虽不合古礼，而"其过皆由于女
子之父母，而女子无过也"。何以言之？"夫女子之性专，故笃于一节，
而不可与通其变。"当其少时，知某氏为其夫家，"熟闻于耳，浸灌于心，
何由闻先王之礼，而知未嫁以前犹不得为吾夫也哉。时其死也，则为之死
而已，为之守而已"。"夫失礼者其父母也。女子即有违礼，亦其父母之
失礼有以致之也。"王筠对女子守志既不提倡，又不完全反对："后之君
子不能挽淫佚之风，特托于《春秋》责备之说，以自文其迂疏，是又与
于不仁之甚者也。惟先王制礼，本乎人情，达乎事变，虽奇伟之女，皆阴
受其范围，而无由著其苦节。"[1] 在他看来，不能像"后之君子"那样赞
誉守志，但如果"奇伟之女"想"著其苦节"也不必囿于古礼，加以反
对。王筠的改良意识仍很淡薄，但认识到女子守志之过在于父母则不无所
见。如果将"父母"的范围稍加扩展，则是家庭和社会。这恰恰是导致
女子盲目守志的社会根源。

晚清学者回应汪中见解的讨论明显增多了。黄式三撰文解释了《周
礼》禁止迁葬与嫁殇的习俗："《周官·媒氏》禁迁葬者与嫁殇者，依郑
君注绎之，'迁葬者'，谓生时本无婚议，各葬一处，后议迁之为夫妻，
是无论其未成人已成人，皆禁之也；'嫁殇者'，谓生前有婚议，女未嫁
而死，死而归葬于男家，必禁之也。"他指出，依孔子之礼，则不仅禁止
嫁殇，而且"女既娶三月，夫妻已成矣，未庙见舅姑，虽成妻，未成妇，
主既不祔于皇姑，墓亦不葬于夫家"。他认为，迁葬嫁殇的习俗始于魏，
而近时迁葬之风盛行，不仅有违古礼，且引起许多紊乱纠纷，更使贪官污
吏曲断是非，败坏风俗。[2] 当然是应该反对的。

贵州学者郑珍也根据《礼经》的规定，辨明了在婚礼过程中男女双
方称谓的变化，认为举行"奠雁"的仪式后，女方才称为"妇"，而男方

<hr>

① 王筠：《书汪容甫〈女子许嫁而婿死从死及守志议〉后》，《清诒堂文集》，齐鲁书社
1987年版，第26页。

② 黄式三：《周官媒氏说》，《儆居集》"经说一"，光绪十四年刊本，第23页。

仍称为"婿"。"及婿入于寝室",《礼经》才称婿为"夫",曰"夫入于室,即席"。"圣人之于名,其不稍苟假若此,故夫妇之道顺。世之未婚守节,于三代或未之有乎?即有之,殆圣人之所难言乎……一受其聘,终身不改,此于女子之道诚穷极不可为常正,圣人之教夫妇,亦断不若是其难。"① 这就是说,直到男女"入于寝室",才有夫妇之名。此前的婚礼仪节均没有确定夫妇名分,故所谓女子守贞、殉死都是不合礼制。郑珍较之汪中、陈立进一步缩了小夫妇名分的范围,与明清政府以"纳币"为准的律令规定及彰表未婚守节的取向显然不同。郑珍的《巢经巢文集》仍有表彰节妇的文字,但委婉地表达了对女子守节的不满,通过辨析婚礼的仪式,辨明夫妇的名分,反对"室女守贞"。

　　广西学者郑献甫治学广涉经、史、辞章,治经根柢于汉而兼采于宋。他的礼学论著很少,而阐发了汪中的思想。他指出:女子未嫁而守志或殉死,"汉未尝有,六朝未尝有,唐亦未尝有,'自饿死事小,失节事大'正论昌明,而晓一孔者矫持过当,而女子之有志者惑焉,文人之无识者又从而奖焉"。他认为,"女未嫁,则名未正也。名未正,则礼未备也。礼未备,则情未生也"。那么女子守志、殉死既不合礼,也不合情。这些见解蕴涵了对宋学的批评,也较明显地体现了男女平等意识。如他指出:"夫婿未娶不以为妻,岂女未嫁而可以为夫?"他明确反对襃扬此俗:"未嫁而守,果父母之命耶?是嫁殇也,礼宜禁。如非父母之命耶?是私奔也,法宜禁。即不从而禁之,奈之何又从而奖之,致令天下之贤女怨,且死于无谓之贞节也。"② 他不仅否定"无谓之贞节",而且将批判的矛头指向"昌明"守节的士大夫。

　　皮锡瑞认为,对于民间之礼,因"国异政,家殊俗,听其自为风气,多有鄙俚悖谬之处",故宜为"画一之制"③。他所谓的"画一",并不是统一于古礼。比如,他通过考证,承认古代婚礼确有"妇三月庙见"的规定,但认为"古今异制。今既无留车反马之事,则亦不能行三月庙见

---

① 郑珍:《说士昏礼夫妇之名》,《巢经巢文集》卷一,1914 年花近楼刊本,第 19—20 页。

② 郑献甫:《女子未嫁而守志殉死不得为礼论》,《补学轩文集》卷一,咸丰十一年刊本,第 24—26 页。

③ 皮锡瑞:《论王朝之礼与古异者可以变通》,《经学通论》(三),中华书局 1954 年版,第 41—42 页。

之文。于是娶即告庙，与古大异"①。因时制礼是皮氏维新思想的组成部分。同时的维新思想家谭嗣同、梁启超更激烈地抨击礼教，而其学术渊源也与晚清学者的缘情制礼和以仁释礼不无关联。

清代士人的男女平等思想在文学作品中也有鲜明表现。李汝珍的《镜花缘》借两面国的压寨夫人之口，鞭笞讨妾的"强盗"："假如我要讨个男妾，日日把你冷淡，你可喜欢……我不打你别的：我只打你只知有己不知有人……若要讨妾，必须替我先讨男妾，我才依哩。"② 近代学者陈东原将李汝珍同情妇女的思想概括为："一、反对修容。二、反对穿耳。三、反对缠足。四、反对算命合婚。五、反对讨妾。六、承认男女智慧平等。七、主张女子参政。"③ 这些思想在其他文学作品中也有不同程度的反映，如孔尚任的《桃花扇》描写复社名士侯方域与秦淮名妓李香君的爱情，曹雪芹《红楼梦》中的宝玉形象，均体现了立异于正统的女性观念。蔡元培指出："我国小说，强半多涉男女之情，其故由于我国男女之防素严，作小说者往往多借文字以发潟其怀抱，其他则不外乎鬼怪神仙之谈。"④ 不过，这种意识在"鬼怪神仙"故事中同样流露出来，蒲松龄的《聊斋志异》往往以荒诞形式讥讽和否定传统贞节观，兹不赘述。

三　反思孝道旧俗

孔子云：子女对父母应"生，事之以礼；死，葬之以礼，祭之以礼"⑤。生事父母之礼内容很广，"二十四孝"、"百孝"是其教孝典范。尽管有人从仁爱的情理上对其婉言非议，而真正反思传统孝道的言论则史所罕见。清代士人的礼学讨论中，有的对此已有所涉及。

关于父亲的角色，儒家《易经》有"严君"之说，《孝经》亦有"孝莫大于严父，严父莫大于配天"、"以养父母日严"等语。在传统社会

---

① 皮锡瑞：《士昏礼婿家不告庙考》，《经训书院自课文》，见赵所生、薛正兴主编《中国历代书院志》第 15 册，江苏人民出版社 1995 年版，第 728—730 页。

② 李汝珍：《镜花缘》第五十一回，上海世界书局 1935 年版，第 183 页。

③ 陈东原：《中国妇女生活史》，上海书店出版社 1984 年影印本，第 250—251 页。

④ 《蔡鹤卿在通俗教育会上演说词》（1916 年 12 月 27 日），《中华民国史档案资料汇编》第三辑教育，江苏古籍出版社 1991 年版，第 556 页。

⑤ 《论语·为政》，《四书五经》（上），中国书店出版社 1985 年影印本，第 5 页。

中，一般人多自称父亲为"严父"、"家严"，反映出父权制和父子关系的不平等性。好为"迂诞之学"的俞正燮对此不以为然，引经据典地重加考释。他认为："慈者，父母之道也。《大学》云：'为人父，止于慈。'《礼运》云：'父慈子孝'。""古人言严，皆谓敬之。"《易》、《孝经》皆然。① 俞正燮的考释在学理上尚不圆满，而训"严"为"敬"的主张，已蕴含反思孝道的意识。

儒家认为，"慎终追远，民德归厚"，丧、葬之礼，极其重要。孔子重礼乐，但又强调："礼，与其奢也，宁俭；丧，与其易也，宁戚。"② 可见并非一味偏重礼文，而是主张文质相符。先秦儒家重视丧葬礼的实际内涵，"子路曰：'吾闻诸夫子：丧礼，与其哀不足而礼有余也，不若礼不足而哀有余也。祭礼，与其敬不足而礼有余也，不若礼不足而敬有余。'"③ 这些看法蕴含了儒家礼学的德性传统。古代士大夫的婚、丧、祭祀之礼，仪节繁复，后世官宦之家也难以遵循，民间礼俗与古礼规定反差更大。清代学者简化丧礼的言论不绝于耳，晚清一些学者更鲜明地倡导改良婚丧祭葬之礼，从而既贴近儒家的德性传统，又不同程度地契合时代思潮。

汪中曾对丧葬之礼进行全面反思，他指出："衰麻哭泣，丧之文也。不饮酒、不食肉、不御内，丧之实也。"但实际情形如何？"然郊之日，丧者不敢哭，寡妇不夜哭。奔丧哭，辟市朝。君使人吊，主人迎宾不哭。君视敛，主人见马首不哭……有疾，饮酒食肉，七十者饮酒食肉。既葬，君食之则食之，大夫父之友食之则食之矣，不辟粱肉，君命遗之酒肉，则不敢辞。古之居丧者，惟御内为不可假。故孟献子比御而不入，孔子以为加人一等。至于哭泣饮食，皆可通也。则夫衰麻之有时而可释焉，宜矣。吊于人，是日不乐、不饮酒食肉，一日之丧也。故天子、诸侯，有丧服、释服，斯须之敬也。"④ 汪中对丧礼的饮食、丧服再加辨析，指出其均可变通的实质，进而对孝道习俗进行新诠释。

孔子曰："父在观其志，父没观其行，三年无改于父之道，可谓孝

---

① 俞正燮：《严父母义》，《癸巳存稿》卷四，道光二十八年刊本，第17页。
② 《论语·八佾》，《四书五经》（上），中国书店出版社1985年版，第9页。
③ 《礼记·檀弓上》，《四书五经》（中），中国书店出版社1985年版，第36页。
④ 汪中：《居丧释服解义》，《新编汪中集》，广陵书社2005年版，第380页。

矣。"这成了儒家三年服制的思想依据,是士人难以突破的礼制规范。然而,汪中考释了"三""九"内涵,重释了儒家这一说法:"先王之制礼,凡一、二之所不能尽者,则以三为之节,'三加'、'三推'之属是也……因而生人之措辞,凡一、二之所不能尽者,则约之三,以见其多;三之不能尽者,则约之九,此言语之虚数也。"实数可稽而虚数不可执。"故学者通其语言,则不胶其文字矣。"孔子讲"三年无改于父之道","'三年'者,言其久也。何以不改?为其为道也。若其非道,虽朝没而夕改,可也。何以知其然也?昔者……曾子曰:'君子之所谓孝者,先意承志,谕父母于道。'此父在而改于其子者也,是非以不改为孝也。然则何以不改也?为其为道也"①。汪中通过文字考释,认为"无改于父之道"不是孝道规范,而必须依据父母是否"有道"来确定。在他看来,儒家强调子不改父之道,是为了"谕父母于道",孝道不完全是服从长辈。

嘉道年间,有的士大夫不像汪中那样重释孝道,却反对重丧之风。依乾嘉年间的惯例,官员生祖母如属庶室,病故时,而生父已故,又无与父同母之伯叔,该官员于生庶祖母为长孙者,无论嫡祖母是否仍在,概令治丧一年。至道光元年十月,礼部有大臣奏:遇此情形,如果嫡祖母仍在,则照旧例离任治丧一年。如嫡祖母已故,则令承重离任丁忧三年。这项更改误释、夸大了缘情制礼的依据,加重了孙辈的丧期,已奉旨实行。对此,长于音韵训诂之学的朝中大臣王引之不以为然,认为,"庶祖母非祖敌体,故不得以承重言"。礼部的新规定虽为推广孝思之意,"惟是情有所伸,礼有所屈。即如次子、三子,其受父母之恩与长子同,若其身先死,而父母后殁,为其子者不能代服三年之丧。且为人后者为所后父母服三年丧,为本生父母止降服一年"。"盖缘情则罔极之恩,即终身不足以言报。制礼则承重之义断不能加于支庶。再查孙于祖母,服止齐衰期年,现任官员并不开缺。"旧例,官员生庶祖母病故,本员为长孙者,无论嫡祖母是否现在,概令治丧一年。"已足以明所本而广孝思。准情酌理,极为允当。应请仍旧例办理。"② 此议得奉旨推行,其后长孙为庶祖母仍服

---

①　汪中:《释三九》,《新编汪中集》,广陵书社 2005 年版,第 347—349 页。
②　王引之:《官员为生祖母治丧请复旧例折》,《王文简公文集》卷二,罗振玉辑印《高邮王氏遗书》1925 年刊本,第 14 页。

期年之丧。

清代士大夫有关服制的讨论延续至清末。作为较早走向世界的有识之士，郭嵩焘既传承儒家礼学，又阐述了一些改良主张。关于三年之丧的说法，郭嵩焘发展了汪中的思想，认为"父之道果是耶，终身无改可也，何必三年？果非耶，知而改之，善述人之事也，何待三年"。那么，孔子为何要提出"三年无改于父之道"呢？较之汪中考释三、九的本意不同，郭嵩焘侧重于历史语境。他认为，孔子此说是针对君主乱行"新政"的弊端："嗣君初立，颁诏天下，推恩大赦，谓之新政。其大臣为先世废黜者，起用之，倚信者，罢之。下至一州一县之长，无论孰为贤否，凡所至务必力反前政以为名。"孔子知后世善政少而不肖之政多，于是劝人不要急求相胜，而"天下之政亦不至畸轻畸重以急骛于纷也"①。郭嵩焘没有直接否定"三年无改于父之道"的说法，但其解释或许包含现实针对性，流露出对晚清朝政的不满，大体符合孔子论孝的语境。

古礼最重服制，而儒经的记载并不一致，有的不无矛盾。对此如何取舍？郭嵩焘认为，"古礼残缺多矣，儒者各以意拟之，恐有未尽然者"。基于此，他主张"准量人情"，简易丧礼。比如，《礼经》有"居丧之礼，不饮酒食肉"的规定，又云"丧有疾，食肉饮酒"。郭嵩焘认为"圣人亦自准量人情以为之制"。"《经》言行吊，而不言所以待行吊者，哀与礼亦各自尽其义焉而已。"②他不赞成以哀统礼，认为行吊者可以"食肉饮酒"，这样既不悖儒家"准量人情"的制礼思想，又反映并切合民间已经存在的丧礼习俗。

古礼对庙制规定甚详，郭嵩焘认为，遵守古制势有不能，汉代以后士大夫的家礼有的已不适用，因为汉以后"士无世官，田无永业，自非五等世袭，凡品官之子孙皆庶人也"。世袭制不再盛行，士大夫祔祭之礼自然废弃。所以，他不主张遵循古代家礼，而提出将士大夫的祭礼统一于庶民的宗祠祭礼："今士、庶人通行之庙制变而为合食，而飨堂立焉，而士大夫之家不必行。此又古今礼制之为宜为称，非能强而同之者矣。"③郭

---

① 郭嵩焘：《读〈论语〉二则》，《郭嵩焘诗文集》，岳麓书社1984年版，第6页。

② 郭嵩焘：《复黄曙轩》，《郭嵩焘诗文集》，岳麓书社1984年版，第250—251页。

③ 郭嵩焘：《与朱石翘观察论宗祠飨堂》，《郭嵩焘诗文集》，岳麓书社1984年版，第15页。

嵩焘肯定宗祠祭祀，旨在以此收族，整合民间社会。但他主张立祠不应过多，祭祀次数不应太频繁："予谓宗祠，收族者也，其制乃若古之祧庙。近人建祠多别书一主，非宜。""故祖祢之主必祭于寝，而不可重建于祠。曾祖以上，寝隘不能容，则附于祠，以寝室时节荐享。"① 他主张宗祠的供主不应限于四代，而应包括更远的祖宗。这样少立宗祠，既能简化祭祀，又可使收族的范围更广。其议礼的主旨是"考古今之时势"，而非固守儒经和圣贤旧说。

清代学者重视嫂叔服制问题。根据《仪礼》、《礼记》的记载，嫂叔无服。而自唐太宗议改礼制，增厚服制，乃将嫂叔服制定为小功。唐、宋到明、清律令均沿此例。清代学者为此长期争论不休。清初顾炎武认为嫂叔无服。稍后，毛奇龄、万斯同、朱轼等人认为嫂叔有服；姚际恒、程瑶田、胡培翚等人则认为嫂叔无服。双方引经据典，各执一词。晚清一些学者继续了这一论题。黄式三对嫂叔无服说进行了全面申述："《仪礼·丧服》'大功章·传'言'夫之昆弟无服'。《礼记·檀弓篇》曰'嫂叔之无服也，盖推而远之也'，又曰'子思哭嫂也，为位'。《奔丧篇》曰'无服而为位者，惟嫂叔'。嫂叔之无服也，经固了然矣。"他还借鉴汪中的学术经验，认识到经文因有委婉之辞，"君子之言不径而致则有曲焉！"而"小功服称兄弟服者，正曲辞之类耳"②。在他看来，以嫂叔为小功之服，是后人误解了《礼经》。

清代学者有关嫂叔服制的讨论主要不是经学文本问题，而表明了论者的礼学思想。"嫂叔有服"论虽然也有情理依据，可谓强调了嫂叔情谊。但是，嫂叔本无血亲关系，而嫂叔情谊又因人而异，差距甚大。像韩愈那样"少鞠于嫂，为之服期"固然无可厚非，而一般嫂叔之间定为服制则未必合于情理。"嫂叔有服"如成定制，则势必牵涉很广，导致服制冗繁。故晚清一些学者从不同角度主张"嫂叔无服"，这大体符合简化服制的趋向。

曹元忠早年就读于南菁书院时，即受黄以周及江苏学政王先谦的赏识，曾任清末礼学馆的纂修官，宣统年间兼任资政院议员，遂于《礼

---

① 郭嵩焘：《郭嵩焘日记》第 1 卷，湖南人民出版社 1980 年版，第 438 页。

② 黄式三：《嫂叔无服说》，《儆居集》"经说五"，光绪十四年刊本，第 11 页。

经》，"于礼、律皆有条议"①。曹元弼为元忠族兄弟，15 岁开始研究《礼经》。17 岁时，其母授以胡培翚的《仪礼正义》，以后沉潜研究此书。他为张之洞的门生，执教于江苏、湖北的存古学堂，于光绪十七年撰成《礼经校释》22 卷。二曹"守先王之道"，认为"三纲五常，礼之大体"②。曹元弼认为汪中非议女子殉夫和守志是错误的。在他看来，女子未嫁而夫死，是否"守志"应根据女子自己的意愿。这种看似公允的议论实际上蕴含维护礼教的内容。但他们身处社会变迁之中，学术上认同于调和汉、宋，有的见解不无时代烙印。曹元弼认为："学无所谓新旧，三纲五常、六经诸史，万古常新，无时而旧。制器尚象，变通趋时，其事则新，其理则旧。"③ 这种主张与清末新政存在一致性。他认同于清末宪政，认为"《周官》之立政也，务与民同好恶。故大司徒三年大比，使民兴贤，出使长之；使民兴能，入使治之。而小司寇外朝询万民，凡国危、国迁、立君，皆与众议之。《洪范》所谓女则有大疑，谋及庶人也"④。他借古喻今，在维护君臣之纲的前提下，兼重民意，带有立宪思想的烙印。

曹元忠则在"复古"的旗帜下，提出了改良礼俗的主张。他认为，自唐太宗到明代的丧期均不合周礼，清高宗钦定《仪礼义疏》已有更改服制之意，如其中"齐衰三年章，明慈母之服；于杖期章，明父在为母之服；于不杖期章，明妇为舅姑之服；于缌麻三月章，明甥舅之服；于礼夫之所为兄弟服，明嫂叔之无服。所欲改易之意，理章章矣！当时修礼诸臣不能仰体圣意，且惮于改易也，仍循明礼为之。不知今之改意，非易礼制，易明礼也"⑤。这就是说，更改现有服制，非但不悖《礼经》，而且是复周、孔之旧。尽管他以"圣意"为旗号，只能委婉地提出改良主张，但简化丧服的倾向鲜明可见。他认为，"有庶子出为人后，其本生父前卒，存本生生母及本生他庶母。而有本生他庶母之丧，以通礼只有庶子之为人后者，为本生生母服，而无本生他庶母服也"。故道光年间朝官所定

① 曹元忠：《礼议自序》，《笺经室遗集》卷七，王氏学礼斋 1941 年刊本，第 2 页。
② 曹元弼：《原道》，《复礼堂文集》卷一，1917 年自刊本，第 3 页。
③ 曹元弼：《存古学堂策问》，《复礼堂文集》卷六，1917 年自刊本，第 41 页。
④ 曹元弼：《书孙氏周礼正义后》，《复礼堂文集》卷四，1917 年自刊本，第 3 页。
⑤ 曹元忠：《丧期当复古议》，《笺经室遗集》卷二，王氏学礼斋 1941 年刊本，第 2 页。

"本生他庶母""有服"也是不合礼制的①。他还主张"嫡孙众孙为庶祖母无服"②。其基本主旨仍然是在"复古"的旗帜下否定唐宋以后所定服制，主张丧服从简。

清末丧礼已有趋简之势，不能完全遵循儒家的规定，以致同光年间的帝师翁同龢慨叹："先王之制礼也，三年之丧二十七月而毕，所以使过之者俯而就也。今之人居丧多越礼，其不及焉者多矣，乃惟此缌素倏焉而释。呜呼！曾亦谓制礼之不敢过耶？"③晚清一些官绅以种种理由（尤其在国家多事之秋）简省丧、祭之礼，礼制实践的常见情形不是"过"而是"不及"。在保守者看来，这背离了儒家礼制，却在客观上契合了近代社会变迁的趋向。

四　礼仪改良

清代学者关注婚丧礼制的同时，也偶尔论及社会礼仪和风俗。嘉庆年间，俞正燮委婉地对缠足陋俗表现了不满，他曾注意黄道周《三事纪略》云："宏光选婚，懿旨以国母须不束足。"因之感慨"明时制度过南宋远矣"。他又指出："本朝崇德三年七月，有效他国裹足者重治其罪之制。后又定顺治二年以后所生女子禁裹足，康熙六年弛其禁。古有丁男丁女，裹足则失丁女，阴弱则两仪不完。又出古舞屦贱服，女贱则男贱。女子心不可改者，由不知古大足时有贵重华美之屦，徒以理折之不服也。故具分析言之，非徒以历证谈者之短，亦庶为读古好学深思者之一助焉。"④此外，李汝珍《镜花缘》也对缠足导致"皮腐肉败、鲜血淋漓"的惨状予以揭露和抨击。然而，缠足陋俗已历数代，清代士人习以为常，对此进行"深思"者仍非常罕见。

至晚清，有的学者已有改良社会礼仪的意识。郑献甫曾撰文考证，古代妇女无拜跪礼，古代所记妇女之"拜"，不是"伏"（跪）而是揖。他

---

① 曹元忠：《庶子出后为本生他庶母无服议》，《笺经室遗集》卷二，王氏学礼斋1941年刊本，第5页。
② 曹元忠：《適孙众孙为庶祖母无服议》，《笺经室遗集》卷二，王氏学礼斋1941年刊本，第8页。
③ 翁同龢：《翁同龢日记》（同治四年二月初六）第一册，中华书局1989年版，第372页。
④ 俞正燮：《书旧唐书舆服志后》《癸巳类稿》卷十三，道光十三年求日益斋刊本，第18页。

说，宋太祖曾问赵中令："礼拜何以男子跪而妇人不跪？"赵不能对，礼官亦莫能知。朱子曾说，"古者男子之拜但如今之揖"。故郑献甫指出："妇人之拜，安得如今人之伏？"他这番考辨其实包含简化相见礼的寓意，当时仍受友人的质疑。郑氏新婚时，"一切侠拜，相者无如何。既而新妇自以为非，并以夫教为妄。以后凡拜皆跪，所置婢妾遇佳节、生日罗拜家长，亦令拜皆跪，献甫心知其非，口亦曰是"①。他虽接受妻妾婢仆的拜跪习俗，而心以为非，不无改良愿望。这些见解正是清末礼制改革的基础，后来孙诒让等人对此有所发展。

光绪十二年进士冯煦，崇奉宋学，关注礼、义、廉、耻等修身主题，注重躬行实践，又强调立国之道应"先明伦尚耻"。"而明伦必先崇礼，尚耻莫若除弊。中国以礼立国，经传昭垂，不胜馈缕。"他的崇礼思想也包含委婉的改革内容，提到"泰东西之礼，莫重于三鞠躬，施之君上则然。案鞠躬之礼，中国亦有之。船山《识小录》'下吏见上官，三鞠躬而退，卑者一鞠躬而退'……盖三鞠躬之礼，前明以见上官，泰东西则见君上，且或一或三或否，轻重之施亦异"②。像郑献甫一样，冯煦未明确提出采用三鞠躬礼，却流露出了改良意识。

明清学者改良礼俗的思想仍然在夹缝中生长，难得社会认同。袁枚招收女弟子，颇受世人诟病；李贽将其文稿命名为《焚书》，而唐甄晚年自焚《潜书》，汪中遭受排挤，抑郁早逝。改良主张上升为法律制度更是阻力重重。清末，朝廷曾设立礼学馆以修订礼制，与宪政馆、法律馆一样属于"新政"。礼学馆在清末政局中无所作为，但一些官绅也在此背景下提出了改良建议。御史江春霖奏陈官制积弊云："各部堂司三揖而止，例不屈膝，礼至简也。乃直省下属见上司，初见则有庭参，常见则有请安，抑何内倨而外恭耶……（各地）大人卑职，唯诺成风，实则名分之严并不在此，徒令情意隔阂而已。"③他委婉地提出了改革官吏相见礼仪。光绪三十三年

① 郑献甫：《再答李（秋）航论妇人无伏拜书》，《补学轩文集》卷三，咸丰十一年刊本，第51—53页。

② 冯煦：《蒿庵随笔》卷三，《近代中国史料丛刊》初编第七辑第64册，文海出版社影印本，第7页。

③ 江春霖：《御史江春霖奏请除官制十二弊折》（光绪三十二年七月二十六日），《清末筹备立宪档案史料》（上），《近代中国史料丛刊》续编第八十一辑第801册，文海出版社影印本，第388页。

二月，民政部奏请对民间冠、丧、祭、舆服之礼进行改良，旨在"酌古准今，揆情度势，去其繁重，归于简易"，这个建议基本得到朝廷允准。①

清廷的礼制改革仍相当保守。传统法律维护礼教，而光宣之际制定的新刑律与传统礼教产生了矛盾。如新刑律对"子孙违犯教令及无夫奸"均没有加重惩处的规定，与三纲规范不合，故保守官员认为"礼教可废则新律可行，礼教不可废则新刑律必不可尽行"②。在制定新刑律的过程中，清廷一再强调"刑法之源，本乎礼教。中外各国礼教不同，故刑法亦因之而异"。"凡我旧律义关伦常诸条，不可率行变革"③。江苏巡抚陈启泰、湖广总督陈夔龙等人纷纷上奏，指陈新刑律违背三纲五伦。

不过，清代学者的改良思想受到近代知识精英的推重，并成为五四新文化的重要源泉。蔡元培、胡适、鲁迅、周作人等人都在著述中多次提到清代学者的见解，有关贞节问题的论述尤多。比如，胡适认为《镜花缘》一书，"为吾国倡女权说者之作，寄意甚远"④。他对李汝珍的思想进行了分析并推崇备至：

> 三千年的历史上，没有一个人曾大胆的提出妇女问题的各个方面来作公平的讨论。直到十九世纪的初年，才出了这个多才多艺的李汝珍，费了十几年的精力来提出这个极重大的问题。他把这个问题的各方面都大胆的提出，虚心的讨论，审慎的建议。他的女儿国一大段，将来一定要成为世界女权史上的一篇永永不朽的大文；他对于女子贞操，女子教育，女子选举等等问题的见解，将来一定要在中国女权史上占一个很光荣的位置：这是我对于《镜花缘》的预言。⑤

蔡元培云："余自十余岁时得读俞先生《癸巳类稿》及《存稿》而深

---

① 朱寿朋编：《光绪朝东华录》（五），中华书局1984年版，第5641页。

② 刘廷琛：《大学堂总监刘廷琛奏刑律不合礼教条文请严饬删尽折》，《清末筹备立宪档案史料》（下），《近代中国史料丛刊》续编第八十一辑第802册，文海出版社影印本，第888页。

③ 《修改新刑律不可变革义关伦常各条谕》（宣统元年正月二十七日），《清末筹备立宪档案史料》（下），《近代中国史料丛刊》续编第八十一辑第802册，第858页。

④ 《通信·胡适寄陈独秀》，《新青年》第三卷第4号，1916年。

⑤ 胡适：《〈镜花缘〉引论》，《胡适文存二集》卷4，见《胡适文集》（3），北京大学出版社1998年版，第561页。

好之。历五十年而好之如故。"其书中最重要者："一认识人权"，"二认识时代"。前者"俞先生从各方面为下公平之判断"，《贞女说》、《妒非女人恶德论》等一系列文章"无一非以男女平等之立场发言者"[1]。他又指出："自《易经》时代至于清儒朴学时代，都守着男尊女卑的成见，即偶有一二文人，稍稍为女子鸣不平，总也含有玩弄等的意味"。而俞正燮的文章"从各方面证明男女平等的理想……我至今还觉得有表章的必要"，并他自认为是"深受影响的"[2]。鲁迅读过《癸巳类稿》，而且对俞氏《除乐户丐户籍及女乐考附古事》一文有所评论。[3] 他对俞氏有关贞节观的看法有所了解亦在情理之中。传统学者改革纲常礼俗的委婉呼声正是近代激进思想的源头，故五四以后论者指出：俞正燮"力破古人迷妄，著《节妇说》及《贞女说》，以为妇人再嫁者不当鄙薄，并斥世俗迫女子守贞之非，其言至为公平。此男子对于妇女解放思想之初步也"[4]。类似评论不一而足，体现了清代思想的现代反响，也说明五四精英思想具有深厚的传统渊源。

第三节　清末精英思想的激荡

19世纪中晚期，一些走向世界或接受西学者直观地感受到中西文化的强烈差异，对三纲五伦和社会旧俗的反思明显增长了，且有的委婉地提出了改良主张。这些言论发表在传教士的刊物上或流露于个人笔记、游记中。王韬、郑观应、李圭、宋恕等人较早地注意到中西礼俗的差异，有时还表现出对西俗的向往。王韬记英国风俗云："女子与男子同，幼而习诵，凡书画、历算、象纬、舆图、山经、海志，靡不切究穷研，得其精理。中土须眉，有愧此裙钗者多矣。国中风俗，女贵于男。婚嫁皆自择

---

① 蔡元培：《俞理初先生年谱跋》，蔡元培参订，王立中纂辑《俞理初先生年谱》，北京图书馆珍本年谱丛刊，第134册，北京图书馆出版社1998年版，第521—526页。

② 蔡元培：《我青年时代的读书生活》，载《读书生活》第2卷第6期，1936年。

③ 鲁迅：《病后杂谈之余——关于"舒愤懑"》，《鲁迅全集》第六卷，人民文学出版社1981年版，第180页。

④ 孙鼒：《中国妇女运动之进步》，《妇女杂志》第9卷第1号，1923年。

配，夫妇偕老，无妾媵。"① 黎庶昌也注意到"西洋之俗，男女婚嫁，虽亦有父母之命，而其许嫁许娶，则须出于本人之所自择"②。他们对西方的夫妇之伦颇感兴趣，并且注意到中外君臣礼仪的差异。技术专家徐建寅记述德国皇帝接见宾客时，"间有女宾坐而德皇反立于其旁闲谈者。一堂之内，与朋友无异。未尝因君后而更加尊严，不过鞠躬致敬而已，所见各国公使皆然"③。言下之意，中国的君臣关系和礼仪不无偏颇。

　　不过，这些使臣还不敢正面批评传统纲常，也缺乏改良礼俗的具体主张。他们偶尔流露的改良意识大体因洋务事业而提出，如李圭游记所云：听到西方友人介绍"泰西风俗，男女并重，女学亦同于男。故妇女颇能建大议，行大事"，并且妇女要求参政权。"故外国生男喜，生女亦喜，无所轻重也。"对比中西礼俗，他认为英美妇女所为不免太过，而中国女德之说也太偏，"女子无才便是德"一语尤其"误尽女子"。他认为，"倘得重兴女学，使皆读书明理，妇道由是立，其才由是可用。轻视妇女之心由是可改，溺女之俗由是而自止"④。在他看来，女学一兴，一切将迎刃而解，这不免带有空想性。稍后郑观应、陈虬等人同样主张兴女学，改善妇女地位，以助益国家富强。郑观应指出：中国女子不就学，故"于古人所为妇德、妇言、妇容、妇工者，有其名无其实"。而缠足"酷虐残忍，殆无人理"，使女子"如肤大戮，如负重疾，如觏沈灾"，应重申禁令。⑤ 他们立足于国家富强的需要来完善、而非改造传统，对儒家人伦道德尚无深入的理论思考。

　　戊戌前夕，自称"著书专代世界苦人立言"的宋恕同情维新变法，与康、梁主张不尽相同，却是反思人伦礼俗的代表人物。他在这方面大胆

---

　　① 王韬：《漫游随录》，钟叔河主编《走向世界丛书》，《漫游随录·环游地球新录·西洋杂志·欧游杂录》，岳麓书社 1985 年版，第 107 页。

　　② 黎庶昌：《西洋杂志》，钟叔河主编《走向世界丛书》，《漫游随录·环游地球新录·西洋杂志·欧游杂录》，岳麓书社 1985 年版，第 408 页。

　　③ 徐建寅：《欧游杂录》，钟叔河主编《走向世界丛书》，《漫游随录·环游地球新录·西洋杂志·欧游杂录》，岳麓书社 1985 年版，第 664 页。

　　④ 李圭：《环游地球新录》，《漫游随录·环游地球新录·西洋杂志·欧游杂录》，岳麓书社 1985 年版，第 237—238 页。

　　⑤ 郑观应：《盛世危言·女教》，《郑观应集》上册，上海人民出版社 1982 年版，第 287—289 页。

立言，其解放妇女的主张就包括：①反对褒扬贞节烈女。他认为，妇女贞、节、烈行为多非出于本心，而是"劫于名议"。"今宜永停夫亡守志贞女、节妇、夫亡自尽烈女、妇例，并除再适妇不行封赠例，以救妇女之穷，而复三代之治。"① ②改良婚制。夫妇为人伦之始，欲"挽人伦之大坏，必由使民男女自相择偶始焉"②。"男女自相择配，已俩属意者，家长不得阻挠、另订。违者，许男女状求保正、甲首反复开导。"仍不听，则可依法惩治。"七出之礼"应予修改，其中仅三条可保留，即与姑舅不合、与夫不合、与前妻男女不合可出，由夫做主。不过同时应设"五去礼"，其中"三去"与丈夫"三出"内容同，另外"二去"则是妻妾不和、妻妾父母无子而必须归养。"五去礼"皆由妻妾做主。这实际上肯定了结婚和离婚自由，并且男女对于婚姻享有平等权利。此外，他也提出禁早婚，"男女年未十六，不许家长订婚"，违者追究治罪。③ ③严禁买卖婢妾。官民之家的所有婢妾，"无分长幼，但未生子，及虽生子而年未满十六，或不及十六而亡者，该家长应以雇工相待，该婢妾应以雇工自处，去留两便"。有子十六岁以上的婢妾则应称为"侧妻"，有事涉官，均应与正妻同。④ ④禁缠足，兴女学。"永禁缠足，敢私缠者，重惩家长。"十六岁以下的缠足者全部勒解。同时，"每保设女学馆一区"，使女子皆读书明理。如此则人才、风俗必有大转机。⑤宋恕的主张还不能得到一般士大夫的响应，他的友人便对停止旌表贞节烈女、更改"七出之礼"及设"五去礼"不以为然，但宋恕得到了戊戌维新派的肯定。谭嗣同誉之为"后王师"，梁启超将《六字课斋卑议》列入《西学书目表》，⑥他的主张显然启发了谭、梁关于改造传统伦理的运思。

宋著被梁启超列入"西学书目"是颇具意味的。这既体现了宋著鲜明的西学色彩，又表明宋恕对传统学说的阐发比较薄弱。其后，戊戌思想

① 宋恕：《六字课斋卑议（初稿）·停旌章》，《宋恕集》上册，中华书局1993年版，第33页。
② 宋恕：《六字课斋津谈·政要类》，《宋恕集》上册，中华书局1993年版，第74页。
③ 宋恕：《六字课斋卑议（初稿）·婚嫁章》，《宋恕集》上册，中华书局1993年版，第31—32页。
④ 宋恕：《六字课斋卑议（初稿）·婢妾章》，《宋恕集》上册，中华书局1993年版，第32页。
⑤ 宋恕：《六字课斋卑议（初稿）·女学章》，《宋恕集》上册，中华书局1993年版，第17页。
⑥ 胡珠生：《编者按》，《宋恕集》上册，中华书局1993年版，第1页。

家一方面直接援引西学西理，另一方面则仍然借用传统学术、尤其是儒学语言。他们批判了正统儒学，又利用、改造、重建了儒学。康有为以儒学为依据，构筑理想的"大同"世界，成为道德理想主义的集中体现。

长期以来，人们关注、讨论了文化"重建"问题，但对其理解并不一致。比如，恢复先秦儒学的平等精神，使思想结构由"一元"走向"多元"，均属于这一范畴。不过，就伦理学来看，"重建"的关键不完全是多元化问题，也不完全是"转型"。"重建"一词源于西方，而研究儒家伦理的西方学者认为，"重建"意味着重释古代观念，使之更切合其真实意旨，并充分适应于当代伦理问题的需要。① 就此来看，所谓近代伦理"转型"的主题也可谓诠释孔孟的"真实意旨"，统一、协调人伦与德性的关系，阐发其现代意义。这恰恰是康有为、谭嗣同、孙中山等人阐发儒家仁学的基本出发点。在近代西学东渐的背景下，他们深入汲取西学，阐发了儒家的德性之学。

一 戊戌思想家以仁释礼

康有为、谭嗣同对传统纲常的反思达到了前所未有的深广度。他们围绕孔儒的核心理念来思考、阐发，以建立新的道德学说。"仁"为儒家"三达德"之首，又是"五常"之本，自商初已成为德行之一。儒学宗师孔子把仁看作理想人格的总范畴，从不同角度进行诠释，并强调"仁者爱人"，使之广泛应用于家庭、家族及全社会。所谓"克己复礼为仁"也是将礼乐文化植根于仁学之上，以仁为归宿，从而实现仁、礼合一。孟子倡导仁政，进一步开掘了仁的政治意义，增强了中国文化的德治主义倾向。于是，仁学成为治国方略，贯通于内圣外王。儒家仁学几经衍变，代有更新，也不乏践履笃行者。戊戌启蒙思想被包裹在厚重的传统学术外衣中，而儒家"仁"的理念尤占显著位置。康有为构想"大同"世界的核心观念就是"仁"。梁启超曾谓："先生之论理，以'仁'字为唯一之宗旨。以为世界之所以立，众生之所以生，国家之所以存，礼义之所以起，

---

① Heiner Roetz, *Confucian Ethics of the Axial Age*, State University of New York Press, 1993. p. 6.

无一不本于仁。"① 谭嗣同的《仁学》更是阐发仁学的典范作品。他们均以传统德性之学为基础来建立新的思想体系，提出改革主张。

儒家的仁具有哲学本原意义。康有为肯定"孔子之道，其本在仁"②，"仁者，人也。人以仁爱为生，故义从之出，而人行之顺，故为义之本，顺之体也"。人道的根本在仁，"而礼义乃其桥梁舟车也"③。仁是自然的人性，也是立德之基，处于道德哲学的首要位置。康有为早年像董仲舒一样视仁为哲学本原："天，仁也。天覆育万物，既化而生之，又养而成之。事功无已，终而复始，凡举归之以奉人。察于天地之意，无穷极之仁也。人之受命于天也，取仁于天而仁也。"④ 在他看来，仁受命于天，与天一样终而复始，是万物的本性，也是没有穷尽的永恒存在。这里，仁虽属于德性的、精神的范畴，却是客观的存在。

谭嗣同也把仁看作儒学之本，万物之性，而智、勇、义、信、礼都是孔孟"借以显仁之用，使众易晓耳"⑤。仁处于儒学最根本的位置。他强调"仁以通为第一义"，而"通之象为平等"⑥。谭著《仁学》的旗帜是回归孔孟，但又汲取张载、王夫之的思想，融合了佛学和近代西学，从而构建了一个以"以太"（ether）为本原的哲学体系："夫仁，以太之用，而天地万物由之而生，由之以通。"⑦ 他认为，仁是"以太"的本体状态，也是人性和生命的起点。在本体论方面，康、谭仁论并无不同，可谓继承传统儒学，但谭嗣同把儒家之仁与佛家之慈悲、墨家之兼爱会通起来。他以墨家的"兼爱"解释"仁"，认为墨家的"兼爱"、"任侠"，即"吾所谓仁也"。这与孔孟体现为等差之爱的"仁"显然有所不同。这说明，谭嗣同汲取儒学、西学和墨学时，又流露出背离儒学轨道的倾向。

作为万物本原的仁，无疑在道德范畴中属于决定性因素。故对于仁、

---

① 梁启超：《南海康先生传》，《饮冰室合集》文集之六，中华书局1989年版，第71页。

② 康有为：《春秋笔削大义微言考序》（1901年），《康有为政论集》上册，中华书局1981年版，第468页。

③ 康有为：《礼运注》，中国图书公司印行，第29页。

④ 康有为：《春秋董氏学》，姜义华、吴根梁编《康有为全集》（二），上海古籍出版社1990年版，第802页。

⑤ 谭嗣同：《仁学》，《谭嗣同全集》下册，中华书局1981年版，298页。

⑥ 同上书，291页。

⑦ 同上书，297页。

礼关系，孰重孰轻就不难分辨了。对于儒家五常之目，康有为认为："人道以智为导，以仁为归，故人宜以仁为主，智以辅之。主辅既立，百家自举，义、礼与信，自相随而未能已，故义、礼、信不能与仁、智相比也。"① 在康有为的思想中，仁和礼位于不同的价值层次。康有为还强调，孔儒学说是将国家礼制作为倡导仁、孝的途径："盖郊祭天，社祭地，春禘秋尝，皆以行大祫之祭，以合祭祖祢也。祭天以明万物一体之仁，祭祖以明家族相亲之孝，仁孝皆备，治国可运诸掌矣，此孔子人道之大义也。"② 谭嗣同进而指出，"夫礼，依仁而著，仁则自然有礼，不待别为标识而刻绳之，亦犹伦常亲疏，自然而有，不必严立等威而苛持之也。礼与伦常皆原于仁"③。在他看来，士大夫的用力之处应当不是礼防和人伦道德，而是在内圣外王的追求中落实仁。

　　理、欲之辨是内圣功夫的关键，也是礼教的学理依据。在宋学体系中，理、欲关系长期处于紧张状态，清代学者对其进行了重释。康、谭汲取宋儒的心性本体论，但不像宋学家那样以"天理"来涵养仁性。康有为指出："宋人看仁字犹未透，以其书多言义，少言仁也。"④ 这是对于满纸仁义道德的宋学进行委婉而不乏深刻的针砭。他多讲性理之学，但又说"人生而有欲，天之性哉！"⑤ "夫人生而有耳目口鼻之体，即有视听言动之用，即有声色臭味、男女之欲，人生有欲，必不能免也。人之欲，以礼法制而寡之则可，绝而去之不能也"⑥。故他指出，朱子倡无欲之说，"禁一切歌乐之事，其道太觳，近于墨氏，使民情不欢，民气不昌，非孔子道也。孔子之道本诸身，人身本有好货、好色、好乐之欲，圣人不禁，但欲其推以同人。盖孔孟之学在仁，故推之而弥广，朱子之学在义，故敛之而

① 康有为：《康子内外篇（外六种）》，中华书局 1988 年版，第 24 页。
② 康有为：《陕西第二次讲演》（1923 年 11 月 15 日），《康有为政论集》下册，中华书局 1981 年版，第 1100 页。
③ 谭嗣同：《仁学》，《谭嗣同全集》下册，中华书局 1981 年版，312 页。
④ 张伯桢：《南海师承记》，见《康有为全集》（二），上海古籍出版社 1990 年版，第 457 页。
⑤ 康有为：《大同书》，中华书局 1935 年版，第 62 页。
⑥ 康有为：《陕西第二次讲演》（1923 年 11 月 15 日），《康有为政论集》下册，中华书局 1981 年版，第 1102 页。

愈嚣，而民情实不能绝也"①。他认为，孔子道不远人，肯定自然的人性，不禁合理的人欲，而宋儒耻谈"灭人欲"则与孔学背道而驰。在他看来，人欲与礼法并无根本冲突，孔子制礼作乐是用来调和、节制人欲的，却不是"绝而去之"。康有为虽非清代汉学传人，但其《孟子微》、《大同书》等论著对禁欲主义的批评堪比戴震的《孟子字义疏证》。

谭嗣同接受了王夫之"天理即在人欲之中；无人欲，则天理亦无从发现"的思想，将自然的情欲与性善论统一起来："言性善，斯情亦善。生与形色又何莫非善？故曰：皆性也。世俗小儒，以天理为善，以人欲为恶，不知无人欲，尚安得有天理！吾故悲夫世之妄生分别也。天理，善也；人欲，亦善也。"② 换言之，自然的情欲非但不悖天理，而且立足于性善论，与仁本质上是一致的。谭嗣同进而激烈的指出，压制自然情欲的礼教才完全背离了仁："仁之乱也，则于其名。""俗学陋行，动言名教"，"上以制其下，而不能不奉之，则数千年来，三纲五伦之惨祸烈毒，由是酷焉矣……而仁尚有少存焉者得乎？"③ 在康、谭的思想中，仁不只是抽象的心性本体，更不是名教，而是植根于社会生活的自然人性。这种思想的必然归宿是对传统纲常的否定。

二　仁学对纲常的冲击

戊戌思想家注重践履仁德的社会性。谭嗣同指出："'仁'从二从人，相偶之义也。'元'从二从儿，'儿'古人字，是亦'仁'也。"④ 他认同于以"人相偶"释仁，强调"夫惟仁，是以相人偶"。⑤ 康有为也肯定"仁"为"二人，言不专于己，念施与也"的训释。他认为："孔门确诂闻其名，而达其义。爱从人、我两立而生，若大地只有我而无他人，则仁可废矣！"⑥ "仁"必须从人、我关系中得以体现。"仁为相人偶之义，故贵于能群。"他推而广之，肯定"孝悌于家者，仁之本也；睦姻于族者，

---

① 康有为：《孟子微》卷四，上海广智书局 1916 年版，第 16 页。
② 谭嗣同：《仁学》，《谭嗣同全集》下册，中华书局 1981 年版，第 301 页。
③ 同上书，第 299 页。
④ 同上书，第 289 页。
⑤ 谭嗣同：《报贝元徵》，《谭嗣同全集》上册，中华书局 1981 年版，第 198 页。
⑥ 康有为：《春秋董氏学》，《康有为全集》（二），上海古籍出版社 1990 年版，第 836 页。

仁之充也；任恤于乡者，仁之广也。若能流惠于邑，则仁大矣；能推恩于国，则仁益远矣；能锡类于天下，仁已至矣"①。他使仁学贯穿于修齐治平的全过程，而以有裨于国家和社会为最高境界，这是对孔孟孝悌之道、亲疏之爱的发展。

《大学》开篇云："大学之道，在明明德，在亲民，在止于至善。"程子注曰："亲，当作新。"② 这成为清末梁启超"淬厉其所本有"而又"采补其所本无"以创立"新民说"的重要依据。"新民说"凸显了利群的思想主题，所谓"人人独善其身者谓之私德，人人相善其群者谓之公德"③。仁学与维新派的"利群"思想本质相通，成为其道德学说、社会主张的渊源。在戊戌思想家看来，仁与不仁不仅为德行高下之分，而且关乎国家兴亡。康有为强调："凡为人皆有人之责任。人者，仁也，仁乃人之责任也……故君子躬自厚而薄责于人，圣人以天下为己任，其次以一身任国之安危。"④ 他们把仁学提升到社会责任和道德义务层次，直接服务于近代中国的救亡图存和社会改革。在晚清社会危机中，梁启超更重视"人人相善其群之公德"，认为"公德之大目的，既在利群，而万千条理即由是而生焉"⑤。梁启超自称是受了严译《天演论》和谭氏《仁学》的启发，故作"群说十篇"⑥。在近代个人主义和国家主义的价值紧张中，由仁学转换而来的"利群"观念成为调适、协和二者的新途径，为维新思想注入了新活力。"利群"的最终理想是实现世界大同。

儒家认为人人皆可为尧舜，从根本上肯定人格平等。《礼记·礼运》描绘了一个"天下为公"的"大同世界"。在此框架中，康有为对大同理想进行了具体构想，认为《春秋》设想的"太平世"即是"大同"。"大同即平世也，小康即乱世也"⑦。而自秦汉以来之政皆"小康之世"，自荀子以后的儒学皆"小康之道"⑧。他声称："吾既生乱世，目击苦道，而思

---

① 康有为：《长兴学记、桂学答问、万木草堂口说》，中华书局1988年版，第5、10页。
② 朱熹：《大学章句集注》，《四书五经》（上），中国书店出版社1985年版，第1页。
③ 梁启超：《新民说》，《饮冰室合集》专集之四，中华书局1989年版，第12页。
④ 康有为：《孟子微》卷五，上海广智书局1916年版，第12页。
⑤ 梁启超：《新民说》，《饮冰室合集》专集之四，中华书局1989年版，第15—16页。
⑥ 梁启超：《说群序》，《饮冰室合集》文集之二，中华书局1989年版，第3页。
⑦ 康有为：《孟子微》卷一，上海广智书局1916年版，第14页。
⑧ 康有为：《礼运注叙》，见《礼运注》卷前，中国图书公司印行，第2页。

有以救之。昧昧我思，其惟行大同太平之道哉！遍观世法，舍大同之道，而欲救生人之苦，求其大乐，殆无由也。大同之道，至平也，至公也，至仁也。"① 20 世纪初年，康有为旅居印度时撰成了《大同书》初稿。这部描绘仁学最高境界，又广泛融入了近代观念的著作，带有深厚的空想性，与现实社会反差强烈，作者一直"秘不以示人"。1913 年该书部分内容刊发于《不忍》杂志。康有为去世后，全稿才由其弟子于 1935 年刊行。《大同书》首先总述"入世界观众苦"，随后分述去"国界"、"级界"、"种界"、"形界"、"家界"、"产界""乱界"、"类界"、"苦界"九界和除众苦的办法，以及最终实现人人平等、绝对自由的大同理想。大同世界"不独不得立国界以至强弱相争，并不得有家界以至亲爱不广，且不得有身界以至货力自为"，总之"无贵贱之分，无贫富之等，无人种之殊，无男女之异"②。这与三纲五伦笼罩下的传统社会显然是根本对立的。康有为认为，人皆有不忍之心，这即是儒家的仁。大同世界是三世进化的必然结果，是儒家仁学的完美体现，也是实现绝对平等之时，所谓"人人性善，尧舜亦不过性善，故尧舜与人人平等相同。此乃孟子明人人当自立，人人皆平等，乃太平大同世之极"③。

不过，在达到"太平大同世"之前，康有为仍承认现实社会的差别，并不是要泯灭一切贵贱等级之分。他说："孔子之道，其本在仁，其理在公，其法在平，其制在文，其体在各明名分，其用在与时进化。夫主乎太平，则人人有自主之权；主乎文明，则事事去野蛮之陋。主乎公则人人有大同之乐，主乎仁则物物有得所之安，主乎各明权限则人人不相侵，主乎与时进化则变通尽利。"④ 这就是说，人虽生而平等，但又"与时进化"，受时代的制约，人人之间要"各明权限"。这种平等观显然不是儒、佛思想的重复，而带有近代西学色彩。梁启超更明确地申述此说，肯定"仁者，平等也，无差别相也"⑤。但在实现"大同"之前，"出吾仁以仁人

---

① 康有为：《大同书》，中华书局 1935 年版，第 11 页。
② 康有为：《礼运注》，中国图书公司印行，第 3 页。
③ 康有为：《孟子微》卷一，上海广智书局 1916 年版，第 8 页。
④ 康有为：《春秋笔削大义微言考序》（1901 年），《康有为政论集》上册，中华书局 1981 年版，第 468 页。
⑤ 梁启超：《仁学序》，《谭嗣同全集》下册，中华书局 1981 年版，第 374 页。

者，虽非侵人自由，而待仁于人者，则是放弃自由也"。中国人没有权利意识，"惟日望仁政于其君上"，导致"古今仁君少而暴君多"①。仁学的平等内涵重在精神贯通，与近代自由、权利意识统一起来。

孔、孟关于仁政的说法不一，其仁政典范也不尽相同。孔子推崇由拨乱进入升平的周文王，而孟子尤注意太平之世，自称法尧、舜。阐释孔、孟的康有为认为，三世治乱不同，而"其道只有一。一者，仁也。无论乱世、平世，只归于仁而已"②。仁德不仅见诸尧舜之世，而且是从据乱转向升平，最后进入太平之世不可或缺的。当然，三世社会状况不同，"仁民而爱物"的具体表现也不一样。"拨乱世仁不能远，故但亲亲；升平世仁及同类，故能仁民；太平世众生如一，故兼爱物。仁既有等差，亦因世为进退大小。大同之世，人人不独亲其亲，子其子。禹稷当平世，视人溺犹己溺，人饥犹己饥，人人平等，爱人若己。"③ 只有达到最终的大同世界，仁德、仁政才得以全面落实。

康有为说："仁运者，大同之道。礼运者，小康之道。拨乱世以礼为治，故可以礼括之。"④ 他肯定社会发展的阶段性，但设计的通往大同之路不是儒家的礼治主义，而是近代社会制度。他认为秦汉以后减少酷刑，今欧美各国减省刑罚，乃至废除死刑，"皆孟子省刑罚之意"。后世的赋税改革，由"租庸调"改为"两税"，由"两税"改为"一条鞭"，这些薄减税敛的做法，亦"皆孟子垂训之功也"⑤。他把中外各国的开明政治纳入仁政范畴，增加了仁政的可塑性和适用范围。康有为的政治蓝图是君主立宪，由此使中国由据乱世进入升平世。这样既改革专制制度，又避免社会混乱，这是他倡导的主要仁政。

儒家仁学与近代启蒙思想本质相通，戊戌思想家会通中西，以西释中，对仁学做了前所未有的诠释，对其思想意义进行了全面阐发。

一方面，他们发掘仁学蕴含的重民意识，批评专制制度。梁启超云："《孟子》言民为贵，民事不可缓，故全书所言仁政，所言王政，所言不

---

① 梁启超：《新民说》，《饮冰室合集》专集之四，中华书局1989年版，第35页。

② 康有为：《孟子微》卷一，上海广智书局1916年版，第1页。

③ 同上书，第4页。

④ 康有为：《礼运注》，中国图书公司印行，第1页。

⑤ 康有为：《孟子微》卷四，上海广智书局1916年版，第10页。

忍人之政，皆以为民也。泰西诸国今日之政，殆庶近之。"① 儒家重民意识与近代民主思想的价值取向大体一致，而运作机制和实现途径迥然不同，但在理论饥渴的戊戌时期，它成为维新派以旧开新的重要议题。康有为认为："君者，国民之代理人也。代理人以仁养民，以义护民，众人归心，乃谓之君。"② 他试图打通儒家仁政与近代民主制的隔膜，将仁学转化为近代民主思想。梁启超更具体地比附道：孟子所说的"诸大夫"即西方的上议院，而"国人"即是下议院。"苟不由此，何以能询。苟不由此，何以能交。苟不由此，何以能见民之所好恶。故虽无议院之名，而有其实也。"③ 这当然属于牵强附会，纯粹是为开议院寻找学理依据。

　　儒经给近代学者留下了广阔的解释空间。关于尧、舜禅让的传说，孟子认为，并不是尧以天下与舜，因为"天子不能以天下与人"。那么是谁给了舜天下呢？孟子说："天与之。"天不能说话，而"以行与事示之"，即依据民意而定，也就是武王伐纣所说的"天视自我民视，天听自我民听"。康有为认为，孟子这番话是"明民主之义。民主不能以国授人，当听人之公举……以民情验天心，以公举定大位，此乃孟子特义，托尧舜以明之"。这种"公举"与后来王莽、曹丕、司马炎等人"禅让"是完全不同的，"而华盛顿有以承风，大义独倡，为太平世之永法矣"④。尧舜之事与华盛顿为象征的西方民主制反差鲜明。康有为以今释古，恰好表明自己的思想主张。

　　在戊戌思潮中，孟子的"民贵君轻"说打上卢梭"民约论"的烙印。康有为指出：国家是由人民组成的，"故一切礼乐政法皆以为民也。但民事众多，不能人人自为公共之事，必公举人任之。所谓君者，代众民任此公共保全安乐之事，为众民之所公举，即为众民之所公用。民者，如店肆之东人；君者，乃聘雇之司理人耳……故民贵而君贱，易明也。众民所归，乃举为民主，如美、法之总统然……近于大同之世，天下为公，选贤与能也。孟子已早发明之"⑤。康有为对"民贵君轻"说进行引申诠释，

①　梁启超：《读孟子界说》，《饮冰室合集》文集之三，中华书局1989年版，第18页。
②　康有为：《孟子微》卷四，上海广智书局1916年版，第21页。
③　梁启超：《古议议院考》，《饮冰室合集》文集之一，中华书局1989年版，第95页。
④　康有为：《孟子微》卷四，上海广智书局1916年版，第18—19页。
⑤　康有为：《孟子微》卷一，上海广智书局1916年版，第13页。

除了受黄宗羲《明夷待访录》的君臣关系论影响外，也大量移植了西方启蒙思想。谭嗣同、梁启超均有类似言论，而康门弟子徐勤甚至认为，"《孟子》至今有识者尊而重之，西士译是书，亦敬服焉"，而"孔子独尊尧舜"，泰西众多贤君中，而"今人独尊华盛顿者"，都是因为他们具有为民、重民的思想。这也是"孟子所以卓然为天下士"之所在，自此以后，中国士人应该"非孟子之学不敢言，非孟子重民仁天下之言不敢言"①。

儒家重民意识是在肯定君臣纲常的前提下，寄望统治者良心发现，适当顾及民生。所谓仁政、重民都来自于统治者的恩赐，与近代西方以天赋人权为价值核心、以权力制衡为实现途径的民主制度根本不同。维新派将两者附会等同，表明了认识局限和实用主义取向，也是为了适应时势需要。身处清末改革潮流中，康有为认为"仁人倡大同之乐利"，就必须伸民权。"民权之起，宪法之兴，合群均产之说，皆为大同之先声也。"② 当民初国内社会主义思潮兴盛之时，康有为则将仁学与社会主义理论会通起来，认为"仁"既然为"相人偶"之义，则包含"二人相助之义"。"欧人今盛行克鲁泡金互助之义，互助者，相人偶之仁也，真人道也，固我孔子日言之仁也。"③ 面对近代深受儒学熏染的广大士人，这种中西嫁接增强了西方思想的可接受性，也丰富、发展了儒学。

他们通过阐释仁学的平等精神，抨击旧的人伦道德。谭嗣同将仁学与近代平等、自由学说融合起来，疾呼"冲决君主之网罗"，"冲决伦常之网罗"④。他抨击世俗礼教有悖仁德的现象，强调有仁必有礼，有礼则未必为仁，试图从根本上改造礼教。因之深刻地揭露了"三纲五伦之惨祸烈毒"，并较早地冲击忠君观念。他认为，"古之所谓忠，中心之谓忠也。抚我则后，虐我则雠，应物平施，心无偏袒，可谓中矣，亦可谓忠矣"。作为德性表现，"古之所谓忠，以实之谓忠也"。在他看来，"忠"并非对臣子的片面要求，而是一种相互对待的德性。下之事上当忠，上之对下也

① 徐勤：《孟子大义述自序》，《知新报》第21册，光绪二十三年五月十一日。
② 康有为：《大同书》，中华书局1935年版，第105页。
③ 康有为：《陕西第二次讲演》（1923年），《康有为政论集》下册，中华书局1981年版，第1101页。
④ 谭嗣同：《仁学》，《谭嗣同全集》下册，中华书局1981年版，290页。

应如此。"忠者，共辞也，交尽之道也，岂可专责之臣下乎？"从而否定了忠德的片面性。"忠"既为相互道德，也就不必为君而死，"止有死事的道德，决无死君的道理"。他进而指出，如果"君为独夫民贼，而犹以忠事之，是辅桀也，是助纣也"。把君主与信仰区分开来，驱散了长期笼罩于君主之上的神圣光环，最终归宿于否定君臣纲常：

> 彼君之不善，人人得而戮之，初无所谓叛逆也。叛逆者，君主创之以恫喝天下之名。不然，彼君主未有不自叛逆来者也。不为君主，即詈以叛逆；偶为君主，又谄以天帝。中国人犹以忠义相夸示，真不知世间有羞耻事矣。

同时，谭嗣同阐发古代民本学说，把人民而非君主作为国家兴衰的根本和象征。他说："国与民已分为二，吾不知除民之外，国果何有……民既摈斥于国外，又安得少有爱国之忧。何也？于我无与也。"① 这样，谭嗣同将"爱国之忧"从忠君观念分梳出来，使之依托于民主制度，超越了传统忠君观念。

梁启超的言辞比较温和，汲取西方观念则更为明显。他指出：中国以"忠""孝"二德为"天经地义"、基本人格。然而，"言忠国则其利完，言忠君则其义偏"。何以言之？首先，国家与朝廷不能混同。国家如一公司，朝廷则公司之事务所。国家不能没有朝廷，所以人们常以爱国之心爱及朝廷，犹如爱屋及乌。但需区别不同情形："朝廷由正式而成立者，则朝廷为国家之代表，爱朝廷即所以爱国也。"否则，朝廷便为国家之蟊贼，"正朝廷乃所以爱国也"。其次，从修身成圣的儒学传统看，他认为如果"忠"而仅以施诸君，则君主又如何"尽忠"，完备其人格？而美法等国之民主国家，无君可忠者，"岂不永见屏于此德之外"，不算人类？所以，"孝于亲，忠于国，皆报恩之大义，而非为一姓之家奴走狗者所能冒也"②。"忠"应该是对国家而言，而不是忠于个人。他肯定忠德的普遍价值，却否定对于一家一姓的"忠君"，从而将忠君与爱国观念进行了初

---

① 谭嗣同：《仁学》，《谭嗣同全集》下册，中华书局1981年版，第334、339—341页。
② 梁启超：《新民说》，《饮冰室合集》专集之四，中华书局1989年版，第16—18页。

步分梳。他试图以"社会契约"、"人民主权"为内涵的"家国思想"来
改造传统的忠德,从而使"忠君"向"爱国"转变。梁启超大规模地输
入西方启蒙思想,也在诸如"公德"与"私德"、"权利"与"义务"、
"自由"与"服从"、"独立"与"合群"等论述中,传播了近代西方伦
理观念。

有的戊戌思想家也明确否定了传统孝道和片面贞节观。儒家认为,父
子名分为"天之所合",不能非议。谭嗣同汲取非儒学派和西方平等思
想,认为:"不知天合之言,泥于体魄之言也,不见灵魂者也。子为天之
子,父亦为天之子,父非人所得而袭取也,平等也。"庄子云:"相忘为
上,孝为次焉。"他就此指出:"相忘则平等矣。詹詹小儒,乌足以语此
哉?"① 至于"不幸而妇人",则受旧道德的摧残、压迫又更惨烈了。宋儒
妄为"饿死事小,失节事大"之謷说,犹如对妇人施以酷刑。"男则姬妾
罗侍,纵淫无忌;女一淫即至死罪。"这种片面的贞节道德,是"至暴乱
无理之法也"②。妇女不仅遭受"夫为妻纲"的束缚,其他家庭压迫,如
"村女里妇,见戕于姑恶,何可胜道?"③

戊戌前康有为写作的《实理公法全书》就认为"男女婚约,不由自
主","男为女纲"皆"与几何公理不合,无益人道"。后来《大同书》
更全面地批判了传统纲常。破"九界"的理想实际上对传统纲常道德,
包括以君臣之纲为核心的等级制度、以男尊女卑和片面贞节观为中心的两
性伦理以及建立在传统宗法制度之上的孝道予以全面否定。以为稍有高下
之分,就"违天赋人权平等独立之义"④。大同世界有"人民公举"的政
府而"实无国家","破家界"之后"实无家庭",故梁启超称之为"社
会主义派哲学也"⑤。《大同书》对广大妇女的悲惨命运尤其寄予了深切同
情,详细罗列了妇女之苦,表达了"女子当与男子一切同之"的平等思
想。在维新派创办的报刊上,抨击旧伦常的言论已不罕见。有人就传统伦
理的哲学基础指出:"天地之生也,一阴而一阳,一男而一女。一男而娶

① 谭嗣同:《仁学》,《谭嗣同全集》下册,中华书局1981年版,第348页。
② 同上书,第304页。
③ 同上书,第348—349页。
④ 康有为:《大同书》,中华书局1935年版,第248页。
⑤ 梁启超:《南海康先生传》,《饮冰室合集》文集之六,中华书局1989年版,第77页。

数女者，男淫也；一女而嫁数男者，女淫也；男合有夫之女，女合有妇之男者，乱淫也。处女寡女，童男鳏男，鼓于天机，荡于人欲，阴阳阖辟，互为匹偶者，公理也，人道也，无关于贞淫廉耻也……是杀尽天下妇人而不见血者，惟此三从四德、贞孝节烈之名害之也。"[1]

否定旧纲常之后，如何建立新型的人伦关系？谭嗣同认为："五伦中于人生最无弊而有益，无纤毫之苦，有淡水之乐，其惟朋友乎？顾择交何如耳，所以者何？一曰'平等'；二曰'自由'；三曰'节宣惟意'。总括其义，曰不失自主之权而已矣。兄弟于朋友之道差近，可为其次。"[2]严复分析了中西强弱之势和文化异同，注重将自由观念引入人伦之理，并在学理上进行深入阐发。"自由"在近代西方成为一种普遍的价值观念，而中国只有待人及物的"忠恕"、"絜矩"之道。因此，为了改造传统的三纲五伦，他主张仿行西方"以自由为体，以民主为用"[3]。他不仅确定"自由"在伦理体系中的本质地位，而且还阐述了个体自由与群体、法律的关系，实则汲取西方启蒙思想，以期改造传统的人伦规范。

在戊戌改革潮流中，一些有志青年力行实践，谭嗣同、梁启超相约实行一夫一妻制，但不是一帆风顺。为变法流血的谭嗣同尚能言行一致，其他人则多有差距。清末知识精英的贞节观念不无更新，而现实生活中仍比较传统，未能走出片面贞节道德的怪圈。不过，出于保国、保种、保教的需要，戊戌思想家否定传统"女德"，开创了兴女学、废缠足的风气。梁启超等人提倡女学时，就抨击"女子无才便是德"的旧观念，认为女学"内之以拓其心胸，外之以助其生计，一举而获数善，未见其于妇德之能为害也"[4]。他们对女子缠足"废天理"、"伤人伦"、"削人权"、"害家事"、"损生命"等种种危害进行了深刻揭露，又身体力行，在广东、上海、湖南等地创办"不缠足会"，全国入会者达数十万人。在他们的推动下，康有为的女儿，梁启超、谭嗣同、康广仁等人的妻子均参与创办女学

---

① 《男女平等之原理》，新民社辑印《清议报全编》第25卷，《近代中国史料丛刊》三编第十五辑第150册，文海出版社影印本，第127—128页。

② 谭嗣同：《仁学》，《谭嗣同全集》下册，中华书局1981年版，349—350页。

③ 严复：《原强》，《严复集》第一册，中华书局1986年版，第11页。

④ 梁启超：《变法通议·论女学》，《饮冰室合集》文集之一，中华书局1989年版，第39页。

会或《女学报》。稍后，像秋瑾那样冲破家庭网罗，走上革命道路的女性也非仅见。戊戌思潮广泛地涉及改良社会风习，对婚丧礼仪、社会陋俗均已涉及。

"六君子"喋血京城，戊戌变法成为历史上的短暂悲剧。戊戌精英思想被后世称为"改良思想"或"改良主义"，对社会民众影响有限，但在清末文化领域产生的震动却是经久不息。即使民主革命在海外兴起后，他们的思想魅力也未完全消逝，"清末新政"的一些措施，如废科举、兴学堂（包括女学），改良陋习等，几乎是戊戌维新运动的曲折体现。清末历史似乎上演了一幕幕辛辣的讽刺剧，残酷镇压变法的统治者，最终不得不顺应时代潮流，扮演成改革者，去勉强完成敌人的使命。然而，"新政"不果而终，清王朝也迅速地被历史的潮流埋葬了。

尽管如此，戊戌思潮已经激荡着传统士人的伦理世界。儒家相信"天不变，道亦不变"，"三纲五伦"是无可置疑的"道"，但戊戌时期的士大夫不得不重新审视传统纲常。不管是坚持、维护，或是改良、否定，传统纲常都成为其中心议题。后来研究者注意到，谭嗣同、张之洞是清末士大夫改良纲常道德的典型人物，或者说他们分别代表了激进与稳健的两种路径。近来有的论者淡化两者界限，认为张之洞并非文化保守主义者，而是激进的改革者。其实，"激进"与"保守"并非价值判断，"激进"者未必无弊，"保守"者未必无益。这对概念并非一成不变，只是相对于时代思潮而言。判定一种思想的"激进"或"保守"，无疑必须视其与时代思潮的关系如何。张之洞《劝学篇》主要是针对维新派"邪说"而作，针砭时务学堂那样的教学。张氏强调"三纲五常"，"此其不可得与民变革者也"。"故知君臣之纲，则民权之说不可行也；知父子之纲，则父子同罪、免丧、废祀之说不可行也；知夫妇之纲，则男女平权之说不行也"①。这可以看作对维新思想的调整，本质上是以变求保（保国、保教、保种）。就其所保之教来看，其伦理观念较之于康、谭、梁等维新派思想无论如何也算不上"激进"。惟其如此，《劝学篇》才被上谕称为"持论平正通达，于学术人心大有裨益"，令颁发各省督、抚、学政"广为刊

---

① 张之洞：《劝学篇·明纲第三》，苑书义等编《张之洞全集》第 12 册，河北人民出版社 1998 年版，第 9715 页。

布，实力劝导，以重正教而杜厄言"。清末试图"以变求保"的上层官绅并不少见，但伦理观念超越了《劝学篇》的境界。

开明士绅孙宝瑄生长于官绅之家，与清末洋务派、维新派人士广泛交往。一方面，他对"三纲五常"予以新解，不赞成维新志士以"朋友"代"五伦"之说，而认为"三纲可去，五伦必不可废"①。他读了《新民丛报》后，也认为其中不乏"失当"言论。对梁启超所谓中国儒学"详于私德，略于公德"的看法不以为然，谓"孔孟教人，实兼公德、私德无偏重"，如"忠孝二字：孝，私德也；忠，公德也"。但另一方面，孙氏对孟德斯鸠的了解，对朝廷与国家概念的区分，都直接源于《新民丛报》。②他又批评张之洞《劝学篇》侈谈"三纲"，指出该书所谓"主昏于上，臣忠于下二语，以为美谈，不知实为祸根之深最者。有此等名义，独夫民贼始得逞行其志"③。他试图将三纲和五伦区别开来，摒弃专制主义的三纲，而发掘五伦的现代意义。

当时报刊多有类似言论。有的指出："五伦"与"三纲"有别，"五伦者，其主义在平等，而三纲主义则专制。"五伦的本意"不过欲其君礼臣忠，父慈子孝，兄友弟恭，夫和妻柔，朋友以信。人各尽其义务，莫越其权限而已……孔孟之教后世也以此，即泰西自由之权、共和之政亦不外此"④。在作者看来，五伦之旨与以近代自由、平等、民主思想立意一致，不悖时代潮流，而三纲之说并非儒学传统：《白虎通》只是偶言三纲，"不幸而适值乎君权之世、专制之主则尊崇其说。又不幸而遇乎唐之韩愈、宋之程朱附会之、寝馈之，更引之以注诸经，而三纲之说乃以渐而遍及世界"。三纲危害甚大，造成专制暴政、惨毒刑罚、家庭悲剧，尤其使妇女堕入无边苦海。故三纲之说，"足以塞文明之进步，夺自由之权利"，"大行奴政"，"灭绝人道"，故应"废三纲，复五伦"⑤。像孙宝瑄一样，论者既不满三纲专制，又想传承中国道德，用心良苦地将三纲五伦区分开来。

---

① 孙宝瑄：《忘山庐日记》上册，上海古籍出版社 1983 年版，第 487 页。

② 同上书，第 555—563 页。

③ 同上书，第 241 页。

④ 《五伦三纲分别说》，天津《大公报》1903 年 1 月 18 日。

⑤ 同上。

　　孙宝瑄更广泛地关注改良人伦关系，对完善五伦颇多设想。他说："仁慈忠孝，名词也，记号而已。仁慈为君父之专名，则忠孝自为臣子之专名，其不以此反之君父者，以君父与臣子不平权故也。若平权，虽忠孝为臣子专名，亦无不可也。"① 他仍未摒弃忠孝观念，却凸显了人伦关系的"平权"本质，对忠、孝道德予以新解，大幅扩展其外延。他所谓"忠"，并不是绝对服从君主："忠、孝二字，固天地之大道，然须活着看，为暴君效死非忠，从父子乱命非孝。"② 他把"忠"看作比"忠君"更广泛的德行，包括忠于职守，"非但施于君上，凡责我以事，而我竭心殚力以求无负所托，皆忠道也"。又认为"盖所谓孝者，非但施于父母，凡待我有恩之人，而我图所以报之，皆孝道也"③。这与"三纲"规范的君臣、父子关系显然有所不同。他将忠、孝道德延伸到广泛的社会领域，体现了鲜明的社会关怀。按后世伦理学的说法，孙宝瑄不自觉地将忠、孝看作人类社会的普遍德性，使之走下了三纲五伦的神坛，不失为清末反思人伦道德的真知灼见。

　　孙宝瑄之所以能契合时代思潮，主要是因其能吸取中西学术的营养。一方面，他追寻儒家伦理学说的原本，并以情、理之说阐释人伦关系的本质。他说：

　　　　情出乎天，理出乎人。父子兄弟以天合者也，故重以情相感；君臣朋友以人合者也，故贵以理相守。虽然，以天合者非尽忘理也，要不可离情而言理；以人合者非略无情也，要不可背理而任情。④

　　他试图在五伦关系中寻求情、理平衡，可谓对宋儒天理、人欲说的发展。另一方面，他较注意吸取新知，西学西俗成为论说参照。比如，他肯定"西人凡子女年过二十有一，则父母听其自立"的习俗，认为这样可避免"成我国纨绔之习"。"父母既不养子女，子女亦不复养父母矣，岂非离父母之情乎？曰：不然。"因为"子女既壮，父母可不养子女；父母

①　孙宝瑄：《忘山庐日记》上册，上海古籍出版社 1983 年版，第 486 页。
②　同上书，第 607—608 页。
③　同上书，第 526 页。
④　同上书，第 675 页。

年老或家贫,子女不可不养父母"。因而,听子女自立并不会"离父子之情"①。这样既传承孝道,又对传统父子关系有所改良,以期建立新型的慈、孝之德。

在 20 世纪初年重释三纲五伦的言论中,一些人仍依赖于孔孟儒学,遵循清代学术"复先秦之古"的步骤,但以西学为参照和依据者有增无已。有的文章云:"子弟不可违抗于父兄,父兄亦不可苛酷于子弟,惟在保其天然之大义而共孚以爱情,斯为得义理之全而不悖乎大公至正也。"②"夫男女既称匹配,即宜互相保卫,互相协和。男子之自由独立权,女子不可以相犯,女子之自由独立权,男子亦不可相干。且各恢张其天然人格以尽义务,斯为得造物之正而影响世界之大同。"③ 这些言论糅杂西方近代宗教伦理,又汲取戊戌思想,对传统三纲道德予以批评。在戊戌思潮的影响下,一些接触新学者委婉地倡导纲常改良,成为辛亥民主思潮之先声。

戊戌思潮对传统纲常是一次不小的地震,其中许多思想并不比后来的革命者逊色。但戊戌思想家政治上终究没有转向反清革命营垒,行动上受忠君观念的束缚。同时,戊戌思潮的冲击波局限于士人群体,对大众影响微弱。20 世纪初年的革命派人士则在理论上、实践上统一起来,思想震撼力和社会影响面也有所增强。

三 辛亥前夕的"三纲革命"

20 世纪初年,革命人士在租界及海外出版了数十家刊物,宣传反清革命的同时,也传播了新伦理观念,对三纲五伦落后性的批判更显全面而深入。他们有时也援引儒家经典来传播新思想,如宣传婚姻自由云:孔子说"《诗》三百,思无邪"。《诗经》"讲男女交接的事很多",像那"窈窕淑女,君子好逑"。《齐风·南山》又说"娶妻如之何,必告父母"。"这必是男女择配合式,方才告诉父母。若是全由父母作主,便是娶妻如之何必听父母了,还有什么告诉的呢……如今东西洋各国结婚的法子,先

---

① 孙宝瑄:《忘山庐日记》上册,上海古籍出版社 1983 年版,第 711 页。
② 《论牺牲个人之非 (续前稿)》,天津《大公报》1903 年 9 月 18 日。
③ 《论牺牲个人之非 (再续前稿)》,天津《大公报》1903 年 9 月 20 日。

由男女自己择定，随后各人告诉各人的父母，方才成亲，这恰合《诗经》上所说的是一样了"①。这样附会之说时见报刊，但他们多倾向于直接援西入中，以西俗西理来抨击传统，如有人揭露三纲五伦的虚伪性指出：

> 有天然之道德，有人为之道德。天然之道德，根于心理，自由平等博爱是也；人为之道德，原于习惯，纲常名教是也。天然之道德，真道德是也；人为之道德，伪道德是也。……中国数千年相传之道德，皆人为之道德，非天然之道德也，皆原于习惯、纲常名教矫揉造作之道德，非根于心理、自由平等博爱真实无妄之道德也；皆伪道德，非真道德也。②

道德"真""伪"之分的思想本质在于，伪道德以纲常名教为本原，而真道德以自由、平等、博爱的近代观念为基础。所谓真伪之判，实为新旧之分，也隐含着中西之分。革命人士不仅从根本上否定了封建皇权和君臣纲常，而且反对男尊女卑及片面的贞节观，抨击了旧婚制，揭露买卖婚姻、早婚之弊，且试图改良传统孝道。清末革命人士撰写的《家庭之革命》、《女子家庭革命说》一类文章频见于报刊。名为《三纲革命》的文章，在主张除灭君臣名分、人人平等的同时，指出父为子纲、夫尊妻卑都是"伪道德"，有损而无益。父母和子女应"义务平，权利等"。夫妻权利和贞节义务均应是平等的。③该文代表了清末激进人士的伦理主张。

在实践中，清末知识界的反清革命与批判旧家庭制度、旧贞节伦理往往并行不悖。一些团体既是反清力量，又是改造旧伦理、旧习俗的支持者。1902 年，蔡元培、吴稚晖、黄炎培等人在上海创办"爱国女学"、"爱国学社"。其成员遍及东南诸省，成为学界反清爱国活动的大本营，而它们又是妇女解放运动的有力推动者。又如："武昌启秀女学校，名为女子师范预备科，而其提倡女权，不遗余力，更与革命党人互通声气，俨

---

① 雪聪：《再论婚姻》，《安徽俗话报》第 16 期，1904 年。

② 愤民：《论道德》，《辛亥革命前十年间时论选集》第三卷，生活·读书·新知三联书店 1977 年版，第 847 页。

③ 真：《三纲革命》，原载《新世纪》第 11 期，1907 年。《辛亥革命前十年间时论选集》第二卷，下册，生活·读书·新知三联书店 1963 年版，第 1015—1021 页。

然女子革命党之根据地矣。"① 清末许多反清志士都在实践中将"三纲革命"统一起来。

基于反清革命的需要，他们激烈地改造传统政治伦理。一方面，他们阐发了古代民本思想，认为"忠者，君与臣对待之名词也。臣当忠君，君亦当忠臣。故曰：君使臣以礼，臣事臣以忠。可知君而无道虐民，则臣不当效忠于君"②；他们揭露清朝统治者以"忠字示标本于国民，曰尔宜忠，尔宜忠，以束缚国民之言论，箝制国民之举动"。"支那君主愚民弱民之罪，诚所谓罄南山之竹而笔不能书者矣。"③ 另一方面，他们援引近代西学来否定传统纲常。邹容说："吾幸夫吾同胞之得卢梭《民约论》、孟德斯鸠《万法精理》、弥勒约翰《自由之理》、《法国革命史》、《美国独立檄文》等书译而读之也。是非吾同胞之大幸也夫!"④ 邹容本人便是如此。他指出："人人当知平等自由之大义。有生之初，无人不自由，即无人不平等，初无所谓君也，所谓臣也。若尧、舜，若禹、稷，其能尽义务于同胞，开莫大之利益，以孝敬于同胞，故吾同胞视之为代表，尊之为君，实不过一团体之头领耳，而平等自由也自若。"既然君主不过是团体之头领，君民关系当以平等自由为基础，"忠君"就没有存在的理由。他以欧美为参照，指出：中国数千年的教义"曰忠"、"曰孝"，"更释之曰，忠于君，孝于亲"。他认为：

> 夫忠也，孝也，是固人生重大之美德也，以言夫忠于国也则可，以言夫忠于君也则不可。何也？人非父母无以自生，非国无以自存，故对于父母、国家，自有应尽之义务焉，而非为一姓一家之家奴走狗者，所得冒其名以相传习也。

于是，中国的二十四史，实为"一部大奴隶史"，"忠君忠君，此张

---

① 孙蟠：《中国妇女运动之进步》，《妇女杂志》第 9 卷第 1 号，1923 年。

② 吴魂：《中国尊君之谬想》，《辛亥革命前十年间时论选集》第二卷，上册，生活·读书·新知三联书店 1963 年版，第 544 页。

③ 《痛黑暗世界》，《湖北学生界》第 4 期，1903 年。

④ 邹容：《革命军》，《辛亥革命前十年间时论选集》第一卷，下册，生活·读书·新知三联书店 1960 年版，第 652—653 页。

宏范、洪承畴之所以前后辉映也，此中国人之所以为奴隶也"。而"同治中兴"的忠臣曾国藩、李鸿章、左宗棠等人，也不过"中国人为奴隶之代表也"①。邹容肯定忠孝美德，又摒弃忠君观念，深入揭露了忠君观念的奴性，这些思想继承戊戌，而带有鲜明的现实针对性。在以近代观念改造伦理规范方面，维新派、革命派往往难分轩轾，只是实践途径有所差异。

伴随着忠君观念的转变，清末青年学生的爱国意识明显增长。比如，陈独秀自日本回国后，积极从事反满爱国活动。1903 年 5 月 17 日，陈独秀等在安庆藏书楼开会，有爱国人士及安徽高等学堂、武备学堂、桐怀公学学生 300 多人参加。会上宣布组织"安徽爱国学社"，当时有 126 人入社。1904 年，陈独秀又创刊较有影响的《安徽俗话报》，把"爱国"当作"救亡"的途径，认为小国日本之所以能打败大国俄国，就在于日本人人"知爱国，不怕死"。当今世界各国，人人都知道保卫家国的，其国必强；否则，其国必亡。陈独秀强调国家必须具备土地、人民、主权三要素，即领土完整、主权独立、人民当家做主。他们的爱国活动与反清民主革命紧密相连，也与忠君观念泾渭分明。爱国学社的刊物明确指出："国也者，集民而成者也，有民始有国，故民者国之主人翁。""国为人民公共之器，非一人所得据为己有，更非外人异族所得强占也。"②

"三纲革命"的另一主题是抨击传统孝道，进行"家庭革命"。1904年初《江苏》杂志刊载的《家庭革命说》提出："革命，革命，中国今日不可以不革命！中国今日家庭不可以不革命！"作者否定、鞭挞传统的父、母、兄、妻四伦，指出父亲教子不如法，使青年"奴隶宗旨、牛马人格之谬种日以蕃"。"父与母之权限名分无别也，苟别之则父于其子尚专制，母于其子尚爱情。然而爱情之荼毒，较之专制焉而入人尤深。""家庭革命"说与反清民主革命相关，所谓"政治之革命，由国民之不自由而起；家庭之革命，由个人之不自由而发；其事同其目的同"。"是故

---

① 以上引文均见邹容《革命军》，《辛亥革命前十年间时论选集》第一卷，下册，生活·读书·新知三联书店 1960 年版，第 667、672—673 页。

② 陈君衍：《论中国是谁之中国》，《童子世界》第 27 号，1903 年。

欲革政治命，先革家族命。"① 由此可见，家庭革命也可谓政治革命的辅助。但他们之所以重视"家庭革命"，也在于传统家庭伦理背离了西方自由、平等、博爱学说，本质上是"卑者对于尊者之伪道德"，"女子对于男子之伪道德"。"尊长有命，卑幼不敢违，虽尊长杀卑幼，亦不罪尊长以死也。"道德变革就是要复归自然的人性，倡明自由、平等、博爱之真道德。② 这种认识较之维新派不失为一大进步。但是，在政治革命热潮中，"家庭革命"的思想主题不免被淡化了。总的来看，辛亥思潮中"家庭革命"的价值坐标不是个人主义，而是民族主义和国家主义。

"家庭革命"得到无政府主义者的响应。一度参加反清活动的刘师培、何震等人把"家庭革命"发展为"毁家论"。在他们看来，家庭为万恶之源，进行社会革命必自破坏家庭开始。何以言之？

> 自有家而后各私其妻，于是有夫权。自有家而后各私其子，于是有父权。私而不已则必争，争而不已则必乱，欲平争止乱，于是有君权。夫夫权、父权、君权，皆强权也，皆不容于大同之世者也，然溯其始，则起于有家，故家者，实万恶之源也。

他们反对一切强权和压迫，诸如国家、政府、家庭等等，主张进行彻底的"社会革命"。"毁家论"的思想根据仍然是西方的自由、平等："人生天地间，独往独来，无畏无惧，本极自由也……家之为累，固人人能知之，人人能言之。则欲得自由，必自毁家始"；"人类本极平等，无所谓富贵贫贱也。自有家而传其世职，受其遗产，于是阶级分矣……毁家而后平等可期"③。说理虽不无根据，却没有阐明自由、平等的真谛。他们的西学素养并没有超出辛亥知识分子，他们声称"社会革

---

① 家庭立宪者：《家庭革命说》，原载《江苏》第 7 期，1904 年。见《辛亥革命前十年间时论选集》第一卷，下册，第 833—835 页。

② 愤民：《论道德》，《辛亥革命前十年间时论选集》第三卷，生活·读书·新知三联书店1977 年版，第 849—853 页。

③ 鞠普：《毁家谭》，《辛亥革命前十年间十论选集》第三卷，生活·读书·新知三联书店1977 年版，第 193—194 页。

命"要超越了国家主义或民族主义的局限，却不过是难以实现的乌托邦。

"毁家论"不可能得到人们的认同，但在新思想的影响下，实行"家庭革命"的激烈事件也在士绅社会出现了。吴虞生长在成都下层绅士之家，父亲做过教谕，却是一位专制、宠妾败家的庸人。吴虞嫡母卒后，被迫于 21 岁时携妻女搬回祖籍新繁县独立居住。1905 年秋，吴虞游学日本，训诫其妻子"盖学问当渊大，此外皆当俭啬，世俗虚华之见，不足取也"①。而意想不到的时，待他游学归来时，其父已将家产变卖罄尽。吴虞只得另外租房供养，"每日两餐，令人送往，两荤一素。月送零用钱一千文"，并负责衣服医药费用。吴家是绅士家庭败落的缩影，但吴父没有因此调整传统孝道，吴虞则常因琐碎小事受父诅骂，背上"不孝"恶名。两代人在社会和道德变迁的旋涡中发生激烈碰撞。深受父权之苦的吴虞在国外研读过政法书籍，已经萌生了法律观念，开始质疑传统孝道。他遂于 1910 年月冬撰《家庭苦趣》一文，发表于《蜀报》。文章援引西理，认为"外国有法律为持平以补伦理之不足"，防止长辈滥用财产权，而"中国偏于伦理一方，而法律亦根据一方之伦理以为规定，于是为人子者，无权利之可言，惟负无穷之义务"。家庭黑暗，人民缺乏精神志趣，"其社会安能发达，其国家安能强盛乎"②。

在士绅社会，吴虞的言行已属大逆不道。吴虞回国不久，四川学政赵启霖受学部张之洞指令，拟取消其教师资格，经人调解才息事。到 1911年，吴虞又因批评家族制度的言论，被指为"非圣无法，非孝无亲"。四川教育总会开会申讨，欲将其逐出教育界，咨议局的绅士们还要求当局逮捕吴虞。吴虞逃之深山，辛亥革命爆发后才重回成都。此后，吴虞对传统孝道更加反感，写下一系列批评家族制度和孔教的文章，成都报刊不敢发表，他便寄往《新青年》，成为五四时期反对旧家庭制度的健将。

与此同时，清末知识界广泛地批判了旧的贞节道德。他们认为，"我女子之智识不殊于男子，则其权利亦当无异于男子"。而旧纲常对女性

① 吴虞：《游学琐言》（1905），《吴虞集》，四川人民出版社 1985 年版，第 6 页。
② 吴虞：《家庭苦趣》，《吴虞集》，四川人民出版社 1985 年版，第 20 页。

"矫揉其官骸，锢蔽其智识，剥削其权利，奴之、物之、残之、贼之，不以人类相待"。"三从"就是束缚女性的枷锁。① 故丁我初提出进行"女子家庭革命"，"拔千万女同胞于家族之火坑，而登之莲花之台也"②。陈独秀的《安徽俗话报》关注社会改良，把旧婚俗、信菩萨和风水等都当作社会恶俗进行批判。像孙宝瑄一样，陈独秀认为中国传统人伦关系的弊病，"就是不合情理四个大字，世界上无论做什么事，都逃不出情理二字"。不过，陈独秀所谓"情理"的具体内容与孙氏有所不同，而是直接以西学西俗为参照，他首先指出，婚姻不由男女双方自主，这是"结婚的规矩不合乎情理"。西方"男女自己择配，相貌、才能、性情、德性，两边都是旗鼓相当"，这才是文明婚姻。③ 其次，"成婚的规矩不合乎情理"，如索要聘礼，女儿出嫁时还要哭哭啼啼，"闹新房"时新郎新娘任人糟蹋、折腾，等等都属此类。④

辛亥革命前夕，批评片面的贞节伦理成为知识界的重要论题。他们认为，"天下有最可嘉最可怜之人焉，其惟青年守节之嫠妇乎"⑤。有的指出："贞节之说，不足为妇德重，则好淫之说，不足为女德累可知矣！何世之言者尚欲以贞淫二字，为女德之界线耶！"⑥ 陈独秀认为，本来"天生男女都是一样"，是平等的，而片面的贞节规范是最不合情理的。依据旧贞节规范，如果女子不好，中国男子有"七出"的权利，而男子不好，女子却不可以退婚。"成婚后不能退婚的规矩，更是大大的不合乎情理了。""现在世界各国的法律，男女不合，都可以退婚，各人另择嫁娶，以免二人不和。"再则，男子可以续弦，女子则只能守寡，终身不能再嫁。若是夫妻恩爱，妻子不肯改嫁，这是她的"恋爱自由"。她自己虽愿意改嫁，却拘于"守节、体面、请旌表、树节孝坊"的礼教而不能改嫁，

---

① 《论三从》，《辛亥革命前十年间时论选集》第三卷，生活·读书·新知三联书店1977年版，第487页。

② 丁我初：《女子家庭革命说》，《女子世界》1904年第4期。

③ 三爱：《恶俗篇》，《安徽俗话报》第3期，1904年。

④ 同上书，1904年。

⑤ 谢震：《论可怜之节妇宜立保节会并父兄强青年妇女守节之非计》，《辛亥革命前十年间时论选集》第三卷，生活·读书·新知三联书店1977年版，第485页。

⑥ 鞠普：《女德篇》，《中国妇女运动历史资料》（1840—1918），中国妇女出版社1991年版，第282页。

则是冤沉苦海。① 故他们劝天下之为父母翁姑者，"勿强妇以守节"；又奉劝天下之青年妇女，"慎勿勉强守节"②。

　　清末还出现了宣传男女平权、婚恋自由的专著。为了唤醒女界，1903年金一（金天翮）著《女界钟》一书，由上海爱国女校刊行，是提倡女权的首部专著。金一与革命党人交往，又参加了革命团体爱国学社。他鼓吹妇女参加革命，主张民权和女权并行，认为女子入学、交友、营业、财产、出入交友、婚姻自由的权利皆急需恢复。是书仍有不足之处，但彰显、提倡了一夫一妻的自由婚姻。1908年，何大谬出版了《女界泪》一书，揭露旧婚姻制度之害，列举妇女遭受的八种压迫，主张男子再娶，女子再嫁，女子与男子一样享有财产继承权。此外，何震、唐群英等早期女权主义者都发表了倡导妇女解放的文章。

　　近代影响很广的学术刊物《东方杂志》对"三纲革命"不表认同，但关注着改良人伦礼俗的问题。1911年，清政府资政院正议定新法律，杜亚泉就此对蓄妾旧俗提出了批评。他认为，中国蓄妾之害，"实可谓至惨而且烈"。一家之中，因蓄妾而损失名誉、损失财产、损失生命者不知凡几。一国之中，因蓄妾而生淫靡之风，官吏无心政务，廉耻丧尽。男女人口比例失衡，旷夫遍于国中，易生市井无赖，社会不能安定。而救济之法，既"不可不矫正重男轻女之恶习，注意于女子抚育"，又必须铲除蓄妾之制，而具体办法应从道德和法律两方面着手。他希望新民法不承认蓄妾，则"蓄妾之事，苟非重婚，即为奸淫，殆无疑义。惟此种奸淫之性质，为无夫妇女之和奸"。可以通过法律条文"有配偶而和奸者处四等以下有期徒刑或拘役，其相奸者亦同"。而治罪的条件是"须其配偶者告诉乃论"③。杜亚泉的蓄妾治罪论仍主要着眼于蓄妾对社会、家庭的危害而非男女平等原则，却是行之有效的严厉措施。

　　清末民初，蓄妾治罪没有成为法律条文，蓄妾之风亦蔓延不止，甚至变本加厉。尽管如此，清末有识之士的宣传对国内青年学生不无触动。在

---

　　① 三爱：《恶俗篇》，《安徽俗话报》第6期，1904年。
　　② 谢震：《论可怜之节妇宜立保节会并父兄强青年妇女守节之非计》，《辛亥革命前十年间时论选集》第三卷，生活·读书·新知三联书店1977年版，第486页。
　　③ 杜亚泉：《论蓄妾》，《东方杂志》第8卷第4号，1911年6月。

民主革命思潮的推动下，一些知识青年疏离了旧家庭制度，要求婚恋自由，否定片面的贞节观，甚至像秋瑾那样走上民主革命道路。这正是清末妇女融入社会潮流，女权运动迅速发展的基础。

清末精英思想在社会上激起了波澜，东渡日本的青年学生尤有鲜明表现。有的留日学生接受了西方自由、平等和天赋人权的思想，开始自觉地抨击封建纲常。他们认识到，"忠于一人不忠于一国不得谓之忠，孝之父母不孝于祖宗不得谓之孝"①，从而凸显了"国"和"族"的重要性，抽象地肯定传统的忠孝道德。清末海内外青年学生思想状况基本相同，许多活动遥相呼应。

在新思想的影响下，国内一些青年学生开始疏离"三纲"道德。1907 年上期，苏州常、昭二县公立高等小学堂的"考试事件"即其表现。其修身课试题之一为"三纲之说能完全无缺否"。除两名学生"各给十分，尚无谬说外，其余分数较多者，大都谓君臣、夫妇二纲可以不设"。其中王以谦的答卷说："君为臣纲，夫为妻纲，其理甚谬。"程瑛卷则说："在朝为臣，则认为君，否则吾谓君为路人。"张元龙卷则说："三纲之谬，彰彰明矣。"王耀祖卷则谓："三纲中，君为臣纲尤谬。盖非我祖父与我无关系者也。"如此等等。此外，还有学生在地理考卷中写出"君主与臣民固无阶级"等语。更让清政府学务官员震惊的是，教员还给了这些"离经叛道，妄发狂言怪论"的学生高分。于是，学务官员给六名学生"拟请追夺文凭"、"不准更名改籍另投别处学堂"的处分。对修身国文教员钱某则"革其衣顶，即行撤退，并追缴所得文凭，不准充当各处学堂教员，仍交地方官查看"。对日本师范毕业生地理教员王某则"拟请即行撤退，严加申斥"②。为了"整饬士风"，清政府在"官报"公布了查处情况。这类现象当然不只是"士风"问题，而是传统政治伦理崩溃的前奏。

同时，一些青年学生在行动中不自觉地逾越了君臣纲常。高一涵回忆清末安徽学生云：1908 年，西太后和光绪帝死时，"军队里革命党人很

---

① 李书城：《学生之竞争》，《湖北学生界》第 2 期，1903 年 2 月。

② 《总督部堂札准江督咨据提学使樊详请维持名教整饬士风文》，《四川教育官报》1909 年第 7 期。参见丁守和主编《辛亥革命时期期刊介绍》第二集，人民出版社 1982 年版，第 306—307 页。

多，声势浩大，谣言更多，人心为之激动。这些消息传到学堂中去，多少青年学生都摩拳擦掌以待新军起义"。安徽高等学堂为"两宫晏驾"举哀，"大礼堂的前排是与祭的官吏，后排是学生。司仪人叫'跪'时，官吏一一跪下，学生则弯腰而不屈膝；司仪人叫'举哀'时，官吏号啕大哭，学生中有许多人则哈哈大笑"①。

在革命人士活跃的湖南、浙江、广东等省，青年学生的观念也发生了类似变化。一些湘籍留日学生从事"爱国"而不"忠君"的活动，引起湖南巡抚赵尔巽的恐慌，曾说"彼知忠君爱国之本，何以我们学生动将上二字抛去，专讲爱国？甚至有排政府、排满之谈"②。"专讲爱国"而不讲"忠君"并非个别现象。即使在清政府的政治中心直隶，革命志士吴樾等人也在从事抨击君主专制，传播爱国思想的宣传。他们以通俗语言向民众宣讲"爱国的未必忠君，忠君的未必爱国"的道理："君主能主持一国的事情，他是国人的一分子，也有爱国的责任……君主不爱国，就是国人的仇敌，人人都有治他罪的权柄，就像汤放桀，武王伐纣，亦正所以爱国。"③ 这些思想无疑是焚毁清王朝的火种。④

清末精英思想基于社会生活的变迁，又反作用于社会生活，促进了人伦观念和社会礼俗发生变化。如果说，清代礼学思想流露出的改良呼声仍比较委婉、微弱，主要是间接地促进了人伦礼俗趋于更新，那么，清末精英思想借助于近代报刊、学堂等新途径，对大众文化的直接作用就比较明显了。当然，清末新观念的扩散仍依赖于政治革命，君臣之纲的崩溃是如

---

① 高一涵：《辛亥革命前后安徽青年学生思想转变的概况》，《辛亥革命回忆录》（四），中华书局1962年版，第432—433页。

② 张篁溪：《沈祖燕、赵尔巽书信中所述清末湘籍留东学生的革命活动》，《湖南历史资料》1959年第1期。

③ 谪青：《论国家和朝廷的分别》，《直隶白话报》第13期，1905年。

④ 清末政治革命与家庭革命相辅相成，青年学生不乏追求婚恋自由的激烈事例。陈东原云：20世纪初年，上海爱国女校有一位名叫吴其德的学生，与上海公学学生饶辅庭恋爱，本已定婚，将要结婚时，有人谗言吴女士有非行，婚礼遂未举行。吴女士无以自明，遂服毒自杀，"算是为新式恋爱牺牲的第一个女子了"。饶辅庭成为黄花岗七十二烈士之一，"据云所以舍身革命，就是报吴女士于地下的"（陈东原《中国妇女生活史》，上海书店出版社1984年影印本，第355页）。

此，"家庭革命"也仍然是政治革命的附属品，理论基础薄弱。① 知识精英否定旧贞节也多出于对女性命运的同情，或者为塑造国民之母、适应国家富强的需要，近代价值观念尚未彰显出来。同时，清末新思想的地域局限也非常明显，主要流播于沿海少数商埠，影响所及只是青年学生及部分市民。

---

① 1915年，吴贯因在梁启超主编的《大中华杂志》第1卷第3期至第6期发表连载长文《改良家族制度论》，提出了对中国传统家庭"同居问题"、"共产问题"、"主婚问题"、"守节问题"、"居丧问题"、"祭葬问题"的改良主张。这些见解较之清末言论更显全面而平实，开五四"伦理革命"之先河。但吴文主要针对传统习俗的弊端，思想立足点是社会进化论和救亡图存，易言之为国家主义而非个性解放。故从近代思想脉络上看，《改良家族制度论》是清末思想的继续和发展，与五四思想仍有差异。

第二章

社交、休闲和节日

　　清末民初，城市物质生活如衣、食、住、行多少染上了近代色彩。日渐发展的报刊、出版、交通、通信条件也改善了文化环境，给新观念、新风俗的传衍提供了较多途径。民国建立后，君臣纲常解体，西学西俗更深入地涌入中国。清末章太炎"旧俗之俱在，即以革命去之"的理想逐渐实现，一些改革主张通过民初新法律和礼制得以推行，并不同程度地社会化。

第一节　社会礼仪

　　民国肇建，礼俗改革风行朝野，社会礼仪成为新风俗的标志。历代称谓，尊卑分明。古代尊称德高望重者为"大人"，清雍正年间始用于尊称官员。起初仅限于督抚、钦差大臣，道光以降，清代京官四品以上，外官司道以上，翰林院编修、检讨得差七品以上，均称"大人"。光绪末则未得官之翰林，京官郎中、员外郎、主事、内阁中书，外官知府、直隶州同知也被称为大人了。[①]"老爷"之称，明代已经流行，"清末外官自知府以上俱称大人，知县通称大老爷……妄相尊大之风，盖晚近而弥甚矣"[②]。一般官吏之家的奴仆无不称其主人为"老爷"。光绪末年，老爷更多。未授官之举人、贡生、僻地之生监，乃至"家居平日着长衣者，亦皆称之

---

① 徐珂编：《清稗类钞》第五册"称谓类"，中华书局1984年版，第2173页。
② 马叙伦：《读书续记》卷一，中国书店出版社1985年版，第27页。

为老爷矣"①。1912年3月2日，中华民国临时大总统孙中山通告革除清代大人、老爷等名称："官厅为治事之机关，职员乃人民之公仆，本非特殊之阶级，何取非分之名称？查前清官厅视官之高下，有大人、老爷等名称……嗣后各官厅人员，相称咸以官职。民间普通称呼则曰先生、曰君，不得再沿前清官厅恶称。"② 改革体现了平等精神，为建立新型社会礼仪铺平了道路。

南京临时政府明令以鞠躬礼代替社会中的叩拜、相揖、请安、拱手等礼节。影响所及，上海等地法庭视"拜跪"为专制时代之恶习，"即日起审问各案一律免跪"③。经过数月酝酿，又经临时政府参议院决议，1912年8月17日，袁世凯正式公布了民国《礼制》，共二章七条：

第一章　男子礼

第一条，男子礼为脱帽鞠躬。

第二条，庆典、祀典、婚礼、丧礼、聘问，用脱帽三鞠躬礼。

第三条，公宴、公礼及寻常庆吊、交际宴会用脱帽一鞠躬礼。

第四条，寻常相见，用脱帽礼。

第五条，军人警察有特别规定者，不适用本制。

第二章　女子礼

第六条，女子礼适用第二条、第三条之规定，但不脱帽。寻常相见，用一鞠躬礼。

第七条，本制自公布日施行。④

此后，鞠躬礼逐渐成为社会相见礼仪。一些地方志对此有详细记载，如北京附近的房山县：

① 徐珂编：《清稗类钞》第五册"称谓类"，中华书局1984年版，第2175页。
② 孙中山：《令内务部通知革除前清官厅称呼文》，《孙中山全集》第2卷，中华书局1981年版，第155页。
③ 《革除旧习之一斑》，《申报》1912年3月12日。
④ 《中国大事记·公布礼制》，《东方杂志》第9卷，第4号，1912年9月。

凡人民见官长，初见递名帖，官长出见，免冠再鞠躬，官长答礼；及退，一鞠躬，官长答礼送于门内。凡常见，一鞠躬，官长答礼亦如之……凡卑幼见尊长，初见通名帖，尊长出见，免冠再鞠躬，尊长答礼；及退，一鞠躬，尊长答礼送于门内。若尊长来见，卑幼迎送于门外如前仪。凡常见，免冠一鞠躬，尊长答礼亦如之，如尊长系亲属者，不致送……凡女子相见，及男子、女子相见，均各以其等差，适用于以上各礼，惟女子均不免冠。①

各地相见礼仪大致相同。湖南醴陵"前代相见仪制，有品官庶人之别。民国阶级既泯，易服色……废除拜跪，官师、宾友、长幼相见，一律改为鞠躬"②。相见礼仍有上下长幼之分，但以鞠躬代替拜跪，不仅行之简便，而且体现了一定的平等精神，确是社会生活的一大进步。

新规定产生了社会效应。"脱帽、鞠躬、握手、鼓掌、洋式名片"成为民初流行的"文明仪式。"③ 这些仪式在士商阶层渐渐习以为常。比如，"通名，古用名刺，明、清间官场用手版（亦名手本），士夫用名帖、名片，均以红纸为之。今用礼束、名版、名刺，视所见而异"④。民初相见礼中，名片尤为时髦用品，以致上海的纸烟店、小摊头多制作名片，均生意兴隆。舆论评议："盖我国人好学时髦，今之小名片，正在入时，况如议员、会长、干事之类，种种头衔，尽可罗其上，岂不阔绰。新式名片之发达，职是之故欤?"⑤ 新礼仪体现了社会进步，成为文明风尚的标志，但并非完全有利无弊。比如，名片较之传统的名帖更为简便而易普及，却不能像名帖那样体现身份和诚信内涵，舆论的讥评反映了都市时髦的弊端。

旧礼仪仍在一定的时间、范围内遗存于都市社会。比如拜跪礼仍在婚

---

① 《房山县志》（民国十七年铅印本），《中国地方志民俗资料汇编》（华北卷），书目文献出版社 1989 年版，第 35 页。

② 《醴陵县志》（民国三十七年铅印本），《中国地方志民俗资料汇编》（中南卷·上），书目文献出版社 1991 年版，第 499 页。

③ 邱钟麟编：《文明仪式》，《新北京指南》第二编（下）第 15 类，撷华书局 1914 年版，第 12 页。

④ 《合江县志》（民国十八年铅印本），《中国地方志民俗资料汇编》（西南卷·上），书目文献出版社 1991 年版，第 153 页。

⑤ 静安女史：《上海最近之所见》，上海《时报》1913 年 4 月 10 日。

丧礼仪中沿袭不变，北京"士庶人家，于治丧礼节，灵前仍设拜垫。亲友往吊者，概用拜跪，不用鞠躬"①。辛亥革命数月之后，上海等地"公堂会审之时，就口口声声以老爷、大人相称，裁判官亦直受不辞，曾无一言相告诫"②。1913 年"二次革命"失败后，张勋任江苏都督，南京的文化复旧甚嚣尘上。"大帅、大人、观察、大尊等称谓，久不闻于耳矣，而南京新有之；请安、叩头、投递、手本等仪节，久不接于目矣，而南京新有之；飞舆、趋辕、叩节、送礼等举动，久不接于时矣，而南京新有之。"③ 直到数月之后，张勋辞江苏都督职，南京的复旧风气才止息。袁世凯复辟帝制期间，大人、老爷的称呼又复盛行。

礼仪习俗无疑受政局影响，但不完全随政局而变化，地区和阶层差异也相当明显。在一些比较传统的绅商家庭，民国年间称主人为老爷也是很常见的。在四川，民国的脱帽鞠躬礼"仪既简易，惟于公会行之。平常相接，虽对尊长，咸尚脱略。乡人则循旧拜跪，即不拜亦必长揖，尚存恭敬卑让之遗教焉"④。"民国既建，废跪拜，行鞠躬（男子免冠，女不免冠），着褂袍礼服时，仍行长揖，然实际拜跪之礼犹相沿未废也。"⑤ 农村婚、丧、葬、祭诸礼也多沿旧俗，不适用于鞠躬礼。直到 20 世纪 20 年代，江浙一带"自欧化东渐，以脱帽、鞠躬为敬，拜跪之礼遂废，婚礼亦改从简易，谓之'文明结婚'。多于商埠行之，乡村尚少"⑥。

清末民初，社会交往日益频繁。城市中的同业会、同乡会、同学会及慈善会、进德会等组织迅速增多，各类社团推陈出新。一些农村也有族会、农会等新式组织，社交网络比以往更加密集，人际交往的机缘增多了。不过，这些社交的参与者基本为男性，关涉人伦礼防的异性交往仍然受到严格限制。故这些社会礼仪和交往渠道对人伦观念触动不大。换言

① 胡朴安：《中华全国风俗志》（下），河北人民出版社 1986 年版，第 17 页。
② 冰□：《滑稽诗并引》，《申报》1912 年 6 月 22 日。
③ 《闲评二》，天津《大公报》1913 年 9 月 22 日。
④ 《南川县志》（民国二十年铅印本），《中国地方志民俗资料汇编》（西南卷·上），书目文献出版社 1991 年版，第 268 页。
⑤ 《合江县志》（民国十八年铅印本），《中国地方志民俗资料汇编》（西南卷·上），书目文献出版社 1991 年版，第 153 页。
⑥ 《镇海县志》（民国二十年上海蔚文印刷局铅印本），《中国地方志民俗资料汇编》（华东卷·中），书目文献出版社 1995 年版，第 786 页。

之，男女社交的变化才能体现人伦礼俗的深层变革。

　　传统社会的男女礼防十分森严，《礼记》首篇云："男女不杂坐，不同椸枷，不同巾栉，不亲授。嫂叔不通问，诸母不漱裳……姑、姊、妹女子已嫁而反，兄弟弗与同席而坐，弗与同器而食。父子不同席。男女非有行媒，不相知名，非受币不交不亲。"① 这些针对家庭亲属间的男女礼仪，适应于女性狭窄的生活空间。这些礼防延伸到社会领域后，便严格限制了男女之间的自由交往。尽管官方规定与民间实际情形多有出入，然而逾越政府法令和道德条规的言行往往会遭官绅的禁止。于是，传统社会礼俗呈现持续的紧张状态，一方面是下层社会频现自由交往、不拘礼节的现象；另一方面是官绅阶层不断查禁逾越礼教的行为。一些宗谱族规禁止或限制妇女入庙烧香、入场看戏。"不入寺烧香看戏"成为妇女修积功德的内容。②

　　对于容易男女混杂的场所，清政府均有严格禁令，比如清廷长期禁止妇女出入戏园。晚清以后，禁令渐弛，但妇女只能坐在特别包厢或专用的女宾席上，不得男女杂坐。清末官员调查江苏民政时，就注意到苏州的"不良"风气，其中包括城中"河水污秽，道路湫隘，当街洗涮便桶，沿途培积泥渣……又见阊门大街及玄妙观等处，每日下午，男女无良贱，皆须出游，一遇会期，则炫冶斗富，其风甚炽"③。在清末官绅看来，男女有别、妇女不出闺门仍然是重要的道德条规。在清末妇女解放潮流中，突破男女礼防的言论已经出现，如金一的《女界钟》，但社会影响有限。

　　民初地方当局对男女交往仍有种种限制。即使是在沪、粤、苏等较开化地区，男女在公共场所自由谈笑、结伴而行，在公园戏园杂坐均是不允许的。1914 年的《申报》上，广东省城警察厅、江苏镇江知事、扬州县知事、上海巡警等均以有伤风化为由，示谕不许破坏男女界限，以维风化。④ 民初社会上"男女交际，尚多避忌，凡青年男女自相会谈，人多议

　　① 《礼记·曲礼上》，《四书五经》（中），中国书店出版社 1985 年影印版，第 7 页。
　　② 熊勉庵：《不费钱功德条例》"妇女"，余治编《得一录》卷十六之三，同治八年得见斋刊本，第 4 页。
　　③ 《阿勒精阿等为调查江苏省苏州属地情事致民政部禀文》，见《清末江苏等省民政调查史料》，《历史档案》1988 年第 4 期。
　　④ 参见《维持风化之示谕》，《申报》1914 年 8 月 30 日；《知事维持风化》，《申报》1914 年 12 月 5 日；《公园迭起风潮》，《申报》1914 年 7 月 21 日；《巡警干涉男女谈笑之冲突》，《申报》1914 年 6 月 13 日。

之。自女学兴，而交际稍宽，然仍不可不避嫌疑。大家女子出行，必有保姆导引，深夜尤不许出游，此防闲之大端"①。广州出现"青年男女在途中偕行"的现象后，有人认为应制定规章，加以严禁：

> 中国旧俗，男女之间隔离太甚，矫拂逆人之情性，故改弦更张，使男女互相接触，互相提携，藉以补助教育，发皇社会，其效益非细也。然凡事当行之以渐……孔子之家庭理想，必须保存之。父子夫妇之伦纪，为社会保障，决不可毁裂之。故习可以变，而伦纪必不可变也。若夫迷于一后，纵欲败纪如粤中男女之所为，或独身不耦，如某方面之主张，则皆不中于道，实足以阻社会之进化，破人群之强健也。②

这反映了民初士人的主流看法：既承认中国男女礼防应当改良，以适应社会变迁，又不损害传统的纲常伦纪。然而，应把改良的程度限制在何种层次，一直是困扰着有识之士的难题。

清末以后，女学渐兴，男女交往不免增多。然而，正是女学界的礼俗改革成为社会焦点。针对晚清以来礼防松弛之势，各类学堂均严定规章。戊戌时期的上海"中国女学堂"，"凡堂中执事，上自教习提调，下至仆役人等，一切皆用妇女，严别内外，自门堂以内，永远不准男人闯入。其司事人所居，在门外别辟一院，不得与堂内毗连。其外董事等，或有商榷，亦只得在外院集议"③。这种限制即使在较开明的学堂也不例外。上海的宗孟女学堂，"经理、教习、司账、司事等，俱系女士，规模整肃"。"学校课堂及寄宿舍等处，非妇人不得入，与本学校无涉之妇人亦不得入。"爱国女学校既禁止学生缠足、涂脂抹粉，又规定"不得以闻女权自由之说"。并且，学生亲属来访，须经女仆告知监督，"男子不得至寄宿舍，虽校长及教习亦不得破此例"④。1907 年，清末《学部奏定女子小学

① 《铁岭县志》（民国四年铅印本），《中国地方志民俗资料汇编》（东北卷），书目文献出版社 1989 年版，第 106 页。
② 《中国男女礼防大弛之可惧》，天津《大公报》1913 年 5 月 18 日。
③ 《上海新设中国女学堂章程》，《时务报》第 47 册，1897 年 12 月。
④ 《宗孟女学校章程》、《爱国女学校章程》，见徐辉琪、刘巨才、徐玉珍编《中国妇女运动历史资料》（1840—1918），中国妇女出版社 1991 年版，第 322、324 页。

堂章程》规定：男女小学堂不得混合，"中国女德，历代崇重，今教育女
儿，首当注重于此，总期不悖中国懿美之礼教，不染末俗放纵之僻习"①。
这些规章推行全国，成为固守男女礼防的屏障。

民初政府有关女学的规定已有所变更，但民初女学与女权运动并非同
道，其主旨是，既给女性以受教育机会，又发扬传统女德，最终培养标准
的贤妻良母。民元学制规定，初等小学可以男女同校，高等小学以上均男
女分校。袁世凯政府规定：国民学校（初小）三四年级"男女各编学
级"，不准同班（一、二年级男女可以同班）。"高等小学或其分校，应分
别男女各编学级。"② 中学、大学实行男女分校。

在此原则下，各地不乏说明管制女学的具体条规。1916 年 9 月，教
育当局颁布女学生戒规 5 条："（一）不准剪发，违者斥退；（二）不准缠
足，违者斥退；（三）不准无故请假结伴游行，违者记过二次；（四）通
校女生不得过 14 岁，如有隐匿冒混者记过；（五）不准自由结婚，违者
斥退罪及校长。"③ 民初成都联中，"没有男女合校，男女学生不得交际，
女子不得剪发，省女师校更禁止学生请假，不准会男客，出入信件要检
查，许多学校更不让学生读新书新报"④。这是各地的常见现象，还有一
些极端事件，如在济南女师：

> 那时学校规定：到女师当教员，必须年满五十岁，没留胡子的不
> 要；教员讲书，二目必须扬视；眼看天花板，不准看学生的面孔。讲
> 生理卫生时，所谓那些有碍部分，都得删去……（校长）居然无耻
> 地宣布在某月某日要检验学生的贞操，请医生来校检查处女膜；如非
> 处女，立即开除。⑤

---

① 舒新城编：《中国近代教育史资料》下册，人民教育出版社 1961 年版，第 801 页。

② 《教育部公布国民学校令施行细则令》，《中华民国史档案资料汇编》第三辑教育，江苏
古籍出版社 1991 年版，第 475、481 页。

③ 《南京快信》，《申报》1916 年 9 月 27 日。

④ 张秀熟：《五四运动在四川的回忆》，《五四运动回忆录》（下），中国社会科学出版社
1979 年版，第 877 页。

⑤ 隋灵璧等：《五四时期济南女师学生运动片断》，《五四运动回忆录》（下），中国社会科
学出版社 1979 年版，第 691 页。

民初教育当局仍不遗余力地灌输传统道德，但风气已开，管制条文仅能暂时维持，而无补于社会大势。五四新潮中，随着新文化人对旧伦理、旧礼教、旧习俗的批判，突破男女礼防已经水到渠成。

五四运动爆发之际，《新青年》"读者论坛"发表了杨潮声的短文《男女社交公开》，指出传统"礼防"并不能阻止不道德的事，不过是一种假面具。相反，"礼防"不利于男女间养成高尚人格，阻碍了建立真善美的道德风尚，因而主张"打破男女界域，增进男女人格"，实现"男女社交公开"①。康白情发现了男女正常社交的意义，注意到在北京中等以上学校开会时，"往往有女校友出席的那天，会场的秩序要整肃些；没有，就要凌乱些"。他认为，这是因为从形式上看，"当男女交际的时会，所以克制放肆的一切礼文都自然会发生他们的效力"；从精神上看，"男女交际，的确有陶育德性的能力"②。

在他们看来，男女正常交际非但不违反人伦礼义，而且是完善两性独立人格，建立现代道德风范的必然结果。沈雁冰认为："男女社交公开是和道德问题无涉"，"无非是想把反常的状态回到合理的状态罢了！男女既然同是人，便该同做人类的事。男人可到的地方，女人当然也可以到"。"男女社交不公开是偏枯的表面的最显见的；背后藏的，便是经济底知识底道德的不平等。"③"社交公开"不是不涉及道德问题，而是建立何种道德规范的问题。他们认为，"社交公开"并不违背中国"礼教之邦"的特点，因为"社交公开"与"开放节操"并不是一回事。"开放节操"是一部分女子卖节操来生活，娼妓和某些被禁闭于深闺的女子都是如此，只是方式不同；而"所谓男女社交，一定是要女子由性的桎梏解放出来，不依靠卖节操来生活，与男子立在平等地位，才能实行"④。这样，"社交公开"被纳入到新的道德范畴中。

观念更新与社会生活的变化相得益彰。在五四运动中，北京等地中等以上学校成立了学生联合会，有不少女学生参与其中。康白情曾予评论：

---

① 杨潮声：《男女社交公开》，《新青年》第 6 卷第 4 号，1919 年 4 月。

② 康白情：《男女交际自由之先声》，上海《民国日报》1919 年 5 月 23 日。

③ 雁冰：《男女社交公开问题管见》，《妇女杂志》6 卷 2 号，1920 年 2 月。

④ 汉俊：《男女社交应该怎样解决》，上海《民国日报》副刊《妇女评论》第 7 期，1921年 9 月 14 日。

"他们这回的活动很有秩序，很有意识，远非民国元年的女子参政运动可比。这是他们觉着他们自己有和男子平等的人格的动机。这是他们抛弃闭关主义，要和男子平等的往来的显例。"① 天津的事例尤其引人注目。1919 年 9 月 16 日，周恩来等 10 名男同学和 10 名女同学在草厂庵学联办公室集合，正式成立"觉悟社"。这些青年阅读了《新青年》、《少年中国》、《新潮》等刊物，接受了新思想、新文化。觉悟社男女同学同室办公，这是天津学生公开交往的象征。同年 12 月 10 日，天津学生联合会成立，由男女学生组成。该会主席张若名女士指出：该会"本着奋斗的精神，进化的精神同男女互助的精神去做，去与黑暗势力相斗"②。邓颖超回忆道：

> 这件事在起初也是遇到了阻力的，女同学中也有不赞成的，有顾虑社会舆论不同情的，有怕合并后被人说男女混杂闹笑话的，但男女同学中的进步积极分子终于冲破了这些阻碍，勇敢的实行合并，并收到良好效果。当时男女同学间的相处都是极其自然坦白的，工作上是互相尊重平等的。③

天津学生打破"男女授受不亲"的束缚，实现男女社交公开。这种范示引来北京学生的仿效，接着北京男女学生联合会也合并了。④ 在长沙，五四运动之后，周南女校的陶毅、魏璧、周敦祥、劳君展等师生四人率先加入了新民学会。这是长沙青年学生公开社交的大事，新民学会还为此召开了欢迎大会。其后，新民学会女会员增至 20 多名。

伴随着女性解放潮流，女性教育亟待发展。"社交公开"是五四运动中的突发现象，"男女同校"则是持久的理性行为，可谓社交公开的基本渠道，突破男女礼防的关键。蔡元培说："改良男女的关系必须有一个养成良好习惯的地方。我以为最好的是学校，外国的小学与大学没有不是男

---

① 《北京学生界男女交际的先声》，北京《晨报》1919 年 5 月 20 日。
② 《天津新学生会成立纪盛》，北京《晨报》1919 年 12 月 23 日。
③ 邓颖超：《五四运动的回忆》，《五四运动回忆录》（上），中国社会科学出版社 1979 年版，第 74 页。
④ 刘清扬：《觉醒了的天津人民》，《五四运动回忆录》（下），中国社会科学出版社 1979 年版，第 556 页。

女同校的；美国的中学也是大多数男女同校。"① 徐彦之认为，"男女交际以男女同校为最好入手办法"②。沈雁冰提出，应该创造合理的新道德，增进女子教育，废除公共场合旧俗关于男女的区分等办法。③ 在当时许多人看来，"妇女问题，虽然千头万绪，而其根本问题，还在教育。只要女子教育发达了，种种关于妇女的问题，总有法子加以解决"④。因为，一方面，女子教育是发展女子职业、培养女子经济独立能力的根本途径；另一方面，女子教育是完善独立人格，发展其个性和思想的必经之路。那么，如何使女子教育发达起来？这就要求"解放的女子教育"，即"无论中学大学，男女同校，使他们受同等的预备，使他们有共同的生活"⑤。五四之际，《新青年》、《新潮》、《星期评论》、《星期日》、《时事新报》、《少年中国》、《解放与改造》等刊都讨论、呼吁男女同校。

男女同校的讨论始于五四之前。清末无政府主义者抨击传统旧习，指出男女分校的落后性："男女之学，有何分别，有何当分别之理由，而世之教育家，恒不主男女同校，吾不知其何心也。若以防淫，则断无在校而淫之理。无他，则虑女子之知识增，而男子之势力减而已。"⑥ 这种愤激之辞已涉及男女平等权问题，但清末至五四前的相关讨论主要着眼于教育本身，较少与男女平等、女性解放等问题挂钩。如1917年4月，上海基督教青年会曾就"男女同校问题"开辩论会。支持男女同校者的主要依据是，男女同校可使彼此间智慧相通，相互促进学问进步。辩论结果则是反方得胜。⑦ 1919年5月，上海复旦大学就同一论题再开辩论会，论辩结果则以主张男女同校的正方获胜。⑧ 两次"辩论会"的不同结果反映了社

---

① 蔡元培：《贫儿院与贫儿教育的关系》，《蔡元培全集》第3卷，中华书局1984年版，第266页。

② 徐彦之：《男女交际问题杂感》，北京《晨报》1919年5月4日。

③ 雁冰：《男女社交公开问题管见》，《妇女杂志》6卷2号，1920年。

④ 李光业：《今后的女子教育》，梅生编《中国妇女问题讨论集》第一册，《民国丛书》第一编第18册，上海书店出版社1989年影印本，第170页。

⑤ 胡适：《女子解放从哪里做起？》，《中国妇女问题讨论集》第一册，《民国丛书》第一编第18册，上海书店出版社1989年影印本，第91页。

⑥ 鞠普：《论习惯之碍进化》，原载《新世纪》第56期，1908年。见《辛亥革命前十年间时论选集》第三册，生活·读书·新知三联书店1977年版，第202页。

⑦ 潏父：《男女同校问题》，上海《时报》1917年4月22日。

⑧ 《复旦大学论辩会记·今日中国应否男女同校》，上海《民国日报》1919年5月6日。

会思潮的转变。尤其值得注意的是，1919 年以后，男女同校的呼声没有局限于教育本身，而是凸显了男女平等观念。

五四之际，康白情谈及男女社交公开时指出："女子解放运动的潮流已经弥漫了全世界。""我以为要和缓这种潮流，不可不逐渐的明开女禁。而明开女禁的第一着，又不可不嘱意于全国最高学府最高修养地方的大学。""为一方面女禁解放的剧烈运动，一方面给予女子一个充足修养的余地，我国的大学不可不对于他们开放门户。"① 他之所以主张开女禁，似乎不完全是为女子进一步发展着想，只是视之为缓解女子解放潮流的手段。随后，罗家伦则明确提出："第一，为增高女子知识起见，大学不能不为女子开放"；"第二，为增高女子地位起见，大学不能不为女子开放"；"第三，为增高自由结婚的程度起见，大学不能不为女子开放"②。罗家伦的更多地从婚姻自由、女子地位等方面立论，较之康氏"缓解论"更加旗帜鲜明。主张男女同校的言论着眼于发展教育，立足于平等自由，却并未回避伦理习惯。针对"男女有别"的古训，他们提出：男女的分别应"从精神上做去，不从形色上做去"，而传统的"男女有别"不过是形色上的。③

在这场讨论和实践中，邓春兰成为全国瞩目的人物。她早年"即慕男女平等之义"，曾同姐姐在甘肃省城办起一所女子小学。1919 年，23 岁的邓春兰决定到北京求学深造。是年 5 月 19 日起程前，她致书蔡元培，要求北大附中"添设女生班，俟升至大学预科，即实行男女同班"。信至北京时，蔡元培因抗议军阀政府镇压学生已经辞职，此事未有结果。邓春兰想，"与其倚赖他人之提倡，何如出于自身之奋斗"，于是想在北京"组织大学解除女禁请愿团"，并致函报界。④

6 月，京、沪一些报纸登载邓春兰致蔡元培的信，引起社会普遍关注，被誉为"女子要求入大学的第一声"。"有了要求，这'男女共校'才成为

① 康白情：《大学宜首开女禁论》，北京《晨报》1919 年 5 月 6 日。
② 罗家伦：《大学应当为女子开放》，北京《晨报》1919 年 5 月 11 日。
③ 陈鹤琴：《男女同学问题》，上海《时报》1920 年 1 月 20 日。
④ 《邓春兰女士男女同校书》，上海《民国日报》1919 年 8 月 8 日。

问题，才有实现的希望。"① 确实，男女同校，如果只有男性的提倡，没有女性的参与、响应，其结局仍不过是镜中之花。有人鼓动女性："你们要晓得男女是平等的，教育也应该平等……你们为什么不打破现在男子专有的学校？"② 男女同校，其实就是女子走进"男子的学校"，走进"女子的禁地"。所谓开女禁，并不只是破除禁律，更重要的是需要女子的切实参与。邓春兰的"男女同校书"激起了社会波澜，加强了男女同校的舆论。

当时，北京《晨报》、上海《民国日报》等报刊发表了许多讨论文章。《少年中国》特将8月号辟为《妇女号》特刊，宣传男女同校和女性解放思想。在主张男女同校者看来，男女平等、教育平权、男女同校，理所应当。"不是男女同校，就不得享平等教育。女子不能自由求学，男女不能生互助的利益。所以男女同校是一件绝对重要应做的事。"男女同校是女子教育进步乃至最终解放的首要办法。③ 时人指出，大学开放女禁是"自上而下"的好办法，可以加快女性解放的步伐。女子有了受高等教育的机会，社会地位自然提高，进而去争取其他方面的平等。受了高等教育的女子就会明白女性解放途径，并承担起自己的责任，从而推动女性解放的开展。④ 针对一些人以女学生知识程度为由反对女子进入大学，《少年中国》编辑部特请北大教授胡适讨论大学开女禁问题。胡适主张大学要开女禁，要聘用有学问的女教授，招收程度相当的女子入学。他呼吁女学界应该研究现行女子学制，把课程大加改革，使女中课程与大学预科相衔接，男女知识程度相当，从而有更多女学生能享受高等教育的权利。⑤

反对男女同校者则以风俗习惯、礼教大防为由。他们认为，虽然男女应受同等教育，"惟我国习惯，男女之界极严，改革以还，男女自由平等之说，讹以传讹，男女之荡检逾闲，已类失笼之鸟，今更推波助澜"⑥，当然是万万不可行的。在他们看来，男女同校"于道德风俗上很有重大

---

① 徐彦之：《北京大学男女共校记》，《少年世界》第1卷第7期，见《五四时期妇女问题文选》，中国妇女出版社1990年重印版，第265页。

② 唐隽：《男女平等教育问题》，上海《民国日报》1920年3月25日。

③ 琴韵女士：《妇女解放的首要办法》，北京《晨报》1919年12月8日。

④ 周炳琳：《开放大学与解放妇女》，《少年中国》第1卷第4期，1919年10月。

⑤ 胡适：《大学开女禁的问题》，《少年中国》第1卷第4期，1919年10月。

⑥ 无妄：《时评·男女合校之利害》，天津《大公报》1920年3月13日。

的关系，如果要打破这一句话，那么交际上，必发生种种破坏道德风俗的怪现象"①。有人虽承认"知识之灌输固无分彼此"，而"道德之防闲究略有出入"。男女同校不仅会酿成教育之污点，也会殃及风俗。② 更有甚者，如《国民公报》有文章诬蔑男女同校"既可同板凳而坐，安可不同床而觉，什么是男女同校，明明是送子娘娘庙"。男女同校看似简单，但包含着伦理变革。正如时人所云，女子有了受高等教育的机会，意味着女子不比男子差，这是对男尊女卑观念的巨大冲击。再则，男女同校自然不免社交公开，传统礼防将不攻自破。

在五四新文化人的推动下，男女同校得以迅速实现。至 1920 年，男女同校已成不可阻挡之势。1920 年 1 月 1 日，上海《中华新报》发表了复职的北大校长蔡元培的谈话：

> 大学之开女禁问题，则余以为不必有所表示。因教育部所定规程，对于大学学生，本无限于男子之规定……即如北京大学明年招生时，倘有程度相合之女学生，尽可报考。如程度及格，亦可录取也。③

这实际上已间接回答了邓春兰半年前的要求，无异于宣布了北大开放女禁。1920 年春节过后，北大招收了第一位女子旁听生，即毕业于江苏无锡女子师范的王兰。接着，相继入北大旁听的女生有邓春兰、韩恂华、赵懋芸、赵懋华、杨寿璧、程勤若、奚浈、查晓园 8 人。这是国立大学男女同校的开始，后来各大学都兼收女生了。1921 年年底，报载北京各高校招收女生的情形：

> 北大女生现有十余人，其中治哲学者较多，英文、经济、化学诸系亦各有一二人。学校除为彼等设立饮茶所、休息室、浴室及厕所外，并无特别经费，亦未增设课程……高师英文部现有女生二人，寄宿校外，学校每月补助宿膳费。此外，工专有女生一人，法专女生三

---

① 《男女同学问题》，上海《时报》1920 年 1 月 20 日。
② 《男女同校之宜慎》，天津《大公报》1920 年 3 月 2 日。
③ 《蔡子民先生外交教育之谈话》，《中华新报》1920 年 1 月 1 日。

人，医专二年级女生二人，一年级七人，农专尚未招到女生。①

1920 年夏，主张男女同校的舆论高涨，纷纷呼吁男校仿照北大招收女生，男女同校遂成潮流。1920 年年初，私立上海大同学院仿美国制度，允准中学毕业的女生进文商各科肄业。南京金陵大学也因北大开放女禁，而新开一班"英语教授法"，实行男女同学，金陵女子大学 10 名女生到该班与男生同学。1920 年暑假后，北京大学和南京高等师范学校均正式招收了女生。1921 年年底，当湖北高等师范学校筹备学生自治、男女同校的消息传出后，"即有许多女子中学毕业学生，书面向高师提出，要入高师求学……高师校员穷于应付，始承认将来竟转呈教育厅核准照办"②。四川的华西大学等部分高校也开始试招女生。到 1922 年，东南大学、广东高等师范学校、北京协和医科学校等已兼收女生。全国受高等教育的女子，除教会学校不计外，总数为 665 人。③

大学开放女禁后，中学亦逐渐实现男女同校。早在 1919 年 12 月 20 日，向警予从法国致信陶毅，建议发动高小毕业生和中等师范学生组成团体，到北京教育部去要求男女同校。④ 1920 年 9 月，北京、天津女校学生 500 余人到教育部请愿，要求改革女子中学教育，使课程设置、经费等与男校平等，女校毕业生可以直接考大学。1920 年 10 月，第六次全国教育会联合会通过"促进男女同学以推广女子教育案"。此案指出：一年来，各地高等学校实行男女同学，因中等教育尚未普及，报考女生及格者很少。吁请教育部令中学男女同校，推广女子教育。⑤ 至 1921 年，北京、湖南、广东等地一些中等学校开始实行男女同校，如长沙的湖南省立第一师范、岳云中学均招收了为数不多的女生，成为长沙男女同学的先声。

据中华教育改进社统计，女生占各类学校学生总数的比例：清末均不到 1%，1912—1917 年均 4% 多，而不足 5%。至 1923 年，女生与全国学

---

① 《七校招收女生后状况》，上海《民国日报》1922 年 2 月 4 日。

② 《男女学生争同校》，上海《民国日报》1922 年 1 月 4 日。

③ 陈东原：《中国妇女生活史》，上海书店出版社 1984 年影印本，第 389 页。

④ 向警予：《给陶毅》，《向警予文集》，湖南人民出版社 1985 年版，第 9 页。

⑤ 《大会关于促进男女同学以推广女子教育案呈》，《中华民国史档案资料汇编》第三辑教育，江苏古籍出版社 1991 年版，第 719 页。

生总数的比例升至 6.31%，比 1916—1917 年的 4.35% 高出近 2 个百分点，其中大专以上为 2.42%，师范学校 7.56%，中学 3.14%，甲种实业学校 7.13%，乙种实业学校 8.52%，高等小学 6.4%，国民学校 6.33%。相对全国而言，北京的女生比例更高一些。例如，1923 年，北京共有学生 55622 人，其中女生 11168 人，占 20.08%；同时北京有教职员 5274 人，其中女性 639 人，占 12.11%。①

男女同校教育，为女子提供了平等的教育机会，但当时敢于进男校读书的女学生相对较少。这其中既有来自家庭、社会习惯势力的阻碍，也有女子教育不普及造成的基础差距。尽管如此，男女同校是对"男女授受不亲"、"女子无才便是德"等传统性别观念的冲击。当北大男女同校之初，官方还派人侦查有无不道德之事，后来发现"该校女生均回私宅住宿，并无同舍寄宿情事"②。男女同校最初给人们的思想震动是不言而喻的。

与此同时，校园之外的传统礼防也逐渐崩溃了。有人针对传统习俗指出："男女有别四字，深印于吾人之脑中，执意盲从，牢不可破，实为文化之大障碍。"人类由男女合组而成，国家为男女共有之国家，理应不论男女，各尽所能，共起而经营之。先贤孟子讲"父子有亲，君臣有义，夫妇有别，长幼有序，朋友有序"，如果"有别"为"隔离"之谓，则"今夫妇之间，且言有别，然则夫妇亦将隔离乎"，故"有别"二字，或许是职业之别，如男治外，女治内，男耕女织之类，决非"隔离、不准交际，可断言也"③。如此解释在学理尚不圆满，却借用儒学语言，对深入社会的陈规陋俗予以否定。

民初北京的一些公共场所女性增多，传统礼防已经失效，所谓："底事闲游妇女多，斜阳影里到前河。花光人面都相乱，最是撩人画翠娥。招摇妆饰妇人多，拥护香肩似欲摩。妙是会场相聚处，两心默喻送秋波。"④一些戏楼、茶馆事实上已经男女合坐，无所顾忌。北京"自文明茶园创

① 《中华教育改进社公布中国教育统计》，《中华民国史档案资料汇编》第三辑教育，江苏古籍出版社 1991 年版，第 926—929 页。

② 《王光宇关于查报北京大学开始实行男女同校情形呈》，《中华民国史档案资料汇编》第三辑教育，江苏古籍出版社 1991 年版，第 217 页。

③ 周予觉：《男女有别之解释》，北京《晨报》1920 年 3 月 24 日。

④ 芝兰主人：《都门新竹枝词》，《中华竹枝词》（一），北京古籍出版社 1997 年版，第 357 页。

立，始有妇女赴园观剧之事。当时仅以楼上下为区别，随后包厢可混合杂处。及第一舞台成立后，正厅亦可男女合座矣"。一些露天茶座，"上标为男女分座，实则杂乱无章，一肆之上，妇女愈多，座愈拥挤，生意愈盛。茶之佳否，则置诸不问"①。20世纪20年代初，僻居四川的成都已与京、沪、穗等地大致相同："社交男女要公开，才把平权博得来。若问社交何处所，维新茶社大家挨（维新茶社男女可以杂坐）。"② 男女青年的娱乐、交往明显增多，有竹枝词记北京北海的游园活动：

> 年年北海试游船，不似今年六月天。
> 越女燕姬齐赛手，莺声燕语斗鲜妍。
>
> 同学多待五龙亭，暑气全消满水汀。
> 明日赛船谁主政，公然当选女明星。
>
> 西语欧吟胜馆娃，时人休比后庭花。
> 声客原自文明出，跳舞谁知画舫斜。
>
> 履声何知也蹉跎，道是高跟革履多。
> 漫逞轻佻船板滑，翻身燕子蘸清波。
>
> 公子调冰冰激凌，密司倦否可曾能。
> 今宵赛罢归家后，莫语他人明日仍。③

　　事实上，此类情况不限于个别城市。如广州的妇女：

> 得闲无事到沙河，汽笛呜呜一瞥过。
> 东北二郊人似鲫，登高女子比男多。

---

① 胡朴安：《中华全国风俗志》下卷，河北人民出版社1986年版，第4、10页。

② 刘师亮：《续青羊宫花市竹枝词》，《中华竹枝词》（五），北京古籍出版社1997年版，第3270页。

③ 沈时敏：《北海闲咏》，《中华竹枝词》（一），北京古籍出版社1997年版，第361—363页。

从前女子扫墓者，只女尼与梳佣二种，今则普通女子亦借登高以游玩矣。①

20 世纪 20 年代的天津：

> 双瞳非碧发非黄，交际娴于姊妹行。
> 昨喜有朋归海外，今朝得意服西装。

> 人约良宵底事迟，如年更鼓力难支。
> 倦凭沙发方思睡，忽听声声唤密司。

> 婆娑蹈舞夜登场，一曲熏风送汗香。
> 座有乡人恍然悟，原来蹦蹦出西洋。

近来饭店时跳舞，有人呼为"洋蹦蹦"。②

"社交公开"体现了人伦礼防的巨变，与女性外出就业相得益彰。妇女解放必然要求独立的经济能力、扩大就业；而观念更新又为女子就职业开辟了广阔道路。自 1916 年以后，随着袁世凯专制统治的结束和新文化运动的兴起，女性就业迅猛发展。此时，提倡使用女店员的言论不一而足。有人指出："东西各国皆有所谓女店员也，窃谓吾国之巨肆，宜有以提倡之。上海外国人所开之杂货店，如惠罗公司等间，亦用女店员，而吾国人今所开之先施、永安等公司，以及各绸缎杂物店，鄙意有数部如香粉、女履袜衣饰等，种种关于女子所需之物，均应用女店员。"③ 五四时期，主张使女店员的理由与民初并无多大区别，反对的声音却偃旗息鼓了。广州竹枝词反映了女子职业的发展：

> 夫纲打破渐开明，女子相矜执业鸣。
> 铁路职员留纪念，群雌咸颂夏先生。

---

① 胡子晋：《广州竹枝词》，《中华竹枝词》（四），北京古籍出版社 1997 年版，第 2899 页。

② 冯文洵：《丙寅天津竹枝词》，《中华竹枝词》（一），北京古籍出版社 1997 年版，第 488、521 页。

③ 雪衣：《女店员》，上海《时报》1918 年 12 月 21 日。

花县夏重民任广三铁路局长，提倡女子职业，故车上收票亦用女子，风气为之一变，可志也。

> 当炉古艳卓文君，侑酒人来客易醺。
>
> 女性温存招待好，春风口角白围裙。

茶楼酒馆俱用少年女招待，貌既娟好，复善辞令，均各着白围裙经约束外衣，轻倩可人。

> 刚从密月罢行程，胎似奇花苫嫩萌。
>
> 俗用稳婆嫌未稳，接生郎定女医生。

粤俗：凡女子生育，雇用稳婆，俗称执妈。近日以执妈无学识，遇难产束手，小康人家几全改用女医生矣。

> 脂粉无须不绮罗，乌衣队里暗香多。
>
> 梳佣寥落今非昔，令我低头忆亚娥。

粤俗：女子擅梳头术名曰梳佣，俗呼妈姐。光绪末叶省垣阿娥艳称一时，后归三水邓沃。邓殁，娥殉。女为悦己者容，士为知己者死，阿娥有焉。

> 土布人家有织梭，女工岁月讵蹉跎。
>
> 年来一事尤堪慰，丝袜通行国货多。

丝袜本始西洋，粤人多喜丝袜。近日省垣丝袜厂纷起，半是女工。女子职业有当焉。①

五四时期，女子就业向白领行业发展。1916 年，上海开始出现银行女职员，报载："近闻中国某某银行某总裁，有采用女子充当司账之说。某总裁数年前曾吸得英伦空气，当在银行实习时代，鉴于女子计算之精细，以及记账之敏捷，为之叹羡不置，以此得膺总裁荣任，亟欲实行其主张，以出其留学时代之抱负。闻其主张之理由有三：（一）女子心思细密，较胜于男子，如采用女子充当司账，必定计算敏速，记载明了；（二）女子俸给可低于男子，为节省营业费用计……用女司账；（三）男

---

① 胡子晋：《广州竹枝词》，《中华竹枝词》（四），北京古籍出版社 1997 年版，第 2901、2908、2909、2916 页。

司账因有学校出身之派别关系，不无有把持偏袒之弊，如用女子，则门户意见，自可消灭，且可实心任事，不致见异思迁。"① 这些理由虽出于商业利益考虑，但包含了对女性生理、心理优长的肯定，提高了有关女性社会作用的价值评判。

有的女性职业直接冲击了传统礼防。例如，五四时期，旧式的梳头女逐渐寥落，而新兴的女子理发店兴起了。报载：1918 年春，上海曹某筹备"开一三上三下之女剃头店，一切器具装潢，务求轶类超群，所用剃师拟聘宁波当行出色之有名喜娘二三十名，主顾梳头绞面，登门可，出包亦可，店中除所装电话任由主顾白打外，并供给以清茶淡烟"②。这类现象被报纸当作"闻所未闻"的奇闻，但很快变为现实。至 1920 年，相对保守的北京也出现了女子理发店。报载："北京孙公园锡金会馆附近春记理发馆店内，近有一少妇在内作理发师为人理发。此妇年约十八九，妖冶可鄙，好奇者莫不趋之若鹜，大有门庭如市之概云云。"③ 女子理发主要以男性为服务对象，与旧式梳头女完全为女性服务不同，女子理发对"男女授受不亲"的礼俗产生了冲击。有些报纸对女理发师不无讥贬，却不能阻止其渐增之势。

因为就业的需要，一些城市出现培训妇女技能的呼声和机构，民初汉口出现了"女子生活社"，培训女子学习女红，以期"衣食无须混乃公"④。有人针对上海的情况指出："上海女子，在社会服务的，不能算绝少，但是服务社会的女子，大多数没有受过教育。受过教育的女子，又大多数不服务社会……两方女子暂时补救的方法，只能先从介绍同演讲入手，一方面介绍受过教育的女子服务于社会，一方面灌输知识于服务社会之未受教育的女子，以后逐渐进步，两方面有接近的机会。"⑤ 20 世纪 20 年代以后，新观念逐渐渗透于市民社会，也改变了一些城市女性的日常生活。

---

① 唐：《将有女银行职员出现》，上海《时报》1916 年 12 月 20 日。

② 《女剃头店》，上海《时报》1918 年 4 月 2 日。

③ 《女理发师新上市》，天津《大公报》1920 年 5 月 7 日。

④ 罗四峰：《汉口竹枝词》，《中华竹枝词》（四），北京古籍出版社 1997 年版，第 2669 页。

⑤ 《时评三·上海女子服务社会观》，上海《民国日报》1919 年 10 月 22 日。

然而，新观念、新生活还不易流播于农村，在闭塞的内地，阻力尤为明显。有人认为：一些人"动以公开社交相号召，其心理固未必不蔑视女子人格也。甚矣！圣贤礼教诚不免失之过拘，而防闲一破，伦纪陵夷，廉耻澌灭，沦人道于牛马，等衣冠于禽兽，所谓文明果如是乎"①。事实上，偏僻地区的男女礼防仍然很严。如20世纪30年代贵州平坝县一带："各族交际上男女性又分界，即男不与女交际，女不与男交际……而汉族之女则尤甚，成年以后，社会上不轻露头角，不轻站立家中门外，非至亲不相见，旅行时肩舆之帘幕必坚闭，即年老者亦不与男子杂坐……顷年风气稍开，县城社会交际中始渐有女性错杂于男宾之座。"② 社会礼俗因经济、文化条件的制约而呈现地域差异，注意到城市社交礼俗的变迁，并不等于否定广大农村地区，尤其是内地农村的保守性和停滞状态。

第二节　休闲娱乐

休闲娱乐看似平淡无奇，却蕴藏了人伦礼俗的内涵。故一些地方志归之于礼俗志，北京市志云："调节情思，端赖游乐。然向怀不同，趋嗜各异。都中士大夫，喜鉴赏古董金石、碑版书籍，花木亦所爱好，间有征逐声色，销金教坊者。贵介公子，驰马调莺，酷嗜歌唱，评骘梨园，走票为荣。普通平民，或提笼架鸟，或养鱼斗蟀。儿童率以放鸢蹴踘为戏。若夫杂耍过会，履绳角抵，仍行民间，不失幽燕遗风……迩来电影跳舞，游泳滑冰，盛行于时，争相师效。"③

休闲娱乐类种繁多，良莠不齐。晚清以降，新旧娱乐杂陈消长，市民消闲更为丰富多彩，浸染西风的上海尤为典型。④ 以上海为代表的娱乐行

---

① 《长寿县志》（民国十七年石印本），《中国地方志民俗资料汇编》（西南卷·上），书目文献出版社1991年版，第23页。

② 《平坝县志》（民国二十一年铅印本），《中国地方志民俗资料汇编》（西南卷·下），书目文献出版社1991年版，第553页。

③ 吴廷燮等纂：《北京市志稿·礼俗志》，北京燕山出版社1998年版，第330页。

④ 这方面可参见李长莉《晚清上海社会生活的变迁——生活与伦理的近代化》，天津人民出版社2002年版。

业如茶园、酒馆、戏园、妓院、烟馆、赌馆、跑马场、球场等畸形发达起来。与上海崇洋成风不同，北京市民的休闲时光既沿袭传统，又推陈出新。传统娱乐项目有的（如杂耍、角抵等）趋于衰落，而大多数传衍不息。新式娱乐项目除外来的电影、跳舞之外，有的则经历了由中到西的转换，如鉴赏古董因博物业的兴起而趋于大众化，"驰马"改成了西式赛马，"蹴鞠"发展为西式体育。

一　养生健身中西互补

中国的养生和健身之道是一个博大精深的文化富矿。运动健身从华佗的"五禽戏"到武当、少林等众多武术流派，各有其学理基础和精神内涵。静坐养生从气功修炼到面壁坐禅，都有健身潜力。但传统的保健方法也有不足，养生理论高深玄妙，不易为一般民众所掌握；运动健身方法繁多，却与近代体育存在理论差距。清末民初，传统养生和健身方法仍有深厚的社会基础。清末士大夫对中医的信任远远超过西医，晚年多病的帝师翁同龢从未有延西医治病的记录，他甚至认为李鸿章"笃信洋医"，结果其幼子之病"为其所误"[①]。类似看法在清末士人中恐非少见。不过清末以降，传统医学及健身方法日益遭受西潮的冲击，西医在一些商埠逐渐扩展，西方体育作为传统健身方法的重要补充，逐渐为青少年接受。

近代养生理论没有显著发展，但仍有社会基础，清末民初出版的养生之书也不少。据张元济1916年的日记载："养生之书，竹庄来信商量、已有多种、恐销路不佳、且勿多出。复允。"[②] 商务印书馆鉴于市场状况而不打算再印养生之书，偏重于编印教材和辞典，这显示了经营者的市场策略。当时养生书已充斥市场，有的一度风行，如蒋维乔的《因是子静坐法》。"静坐"是中国古代导引术的一种，又与道家的"修真养性"和佛家的"参禅打坐"相融合，增添了不少神秘色彩。宋明儒家也把"静坐"作为修养心身的办法，程子主张"半日静坐，半日读书"。静坐理论源远流长，直到清末梁启超还提出青年"每日当以一小时或两刻之工夫为静

---

① 翁同龢：《翁同龢日记》"光绪十八年正月十三"，第五册，中华书局1997年版，第2500页。

② 张元济：《张元济日记》上册，商务印书馆1981年版，第91页。

坐时"①。静坐是传统养心、健身的方法之一，不乏理论和经验。民初执教于北京大学的蒋维乔（号因是子）则完全把静坐变成了健身方法。他总结自身经验，又援引日本人的相关说法，于1914年10月印行《因是子静坐法》。全书仅1万多字，共分原理、方法和经验三部分及附录，以近代心理学、生理学原理为根据，剔除传统养生术的神秘怪异成分，阐述了"静坐法"的健身原理和方法。

此书出版后，静坐养生风行一时，4年之内连续再版14次。据长沙《体育周报》记载：到1920年，提倡静坐的湖南同善社，遍布18县，甚至一些偏僻小县也有分社。教育界不少人大倡静坐，师生效法，一些学校列为课程。湖南耒阳县以教育会会长为首，组织了"中外卫生会"，以吸取、研习中外人士的静坐养生法。有些地方，大学生组织了"静坐会"。北京大学实地修炼的学生很多。故有人感慨：民国以来，教育、实业、政治丝毫没有长进，唯有扑克和静坐，除了劳工外，"差不多没有一个不是内行"，"静坐几乎成了国民的趋向"②。对于静坐养生，批评者有之，赞成者有之。

毛泽东撰文云："近有因是子，言静坐法，自诩其法之神，而鄙运动之自损其体。是或一道，然予未敢效之也。"他认为只有运动才能健身。③鲁迅也在《随感录》中指斥鼓吹静坐者"先把科学东扯西拉，屡进鬼话，弄得是非不明"④。到1919年年末和1920年年初，长沙《体育周报》又发文对静坐健身进行了针锋相对的讨论。蒋维乔进行了辩解：人是由物与心两者合成的，所以体育也应包括这两个方面。"体操和运动，虽然可以强健筋骨，活动血脉，实在他的效验，不过偏重于肉体罢了。至于精神，就不能顾到，所以育字未必完全。依我见解，必须兼用修养的功夫，方得完成此育字的意义。"⑤静坐法并非养生的灵丹妙药，但也不完全是"鬼话"。养生之法，因人而异，各人择其所宜，并无不可，即使重视运动健

---

①　梁启超：《湖南时务学堂学约》，《饮冰室合集》文集之二，中华书局1989年版，第25页。

②　毓莹：《辟"静坐"》，长沙《体育周报》特刊第1号，1920年1月。

③　二十八画生：《体育之研究》，《新青年》3卷2号，1917年4月。

④　唐俟：《随感录》（三十三），《新青年》5卷4号，1918年10月。

⑤　蒋维乔：《我的体育观》，长沙《体育周报》特刊第1号，1920年1月。

身的毛泽东也承认，静坐法"是或一道"。大而言之，静坐法也体现了一些人对西化趋向所作的反思和调整。文化上的心物调和，健身方面的动静结合，这是某些传统学者或东方文化人的思想探索。尽管其学说、理论仍有缺陷，却迎合了东方人养生、休闲的需要。

民国年间，养生法日益呈现中西调和色彩。一些人偏重于传统，一些人信赖西学，但又多是中西结合，各取其长。比如，外交官出身的伍廷芳自称"考究生死之学"。他的办法是既吸取西方学说，又重视古老的灵魂学说。他积极提倡洗冷水浴，以强健身体，又说："鄙人躯体前重度百六十磅，有美国女子赠《卫生术》一卷，于是减食消除腹中积习，分饿 18次，每次作饿半日，遂由 165 磅之重度减为 120 磅，精神大胜。不食猪牛鱼肉，于人道亦可救生，亦不染习畜牲，居然达至 70 以上。"他把人的存在分为肉体、情体（喜怒哀乐之情）和思想体三部分，认为三体相关，"一体不遂，全身不安"。人活着或死后，都有灵魂存在。魂之作用，不可小视。① 伍氏强调人应"内修其魂"，以达到"魂离其身"的境界。② 这就是所谓"成仙"了。这些说法与历代仙道迷信并无根本不同。伍氏见多识广而不排斥西学，养生方法却有些误入歧途，这在民国闻人中并非仅见。

传统养生与中医密不可分。历代中医理论和民间秘籍名目繁多，可为近代养生的重要凭借，但近代西医显示了治疗疾病和社会防疫的优长。随着西方政治、经济和文化的强势渗透，西医对中医的冲击力与日俱增。清末以来，西医书刊出版增多，一些大中城市接踵建立了西医院。当时的西医院和学校绝大多数为教会所办，据《中国医学史》（王吉民、伍连德著）的统计，到 1915 年中国共有教会医院 330 所；同时有 23 个医学教会学校，在校男生 238 人，女生 57 人。有护士学校 36 所，学生 272 人。③同时，中国政府也创设了公立医院。1906 年，清政府在前门外琉璃厂设立内外城官医院，分设中西医科，是为中国人自办面向社会医院之始。1915 年民国政府又在北京建成了第一所传染病医院。中国人办的私立医

　① 《伍老总裁说魂》，上海《民国日报》1918 年 12 月 22 日。
　② 《伍廷芳大讲鬼话》，北京《晨钟报》1920 年 11 月 13 日。
　③ 参见赵洪钧《近代中西医论争史》，中西结合研究会河北分会 1982 年印行，第 35—36页。

院随后在北京等地建立起来。

因经济上、观念上的限制，即使在京、沪等大城市，民初到医院就医者仍然为数不多，传播西医知识的途径则明显增多了。当时面向市民的"通俗讲演"以及延伸到城郊的"平民教育"均传播医学卫生知识。如1917年8月16日至22日，上海南市的上海医院就组织"通俗卫生讲演"，每日由医院派医生到场讲演卫生医学知识。上海县署警察所的科员及公私各学校均派人听讲，但附近村民因"路远不便"，仍无人赴会听讲。①

清末以来，西医成为养生保健的重要方法，大有取代中医之势。戊戌以前，中西医的讨论囿于学术层面，会通中西成为主流，公开把中西医对立的言论并不多见。随着西医势力的发展，中医的主导地位受到严峻挑战。1912年颁行的学制基本上置中医于学校教育之外，一些人（如1913年教育部长汪大燮）且提出废止中医。从此，一些报刊扬西抑中，业内外中西论争趋于激烈，前后持续10多年之久。1914年，上海神州医学会会长余伯陶、包识生等人向全国呼吁保护中医。他们联合19省市民发动请愿，至1914年11月推选叶晋叔（上海）、刘筱云（广东）、陈春园（北京）等为代表组成医药救亡请愿团，要求北京政府保存中医，并将中医加入学系。国务院及教育部均表示"非有废弃中医之意"，但不同意设立中医专门学校，② 中医只能开办"诊所"，实则对中医采取既不否定也不扶持的态度。1915年，丁甘仁创立的上海中医专门学校获准在北京政府备案。此后，各省出现了类似的中医专门学校，多为民办。

废止中医论的代表人物是上海医师公会的余云岫、汪企张、庞京周、胡定安、夏慎初、蒋绍宋、蔡禹门、徐乃礼等人。此外还有一些文化界、政界人物如江绍原、傅斯年、褚民谊等人。余云岫于1916年自日本归国后，次年撰成《灵素商兑》，以西医理论为指导，贬中医为"旧医"，对其阴阳、五行、六气等说法及辩证理论予以全面否定。至20世纪20年代，中医界才从理论上系统地对其反击。1922年，恽铁樵写了《群经见智录》、《伤寒论研究》，逐一反驳余云岫的观点。1923年的北京《晨

① 《通俗卫生之讲演》，《申报》1917年8月24日。
② 陈邦贤：《中国医学史》，上海商务印书馆1947年版，第266页。

报》，其后又有天津《大公报》，成为双方论争的主要阵地。这场论争一直延续到 20 世纪 30 年代也没有结束，中医则在调整和汲取西医的过程中获得了新生。

传统的健身娱乐方式如赛马、赛车、射箭在清代已经流行。北京永定门外南顶，每年五月初一至十五日为庙会期，这里香火远不如西顶诸庙旺盛，唯有传统的跑车跑马非常繁盛。参赛者都是锦衣玉食的富家子弟或社会闻人。"有不到者，不惟该会将彼除名，且表示此人家已衰落，而无豢养车马之力矣。故凡养有车马者流，每值此期，莫不竞胜争强，驱驰而至。即或经济衰落，亦必勉强拼凑，以争此胜气，虽设法典贷，亦所弗恤也"。北京旧式赛马，并不专尚速度，而以马之姿势为重，"无论急驰至何种程度，皆须直走平行。骑乘者丝毫不动，始为上乘"①。

尽管参赛者如此装腔作势，但赛场并无良好风尚。南顶赛马场的观众总是万头攒动，热闹情形非一般庙会可比。赛场路旁搭有凉棚，备有茶点，供赛马者家属和贵宾休息，最大而著名的茶棚名曰四合号。一般观众则伫立路旁观看，有时观众还被车马撞踏伤亡。发生这类惨剧后，如果车主为普通绅商，仍可拘送法办。倘若车主为权贵，则他们撞人后急驰而去，无人敢追究。参赛者好勇斗狠，赛场拥挤不堪，有时发生打架斗殴，也发生伤亡事件。这种赛马娱乐显然与西俗差异甚大。至民国初年，传统赛马趋于衰落，新的健身方式日益增多，并具有更广泛的社会性。

民初"北京指南"将"赛车、赛马、踢球、运动会、秋千"列为"文明游戏"②。这些健身方式比传统的赛马、迎神赛会给市民社会带来了新奇感和冲动。③上海的赛马兴起于 19 世纪 50 年代，最初由来华西人经营。此类带有赌博色彩的"文明游戏""引得华人如蚁附，兴高采烈大开场"④。清末中国人也在江湾地区经营了跑马场，每月举行一次。赛马成为上海人的重要生活内容，海关、邮局、各银行、洋行在赛马之日下午都停止办公，以便入场观看。赛马场人山人海，摩肩接踵，秩序较之旧式赛

---

① 王宜昌等：《北平庙会调查报告》，北平民国学院 1937 年印行，第 23—24 页。

② 邱钟麟编：《文明游戏》，《新北京指南》第二编（下），第 15 类，第 12 页。

③ 详见小珠《江湾赛马琐记》，上海《民国日报》1919 年 5 月 4 日。

④ 颐安主人：《沪江商业市景词》，《上海洋场竹枝词》，上海书店出版社 1996 年版，第 103 页。

马好些，却未必真有文明内涵。无论是由洋商或是华商经营，各城市的赛马都是"性如彩票人争购，绿女红男举国狂"①。显然，带有鲜明的赌博性质。民初北京白云观庙会期间，其右侧京汉铁路之堤下，有空旷地可以跑马。"跑马处两旁皆搭茶棚，士女啜茗，凭栏而观"。"民国以来，每逢纪念日，先农坛、天坛开放之期，亦有跑马之举。北京人之注重跑马，盖亦积习使然矣。"②

"抛球跑马竞相夸，竹叶扁舟水面划。一掷千金拚一试，旁观拍手笑声哗。"③ 清末民初上海人的"抛球"、"跑马"和赛船都是西式的，与传统赛会略有不同。清末台球、网球、足球、游泳、篮球等西方体育项目逐渐经上海传入国内，而台球、回力球、高尔夫球等融体育与娱乐为一的项目也逐渐进入市民生活。清末北京已有专门的"打球房"："韩家潭里好排场，谁说高楼让外洋。请向报端看广告，北京初创打球房。"④ "打球房"是打台球的场所，最初创设于妓院集中的韩家潭一带，带有赌博色彩。回力球又称古贝斯克球，创始于西班牙。玩法是先将球向前墙上击去，球落地弹起后，另一方将球接住，照样以球击墙，如此反复，失手一次便输一分。一般为两人竞技，也可多人参加。这项运动是 20 世纪 20 年代末从上海流行起来的。

民初市民健身活动日趋丰富多彩，而校园体育仍显得单调乏味。公立学校只有体育正课，而无课外活动，而前者基本上是兵操。教会学校则相反，多没有体育课，只在课外开展一些田径、球类活动。清末学校盛行兵操，以此作为健体强国之道。民初教育当局鉴于德、日等国经验，在学校推行军国民教育。1912 年春，武昌等地出现了童子军，练习军操及行军野营的生存技能。在官方倡导下，童子军迅速发展，第一次世界大战期间达到高潮。上海自 1913 年出现童子军后，到 1916 年已有童子军 11 队，

---

① 冯文洵：《丙寅天津竹枝词》，《中华竹枝词》（一），北京古籍出版社 1997 年版，第 495 页。

② 胡朴安：《中国全国风俗志》（下），河北人民出版社 1986 年版，第 13 页。

③ 洛如花馆主人：《春申浦竹枝词》，《上海洋场竹枝词》，上海书店出版社 1997 年版，第 41 页。

④ 忧患生：《京华百二竹枝词》，《中华竹枝词》（一），北京古籍出版社 1997 年版，第 288—289 页。

队员 490 人。① 一些中小城市的学生也成立了童子军，如无锡有 10 余所学校建立了童子军，还成立"中华江苏无锡童子军联合会"，至 1917 年全城已有 29 团。②

清末一些教会学校已开设球类、田径等课外体育项目。这些运动项目虽然还不普及，而爱好者日益增多。一些教会学校还举办了体育竞赛或运动会，如 1905 年，北京的通州协和书院和汇文书院举行了联合运动会。同年，京师大学堂也召开了第一次运动会。以球类、田径为主要内容的近代体育逐渐在大、中学校开展起来。清末北京的教会学校曾多次举办足球赛。民国初年，民间体育组织纷纷成立，北京一些高校成立了"华北体育联合会"，多次举办"华北运动会"。自 1910 年以后，以大、中学生为主力，北京等地还举办了全国运动会，参赛项目主要是田径和球类。

在北美基督教青年会的推动下，起源于美国的篮球、排球已在清末传入中国。由青年会发起和组织，1913 年第一届远东运动会在美国殖民地菲律宾的马尼拉举行，中国曾派代表队参加。1915 年 5 月 15 日至 22 日，第二届远东运动会在上海举行，共有田径、篮球、排球、足球、棒球、网球和游泳 7 个比赛项目，参赛的国家有中国、菲律宾和日本。为了筹备这次运动会，中国东南地区的金陵、之江、东吴、沪江、圣约翰及交通部高等工业专门学校 6 所大学举行了联合运动会。运动会开幕时，大总统袁世凯、副总统黎元洪均派代表出席，来宾 2000 余人。至运动会结束时，中国运动员总分为 93 分，菲律宾 73 分，日本 32 分，分获第一、二、三名。1921 年 5 月 30 日至 6 月 4 日，第五届远东运动会再度在上海举行，中国队共获得 6 项冠军。

自 1915 年下半年始，一般学校也在体育正课（兵操）之外搞一些田径、球类活动。教育部又规定每年春秋两季应开学校运动会，各省应设公共运动场，以发展体育。这样，公立学校的体育由单纯的兵操衍变为"双轨制"，即课内是兵操，课外是球类、田径运动，健身风气在青年学生中有所增强，如广州人对于"西人蹴鞠竞争、游泳、跳舞诸术，无不群思仿效，踊跃争趋"。为了因势利导，当局便筹备在清末八旗操兵之

---

① 《上海童子军之兴盛》，《申报》1916 年 11 月 2 日。

② 《部省注意童子军》，《申报》1917 年 6 月 27 日。

处，建立公共运动场。①

开展球类、田径运动是传统健身方式的巨大发展，但传统武术仍有很强的生命力。清末民初一度将"尚武"列为教育宗旨。在此风气中，皖系军阀马良编就了一套技击术，配以拍节，称为"中华新武术"，包括摔角、拳脚、棍术和剑术四科，称之为"我国之国粹，我国之科学"。马良的"新武术"一出台，就得到北京政府和教育界一些人的支持。1918年，全国教育联合会第四次会议、全国中学校长和专门以上学校校长会议，通过了"推广新武术"决议，把"新武术"列为中学以上学校的"体操课程"，作为军民国教育的补充。其后，北京政府的国会还通过了"新武术"为学界必学之"中国式体操"的决议。

马良的"新武术"引起了新文化人的批评。鲁迅把它与义和团的"打拳"相提并论，讽刺中国学外国体操不见"效验"，必须改习"新武术"的谬论。② 但有人不同意鲁迅的看法，认为义和团搞封建迷信，是"鬼道主义，技击家乃人道主义"，"鲁先生如足未出京城一步，不妨请大胆出门，见识见识"③。鲁迅表示，并不是反对练习武术，而是反对"教育家都当做时髦东西，大有中国人非此不可之概"，而且"鼓吹的人，多带有'鬼道'精神，极有危险的预兆"④。显然，鲁迅是反对当局及教育界对"新武术"的国粹主义态度。

《新青年》的主张并没有产生社会实效。1919年，武术热并无降温迹象。例如，天津成立了"武术传习所"，宗旨是"养成小学武术之师资以为军国民教育之辅助"。学员须18岁以上，为期12个月，学习"拳术、摔角、棍剑刀枪等科，参以教育学、生理卫生学"⑤。五四以后，仍有人认为"武术一门，可以强固精神，凝练筋骨，亦体育中之最要科目"。如能实力举行，也可能是国家"转弱为强之嚆矢"⑥。1919年2月，吴志青

---

① 《粤垣筹备公共运动场》，《申报》1917年1月5日。

② 鲁迅：《随感录》（三十七），《新青年》5卷5号，1918年11月。

③ 陈铁生：《驳〈新青年〉五卷五号〈随感录〉第三十七条》，《通讯·拳术与拳匪》，《新青年》6卷2号，1919年2月。

④ 鲁迅：《鲁迅答》，《通讯·拳术与拳匪》，《新青年》6卷2号，1919年2月。

⑤ 《武术传习所简章》，天津《大公报》1919年2月28日。

⑥ 邋：《时评·武术宜及时提倡》，天津《大公报》1919年6月22日。

等人在上海创立中华武术会。原有的上海精武体育会也有较大发展，广东
（1917）、武汉（1918）、江西（1918）等地均成立了分会，会员达数十
万。20世纪20年代以后，中国武术作为一门"国术"仍显示了顽强的生
命力和巨大影响。各地武术团体众多，南京国民政府还曾设立"国术
馆"。

　　民国早期的健身运动仍处于成长阶段。仅从健身娱乐来看，无论是马
良的"新武术"，还是各地的武术团体，其弘扬传统健身文化的努力并非
毫无价值。尽管某些人的动机需要具体分析，但民国时期的健身娱乐，不
是提倡"国粹"过头了，而是传统健身文化日益沦亡，精华丧失。第一
次世界大战结束，一些人认为是民治主义打败了军国主义，军国民教育不
再当作救国良方。1919年10月，全国教育会议决定减少学校兵操，增加
体育经费，改良运动会。一些学校自动减少兵操，增加田径、球类等运动
项目。长沙雅礼学校、南京高等师范分别于1919年春、1920年秋正式废
止兵操。一些学校的"体操课"改成了"体育课"。1922年，北京政府
颁布"壬戌学制"，次年，体育课正式取代了兵操课。

　　兵操、武术既有强身健体的作用，又主要是防身卫国的工具，带有
较强的实用功能和社会依附性。而田径、球类等面向社会的新式体育，
其娱乐性和竞技方式都与传统兵操、武术有所不同，参与者的心理状态
也不完全一样。民国年间，传统的武林故事被近代有闲阶层崇尚的时
髦竞技所取代，体育也逐渐成为谋食生利的职业，日益背离其本质
属性。

二　娱乐消费花样翻新

　　近代城乡娱乐差异甚大，"旧时农村之娱乐，以演剧、赛神二者，最
为普通。借祈报之名，行娱乐之事，田事告竣，家人父子，相与鼓腹嬉
游，谋数日之欢乐"①。近代农村娱乐变化不大，而且以赛神、演剧为主。
近代都市社会的休闲娱乐则日益丰富，中西兼备，花样翻新。传统的琴、
棋、书、画源远流长，与士人结下不解之缘，却不是士大夫独有的嗜好，
下层民众多少参与了这类雅文化的建构与传承。至近代，下棋、赏曲艺、

---

① 高劳：《农村之娱乐》，《东方杂志》第14卷第3号，1917年。

玩麻将、纸牌，这些古老的娱乐项目仍在各社会群体中长盛不衰。有些旧式娱乐则因社会变迁而逐渐被淘汰了，如清代盛行的斗鸡、斗蟋蟀、射箭等活动到民国时期已急剧减少。

与此同时，民初西式娱乐如潮水涌来，成为都市社会的休闲新宠。中青年爱好的娱乐项目中，扑克取代传统的纸牌，桌球取代了斗鸡走狗。西洋镜、电影也比传统的皮影、戏曲更能吸引青年男女的眼球。种类繁多的西式体育较之传统武术更易得到青少年的青睐。20世纪二三十年代，北京的赏灯习俗"已随世变一衰息，代兴者，电影跳舞，穷欲疲神，方不限于岁时佳节"①。但中西混杂、推陈出新的娱乐项目不完全是健康的，麻将、扑克之类的游戏多与赌博活动相关，舆论的批评之声不绝于耳，而实效甚微。文人学者对于西式娱乐如交谊舞、赛马的争论不止，但这些项目最终又因商业利益的驱动而大行其道。

近代以前，中国城市没有公共浴室。洋风盛行的晚清上海最先引进了西式洗浴，并且面向社会服务。19世纪80年代以后，《申报》常有新开浴堂的广告。"备人沐浴亦开堂，白石温泉炷异香。荡涤全身如玉洁，喜新厌故换衣裳。"这是新式澡堂给人带来的享受。清末上海浴堂还有了盆浴："分间沐浴唤盆汤，热气熏蒸汗似浆。揩拭毛巾香皂具，烟茶供给又周详。"②上海"租界盆汤以盆汤弄之畅园、紫来街之亦园为最久，星园继之。官座陈设华丽，桌椅皆红木嵌湖石。近增春园、怡园，秘房曲室，幽雅宜人。堂内兼有剃发、剔脚等人，官盆每浴钱七十文，客盆钱三十五文"③。

北方市民有泡澡堂的习惯，流传着"上午皮包水"（坐茶馆），"下午水包皮"（泡澡堂）的说法。民初以后，北京的新式澡堂逐渐增多，有一则广告云："现在煤市街集云楼内组织新式南派浴堂一所，其中结构精良，爽快适宜，于卫生健康大有裨益，并将四面楼房大加扩充，宽阔非常。特由上海购来美国最新式白洋磁浴盆、宜兴磁浴盆、东洋沐浴衣，凉

---

① 黄濬：《花随人圣盦摭忆补编》，上海古籍书店1983年版，第27页。

② 颐安主人：《沪江商业市景词》，《上海洋场竹枝词》，上海书店出版社1996年版，第157页。

③ 葛元煦：《沪游杂记》，葛元煦等《沪游杂记·淞南梦影录·沪南梦影》，上海古籍出版社1989年版，第33页。

暖自来水管皆可随便。楼上设置优等官盆、散座官盆，楼下设置优等官盆、客盆，安设新式电灯、电话、电铃"，此外备有茶水、点心、纸烟，并可理发。该澡堂的价格为优等官盆每位五吊，楼上散座官盆每位二吊，楼下客盆每位一吊。① 这里不仅可以洗澡，而且可以享受休闲娱乐。南京一些人也是"无事喜往澡堂闲坐"，"而一般社会交际，商家贸易，往往约定时刻，以澡堂为谈话之地……亦有富商大贾，于茶寮品茗之后，趋往澡堂躺卧多时（时在冬令，夏时则不然），每日如是，以为快活。其中恶气混浊，有碍卫生，不之顾也"②。

　　新式澡堂的消费非一般市民所能承受，却成为有钱人的休闲新宠。清末民初，即使新式澡堂较多的京、津两市也缺少专门的女浴堂，到新式澡堂的妇女并不都是良家妇女，不良现象乃时有发生。据民国初年天津警厅的布告："近有无耻妇女竟敢混入男堂沐浴，伤风败俗莫此为甚。若不严行禁止，将何以正风化而维人心。除饬区查禁外，合行示仰诸色人等，务各约束其家中妇女，如赴澡堂沐浴，万勿混入男堂。倘敢玩视禁令，定即带厅按照警律惩戒。"③ 针对此类现象，性情中人康有为也在 20 世纪初年指出："日本昔男女同浴，今亦同之，此与京津同。"但明治维新以后，"廉耻日进，则人人异室矣，此则富贵者先行之。吾粤人则无论贫贱，亦无裸以相见者，则尤文明矣。"④ 民初澡堂有伤风化的现象并不能完全禁绝。有人不无讥讽地记天津澡堂："复阁重楼冬夏宜，华清名艳玉清池。温泉可似唐宫滑，神往杨妃出浴时（玉清池在南市，华清池在法租界）。"⑤ 随着澡堂日益休闲化，浴池的不良现象时有发生。如北京有一家女浴所，老板金某曾为妓女，与袁世凯时期的警察总监吴炳湘熟识，自觉有恃无恐，乃借女浴所之名，秘密组织妇女卖淫，又开设烟榻，供人吸食鸦片。⑥ 这类现象在京、沪等地恐非罕见。

---

　　① 《新华园南式澡堂广告》，邱钟麟编《新北京》第一编第三类"共和成立"文末，撷华书局 1914 年版。

　　② 胡朴安：《中华全国风俗志》（下），第 129 页。

　　③ 《天津：维持风化之示谕》，《申报》1915 年 2 月 16 日。

　　④ 康有为：《欧洲十一国游记二种》，岳麓书社 1985 年版，第 83 页。

　　⑤ 冯文洵：《丙寅天津竹枝词》，《中华竹枝词》（一），北京古籍出版社 1997 年版，第 516 页。

　　⑥ 《润身女浴所之黑幕》，北京《晨报》1922 年 2 月 15 日。

　　晚清西俗西艺对社会的影响日益增加，自光绪初年以后，上海的娱乐业超越苏州、杭州，位居全国之首。在十里洋场，茶楼酒肆林立，娱乐方式崇洋成风，被时人称为"熔化人的洪炉"。清末上海租界已率先开设了跑马场、跑狗场。民初，跑马场、跳舞厅、西式戏院、健身房等由租界扩展到上海华界及其他城市。1912 年，上海产生了第一家综合性游乐场所，即建在新新舞台屋顶上的"楼外楼"。这里有说书、唱滩簧、变魔术之类的节目，也举办花展（如兰花会、梅花会），"娱乐者颇众"①。楼外楼的娱乐项目不多，但上上下下的电梯和凹凸不平的哈哈镜引起了游人的浓厚兴趣。其后，"继之者纷纷。如新世界、云外楼、天外天、绣云天、小世界、大世界、先施乐园、永安天韵楼，遍地皆是。电梯一升，便飞入清凉世界。车马尘嚣，不足畏也"②。1917 年 7 月 14 日开业的大世界游乐场是上海娱乐业的标志。大世界外形如宝塔，娱乐厅室多，项目齐备，为当时娱乐场所之冠。在这些娱乐厅室中，既有传统的曲艺杂技演出，又有西方的歌舞，甚至还有裸体舞、草裙舞等色情表演。上海、天津警察就多次查禁"模特儿裸体跳舞"③，然而屡禁不止。

　　最具象征意义的西式娱乐是日渐流行的交谊舞。在"男女授受不亲"的中国社会，其冲击力是不言而喻的。西方交谊舞（如华尔兹、探戈、伦巴等）自清末传入通商口岸，逐渐为中国人认识、接受。19 世纪下半期，上海租界出现了洋人开办的舞厅，不对外营业，更不让中国人进入。1897 年 11 月 4 日，上海道蔡均为配合慈禧"万寿庆典"，在上海洋务局举办盛大舞会。这次舞会完全模仿西式的布置和礼仪，蔡均及其同僚陈季同、黄承暄与来宾以握手行相见礼，参加者 500 余人，多为在沪外国领事、中国官员、名流及其眷属。此事在当时引人注目，赴会的外宾称："以中国大员而设舞会娱宾，此为嚆矢。是岂仅寻常应酬已哉？直以中外为一家，力扫一切歧视他族之见，故以西人之所尚，除中国之官气，毅然行之，不以为难。夫中国妇女守不出闺门之训，跳舞一节，西国每传为盛事，华人则独诧为新奇。即游历外洋之华官，亦且于采风问俗之余，不以

----

① 叶亚廉、夏林根主编：《第一家游乐场》，《上海的发端》，上海翻译出版公司 1992 年版，第 325 页。

② 胡朴安：《中华全国风俗志》（下），河北人民出社 1986 年版，第 215 页。

③ 如《裸体跳舞传案判罚》，上海《民国日报》1926 年 4 月 30 日。

舞会为然，无他，狃于不习故也……蔡观察力开风气，吾知中外之情，自此益通。"外宾尽欢而散，"且望他时再兴是举"①。然而，在"男女授受不亲"的中国社会，交谊舞会仍颇受非议。在一些人看来，"西人跳戏耍多端，男女交持失雅观。演到兴酣齐拍手，若教庄重少人欢"②。1898 年，有人投书《格致新报》，认为"西国男女，每于夜间会聚一处，跳舞为乐，殊属陋习"，希望舆论予以批评。该报馆则认为，西人"虽男女聚会，乐而不淫，与中国之烧香赛会，男女混杂，大有天渊之别"③。这反映了人们逐渐接受西方交谊舞的过程。

民国初年，京、沪等地的达官贵人及其子女开始模仿西人，参加交谊舞会。1914 年以后，这些城市常有举办舞会的报道。1914 年阳历元旦，广州"军队休假 7 日，文员休假 3 日，庆祝新年。民间多主遵行旧历，故无庆祝者。欧美大学中国毕业生之寓此者于除夕夜开亲睦会，聚宴跳舞，且有妇女与会"④。北京的排场更加奢华。1914 年 2 月 5 日，外交部在石大人胡同迎宾馆"开跳舞会，中外宾客到者 1000 余人"。包括国务总理熊希龄、各国公使及其夫人、各部总长及重要人物及记者。"以西男与西女宾合跳为多。其余亦有西男而东洋女者，华男而西女者，西男而华女者，有华男与华女者，皆互相跳舞。前内阁总理唐少川之女公子亦预此跳舞之会焉。俄而，由室内推出一花船及一小花车。船车之上满载五彩纸花及彩结彩带等件，分赠男女诸宾。诸宾佩此花结及彩带于手身之上，又再跳舞。又以盘载小玩意如虫、狗等类分赠诸宾，又再跳舞，宾主皆尽欢。"⑤

几天之后，交通部举行新年舞会，中外来宾达 1600 人，其中以西洋人为多。中国女宾中"惟唐少川女公子及清华学校赵校长夫人、唐质夫

① 《上海道蔡观察柬请西人跳舞恭祝万寿纪》，译自《中法新汇报》，见《经世报》第 12 册，"中外近事"第 15—16 页，1897 年。

② 颐安主人：《沪江商业市景词》，《上海洋场竹枝词》，上海书店出版社 1996 年版，第 103 页。

③ 《答问》，《格致新报》第 16 册，参见闵杰《近代中国社会文化变迁录》第二卷，浙江人民出版社 1998 年版，第 65 页。

④ 《特约路透电》，《申报》1914 年 1 月 3 日。

⑤ 《纪外交部之跳舞会》，《申报》1914 年 2 月 9 日。

夫人等数人技艺娴熟"①。虽然中国女性熟悉交谊舞者不多，但上流社会对这种西式娱乐并无反感。据当时的西方外交官记载："中国妇女对这种社交性的集会并没有显出生疏的样子。相反地，却显得悠然自得，举止端庄。他们不隐藏对这种新式舞蹈感到有几分兴趣；那时只有少数中国青年女士学会了这种西方艺术。然而在以后的几年中，爱好跳舞的人数增长得很快。"② 上流社会接受了来自西方的交谊舞，反映了娱乐方式的西化趋势，传统的人伦礼防也面临着新的挑战。但因为"上行下效"的作用，加之五四新文化的洗礼，传统礼防已经不能产生有效的阻碍，交谊舞迅速流行起来。

　　五四以前，交谊舞会多由外国人或政府机关举办，仅流行于上流社会。北京、上海均没有对社会公开营业的舞厅。上海一品香旅社的"交际茶舞"只有上流人士参加，不对外售票。五四时期，交谊舞已在北京等地大中学生中流行起来，并且已为社会舆论接受，比较保守的天津《大公报》报道：1921 年 4 月 25 日，"北京女学界联合会开音乐跳舞会之第一日，自夜八点钟起，首为海军音乐队，次为干事报告，次则燕大女校、女高师及附属中学，慕贞、贝满两女校学生演技，并聘北大音乐会会员襄同演技，极一时之盛。入场者座为之满，各种音乐跳舞，并有利用电光之舞蹈"。"群情大欢。"③

　　交谊舞的社会化、商业化始盛于 20 世纪 20 年代。1922 年，上海一品香旅社第一次举办了主要由华人参加的交谊舞会，从此，交谊舞的商业化、市民化如泄洪之水，一发不可收拾。20 世纪 20 年代初，上海出现了一批营业性舞厅，比较著名的舞厅有"巴黎"、"大东"、"桃花宫"、"安乐宫"、"黑猫"、"月宫"、"老大华"、"立道"、"圣爱娜"等 10 多家，至 20 世纪 30 年代末，全市舞厅达 50 多家。上海市民社会的思想观念和娱乐情趣已发生了巨大变化。

　　这些舞厅都有舞女，其中又有红舞女、一般舞女以及低级舞女之分。民初上海的舞女以俄国人为多，也有日本人。随着交谊舞的盛行，传授舞

　　① 《交通部又开跳舞会》，《申报》1914 年 2 月 16 日。
　　② 保罗·S. 芮恩施：《一个美国外交官使华记》，商务印书馆 1982 年版，第 29 页。
　　③ 《女学界音乐跳舞》，天津《大公报》1921 年 4 月 28 日。

技也迅速商业化了。如 1923 年报载：某女士"特在北京组织音乐跳舞会"，准备招生学员，"将来并有组织每周音乐跳舞会之大计划，俾群趋于高尚的娱乐，而排除不良的娱乐；且于庄严灿烂之音乐跳舞会场中，实行社交公开，诚属有益社会"①。20 世纪 20 年代末，中国舞女增多，大有取代俄、日舞女之势。在上海，"中国舞女经相当之训练后，舞姿与日俱进，大有可观。其优美之处，视日俄舞女，殊无多让"。中国舞女大受欢迎，"而日俄舞女，于音乐起时，每多枯坐"②。交谊舞不再是上流社会独享的娱乐方式，也为年轻女性提供了谋生机会。

　　交谊舞的流行对传统人伦礼俗产生了巨大挑战。"男女有别"、"授受不亲"的观念和规范，在交谊舞的旋律中被彻底摧毁了，这无疑是传统礼俗的显著更新，但交谊舞在商业化过程中，与纸醉金迷的都市生活、腐朽颓废的社会风气结下不解之缘，当时的竹枝词云："红绿灯光几道开，霓裳仙子舞瑶台。西人检束华人浪，一样欢场两样才。"③ 舞场中的男女虽不完全是"西人检束华人浪"，而西方交谊舞在中国的变异现象是非常普遍的。因之，章太炎 1912 年在上海的一次演说中敏锐地指出："赌博启人侥幸心而妨害恒产，应严禁。其竞马斗牛等亦然。""在公共场所，效外人接吻、跳舞者，男女杂沓，大坏风纪，应由警察禁止。"④ 这番警告正如章氏晚年的许多见解一样，被人当成了迂腐、守旧之论而忽视了。其后，赛马、跳舞之风日盛一日。乃至民国年间仍有人感慨："士女如云莅舞场，钢琴声里舞双双。娇娃肯就回身抱，如此文明亦可伤……舞时互相拥抱，其间相去不能以寸。文明则文明矣，其如不哀吾国礼法何。"⑤ 20世纪 30 年代初，舆论界也出现了整顿舞厅的呼声，当局曾采取措施以遏制上海、天津等地的跳舞风气。各地舞风一度有所收敛，但不久又泛滥起来。跳舞作为一种新式娱乐，给都市社会带来新的生活情趣，而其流弊也是显而易见。

---

① 《跳舞研究会成立》，北京《晨报》1923 年 10 月 10 日。

② 《上海之跳舞热》，天津《大公报》1928 年 3 月 17 日。

③ 余槐青：《上海竹枝词》，《上海洋场竹枝词》，上海书店出版社 1996 年版，第 272 页。

④ 章太炎：《中华民国联合会第一次大会演说辞》，《章太炎政论选集》下册，中华书局 1977 年版，第 535 页。

⑤ 刘豁公：《上海竹枝词》，《上海洋场竹枝词》，上海书店出版社 1996 年版，第 247 页。

三　烟、赌、娼屡禁不止

民国年间，休闲娱乐没有走上健康的轨道，许多人对西俗西艺仍缺乏深入的认识和鉴别力，而传统的道德约束力空前废弛，加之王权衰落，社会失控，丑陋现象乃如决堤之水。民初北京的政界腐败不堪，舆论讽刺国会议员为"嫖议员、赌议员、烟议员、疯议员、瞌睡议员、哼哈议员、武小生议员、三花面议员、捐班议员、金钱议员"①。这里描绘了民国官场的主要脸谱，非止议员而已。衰落的满清贵族、专横的各地军阀，穷奢极欲，无法无天。在没有民主监督机制的国家，民风往往是随官风而转移。清代经学家刘逢禄释《春秋》云："欲正士庶，先正大夫；欲正大夫，先正诸侯；欲正诸侯，先正天子、京师。"② 这个古今通例揭示了腐败风气的直接根源。袁世凯政府对此也不是毫无认识，但其治理手段仍然依靠政府的各种禁令、通告，而不是建立有效的民主监督机制。掌权的官僚、军阀自身都不会遵守这些禁令、通告，那些条规和法律也不过是一纸空文。

鸦片禁而复炽：晚清中国，鸦片泛滥成灾。1906 年，中国年销售鸦片 20 万担左右。③ 在各方压力下，清政府于 1907 年与英国订立禁烟条约，以 10 年为期，自 1908 年起来华洋烟的数目每年递减十分之一，中国自产土烟亦相应减少，以期至 1917 年将洋、土鸦片一律禁绝。为此，清政府颁布了禁烟法令，设立禁烟机构，然而收效甚微。据 1909 年清廷官员调查，临近上海的苏州地区虽非种烟区，"至吸食一节，则毫无办法。栈房船户处处可以开灯，故烟馆不待私设，富绅巨商人人皆有藏膏，而土店犹复畅销，无法禁之，更无或查之者"。一些县设立戒烟局所，"然皆敷衍塞责，毫未认真，为绅士中博名者所承办，非果热心公议者为之也"。有些县则戒烟局所也没有设立。④ 江苏其他地区情况更糟，比如盐城"于禁烟事项极为弛懈，既无禁烟局所，复无戒烟会社，购土购膏均无牌照，土

---

① 无妄：《闲评二》，天津《大公报》1913 年 8 月 6 日。

② 刘逢禄：《释九旨例下》，《刘礼部集》卷四，光绪十八年重刊本，第 16 页。

③ 于恩德：《中国禁烟法令变迁史》，中华书局 1934 年版，第 113—114 页。

④ 《阿勒精阿等为调查江苏省苏州属地情事致民政部禀文》，参见《清末江苏等省民政调查史料》，《历史档案》1988 年第 4 期。

店、烟店亦未取缔，私设烟馆尤为散漫无稽"①。这代表清末禁烟的基本情形。

　　民国政府延续了清末禁烟政策，且在革故鼎新的氛围中，社会各界一度出现了禁烟热潮。由于中外人士的推动，1913 年 3 月召开了中华民国第一次禁烟大会，决定成立"全国禁烟联合会"。民初禁烟虽不无成效，但阻力重重，警匪、警民冲突时有发生，上海租界则长期逍遥法外，加之内乱不断，结果仍然是禁而不绝。

　　袁世凯为筹措帝制经费，公然无视中外禁烟条约，于 1915 年特许苏、粤、赣三省销售鸦片存土，以贪取二千一百万元不义之财，烟祸乃成复炽之势。袁氏覆亡后，禁烟呼声再度高涨。内务部通咨各省"严厉查禁，以绝根株"。随后，各省多少采取了禁烟行动。1916 年 12 月 13 日，全国禁烟联合会在京召开，各省及各部与会代表 50 余人，讨论最后禁绝鸦片的办法。大会主席认为，根据中英商定的禁烟条约，1917 年 3 月为中国禁绝鸦片之期，故通过三项议案：其一，"派员勘察各地烟禁案"；其二，"上海洋商存土销毁及收买案"；其三，"英国派使来华筹备案"②。根据中英禁烟条约，到 1917 年 4 月 1 日，上海租界的土栈烟膏店应完全闭歇，工部局将各烟土店执照收回，鸦片买卖不再合法。尽管如此，苏、粤、赣三省销售存土产生的恶劣影响已经无可挽回。正如舆论指出："自三省官运之举行，不仅国际间有失信之嫌，即政治上亦为罔民之举。"③ 禁烟仍然是雷声大，雨点小，实效不大。袁氏覆亡后，军阀割据局面已渐形成，鸦片成为各地军阀的重要经济支柱。毒源未绝，种植、买卖、吸食鸦片形成了互相依赖的利益链条，而每个环节又牵连、吸引着大批利益相关者。

　　1916 年以后，各地方政府对于鸦片已是名为严禁，实为弛禁。奉天"搜烟犯，不在求烟害之断绝，而在求罚款之充裕"④。陕西军阀陈树藩利令智昏，竟彰明较著，劝民种烟，"美其名曰寓禁于征"⑤。更有甚者，

　　① 《阿勒精阿等为调查江苏省通州等地区情事致民政部禀文》，见《清末江苏等省民政调查史料》，《历史档案》1988 年第 4 期。

　　② 《禁烟联合会开幕》，《申报》1916 年 12 月 14 日。

　　③ 姚公鹤：《上海闲话》，上海古籍出版社 1989 年版，第 83 页。

　　④ 无妄：《时评一·呜呼奉省之禁烟政策》，天津《大公报》1918 年 5 月 9 日。

　　⑤ 无妄：《时评一·怪哉陕西之私开烟禁》，天津《大公报》1918 年 5 月 28 日。

1916 年以后，"福建上下游各县，遍地种烟。文武官厅，公然强迫种植，有抗令者，且派军队严办，或则被拘，或则枪毙。种种情形，极为黑暗。再如四川军阀，授意人民种烟，抽收捐款，美其名曰罚金。按亩勒派，无论种烟与否，均须一律照缴"①。在军阀政治的压迫下，禁烟热潮迅速消退。据 1934 年召开的国际禁烟会议记载：1930 年中国的鸦片产量已达 1 万多吨，而同期世界其他地区的鸦片总产量仅为 1700 吨，中国鸦片为各国总产量的 7 倍。抗日战争期间，日军更是利用鸦片来毒害中国人民，搜括民脂民膏，烟毒迅速在全国猖獗起来。

民国时期战乱不断，又无健全的社会监督机制，大量烟民的存在成为一些特殊利益集团的需要。众多吸食鸦片者深受其害而不能自觉，反而把"抽大烟"当作苟且偷生的享受。一些"上等烟民"吸食鸦片颇为讲究。他们要求鸦片口味醇正，只吸陈年老土。烟具则用紫檀木的大烟盘，内放白铜刻花点翠小盘，正中放烟灯。烟枪多镶有象牙、宝石等饰品。所谓"终日无事只烧烟，坐也安然，睡也安然；日出三丈犹眠，不是神仙，谁是神仙"。这便是"上等烟民"颓废生活的写照。而"下等烟民"则只能因陋就简，对付发作的烟瘾。他们本来生活贫困，多是受人诱惑而坠入云雾之中。他们为了烟资而倾家荡产，甚至卖妻卖女。从清末到民国，宣讲吸烟之害，提倡戒烟的文学作品、戏剧、民谚不胜枚举，各地也设立了戒烟所，但都不是治本良方。鸦片也与中华民国的命运相始终，直到 20 世纪下半期才一度被彻底铲除。

赌风蔓延：赌博陋习由来已久，传统赌术名目繁多，渗透于社会每个角落。民初北京最有名的赌术是打麻将、斗纸牌、推牌九、打扑克和押宝摇摊。民国政府多次申令禁赌，但时紧时松，效果不大，警方甚至对聚众设赌佯装不知。袁世凯的心腹梁士诒"久握财政之权，滥用公款，奢侈无度"。当京城扑克流行时，梁氏"尤酷好之，其衣袋中必藏牌一具，一遇两三同癖者，不论识与不识，即拉之入局。其寒酸者，为金钱所困，不敢肆意为之。梁辄假以巨款，无论输赢，此款入手，即永无归偿之期，而

---

① 罗运炎：《中国鸦片问题》，大明图书公司 1934 年版，第 219 页。

梁亦不究也"①。

1915 年，袁世凯发布命令，明垂四诫以作官箴："一曰戒偷懒，二曰戒瞻徇，三曰戒奢靡，四曰戒嬉游。"② 其中第四戒主要针对官吏的赌博恶习。禁令下达后，北京的官员变着花样继续聚赌。有的"聚于某大员、某部员公寓，名为宴会，实则通宵达旦仍复豪赌如故"；有的官员则每逢星期六乘车去天津赌博。③ 舆论指出："近来拿获犯赌者皆下等社会中人，而高级机关、路局、税局牌声隆隆，无人敢过问。"④ 3 年之后，又有记者报道北京的赌风："迩来都人士以赌博为事者，十居三四……警察虽时有所闻，亦竟置诸不问，以致赌风日炽。"据说，当时北京的著名赌场有 10 处，即"什锦花园关宅、排子胡同同德俱乐部、韩家潭梁宅、丞相胡同某俱乐部、铁狮子胡同任宅、施家胡同某公司、佘家胡同宣南俱乐部、永光寺西街某俱乐部、后红井春明学会、金鱼胡同海军俱乐部"⑤。

京城如此，外地更是肆无忌惮。近代天津既是清朝遗老贵胄、军阀、官僚的隐匿之地，也是其颓废堕落的泥潭。北洋政府的官僚大多在天津拥有房产，清末以来，"都门赌博狭邪之禁尚严，官吏多不能逞欲，于是连袂赴津。既托庇于外人卵翼之下，亦可无所顾忌于僚属。故天津殆为政界嫖赌俱乐部，此亦北洋系团结之原因也"⑥。地方政府多对赌风置若罔闻，或者明禁实弛。如山西太原盛行麻雀，"上自政界，下及学校学生、商贾无赖，呼卢喝雉，日夜竹战，凡具势力者，巡警不敢过问"⑦。杭州流行以扑克为赌具，当局也只能禁下不禁上，"对于贩卖扑克牌之小商，则严搜之，重惩之，似乎浙省之赌禁严矣。然而军官之赌扑克者如故，豪绅之赌扑克者又如故，未闻杭州警厅拘一人，罚一案"⑧。

上海的赌博等级分明。巨商高官主要在豪华的夜总会、游乐厅赌博，

---

① 吴之之：《梁士诒之奢侈》，《近五十见闻录》卷二，见《近代笔记大观》，上海文艺出版社 1993 年影印本，第 24—25 页。

② 《命令》，《申报》1915 年 4 月 2 日。

③ 《申令后之都门官吏赌兴谭》，《申报》1915 年 4 月 8 日。

④ 《京师要人之赌兴》，《申报》1915 年 5 月 5 日。

⑤ 瘦狂：《呜呼北京之赌世界》，上海《时报》1918 年 8 月 10 日。

⑥ 胡朴安：《中华全国风俗志》（下），河北人民出版社 1986 年版，第 3 页。

⑦ 《山西社会之嬉荒》，《申报》1915 年 4 月 8 日。

⑧ 虹：《时评二·杭州之扑克禁》，上海《时报》1917 年 4 月 4 日。

一些商务会所也往往是赌博场所。而下层群众则多在家中或街头聚赌，有时也参加娱乐场所的赌博。后者多又与黑社会勾结起来，使赌博呈职业化色彩。上海之赌常常是设局骗人或诱人堕落的陷阱，不只是为赌而赌。舆论指出："上海之赌，有与他处情形异者，即非完全赌之性质也。或于赌中作翻戏者，或于赌场中作秘密会合作者，或借此男女勾引作种种无耻行为者。坏人名节，倾人家产，死人性命，莫不以赌为导火线。"①　这种情形与高度商业化背景分不开。当然，上海也有单纯的赌博。有的小学教员因为嗜赌而受校长斥责，而这些教员竟煽动学生罢课闹事，以致不得不引起教育当局干预。②

各地赌术大同小异，其中最普遍的是麻将。四川赌术虽多，"然无如近之麻雀牌，龙飞凤舞，举国若狂，荡尽先人田产矣"③。此外，盛于上海及江浙一带的花会赌，在道光年间发源于浙江黄岩，清末民初上海"华洋交界地方有秘密设筒诱赌事情"④。花会赌的迷信色彩很浓。花会赌共有36门，每门都有一幅古人像及名字，并配有赌徒熟悉的牌九图案（如天牌、地牌等等），便于参赌者识别。参赌者依据自己的迷信心理以其中一门或两门花牌图案押赌注，故名花会赌。浙江和广东的花牌图案略有差异，而赌法相同。花会赌不设赌场，可以分散各家，赌资不限，自二三十文至数十百元均可购买，由跑腿的人上门取赌注，通报中彩，足不出户便可参与赌博，故在中下层社会极为普遍，危害很广。许多妇女终日沉迷其中，还为此到庙中烧香许愿，求神示押中。除了传统的麻将、牌九之外，上海人还热衷于彩票、跑马、回力球、吃角子老虎、赌台、总会等赌博方式。

民初广东赌风比清末更盛。就在1913年袁世凯重申禁令后，广东总商会讨论维持纸币办法时，仍有人主张暂弛赌禁，以为开赌抽捐能缓解通货膨胀。1913年底到1914年3月，广东弛赌与禁赌两种意见纷争不下。由于各方压力，广东当局最后表示"赌宜永禁"。广东名人梁士诒、梁启

---

① 小言：《上海之赌》，上海《时报》1918年6月3日。

② 《劝诫教育人员之赌博》，《申报》1917年8月27日。

③ 《合川县志》（民国十年刻本），《中国地方志民俗资料汇编》（西南卷·上），书目文献出版社1991年版，第210页。

④ 《严禁花会赌博之文告》，《申报》1916年10月25日。

超也领衔复广州商务总会并致电广东当局，"请严申赌禁，惩办赌徒"①。但这并无多少实效，当局禁赌也不过是略作姿态。

就在两方争议之时，各地赌风蔓延。佛山的赌徒在街边聚赌，警察不予干涉，"故若辈殊无忌惮，愈推愈广"。又如兴宁县"两月以来，赌博繁兴，赌徒流言弛禁，肆无忌惮，最足扰害地方者莫如花会赌票，男妇老幼，尽入牢笼"，县知事"不特熟视无睹，且纵容属员在外勾结劣绅抽收"②。事实上，民国年间的禁赌正如禁（鸦片）烟一样，名禁而实弛，查禁行动只能针对无权无势的下层民众。就在广东重申赌禁之时，有"某局长梁某，某总办龙某在东堤安乐酒楼开筵坐花"，"又复大叉麻雀"，其他饮客纷纷效法。有自称将军府侦探员李均者，声言查赌，反被某局长、总长训斥一顿，并欲将李均扣留，后由将军府仆人解释李均"系酒醉误事"，才让查赌人员纷纷撤走，于是赌客们又"重振旗鼓"③。这正如当时舆论所说："官府严禁赌博，对于人民雷厉风行，监禁者有之，罚办者有之，而官署深处，依然呼卢喝雉，十分高兴，此固人人所知，而亦人人所不敢过问者也。"④

其后，广东舆论仍为禁赌或弛赌纷争不休，而赌风日盛一日，赌博也呈公开化、职业化趋势。至1917年，广东当局又以军费为由，公开大弛赌禁。本来规定只开番摊，"孰知杂赌百出，有所谓牛牌、啤牌、公仔牌、九十二等，种种式式，无所不备。赌馆之盛，多于米店。但悬白布帘一张，陈列竹台一具，即将某某公司招牌高揭，大书特书牛牌、常便牌、九常便，门外便有盛服之军人擎枪直立，或有军人蹲伏门前，此即赌馆之护符也。此种设赌者，均非正式承饷，所恃者惟在军人"。广东军队林立，各派为争夺赌馆利益而哄斗之事也时有发生。⑤

较之广东名禁而实弛，广西则公然开赌。1916年，广西都督陈炳焜声称，赌博虽然当禁，但广西每年军政经费相差在200万元以上。"中央既无涓滴之资相助，地方又无丝毫之款可筹"，所以不得已谋及赌捐，估

①《旅京粤同乡痛论赌害之文电》，《申报》1914年3月26日。
②《广东赌禁问题》，《申报》1914年1月20日。
③《粤官僚之赌兴·侦探员晦气》，《申报》1914年8月6日。
④ 无妄：《闲评一》，天津《大公报》1914年11月25日。
⑤《纪广东开赌后状况》，《申报》1917年8月19日。

计此项捐款每年可增收百万元。[①] 赌博既然被明令列为饷源，于是"赌风大盛，遍及桂林及外县，贻害民间莫此为甚，官场初仅见城外开赌，以致城外悉成赌穴。今则公然允许赌商在通至城门各大街开设赌局馆，东门外昔为商铺者，今皆改为赌馆，雇工修造，惟恐不速。而原住该处之商人则已得优厚之迁徙费而他适矣！赌害甚烈，兹虽为日无多，然受害事件已不可胪述。轻则店伙因赌亏空，累及主人，或店主嗜赌倾家荡产；重则鬻卖子女，甚至自戕。此种情事，屡见不鲜"[②]。广西是军阀开赌的一个缩影，民国早期的一些大军阀如"辫帅"张勋、"东北王"张作霖、"狗肉将军"张宗昌等人都嗜好赌博，其统治区也是赌祸猖獗。

赌博之害，人所共知，但相沿已久，积习难改。历代政府均采取不同措施示禁，但在传统体制内，既无严格有效的办法，而各级官吏又不能以身作则，甚至许多军阀嗜赌如命，以赌开源。在这种背景下，民国赌风自然是有增无减。

淫业泛滥：民国娼妓之多为历代罕见，而且举世无双。据统计，1917年前后，伦敦、柏林、巴黎、芝加哥、名古屋、东京、北京、上海等世界八大城市的公娼与总人口的比例以上海最高，北京次之。民国的新、旧"贵族"及军阀、官僚纵情声色，无所顾忌。清代官吏可以纳妾蓄婢，却不准公然宿娼叫局，否则可能被参革职。而民国却恰恰相反，官吏纳妾日益受人质疑，而嫖娼则变得明目张胆。1912年上海光复后，许多权贵们迅速腐败堕落，"若妓院、若剧场、若酒楼、若花园、无不利市万倍"[③]。上海租界有各种俱乐部，少年子弟趋之若鹜，乐而忘返。"酒食游戏，夜以继日，娶妾狎妓，争豪角胜。一宴之费可破十家之产，一博之资可罄九年之蓄。"[④] 妓女和妓院分书寓、长三、么二、咸水妹、野鸡、台基、淌白、钉棚、朝庄等不同等级。其中档次最高的是书寓，以卖艺为主，盛于晚清，民国以后迅速被其他档次的妓女取代了。上海妓女多有帮派之分，如苏州帮、江西帮、宁波帮、本地帮、苏北帮、广东帮等等。民国年间，上海新世界、天韵楼等娱乐场所还举行"花国选举"，选举妓女中之"大

① 《桂省禁赌为难电》，《申报》1916 年 11 月 19 日。

② 《桂省弛赌禁之害》，《申报》1916 年 10 月 10 日。

③ 梦幻：《闲评二》，天津《大公报》1912 年 5 月 11 日。

④ 纳：《杂评三》，《申报》1913 年 10 月 13 日。

总统"、"副总统"、"国务总理"、"各部部长"及"都督",可谓无奇不有,无聊至极。除了有执照的娼妓之外,上海滩的一些职业舞女、按摩女、娱乐场所的女招待、旅行社的女向导、卖香烟水果的小商贩、为水手补衣服的补衣女实际上也从事卖淫活动。上海妓女人数之多,门类之全,不仅在全国少有,而且各国罕见。当时租界当局及社会科学家有多种调查,据载20世纪20年代初,仅公共租界和法租界就有六万多名娼妓,而1927年的一项估计称上海有执照和无执照的娼妓达12万人,1935年达10万人。①

北京、天津等地官商嫖妓也不甘示弱。民国初年,"一批新上台的权贵们志得意满,恣意享乐,八大胡同的妓院成为他们经常出入的场所。同时,参众两院不公开的派系斗争、保皇派复辟帝制的幕后活动,也多在妓院进行"。袁世凯之子袁克定、筹安会的头面人物以及各省督军都是妓院的常客。当时有所谓"两院一堂"之说,涉及"花界"者很多是社会名流。② 有人指出议会与妓院的关系,民国一二年议会极盛时,"胡同小班,供不敷求",于是外地妓女纷纷至京,大都满饱囊橐,国会解散后,娼寮妓馆,营业大受打击,"既而国会恢复,胡同之营业,亦无形中随以恢复"③。天津"都督嫖院,在今日不但平淡无奇,抑且可作风流佳话"④。北京政府将妓院纳入合法的管理范围,规定了全城妓院的等级和数量:"一等清吟小班,以78家为定限;二等茶室,以100家为定限;三等下处,以172家为定限;四等小下处,以23家为定限"⑤。同时又规定:头等妓院每户月捐洋24元,每名妓女月捐4元;二等每户月捐14元,每名妓女月捐3元;三等每户月捐6元,每名妓女月捐1元;四等每户月捐3元,每名妓女月捐5角。⑥ "乐户"的花捐成为北京政府的重要经济来源。

① Gail Hershatter, *Dangerous Pleasures: Prostitution and Modernity in Twentieth-Century Shanghai*, Berkeley: University of California Press, 1999. p. 39.

② 阿尚:《旧北京妓院黑幕》,全国政协文史资料委员会编《旧中国的社会民情》,安徽人民出版社2000年版,第784页。

③ 胡朴安:《中华全国风俗志》(下),河北人民出版社1986年版,第8页。

④ 无妄:《闲评二》,天津《大公报》1912年6月12日。

⑤ 中华图书馆编辑部编:《重订管理乐户规则》,《北京指南》卷二,上海中华图书馆1916年版,第65页。

⑥ 中华图书馆编辑部编:《乐户捐章摘录》,《北京指南》卷二,上海中华图书馆1916年版,第66页。

事实上，北京各种变相的妓女人数更多。

南京自古以来为粉脂之地，十里秦淮，茶楼酒肆林立，妓女密集。1913 年"二次革命"之后，南京警察厅明令保护娼业，"开设妓馆，虽非上等生涯，亦属营业性质，无论何项人等不得依势恃强，藉端滋扰。嗣后倘有地痞流氓不法棍徒，胆敢不遵，立即严拿重惩"①。公娼既得保护，淫风更加泛滥成灾。民初南京"于财政困难声浪中，独能嬉游而多金者，其一军界，其二则警官……故当夕阳西下之时，在秦淮河畔唯见车马纷驰，丝竹迭奏，金陵春、六朝春之饭庄目无虚席，画舫生涯倍于从前，妓女发达异常"。"卖淫界势力潜自滋长，浸润内地（别于秦淮河下关而言），则军警界之嘉惠也。"②

民初广东允许在城外固定地点恢复公娼，又制定了管理娼业的 14 条简则。其主要内容是规定营娼业者必须注册，缴纳花捐，限定娼寮地点，妓女不准吸鸦片、聚众赌博，不得接待军警学界有服装标志者，不得凌虐妓女等。③ 广东常有禁止私娼的命令，1922 年又有人发起"禁娼运动"。次年，众议员田桐等人又指陈娼妓制度有伤国家体制以及扰乱社会，极力主张废娼。但这些行动没有实效，地方当局对娼业多都是明禁暗弛。当时报纸报道，一些妇女"或在酒楼或在旅馆公然陪饮陪宿"。"酒楼旅馆伙伴专为私娼媒介，以图分利，甚至引诱良家妇女来往其间演出种种怪剧。故昔之妇女卖淫则流娼与良家妇女参半，今之秘密卖淫则流娼少而良家妇女居多。"④ 在一些城市，地方政府为了增加花捐，公娼数量有增无减，私娼也是蔓延不止。

传统的书院为儒生修身治学的圣洁之地，虽非世外桃源，但像民初大学那样与社会同流合污则是空前现象。清末教育改革以来，学校不像从前的私塾和书院那样具有乡村家族背景和儒学熏陶，而更依赖于财富支持，直接地浸染于城市的崇洋风气。清末民初的大学生多为富家子弟，读大学的目的不是求学问，而是猎取功名利禄。民初北大沿袭官场旧习，"考试时放纵学生，题目预告，任意携带书籍，因而无不及格之虞"。学校"夜

①　《保护妓女之布告》，《申报》1913 年 10 月 29 日。

②　一过客：《南京采风录》，《申报》1914 年 5 月 23 日。

③　《公娼事之会议》，《申报》1914 年 7 月 5 日。

④　《粤省之淫风竟若此耶》，《申报》1914 年 6 月 26 日。

无门禁，可任意出入，可不上班，旷课亦不扣分"①。学校管理松弛，自
然难敌腐败风气的侵蚀，民初北大的纨袴陋习常常载诸报端。据某医生报
告，当时北京"大约100学生中有90人受染花柳毒症"②。此说或许不无
夸张，但北京学界反嫖赌的行动从侧面反映了问题的严重性。1915年春，
北京社会实进社一再开会讨论，认为"嫖之一字，尤为学界大仇敌，青
年大障碍。不独有损人道德之玷，并有斩丧身体之虞。今阅花柳病广告，
无报无之，不必据医生之报告，其病发达情形，不言而喻"③。又据1913
年的报道，辛亥革命后，南京"最为发达者为私娼，其第一时期为供应
军人，现在为供应学生之第二时期矣。南京私立大学校、专门学校合计有
10所之多，学生达3000人，私立学校无寄宿舍，学生咸租赁民间寓
所……凡学寓愈多之所，即土娼蝇聚之所"④。

　　对于娼业泛滥，当局并无切实的管制措施。迫于舆论压力，北京政府
内务部的管制办法是：妓女不准"与良家妇女混淆杂坐"，并配戴一种
"妓女标志，以免鱼目混珠"⑤。北京警察又拘罚一名"衣服妖冶"的妓
女，"且张其衣以示众"。如此管制，自然不会有什么效果，就连呼吁整
顿风化的舆论也不以为然："惟妓女本以色事人，若责以荆钗布裙，亦颇
难言耳。且近来大家闺秀，其装束未尝不日新月异，争奇斗妍，其妖艳诚
有不减于妓女者。吾不知警厅亦有所取缔否？抑禁令只施之于妓女而不遑
他问乎！"⑥ 妓女对社会风化的影响很广，而当局束手无策，只能故作姿
态，自欺欺人而已。

　　改良行动收效甚微：烟、赌、娼等丑陋现象与儒家道德传统背道而
驰，从戊戌维新到辛亥革命，有识之士就倡导并改良社会风习。一些经历
了清末社会革命的学者、名流，在民初重新树起了改良风习的旗帜，以图
扭转迅速腐朽的社会风气。1912年2月，蔡元培、唐绍仪、宋教仁等人
于北上迎袁世凯南下就职途中，发起"社会改良会"，以人道主义及科学

---

① 《大学风潮近闻》，《申报》1913年6月9日。
② 《北京学界讨论反对嫖赌》，《申报》1915年3月2日。
③ 《北京社会实进社开讨论会》，《申报》1915年3月20日。
④ 《南京社会现状如此》，上海《时报》1913年6月22日。
⑤ 《妓女将有标志》，上海《时报》1918年1月30日。
⑥ 《维持风化之疑团》，上海《时报》1918年8月7日。

知识为主旨，涉及个人修养、婚姻育儿、社交礼仪、丧葬习俗及卫生习惯等方面共 36 条改良内容。其中有关个人修养的条目包括不狎妓、不置婢妾、不赌博、戒除伤身耗财之嗜好（如鸦片、吗啡及各种烟酒等）、养成清洁习惯、不妨碍公共卫生、不可有辱骂、喧闹、粗暴之行为等。① 同年，北京、上海还成立了"进德会"，要求成员戒绝狎妓、赌博和纳妾旧习。1917 年蔡元培任北大校长后，又重建进德会。会员分为三等："持不嫖、不赌、不娶妾三戒者，为甲等会员；加以不作官吏、不吸烟、不饮酒三戒者，为乙等会员；又加以不作议员、不食肉三戒者，为丙等会员。"② 入会者题名于册，名字公布于《北京大学日刊》。1918 年进德会成立时，入会者有教员 76 人，职员 92 人，学生 301 人。著名学者李大钊、陈独秀、胡适、马寅初列名甲种会员，蔡元培、钱玄同、康白情、范文澜等为乙种会员，梁漱溟、张申府等为丙种会员。

上海的娼妓问题也引起外国人士的关注，一些基督教徒在报刊撰文，把淫业泛滥归咎于个人的道德弱点，又以此来分析中国在国际舞台上积贫积弱的根源。有的宗教组织如上海的基督教青年会还有改良行动。1917 年 3 月，上海还出现了"少年进德会"，以"刻苦自励，使人人有完全之人格，以无愧共和国之新国民为宗旨"。规定"凡国民之不嫖、不赌、不嗜烟酒，束身自爱者均有入会资格"③。该会不设会长等名目，会员及发起人也不登报，"以杜标榜之习"。天津也在 1918 年 9 月成立了"崇俭会"，以矫正奢侈风气。④ 社会上"整顿风化"的呼声不绝如缕，如江苏省议员金天翮一再质问当局"整饬风化有无办法"，要求给予详细答复。⑤ 这些行动表明了有识之士的社会责任感。1918 年前后，《北华捷报》对上海的娼妓问题进行了讨论。1918 年 5 月，上海 17 个慈善和宗教组织的教士、医生和女界活动家成立了道德促进委员会，寻求在公共租界内消除娼

① 蔡元培：《社会改良会宣言》（1912 年 2 月 23 日），《蔡元培全集》第 2 卷，中华书局 1984 年版，第 127—140 页。

② 蔡元培：《北大进德会旨趣书》（1918 年 1 月 19 日），《蔡元培全集》第 3 卷，中华书局 1984 年版，第 125 页。

③ 《小年进德简章》，上海《时报》1917 年 3 月 10 日。

④ 无妄：《喜崇俭会成立》，天津《大公报》1918 年 9 月 28 日。

⑤ 《再问整饬风化有无办法》，《申报》1917 年 5 月 19 日。

妓的途径。在该组织的促成下，上海租界成立了娼妓特别委员会，拟以抽签的办法，每年减少租界内五分之一的妓院，从而使公共租界在 5 年内消灭妓院。这项活动引起舆论的广泛关注，并得到北京、苏州等地的响应。但是，抽签进行了两次之后便难以为继，公共租界的废娼也就不了了之，而且私娼、暗娼反倒增多起来。①

　　改良呼声不时地出现在民国年间的舆论中，后来相关著述也常常论及中外人士的改良行动。但是，改良者多是没有军政权力的文化人、社会名流，其实际效果不能高估。北大进德会把"不作官吏"、"不作议员"作为丙种会员的条件，足见官场腐败之严重。知识界固然可以洁身自好，却对军阀官僚的道德失范无可奈何。而且烟、赌、娼等社会陋习已经腐蚀了不同行业、不同地位的人群，即使改良者也未必能身体力行，有的还有沽名钓誉之嫌。《申报》"自由谈话会"栏目的撰稿人钝根发起俭德会，没有活动场所，没有组织，只以该栏目为基地作舆论宣传。凡赞成俭德会宗旨者均可入会，入会姓名均可载入"自由谈话会"栏目中。俭德会的五条戒约是："一、不狎邪；二、不赌博；三、不必酒肉宴客；四、不必华服；五、不轻寒素之士。"五项宗旨于 1914 年 1 月公布后，产生了一定反响，沪、京、津、苏、浙、闽等地人士纷纷致函参加俭德会，但其中不乏言行不一者。据载某人造访一位已入俭德会的朋友，"惜已他出，据其仆言，今日请某君于某妓院碰和云"②。这类现象恐非个别。一些大学教授也多少受嫖赌风气的影响，陈独秀、吴虞的相关资料中均有此类记载。而26 岁就成为北大教授的胡适也曾经是麻将爱好者，一次输上几十块银元的事也有过。

　　在中外舆论和有识之士的呼吁声中，民国历届政府做出了改良姿态。1912 年 5 月，临时大总统袁世凯通令黜华崇俭。袁世凯希望官绅富商倡导朴素，国民也极力从俭。据有关报道，1912 年年底北京的奢侈风气有所收敛，"商界市面大形萧条，即奢侈消费的营业额实际较去年减色"③。但民初社会风气并不会因政府一纸命令而发生根本扭转。中央政府的命令

---

① 《上海租界禁娼的成绩》，北京《晨报》1920 年 10 月 21 日。
② 武陵葆相：《自由谈话会"题俭德会"》，《申报》1914 年 3 月 1 日。
③ 《北京社会之悲观》，《申报》1912 年 12 月 18 日。

实效不大，京城的官商还勉强在形式上敷衍塞责，而这些通令到了上海就完全成为一张废纸。南京国民政府建立后，也做出了禁娼、禁烟的姿态。20 世纪 20 年代末，江苏、浙江、安徽等地淫业一度有所收敛。20 世纪 30 年代中期，南京国民政府开展了包含多种意图的"新生活运动"。这一运动对于改良社会风习也并非毫无成效。但是，无论是有识之士的改良呼声，还是政府的禁令，烟、赌、娼等腐朽现象均不能得到根除，在一些地区或一些年头，其严重性已远远超过晚清。人性的弱点、相对开放的社会机制，加之战乱不断、天灾人祸频繁，都成为社会陋习滋生的温床。民国年间，一些社会礼仪已经趋于文明了，但人们并未养成健康文明的生活方式。

　　"五色令人目盲，五音令人耳聋，五味令人口爽，驰骋畋猎令人心发狂。"① 先哲老子此言可谓深刻无比，历久弥新。近代异常繁荣的休闲娱乐刺激人伦礼俗发生了畸变，传统道德的约束力丧失殆尽。在传统社会，娼优不属良家子弟，大体不受"四民"礼防的约束，但其活动范围有限，不对主流道德体系构成威胁。晚清以降，城市娱乐方式日趋多样化，以上海为代表的娱乐行业如茶园、酒馆、戏园、妓院、烟馆、赌馆、跑马场、球场等畸形发达起来，形形色色的休闲娱乐让许多人陷于醉生梦死的泥潭，彻底摒弃了传统纲常观念，甚至突破了基本的道德底线。近代娱乐业不仅吸引、腐蚀着男性，而且让许多女性出入茶楼、酒肆、书馆、戏园，卷入道德浇漓的潮流。比如，淫业泛滥的同时，诸如台基、姘头、搭脚等非正常男女关系也日益流行。总之，畸形繁荣的休闲娱乐冲击了传统纲常，又为腐朽的社会风气推波助澜。

第三节　节日庆典：文化蕴含的变迁

　　节日庆典反映民众心理，亦为礼俗之表征。各类节日庆典的社会文化蕴含不尽相同，有的具有浓厚的政治色彩，有些则基本上属于风俗传衍。清代节日庆典大多沿袭前代，民国以后则经历了较大更新。有关近代节日庆典的书籍已有不少，少数民族的节日礼俗尤被当作旅游文化而加以推

---

① 　王弼注《老子道德经》，《诸子集成》（3），上海书店出版社 1986 年影印本，第 6 页。

介，但如何从社会历史环境来发掘各民族共同节日的政治、文化内涵，仍然是有待深入的课题。具体而言，传统节日在近代经历了传承和变异，带有西方色彩的节日传入中国，逐渐为学界、市民等群体接受，其中文化内涵、社会心理仍值得深入探究。

1912 年 1 月 1 日，中华民国临时大总统孙中山通电全国，正式改用阳历，往来公文均用公历日期。南京、上海等地于当年 1 月 15 日举行了改历庆祝活动。但阴历（农历）沿用数千年之久，民间积习难改。民国初年，上海等地工商业的年关结账仍以阴历为限，一般民间更是普遍沿用阴历。鉴于阳历不易推广，南京临时政府参议院规定历书应"新、旧二历并存"，"新历下附星期，旧历下附节气"。1912 年鼎革之初，历法出现了一些混乱，所谓"新岁齐刊月份牌，各家争赛画图佳。编年民国和黄帝，竟有仍将宣统排"①。民国、黄帝和亡清纪年同时使用的时间是短暂的，此后，民国纪元逐渐推行。中国形成了官方多用阳历而民间多用阴历的并存局面。阴历与时令节日、民俗融而为一，仍然是城乡社会不可或缺的生活内容。正如方志所载："民国改用新历，除阳历元旦及双十节城中公团、学校庆祝、拜贺外，其余城乡节令一仍旧时，故岁时仍用阴历。"②民间节日具有传承性，不会随民国改元定历而迅速消逝。几年之后，民间节日终得政府承认："阳历虽颁，民间习惯未改。每过端午、中秋各节，或宴会，或游玩，仍沿其旧，至年节则更甚。内务部因顺从社会习惯、人民风俗，于三年（1914）之秋，呈请大总统颁定四节日，以阴历元旦为春节，端午为夏节，中秋为秋节，冬至为冬节。届时国民休息，在公人员给假一日。"③此外，有些地区对九月初九的重阳节也较重视，民间的宗教性节日，如祭祀先人或鬼神的上元、清明、中元等节，各地略有差异，却未完全废止。

春节：农历元旦的"过年"是民间最重要的节日，其主题是辞旧迎新，庆贺祝福。旧历元旦正值农闲时候，人们可在此时走亲访友和休闲，其形成与传统农业社会密不可分。相沿数千年之后，"过年"也就成为根

①　朱文炳：《海上光复竹枝词》，《上海洋场竹枝词》，上海书店出版社 1996 年版，第 219 页。

②　《林县志》（民国二十一年石印本），《中国地方志民俗资料汇编》（中南卷上），书目文献出版社 1991 年版，第 125 页。

③　中华图书馆编辑部编：《四节日》，《北京指南》卷七，上海中华图书馆 1916 年版，第 10 页。

深蒂固的民俗，具有了超越社会发展阶段的生命力。古代的农历元旦还被赋予了一定的政治内涵，它常常是皇帝每一纪年的开始，皇帝的祭天、祭太庙，乃至登基、大赦天下多选择在元旦进行。官府的封印、休假、财政结算，民间的账目往来均以"过大年"为界限。

民国改用阳历后，政府于 1913 年规定不再过旧历年，而改过阳历年，原来农历元旦的政治色彩已经消逝；以致在一些人看来，民国已用阳历，阴历年节自然废止，否则"不曰顽固，即曰反对民国，斯所谓持之有故，言之成理矣"①。但是，官方的规定难以在社会中推行。不必说广大农村地区及中小城镇，即以京、沪而论，上海许多报刊均从旧历年底至年初停刊一星期，而北京的新旧冲突更为明显，据报道：

　　各报停刊：京中各报于阳历既已停版，旧历即不能再行停版。惟习惯一时不能消除。印刷工人要求停工，送报人亦不能分送，以故各报不得已仍行休刊数日。

　　两坛开放：北京总议事会因习惯上一时不易消除……呈请内务部将先农坛、天坛自旧历初一日起开放 10 日，任人入览。

　　学堂皆不放假：教育部以现均改用阳历，各学堂曾于阳历放假，旧历即不可再行放假，前已通知各学校矣。并闻京师各学务局于今日尚派员察巡，惟各学生狃于积习，虽不放假，而告假实繁有徒。

　　庙会仍旧：……各处庙会亦均不停止。②

在万象更新的民国元年，政府置重改元定历，而忽视了民间习俗。然而，政治鼎革并不能代替文化更新。中国已有数千年之久的岁时节日，不仅与社会生活融为一体，而且积淀着一定的文化蕴含。它们潜藏于人们的生活、观念，乃至信仰深处，并不是一纸文件就可以更替、抛弃的。

1913 年之后，各地"名为改行新历，而各界中无一能行新历者"③。洋人机构也只能循俗放假："旧俗难教一旦捐，依然旧历过新年。洋人亦

①　热庐：《自由谈话会》，《申报》1913 年 2 月 15 日。
②　《北京旧新年记》，《申报》1913 年 2 月 21 日。
③　《时评·旧历》，上海《时报》1914 年 1 月 29 日。

解华人意，仍旧封关满四天。"① 政府也只得向传统民俗作出让步。当时报刊评论："我国采用阳历，迄今已有八年余的岁月了。但是一般人民对于阳历新年则异常冷淡，对于阴历新年，则特别高兴。就北京一城而论，在阳历新年的时候，除各公共机关门口结几块彩牌，与停止办公几天以外，社会上绝无甚么表示为新年点缀的。而在阴历新年的时候，无论何界都一律休息，而群趋于行乐一途，燃放爆竹彻宵不绝，比之阳历新年实在热闹百倍。"② 北京街头有春联云："男女平权，公说公有理，婆说婆有理；阴阳合历，你过你的年，我过我的年。"据说，这副对联是当时著名学者王闿运所撰。作为政治中心的北京尚且如此，其他地方可想而知。在袁世凯复辟帝制时，上海的春联也含有嘲讽政府的意味，如"官用阳历，民用阴历，究竟遵何历；对内元年，对外五年，到底是几年"③。

民间的过年是"一个最闲暇而快乐的时期"，南北饮食略有差异，而习俗大同小异。北京风俗"阴历元旦无论贫富贵贱，皆以白面作角而食，谓之食元宝边。是日东便门外三忠祠，东直门外铁塔寺，东四牌楼三官庙，北新桥精忠庙，均开庙一日，香火甚盛。初五日谓之破五，破五之内，妇女不得出门。至初六日，则男女往来，互相道贺新喜。立春之日，富家多食春饼，妇女多买萝卜食之，曰咬春，谓可以却春困也。十三日至十七日，谓之灯节，精忠庙开庙 5 昼夜"。大钟寺、白云观、火神庙等均开庙多日，游人众多。④ 北京的春节庙会丰富多彩，比如南城的厂甸，"在平常日子，冷冷清清。独到旧历年，车水马龙，肩摩踵接，就是远在十里之外的乡民，也都命俦啸侣，扶老携幼，前来开展眼界"⑤。这便是竹枝词所谓："新年拜罢去游春，厂甸街头万斗尘。女绿男红车似水，此来彼往人看人。"⑥ 庙会缺少新意，却是重要、热闹的节日活动。

"至于乡村，那更不用说，简直就没听见有阳历新年这句话。"⑦ 据当

---

① 朱文炳：《海上光复竹枝词》，《上海洋场竹枝词》，上海书店出版社 1996 年版，第 220 页。

② 《时评·旧历新年之感想》，北京《晨报》1920 年 2 月 26 日。

③ 史公录寄：《新春联语》，上海《时报》1916 年 2 月 19 日。

④ 中华图书馆编辑部编：《岁时俗尚》，《北京指南》卷七，上海中华图书馆 1916 年版，第 9 页。

⑤ 《北京旧历新年状况》，上海《民国日报》1922 年 2 月 7 日。

⑥ 田树藩：《厂甸竹枝词》，《中华竹枝词》（一），上海古籍出版社 1996 年版，第 391 页。

⑦ 晋青：《乡村的旧新年》，上海《民国日报》1920 年 4 月 12 日。

时记载：北方农村自农历 12 月初旬以后，村民就开始准备食品，如磨面粉、预制豆腐、绿豆饼等，购买肉食、酒类等年货。此外，还要准备一些装饰品和祭神祈福的用品。主要有①春联纸。有丹、红、黄、蓝各色。寻常人家用丹色的，有父母丧的人家不贴春联，与有丧的人家有宗族关系的用蓝纸，关系疏远的用黄纸，再疏远的用红纸。春联一般是写的，不是印的。印的墨光不好，且不能适应各人的心理要求。②门帘子。凿花的五色长方形纸，长约五寸，宽四寸，中凿福、寿等字，贴于门楣上。③门神。印就的粗劣彩色图画，上画骑虎或鹿、手使戟或叉的黑红花脸的古装武人两幅，备贴于门扇上。④牛马影。印就粗劣的彩色的故事画五联幅，各幅上有绘农事的，有绘古代战争的，用于贴在牛马槽上面的墙上。⑤灶君图。印就的男女两灶神的彩像，下端印古代的事一种，上端印月历气节和打春图。⑥天地符文等。⑦爆竹。⑧香烛纸锭等，是供奉鬼神的祭品。⑨祖先堂。纸绘的一幅房舍正面图，是代祖先牌子的东西。

农历 12 月 23 日或 24 日是祭灶（也叫送灶）的日子，主持祭灶的多半是女主人，祭灶时要念上一段祝文，求灶神保佑、宽恕。12 月 30 日的除夕夜，男女老少多谈笑通宵"守岁"，门旁里、天井里、祖王牌子前都要烧香。子时过后，黎明前一段时间要"发天纸"，即在天井中祭天地，主祭的是家长（男主人）。这事完了，就到祖王牌子前烧香叩头，再往寺庙里或土地祠里烧香叩头。初一开门的时候，也有放爆竹的习俗。有些还要在发天纸的时候刻桃符，把桃树上的小枝切制成刀、锯、斧、钺形状，系在小孩的帽子上，以驱除邪魔鬼祟。同时，家家都折若干桃枝煮水洗脸，驱除疾病。正如王安石的《元日》诗云："爆竹声中一岁除，春风送暖入屠苏。千门万户曈曈日，总把新桃换旧符。"显然，饮食娱乐之外，"过年"还包括敬天祭祖、禳灾祈福等信仰习俗，其文化蕴含是相当丰富的。新年伊始，邻里亲朋之间互相"拜年"。[①] 南方有些地方，正月时"少年子弟列为鱼龙、狮子、竿僮、角牴诸戏，或杂秧歌"[②]。但至民国年间，城市的邻里"拜年"已趋稀少了。

---

① 以上均参见晋青《乡村的旧新年》，上海《民国日报》1920 年 4 月 12 日至 18 日。
② 《嘉禾县图志》（民国二十年刻本），《中国地方志民俗资料汇编》（中南卷·上），书目文献出版社 1991 年版，第 539—540 页。

　　宋代以来，正月十五的元宵节成为春节的又一高潮，这是新年的第一个月圆之日，也是道教的上元节，内涵丰富。元宵节又有灯节之谓，成为城市各阶层共同参与的娱乐性集会。明清时期，北京的元宵节总是灯火通宵，游人如织，"金吾不禁"。据光绪《顺天府志》载："十三日至十六日，内城衙署悬灯，而户、兵二部尤甚；外城则廊房胡同及大街均有灯彩、流星花爆之属。"京城居民的元宵灯饰各有参差。"十三日，家以小盏一百八枚，夜灯之，遍散井灶、门户、砧石，曰'散灯'也。其聚如萤，散如星。富者灯四夕，贫者灯一夕止，又甚者无灯。"① 清末京城的元宵灯火以东西牌楼及地安门一带为盛，白云观等道教宫观则有规模不小的祈福道场。清末民初，上海的元宵节还举行赛灯活动，彩灯品种多达100多种，什么元宝灯、蝙蝠灯、荷花灯、金蟾灯、鲤鱼灯、蚌壳灯、伞灯、龙灯、滚灯、塔灯等等，琳琅满目，争奇斗艳。元宵或汤圆是必不可少的食品，取阖家团圆之意。北宋周必大《元宵浮圆子》的诗云："时节三吴重，圆云万里同。"吃元宵早已成了东南地区的习俗。过了元宵节，春节才算结束了。

　　春节给人们带来欢乐，而其烦琐和耗费也引起了一些批评。清末有人批评天津的元宵灯节："是日看灯人络绎不绝，至夜晚男女混杂，途为之塞，实属有伤风化，且不免滋生事端，有家教者其力戒之。"② 这种看法虽有些保守，却非无的放矢。20 世纪 30 年代，春节的耗费也招致非议。有人以天津为例，"统计过年费用，每一个家庭，最低的限度，也得花费 20 余元。等而上之，更在此数之数倍以上"。一般的耗费是："腊八粥，1元 2 角；帚房糊窗，5 角；祭灶，1 元；送年礼，3 元；年货，6 元；祭品，1 元 2 角；灯节用，3 元 5 角；年赏，5 元。总计，21 元 4 角。"③ 一般家庭花费 20 多银元过春节，应该是一笔不小的开支。尤其是国难当头之际，厉行节约更是有益之举。一些人还提出减少春节的祭祀迷信，提倡改变不良的饮食习惯。春节在民国年间沿袭下来，而具体内容已有改良和变化。后来的春节很难看到敬天祭祖的内容，禳灾祈福的色彩也趋于淡化

---

　　① 《顺天府志》（光绪二十八年重印本），《中国地方志民俗资料汇编》（华北卷），书目文献出版社 1989 年版，第 2 页。

　　② 《陋俗宜革》，侯杰、王昆江编《醒俗画报精选》，天津人民出版社 2005 年版，第 14 页。

　　③ 《破坏家庭经济的过年耗费》，天津《大公报》1936 年 11 月 23 日。

了。春节衍变为亲友聚会和民众休闲的时光。

端午节：农历五月初五为端午节，又称端阳、端五、重午、天中节，是夏季最重要的节日。这天，出嫁的女儿一般都回娘家省亲，有的地方称为女儿节。端午节的起源说法不一，但以纪念屈原流传最广，影响最大。端午节是民国政府正式承认的传统节日，其重要性仅次于春节。

民国政府规定各学校、机关在端午节放假一天，各地无异。如 1918 年，"北京各机关均循例放假，职员中之值班者尚须到衙门，余则概行庆赏佳节，多挈眷携童逛北海去也。京中报纸亦概行停刊，各通讯社亦停止送稿"。是日北海"游者几至数万人"①。上海各学校也照例放假一天，黄浦江有龙舟赛。上海基督教青年会也举行丰富多彩的娱乐活动，开运动会，进行垒球、网球、体操比赛，还有演戏、新式游戏和婴孩赛会。②端午节在农村更显重要，尤其在南方地区。是日各地"采艾悬门户，以蒜汁洒地，饮菖蒲酒，涂朱砂、雄黄于小儿额，以辟邪毒。以桧竹叶裹糯米为粽，即角黍也。造龙舟竞渡，驰棹鼓枻，响振水陆，观者如云"③。因地理条件所限，龙舟竞渡的情形会有较大差异。有些地方"辟邪毒"的办法也与迷信习俗结合起来，如请僧道画各种符箓，"粘诸壁间，谓可以避鬼魔"，或者在门墙挂钟馗的图像。有些地方"午日蓄兰为沐浴。今湘楚一带各浴堂中，是日贮各种药草于水，谓之百草汤，浴之不生疮疥"④。一些妇女还用绸缎制成粽子或其他形状的荷包，里面装上香草、苍术等，带在身上以驱避瘟疫。有些家庭还给小孩的手腕、脚腕和脖子上带上五色丝线，称为"长命线"或"续命丝"。

端午节的活动内涵大体包括两方面：一是纪念屈原，后来演变成龙舟竞渡的娱乐活动和吃粽子的饮食习惯；二是辟邪防疫。南方春季多雨潮湿，而夏季高温，春夏之交，细菌、病毒猖獗起来，疾病丛生。于是，人们既以雄黄、蒲艾、大蒜等消毒灭菌，又祈求钟馗、符箓的保护以驱邪。所谓"寒食清明旧俗传，家家扫墓尚依然。端阳还把钟馗挂，侠士仍教

---

① 《端阳节之北海》，《申报》1918 年 6 月 17 日。
② 《青年会之端阳大庆赏》，《申报》1918 年 6 月 9 日。
③ 《常宁县志》（民国三十七年文贤书社重印本），《中国地方志民俗资料汇编》（中南卷·上），书目文献出版社 1991 年版，第 552 页。
④ 《记端阳节景》，《申报》1918 年 6 月 9 日。

怕鬼缠"①。古代一些地区还流行端午采药的习俗,以为格外灵验。这方面与古代民间信仰和防疫知识密切相关,带有鲜明的时代性。民国年间,端午节习俗变化不大,但人们不再迷信是日采药的特效,龙舟竞渡的活动也有所减少,河流众多的地区也不例外。比如广东省乐昌县,龙舟赛"光复而后渐少",四会县"五月竞渡,旧志侈言其盛,今不多见"②。在屈原投江的湖南,龙舟竞渡"近以政府示禁渐息"③。民国社会不靖,龙舟赛劳民伤财,还可能引起打架斗殴。民国政府对于乡民的迎神赛多次示禁,对"龙舟竞渡"也不提倡。在有的城市,辟邪防疫也渐渐有了新内容,有关卫生防疫的讲座活动常常见诸报端,而祈求钟馗保护的现象也渐渐减少了。

中秋节:秋季最重要的农历节日是八月十五的中秋节,又称八月节。时值秋月正圆,正好象征亲人团圆,故民间又称团圆节。是日,在外求学、经商、做工的家人都尽可能回家团聚,住在娘家的已婚妇女也必须回到夫家。

大约从南朝到唐代,中秋节逐渐形成。至宋代,中秋节已深入民间。有关宋代民间生活的小说、话本不乏中秋节的记载。在近代社会变迁中,传统节日也被赋予了西方色彩。有人认为中秋节是中国的"感恩节",因为先民看到白天的太阳把庄稼曝晒之后,到了晚上,"月亮慢慢地升起来,清丽宜人的银光,便像无数可爱的纤手,抚慰人们白天的灼热,大地染在这幽洁银辉的颜色里;夜凉如水,一切由干瘪得到了滋润……所以人们畏恨太阳,敬爱了月亮,认月亮才是万物的救主。挨中秋一到,农家正是秋收农忙后,金黄的丰盛的收获,堆积在家中,这些就是月神所赐给他们的恩物,故当'月到中秋分外圆'的晚上,大家拿了果品、礼物供在月下,对月亮表示衷心的感谢,并且作为他们秋后歇息聚欢的娱乐,这可说是中秋节的由来"④。这当然属于文人的想象,并无确据。

中秋节未必如西方的感恩节,团圆、聚欢的意义更为重要,农村的中秋节也有庆祝丰收或祈福的含义。有些地方,人们在白天以月饼和柚子等

---

① 朱文炳:《海上光复竹枝词》,《上海洋场竹枝词》,上海书店出版社1996年版,第220页。
② 《乐昌县志》(民国二十年铅印本)、《四会县志》(民国十四年铅印本):《中国地方志民俗资料汇编》(中南卷·下),书目文献出版社1991年版,第709、866页。
③ 曾继梧编《湖南各县调查笔记》第2册,1931年印行,第121页。
④ 石碚:《中秋夜话》,上海《民国日报》1946年9月16日。

果品祭祀祖先，北京民众则喜欢购买泥塑兔神，给它供上香花、饼果。北方一些城市，"一到中秋，街上便摆出兔儿爷来——就是山东人称为兔子王的泥人。兔儿爷或兔子王都是泥做的。兔脸人身，有的背后还插上纸旗，头上罩着纸伞。种类多，作工细，要算北平"①。到了晚上，北京人"家家于月圆时设月光马于堂前，以瓜果、月饼、毛豆枝、鸡冠花、大萝卜、鲜藕等物祀之。月光马者，以纸为之，上绘太阴星君如菩萨像，下绘月宫及捣药之玉兔，执杵作人立形。以此纸马向月而供，家人妇子多向之盈盈下拜，是谓拜月。其祭月时所供之月饼，间有留至除夕而食者，谓之团圆月饼。惟拜月时男子多不拜，故京师俗谚曰：男不拜月，女不祭灶"②。天津的中秋节相似，晚上也是"家家妇女著艳装、服长裙，于月下设兔儿爷神纸像，献瓜果、焚香烛，虔诚膜拜，美其名曰圆月。家喻户晓，视为定例，几如大祀典"③。祭拜完毕，全家人团聚饮食，分食月饼，观赏圆月；兴致浓厚者还可邀好友登高或泛舟赏月。

在一些地区，拜月的仪式也是常有的，而且男子也可参与。有的还有赏灯、赛会等娱乐活动。比如，江苏吴县的中秋节基本沿袭传统，有斋月、步月等事。斋月即用月饼、香斗置庭前案上，"并陈果品，燃香烛，妇孺辈咸对月跪拜。即是日天雨，月光阴而不见，斋月之事，亦必举行也。至步月之举，古诗云'月到中秋分外明'，秋高气爽，明月高悬，市面店铺，亦多张灯烛，以助月色，借为庆赏中秋。故士女三五成群，游行街市，明月灯光之下，极一时之热闹也"④。中秋节与赏月、祭神密切相关，有关月亮的神话也在民间广泛流播着，给人们带来美丽的遐想，丰富了文人骚客的写作素材。但在民国年间，中秋祭月祈神的因素渐渐淡化了，广州有竹枝词云："中秋佳节近如何，饼饵家家馈送多。拜罢嫦娥斟月下，芋香啖遍更香螺。"⑤ 而浸染西俗的上海，则已是"牛女从今莫渡

---

① 老舍：《兔儿爷》，《北京乎》下册，生活·读书·新知三联书店 1992 年版，第 417 页。

② 中华图书馆编辑部编：《岁时俗尚》，《北京指南》卷七，上海中华图书馆 1916 年版，第 10 页。

③ 《兔儿转运》，《醒俗画报精选》，天津人民出版社 2005 年版，第 23 页。

④ 胡朴安：《中华全国风俗志》（下），河北人民出版社 1986 年版，第 172 页。

⑤ 陈勉襄：《羊城竹枝词》，《中华竹枝词》（四），北京古籍出版社 1997 年版，第 2954 页。

河，中秋谁复拜嫦娥。广寒仙梦天河配，戏剧仍然仔细摩"①。神话传说仍然留在戏剧中，而上海人的祭拜活动已经不多见了。亲友之间馈送月饼、家人团聚成为各地中秋节的基本内容，其他则因地而异，风俗不同。

春节、端午、中秋等传统节日在民国时期流传不衰而有所变化。禳灾祈福的祭拜仪节趋于废弛，娱乐休闲的意义更为凸显了。甚至如人们所言，传统节日在现代日益"假日化"了。换言之，传统节日的文化内涵在渐渐流失。这一点，近代精英阶层与下层民众并没有明显差异。

国庆节：民国年间的传统节日基本沿袭未变，而社会性、政治性节日发生了沧桑巨变，纪念日明显增多，后者在不同阶层显现出较大差异。随着封建帝制的结束，帝、后寿辰，皇帝登基一类庆祝活动不复存在，而增加了一些创建、维护共和制度的纪念日。民国新增的主要节日和纪念日有：1月1日的中华民国开国纪念日，3月12日的总理（孙中山）逝世纪念日，4月5日植树节，5月1日国际劳动节，5月4日学生运动纪念日，5月9日国耻纪念日，8月27日孔子诞辰纪念和教师节，10月10日的国庆节，等等。一些政治性节日在北洋政府和南京国民政府时期有所变更，但国庆节始终未变，它也是最典型、最重要的政治性节日。

现代意义上的国庆节可以说源于西方。1912年年初，有人提议以10月10日武昌起义日为中华民国国庆节。9月24日，参议院通过"大总统转咨国务院所拟国庆日及纪念案"，定武昌起义日即10月10日为中华民国国庆日。同时，吴稚晖还撰文主张国庆日采用阳历，命名为"双十节"。他并且指出，"国庆节日之郑重，应留特别观念于吾人脑海者，断非向日元旦、冬至、中秋、元宵等等可比例也，当视为一年中最应欢乐最宜热闹之一日，决非仅挂国旗、停授课、泛泛庆祝而已"②。他们把国庆节看作最重要的政治性节日，赋予了拥护共和的意义。

民初中华民国政府规定，"国庆节各公署团体及商铺民户皆结彩、升旗，休息庆贺。其庆典如下：一、放假休息；二、悬旗结彩；三、大阅；

① 朱文炳：《海上光复竹枝词》，《上海洋场竹枝词》，上海书店出版社1996年版，第220页。
② 吴稚晖：《答客问革命纪念日应有之盛况》，《民立报》1912年9月22日。

四、追祭；五、赏功；六、停刑；七、恤贫；八、宴会"①。这是政府机关的活动程序，民众参与的程度则因时地而有差异。即使是政府行为也未必始终如一，因人废政的现象依然存在。

1912 年，民主浪潮尚未消退，全国政府机关和市民在热烈隆重的气氛中度过了第一个国庆节。北京大清门改为中华门，"国庆日早六点行开幕礼，各界均往参观"。大总统举行了阅兵典礼，琉璃厂等地的"共和纪念会"参加者达 30 余万人，当晚举行提灯会，由中华门大街直往天坛，"观者约 5、6 万人，'革命万岁'，'共和万岁'，'各烈士万岁之声'、欢呼声震天"②。在其他城市，上海各商团、政府机关、军队、学校均悬灯结彩，举行集会、提灯会隆重庆祝。广东教育界召开纪念会，"优界改良研究会扮演纪念话剧，游行街道"。"长堤一带各商店多悬旗张灯，点缀花草并经电灯结成种种庆祝字样。"③ 武昌、济南等地均有类似活动。有的地方如云南、镇江、安徽等地仍以阴历八月十九日（阳历 9 月 29 日）为武昌纪念日。无论按阴历还是阳历，无论受传统习俗的影响有多大，但拥护共和标志的国庆节当时已受到政、学、商各界及广大市民的重视。国庆节成为政治伦理的表征之一。

民国政局变幻莫测，政治性的节日随之时冷时热。1915 年 10 月，正是袁世凯准备皇袍加身之时，袁政府名义上仍举行国庆，暗中却在筹建"中华帝国"，首都北京的"国庆节"只是敷衍了事。尽管京城一些公园、娱乐场所广为布置，以招揽游客。但因政治气候阴霾密布，加之天雨，以致"满城萧瑟，了无一毫佳兴，殆国庆纪念以来之第一次也"④。在首义之区汉口，商民积极筹备国庆节，各团体联合会代表议决"届期大为铺张，所有商店民居一律悬旗结彩，踵事增华"。但因官方通告"国庆可做，大会则不可开"，因而汉口的国庆也不如往年热烈。⑤ 在五方杂处的上海，官、军、警界在形式上挂出了五色国旗，实际上只是略作姿态。相

---

① 中华图书馆编辑部编：《国庆节纪念日》，《北京指南》卷七，上海中华图书馆 1916 年版，第 10 页。

② 《国庆日纪事种种》，《申报》1912 年 10 月 17、18 日。

③ 《广东国庆纪念会纪盛》，《申报》1912 年 10 月 19 日。

④ 《京中国庆之冷淡》，《申报》1915 年 10 月 13 日。

⑤ 《武汉社会之国家思想》，《申报》1915 年 10 月 7 日。

反，商、学界及群众团体则以热烈庆祝以表示拥护共和之心。商界"似未减往年兴致"，除悬旗庆祝外，南北市钱庄、书业各巨商行号停业一天，并举行晚宴。上海的南北商会均悬挂五色国旗，张灯结彩，一些慈善团体也举行了庆祝大会。① 官方和市民对国庆节的明显反差，从一个侧面表明政治理念的不同。虽不能说民主共和的观念已完全深入人心，但对多数市民而言，已经是"国家"而非"君主"成为最基本的价值坐标。国庆节成为上海市民对帝制的无声抗议，却不能阻止袁世凯复辟帝制的步伐。

民国时期，国庆节冷热交织，官民心理大不相同。除了某些特殊意义的年份如民国建立、光复共和之时，官民心理比较趋同之外，一般年头的国庆节大体只是官方的应时点缀，缺少民众的积极参与。在一定程度上，国庆节成为强化官方话语和政权合法性的重要手段，与传统节日的文化内涵以及亲友团聚带来的祥和气氛不可同日而语。如果说精英和大众有关传统节日的观念和习俗基本相同，那么，两者在政治性节日中则显示了鲜明差异。节日庆典的研究仍当分别类型，探索其间异同情形，进而揭示不同阶层、群体的复杂精神状态。

---

① 《国庆纪念日之官民两面观》，《申报》1915 年 10 月 11 日。

第三章

孝道的新陈代谢

中国士人的立身追求是忠、孝双全，但实际情形并非如此。从历史上看，孝、忠观念皆源于远古，至迟在尧、舜、禹的传说时代已经出现，孝道尤其源远流长。古代《诗经》、《尚书》等典籍已有大量关于孝行、孝德的记载。即使到东周时期，士人对孝道的阐扬也远远超过了忠德。有论者指出："先秦儒家的伦理观念中，孝是重于忠，当孝与忠发生冲突而作取舍时，孝往往是先考虑的因素。"但在后世，这种关系发生了转变。①

汉代号称以孝治天下，成于西汉的《孝经》跻身"七经"之列。《孝经》开宗明义："夫孝，德之本也，教之所由生也。"② 这个命题无疑是合乎情理的，但《孝经》将作为"德之本"的孝道政治化："夫孝始于事亲，中于事君，终于立身。""君子之事亲孝，故忠可移于君；事兄悌，故顺可移于长；居家理，故治可移于官。是以行成于内，而名立于后世矣！"孝道从家庭伦理延伸到政治领域，日渐丧失其本义和德性内涵。董仲舒以阴阳五行解释"三纲五常"，所谓"人受命于天"，孝悌也由天而生，"无孝悌则失其所以生"，且强调"父者，子之天也；天者，父之天也"③，从而把孝道提升到永恒不变的高度。有的论者认为，西汉的孝道观念和实践，表明了"传统孝道向封建伦理转化"在理论上、实践上的

---

① 李卓然：《忠孝不两全——儒家忠孝观念的历史考察及其现代意义》，《新加坡国立大学中文系学术论文》第 63 种，新加坡国立大学 1988 年版，第 8 页。

② 《孝经》，《十三经》（下），北京燕山出版社 1991 年版，第 2101—2108 页。

③ 董仲舒：《春秋繁露·顺命》，见苏舆《春秋繁露义证》，中华书局 1992 年版，第 410 页。

"完成"①。不过，西汉以后，传统孝道的理论和实践仍然处于衍变和发展之中。

孝道在宋代被进一步扭曲和哲学化。成于北宋初年的《忠经》虽然模仿《孝经》而作，却彰显了"以忠应孝"的思想主题。如何体现孝？"程子曰：孝弟，顺德也。故不好犯上，岂复有逆理乱常之事。"② 朱熹注《孟子·万章》也以"顺"说明舜的孝行，"顺从"成为孝道的核心。先秦孝道蕴含的平等思想、甚至"争于父"的内容从主流意识中消失了，取而代之的规范性逐渐笼罩一切。理学家张载的《西铭》不仅凸显孝道，而且颂扬愚孝行为。这种思想随着理学的繁盛而对明清社会产生了深远影响。

第一节　　"非孝"的思想语境

清末有识之士集矢于君主专制，不谈忠君，但在发扬孝道方面，各社会群体表现了明显的一致性。无论官绅、平民阶层，或者知识精英，他们在肯定孝道方面并无不同，但在如何发扬孝道方面则因人而异。故就三纲道德的变化而言，孝道情形较之忠君观念的崩溃略显复杂。

孝道被历朝奉为国策，冠冕堂皇地得到大力提倡。不必说清王朝，即使袁世凯的民国政府也多次发布文告，提倡忠、孝、节、义。1914 年袁政府发布《褒扬条例》，规定第一项应予褒扬的便是"孝行卓绝著闻乡里者"。实行办法是由县知事考察事状，报地方长官复核，内务部审定，最后由"国务总理呈请大总统给予匾额题字并金质或银质章"③。

在此背景下，各地宣传孝行的报道频见报刊，建祠表彰孝道的事迹也不少见。④《申报》报道：上海北四川路广东小学创办多年，成效卓著。

---

① 康学伟：《先秦孝道研究》，吉林人民出版社 2000 年版，第 151—153 页。
② 《论语·学而》"朱熹注"，宋元人注《四书五经》（上），中国书店出版社 1985 年影印本，第 1 页。
③ 《褒扬条例》，《申报》1914 年 3 月 16 日。
④ 如 1916 年 3 月 8 日《申报》报道："南屏山重建两浙节孝祠，由奉化孙玉仙君集资兴建……闻赞助者颇多。"类似新闻俯拾即是。

校董伍廷芳等筹议维持办法，有赵灼臣君慷慨捐资。各校董均请以赵君之名名其校。赵君以其父"生前常以设立学塾造就贫寒子弟为心，不幸天不假，赍志已殁，鄙人向欲继承先志……故稍尽责任，不敢居名"。校董们因赵君"孝思不匮"，于是以其父名将该校命名为"岐丰学校"。此事颇受舆论推重，广东省省长还亲送赵君肖像一座，对联一副，以示敬佩。① 捐资兴学是受人推崇的高尚行为，社会赞誉习以为常。而赵灼臣捐资兴学则主要是尽孝行为，这反映了一般社会意识及人们的心理期待。

民初宣传孝道的书籍流播很广。除传统的"二十四孝"、"百孝"故事外，一些文学作品，包括被人贬斥的"鸳鸯蝴蝶派"小说也有不少教孝内容。一些人认为，"人生第一件好事，就是孝顺；第一件欢喜，就是得着个孝顺的儿子。人生第一件悲伤的事，就是被人杀害，没人申雪，没有报仇；第一件喜慰的事，就是有儿子能报父仇，能昭雪父子沉冤，能释父在泉下的遗恨"。于是，子报父仇被看作是"万古千秋、惊天动地的大事"②，屡屡出现在报纸杂志之中。写这番话的作者便讲述了一对男女青年共报父仇，并最终结为夫妻的曲折故事。

这些故事大多是纪实报道。名为剑山的作者写了兄弟二人经历磨难、为父报仇的故事。兄为此而死，弟承兄志，终于报仇雪恨。作者在篇末注云："余生平最喜作忠孝节义之传记，故每至一处，必多方搜访轶事。此范孝子报仇一事，为一老年舟人所口述者……皆纪实也。"③ 纪实作品除了业余消遣之外，也包含明显的劝世意图。有一篇名为《孝子慈孙》的小说，讲述一位 14 岁的乡村少年，如何孝敬祖父，如何宽容、侍候不孝的父亲，最终使恶父良心发现，三代人团聚，都变得父慈子孝，并被全乡奉为榜样。④ 这类作品也不乏表彰孝女的故事。如《孝女复仇记》记一位弱女子历经千辛万苦，报杀父之仇的经历，⑤ 既要求官吏们自责，也是倡导孝道。

风气所及，一些文人学士不以愚忠愚孝为非。在天津，有一种为亲人

---

① 《尽孝兴学之可风》，《申报》1917 年 11 月 1 日。

② 石遗山民：《双报父仇》，《游戏杂志》第 2 期，1914 年。

③ 剑山：《孝子复仇》，《小说新报》第九期，1917 年 2 月。

④ 璧魂女士：《孝子慈孙》，《礼拜六》第 86 期，1916 年。

⑤ 小草：《孝女复仇记》，《礼拜六》第 62 期，1915 年。

许愿叫佛的孝行，孝子在三九夜着单衣，站在十字街头，口叫千佛、万佛、无量寿佛等语，三年为满，四年为愿。此即竹枝词所谓"愚孝堪钦亦可怜，单衣寒夜拜街前。四年为愿三年满，佛号哀呼有万千"①。而最常见的报道是"割股疗亲"。光绪年间的竹枝词不乏此类记载：

> 孤寒百事尽艰难，割股和羹向夜阑。
>
> 儿是阿娘身上肉，何须大药觅还丹。
>
> 里人刘孝子德馨家贫，鬻饼饵奉母。母剧病，刘割股以进，遂得瘥。②

"割股疗亲"现象在民国初年并未减少，报刊对此不乏详细报道，而且言语之间洋溢着证实、赞扬的感情色彩：

> 无锡西门外有廖某者，家道小康，平素以贩书为业，获利颇丰，膝下一子，年甫十龄，向在某小学读书，秉性聪慧，又颇知大义，故同里皆以奇童呼之。前日廖某（忽生大病）……而此十龄童，以孝思肫切，悲痛莫名，竟于昨日夜间人静时，焚香燃烛，向天祷祝，用利刀将股肉割下，至翌日晨煎汤奉父。廖某遽一跃而起，病态全消。③

> 粤省陈姓商人……早故，遗寡妻少女支持门户。其女曾毕业于某中学，情颇温柔，品貌端庄，平日事母最孝。母（复发重病）……女日侍奉汤药，衣不解带者旬余。虽屡聘名医，皆束手无策。女忧心如焚，恐老母一旦不测，倚靠无人，忽于某夜三更俟仆人熟睡后焚香祝告，用快刀将左臂肉割下一片，置药内煎供母服。翌日母病果愈，岂其纯孝格天欤！④

---

① 冯文洵：《丙寅天津竹枝词》，见《中华竹枝词》（一），北京古籍出版社 1997 年版，第 509 页。

② 余茂：《新溪棹歌》，《中华竹枝词》（三），北京古籍出版社 1997 年版，第 1958 页。

③ 浪生：《割股疗亲，呜呼孝！》，上海《时报》1917 年 4 月 15 日。类似报道常见于《时报》，如 1918 年 7 月 23 日。

④ 《割股疗亲之可风》，天津《大公报》1920 年 10 月 1 日。

　　这类孝行中，流传较广者大概是上海时化学校学生蒋长庚的事迹。此事经过与上述两例大同小异，但未能医治好父亲的重病。当时有人想撰文宣传，而"蒋生以为不可"。于是人们更重其品德，此事广为传播。[①]"割股疗亲"式的孝行古已有之，并无充足的科学依据，也受一些士大夫的批评，封建政府有时也不予鼓励，如康熙年间朝廷就认为"卧冰"、"割股"式的孝行不应旌表。可见，人们对此并非完全没有认识。民初舆论之所以仍然推重、宣扬，显然包含挽救世风的意图。如有的时评指出："年来欧风东渐，日进文明，自由平等之思想普及人心，几不知孝悌二字为何物，而上海一埠为得风气之先，尤属造恶之渊薮……有以割股疗亲者，其愚诚不足取，其孝自是可嘉。故表而出之，藉以针砭人心。"[②]

　　与孝道误区相伴随的是父权制思想根深蒂固。当时报刊上父亲杀子、甚至活埋逆子之事仍没有绝迹。[③]有的父亲甚至因儿子数年外出不归，逼迫儿媳出嫁以获厚利。于是，父子积怨，最后父亲将儿子杀死。[④]这显然是父权制的遗存。在孝道的压迫下，妇女的处境更为悲惨。如1917年的报载苏州某夫妇逼死儿媳案：

　　　　范文斋为文正后裔，向业典，数年前凭媒娉娶居住吴县前顾罗氏之女为儿媳，成婚后小夫妇感情颇为融洽，上年曾产一孩，且事奉翁姑，颇能恪尽妇道，故亲戚中咸啧啧称誉。独是范文斋夫妇秉性凶暴，其中不卜有何原因，视该媳如眼中钉，每假家庭细故，百般吹求，时加打骂，声闻邻里，其子顺从父母之意，不敢袒护，致该媳体无完肤，日常勒自尽，为伊子另娶计。该媳不堪其虐……乃于上月私吞磷火三盒，毒发毙命。

　　对这类事实清楚的逼死人命案，四邻"群抱不平"，而县署却长期未

---

　　①　参见《申报》1917年5月29日。后来此事被编写成《刲臂记》，载于《小说新报》（第4卷第3期，1918年）等刊。

　　②　《割股疗亲》，上海《时报》1917年9月24日。

　　③　如上海《时报》1914年1月9日消息：《议员杀子之骇闻》，《活埋子又得复生》。

　　④　《滇南逆伦案一束·父杀子》，上海《时报》1915年7月15日。

能结案，范氏夫妇长期逍遥法外。① 尽管其中情况较为复杂（如官吏受贿偏袒范氏），而父权制的潜在作用也是相当明显的。

官绅们大力倡导孝道，但往往言行不一，社会实情也千差万别。鲁迅曾讥讽"王祥卧冰"、"子路负米"、"郭巨埋儿"之类的孝行，并谈民初道德状况云："整饬伦纪的文电是常有的，却很少见绅士赤赤条条地躺在冰上面，将军跳下汽车去负米。"鲁迅自认为，"现在早长大了，看过几部古书，买过几本新书，什么《太平御览》咧，《古孝子传》咧，《人口问题》咧，《节制生育》咧，《二十世纪是儿童的世界》咧，可以抵抗被埋的理由多得很"②。社会变迁、知识视野的扩大使愚孝行为光环消逝，官绅们耻谈的孝道也成为名不副实的伪道德。

正是在此背景下，五四新文化人掀起了激烈的非孝思潮。陈独秀《敬告青年》："忠孝节义，奴隶之道德也"，要"完其自主自由之人格"，做"自主的而非奴隶的"青年。③ 对传统"孝道"的改造，始终是《新青年》的主题之一，其中吴虞表现得尤为激烈。他深受父权制之苦，早年又在日本接受了新思想，受清末"家庭革命"的思想熏染。他的第一篇"非孝"文章《家族制度为专制主义之根据论》凸显了家庭伦理革命的重要性，揭开了《新青年》批判、改造孝道的序幕。其后，《说孝》一文更分析了孝的内容及与封建礼制的关系，全面清算了孝道的危害。

受吴虞非孝主张的启发，1918 年正在北京绍兴会馆抄古碑的鲁迅，受钱玄同之约写下了第一篇小说《狂人日记》。该文直接针对民初盲崇孝道之风和愚孝行为，借"狂人"之口指出，"我翻开历史一查，这历史没有年代，歪歪斜斜的每叶上都写着'仁义道德'几个字。我横竖睡不着，仔细看了半夜，才从字缝里看出字来，满本都写着两个字是'吃人'"④。所谓"吃人"应包含虚拟和实指两意。前者针对整个旧礼教，后者则是清末民初常见的愚孝行为，如割股疗亲。在此意义上，鲁迅在文末呼吁"救救孩子"，不要让他们学着"吃人"。

关于"吃人"的注解，周作人的《关于割股》一文也有所说明："割

---

① 《翁姑迫死媳妇案》，天津《大公报》1917 年 1 月 15 日。
② 鲁迅：《二十四孝图》，《鲁迅全集》第二卷，人民文学出版社 1981 年版，第 256 页。
③ 陈独秀：《敬告青年》，《青年杂志》第 1 卷第 1 号，1915 年 9 月。
④ 鲁迅：《狂人日记》，《鲁迅全集》第一卷，人民文学出版社 1981 年版，第 422—432 页。

股是中国特有的事情，在外国似乎不大多。""本来人肉有两种吃法，其一是当药用，其二是当菜用……当药用的理由很简单，虽然李时珍在《本草纲目》卷五十二人部中极力反对，但是他说，'后世方技之士，至于骨肉胆血咸称为药，甚哉不仁也'。可见这在方技之士是很重要的药，而民间正是很信用他们的。"他还讲述了清初的三个故事，一是方士教人吃小孩脑髓治病，另外二则是"割股疗亲"的愚孝行为，并说这种事"其实是现今也有很多的"[①]。这种讽刺小品与鲁迅的小说异曲同工，都是针对"割股疗亲"一类愚孝行为及整个旧礼教。

第二节　重建孝道

五四时期对于孝道的批判、改造大致经历了由"破"到"立"的过程。五四以前，新文化人主要针对盲崇孝道的风气，揭露、批判旧家庭制度，代表人物是以《新青年》为中心的吴虞、胡适、陈独秀、周氏兄弟等。五四以后，随着新思潮的深入扩展，更多的言论集中于如何建立现代家庭伦理，参加讨论者还包括以《新潮》为中心的青年和一些专业学者。

一　改造孝道的政治化

传统孝道之所以弊端丛生，不仅因其偏离了人伦关系的平等原则，而且在于被高度政治化了。在传统人伦秩序中，孝不只是家庭伦理，而且是政治伦理、社会秩序的起点和基石。"所谓治国必先齐其家……故君子不出家而成教于国：孝者，所以事君也；弟者，所以事长也；慈者，所以使众也。"[②] 儒家将"事君"作为孝道的终极目标。与此同时，因为孝道的特殊地位，其原则被推广于人伦礼俗的许多领域。《礼记》有言："居处不庄，非孝也；事君不忠，非孝也；莅官不敬，非孝也；朋友不信，非孝

---

① 周作人：《苦茶随笔·关于割股》，《周作人散文》第一集，中国广播电视出版社1992年版，第563—565页。

② 《大学》，《四书五经》（上），中国书店出版社1985年版，第5页。

也；战阵无勇，非孝也。"① 孝道被泛化、政治化之后，其价值评判不再基于家庭的"亲亲之情"，孝道本来的德性内涵被扭曲、掩盖了。事实上，孝道被置于封建政治的附属地位，加剧了孝道本身的不平等性和片面性。

深受父权之苦的吴虞于 1915 年 6 月撰文指出："所谓道德，不过专制之道德；所谓风纪，不过儒教之风纪。"② 这种言论直接针对民初官绅"口侈名教之言，躬行妖孽之实"的社会状况。一个月后，吴虞写下《家族制度为专制主义之根据论》一文，虽然文章的最初动机是反思专制主义的社会根源，却成为非孝的名篇。吴虞博征儒经有关孝的言论，进而指出：

> 盖孝之范围，无所不包，家族制度之与专制政治，遂胶固而不可分析。而君主专制所以利用家族制度之故，则以有子之言最为切实。有子曰："孝悌也者，为人之本。其为人也孝悌，而好犯上者鲜；不好犯上而好作乱者，未之有也。"其于销弭犯上作乱之方法，惟恃孝悌以收其功……儒家以孝悌二字为二千年来专制政治与家族制度联结之根干，而不可动摇。③

从后人的认识来看，吴虞对孝道的探讨有欠平实，也说不上深入。中国专制制度之所以根深蒂固、流转不绝，固然与家族制度分不开，却有更深层、复杂的社会原因；儒学对于专制制度和家族制度的正反作用也非一言可尽。吴虞的私德诚有可议，但鉴于民初的社会和政治状况，他指出家族制度和专制制度的胶固关系，揭露孝道政治化的危害仍有价值，对其非孝思想仍不宜贬低或否定。

持类似看法的知识精英不一而足。李大钊指出："君臣关系的'忠'，完全是父子关系的'孝'的放大体。因为君主专制专制制度，完全是父

---

① 《礼记·祭义》，《四书五经》（中），中国书店出版社 1985 年版，第 262 页。
② 吴虞：《书某氏〈社会恶劣状况论〉后》，《吴虞集》，四川人民出版社 1985 年版，第 56 页。
③ 吴虞：《家族制度为专制主义之根据论》，原载 1917 年 2 月《新青年》第 2 卷第 6 号，见《吴虞集》，四川人民出版社 1985 年版，第 63 页。

权中心的大家族制度的发达体。"① 陈独秀指出了三纲之说的相同本质及孝道对于国家的危害："集人成国，个人之人格高，斯国家之人格亦高；个人之权巩固，斯国家之权亦巩固。而吾国自古相传之道德政治，胥反乎是。"② 周建人研究家庭制度时也认为："中国的旧家庭制度，是君主专制政治的雏形，与自来君主专制的政体非常相合，所以各能保住他们的巩固。其中有一个蔑视个性的道德律，来做极有力的维系。这种道德律上的教训，便是说：儿子的第一事是孝，妻的第一事是贞、是节，等等，都与人民必须忠君，忠臣不事二君的教训相符合。"③

　　数千年来，孝道作为人伦德性的基础，得到统治者的大力倡导，为历代士大夫阐释、引申，衍变为专制政治的思想工具。然而，历史上反思孝道观念和习俗的言论却非常罕见，以至于许多士大夫对传统孝道的负面影响视而不见，充耳不闻。这无疑与专制政府长期需要、利用孝道的社会环境相关。同时，士人囿于传统文化氛围，未经历真正的思想启蒙，凝固的思想环境使得孝道的僵化、片面性雪上加霜。这种状况直到晚清西学东渐之后才有了根本改观。

　　孝作为中国文化的显著特征，自然引起了国外思想家的注意。启蒙思想家孟德斯鸠对此曾有精辟评论，其主题便是分析孝道与专制制度的关系："是故支那孝之为义，不自事亲而止；盖资于事亲，而百行作始……盖其治天下也，所取法者，原无异于一家。向使取父母之权力势分而微之，抑取所以致敬尽孝之繁文而节之，则其因之起于庭闱者，其果将形于君上；盖君上固作民父母者也。夫孝之义不立，则忠之说无所附；家庭之专制既解，君主之压力亦散，如造穹窿然，去其主石，则主体堕地。"④ 孟德斯鸠从批判专制主义的立场，对中国孝道的本质和社会功用作了深入剖析，较之明代李贽、清代汪中的委婉批评已不可同日而语。吴虞批评传

　　① 李大钊：《由经济上解释中国近代思想变动的原因》，《新青年》第7卷第2号，1920年。

　　② 陈独秀：《一九一六》，《青年杂志》第1卷第5号，1916年。

　　③ 周建人：《中国旧家庭制度的变动》，参见梅生编《中国妇女问题讨论集》第三册，《民国丛书》第一编第18册，上海书店出版社1989年影印本，第228页。

　　④ 吴虞：《家族制度为专制主义之根据论》，《吴虞集》，四川人民出版社1985年版，第65页。

统孝道时，汲取了西方启蒙思想家的评论，以其为立说根据，认识也较明清士人有所深入。

当然，传统孝道与封建政治的关系也呈现出复杂画面。它们有互相胶着、利用的一面，又有矛盾、对立的方面。就其社会功能而言，传统孝道既是维护专制统治的工具，也有稳定社会的积极作用。换言之，传统孝道既有封建性，又包含德性内涵和合理性。但五四知识精英起而抨击孝道时，偏重于揭露其政治功能，不免有偏激之词。对此，后人理应知人论世，注意其思想语境，也不必因此而否定五四思潮的积极意义。

二　从父慈子孝到人格平等

传统孝道注重父权，强调子女顺从父母，乃至唯命是从，人格上尊卑分明。如关于几谏，"父母有过，下气怡色柔声以谏。谏若不入，起敬起孝，说则复谏；不说，与其得罪于乡党州闾，宁孰谏。父母怒不说，而挞之流血，不敢疾怨，起敬起孝"。关于奉养，"孝子之养老也，乐其心，不违其志；乐其耳目，安其寝处，以其饮食忠养之，孝子之身终。终身也者，非终父母之身，终其身也。是故父母之所爱亦爱之，父母之所敬亦敬之"①。在这些片面的义务规范中，子女毫无独立人格可言。

对此，陈独秀认为，东西民族的根本思想的差异之一是，"西洋民族以个人为本位，东洋民族以家族为本位"。以家族为本位，必然强调忠、孝道德，于是产生四种恶果，"一曰损害个人独立自尊之人格；一曰窒碍个人意志之自由；一曰剥夺个人法律上平等之权利（如尊长卑幼同罪异罚之类）；一曰养成依赖性，戕贼个人之生产力"。因而"欲转善因，是在以个人本位主义，易家族本位主义"②。这里，个人主义与家族主义的对立并非纯属中西分殊，而体现了"传统"与"近代"社会的差异。陈独秀所谓"个人本位主义"也不等同于西方个人主义，而主要是破除奴性，养成独立人格。他彰显了改造三纲道德的思想重心：

> 儒者三纲之说，为一切道德之大原：君为臣纲，则民于君为附属

---

① 《礼记·内则》，《四书五经》（中），中国书店出版社1985年版，第155、159页。
② 陈独秀：《东西民族根本思想之差异》，《青年杂志》第1卷第4号，1915年12月。

品，而无独立自主之人格矣；父为子纲，则子于父为附属品，而无独立自主之人格矣；夫为妻纲，则妻于夫为附属品，而无独立自主之人格矣。率天下之男女，为臣，为子，为妻，而不见有一独立自主之人者，三纲之说为之也。缘此而生金科玉律之道德名词，——曰忠，曰孝，曰节，——皆非推己及人之主人道德，而为以己属人之奴隶道德也……自负为一九一六年之男女青年，其各奋斗以脱离此附属品之地位，以恢复独立自主之人格！①

陈独秀认为，独立自主的人格成为道德重建的关键，也是更新孝道的思想重心。李大钊也有类似认识，他认为"孔门的伦理，是使子弟完全牺牲他自己以奉其尊上的伦理"②。吴虞具体地指出，"孝敬忠顺之事，皆利于尊贵长上，而不利卑贱，虽奖之以名誉，诱之以禄位，而对于尊贵长上，终不免有极不平等之感"。但是，孝道也具有德性内涵，先秦儒家强调"父慈子孝"便包含了伦理规范和义务的双向对应性，新文化人没有否定这一点。在吴虞看来，这种对应关系其实也缺乏人格平等："其主张孝弟，专为君亲长上而设"，绝不"保卫尊重臣子卑幼人格之权。夫为人父止于慈，为人子止于孝，似平等矣，然为人子而不孝，则五刑之属三千，罪莫大于不孝；于父之不慈者，固无制裁也"③。"父慈子孝"只是儒家的道德理想，并无法律保障，可道德规范事实上又必然与法律相关，需要法律来保障。吴虞还不能深入领悟儒家的内圣之学和道德理想主义，但洞悉了道德与法律的密切关系，亦有其立论依据和思想价值。

在儒家看来，孝道以血缘和亲情为依据，基于报恩。汉魏之际，王充、孔融提出"父母于子无恩"，质疑儒家孝道。此说作为异端思想流传后世，而在五四时期得到重视和阐发。有的论者从生理上寻找根据，以否定孝道"报恩"之说，认为"母怀胎十月，苦则苦矣，谓母对于胎儿之构造有丝毫之主权，曰此胎必如是如是成之，吾恐虽指发之微，亦只有听

---

① 陈独秀：《一九一六》，《青年杂志》第1卷第5号，1916年。
② 李大钊：《由经济上解释中国近代思想变动的原因》，《新青年》第7卷第2号，1920年。
③ 吴虞：《家族制度为专制主义之根据论》，《吴虞集》，四川人民出版社1985年版，第62、64页。

天唯命而已。惟吾国父母人人以造物主自命，对于子女，不以平等之人类视之，而以受造物视之，故父母得享其专利，以后种种残暴之待遇及过分之要求，皆假此名分以行"①。这种批评在学理上尚不圆满，却触及传统孝道的心理基础。吴虞认为："孝之意义，既出于报恩，于是由'养儿防老，积谷防饥'的理由，必自孝而推及于养。"孟子所讲的"五不孝"内容，有关"养"就占了三项。他认为，"父子母子，不必有尊卑的观念，却当有互相扶助的责任。同为人类，同做人事，没有甚么恩，也没有甚么德。要承认子女自有人格，大家都向'人'的路上走"②。他否认报恩的说法，而赞成平等的互相扶助。也可以说，他肯定儒家的"孝养"，而非议其"孝敬"。因为在他看来，后者蕴含许多人格不平等的规范。

五四知识界批判传统孝道的学理根据主要是平等、自由学说。正如五四舆论所说：

　　我们为什么要平等？因为同是人类，那里有什么贵贱阶级。为什么要自由？因为人是心灵的动物，不是机械的东西。为什么说三纲不好？因为三纲教我们损自己的自由，服从他人，牺牲自己的人格，侍奉他人。旧家庭的恶果，使中国数万万人民，大半沦为奴隶，作机械。完完全全有人格的，能有几人？③

在新文化人看来，传统孝道导致整个家庭制度积弊重重。陈顾远列举传统家庭的"罪恶"：①保留夫妻制度，因而团体、个人、经济、风俗方面不能走到圆满的地步；②不合平民（Democracy）思想。嫡庶之分、尊卑之分、"无不是的父母"等都和民主精神南辕北辙；③养成依赖习惯。旧家庭中，除"一两个生利的人，其余都是坐食的"。女子尤其有依赖性；④牺牲自由精神。因有家长"指挥"，"我们底自由也就不能发展"；⑤造就恶劣环境，人际关系复杂、质量差。这些"罪恶"根本上缘于摧残了独立人格。陈顾远认识到废除"家族制度""绝不是马上能成功的"，

① 张耀翔：《论吾国父母之专横》，《新青年》第 5 卷第 6 号，1918 年 12 月。
② 吴虞：《说孝》，《吴虞集》，四川人民出版社 1985 年版，第 175、177 页。
③ 邵憩南：《小家庭的代价》，《解放画报》第 7 期，1921 年。

故主张废除大家族制度和父权制，以改良父子伦理。他主张把"当父亲底观念完全取消"。"我们生下的孩子，勿要认定是自己的后裔，不过给社会生下个人罢了……我们因感情底关系，或慈善底触动，把他扶养起来，这也是作人的一种责任，并不希望他后来有什么报答的。"以这样的态度"做父亲"，宗法观念"便无形地取消了"①。

老一辈人当然不易如此"做父亲"，不过这种观念牵涉五四新文化人如何践行新孝道问题。在现实生活中，一些五四新文化人既是儿子，又做了父亲。所谓父子人格平等，不仅是针对父辈而言，而且也关乎自身。进而言之，新文化人践行新观念、做新父亲的表率较之著文立言更有意义。这方面，陈独秀、李大钊等人均可谓身体力行，而胡适、鲁迅尤有代表性。胡适在题为《我的儿子》诗中，阐发了"父母于子无恩"的见解。他将父子关系比作树上结果：

> 譬如树上开花，
> 花落偶然结果。
> 那果便是你，
> 那树便是我。
> 树本无心结子，
> 我也无恩于你。
> 但是你既来了，
> 我不能不教你养你，
> 那是我对人道的义务，
> 并不是待你的恩谊。
> 将来你长大时，
> 莫忘了我怎样教训儿子：
> 我要你做一个堂堂的人，
> 不要你做我的孝顺儿子。②

---

① 陈顾远：《家族制度底批评》，《中国妇女问题讨论集》第三册，《民国丛书》第一编第18册，上海书店出版社1989年影印本，第184—190页。

② 胡适：《我的儿子》，原载《每周评论》第33期，1919年8月。参见《胡适文集》第9册，北京大学出版社1998年版，第144页。

　　从伦理上看，胡适将父子关系比作树上结果并不恰当，但他否定父母之恩的说法，而要儿子"做一个堂堂的人"，彰显了父母与子女的人格平等。鲁迅指出："父子间没有什么恩"这一断语之所以招致"圣人之徒"的反感，就因为他们"在长者本位与利己思想，权利思想很重，义务思想和责任心却很轻。以为父子关系，只须'父兮生我'一件事，幼者的全部，便应为长者所有。尤其堕落的，是因此责望报偿，以为幼者的全部，理应做长者的牺牲"①。鲁迅分析了传统孝道的心理基础，揭示了报恩心理的弊端。如何改变传统孝道的心理基础？他认为，"欧美家庭，大抵以幼者、弱者为本位"，中国旧道德则牺牲幼者，以长者为本位。他否定父子之间的尊卑名分和纲常规范，主张子女成为"独立的人"，父辈"应该先洗净东方古传的谬误思想，对于子女，义务思想须加多，而权利思想却大可切实核减，以准备改作幼者本位的道德"②。鲁迅的见解当时未必可行，但不失为重建孝道的有益思路。他自己便是"增多"义务思想而"核减"权利思想、践行父子人格平等的典范。

三　从父畜子养到经济独立

　　传统孝道之所以弊窦丛生，显然与家庭经济结构分不开。从根本上说，丧失独立人格根源于经济依附性。儒家主张："子妇无私货，无私畜，无私器，不敢私假，不敢私与。"③于是，传统孝道中的经济关系表现为"父畜子养"，乃至父母为子女承担了过多的经济责任，成年子女也毫无经济独立性可言。事实上，历代政府都把父母在而别立户籍、分异财产列入"不孝"之罪。因而，"历代法律对于同居卑幼不得家长的许可而私自擅用家财，皆有刑事处分，按照所动用的价值而决定身体刑的轻重，少则笞一十二十，多则杖至一百"④。这种制度不仅便于同居大家庭的滋生、繁衍，而且加深了孝道的依附性。

　　五四时期，一些人从学理上分析了大家庭制度的经济根源，认为祖辈

---

① 鲁迅：《我们现在怎样做父亲》，《鲁迅全集》第一卷，人民文学出版社1981年版，第132页。

② 同上书，第132—133页。

③ 《礼记·内则》，《四书五经》（中），中国书店出版社1985年版，第156页。

④ 瞿同祖：《中国法律与中国社会》，中华书局1981年版，第15页。

"或虑其子孙无独立之能力，或不愿抛弃其庞大之家长权，故亦不乐及身而为其子孙析爨"。但由于个人没有独立财产权，一家之内，优秀者想经营事业，却不能自主，而庸懦者"安坐而食，消失其独立自营之能力，养成依赖阘冗之国民。故其结果，直接足以阻碍家族之繁荣，间接足以妨害国力之发达"。故必须改革，让家中优秀者自立，庸懦者也应划定财产，予以小部分自由，使有机会练习。① 这主要从家庭兴衰论述财力独立的必要性，代表了温和的改良主张。

激烈批判家族制度的易家钺则指出：中国大家族制度的要素之一"在共产……哟！一块儿居，一块儿吃饭，就是孝吗？真冤透了！又史称蔡邕与叔父从弟同居，三世不分财，乡党高其义。这一个'义'字，大概要一百个'忍'字才换得来啊！"他认为财产上的依附是父权制的基础，在现代社会没有存在的理由："不错！共产主义是很有人赞成的；不过为什么子妇不许有私产？父亲可以有私产？难道子妇不是人吗……我们天天谈什么平等、自由，连这个小圈套都躲不脱，真是人类的羞耻啊！"② 吴贯因认为：生而为人，既是父母的子女，又是国家的人民。"既有双方之关系，则人类应有之权利，父母不得擅自剥夺之。而国家对于人民既予以得为权利主体之资格，即父母对于子女亦当予以得为权利主体之资格"。子女不能别籍异财，实际上是否认子女的人格而视之为附属品。所以，随着人权的昌明，"人民既得对国家而有私财，即亦得对父母而有私财"。至于兄弟叔侄之间更是如此。传统的大家庭"以共产为美"，反而常起纷争，有碍孝道。如果能真正相爱，异居异财并不损害孝道。③ 这种看法体现了近代人权意识和法制内涵。陈独秀进而分析了"财产"与"人格"的关系，认为：

　　　　现代生活以经济为之命脉，而个人独立主义乃为经济学生产之大则，其影响遂及于伦理学。故现代伦理学上之个人人格独立，与经济学上之个人财产独立互相证明，其说遂至不可摇动；而社会风纪、物

① 高劳：《家庭之改革》，《东方杂志》第 14 卷第 4 号，1917 年。
② 易家钺：《中国的家庭问题》，参见《中国妇女问题讨论集》第三册，《民国丛书》第一编第 18 册，上海书店出版社 1989 年影印本，第 132—134 页。
③ 吴贯因：《改良家族制度论》（续），《大中华杂志》第 1 卷，第四期，1915 年。

质文明，因此大进。中土儒者，以纲常立教。为人子为人妻者，既失个人独立之人格，复无个人独立之财产。父兄畜其子弟，子弟养其父兄……人格之个人独立既不完全，财产之个人独立更不相涉……西洋个人独立主义，乃兼伦理、经济二者而言，尤以经济上个人独立主义为之根本也。①

家庭伦理的改造离不开国情，中国"父兄畜其子，子弟养其父兄"的状况与传统经济结构相关。几千年来，它作为传统孝道的基础而习以为常，在中国传统社会也可谓利弊互见，不必完全否定。陈独秀以西方社会为参照，批评了中国传统家庭的经济依附性，而期望代之以"经济上个人独立主义"。这虽在短期内不可能推广，却是一剂对症良方。故从经济基础阐释近代思想变动的李大钊相信，随着"新经济势力"的输入，自由主义、个性主义必将冲击家族制度，不但子弟、妇女要求解放，而且家长也会因经济原因"听他们去自由活动、自立生活了"②。这或许是预言中国未来家庭的基本趋向。20 世纪 50 年代以后，随着社会制度的沧桑巨变，父子之间的经济依附性不复存在，而民众对国家、政府的经济依附性达到了空前绝后的境地，陈独秀、李大钊等人期望的"经济上个人独立主义"并没有真正建立起来。

四　"有后"观念的松动

在现代人看来，传统"二十四孝"、"百孝"之类的道德楷模，倡导的多是愚孝行为，古代很少有人效法，他们只是作为道德理想主义的象征留在历史上。然而，同样不能忽视的是，有些愚孝行为和观念直至近代仍然流风不衰，比如流行于都市社会的"割股疗亲"。鲁迅指出：传统孝道的"旧学说、旧手段，实在从古以来，并无良效，无非使坏人增长些虚伪，好人多受些人我都无利益的苦痛罢了"。他认为，将来"迷信破了，便没有哭竹，卧冰；医学发达了，也不必尝秽，割股。又因为经济关系，

---

① 陈独秀：《孔子之道与现代生活》，《新青年》第 2 卷第 4 号，1916 年 12 月。
② 李大钊：《由经济上解释中国近代思想变动的原因》，《新青年》第 7 卷第 2 号，1920 年。

结婚不得不迟，生育因此也迟，或者子女才能自存，父母已经衰老，不及依赖他们供养，事实上也就是父母反尽了义务"①。在鲁迅看来，传统孝道的楷模已经不足为训，甚至孝养也未必真能实现。确实，随着社会变迁，"割股疗亲"式的愚孝行为已经日益丧失了存在的基础，20 世纪二三十年代以后迅速减少了。但是，有些孝道习俗，如传宗接代观念虽几经冲击，却依然挥之不去。

传统孝道与宗族观念密切相关，传宗接代是孝道的基本规范。孟子有"不孝有三，无后为大"的教训，成为中国人世代相传，不可逾越的孝道规范。在近代，人们突破这种教条的步伐要比摒弃愚孝行为缓慢而艰难。戊戌时期，梁启超、谭嗣同等人从保国强种的角度，主张禁早婚早育、反对纳妾，对"有后"观念仅有一些间接触动，还没有直接的震动。

五四时期，西方生育观念已在知识界传播开来。当时，欧美上流社会的许多人"已实行限制生育了"②，马尔萨斯的人口论也已经流播于五四知识界，在一些有关人口、婚姻的论著中，已涉及节育问题。有人认为，"产儿制限"对于妇女解放、改良种族，提高文化程度，消除饥荒、战争、疾病，根除弃婴、杀婴的罪恶，以至"改造社会，都是有利而且最必要的"③。此时最具象征意义的事件是 1922 年 4 月美国桑格夫人来华。她在赴伦敦参加"国际生育制裁大会"途中，应邀在京、沪讲演节制生育的理论和方法。她在北京大学的讲演由胡适担任翻译，听众座无虚席，盛况空前。桑格夫人将节制生育视为"人种改良"的途径，而且在演讲中感慨中国数千年来，"历来都是主张有后的，而且把男子看的很重，没有男子，只有女子，便只能算作无后的"，可是"对于人种的选择也没有研究出一个结果来"④。言语之间，对中国的"有后"观念不无讥贬。桑格夫人的演讲在京、沪知识界轰动一时，讲演稿广为流播，随后《妇女杂

①　鲁迅：《我们现在怎样做父亲》，《鲁迅全集》第一卷，人民文学出版社 1981 年版，第137、139 页。

②　《生育制裁的什么与怎样——美国珊格夫人在北大演讲》，见《中国妇女问题讨论集》第二册，《民国丛书》第一编第 18 册，上海书店出版社 1989 年影印本，第 135 页。

③　瑟庐：《产儿制限与中国》，见《中国妇女问题讨论集》第二册，《民国丛书》第一编第18 册，上海书店出版社 1989 年影印本，第 147 页。

④　《生育制裁的什么与怎样——美国珊格夫人在北大演讲》，见《中国妇女问题讨论集》第二册，第 137 页。

志》、《民国日报》副刊《妇女评论》、《时事新报》副刊《学灯》、《医事月刊》、《家庭研究》等报刊均开辟节育问题专号。在此背景下，五四知识界的生育观念已经松动，有的对"无后为大"的孝道规范也有所批评。

为了"有后"，古代有所谓"立后"礼制。易家钺讨论中国家庭问题时，对此进行了剖析，指出古人关于"立后"的主要根据，一是"主张大宗立后，小宗不立后"；二是"主张异居立后，同居不立后的"；三是"主张立后听令于神的"。然而，这些在现代社会均不能成立。现代虽有家族存在，却无大宗、小宗之分。而在现代家族社会中，"同居的极多，异居的极少"，要按照同居不立后的古礼，也就不应该立后了。"至于听命于神，更是荒谬绝伦。"当然，古礼也有主张"凡无子皆可立后的"，如清代礼学家秦蕙田所说。易家钺认为，这种主张也值得怀疑。他提出无子"不立后"也是可行的。"儿子不是因立后就不远千里而来的，此与生理上、精神上都有极密切的关系。"① 故在他看来，儿子的有无应顺其自然，不必把"有后"看得太神圣，以致借此纳妾。

传统"立后"习俗没有情理依据，而"无后为大"的观念更是危害深远。恽代英对比中西习俗："西国未有此无后之不孝罪，未见其亡国灭种。"而我国虽有此说，却"仍有独身者，不生殖者。盖此非人力所得而干涉"。他认为，孟子之言并无实效，而其危害则显而易见：妇女因未生育而受翁姑诮詈，受乡里讥笑，乃至因此而为夫纳妾，"故妇女之未产一男者，如终身负一大罪，踽天蹐地，无可自容。谁生厉阶，而至于此。故吾意孟子之言，非从根本上打破不可也"②。

"无后为大"的指责不只针对妇女，但加重了压迫妇女的氛围，并且使传统婚制及社会风俗积弊重重。吴虞对此进行了全面揭露：孝非有后不可，所以生子不待成年就有家室，导致早婚之弊，数千万男女陷于穷困，以度无聊生活；因有后之必要，妻苟无子，即犯"七出"之条，纳妾制度亦因之而起；有子才算有后又助长了重男轻女之风，溺女之风因之而起，男女人格自出生便有不同，将女子置于最劣弱的地位；男子娶妻是为

---

① 易家钺：《中国的家庭问题》，《中国妇女问题讨论集》第三册，《民国丛书》第一编第18册，上海书店出版社1989年影印本，第143—144页。

② 恽代英：《结婚问题之研究》，《东方杂志》第14卷第7号，1917年。

了有后，这样一方面是为父母娶的，另一方面是为有子孙娶的，自己全不能做主，那自由恋爱的婚姻，更说不上了。[①] 在 20 世纪 20 年代有关婚姻的讨论中，一些人重释了婚姻的本质，也批评了传统的生育观念。有的视爱情为婚姻的唯一目的，"至于生育，是婚姻下可能有的现象和质料，决不是婚姻的要素"。中国"无后为大"的观念则视生育为婚姻的目的，女性因之成为男性的"附属品"，乃至男子可以娶妾，不生育的妇女受翁姑虐待，人格遭受男性的蹂躏。[②]

中国俗语云："积谷防饥，养儿防老。"这体现了"有后"观念传衍不衰的社会机制。对此，五四时期有人也予以否定，认为"这是一种功利的卑劣的道德。要晓得家庭非为过去而存在，实为将来而存在。父母因欲子女之孝养，而爱护子女，养育子女，他的心地，不能称为纯洁高尚"[③]。这种偏激看法不能说全无道理，但"道德"不是空中楼阁，而是以现实生活为基础。近代中国社会的养老机制没有改变，宗族环境也无大变，"养儿防老"的观念就有其生存的土壤。这在一定程度上加大了更新"有后"观念的阻力。五四新观念启迪了一些青年学生，但还不能影响全局，国人传宗接代的孝道观念仍普遍存在，许多年之后仍然如此。直到20 世纪七八十年代，"计划生育"成为国策、国法之后，"有后"观念依然在农村一些地区根深蒂固，因"超生"而引发的官民冲突，乃至暴力和悲剧仍时有所闻。这类现象的复杂社会根源无疑值得人们注意和探究。

五　重释孝道德性

五四新文化人摒弃了传统孝道的虚伪性、封建性，同时从正面发掘孝道的德性内涵。对此，他们的具体阐释不尽一致。鲁迅主张父子人格平等，建立以幼者为本位的人伦关系。那么，这种关系的基石是什么？他认为："我现在心以为然的，便只是'爱'。""独有'爱'是真的……因为父母生了子女，同时又有天性的爱，这爱又很深广很长久，不会即离。现

---

① 吴虞：《说孝》（1919），《吴虞集》，四川人民出版社 1985 年版，第 176 页。
② 陈德征：《婚姻和生育》，原载《妇女杂志》，参见《中国妇女问题讨论集》第四册，《民国丛书》第一编第 18 册，上海书店出版社 1989 年影印本，第 207、211 页。
③ 李光业：《家庭之民本化》，《中国妇女问题讨论集》第三册，《民国丛书》第一编第 18 册，上海书店出版社 1989 年影印本，第 247 页。

在世界还没有大同，相爱还有差等，子女对父母，也便最爱，最关切，不
会即离。所以疏隔一层，不劳多虑"①。这种观点也体现在周建人的论述
中："家庭生活在生物学上来说，是一个生育及培养子女的自然组织，含
着配偶的爱和亲子的爱为要素，到了人类因养育和训练的时间加长，家庭
也变了久长而且稳固……将来如儿童公育问题见诸事实，和个性的益益发
展，自然更有变化发生，然家庭生活却并不因此完全涣散，真是幸福友爱
的家庭，便在没有牵制压迫的自由里面。"②他根据生物学原理，深信家
庭的基石是"配偶的爱"和"亲子的爱"。

　　与此同时，一些论者阐发了传统学说的仁爱思想。吴虞提出"以和代
孝"。他引用老子"六亲不和有孝慈"一语，认为"六亲苟和，孝慈无用，
余将以'和'字代之。既无分别之见，尤合平等之规，虽蒙'离经叛道'
之讥，所不恤矣！"③吴虞"以和代孝"契合于儒家的仁爱学说，只是仍然
缺乏权利和义务规范，带有道德理想主义色彩。在有的论述中，"爱"作为
长幼关系的基石，既与儒家的"仁爱"相通，又融入了现代观念，如谓：

　　　　孝者无他，用爱最挚之一名词而已。古之人父与父言慈，子与子
　　言孝，慈与孝合而为人类用爱最挚之一名词。非如南宋以后人之脑
　　子，合忠孝为一谈，一若言孝而有家庭服从之组织，隐隐寓于其
　　中……岂知古人之孝，固与古人之慈，为相对之义务，为道德原动力
　　所自生，不分乎古今中外，为人类公有之性也。

　　这些言论不仅回归孔孟的"父慈子孝"，而且也融入了现代观念，认
为"孝之名即不存，以博爱代。父与父言博爱，慈矣。子与子言博爱，
孝矣"④。孝道由此得到新诠释。鲁迅对"爱"作了更明确、全面的阐释。
他认为扩张"天性的爱"，则父母对于子女，"开宗第一，便是理解"，应

① 鲁迅：《我们现在怎样做父亲》，《鲁迅全集》第一卷，人民文学出版社 1981 年版，第
137 页。

② 周建人：《家庭生活的进化》，《中国妇女问题讨论集》第三册，《民国丛书》第一编 18
册，上海书店出版社 1989 年影印本，第 209 页。

③ 吴虞：《家族制度为专制主义之根据论》，《吴虞集》，四川人民出版社 1985 年版，第 66 页。

④ 稚：《说孝》，《东方杂志》第 13 卷第 11 号，1916 年。

真正知道孩子的世界。"第二，便是指导。""长者须是指导者协商者，却不该是命令者。"长者应该指导幼者养成健康的体力，纯洁高尚的道德，"广博自由能容纳新潮流的精神"。"第三，便是解放。"对子女应尽教育的义务，培养其独立能力。同时也应解放之，使之"成一个独立的人"①。显然，这样的爱与儒家仁爱已不完全相同，而是以现代观念和知识为基础。

孝道之"爱"是双向的，既体现为鲁迅所论父母对子女的爱，又当见诸子女对父母。陈独秀在 1920 年回顾新文化运动时认为："我们不满意于旧道德，是因为孝弟底范围太狭了……所以现代道德底理想，是要把家庭的孝弟扩充到全社会的友爱。现在有一班青年却误解了这个意思，他并没有将爱情扩充到社会上，他却打着新思想新家庭的旗帜，抛弃了他的慈爱的可怜的老母。这种人岂不是误解了新文化运动的意思？因为新文化运动是主张教人把爱情扩充，不是主张教人把爱情缩小。"② 陈独秀否定传统孝道的不平等性和依附性，却没有忽视道德的基石——"情感"。他们不自觉地寻求孝道的本原，试图使孝道的现代阐释与回归德性统一起来，升华为普遍的、永恒的道德理念。

五四思潮对青年学生产生了明显影响，"非孝"言论在一些城市激起了层层波澜。比如，杭州的青年学生（主要是省立一中、省立甲等工业学校和第一师范的学生）于 1919 年 10 月间创刊《浙江新潮》。该刊第二期发表了一师学生施存统（施复亮）的《非孝》一文，响应吴虞、陈独秀的主张，"要打倒不合理的孝和行不通的孝，并不意味着对孝的全面否定"③。施存统回忆说：

> 我写了"非孝"以后，本来打算还有一篇"我为什么做不孝的儿子"，以说明我的家庭生活和反抗孝道的原因，可是那篇文章再没有机会发表了。那时我的意思很简单，就是反对不平等的"孝道"，主张平等的"爱"。对于这个问题我并没有用历史观点来分析说明，

---

① 鲁迅：《我们现在怎样做父亲》，《鲁迅全集》第一卷，人民文学出版社 1981 年版，第135—136 页。

② 陈独秀：《新文化运动是什么?》，《新青年》第 7 卷第 5 号，1920 年 4 月。

③ 姜丹书：《〈非孝〉与浙江第一师范的反封建斗争》，《五四运动回忆录》（下），中国社会科学出版社 1979 年版，第 758 页。

只是一种对封建礼教的反抗。"孝"是封建道德的代表，它是巩固封建家庭制度的主要支柱。而封建的家族制度又是封建专制政治的基础。"孝"字教条，造成家长对子女的独裁统治，并且最终驱使人民做封建统治者的奴才。[①]

《非孝》一文与《新青年》的思想基本一致，于 1919 年 11 月发表后，立即在杭州引起轩然大波。"反动军阀政府和省议会的议员老爷们大为震动，认为这是洪水猛兽，大逆不道的邪说。在省议会里一片喧嚷，要求找出一个'罪魁祸首'来。"北洋军阀政府指责该刊"主张家庭革命，以劳动为神圣，以忠孝为罪恶"，发电报给浙江省当局，指令"查禁《浙江新潮》"，施存统等人被迫潜离杭州。[②] 该刊被查封后，不得不转到上海出版。一师校长经亨颐和几位教师因"教学无方"，也被迫离校。

但杭州青年的言论得到陈独秀等人的支持。1920 年年初，陈独秀在《新青年》发表"随感"，肯定《浙江新潮》的《非孝》及另一篇批评杭州四家报纸的文章"天真烂漫，十分可爱，断断不是乡愿派的绅士说得出的"。他希望这班"可爱可敬的小兄弟"不要因刊物被封而气馁，要"永续和'穷困及黑暗'奋斗，万万不可中途挫折"。他还寄望于国内的大学生、海外归来的留学生、还有"死气沉沉"的女学生，都起来一起奋斗。[③]

在"风气闭塞，顽陋任事"的成都，吴虞遭受了巨大压力。吴虞自称与成都教育界守旧势力宣战了二十年，"备受艰苦"。最初，社会上对其《说孝》一文，"颇多反对，甚至于卫戍司令部"控告吴虞为"过激党"。《新青年》初到成都时，不过销售五份，其中包括吴虞及其学生孙某各购一份。五四运动之后，成都风气渐开，推崇陈独秀、胡适的学说者尤多。从 1919 年"双十节"至年底，胡适的《中国哲学史大纲》（卷上）

①　施复亮：《五四在杭州》，《五四运动回忆录》（下），中国社会科学出版社 1979 年版，第 755—756 页。

②　倪维熊：《〈浙江新潮〉的回忆》，《五四运动回忆录》（下），中国社会科学出版社 1979 年版，第 738—739 页。

③　陈独秀：《随感录·〈浙江新潮〉——〈少年〉》，《新青年》第 7 卷第 2 号，1920 年 1 月。

销售额已达五千余元。① 这成为五四思想扩散、传播的缩影。改造孝道思潮在 20 世纪二三十年代文学作品中得到充分体现，冲破家庭束缚、建立新型长幼关系成为典型的文学题材。这些作品又反过来滋润着新伦理、新风俗的成长。

20 世纪 20 年代，知识界对于现代家庭伦理进行了广泛讨论，他们以西方平等、自由学说为依据，对家庭人伦关系和生活方式提出了具体主张，比如：以小家庭的分居制取代旧式大家族制度；以男女平权、父子人格平等来改造片面的贞节道德和孝道；有的也提出将家庭改制与社会改造统一起来，在新社会建立新型家庭伦理，其中激进的无政府主义、新村主义者甚至设想废除家庭。这些主张对社会各界、尤其是青年学生产生了不同程度的影响。新思潮与社会风气形成了交融、合流之势，促进了 20 世纪 20 年代以后新风俗的形成。另外，新思潮与民间习俗仍存在许多差异，其异同离合体现在诸多方面，如居家礼俗、丧葬之礼和祭礼等等，情形不可一概而论。

第三节　居家礼俗：关于家庭制的调查和分析

孝道见诸于日常生活，孔子曰："生，事之以礼；死，葬之以礼，祭之以礼。"② 子女对父母应尽孝于生前身后，范围很广。事生之礼就涵盖"养"、"敬"、"安"、"卒"等不同层次。比较而言，儒家认为，"养可能也，敬为难；敬可能也，安为难；安可能也，卒为难"③。这些行为均要求孝子随侍父母左右。

中国传统社会崇尚大家庭，累世同堂被看作孝道的体现和理想的家庭模式，"别籍异财"则是不孝行为。历代政府仍把世代同居当作孝行，朝廷以法律、诏令形式维护大家族制度，唐玄宗、唐肃宗、宋太祖、宋真宗、辽圣宗等均颁布诏令，禁止亲属分居。历代关于百口之家的记载也不

---

① 吴虞：《致胡适》（1920 年 3 月 20 日），《吴虞集》，四川人民出版社 1985 年版，第 590 页。

② 《论语·为政》，《四书五经》（上），中国书店出版社 1985 年版，第 5 页。

③ 《礼记·祭义》，《四书五经》（中），中国书店出版社 1985 年版，第 262 页。

少见。一些帝王对其典型加以褒奖，如雍正初年，朝廷"复准湖广黄冈县民，八世同居，家逾百口，闺门雍睦，给予建坊银三十两，表其门曰：八世同居之门"①。乾隆帝下江南时，听说海盐有一个陈姓人家，十代数百人同居，乃亲自登门，亲手题赐"百忍堂"匾额。虽然大家庭得到封建政府的褒扬，但复杂的人际关系有目共睹，家庭成员唯以忍让为尚，身为皇族之首的帝王也觉其难。

近代以来，数十百人的大家族日益减少，但宗族观念牢不可破，数代同堂的小家族（大家庭）仍然普遍存在。不过，有些所谓几代同堂已经徒有其表。吴虞云："近代以来，大家族渐散为小家族。一门之内，兄弟数房，上有老亲，下有幼辈，诸姑伯叔，济济盈堂，骛同居之美名，而不顾家道之多艰，甚至勃谿诟诲（侮），不能一日安居，此小家族之现象，大抵如斯。而吾国至今未有真家庭者，家族制度为之梗也。"②"百忍"不是人所共有的道德涵养，大家庭既然不能安居，势必从内部驱使家庭成员求变。

从清末到五四，介绍西方家庭理论和状况的论著增多。知识界注意到西方小家庭多由一夫一妇及未成年子女组成，故以西方为模式，提出了建立小家庭的主张。民国初年，有人描述美国的家庭："美国家庭融融泄泄，一小天乡也。""家庭之于主翁，如安乡乐土，家庭为女子健全境地，家庭为社会分子，并为其代表，家庭即主妇，主妇即家庭，家庭为发展其学识知能之窗户。"③中西对照开阔了人们的认识视野。五四之际，西方家庭理论大规模输入进来，如 1920 年，易家钺编译了美国社会学家爱尔华特的《家庭问题》，又在《婚姻与家庭》等文中介绍了摩尔根、恩格斯的家庭理论。1921 年他出版《西洋家族制度研究》一书，把社会组织分为"种族的结合"、"氏族的结合"、"大家庭的结合"、"小家庭的结合"和"个人的结合"五个发展阶段，认为未来的世界将从第三期或第四期转到第五期，既维持社会秩序，又尊重个人自由。瑟庐主张的家庭革新论，一方面揭露了父权制大家庭损害个人人格、养成子女的依赖心；另一

① 《大清会典》（雍正朝）卷之六十六"礼部十二"，文海出版社影印本，第 4266 页。
② 曾兰（吴虞代作）：《女权平议复唐氏》（1917 年 1 月），《吴虞集》中，四川人民出版社 1985 年版，第 466 页。
③ 彬夏：《美国家庭》，《妇女杂志》第 2 卷第 2 号，1916 年 2 月。

方面则以西方社会为参照，看到"欧美的近代文明，可以说都是个人发展进步的结果，然在中国，个人的自由都被家庭所束缚，个人的发展，都受家庭的阻害"①。严恩椿明确提出建立欧美式的小家庭，这就是：第一，分居。新家庭仅限于夫妇及未婚子女两代人；第二，自由婚制。男女以感情为基础，婚姻自主；第三，各小家庭在经济上保持独立。② 这些见解显然与西方家庭理论的传播分不开。

知识精英反对大家庭制度成为潮流，但具体设想并不一致。1915 年，吴贯因就指出，世代同居造成子弟在生计上依赖于家长，不但导致一家经济困难，而且也为"国民经济之障碍"。故他认为"中国家族之组织固宜以夫妇幼子为基础，而子对于亲当负扶养之义务。若遇不能分居之时，子与亲又有同居之义务焉，此其家族之范围也"③。他实际上主张小家庭，又未完全否定几代同居，主张视实际需要而定。民国初年，欧美式小家庭尚非一般人的理想模式，大多数人仍倾向于对旧式家庭加以改良，兼顾中国传统和国情。杜亚泉的言论具有代表性，他认为"新家庭之胜于旧家庭者，确有数端"："一家庭间无压制拘束之苦；二策励青年之独立；三减轻为父母者晚年之责任；四减少早婚及无能力之男子滥育子女之害。"但在他看来，青年男女分居后因无长者监察，易陷于虚荣、奢侈之习，而父母则易陷于孤独之苦，暮景萧条，故他提出改良旧家庭的折中办法：除戒早婚、慎重择配之外，子女成婚之后，父母"须与以宽大之自由，勿以旧时服劳奉养之礼绳之。事非有重大之关系者，不加干与，以重子妇之人格"。同时，父母与子妇之间，经济上负互相辅养之义务。"父母无资产，而子有相当之收入，则称有无以养父母；父母有资产，而子无可恃之职业，则量丰啬以给子妇。"④ 他大体上肯定分居析产的小家庭，但强调父母与子女之间相互扶助，与新文化人倡导的经济独立有所不同。这类主张大体上是对传统家庭制度进行改良，而非彻底地改造。

此外，一些人侧重于认识旧家庭制度的危害。严椿恩在讨论各国家庭进化问题时，也指出中国大家庭的五种弊端：

① 瑟庐：《家庭革新论》，《妇女杂志》第 9 卷第 9 号，1923 年 9 月。
② 严恩椿：《家庭进化论》，商务印书馆 1917 年版，第 52 页。
③ 吴贯因：《改良家族制度论》，《大中华杂志》第 1 卷第 3 期，1915 年。
④ 伧父：《男女及家庭》，《东方杂志》第 14 卷第 1 号，1917 年 1 月。

一曰有损于名教。不得挈眷远行，以致内怨外旷，发生种种不道德之行为也；二曰有损于经济。家人依赖，其宗产多分利而少生利之人也；三曰不宜于环境。家人多则意见不齐，血系疏则利益各殊，姑媳妯娌间之口角纷争以此而时有也；四曰不宜于教育。祖父母等过于溺爱其孙曾，而父母之命令有时不行也；五曰不宜于卫生。人口过于拥挤，对于卫生设施多所阻碍也。①

这些分析暴露了传统大家庭的弱点，为推广小家庭制提供了学理和舆论依据。五四之际，知识界进一步揭露了大家庭制对人伦关系的危害。有的指出：

> 同居共产，自表面言之，似不失为孝悌。不知各人有习于勤俭，有好为奢侈；有笃守旧家风范，有崇尚新派政策；有重礼仪，有尚自由。凡此者，皆争端之所由起也……又以利害相反之故，弱者每被欺，强者必骄悍。妻强则虐妾，妾宠则辱妻；因前后异母之关系，则后妻之子，每凌其兄；因嫡庶关系，嫡兄长而庶弟幼，则庶弟亦每被欺于嫡兄。他如姑媳妯娌，人为之合，非天然者。翁有能力，姑可虐媳，子有能力，媳可欺姑，小姑恃宠，则可凌嫂。甚至父母以爱憎定子女优劣，得宠者凶恶，失宠者怨愤。循环报复，将无已时。自戕杀人，亦所常见。一言蔽之，同居之害也。②

他们否定同居共产的大家庭制，而提倡代之以小家庭生活方式。吴虞认为："所谓小家庭者，即夫妇同居，对于子女，仅负教养之责任。子女成人后，即离父母而自构新家庭是也。"而传统"小家族之父母对子女负无限之责任，子女成人后，由父母为之成家，仍附属于旧家庭中"。这种制度"为害于国家，在今日实为最烈"③。吴虞设想的小家庭制淡化了经

---

① 严椿恩：《家庭进化论》，商务印书馆1917年版，第44页。
② 启明：《中国家族制度改革论》，《青年进步》第25册，第16页，1919年7月。
③ 曾兰（吴虞代作）：《女权平议复唐氏》（1917年1月），《吴虞集》，四川人民出版社1985年版，第466页。

济关系，显然与杜亚泉的设想不同，而更接近于西俗。不过，无论他们是否将经济互助看作父母与子女间的基本道义，都没有反对"别籍异财"。

在五四以后的舆论中，家庭大小则几乎成为新旧分界的标志之一。有人指出：新家庭与旧家庭的第一点不同之处就是"分居"，"英语 Family，其范围限于父母子女，若我国之合族同居，则谓之 Clan。分居之利，在于团体小，精神贯澈，凝结坚固，故孝慈之行，较之大家庭仍可不衰"。分居不仅与中国孝道不矛盾，而且能容纳近代精神。他们列举"新旧家庭之比较观"：

> 旧：束缚子孙之自由，故不能造出有思想能发达个性之人。
> 新：思想自由，个人自营生活，可由个人之个性决定；
> 旧：专制主婚，子女之快乐大半为之限制。
> 新：婚姻自由，智识道德可随个性而结合，并早婚之制尚可由社会裁制；
> 旧：合族同居，易生人之依赖性，并家庭不睦之事，最易发生。
> 新：分居独处，养成自立心，且家庭不和之事莫由发生，因既无利害之关系，又无挑唆之人。①

此时家庭观念的迅速变化虽与近代社会经济变迁相关，但主要受五四思潮的推动。周建人后来说："中国的旧家庭制度，只适宜于孤独隔离，而不适交往过繁，过繁便失其稳固。"晚清兴办学校，西学东渐，"展开了人的眼光，觉得中国的家庭制度，不是独一无二的组织"，而是一种古罗马的旧制，于是起了怀疑。辛亥革命导致的政治变革，也动摇了传统纲常的基础。② 在周建人看来，社会因素似乎并不像人们估计的那么重要。他认为，"中国近来改变的发动，大半是观念上的改变，和个人自己的挣

---

① 邰光典、宝贞：《新家庭》，《中国妇女问题讨论集》第三册，《民国丛书》第一编第 18 册，上海书店出版社 1989 年影印本，第 211—214 页。

② 周建人：《中国旧家庭制度的变动》，《中国妇女问题讨论集》第三册，《民国丛书》第一编第 18 册，上海书店出版社 1989 年影印本，第 232—233 页。

扎，不是社会上工业等发达影响到家庭上来"①。就五四知识界来看，思想新潮较之经济变动更为直接而明显，他们的感受并非毫无根据。

五四以后，新观念广泛流播于青年学生之中，更新了孝道的内涵。20世纪20年代初，陈鹤琴曾调查青年学生的婚姻状况和婚姻观念，也涉及孝道。调查显示：绝大多数青年学生均已摒弃"不孝有三，无后为大"的观念。在148份答卷中，认为即使结婚多年妻子未育，也不会娶妾的占81.76%，要娶妾者11.49%，未定为6.75%。反对娶妾的理由不一：有的认为假使她不生育，还会有别人生育；有的说，"娶妻不全是为生育，却有互助的意思在里面"；有的说"我是基督徒"等等。虽主要出于否定多妻制和尊重妇女人格起见，却折射出孝道观念的变化。②

同时，人们不再崇尚大家庭，"父别居"与孝道已经不是根本对立了。在社会学者潘光旦的主持下，上海的《时事新报》《学灯》编辑部于1927年6月进行了三次问卷调查，共收到答卷317份。答卷人女性44人，男性273人；答卷人大学文化程度者为36.6%，中学文化者占49.8%，小学文化及其他为13.6%，主要是江浙两省受过中等教育的中下层人士（见表3—1）。

表3—1   关于家庭制的调查

调查问题	态度	性别		总人数	百分比
		男	女		
中国之大家庭制度有种种价值，允宜保存	赞成	79	12	91	29%
	不赞成	194	32	226	71%
欧美之小家庭制有种种价值，宜完全采取	赞成	106	20	126	40.5%
	不赞成	162	23	185	59.5%

---

① 周建人：《家庭生活的进化》，《中国妇女问题讨论集》第三册，《民国丛书》第一编第18册，上海书店出版社1989年影印本，第208页。

② 陈鹤琴：《学生婚姻问题之研究》，《东方杂志》第18卷第5号，1921年3月。又见李文海主编，夏明方、黄兴涛副主编《民国时期社会调查丛编·婚姻家庭卷》，福建教育出版社2005年版，第1—33页。

续表

调查问题	态度	性别		总人数	百分比
		男	女		
欧美之小家庭制，可以采用，但祖父母与父母宜由子或孙辈轮流同居奉养	赞成	174	31	205	64.7%
	不赞成	99	13	112	35.3%
采取小家庭制，祖父母与父母之生计，由子或孙辈担任，但不同居	赞成	167	27	194	61.8%
	不赞成	104	16	120	38.2%

　　资料来源：潘光旦《中国之家庭问题》，《潘光旦文集》第一卷，北京大学出版社1993年版，第94、97—98页。

　　可见，多数人已不主张保留大家庭制度，占调查人数的71%。但是，许多人却不赞成完全采用欧美小家庭制。换言之，大多数人赞成小家庭制，却仍主张孝养父母。总的来看，近代中国与西方一样出现了小家庭趋势，但两者伦理内涵仍有差异，中国"回报"型孝道特色并无根本变化。当然，如何传承中国孝道，看法又因人而异，有的主张轮流同居奉养父母，有的主张供养父母而不同居。总之，"别籍异财"为"非孝"的观念已经开始动摇了。

　　在此潮流中，中国家庭规模的缩小成为必然趋势。关于中国家庭规模，有研究者指出："八口之家"是古代普通农家的理想规模，然而，"清代家庭的平均规模却和历代一样，仍只是五口左右而不是八口"[1]。根据民国时期的人口统计资料，从中华民国元年到20世纪30年代，一般家庭的规模仍然是五口左右，并无明显缩小，有些地区甚至略有增加。[2] 社会学者李景汉主持的调查统计云：1930年，河北定县"65村内5255家，共计30642口，平均每家人口数为5.8。这大约能代表华北家庭之平均大小"。其中以4口之家最多，其次为5口之家。"由此看来，中国虽属大

　　[1]　姜涛：《中国近代人口史》，浙江人民出版社1993年版，第315页。
　　[2]　邓伟志综合各家调查，认为"五四时期绝大多数地区的平均家庭规模为4—6人，北部地区略高于南部地区"。见《近代中国家庭的变革》，上海人民出版社1994年版，第102—105页。

家庭制度，而不满 6 口之家庭数目超过家庭总数之半，占 55%。不满 11 口之家庭占家庭总数的 91%。超过 10 口之家庭仅占 9%，超过 15 口之家庭数目极少"①。在这些统计各有其依据和可靠性，但与近代新伦理观念的扩散并不矛盾。因为，影响人口统计的因素很多。历代的统计不可能绝对精确，难以体现家庭规模的变化；虽然古人崇尚累世同居的大家庭，而这类家庭所占比重微弱，其变迁也不能完全反映在人口统计中。

事实上，20 世纪二三十年代以后，无论是平民阶层，还是巨绅大贾，都渐渐接受小家庭模式。数世同居也不再受到政府、舆论的提倡，一些地方志民俗资料对此亦有记载，在河北高邑县：

> 唐代张氏九世同居，古今罕见，故侈为美谈。是家产之分析早已听人民自由矣。本邑习俗，多按兄弟平分家产。析产时，约同家族长辈或乡邻中之洞达事理者，将家产均配数份……分定后，书立字据，曰"分单"。各执一张，以为凭证。②

在清代，民间主张多子分家的俗语不多，民国以后则很常见。如陕西中部县志载："树大分枝，儿大分居。女大不中留，留下结冤仇。儿不在分，女不在赔。"③ 民俗资料对此有不少记载，如山东"今则小家庭突多，男女成婚后即别创门户，结婚、离婚可以自由，女子有继承权，无子者异性执有遗嘱，亦得继承"④。可见，现代家庭观念和生活方式，不仅在市民社会流行起来，而且已经逐渐流播于农村地区。

社会学者陈达在 1946 年指出："据可靠的实际资料，目前大家庭有逐渐减少的趋势了……至于亲属及戚属同居的情形，目前也不如往日普

---

① 李景汉编：《定县社会概况调查》，中国人民大学出版 1986 年重印版，第 135—136 页。

② 《高邑县志》（民国三十年铅印本），《中国地方志民俗资料汇编》（华北卷），书目文献出版社 1989 年版，第 110 页。

③ 《中部县志》（民国三十三年铅印本），《中国地方志民俗资料汇编》（西北卷），书目文献出版社 1989 年版，第 143 页。

④ 《牟平县志》（民国二十五年铅印本），《中国地方志民俗资料汇编》（华东卷·上），书目文献出版社 1995 年版，第 249 页。

遍了。"① 潘光旦论述父权制受到冲击时也印证了这一点。他在20世纪30年代云："中国老人的地位，最近二三十来已经变动了不少，也是可以无疑的。近海的省区和较大的都市，此种变迁尤为明显。大率一般老人未必即因此而遭遇多量的痛苦，但是家长的权威却降低了不少。"② 家长权威的失落与小家庭趋势无疑是密切相关的。

第四节　丧礼改革

孝道以亲亲之情为基础，一般来说，丧亲之痛是不言而喻的。同时，古人相信灵魂不灭，鬼神世界一如生人。这是人们极重丧礼，且儒家强调"死，事之以礼"的心理基础。在历代风俗积淀中，无论贫富贵贱，都把丧礼当作极重要的大事。然而，传统孝道包含愚昧、虚伪的内容，"二十四孝"的事迹是这样，丧葬之礼也是如此。民间丧礼繁简有差，因家境和地方习俗而异。一些官宦绅商之家的丧礼极尽铺张奢华，却不一定包含孝道内涵。但从主流来看，传统丧礼仍然是孝道的重要体现。许多贫困乡民不惜借债、甚至破产"举丧"，根本上是为了"尽孝"。数千年来，有识之士对丧礼颇多议论，也不乏简化丧礼的呼声，但如何将丧礼与孝道从思想上加以区分、廓清，则成为近代知识精英的历史使命。

历代关于丧礼的规定不完全一致，定形于周代的古礼始终是备受推崇和效法的准则。其中有些原则，如"三年之丧"、服制等规定成为体现孝道的礼制：守服期间，为官者一般要"丁忧三年"，士人不得应试。一般平民也不得有庆吊、婚嫁之事，服色尚素。此外还有诸如男子百日内不剃发，女子去簪珥等规定。各地具体内容或有差异，而守服是必不可少的。

清代品官丧葬各有定制，棺木、祭奠、封树、墓园等均各有等差，不得僭越。不同阶层的丧礼也有差异，有的方志载，"丧葬，士宦家自遵典

---

① 陈达：《近代中国人口》（中译本）第33页，转见姜涛《中国近代人口史》，浙江人民出版社1993年版，第317—318页。

② 潘光旦：《祖先与老人的地位——过渡中的家庭制度之二》，《华年》第5卷第37期，1936年。

礼，乡俗礼多缺如"①。绅商群体庞大的地区，丧礼更为烦琐。上海为近代繁华商埠，"一年之中，必有两次不为死人吊，专引生人笑，惊天动地之大出丧。此诚上海之特别现象，最足证明流俗心理人不为己之奇拙也"②。如近代闻人盛宣怀民初在上海去世，出丧盛况空前，共花费 30 万银元，被称为"丧仪绚烂满长街，今古中西一例排"③。正如当时舆论所讥，这类丧葬不过是炫富，而非举哀。上海奢靡习俗波及贫民，所谓"贫农做七也开丧，吊挂徽门摆道场。正昼管弦声闹热，深宵灯烛热辉煌"④。京城门户、富商集中的天津也不逊色。康熙年间方志载："其服制，男女俱遵《家礼》而行，迩来渐趋浮靡，以亲友多为盛。出殡之日，纸人、竹马、彩童、花架，观美之费不一。"⑤ 直到民国年间，天津的奢靡之风仍相当严重，"养生送死之具多失之奢侈，富者倡之，贫者思效，其弊由来旧矣"⑥。竹枝词云：

> 贫家丧葬慕虚荣，借债仍将局面撑。
>
> 赁得官衔牌几对，约人执拂赖朋情。
>
> <small>交游不广之家，有托亲友辗转约人送殡者。</small>
>
> 事无红白竞奢华，八碗仍将鸭翅加。
>
> 喜酒要多丧亦饱，笑询知客菜谁家。
>
> <small>喜庆事为红事，丧事为白事。邑人办事仍用八大碗以待客。为亲友家帮忙者为知客。⑦</small>

各地丧礼仪节有差，而虚文缛节、迷信禁忌则是共有特征。清末民初，长沙普通家庭的丧事大致是：某家有人快死时，一定要到纸札铺里买

---

① 《永城县志》（光绪二十九年刻本），《中国地方志民俗资料汇编》（中南卷·上），书目文献出版社 1991 年版，第 136 页。

② 胡朴安：《中华全国风俗志》（下），河北人民出版社 1986 年版，第 214 页。

③ 余槐青：《上海竹枝词》，《上海洋场竹枝词》，上海书店出版社 1996 年版，第 267 页。

④ 秦荣光：《上海县竹枝词》，《中华竹枝词》（二），北京古籍出版社 1997 年版，第 855 页。

⑤ 《天津卫志》（康熙十三年本），《中国地方志民俗资料汇编》（华北卷），书目文献出版社 1989 年版，第 41 页。

⑥ 王守恂：《天津政俗沿革记》卷十一，1938 年天津刊本，第 1 页

⑦ 冯文洵：《丙寅天津竹枝词》，《中华竹枝词》（一），北京古籍出版社 1997 年版，第 493 页。

回一篓子白纸，等病人断气的时候焚烧，叫倒头纸。还要准备纸札的轿子，在死者上路时焚烧。然后，死者的儿子到五服以内的人家里磕头报丧。殓好后才发讣闻。讣闻的形式起头几句总是"不孝某某等，罪孽深重，不自陨灭，祸延显考"等等，"再把他父母的生年死月，享年多少，何日成服，家奠，堂奠，及出殡的日期说明"，爱讲究的还要把父母的事略做篇文章，以便别人做挽联，后面排着一大群人的名字。"孝子穿的衣服是一件白布衣，衣的边是散的，一顶高粱帽子，帽子上头是把白纸剪成一根根的丝缠着的，一个大麻布披头，一根草索，做腰带缠着，脚上穿一双草鞋"。其他儿媳妇、侄、孙等丧服有差。衣服更好了，礼生赞孝子扶杖出丧次，"这根杖，是古人杖而后能起的意思"。成服礼之后，孝子要到灵柩前痛哭一场。然后是正祭，祭文是照例要长的。正祭之后，才是堂祭，亲戚参与。复次才是乡里平素朋友的吊。长沙一般人家出殡的时候，多半没有铭旌，只有些旗帜。灵柩的前面，有一个人提着一些纸钱，走几步，放一点，名为引路钱。次是灵柩，次是鼓乐、孝子、亲戚等。① 家境不同，丧事的排场也不一样，焚烧的冥器有多有少，有些还请僧人、道士来念经、做道场，多则七天，少则三天。

清末戊戌以来，知识界渐兴改良风气，丧礼形式也开始渐变。1897年以后，《申报》、《中外日报》、天津《大公报》等报纸已频频刊载讣告。少数开明家庭已简化丧礼，减少迷信成分。如1903年留洋学生李家鏊公开谢绝其妻葬礼中的一切赙助；1905年，李叔同摒弃旧式丧礼，为母亲举行别开生面的追悼会；1907年，状元刘春霖妻子的丧礼，也"不延僧道诵经，不用纸糊楼库，并不选择日期"。清末，为革命志士举行追悼会之事也见诸报端。北京巡警局还发布了禁售丧葬迷信用品的告示。② 不过，传统丧葬习俗依然盛行，改良风气还只是青萍之末。

改革丧礼成为民初社会生活的重要议题。1912年2月，蔡元培、宋教仁、李石曾、吴稚晖、唐绍仪等20余人发起社会改良会，其入会条件中包括婚、丧、祭等事"不作奢华迷信等举动"，"提倡心丧主义，废除

---

① 达聪：《长沙的风俗谈》，北京《晨报》1921年6月14日。
② 参见闵杰《近代中国社会文化变迁录》第二卷，浙江人民出版社1998年版，第336—343页。

居丧守制之形式"，"戒除迎神、建醮、拜经及诸迷信鬼神之习"，"戒除风水及阴阳禁忌之迷信"①。"社会改良会"章程汲取了清末以来的新思想、新主张。同时，有识之士撰文论说，或亲自实践，推动了丧礼改革。1918 年底，胡适在母亲病故后，实践了酝酿已久的"丧礼改良"，并引起了《新青年》等刊的讨论。五四时期，一些人开始从学理上重新认识孝道本质，指出传统孝道的落后愚昧性："即以'生事之礼，死葬之礼、祭之以礼'一条行之，已足以竭子女毕生之精力而有余，犹恐不及。父母在，则不许远游，游必有方。父母没，则又三年不许改其道，期必完全削夺子女之自由权而后已。"孝子"所谓志者，亦不过怕'罪孽深重，不自陨灭，祸延考妣'而已；所谓愚者，则真愚不堪闻矣"②。民初丧礼改革涉及面广，主要包括以下方面：

一　注重服制的真情实感

孝道源于血缘关系，因而作为孝道体现的守丧时间、服饰、礼节都根据血缘亲疏而定。按照孔儒说法，子生三年然后免于父母之怀，出于报恩，子女当为父母守丧三年，称为"斩衰三年"，是为"五服"之首。此外，孙子辈为祖父母服丧一年（称"齐衰"）、侄子辈为伯叔父母服丧九月（称"大功"）、为从祖父母服丧五月（称"小功"），最轻的丧服是"缌麻"。守丧时间、服饰粗细均依亲疏关系而定。子女"斩衰三年"应布衣粗食，不闻乐、不悦色，甚至应达到"居于倚庐，寝苫，枕块，哭泣无数，服勤三年，身病体羸，扶而后能起，杖而后能行"的地步。从本意来说，这些行为是丧亲悲痛的自然反应，当体现人伦关系的真情实感。然而，在数千年的演变中，这种教条化、强制性的规定已经偏离本意，导致丧葬形同演戏，流弊丛生。

正因此，历代不乏短丧主张，先秦墨家就以"节葬"、"非儒"、"非乐"而自成学派。清代以来，有识之士的短丧言论时隐时现，但传统服制的真正改革还在民国初年。这方面，知识精英的言行明显超前于社会民

　　① 蔡元培：《社会改良会宣言》（1912 年 2 月 23 日），《蔡元培全集》第 2 卷，中华书局 1984 年版，第 138—140 页。
　　② 张耀翔：《论吾国父母之专横》，《新青年》第 5 卷第 6 号，1918 年 12 月。

众。他们揭露了传统服制的弊端，也深入阐述了短丧理由。吴贯因指出守丧三年之弊：对个人而言，"人不徒有父也，而又有母，合父母之丧计之，则人之一生，必有六年之丧期"。如果加上祖父母之丧，则达到十二年之久。这些年居家守制，"不能为国家任一事，则一生建功立业之希望，从此已矣！"对国家来说，在万国交通，竞争激烈的时代，以国民壮盛之年华守制，"使同支床之龟，游釜之鱼，不能活动"，必然延缓国家进步，甚至导致亡国灭种。他们把服制与亲情、孝道区别开来，在思想上超越了古代短丧思想。"父母之恩，昔人称为昊天罔极，诚欲尽其孝思，则终身孺慕，犹不足报亲恩于万一，何况三年？以三年为期，亦何足言孝也……故孝亲之义，重在孝于生前，而不重在孝于死后。"[1] 胡适也说："为什么一定要守三年的服制呢？"他认为最好的办法是"丧期无数"，长短不一。而且，应打破古代严定等差的丧服制度，而由自己意愿来决定服制轻重。他说，"我的母亲是我生平最敬爱的一个人，我对他的纪念，自然不止五六个月"。"真正的纪念父母，方法很多，何必单单保存这三年服制？"胡适认为丧礼由繁趋简是自然的，不能说是退化。对其改良的办法，"一方面应该把古丧礼遗下的种种虚伪仪式删除干净，一方面应该把后世加入的种种野蛮迷信的仪式删除干净"，从而使之"近乎人情"，"适合于现代生活状况"[2]。

胡适的"丧期无数"说可谓发展了汪中的思想，得到吴虞、易家钺等人的赞同。吴虞认为，"胡适之君主张用《易传》'丧服无数'的古礼。他主张的理由，真是透辟极了"[3]。易家钺进而指出：

居丧制度，就是一种蠢笨的制度，早就该废去！不管是三年，一年，三月，三日，总而言之，我觉得拿算盘来算孝的数量，这种孝已不成孝。我从先说过：孝重在生前，不重死后；孝重在心坎里，不重在面孔上；还有一层，当的就孝，不当孝的还是不应孝，父母对我慈爱，那么欲报之德，昊天罔极，三年乃至七八年，二十年都嫌太

① 吴贯因：《改良家庭制度论》（续），《大中华杂志》第 1 卷，第 5 期，1915 年。
② 胡适：《我对于丧礼的改革》，《新青年》第 6 卷第 6 号，1919 年 11 月。
③ 吴虞：《说孝》，《吴虞集》，四川人民出版社 1985 年版，第 175 页。

短；父母不爱我，或者是我的仇人，那么一年，乃至一月一日，都嫌太长。我始终不赞成孝在数字上盘算，必须在良心上盘算。①

　　他赞成以感情为基础的心丧，而彻底否定了传统丧礼、服制，对孝道进行新的解释，使之回归于德性本质。这在当时看起来不免偏激，却有其合理性。

　　民初守制习俗已不复严格，甚至不存。吴贯因说："就实际而论，民国成立以来，几并丧期而无之，何况三年！其故由于三年之丧既不合于现在之时势，而国家又不别定期限，是以并居丧之制而全行破坏也。"② 除极少数士绅之家外，二三十年代以后守制习俗已基本废弃了。方志载："民国丧制，改三年之丧为二十七日，官不解职，士不缀考。自父母始殁以至除服，凡先圣、帝王所定一切之礼，悉废不用。此四千余年一大变也。"③ 福建大田县原有祀灵之俗以体现三年服制："丧事祀灵于家，服阙延僧道超度，始奉香火于祖祠……第习俗相浴，有名无实。稍裕之家，犹可于三年服阙，如礼告撤；贫而无力者，往往有延至数十年或数代。厅灵座之设岁满，堂上尘埃垢秽，特不雅观。近来社会改良，祀灵之习已渐少矣。"④ 有的地方甚至对于"丧祭，若有若无，至乃亲丧不奔，居然当官游宴，行所（若）无事"⑤。这类现象并非罕见，反映了服制废弛的基本情形。许多地区"丧服制度，沿用旧礼。孝子、孝妇衣白粗布（齐衰之服）、麻冠、白履、麻经，衣不缝边"⑥。许多地区，"民国以后，男子亦

---

　　① 易家钺：《中国的家庭问题》，《中国妇女问题讨论集》第三册，《民国丛书》第一编第18 册，上海书店出版社 1989 年影印本，第 160 页。

　　② 吴贯因：《改良家族制度论》（续），《大中华杂志》第 1 卷，第 5 期，1915 年。

　　③ 《新城县志》（民国二十四年铅印本），《中国地方志民俗资料汇编》（华北卷），书目文献出版社 1989 年版，第 331 页。

　　④ 《大田县志》（民国二十年铅印本），《中国地方志民俗资料汇编》（华东卷·下），书目文献出版社 1995 年版，第 1351 页。

　　⑤ 《蓝山县志》（民国二十一年刻本），《中国地方志民俗资料汇编》（中南卷·上），书目文献出版社 1991 年版，第 589 页。

　　⑥ 《张北县志》（民国二十四年铅印本），《中国地方志民俗资料汇编》（华北卷），书目文献出版社 1989 年版，第 150 页。

不待大祥而服除"①。偏僻地区也不例外，如甘肃高台县："齐衰与期服大致同，大功以下不依古礼。士绅家斩服以二十七月释服，平民有越三周年释服者。期功以下近亦多就简便，不尽如古礼。"② 城乡采纳西礼的程度存在差异，但服制趋简则大体相同。

二　简化虚文缛节

传统丧礼虚文缛节非常之多，如讣帖、雇人代哭、点主、孝服、做祭、祭文、出丧等各环节都要"做热闹、装面子、摆架子"（胡适语），似乎虚文越多越隆重，也越有孝心。乃至于"有钱的把钱花完，钱不够，就卖田，无钱的就借债"，如此"才对得起死者，才有面子"③。之所以如此，固然与孝道误区相关，同时也因为繁文缛节的虚伪性适应了某些"孝子"的需要。平时"无论怎样忤逆不孝的人，一穿上麻衣，带上高粱冠，拿着哭丧棒，人家就称他做'孝子'"④。胡适认为，这是虚伪可笑的。

丧礼由繁趋简与西礼西俗的传播相得益彰。清末西式"追悼会"（民国政府称为"公祭"）已传入中国，民初政府还规定了"公祭"礼仪，对一些有功于社会国家者举行"国葬"（如黄兴、蔡锷的国葬典礼）或"公葬"。在民初政府机关和上流社会，追悼会已日见增多。1912 年 8 月，民初政府公布的《礼制》规定："庆典、祀典、婚礼、丧礼、聘问，用脱帽三鞠躬礼。"⑤ 祭吊自然也由拜跪改为三鞠躬礼。1912 年 10 月，政府又公布了《服制》，规定穿丧礼服，男子于左腕围以黑纱，女子于胸际缀以黑纱结。这与传统丧礼向吊客散"孝帕"或白布的风俗不同，对丧家的斩齐缌麻之服产生了冲击。此外，追悼会上献花圈、奏哀乐均属西礼，与传统丧礼的祭仪、鼓乐也显然有别。追悼会的仪节较为简省，与传统的

---

① 《融县志》（民国二十五年铅印本），《中国地方志民俗资料汇编》（中南卷·下），书目文献出版社 1991 年版，第 949 页。

② 《高台县志》（民国十四年铅印本），《中国地方志民俗资料汇编》（西北卷），书目文献出版社 1989 年版，第 226 页。

③ 任右民：《丧礼的改革》，《新青年》第 7 卷第 5 号，1920 年。

④ 胡适：《"我的儿子"·我答汪先生的信》，《胡适文集》第 2 册，北京大学出版社 1998 年版，第 523 页。

⑤ 《中国大事记·公布礼制》，《东方杂志》第 9 卷第 4 号，1912 年 9 月。

"佛事"、"道场"格格不入。

民初政府颁布了婚丧礼仪，官方和城市趋新家庭多予采用，但尚未普及民间。"亡清以还，有所谓新式丧者，县人行之绝鲜。而军事及公务人员，因公殒命者，有追悼会，其仪尚简。"① 民国以来，"效西俗者则以黑纱缠臂为服，一扫历来斩衰、期功、缌麻之制，而齐民仍以循旧俗者为多焉"②。市民不乏接受西俗者，但因各地风俗参差，新旧混杂，丧服多有不伦不类现象。如天津："青衣白马喝高声，翎顶煌煌红帽缨。画像亦非民国服，男遵清制女遵明。（殡前有一伙着紫色马褂战裙、身负旨印令箭，并有红帽青衣似戏中之皂隶状，均骑白马高声威喝者，曰青衣白马。魂桥前六顶马蓝顶蓝翎，其余打伞提炉者亦多戴缨帽）。"③ 在新旧交替的过程中，守旧既不可能，从新又非一日可就。于是，丧服参差、混杂的现象也就不可避免。广大乡村接受西俗者不多，佩戴黑纱的西俗"用者无多，丧家男女仍着白袍。至花圈供奉灵座，则数见不鲜矣"④。

清末民初，知识精英参照西俗倡导简化丧礼。胡适办理母亲丧事时，便在讣告上删除"不孝□□等罪孽深重，不自陨灭，祸延显妣"等一套"鬼话"、"套语"、"虚文"，预辞了家庭亲眷准备送的各种锡箔、素纸、冥器、盘缎等物。胡适认为，祭礼的根据在于深信死后灵魂不灭，能继续享受饮食。现在既然不信这些，祭礼的意义则应"改为生人对死者表示敬意"。于是，他简化祭礼，将其分为本族公祭和亲戚公祭，仪节主要为：序立、就位、参灵、三鞠躬、读祭文、辞灵、礼成。"向来七八天的祭，改为新礼，十五分钟就完了。"到出殡时，"主人不穿麻衣，不戴帽，不执哭丧杖，不用草索束腰，但用白布腰带"⑤。胡适的做法在知识界引人注目，不过在城乡民众中反响不大。

① 《合江县志》（民国十八年铅印本），《中国地方志民俗资料汇编》（西南卷·上），第153 页。

② 王焕镳编纂：《首都志》下册，卷十三"礼俗"，上海书店出版社 1996 年影印本，第1136 页。

③ 冯文洵：《丙寅天津竹枝词》，《中华竹枝词》（一），北京古籍出版社 1997 年版，第 492页。

④ 《滦县志》（民国二十六年铅印本），《中国地方志民俗资料汇编》（华北卷），书目文献出版社 1989 年版，第 268 页。

⑤ 胡适：《我对于丧礼的改革》，《新青年》第 6 卷第 6 号，1919 年 11 月。

官方与民间、都市与乡村采纳西礼西俗的情形多有差异，但丧葬趋简从俭仍然是各地主要趋势。即使在沿袭传统的士绅社会，改良丧葬礼俗行为也不罕见。江苏武进县，"凶丧之礼，民国初年，少数士绅，曾有改革陋俗、力从节俭之举（如减少仪仗、不用僧道等）。行之未久，旋即复旧"①。有些地方如云南大理县制定了《丧礼改良风俗规则》，其中规定：

初丧报讣，可以托人。凡孝子以守灵为重，不得轻易出门。族长、后亲闻讣即至，不得延迟、借故需索厚殓及孝帛等类。

助丧筵席，或八簋，或四盘，不得用海菜，其向用素者仍照前规。至展奠日，一律照旧用素。

吊仪需有助于丧家，如米豆、盐糖皆有实用，其余祭席、祭帐、高供金升、银斗等，一概禁用。

送丧纸扎，徒费银钱，于死者无补，一律禁用。

奉帛以有服之亲为断，凡无服者一律不奉孝帛，不备孝衣，主丧之人不得任意刁难。

奉讣闻只可请人分送，不着孝衣，孝子不必亲身登门叩头。

中元送包及水礼，一概禁绝，有丧之家不得请客。

斋祭不用僧道。丧家旧有开咽喉、做拯济及五七、周年等道场，实属迷信，应宜禁绝。若为父母遗命，不忍不从者，只准致斋一日，不得请客，亲友毋庸多事送礼。②

这些温和的改良正是五四新文化人讨论丧礼改革的社会基础。在经历了五四思潮之后，各界改革的呼声也有所增强。有的方志指出："丧礼最烦琐，习俗多尚厚葬，以为不如此，不足以表示孝也。至中资以下者，亦行之惟谨，虽葬费无着，以至售产、借债，亦不能从俭也，非贫至家徒四壁，穷无立锥之地者，不能薄葬也……惟今社会进化，趋重实际，以旧丧

---

①　胡朴安：《中华全国风俗志》（下），河北人民出版社1986年版，第174页。

②　《大理县志稿》（民国六年铅印本），《中国地方志民俗资料汇编》（西南卷·下），书目文献出版社1991年版，第855—856页。

礼之繁杂、虚伪、迷信以及不经济、耗光阴，深与时代不合，亟应加以改革。"① 在此潮流中，一些地方出现了简丧崇俭的民约乡规。山东莒县县知事于1920年倡办"崇俭行善会"，改良婚丧礼仪。其中有关丧礼规定："丧事以哀戚为主，凡亲友来吊者亦宜代丧主哀戚，理合不饮酒，不茹荤。本会议定，开吊之日备四盘四碗素菜享客，至衣衾、棺木为饰终之典，必须量力备办。其余一切浮费，概可从俭。棚厂、方相、纸草，其余一切陋俗，尤宜节省。""亲族人等不准代为处分变产出殡。"② 湖南嘉禾县的"崇俭维礼会公约"也规定："凡丧殡，吊客致仪概毋回钱，即俗名'回拾盒'也。凡喑丧，于门户微弱者毋事苛凌。凡丧次，毋酗酒。""凡无论何事筵宴，海物只用墨鱼，禁鱼翅、海参；用肉，一席毋过三斤，禁牛肉；酒毋过三行；禁割肉，即食余以箸穿肉而归也。"③

　　民国地方志对简化丧礼的情形多有记载，如"盖丧礼繁赜，难责诸乡里，惟官绅之家，犹可窥其崖略，然亦简矣"④。广东大埔县"近丧礼亦逐渐改良。旧俗过于铺张，靡费不少……近日多有主不设席，亲戚不送礼，仅以讣相闻，定期开吊，或便饭，或茶点"⑤。福建闽清县旧俗凡遇丧事，"乡中妇女无论亲疏竞持纸钱赴吊，多者千人，少亦数百人。丧家即须备办酒食款之，所费甚巨，往往因之破产……近来社会改良，严行禁止，此风已渐息矣"⑥。这些记载反映了民间丧礼的基本趋势，也一定程度体现了新思想、新趋势对民间礼俗的渗透。

　　① 《万全县志》（民国二十三年铅印本），《中国地方志民俗资料汇编》（华北卷），书目文献出版社1989年版，第201页。

　　② 《重修莒志》（民国二十五年铅印本），《中国地方志民俗资料汇编》（华东卷·上），书目文献出版社1995年版，第270—271页。

　　③ 《嘉禾县图志》（民国二十年刻本），《中国地方志民俗资料汇编》（中南卷·上），书目文献出版社1991年版，第538页。

　　④ 《锦西县志》（民国十八年铅印本），《中国地方志民俗资料汇编》（东北卷），书目文献出版社1989年版，第229页。

　　⑤ 《民国新修大埔县志》（民国三十二年铅印本），《中国地方志民俗资料汇编》（中南卷·下），书目文献出版社1991年版，第749页。

　　⑥ 《闽清县志》（民国十年铅印本），《中国地方志民俗资料汇编》（华东卷·下），书目文献出版社1995年版，第1223页。

三　凸显科学精神

传统丧礼是孝道与迷信观念相结合的产物。宋代以后儒、佛、道的思想融合渗透，儒家的丧葬礼制也逐渐增加了佛、道因素。一般民间在吊丧期间，都要请和尚、道士诵经，作超度亡灵的"佛事"、"道场"。少则三天，多则七天，相沿成俗。人们相信灵魂不灭，希望死者在阴间过上荣华富贵的生活，于是纸钱成为必备之物，而且各种冥器如锡箔、纸箱担、纸衣帽、纸房子等一应俱全，阔气的还有打牌桌，鸦片盘。民国年间，由于新式交通的发展，有些人家还以纸汽车代替纸轿。同时，"葬则惑于风水，务卜吉地，又以年命山向择日选时，一听术士臆说"①。历史上，家族之间常因争夺风水"宝地"闹成官司，甚至发生恶性械斗。

清末以来，否定丧葬迷信成为知识精英的共识。民初吴贯因指出："欲改良葬礼，不能不破除风水之说。"② 随后，《新青年》对迷信习俗的种种弊端，诸如耗费钱财、有害身心、浪费资源等也进行了全面揭露，并挖掘其思想根源。鲁迅讥讽道："中国有一种矛盾思想，即是：要子孙生存，而自己也想活得很长久，永远不死；及至知道没法可想，非死不可了，却希望自己的尸身永远不腐烂……如果从有人类以来的人们的尸身都不烂，岂不是地面上的死尸早已堆得比鱼店里的鱼还多，连掘井，造房子的空地都没有了么？"③ 既如此，丧葬迷信也就无立足根据。胡适认为，"风水之说，其绝无可信"，"宜以法令严禁之"。故他葬母时，不请风水先生，坟地也是自己选定。④ 有些人还提出应实行火葬。针对焚烧纸钱，"有人戏谓，我国民贫鬼富，外国民富鬼贫，阴曹必有向我国大借款者"⑤。他们揭露丧葬迷信的虚伪性和弊端，将其与孝道本质区别开来。

精英思想在五四之际影响了知识界人士，尤其是青年学生，但没有明

---

① 《东湖县志》（乾隆二十八年刻本），《中国地方志民俗资料汇编》（中南卷·上），书目文献出版社 1991 年版，第 408 页。

② 吴贯因：《改良家族制度后论》，《大中华杂志》第 1 卷第 6 期，1915 年。

③ 鲁迅：《老调子已经唱完》，《鲁迅全集》第七卷，人民文学出版社 1981 年版，第 307 页。

④ 胡适：《我对于丧礼的改革》，《新青年》第 6 卷第 6 号，1919 年 11 月。

⑤ 《静海县志》（民国二十三年铅印本），《中国地方志民俗资料汇编》（华北卷），书目文献出版社 1989 年版，第 67 页。

显的社会效果,后者是通过政府的改革才体现出来。国民政府于 1928 年公布了礼制案,包括"丧礼草案",吸收了民初以来的改革主张。如其中附则规定:

> 一、殓服:礼服或军服。附身以衾为限,不得用金玉、珍玩等物。二、丧服:白衣、白冠。三、旧俗所用僧道建醮,一切纸扎冥器,龙杠衔牌及旗锣伞扇等,一概废除。四、纪念死者可用遗像,载明生卒年月及年岁等。如用神主,题主旧礼应即废除。五、丧事从俭,奠仪、挽联、挽幛、赙仪、花圈为限。此外,如锡箔、纸烛、纸盘、冥器等物,一概废除。[①]

"丧礼草案"体现了去奢从俭、破除迷信的原则。这些规定并未在民间完全实行。无论城乡,迷信习俗一时均难以彻底摒弃,有些地方的迷信风气甚至"推陈出新",花样增多。但 20 世纪二三十年代以后,丧葬迷信基本上趋于减少,如北京:

> 兹就通行者言之,与昔日无异,惟不延僧道唪经,不焚化亡灵车马楼库等物。亲友吊唁,多赠花冠(俗称花圈)、挽联,送祭轴者亦有之。丧家撒孝,不用孝带,改以白纸花头,形为菊,男丧缀于左胸旁,女丧缀于右胸旁。出殡日仅设鼓乐,不用仪仗。即将挽联、花冠令人举于柩前,葬后一切祭祀仪节,亦与旧同,但不焚伞及船轿。其能注重公共卫生者,则数日即葬,另择日于饭馆或会馆,受唁。是日,门外设鼓乐,庭设诱花宝盖,灵位前扎素采如衾,吊者多三鞠躬,富者更于门外扎素花牌楼。丧家素服,大都沿旧制,间有不著缟素而臂缀青纱者。[②]

各地情形大致相似,四川江津县"民国以来,守礼者尚不失旧制,

① 《巴县志》(民国二十八年刻本),《中国地方志民俗资料汇编》(西南卷·上),书目文献出版社 1991 年版,第 38 页。
② 《新式丧仪》,《实用北京指南》第 2 编·礼俗,参见梁景和《近代中国陋俗文化嬗变研究》,首都师范大学出版社 1998 年版,第 187 页。

开通之士破除迷信而不用僧道、地师，近于礼也。而在外服官者，多不奔丧持服，岂别有说欤"①。新繁县"民国颁布新式丧礼，县中尚无行之者。唯近年散孝改用青纱束于臂间，凡五服之外皆用之，此风则渐开矣！"②河北蓟县"从前，有延僧道唪经，糊纸张以表示尽人子之心者，自民国以来，风气开通，多半废止"③。山西晋中一带，原来富贵之家的丧礼竞尚奢侈，"且饭僧忏佛，虽守礼之家在所不免。近因世变，其风亦稍杀矣"④。广西平乐"年来政府禁延僧道设坛礼忏，今丧门之家，不复闻铙鼓喧阗之声矣"⑤。这类记载在民国地方志中俯拾即是。总之，僧、道在丧葬礼俗中的重要性日渐减弱，这是民国城乡的基本趋势。

　　民间丧葬习俗的"从新"较之"去旧"或许更显困难一些。新礼仪的推行往往在城乡呈现鲜明差异。民国以后，城市中以冥器为祭仪者减少，而送花圈者增多。有人不无揶揄地描写民国初年的广州、天津丧葬：

> 不分喜宅与丧家，花串花篮象犬牙。
>
> 追悼欢迎几莫辨，果然世界是花花。

反正以后，无论作何举动，均以生花为点缀品。⑥

> 松枝惨绿缀花圈，绚烂花篮贡彩筵。
>
> 独为寻芳痛摧折，岂徒无用惜金钱。

近来丧事时有送鲜花花圈者，喜庆各事及欢迎优伶亦时有以花篮为赠者。⑦

---

　　① 《江津县志》（民国十三年刻本），《中国地方志民俗资料汇编》（西南卷·上），书目文献出版社 1991 年版，第 230 页。

　　② 《新繁县志》（民国三十六年铅印本），《中国地方志民俗资料汇编》（西南卷·上），书目文献出版社 1991 年版，第 68 页。

　　③ 《蓟县志》（民国三十三年铅印本），《中国地方志民俗资料汇编》（华北卷），书目文献出版社 1989 年版，第 57 页。

　　④ 《介休县志》（民国十九年铅印本），《中国地方志民俗资料汇编》（华北卷），书目文献出版社 1989 年版，第 594 页。

　　⑤ 《平乐县志》（民国二十九年铅印本），《中国地方志民俗资料汇编》（中南卷·下），书目文献出版社 1991 年版，第 1007 页。

　　⑥ 罗衡广：《续羊城竹枝词》，《中华竹枝词》（四），北京古籍出版社 1997 年版，第 3008 页。

　　⑦ 冯文洵：《丙寅天津竹枝词》，《中华竹枝词》（一），北京古籍出版社 1997 年版，第 513 页。

这些新俗也渐及某些农村地区，如河北滦县丧礼"较前稍异者，则为黑纱与花圈也。男子左腕围黑纱；女子胸际缀黑纱结，是为新制，仿自西欧。伊考实际，用者无多。丧家男女仍着白袍。至花圈供奉灵座，则数见不鲜矣"①。花圈作为新丧礼的标志已流行于少数地区，但公墓、火葬则只是城市新俗。

国民政府内政部于1928年公布了《公墓条例》，1929年颁布了《取缔停柩暂行章程》。20世纪30年代的"新生活运动"也包含改革丧葬习俗的内容。一些地方政府还制定了相应实施措施，如湖北省还制定了《湖北省设置公墓实施办法》，武汉市还于1936年筹建汉阳、武昌两座公墓，以安葬普通市民。全国其他城市也先后设置了公墓②。但这些办法很难在农村推行，即使在大中城市也未必实行。上海等大城市出现了火葬场、殡仪馆，而山西"永和并无火葬及设立公墓情事"③。政府规定成为市民礼俗的参照，却不易为乡民接受。上海附近的宝山县"丧礼，自民初以来无大变更，率从旧制。惟富有之家，每假喜丧（指年高寿终者……）之名，家奠时清音小唱，锣鼓管弦，几如喜庆……毋乃与宁俭、宁戚之旨相距远欤"④。在偏僻地区，丧礼的变化更显微弱，甚至沿袭旧俗。

丧葬礼俗的具体内容有所增减，但作为孝道的体现，仍受大众的重视，传统丧葬礼俗也表现出顽强的传承性，有的形式和内容没有因新礼俗而消亡。比如，晚清以来的"友孝会"就在许多地区沿袭不衰。据清道光年间的四川地方志载：遇丧"其贫者，亲邻助薪米、钱帛，谓之'孝友会'"⑤。实际上，"孝友会"在南方、北方均普遍存在，直到民国年间仍然如此。据1934年撰成的《淮阳乡村风俗记》载：河南淮阳一带农村

---

① 《滦县志》（民国二十六年铅印本），《中国地方志民俗资料汇编》（华北卷），书目文献出版社1989年版，第268页。

② 参见严昌洪《民国时期丧葬习俗的改革和演变》，《近代史研究》1998年第5期。

③ 《永和县志》（民国二十年抄本），《中国地方志民俗资料汇编》（华北卷），书目文献出版社1989年版，第667页。

④ 《宝山县再续志》（民国二十年铅印本），《中国地方志民俗资料汇编》（华东卷·上），书目文献出版社1995年版，第73页。

⑤ 《隆昌县志》，《中国地方志民俗资料汇编》（西南卷·上），书目文献出版社1991年版，第143页。

曾有十分普遍的"行孝会"。其唯一目的,"在防父母去世时无力收殓埋葬,而结合数人在经济上互相援助。盖因丧事为国家大典之一。一般人认为吾人一生最大之事莫过于丧葬,因此乡民对之极为重视"。其具体办法是:

> 往往当丧事未到之前期,约合若干情投意合的亲友(但入此会者,除须各家之财产相当外,其父或母之年岁并须至少在五、六十岁以上)结为孝行会,以防不测。其组织,先有会员若干人(人数多少不一定),然后就中年长者二人或三人推出作为会首,管理会务……遇有会员遭丧事,只须直接通知会首,会首即可通知其余会员准备送给面粉、木材、现金等物(数量不定),以供应用。信义坚定,绝无爽约。此时,会员得此种物款,丧事自易顺利进行。①

类似组织在有的地区名为"天伦会","系有父母年老者十人以上组织。会中设正副会长各一人,公直四人(均系公推),值年公直一人,系轮换……有遭父母丧者,先报知会长,由会长通知各会员齐往吊唁。葬之前数日,由丧家择期出帖齐会,会员各送面粉几十斤,钱几千文,过午不到有罚,并请公直及值年经收。葬之日,又齐往设祭送葬。其香资、面、钱数目及酒席罚款,均经全体会员规定,列载会章"②。"孝友会"、"天伦会"只是贫民治丧的互助组织,从侧面折射出乡民的重丧观念和习俗。

近代民间文艺中,很多都是劝孝的内容。许多地区"家有丧事,请亲友到家所唱之歌曲,谓之孝歌"③。孝歌内容丰富,多在丧事时演唱,饱含了悲悼、怀念之情。如甘肃文县流传的"劝民歌",其第一、二首便是:

> 劝吾民,孝顺好,孝顺传家为至宝;试看乌鸦能反哺,何以人而

---

① 《淮阳乡村风土记》(民国二十三年铅印本),《中国地方志民俗资料汇编》(中南卷·上),书目文献出版社 1991 年版,第 168 页。

② 《孟县志》(民国二十一年刻本),《中国地方志民俗资料汇编》(中南卷·上),书目文献出版社 1991 年版,第 94 页。

③ 《榕江乡土教材》(民国间抄本),《中国地方志民俗资料汇编》(西南卷·下),书目文献出版社 1991 年版,第 646 页。

不如乌。

　　语云：在家敬父母，强似远烧香。

　　劝吾民，敬哥好，手足同胞同到老；骨肉不和邻里欺，切休争竞惹烦恼。

　　语云：打虎还是兄弟亲。①

　　有些劝孝歌内容比较陈旧，仍宣讲"二十四孝"。湖南嘉禾县"凡堂祭，妇女哭于帷内，主人帷次匍谢，或聚席唱孝歌。歌词二十四孝，唱一句，孝子孝孙必呼亲一声以答之"②。山东夏津县也有类似习俗，其孝歌歌词云：

> 世有不孝子，浮生空碌碌，不知父母恩，何殊生枯木……
> 不念二亲恩，惟言我之福，嗟哉若此辈，何异兽与畜。
> 慈乌尚反哺，羊羔犹跪足，劝汝为人子，经书勤诵读。
> 王祥卧寒冰，孟宗泣枯竹，郭巨事虽过，只为母减粟。
> 熏黯不入市，为受母叮嘱，伯鱼常泣杖，丁兰曾刻木。
> 如何今世人，不效古风俗，为你作长歌，分明为世告。③

　　孝歌内容、演唱不免程式化，带有"做戏"色彩。但其主题是唱孝、劝孝，体现了孝道遗风。有的孝歌描写细腻，追思亲人的主题中洋溢着亲亲之情：

> 千古百行孝为先，只谓椿萱寿百年。谁知一旦随空去，风吹梅落到黄泉。
> 父买田园儿享受，娘打钗环女梳妆。无常一到天书降，并无儿女替爹娘。

　　①　《文县志》，《中国地方志民俗资料汇编》（西北卷），书目文献出版社 1989 年版，第 207 页。

　　②　《嘉禾县图志》（民国二十年刻本），《中国地方志民俗资料汇编》（中南卷·上），书目文献出版社 1991 年版，第 536 页。

　　③　《夏津县志续编》（民国二十三年铅印本），《中国地方志民俗资料汇编》（华东卷·上），书目文献出版社 1995 年版，第 142 页。

　　灵前焚香起青烟，爹娘死了不能言。口中不吃阳间饭，翻身跳进鬼门关。满堂儿女齐叫唤，阎王不肯放回还。堂前儿女肝肠断，手抚官木泪涟涟。

　　古人亲死孝难当，坟前伴墓三年长。三年不敢笑言讲，三年不敢气昂昂。三年不敢兴词状，三年不敢逞豪强。三年不敢把灯望，三年不敢入会场。三年怀中不抱子，三年不与妻同床。那个学得古人样，孝子名声天下扬。

　　孝子一步进厨房，厨中美味透鼻香。这边锅内把酒烫，那边锅内煮菜汤。要将酒菜来供养，不见爹娘举口尝。思想爹娘难相会，坐在灶前哭一场。

　　孝子二步出厅堂，看见厅堂想爹娘。爹娘在生置家当，与儿修向（间）大瓦房。朝门修像八字样，后花园内起学堂。对着天地空思想，坐在厅堂哭一场。

　　谯楼一更鼓二天，思想爹娘在生言。教训儿女行正传，勤耕苦读不贪玩。孝弟忠信家声远，为积善德子孙贤。

　　月照院墙鼓二更，思想爹娘一平生。忠厚为人守本分，兄宽弟忍不相争。勤俭持家又发愤，公平正直不欺人。左邻右舍俱尊敬，死了谁不叹一声。

　　守孝三更鼓三捶，孝儿孝女生一堆。堂前设起空灵位，不见爹娘好伤悲。思想爹娘难相会，手抚棺木泪双垂。

　　谯楼冬冬四捶敲，爹娘棺木静悄悄。心思去把爹娘叫，可恨黄泉路远遥。要得爹娘重相会，除非阴司走一遭。

　　谯楼更鼓响五更，思想爹娘到天明。你睡棺木身安稳，阳台一梦杳无音。笼内金鸡叫不醒，不言不语□长伸。儿女眼泪如雨滚，日出东升照孤灵。①……

　　乡村丧事中的孝歌形式简便，广为流传。孝歌宣讲、怀念父母恩情，看似平淡无奇，且多流传在偏僻的农村地区，而沿海地区，尤其是近代城市则罕有记载，体现了孝道习俗的地域色彩。孝歌劝孝的实效可能不尽如人意，但蕴含着亲亲之情与德性内涵，较之一般的仪节程式而有价值，甚至较之新旧丧礼中单纯的哀乐和某些毫无哀思的文艺节目更有劝孝意义。民国年间，官方和知识界有关丧葬改革讨论中，对这些地区的孝道习俗没有注意，可谓给后人留下了遗憾和思考空间。

第五节　祭礼趋简：从家祭到扫墓

　　敬宗法祖是孝道的体现。古代上至皇亲贵族，下至乡民百姓，莫不遵循祭祖习俗。《礼记》云："凡治人之道，莫急于礼。礼有五经，莫重于祭。夫祭者，非物自外至者也，自中出，生于心也，心怵而奉之以礼。是故唯贤者能尽祭之义。"① 祭礼固然重要，而领悟其真实含义并不容易。按照儒家本意，祭礼当发自内心，而不完全依赖于外在仪式。尽管如此，祭祖一直是强化孝道的重要手段。一些地方的祭祖，宣读祝文和祖训，"皆教忠、教孝，作勤、作俭，立身正家之意"②。有清一代，祭礼一直受到重视，雍正年间的风俗志记载："前辈先达教人，必依文公《家礼》，到今相习，日久不增减。礼教从容，周折合度，或丧或葬，颇有可观。"③

　　清代品官一般循礼制建有家庙，规模因官阶而不同。"凡亲王、郡王家祭，建庙七楹，中五为堂，左右墙隔之为夹室……同祖所出子孙，成人以上，届期会祭，府僚与陪，执事通赞、属官为之。奉香、帛、爵则用子孙。先三日，主人斋外寝，众咸斋。祀日昧爽，主人朝服入，位堂檐内正中，与祭伯叔辈位东阶上，兄弟子孙位东阶下，位以世差，世以齿序。官属位西阶下，序以爵。俱北面。""率族属行二跪六拜礼。"品官士庶家祭，亦由成年子孙参与，主人及在事者均于前三日斋戒，与祭者行一跪三

---

①　《礼记·祭统》，《四书五经》（中），中国书店出版社 1985 年版，第 266 页。

②　《新喻县志》（清乾隆十五年刻本），《中国地方志民俗资料汇编》（华东卷·中），书目文献出版社 1995 年版，第 1120 页。

③　《乾州新志》（清雍正五年刻本），《中国地方志民俗资料汇编》（西北卷），书目文献出版社 1989 年版，第 40 页。

拜礼。"庶人家祭，设龛正寝北，奉高、曾、祖、祢位，逢节荐薪，案不逾四器，羹饭具。其日夙兴，主妇治馔，主人率子弟安主献祭，一切礼如庶士而稍约。月塑望供茶，燃香、灯行礼。告事亦如之。"①

家族祭祖一般在祠堂举行。祠堂兴起于西汉，最初是豪族大户的春祭场所，后来用于春、夏、秋、冬四时祭祀。直到民国，较大的家族几乎都有祠堂。各祠堂在春分、清明、夏至、秋分、冬至各节气都要举行隆重的祭祖活动，而最重要的是春祭和冬祭。江苏南京"家祭，为常之俗。大族有宗祠，春秋二仲或冬至，合祀通族之先。其高曾祖祢，又各祀于家。忌日、诞日，惟祭亡者及其配。岁首、岁除、春、秋、冬之时祭，则合祭，悬遗像"。清明则"踏青，放风筝"，"扫墓"②。北方民间祭祀项目基本相同，如京师顺天府：

> 士大夫家，凡有庙堂者，祭于庙堂；无庙堂者，室中设一龛，奉神主。逢节祭拜，塑望焚祝，出入祇告，四时供鲜，生子娶妇之事，必祭之。清明节，祭扫先茔，悬挂纸，放礼花，奠于墓所，比户皆然。回集家庙，广设几筵，合族会食，欢洽竟日。亦有取次分门，在家会饮者。七月十五献麻谷。十月一日送寒衣。除夕、新节、元旦悬像设供，家家致祭。遇祖先忌日，请主在堂，具牲醴，举家拜奠。三年服阕，肃俟相，备献仪，祝告先灵，易凶从吉。不烦不息，犹有古风。③

条件较差的家族则重视清明祭扫。有的宗族规定："清明祭扫，应入祠祭后，始行扫墓。嗣后各房于清明前后数日内轮定某房某日。"④ 又如四川某县"县中大族各立祠堂，置祭田，每岁春秋按期致祭，行礼如仪。亦有无祠而置业，名为某氏清明会者，每岁清明扫墓、中元化财，胥以此

---

① 《志六十二·礼六》，《清史稿》第 10 册，中华书局 1977 年版，第 2609—2613 页。

② 王焕镳编：《首都志》下册，卷十三，上海书店出版社 1996 年影印版，第 1137、1146 页。

③ 胡朴安：《中华全国风俗志》（上），河北人民出版社 1996 年版，第 5 页。

④ 《中湘石潭刘氏四修族谱》卷一"祠法规条"（民国三十六年怡怡堂刻），参见《中华族谱集成》刘氏谱卷第 17 册，巴蜀书社 1995 年版，第 681 页。

款开支。至于平民之家，则以室正中一间为堂屋，设龛供香火，于上大书'天地君亲师位'……民国以来，有易'君'为'国'字者，更有改作'圜'字者，殊为怪诞"①。各地祭祖习俗不无特色，但无大异。在时代变迁中，仪节繁简有所变化，而伦理本质没有不同。

祭祖习俗蕴含了祖先崇拜的心理和思想基础。各家"神龛供祖先，祠堂、坟墓祭祖先，中元接祖先。各家多以祖宗嘉言懿行作教训。子孙多以不肖祖宗为警惕，以荣宗耀祖为大孝，甚至有向祖宗位前盟誓或乞子作迷信之举动者"②。这种心理影响了民众的日常生活。明清之际的中西冲突本质上也源于"拜上帝"还是"拜祖宗"的歧异。晚清世变风移，祖宗崇拜受到激进思潮的冲击。1907年，留学法国巴黎的激进青年（常称之为"无政府主义者"）创办《新世纪》周刊，明确发出"祖宗革命"的号召。他们认为，"崇拜祖宗"与"崇拜上帝"一样，都是"至愚而自私"的行为。他们分析了崇拜祖宗的实质：

> 崇拜祖宗者曰："使子孙不忘本，此乃伦常之义，若不敬祖宗，亦必致不敬父母。"（父母乃生物，祖宗乃死物，不可并论）盖父母之教子弟崇信祖宗，即如君长使百姓崇奉宗教，令其愚弱，乃易制服。故崇祖宗非他，即世世相传之狡计，以缚其子孙，压制其子孙者也……如修祠也，立碑也，祭祀也，厚葬也，固有迷信而为之者，亦有因沽名而为之者，此等事足令乡里称孝，于是为伪道学家之当权者所重。

这里揭露了祖先崇拜"狡计"、"沽名"的虚伪性，可谓振聋发聩。不过，这种批判也有以偏概全的毛病。因为崇拜祖宗者并非皆出于"狡计"、"沽名"，有些人确实视之为虔诚的宗教信仰。清末激进人士还从社会影响揭露了拜祖宗的危害：①反背真理，颠倒是非；②肆行迷信之专

① 《万源县志》（民国二十一年铅印本），《中国地方志民俗资料汇编》（西南卷·上），书目文献出版社1991年版，第320页。

② 《平坝县志》（民国二十一年铅印本），《中国地方志民俗资料汇编》（西南卷·下），书目文献出版社1991年版，第587页。

制，侵犯子孙自有之人权；③耗民力民财于无用之地；④攘夺生民养命之源。① 这些言论虽不无夸大之辞，但剖析了崇拜祖宗的危害，试图将其与孝道德性区分开来，大体有益于重识孝道，改良社会风习。

五四前夕，改革祭祖习俗已成时代潮流。一些人批评了祭祀祖先的种种弊端："祭产则务极丰盈，祭品则力求美备，此固已嫌靡费。其尤甚者，则莫如建醮礼忏以及其他迷信之举，意为非此不足以尽追远之诚。且安葬必求风水，劳民伤财，莫此为甚。"② 严椿恩认为：传统的祭祖习俗使人们恋恋于先人坟墓，不能远离乡井，从而缺少冒险精神，实为中国家庭弱点之一。在宗教自由的时代，"祭祖之风，既不能强人以恪守，势须别筹变通之法矣"③。五四以后，知识界对传统祭礼的批判更为广泛。周建人分析了祖先崇拜的根源及社会影响，认为祖先崇拜是与专制政治共生的家庭宗教，结果导致"家长具有极大的势力"，成为"执行祖先意志的人"，"子孙做人，也全为祖先，不为自身"④。易家钺指出：祭祖很少包含人的自然情感，各种祭礼"无非是家长固设的圈套，要说子孙在磕头时，真有几分'饮水思源'的诚意，恐怕是欺人的话罢"。这种"圈套"树立了家长权威，维护着家族制度，因为祖先不过是过去的家长。祭祖既缺乏真情实感，又与孝道没有必然关系，可谓有弊无益。他指出：

> 难道磕几个头，烧一炷香，供几碗菜，就算大孝吗？曾子说得好：锥牛而祭墓，不如鸡豚之逮亲存也。存之意义，重在生前，不重在死后。因为你纵然撞破脑袋，祖宗也是不知道的，倒不如孝在心里为好，何必摆在面子上呢？⑤

他以"唯物论"观念把祭祖从孝道中分离开来，体现了五四知识界

---

① 真：《祖宗革命》，《辛亥革命前十年间时论选集》第二卷下册，生活·读书·新知三联书店1963年版，第978—982页。

② 高劳：《家庭之改革》，《东方杂志》第14卷第4号，1917年。

③ 严椿恩：《家庭进化论》，商务印书馆1917年版，第43页。

④ 周建人：《中国旧家庭制度的变动》，《中国妇女问题讨论集》第三册，《民国丛书》第一编第18册，上海书店出版社1989年影印本，第228—229页。

⑤ 易家钺：《中国的家庭问题》，《中国妇女问题讨论集》第三册，《民国丛书》第一编第18册，上海书店出版社1989年影印本，第131、153—154页。

的新知、新识和基本趋向。上海《时事新报》副刊《学灯》编辑部于1927年6月对317位中下层文化人的调查，广泛涉及祭祖及宗族制度问题：

表3—2 　　　　　　　　　　**祭祖观念的调查**

调查问题	态度	性别		总人数	百分比
		男	女		
祖宗之祭祀，有充分之宗教神秘价值，宜维持而加笃之	赞成	37	9	46	14.5%
	不赞成	236	35	271	85.5%
祖宗宜纪念，但不宜取祭祀方式，宜用其他方式以代之	赞成	223	33	256	81.5%
	不赞成	48	10	58	18.5%
祖宗宜祭祀，但须表示"祭如在"与"视死如视生"之真精神	赞成	133	26	159	50.1%
	不赞成	140	18	158	49.9%
中国社会正力求进步，祖宗之纪念适足以助长守旧崇古之心理，宜绝对废除	赞成	194	34	228	72.6%
	不赞成	76	10	86	27.4%

资料来源：潘光旦：《中国之家庭问题》，《潘光旦文集》第一卷，北京大学出版社1993年版，第99—100页。

可见，虽然知识界不少人主张以某种形式纪念祖宗，但绝大多数不再把祭祖作为纪念祖先的主要形式。

20世纪20年代，民国政府颁布了婚丧礼制，但未明定家祭礼仪。一般民间、尤其是乡村还不易接受五四知识精英的观念，仍多沿袭旧俗。因各家经济状况不一，祭礼繁简有差，也带有一定的地域色彩，如"先人生日，南方亦多祭者，北方则罕"[①]。不过，祭祖仍是南北各地的共有习俗。20世纪30年代河北通县地方志所载每年祭祖仍有七次之多："正月，元旦，设香烛、果饼，拜天地，祭祖先。""初二日，祭祖。""十五日，元宵节。备元宵，祭神，燃灯花，祭祖。""三月三日，清明节，娘娘庙会。各家备酒肉、果饵祭祖于茔；祭之前，扫坟墓，名曰填坟。""七月

---

① 《南宫县志》（民国二十五年刻本），《中国地方志民俗资料汇编》（华北卷），书目文献出版社1989年版，第485页。

十五日，中元节，祖祭。”“十月一日，祭祖并裁纸衣焚之，名曰送寒衣。”十二月“除夕，悬灯结彩，备果饼、三牲祭祖先。”①

但因社会变迁和新文化传播，民国年间的祭祀仪节远不如以往隆重了。河北高邑县“士绅繁族之有家祠者，于元日、清明、十月朔，陈馔行礼。无家祠者，惟以庶馔、纸钱祭墓……旧志谓中元家祭，今则不通行矣”②。山西解县“近日习尚日非，人心不古，往往厚于自奉，而薄于先祖。庶人之祭于寝者，无论也；而士大夫之家，亦有营居室不立宗庙，置器用或遗祭器。又其甚者，弟兄析箸，各设一主，忌日、生辰，蔬水之奠，群从亦不相统摄，或委之妇女童孙，已反遗忘焉”③。这类情况在南方也同样存在。湖南嘉禾县“崇俭维礼会公约”规定，“凡祭扫，禁用炮火上坟。人众过村落，必式毋嚣。凡清明饮酒，禁酗事，酒毋过三行”④。《醴陵县志》对其变化记载较详：

　　醴陵居民宗支繁衍，皆有祠堂，由公选举族长、总管、值年人等，以掌管祭祀及田产之事。清明例必祭扫祖墓。值年者先数日入祠，集议某公墓当修培，某公墓多荆棘，皆以次茸除之，遂焚香化楮，剪纸为标插坟上，《风土记》所谓拜扫者是也。冬至例为祭祖之期，各宗祠之值年、总管，皆先数日入祠洒扫内外，备办祭品，阖族人等皆先一日取齐。若系子午卯酉之年，则谓“大祭”，例须验谱……其祭法，先一日迎主省牲，次日黎明行正祭。赞礼者读戒词、训词，初献读祝文，三献后饮福授胙，读嘏词。衣冠跄跻，鼓乐喧阗，极一时之盛。祭毕，族之尊长集弟子晓以国法家规，互相惩戒……至今日各族祀会，多提充办学，盛大祭典，旷不举行。时移世

　　① 《通县志要》，成文出版社 1968 年影印民国三十年铅印本，第 359—362 页。

　　② 《高邑县志》（民国三十年铅印本），《中国地方志民俗资料汇编》（华北卷），书目文献出版社 1989 年版，第 103 页。

　　③ 《解县志》（民国九年石印本），《中国地方志民俗资料汇编》（华北卷），书目文献出版社 1989 年版，第 693 页。

　　④ 《嘉禾县图志》（民国二十年刻本），《中国地方志民俗资料汇编》（中南卷·上），书目文献出版社 1991 年版，第 538 页。

异，固难为胶柱刻舟者道也。①

宗族祭祀也不如往日庄严，以致有的宗族家范感慨："礼莫大于祭，所以报本追远，昭子孙之诚敬，岂徒牺牲果具观视之美已哉？何今之祭者于方祭之时，跛倚嬉笑，毫无诚敬。既祭之后，酗酒猖狂，不循礼节。呜呼！子孙若此，安能萃祖宗之精爽而致其来享乎？"②

20世纪20年代以后，大规模的祭祖活动愈来愈少，甚至家祭也日益荒废。"民元以来，清末所有浮滥祀典悉皆废止，然目标不去，俗尚难移。自十七年以后，以革命手段销毁神像，驱逐游方僧道，迷信积习去其半，今之不变者，如祭孔孟，祭关岳，祭革命诸先生，此为崇德报功。属于公祭者。"而民间则主要在清明节、七月中元节、旧年除夕，或婚丧大典，"祭于庙或墓（俗谓之上坟），其祭品为清酒、果品、面食、纸香等，此为慎终追远，而属于私祭者。近来神怪之属无复公开奉祀者"③。祭礼已出现明显简省之势。乃至有的乡绅感慨："近值欧风东渐，奉天主、基督教者，并其祖先而毁弃之，世风之流迁，真不知伊于胡底矣。"④

事实上，许多地区的祭祖遗风主要体现在清明扫墓。民初上海"寒食清明旧俗传，家家扫墓尚依然"⑤。而"乡间祭祀，最重清明，冬至、除夕，若七月半、十月朝，礼少杀也"⑥。江南水乡的清明扫墓称为"上坟船"，往往男女老少一齐出动。一首名为《上坟船》的竹枝词写安徽马鞍村："南北山头值暮春，家家祭扫喜芳辰。画船十里桃花水，箫鼓冬冬

① 《醴陵县志》（民国三十七年铅印本），《中国地方志民俗资料汇编》（中南卷·上），书目文献出版社1989年版，第499页。

② 《合肥李氏宗谱》（民国十四年第五修本）卷二"家范"，见《中华族谱集成》李氏谱卷第15册，巴蜀书社1995年版，第16页。

③ 《青城县志》（民国二十四年铅印本），《中国地方志民俗资料汇编》（华东卷·上），书目文献出版社1995年版，第180页。

④ 《汝南县志》（民国二十七年石印本），《中国地方志民俗资料汇编》（中南卷·上），书目文献出版社1989年版，第213页。

⑤ 朱文炳：《海上光复竹枝词》，《上海洋场竹枝词》，上海书店出版社1996年版，第220页。

⑥ 《川沙县志》（民国二十六年铅印本），《中国地方志民俗资料汇编》（华东卷·上），书目文献出版社1995年版，第25页。类似情形不限于江南，北方大致相同，如山东临淄"邑俗尤重墓祭，每清明前一日，先以其土增筑其墓"。同上书，第105页。

送美人。"① 周作人也说：

> 绍兴墓祭在一年中共有三次，一在正月拜坟，实即是岁拜，一在十月送寒衣，别无所衣，亦只是平常拜奠而已。这两回都很简单，只有男子参与，亦无鼓吹，至三月则曰上坟，差不多全家出发……普通的办法大抵如下：最先祀后土，墓左例设后土尊神之位，石碑石案，点香烛，陈小三牲果品酒饭，主祭者一人跪拜，有二人赞礼，读祝文，焚帛放爆竹双响者五枚。次为墓祭，祭品中多有肴馔十品，余与后土相例，列石祭桌上，主祭者一人，成年男子均可与祭……祭献读祭文，悉由礼生引赞，献毕行礼，俟与祭者起，礼生乃与余剩的人补拜，其后妇女继之，拜后焚纸钱而礼毕……回船后分别午餐，各船一桌，照例用"十碗头"，大抵六荤四素。②

　　如此讲究的上坟只是清末民初的习俗，而非 20 世纪 20 年代以后的情形。故周作人在文末提到"清末上坟与崇祯时风俗多近似之"。他的另一篇《关于扫墓》则记录了 20 世纪 20 年代的变化。他认为北京的扫墓与苏浙相去不远，"所不同者只是没有画船箫鼓罢了。上坟的风俗固然含有伦理的意义，有人很赞成，就是当作诗画的材料也是颇好的，不过这有点似乎不能长保，是很可惜的事。盖扫墓非土著不可……而近来人民以职业等关系去其家乡者日益众多，归里扫墓之事很不容易了"③。由于近代城市化进程加速，市民不可能完全保留原来的祭祖习俗。④ 即是在乡村，扫墓的祭礼也逐渐不如周作人描述的上坟那样隆重了。

　　对于带有伦理意义的扫墓，一些人惜其废革，却无可奈何。潘光旦认为，既然宗教不可或无，"则与其崇拜不可捉摸与人世生活无大关系之天

---

① 沈香岩：《鞍村杂咏·上坟船》，《中华竹枝词》（三），北京古籍出版社 1997 年版，第 2246 页。

② 周作人：《上坟船》，载《药味集》，见《周作人散文》第一集，中国广播电视出版社 1992 年版，第 541—542 页。

③ 周作人：《关于扫墓》，载《苦茶随笔》，见《周作人散文》第一集，中国广播电视出版社 1992 年版，第 562 页。

④ 更有甚者，有的不肖子孙借清明节上坟之名，向雇主请假，又向父母索取费用，以作冶游。如《上坟的钱改作冶游费》，北京《晨报》1922 年 4 月 12 日。

神，不如崇拜一时期一地段之伟大人物，犹可以为一般人行为之标榜；与
其崇拜匪夷所思之天父，若基督教徒然，不如崇拜生我劬劳之真实父母，
犹有相当生物学的意义，可为淑世哲学之一助"①。他认为信教拜神，不
如崇拜祖先有意义，这种带有文化情结的见解是对五四激进思潮的调整，
自有其合理性。只是当以何种方式纪念、崇拜祖先仍然是有待探讨的
问题。

---

① 潘光旦：《中国之家庭问题》，《潘光旦文集》第一卷，北京大学出版社 1993 年版，第
128 页。

第四章

贞节观念的破旧立新

人的性别差异是生理的，更是社会的，而历史学的研究对象是社会性别（gender）。正是人伦规范和礼俗传统区分、塑造了社会性别，而传统伦理的次序是："有天地然后有万物，有万物然后有男女，有男女然后有夫妇，有夫妇然后有父子，有父子然后有君臣，有君臣然后有上下，有上下然后礼义有所错。"① 夫妇之伦是传统伦理的基石，其重要性不言而喻。古代两性之间不平等的贞节伦理，既是夫权的体现，又与整个道德体系密切相关。故在某种意义上说，更新贞操观是实现男女平等，乃至改造全部人伦道德的关键。五四妇女解放思潮是后世反复研究的学术论题，内容丰富，涉及面广，诸如婚恋、家庭、教育、生育、就业、女权、参政等无不成为热门议题。这里无意面面俱到，仅就贞节观念及相关的婚恋问题略加梳理，并注意考察新观念的社会传播及其局限。

"贞"字源于占卜。许慎云："贞，卜问也，从卜、贝以为贽。"② 故《周易》卦爻辞有"元、亨、利、贞"四种状态。"贞，正而固也。"③ 由卜辞而引申为人的德性，有坚固、守正、坚定等义。"节，竹约也。约，缠束也。竹节如缠束之状。《吴都赋》曰：'苞笋抽节。'引申为节省、节制、节义字。"④ 此义推衍于道德领域，遂有"礼节"、"气节"、"节操"诸义。从原始意义来看，"贞节"二字连用泛指坚贞的节操，是人的普遍

---

① 《周易·序卦》，《十三经》（上），北京燕山出版社1991年版，第92页。
② 许慎：《说文解字》卷三下，中国书店出版社1989年影印本，第9页。
③ 朱熹：《周易本义》，《四书五经》（上），中国书店出版社1985年影印本，第1页。
④ 段玉裁：《说文解字注》卷五上，嘉庆二十年经韵楼刻本，第2页。

德性和精神追求，用来描述仁人志士的品行，包括男性和女性。"贞节"
作为具有社会性和历史特征的性伦理，则成为古代专指女性的道德规范。

　　按一般理解，传统"贞节"是指妇女不失身、不改嫁、婚姻上从一
而终的道德操守。大体而言，"贞"多指未嫁女性的贞操，"节"多指已
婚妇女的操守。历代正史《列女传》记录了旌表的各类妇女，如贞女、
烈女、节妇、烈妇，以及孝女、贤母、良妻等等，其具体道德内涵在不同
时期略有差异。清末同情妇女处境的宋恕云："今俗，已字未嫁：夫亡不
字者，称'贞女'；自尽者，称'烈女'。已嫁：夫亡不再适者，称'节
妇'；自尽者，称'烈妇'。例得旌表。"① 可见，"贞女"、"节妇"是指
女性为贞操而牺牲幸福者，"烈女"、"烈妇"则指女性为贞操献出生命
者，如自杀或被杀。"贞"、"节"与"烈"只是程度、形式不同，而本
质无异。

　　女性的贞节规范是逐渐形成的。《礼记》已确立男尊女卑和片面贞节
观念，如云："一与之齐，终身不改，故夫死不嫁。""男女有别，然后父
子亲；父子亲，然后义生。义生而后礼作，礼作然后万物安。""妇人，
从人者也：幼从父兄，嫁从夫，夫死从子。夫也者，夫也。夫也者，以知
帅人者也。"② 西汉董仲舒从理论上张扬男尊女卑，却未专谈天道和理、
欲对立，也不反对寡妇再嫁。西汉末到东汉，封建帝王已注重旌表贞节妇
女，班昭的《女诫》也倡导"夫有再娶之义，妇无二适之文"。宋代理学
家高扬"存天理，灭人欲"的思想主题。所谓"天理"主要是三纲五伦
的道德规范，而所灭之"人欲"尤其针对女性而言。后者从程颐的"饿
死事极小，失节事极大"，到朱熹的"夫丧改嫁，皆是无恩也"的看法都
是强化女性贞节伦理的教条。作为儒学发展的新形态，程朱理学上升为明
清时期的正统思想，逐渐渗透于士大夫及庶民的日常生活。

　　在实际生活中，从先秦、两汉直到唐代，士大夫之家的寡妇再嫁皆习
以为常。有人统计，唐代"再嫁的公主系整整地 28 人，其中嫁过二次的
占 25 人，嫁过三次的也有 3 人"。当时民间也不以再嫁为非，大儒韩愈的

---

① 宋恕：《六字课斋卑议（初稿）·停旌章》，《宋恕集》上册，中华书局 1993 年版，第
33 页。

② 《礼记·郊特牲》，《十三经》（上），北京燕山出版社 1991 年版，第 781—782 页。

女儿先是嫁给李汉，后又再嫁樊宗懿。欧阳修的《新唐书》"列女传"也多有反映。尤其值得注意的是，有些妇女（如李德武之妻、樊会仁之母等）都是自觉拒绝父兄姑舅的再嫁主张，从而被后人记录于史书。直到北宋初，士大夫也不鄙视再嫁寡妇。范仲淹的母亲也再嫁过，他又把寡媳嫁给门生王陶续弦。《范氏义庄规矩》还规定"再嫁者，支钱二十贯"。宋初许多大臣如王博文、郭稹、贾逵、朱寿昌等人的母亲都曾再嫁。

随着理学思想深入社会，官绅和民众的女性贞节观逐渐强化。首先是皇族的婚俗变化明显。宋初有秦国公主再嫁，以后的 80 余位公主没有一人再嫁，除元朝蒙古族的个别例外，明朝的公主也无一人再嫁。故有论者认为，"宋初寡妇时常再嫁是过渡期里前代的遗俗，宋末寡妇多要守节是新观念的陶冶"①。所谓"新观念"主要是程朱理学。明清时期，旌表贞节妇女成为制度。明代妇女守节受到法律保护，政府旌表贞节烈女亦成风气，节妇烈女成为正史的重要角色。至清代则出现了陈东原所谓"贞节观念宗教化"②。据成于康熙末年（1725）的《古今图书集成》记载，"节妇"从周到五代的为 92 人，宋代 152 人，元代 359 人，明 27141 人，清初 9482 人；"烈女"则从周到唐、辽为 95 人，宋代 122 人，明代 8688 人，清初 2841 人。③ 又如贞女，有学者统计 1644 年至 1850 年，清廷共旌表了约 5000 位终生不婚的贞女和 1000 位自杀的贞女。贞女的数量虽比节妇少得多，但从儒家文人赞扬贞女的传记、诗歌中可见，贞女与节妇的地位几乎一样重要。④

"正史"记载的"节妇烈女"既来自士大夫阶层，又包括许多庶民百姓，"节妇烈女"的增多反映了贞节观念不断强化的事实。但在明清时期，理学的扩散又是渐进、曲折的过程，儒家的人伦规范和士庶的生活习俗存在差异性，不同地域和群体接受理学的程度也不一样。即使在士人阶

---

① 董家遵：《从汉到宋寡妇再嫁习俗考》，参见鲍家麟编《中国妇女史论集》，稻香出版社 1979 年版，第 139—163 页。

② 陈东原：《中国妇女生活史》，上海书店出版社 1984 年影印本，第 245 页。

③ 董家遵：《历代节妇烈女的统计》，鲍家麟编《中国妇女史论集》，稻香出版社 1979 年版，第 112 页。

④ Lu Weijing（卢苇菁），*True to Her Word: the Faithful Maiden Cult in Late Imperial China*，Stanford：Stanford University Press，2008. p. 5.

层，片面贞节伦理空前强化的同时，"异端"言论也不时出现。从李贽、归有光、唐甄，到汪中、俞正燮，他们均对束缚妇女的贞节伦理和陈规陋俗提出了尖锐批评，对社会现实中的悲惨女性寄予同情。清代来华传教士也对中国男子的纳妾习俗表示不解和批评，认为其有悖修身之道。清末知识精英则较广泛、深入地冲击和改造了旧贞节伦理。这些思想主张或多或少地流播后世，成为五四新文化的渊源。

第一节　新贞节观的建立

　　清末民初，婚姻习俗发生了显著变化，研究者从不同侧面有所论述。有的将其概括为三个方面：一是主婚权利、媒介形式、择偶标准与范围、离婚再婚等方面的相对开放和自由；二是婚礼删繁就简，文明婚礼勃然兴起；三是买卖婚姻风气盛行。[①] 五四新文化运动兴起后，婚俗变革较之清末民初更趋深入，其集中体现是贞节观念的变化。在新知识、新思想的滋润下，胡适、蓝志先、周氏兄弟、陈独秀、李大钊、吴虞等五四新文化人均就贞节伦理及妇女问题发表专论。《新青年》及《新潮》、《民国日报》等刊纷纷参加讨论，青年学生各抒己见，对贞节观念进行了深入剖析，改造片面的贞节观（当时人多称"贞操观"）成为新文化人的共识。在此过程中，新的两性伦理逐渐形成，并不同程度地渗透于城乡社会。

一　改造贞节观的片面性

　　五四时期对旧贞节观进行思想清算的代表人物是胡适。针对民初褒扬贞节烈女的风气，他指出，中国"贞操"是专对妇女而言，男子要求妻子守贞守节，而自己却公然嫖妓，公然纳妾，公然"吊膀子"。这是最不平等的事。他认为："贞操不是个人的事，乃是人对人的事；不是一方面的事，乃是双方面的事。女子尊重男子的爱情，心思专一，不肯再爱别人，这就是贞操。贞操是一个'人'对别一个'人'的一种态度。"基于男女平等的原则，他主张：

----

　　① 行龙：《清末民初婚姻生活中的新潮》，《近代史研究》1991 年第 3 期。

（一）男子对于女子，丈夫对于妻子，也应有贞操的态度；（二）男子做不贞操的行为，如嫖妓娶妾之类，社会上应该用对待不贞妇女的态度来对待他；（三）妇女对于无贞操的丈夫，没有守贞操的责任；（四）社会法律既不承认嫖妓纳妾为不道德，便不该褒扬女子的"节烈贞操"。①

"己所不欲，勿施于人"是儒家恕道的体现，中国士大夫长期视之为接人待物的准则。清末以来，一些人阐述平等关系时多以此立论。辛亥志士也以此批判夫为妻纲，否定"三从四德"。在胡适看来，否定片面的贞节观与孔子"己所不欲，勿施于人"的思想一致。孔子曾言"君子之道四，丘未能一焉：所求乎子以事父，未能也；所求乎臣以事君，未能也；所求乎弟以事兄，未能也；所求乎朋友，先施之，未能也"。胡适认为，孔子说到了四伦，未免欠缺，还应加上一句"所求乎吾妇，先施之，未能也"②。孔子和胡适的论题当然有别，孔子从内圣功夫讲道德修养，胡适则注重伦理的社会性，实则在夫妇伦理中引入近代平等、自由观念。不过，胡适扩展五伦关系的对等性，将夫妇关系纳入恕道，为其思想主张提供了传统依据。

鲁迅是改造传统贞节观的健将，指出："道德这事，必须普遍，人人应做，人人能行，又于自他两利，才有存在的价值。现在的所谓节烈，不特除开男子，绝不相干；就是女子，也不能全体都遇着这名誉的机会。所以决不能认为道德，当作法式。"他分析了这种畸形道德的社会根源，这就是长期以来男女地位不平等，也与专制主义分不开。"节烈"是男子对女子的压迫，摧残女性的身心，"不利自他，无益社会国家，于人生将来又毫无意义的行为，现在已经失了存在的生命和价值"③。鲁迅的见解简明而似无特别之处，而把贞节观落实为"普遍"道德则是可贵的真知灼见。古往今来，高悬道德理想主义成为中国士人的传统，而这些"理想"

---

①　胡适：《贞操问题》，《新青年》第 5 卷 1 号，1918 年。

②　同上。

③　鲁迅：《我之节烈观》，《鲁迅全集》第一卷，人民文学出版社 1981 年版，第 119、125 页。

并非"人人应做，人人能行"。于是，许多所谓道德规范成为一纸空文，所谓人伦教化也只是约束他人的虚言。

胡适、鲁迅的见解得到五四知识界的响应。比较中庸的蓝志先认为，"处女守贞是绝对不应有的，寡妇再嫁与男子续娶是相对待的，男子既可续娶，寡妇自可再嫁"①。有人指出："这贞操本是两方面——对等的——一方面破坏，然后有另一方面的破坏；一方面保全，另一方面要破坏也破坏不得……故此要不守贞操便是男女共同不守，如要守他必自男女共同保守。"专适用于妇女的"贞操"，是片面的道德，奴隶的道德②。故他们一致认为："女子单方面的贞烈""完全没有立足的余地"③。周建人认为，"贞操的意义，它自然存在恋爱里，你若将它单独提出，恋爱的精神便死了，人间男女的关系，也便成了虚伪"。因此，旧的贞操不过是男人控制女人的工具，他形象地说："贞操是无形的保险箱，装女人的意志和思想的!"④

否定片面的贞节观，当然不是回到形同禽兽的原始社会，而是要"使男女个个重视节操"⑤。有人引介西方著述，分析男女的生理差异，认为"女子的性欲不及男子活泼"，男女关系的主动权在于男子，"性的行为，在男子方面实较女子重要得多了"。所以，"性的责任大部分应当由男子去负"⑥。就此而言，"贞节"问题的关键不在女性，而在于男性。朱凤蔚指出："贞节"、"纲常名教""原应该是男女共同准守"。他不是主张男女共同回到封建礼教的牢笼中，而是强调"要束缚应该男女共同束缚，要解放应该男妇共同解放，要女子贞节，男子自己先要贞节，要女子不再嫁，男子自己先要不再娶"⑦。按此归谬法，不仅男子做不到，而且也不合潮流。故作者说："我虽然提倡贞节，却主张再娶再嫁，……本身愿守就守，不愿守不能守的就择同意的再嫁，堂堂皇皇没有耻辱可言，岂

---

① 《蓝志先答胡适书·贞操问题》，《新青年》第6卷第4号，1919年。
② 沈乃人：《妇女解放的具体主张》，上海《民国日报》1919年10月19日。
③ 钱畊莘：《女子的圈套——贞烈》，上海《民国日报》1920年1月22日。
④ 周建人：《贞操》，北京《晨报》"副刊"，1921年7月13日。
⑤ 包青云：《我的女子解放观》，上海《民国日报》1919年8月3日。
⑥ 健孟：《谬误的性观念》，《妇女杂志》第9卷12号，1923年。
⑦ 朱凤蔚：《男子贞节问题》（三），上海《民国日报》1919年9月13日。

不是'人道''贞节'两方面都顾全了吗?"① 这样，贞节便回到了平等的、自然的、人性的基础之上。

二　破除"处女迷信"

在传统社会，妇女失身是与贞节道德格格不入的，因此有一套严厉的防范和惩罚机制，以致形成验贞陋俗。如广东有些地方，新婚之夜，"新郎之父母宗族戚属皆静待于房外。少焉，室门辟，新郎手捧朱盘，盘置喜娘所授之白巾，盖以红帕，曰'喜帕'者是也。在门外者见新郎手持喜帕而出，则父母戚属皆大喜，贺客至是始向新郎道贺。其未见喜帕之先，例不道贺，盖恐新妇不贞，则不以为喜而转以为辱也……如新妇不贞，则即以女家来舆迫令新妇乘之大归，即须涉讼公庭，追索聘礼焉"②。男权社会中此类维护"贞洁"陋俗，看似有其合理性，其实是对女性的侮辱和压迫，体现了片面的、非人道的贞节观念，新文化人称之为"处女迷信"。

清末以来，近代医学传播渐广、性学知识也已初步传入。20 世纪初年，上海广智书局发行翻译了性学书籍数种，如日本女医生松本安子的《男女婚姻卫生学》、美国人霍立克的《生殖器》等书，这些书籍对于"身体构造之理"及"生理卫生诸事"进行了详细介绍,③ 发行到京、沪、宁等大中城市。性学知识为破除"处女迷信"提供了依据。当时在上海度过中学时代的胡适应该是读了这些书的。周氏兄弟的读书经历也相类似，并且直接涉猎了日本的性学、伦理学书籍。周作人留学日本时曾关注过妇女选举权的问题。1917 年，他翻译日本与谢野晶子的《贞操论》，认为"道德这事，原是因为辅助我们的生活而制定的，到了不必要或反于生活有害的时候，便应渐次废去或改正"。文章又提出："我对于贞操，不当他是道德，只是一种趣味，一种信仰，一种洁癖。"④ 显然，这是大异于中国传统的新观念。

近代科学知识为观念更新创造了条件。胡适谈"女子为强暴所污"

① 朱凤蔚:《男子贞节问题》(二)，上海《民国日报》1919 年 9 月 12 日。
② 徐珂:《粤中婚嫁》,《清稗类钞》"婚姻类"，第 5 册，中华书局 1984 年版，第 2001 页。
③ 《广智书局新书出版广告》,《中外日报》1902 年 11 月 26 日。
④ 与谢野晶子著，周作人译:《贞操论》,《新青年》4 卷 5 号，1918 年。

时认为：遇强暴而"失身的女子，贞操并没有损失"，她损失的"不过是生理上，肢体上，一点变态罢了！正如我们无意中砍伤了一只手指，或者被毒蛇咬了一口，或者被汽车碰伤了一根骨头。社会上的人应该怜惜他，不应该轻视他"。在他看来，"娶一个被污了的女子，与娶一个'处女'，究竟有什么分别？若有人敢打破这种'处女迷信'，我们应该敬重他"①。在社会现实生活中，即使是禁锢森严的传统社会，婚前性行为也不能完全避免，但人们对男女两性的态度形同天壤。基于男女相互的贞节道德，一些人对"非处女"而遭不幸，"非处男"大行其道的社会现状深感不平。他们认为，如果"重视'爱'而轻视'性'，那么既经发生恋爱，决不能因已'非处女'而改变爱的程度"。为了建立真正以爱情为基础的婚姻，他们甚至提出"试行试婚制"②。

所谓"试婚制"完全来自国外。鉴于许多婚姻虽经周密的考察，作了永久的约束，而结婚之后，仍然发生变故，故有学者主张结婚应该更加自由。"乔治·美台斯等提倡的试验结婚（Trial Marriage），就是从这要求发的。""柏尔逊夫人也是主张此说的一人"，她所著《家庭》一书，当时在美国很有名。她提出讨论的问题是，两性结婚以前应否要求绝对的贞操，或应否允许非结婚形式的一切自由关系。五四知识界大体对后者不无担忧，但也有人认为，"青年男女的试验结婚，即当初原求永久维持，到后来不能继续的时候，如果没有产生子女，社会准他们自由解除婚约，这种试验结婚，颇似有奖励的价值"③。"试婚制"虽是 20 世纪末年中国社会的平常现象，却非 20 世纪早期的主流观念，对传统贞操观念不啻摧毁性打击。不用说老辈人物，即使新潮青年也未必完全赞同。尽管如此，淡化"处女迷信"毕竟成为五四以后城市青年的趋势。

三 摒弃愚昧的节烈行为

历史上，褒扬贞节烈女成为强化片面贞节观的重要手段，官绅们视之

① 胡适：《致萧宜森》，耿云志、欧阳哲生编《胡适书信集》（上），北京大学出版社 1996 年版，第 239 页。

② 德民：《处女问题》，天津《大公报》1928 年 4 月 13、14 日。

③ 李宗武：《结婚革命之提案》，梅生编《中国妇女问题讨论集》第四册，《民国丛书》第一编第 18 册，上海书店出版社 1989 年影印本，第 178—179 页。

为道德责任和荣誉，倡导、请旌不遗余力。一些家庭和女性则以贞节烈女为楷模，不惜牺牲一生幸福、甚至生命以践行。如果说，"处女迷信"以压迫手段侮辱了女性人格，那么，褒扬贞节烈女则以"奖励"方式摧残了女性的肉体和精神。"道德模范"往往代表了统治者的期望，而非有益于国计民生，有些不过是愚民政策的另一表现形式。"节妇烈女"能否成为贞操的代表，应不应成为道德楷模？这在五四新潮中遇到了空前挑战。

胡适大力反对褒扬贞节烈女，认为在婚姻不自由的国家，男女未曾见面，有何爱情可言？不料一般陋儒也来鼓励无知女儿做烈女。他说，"我以为今日若要作具体的贞操论，第一就该反对这种忍心害理的烈女论"，不仅不要褒扬，而且"还要公认这是不合人情，不合天理的罪恶；还要公认劝人做烈女，罪等于故意杀人"。同理，寡妇守节、烈妇殉夫都应由个人自由意志去决定，不必以法律来褒扬、鼓励，否则难免发生沽名钓誉、作伪不诚的行为。至于贞节烈女式的"盲从的贞操，只值得一句'其愚也不可及也'的评论，却不值得法律的褒扬"。总之，片面褒扬妇女节烈的法律是"野蛮残忍的法律"，应该废除。① 在胡适看来，以贞节烈女为楷模必然助长虚伪和野蛮的道德风气，是伤天害理的罪恶。这方面，胡适与历代官绅及儒家的价值观念是根本对立的。

一些新文化人则从妇女处境否定褒扬贞节烈女。罗家伦认为，男子奴役妇女的"两种极高妙的政策"，一是"压制主义"，二是"引诱主义"。后者正是以"名节"、"旌表"、"石牌坊"种种典制上的虚荣，以为陷阱。② 因而，贞节不过是男子欺骗、愚弄女性的手段。鲁迅不仅指出"多妻主义的男子"没有"表彰节烈的资格"，而且认为节妇烈女们是"可怜人"，"不幸上了历史和数目的无意识的圈套，做了无主名的牺牲"③。有人反对妇女守节殉节时指出："死节大半不必出于女子本心，受旧礼俗的蛊惑，恶劣环境的压迫，有不得不死的缘故。最可怜的是那些不嫁而为夫守节的女子……要知道贞女坊的有无，绝对不是以贞不贞为标准；是以有钱无钱为标准。只要有钱，娼妓也可以竖坊，那几块雕刻的石块，谁能认

① 胡适：《贞操问题》，《新青年》第5卷1号，1918年。

② 罗家伦：《妇女解放》，《中国妇女问题讨论集》第一册，《民国丛书》第一编第18册，上海书店出版社1989年影印本，第8页。

③ 鲁迅：《我之节烈观》，《鲁迅全集》第一卷，人民文学出版社1981年版，第125页。

出贞不贞呢?"① 历史上,娼妓立"牌坊"的现象并不多见,但各种各样、各行各业的"牌坊"确实不能反映社会道德的真实状况,而是强化正统观念的有效手段。故从社会实效看,"牌坊"行善不足,为恶则有余。在"牌坊"的压迫下,广大女性被迫掉进道德的陷阱,程度不同地坠入苦难的深渊。

否定贞节观的片面性,反对褒扬愚昧的贞节行为,摒弃"处女迷信"均从不同侧面破除旧观念、改造旧伦理,而其最终目的是建立新型的贞节伦理。

四　新文化人的爱情论

在有关新贞节道德的探索中,当时最重要的观点是爱情论。胡适强调"贞操问题"的关键是"爱情":"贞操乃是夫妇相待的一种态度。夫妇之间爱情深了,恩谊厚了,无论谁生谁死,无论生时死后,都不忍把这种爱情移于别人,这便是贞操。夫妻之间若没有爱情恩意,即没有贞操可说。"② 易家钺说:"本来男女结合,完全由于'恋爱'两个字,他们既无血统的关系可言,要强而合之终身,自非有坚久的爱情不可!但这种坚久的爱情,不是片面的,是双方的。"③ 在此氛围中,人们专门讨论了恋爱与贞操的关系,强调有"灵肉一致"的爱情,"贞操便不成问题"。在他们看来,"贞操与恋爱的关系,一而二,二而一,并不分彼此。有恋爱时贞操不守自在;无恋爱了,虽有贞操以为制裁,然而这种灵肉异致的恋爱","双方都是不贞已极的"④。爱情的意义和作用在这里得到了空前提升。

爱情是贞操的保障,也是婚姻的基础。反之,"则爱亡当然离婚,即顽强的法律也不宜妄加反对"⑤。离婚不是两性关系的理想结果,离婚率升高可能带来社会问题,但"对于不自由的、不道德的、没爱情的、傀

---

① 王晴霓:《两性的道德》,《中国妇女问题讨论集》第三册,《民国丛书》第一编第 18 册,上海书店出版社 1989 年影印本,第 48 页。

② 胡适:《贞操问题》,《新青年》第 5 卷 1 号,1918 年。

③ 易家钺:《中国的家庭问题》,《中国妇女问题讨论集》第三册,《民国丛书》第一编第 18 册,上海书店出版社 1989 年影印本,第 150—151 页。

④ 佩韦:《恋爱与贞操的关系》,《中国妇女问题讨论集》第五册,《民国丛书》第一编第 18 册,上海书店出版社 1989 年影印本,第 131 页。

⑤ 陈望道:《自由离婚底考察》,《中国妇女问题讨论集》第五册,《民国丛书》第一编第 18 册,上海书店出版社 1989 年影印本,第 2 页。

侣式的强制婚姻"，仍应"绝对的给以离婚自由的机会"①。许多文章专门讨论男女恋爱问题，强调"人类的结合，建筑在爱的基础上；没有爱，就没有结合"②。他们在贞操和婚姻问题上彰显了爱情主题。

当然，人们对于爱情的理解并不一致。蓝志先基本上把"爱情"理解为"性爱"，认为"爱情和情欲的界说，如果除却了道德的分子，分辨起来却是很难"。爱情是一种感情，是极容易变化的，如果夫妇关系纯以爱情为主，岂不是常常可以动摇的吗？故爱情之外仍需道德、贞操的约束。"所以夫妇关系必定有一种道德的制裁，彼此有应守的限制，应负的义务。一方有不品行的事实，便是毁损对手的人格，他方可以请求法律、社会的救济。即如离婚，也须有生活上道德上的正当理由，不能以爱情为唯一的条件。"③ 因其爱情的寓意比较狭窄，所以并不视之为高尚的、唯一的价值取向，而主张以法律和道德规范加以约束。当时不少青年学生对"爱情"的理解与蓝志先所见略同，一般社会舆论的潜意识也多如此。因之，一些老辈人物对新潮青年的"爱情"婚姻多持保留态度，一些青年学生也不是唯"爱情"论者，大体主张对所谓"爱情"进行法律、道德的限制。

但在胡适等人的观念中，爱情的外延比较宽泛。爱情不只是性爱，也不是蓝志先所说"盲目的又极易变化的感情的爱"。爱情本身是"人格的爱"，蕴藏着道德内涵。"人格的爱情，自然应该格外尊重贞操"，而且不限于此，是超贞操的。因之，两性伦理大体已包括在"人格的爱情"之内，不必在爱情之外寻求什么道德、贞操。胡适认为，"夫妇之间的正当关系应当以异性的恋爱为主要元素；异性的恋爱专注在一个目的，情愿自己制裁性欲的自由，情愿永久和他所专注的目的共同生活，这便是正当的夫妇关系"。"人格的爱"就是"这种正当的异性恋爱加上一种自觉心"。在他看来，"爱情"本身便已包含尊重彼此的人格。"若在'爱情之外'

---

① 梅生：《离婚问题》，《中国妇女问题讨论集》第五册，《民国丛书》第一编第18册，上海书店出版社1989年影印本，第36页。

② 世衡：《恋爱革命论》，《中国妇女问题讨论集》第四册，《民国丛书》第一编第18册，上海书店出版社1989年影印本，第76页。

③ 蓝志先：《蓝志先答周作人书》，《新青年》第6卷第4号，1919年。

别寻夫妇间的'道德'，别寻'人格的义务'，我觉得是不可能的了"①。胡适所谓爱情不是"情欲"，而是包含了"人格的义务"和"自觉心"，注重由情生理，自觉地承担伦理义务。显然，他不是强调爱情本身，而是意图以此为基础建立新的两性伦理。

提升、美化爱情的言论在五四知识界已不罕见。张崧年认为，要保持男女关系的郑重切实，"也只有仍就爱情想法子：想法在爱情上求纯净真洁，想法把本能之爱养成精神之爱，养成高闳、纯洁、深邃、闲寂、殷切、联接'无穷'的爱。若不这样，想在爱情以外弄别的责务、制裁，根本已不妥，就令能行，终究也必归于无用，归于失败"②。他既强调爱情本身，又注意到爱情的提升，接近于胡适所谓"人格的爱"。罗家伦说，"贞操不过是异性恋爱的纯一"③。周作人批评蓝志先"将爱情误解作情欲"。他认为，"恋爱的结婚，即是'官能的道德的两性关系'"，也是人格的结合，包含了道德义务。④

无论从狭义还是广义来理解爱情，他们所谓道德、贞操均不是旧道德，也非片面的贞操，而是男女人格上的平等、独立。其具体看法虽不一致，而以新道德取代旧贞节是基本相同的，其中贯穿着近代平等、自由思想。以此为基石建立真正的爱情，成为新贞节的实现途径。

清末以来，随着平等、自由学说的传播，提倡男女平等、完善女子人格的言论已见诸舆论。上海爱国女学校的伦理讲义提出："男女均是人也，均为国家社会之一分子，非养成其完全之人格，亦必不能尽其一分子之义务，必不能争其一分子之权利。"因而养成女子"完全"、"自主"的高尚人格同样很重要。⑤ 这些言论在清末还局限于个别学校，五四时期则成为风行知识界的价值取向。按当时人理解，这种人格就是"做人群里独立健全的分子的一种精神"，"为要独立，所以要使本能充分发展；为

---

① 胡适：《胡适答蓝志先书》，《新青年》第6卷第4号，1919年。
② 张崧年：《男女问题》，《新青年》第6卷第3号，1919年。
③ 罗家伦：《妇女解放》，《中国妇女问题讨论集》第一册，《民国丛书》第一编第18册，上海书店出版社1989年影印本，第15页。
④ 周作人：《周作人答蓝志先书》，《新青年》第6卷第4号，1919年。
⑤ 《爱国女学校伦理教习叶浩吾君讲义》，徐辉琪、刘巨才、徐玉珍编《中国妇女运动历史资料》（1840—1918），中国妇女出版社1991年版，第269—270页。

要健全，所以不肯盲从，爱好真理"①。针对中国社会男尊女卑的传统，他们认识到："中国人的社会，建立在礼教的基础上。中国的人，以礼教为唯一信条，是神圣不可侵犯的。礼教不承认女子是有完全人格的人，把女子当作男子的附属品。所以社会对待女子，是另一眼光。"② 在批评礼教旧俗的同时，一些人从不同侧面引介了西方平等思想。胡适等人着力介绍了"易卜生主义"，娜拉成为新女性的偶像。她说："我相信第一我是一个人，正同你（指丈夫——引注）一样。——无论如何，我务必努力做一个人。"③ 娜拉代表了女性要求人格平等的呼声。正如罗家伦所说：

> 既然男女都是人，便应当都去做人；履行人的条件——就是都有自己的人格，自己的意志，自己的权利，自己的职务……女子一身做女儿，做妻子，做母亲，总是靠着他人；是成功，是失败，是荣，是辱，也都以他人为转移；这算是自己有人格吗?④

李达认为，"天赋人权"理当遍及男女两性，女子当有独立的人格。为此，女子"应该知道自己是个'人'，赶紧由精神物质两方面，预备做自己解放的事"。男子也应通晓世界大势，"帮助女子解放"⑤。

与人格平等密切相关的是自由思想。他们认识到："我们中国是讲纲常名教的礼义之邦，关于怎样去限制女子的自由，怎样去使得女子不能发展他们的能力，同时剥夺他们人格的种种法子，总算是完备极了。"⑥ 有人讨论妇女解放时，主要取道于"自由"：

> 心理的解放，最要是爱的自由，思想自由；身体的解放，最要是

---

① 叶绍钧：《女子人格问题》，原载《新潮》第 1 卷第 2 号，1919 年。见全国妇联妇女运动历史研究会编《五四时期妇女问题文选》，中国妇女出版社 1990 年重印版，第 124 页。

② 世衡：《恋爱革命论》，《中国妇女问题讨论集》第四册，《民国丛书》第一编第 18 册，上海书店出版社 1989 年影印本，第 73 页。

③ 胡适：《易卜生主义》，《新青年》第 4 卷第 6 号，1918 年。

④ 罗家伦：《妇女解放》，《中国妇女问题讨论集》第一册，《民国丛书》第一编第 18 册，上海书店出版社 1989 年影印本，第 3 页。

⑤ 李达：《女子解放论》，《五四时期妇女问题文选》，中国妇女出版社 1990 年重印版，第 37 页。

⑥ 张慰慈：《女子解放与家庭改组》，上海《民国日报》1919 年 8 月 10 日。

性的自由，劳动自由；家庭的解放，最要是婚姻自由，居住自由……
家政的自由；教育的解放，最要是男女同学……社会的解放，最要的
是交际自由，集会自由；政治的解放，最要是参政权；经济的解放，
最要的是职业自由。①

这里，自由成为解决妇女问题的根本途径，代表了清末民初一些人的
思想探索。此论是否可行姑且勿论，而对于打碎束缚妇女的纲常礼教却是
一剂良方。如何建立以爱情为基础的新贞节道德？五四知识精英认为，尽
管社会新潮中可能鱼龙混杂，有人假自由之名，行不道德之实，但并不能
因噎废食。重要的途径是将贞操与恋爱自由统一起来。胡适驳蓝志先云：
"世间固然有一种'放纵的异性生活'装上自由恋爱的美名，但是有主义
的自由恋爱也不能一笔抹杀。古今正式主张自由恋爱的人，大概总有一种
个性的人生观，决不是主张性欲自由的。"② 自由、平等，这是近代中国
人的思想追求和社会理想，五四前后逐渐广泛地渗透于社会生活之中，也
从根本上影响了伦理变革。

在此氛围中，许多青年都从人格平等、婚姻自由来讨论妇女解放问
题。有人指出："到哲学上去看，有统一底精神做意识的行动，能受道德
上的责任，这个资格叫人格。在法律上说，能够自营自己底生存和发达，
有这能力的叫人格；生命名誉自由等等叫人格权。"中国的"女子全然没
有人格"，因为，她们没有生命权，婢妾被杀不算一回事，"更凶的就是
贞节，竟叫女子自己不认有生命权"，拿旌表、入祠等手段诱骗她们。③
"婚姻的第一要素，就是男女两性相互间的自由恋爱……所以婚姻的基础
是完全根于相互间的自由意志和人格的爱情而成。"④ "两性的结合和分
离，完全是基础于'自然'和'自由'的两大原则上。"⑤ 自由婚姻注重

① 胡适：《女子解放从那里做起?》，《中国妇女问题讨论集》第一册，《民国丛书》第一编
第 18 册，上海书店出版社 1989 年影印本，第 105—106 页。

② 胡适：《胡适答蓝志先书》，《新青年》第 6 卷第 4 号，1919 年。

③ 高铦：《性择》，《中国妇女问题讨论集》第三册，《民国丛书》第一编第 18 册，上海书
店出版社 1989 年影印本，第 25—26 页。

④ 朱朴：《铲除野蛮婚姻制度和改革的方法》，《解放画报》第 3 期，1920 年。

⑤ 易家钺：《中国的离婚问题》，《中国妇女问题讨论集》第五册，《民国丛书》第一编第
18 册，上海书店出版社 1989 年影印本，第 13 页。

男女的人格，故现代男女只有经过了"人的觉悟"之后，才可以在尊重人格的基础上实践自由婚姻。针对家庭或社会势力阻挠青年自由结婚的现状，恽代英指出："结婚主权，仍应属于结婚之男女自身。此理由极简单。盖结婚为男女自身之事，故当以男女自主之为正也。"① 他们打破了以往"结两家之好"、"繁衍家族"的功用观，也反对看重经济条件的变相买卖婚姻。

五四知识界重新认识了两性伦理，除了从爱情或道德约束立论外，一些人还讨论了现实解决途径。谙悉西法的吴虞以妻子吴曾兰的名义撰文，认为："夫父子、夫妻，伦理上之名分不同，法律上之人格则一。"我国专重家族制度，重名分而轻人道，蔑视国家之体制，道德法律并为一谈。因此被西人讥为三等国，丧权辱国。"吾人所争平等，为法律上之平等；所争自由，为法律内之自由。"故对于尊卑贵贱之分，三从七出之谬说，皆"当一扫而空之，正不必曲为之说也"②。

较之吴虞借重法律依据，更多的人注意到：女性的独立人格、教育权、婚姻自主权均依赖于经济地位。沈钧儒1923年撰著的《家庭新论》认为：妇女如没有经济能力，则讲什么自由、平等都是空谈。"夫妇是为有同等人格的，妇不能绝对受夫之给养。在一个家庭内，主权、一切行为权、处分权，同时不应有两个参差的存在，是不错的。但必须平均保留在两性结合基础的里面。经济的能力，就是一种很重要的关系。"③ 故他主张以妇女经济独立来解决人格平等问题。不少人提出：妇女运动最重要的是"经济独立"，"每个妇女都占有经济上的地位，不特为她们解放的利器，恢复人格的工具"，而且"为扩进社会幸福的原动力"④。有人甚至说："要取得女性的自主权，当先脱离了对于男子的依赖；要脱离对于男子的依赖，当自己先谋经济的独立。如果经济方面不谋独立，那么，请不

---

① 恽代英：《结婚问题之研究》，《东方杂志》第 14 卷第 7 号，1917 年。
② 曾兰：《书女权平议》（吴虞代作），《吴虞集》，四川人民出版社 1985 年版，第 456—457 页。
③ 沈钧儒：《家庭新论》，周天度编《沈钧儒文集》，人民出版社 1994 年版，第 125 页。
④ 陈友琴：《我国目前妇女运动应取的方针》，《妇女杂志》第 9 卷第 1 号，1923 年。

要高谈恋爱自由，女子参政，母性自决吧！"① 这类言论虽然不无偏激，
却触及妇女问题的根本。不过，当时女性就业困难重重，"经济独立"可
谓知易行难。

李大钊也从经济基础来谈两性伦理，但重心不是个人经济独立，而是
社会经济制度的根本改变。他认为道德的性质必然与经济的性质相适应，
经济形态变化了，贞操观念必然随之改变。在农耕时代，女子的贞操是
"绝对的、强制的、片面的"。当社会发展到工业时代，"女子的贞操，就
由绝对的变为相对的，由片面的变为双方的，由强制的变为自由的。从前
重'从一而终'，现在可以离婚了；从前重守节殉死，现在夫死可以再嫁
了"。他肯定贞节伦理的现代转变，但并不视之为最终结果，认为将来资
本主义崩坏之后，公有制取代私有制，"男女的关系也日趋于自由平等的
境界。只有人的关系，没有男女的界限。贞操的内容也必大有变动了"②。
他预见到贞操内容的大变动，但还不能描绘其具体内容，而"没有男女
界限"也仅限于理论探讨。从社会经济形态而论贞节问题并非当时舆论
主流，但这些分析透露出可贵的深刻性。

第二节　新观念的扩散：舆论和调查

贞节观念是陈独秀所谓"伦理的觉悟"的核心，其破旧立新产生的
巨大震动更是不言而喻的。不过，新思想发展为制度、习俗仍需经历艰难
曲折的社会运行，这也是精英思想与大众文化交融、歧异和互动的过程。

1915 年中华民国政府制定的《民律·亲属编草案》规定："结婚必须
得到父母的允许"，又肯定"夫妻相互之间，互负扶养的义务"；夫妻不
相和谐而两愿离婚的，得离婚；重婚、妻子与人通奸、夫妇一方生死不明
超过三年以上，夫妻一方恶意遗弃对方或受虐待、受重大侮辱，均可向法
院提出离婚。这些规定汲取了清末以来的新思想，为改良婚恋观念和婚姻

---

① 陈德征：《妇女运动的第一步——经济独立运动》，《妇女杂志》第 9 卷第 1 号，1923
年。

② 李大钊：《物质变动与道德变动》，《新潮》第 2 卷第 2 号，1919 年。

关系创造了条件，但仍有一定的保守性，并且不易落实于社会之中。

民初几年，有的报刊如天津《大公报》等对所谓"乖谬偏激之言非所取焉"，且重视宣扬贞节烈女的事迹和割股疗亲式的孝行。在袁世凯政府的复古风中，有些刊物充斥着对贞节烈女的报道，上海的几家妇女刊物就是如此：《妇女时报》登载湖北孝感女子师范肄业生朱某某为生病的未婚夫"冲喜"，乃至殉夫的事迹。① 同时，言情小说家天虚我生主编的《女子世界》也变成了"贞节烈女"的"世界"。② 近代历时最久的《妇女杂志》在 1915 年于上海创刊时，最初几期也刊载了不少贞节烈女传。不仅如此，当时也不乏公开批评婚恋自由的文章。《女子世界》的文章说："旧俗婚姻，诚为专制，然而室家静好者颇不乏人，固未闻夫妇之间都为怨耦，且礼义廉耻，坚贞节操，尚留存于天壤间。非若今之所谓自由者，假求学之美名，背父师之训诲，男女相悦，眉语目成，妖淫放荡，恬不为耻。"③ 天津《大公报》也发表评论："近年来法庭诉讼，男女之请求离婚者，实繁有徒，此皆前所未有，而亦社会所不乐为者也……盖今请求离婚者，多出于自由结婚之夫妇，鲜出于旧礼结婚之夫妇，夫婚既结于自由，必其性情相结合，可以偕老百年者，从前巧妻拙夫之怨已无从发生，何以欢乐未几，辄赋终风……是以自由结婚、自由离婚，曾不如名自由姘拆之为当矣。"④ 民初这类对自由婚恋的误解、嘲讽不一而足。值得注意的是，自 1916 年新文化运动兴起之后，此类报道和评论逐渐减少了，这在一定程度上反映了知识界的舆论导向有所变化。

五四自由婚恋思潮使人们认识到离婚的合理性。有人指出：从一而终的观念，看起来是束缚女性，但因为连带的关系，也容易滋生男子纳妾等行为，所以只要有下列情形之一，就应该离婚：①"夫妻间失掉了无论那一种爱情的时候，应当是离婚的，因为没有精神上的契合的夫妻，是貌合神离的夫妻，是没有好处的"。②夫妻的一方发生了道德上的问题，如

---

① 左明瑛：《孝感朱烈女》，《妇女时报》第 19 期，1915 年。

② 该刊第一期有《郑烈女传》，第二期有《郭烈妇传》，第三期有《张贞女传》、《李节妇传》、《陈孝女传》等。参见刘巨才《女子世界》，载丁守和主编《辛亥革命时期期刊介绍》第五集，人民出版社 1987 年版，第 302—305 页。

③ 李幼沅：《自由结婚之评论》，上海《女子世界》第 3 期，1915 年。

④ 无妄：《闲评二》，天津《大公报》1913 年 9 月 15 日。

男人的酗酒、赌博和逛窑子都是道德上不名誉的，妻子可以与他离婚。③因为生理上或社会上的关系，现阶段丈夫对妻子应有补助生活的义务，如果丈夫不尽这个义务，做妻子的就可以要求离婚。④由于知识上的差异太大，容易生出男女不平等的事，也应当离婚。① 这些条件对于古代"七出"之例显然是革命性地改变。事实上，他们主张离婚，但更强调自由恋爱，在他们看来或许这是减少离婚的预防措施。"没有男女交际，自难有自由婚嫁可说。没有真自由的、长期的、不受利用被强迫的交际，自难有自由精神爱情成立的关系可言"②。因此，随着贞节问题讨论的深入，男女"社交公开"也成为 20 世纪 20 年代的新风气、新礼俗。

　　五四时期，新贞节观念的传播主要凭借不是政治、法律，而是报刊舆论。"五四"以后，除了新文化的领头刊物《新青年》、《新潮》之外，一些妇女专刊如《妇女杂志》、《新妇女》、《妇女声》、《解放画报》等均热烈讨论女性解放，纷纷推出"自由恋爱"、"婚姻"、"女子就业"、"教育"、"生育"等问题专号。一些新潮刊物如《少年中国》、《新生命》、《双周评论》、《少年世界》、《星期日》、《平民半月刊》等出版了"妇女专号"，北京《晨报》、上海《民国日报》、《时事新报》等大报开辟了妇女问题专栏。这些讨论传播了男女平等、婚恋自由的新思想。一些原本较为保守的大报如上海《申报》、天津《大公报》等也迅速减少了宣传贞节烈女的报道，甚至刊发附和、支持新思想的文章。

　　这些刊物的贞节论没有超越《新青年》的思想基调。如 1920 年 5 月周剑云在上海创刊的《解放画报》，主旨是以通俗的文字、生动的图画向社会传播妇女解放思想。其中批判片面贞操观云："男女是站在同等地位的，既提倡贞女、烈女、节妇、烈妇，为什么不提倡贞男、烈男、节夫、烈夫……既是女子独有的贞操，而非男女共守的贞操，便是片面的贞操，不是完全的贞操，那么，贞操的基础先不巩固，年长日久，自然风雨飘飘，逐渐崩坏了。"③ 这些见解与《新青年》大体同调。又如，为了反对片面的贞操观，《民国日报》专门讨论男子贞操问题，指出男子压迫女子

---

① 幼波：《离婚问题》，上海《民国日报》1919 年 11 月 12 日。
② 张崧年：《男女问题》，《新青年》第 6 卷第 3 号，1919 年。
③ 周剑云：《特载·淫乱与贞操》，《解放画报》第 18 期，1921 年。

的手段，就是用"贞节"、"纲常名教"这种绳索"把女子紧紧地缚牢了"。这种绳索不应专为女子而设，"要束缚应该男女共同束缚，要解放应该男女共同解放"。"男子贞节问题和女子贞节问题……有连带的密切关系"①。20 世纪 20 年代初的报刊杂志上，类似文章可谓比比皆是。

舆论的转向为新观念开辟了较为畅通的传播渠道，一些中小城镇的青年学生已不难接触到新思潮。湖南省立第二师范（在桃源县）的女学生王一知回忆：

> 我对《新潮》发生了极为浓厚的兴趣，因为《新潮》上刊登的文章，多是反对封建伦理道德，揭露封建家庭丑恶，同情妇女的无权地位、非人生活，提倡个性解放，男女平等的。这些文章的议论，多像我心里想说而未能说出的话。我被卷进新思潮的激流中。我的思想在急剧的变化，封建社会给与的影响，加给我精神上的锁链，在此时已完全粉碎。我有了与封建伦理、纲常名教决裂的勇气，我在作文堂上写下"非孝"和"反对片面贞操"的文章，平常与同学议论，对封建伪道德则尽力揭露和抨击。②

城乡女性接受新思想的程度参差不齐，婚姻自主的表现形式不一。在五四思想的社会化过程中，首当其冲者是读书识字的青年学生，然后是阅读过新刊物或间接接受新思想影响的青年男女。如果说，近代一般城乡青年的婚恋观念变迁主要植根于经济因素，那么，知识青年则更直接地从报刊接受了新思想、新知识，所以新旧思想冲突的激缓情形常与经济环境的优劣程度凿枘不合。从地域来看，作为近代文化中心的北京和上海首先是思想地震的核心地区，其次是一些思想比较活跃的省城如长沙、济南、杭州、成都等，再次是一些消息畅通的中小城镇。在这三个层面中，新思想的冲击波大体上呈减弱之势。

《新青年》于 1918 年 6 月推出"易卜生专号"。易卜生的剧作《娜

---

① 朱凤蔚：《男子贞节问题》，上海《民国日报》1919 年 9 月 11—14 日。
② 王一知：《走向革命——五四回忆》，《五四运动回忆录》（上），中国社会科学出版社1979 年版，第 510 页。

拉》（又译为《玩偶之家》、《模范家庭》）意在攻击旧家庭的罪恶，发展女性的责任心。剧中描写女性的家庭地位如爱鸟在笼，呼吁女性不要把自己禁锢在相夫教子的枷锁中，应唤醒自己的独立及自由意识。娜拉觉悟到自己在家庭中不过是丈夫的玩偶，她不愿再做玩偶，要离开家庭，"务必努力做一个人"①。这就像女性觉悟的宣言。在传统纲常秩序中，女性历来处于从属地位。传统女教以三从四德规范女子，为人妻、为人母就是女子的归宿所在。五四新文化人宣传女性"务必努力做一个人"，唤醒了许多女性的人格意识。1918 年以后的中国城市，"到处上演《娜拉》，高叫着'不做玩物'、'要人格'、'要自由'……许多前进的妇女，并以行动勇敢地冲破了旧有的藩篱，风气所及，使那些士大夫、道德家也只能向隅叹息"②。新思潮较为活跃的湖南长沙正是其缩影。

1919 年 11 月 14 日，长沙发生一起轰动全城的新娘自杀事件。南阳街眼镜店赵某之女赵五贞，不愿嫁给柑子园开古董店的吴某。她请父母解除婚约未准，于是产生自杀念头。在出嫁之日，她私藏剃头刀上轿，在抬赴吴家的途中，用剃刀割断咽喉，自杀于花轿中。一些人士就赵五贞自杀事件及婚姻制度纷纷发表看法。

抗婚自杀在历史上并非没有先例，但在新思想扩散的历史关头，在报刊舆论空前增强的民国初年，赵五贞成为多方关注和评说的社会形象。几天之内，仅长沙《大公报》的外间投稿已不下数十篇。北京《晨报》等刊也转载此事。青年毛泽东对此事极为关注，十多天内在长沙《大公报》、《女界钟》发表十余篇评论。

在新潮人士的笔下，赵五贞成了要求婚姻自由、要求意志自由、宁死不屈的典型。毛泽东指出，"这事件背后，是婚姻制度的腐败，社会制度的黑暗，思想的不能独立，恋爱不能自由"③。"社会里面既有可能使赵女士死的'故'，这社会便是一种极危险的东西。它可以使赵女士死，它又可以使钱女士、孙女士、李女士死；它可以使'女'死，又可使'男'

---

① 《娜拉》，《新青年》第 4 卷第 6 号，1918 年 6 月。

② 陈素：《五四与妇女解放运动》，《五四运动回忆录》（下），中国社会科学出版社 1979 年版，第 1020 页。

③ 毛泽东：《对赵女士自杀的批评》，长沙《大公报》1919 年 11 月 16 日。

死"①。他向全社会青年呼吁："自己的婚姻，应由你们自己去办。"② 还有人评价赵五贞之自杀："虽不能完全认他'为恋爱自由'死的，但是不能不承认他为一个'改革婚制的牺牲人'……并且当这个自由神与专制魔王宣战的时候，有这警钟当头一棒，这大可以唤醒一般人之梦想，以后强迫买卖、金钱等等万恶妖魔宣告死刑的时期恐怕快到了。"③ 毛泽东等人从悲剧中进行反思，提出应改革婚姻制度和社会制度。

市民社会并未普遍接受新思想，对赵五贞事件的解说也是七嘴八舌。有些人以为赵女士是殉原来的未婚夫，"贞烈可钦"，并且一些人期望赵女士是殉未婚夫而死。对此事有意无意地误释反映出传统节烈观念的根深蒂固。

此时，新文化运动已有数年之久，一些城市女性虽不满于传统纲常，却没找到解放的康庄大道，因而在迷茫、痛苦中选择了自杀。赵五贞在整个事件中处于失语状态。她生前身后没有留下只言片语来说明死因。"女子的自杀与婚姻"是长期萦系中国女性历史的主题之一。载之于文献的"节烈"二字都是女性的生命和鲜血写成的，女子的失语状态提供了封建史家将其自杀简单地归结为"贞烈可钦"的机会，遂使女子成为"贞节"的"牺牲"。其中女子的个人意志、人格尊严的真相则成未解之谜。当时，长沙周南女校的学生曾对赵五贞事件进行调查，得知赵女士"在出嫁前曾经对嫂子说过：'女子在家从父，出嫁从夫，夫死从子，做女子的真是背时呵！'"④ 由此可见，赵女士生前已对压抑女子的旧道德表示不满，有力地回击了"道德家"那"贞烈可钦"的"褒扬"。赵女士"真是背时"的叹息，表达了年轻女性面对旧纲常的无奈，也不能不令人重识、省思历代文人笔下贞节烈女的"崇高"形象。

在五四的伦理觉悟中，许多有识之士开始接受新思想，用"人"、"女人也是人"的眼光看问题。他们之所以赞扬赵五贞，还在于"佩服他虽然不能把智力保障自由意志，却还肯把性命去殉自由意志。决不是佩服

---

① 毛泽东：《社会万恶与赵女士》，长沙《大公报》1919 年 11 月 21 日。
② 毛泽东：《婚姻问题敬告男女青年》，长沙《大公报》1919 年 11 月 19 日。
③ 陶斯咏：《关于赵女士自刭以后的言论》，长沙《女界钟》特刊第 1 号，1919 年 11 月。
④ 周敦祥：《回忆〈女界钟〉》，《五四运动回忆录》（续），中国社会科学出版社 1979 年版，第 366 页。

他甚么贞节，更不至再拿片面的贞节来做人道的奖励品"①。显然，这是以婚姻自由观念来评价赵五贞之死。他们认为，赵五贞反对包办婚姻，并为意志自由以身相殉。"殉节烈"抑或"殉自由意志"，是新旧人物理解的差异，表明了二者女性观念的不同。前者依然是视女子为纲常的"牺牲"，女子的生命微不足道，只是用以印证古训"饿死事小，失节事大"。后者则视女子为有自由意志、有人格尊严的人。赵五贞事件及其社会反响体现了新旧贞节观的交锋。

1920 年 2 月，赵五贞事件两个多月后，长沙又发生了引人注目的李欣淑出走。李欣淑女士"因为婚姻黑暗的缘故，就毅然决然离开家庭，跑到北京实行工读去了"。李欣淑的父亲曾为前清湖北候补道。当李女士幼时，就被定给孙道仁做媳妇，后来她的未婚夫死了。"她的父母原来是极赞成守望门寡的，但是要养她一世，于经济上太不合算，马上就把她配了彭家里儿子"。彭家虽有些钱，儿子却是个纨绔少年，所以李女士决意不承认这件婚事，但她父亲不允退婚。李欣淑在婚期将近时，借口到湘雅医院治病，逃离了专制家庭。② 李欣淑出走后，进了北京的工读互助团读书。在追求婚姻自由的女性看来，工读互助团才是希望之所在。在那里，生存的基本问题较易解决，自由恋爱也有了较大的可能。青年男女的求学愿望与自由恋爱的追求密切相关，工读互助团则是合二为一的理想场所。

女性抗婚出走之事，在古今都不罕见。古代文献不乏"私奔"的记载，大体都是追求婚姻自由的行为。在五四之前，这类现象也常有报道。较著名的事件如 1917 年暑假，天津女学生郭隆真就因反对父母定下的婚事，在成婚的那天从男家出走，外出上学去了。但在新旧思想激烈交锋的长沙，李女士出走事件备受舆论关注。1920 年 2 月 17 日，长沙《大公报》以《长沙第一个积极奋斗的——李欣淑女士》为题报道此事。不久，京、沪等地报刊如《晨报》、《民国日报》纷纷报道，社会上毁誉交加。一班"道德家"再也无法从李欣淑身上找出"节烈"的迹象，于是慨叹"世风日下"、"不晓得三从四德"。趋新人士则把李欣淑与赵五贞相比较，

---

① 兼公：《我对赵女士自杀的杂感》，长沙《大公报》1919 年 11 月 17 日。
② 参见《长沙李欣淑女士的出走》，上海《民国日报》1920 年 3 月 6 日；《最近长沙之妇女问题》，北京《晨报》1920 年 3 月 10 日。

指出：

> 去年赵女士之死，是一个消极的办法，只可惊醒一班老朽的迷梦，却不可做我们青年人的模范……现在李欣淑女士出走，他抱百屈不挠的精神，实行奋斗的生活，把家庭的习惯，名教的藩篱一齐打破。他有彻底了解的新思想，他有爱世努力的人生观，有积极的办法，有实践的勇敢；他所发生的影响，在旧社会方面，可以给他们种种觉悟；在新青年方面，可以给我们极大的教训；比赵女士所发生的影响，要重要些，要远大些，要切实些。[①]

赵、李同是反抗旧婚姻，但较之自杀，出走更为理性、较为有利。从"自杀"到"出走"，这一变化与新思想的传播分不开。赵五贞事件之后，长沙等地报刊曾进行广泛讨论，争取婚姻自由、反抗旧家庭制度成为知识青年的潮流。赵五贞虽是新式小学的肄业生，但所读之书仍主要是《湘子化斋》、《观音试道》之类的宗教性"说书"。而李欣淑在自治女校读过书，她说："自从看了五卷《新青年》杂志，我就不满意我的环境。"另外，长沙《大公报》的主笔张子平也曾发表过《读新青年》，谈及《易卜生主义》的读后感。在李欣淑出走前，长沙《大公报》也刊登过题为《女子人生观的改造问题》的文章。该文不仅介绍了易卜生的《娜拉》，还引用了娜拉同丈夫郝尔茂之间的两段对话，可以说介绍得相当详细。李欣淑读到该报介绍《娜拉》的文章应在情理之中，她曾登报发表启事说："我于今决计尊重我个人的人格，积极的和环境奋斗，向光明的人生大路前进"[②]。李女士以"个人的人格"、"光明的人生大路"为奋斗目标，充分说明她是一位发生了"人的觉悟"的新女性。李欣淑的果敢行动深受新潮青年的赞赏："自从新思想输入湖南以来，为这种潮流振荡而惊醒的虽多，能决然毅然冲出名教藩篱，打破社会信条的却没有一个。""李女士开了这一条大路，让我们后来的人好出去，我们也应当努力，才不负李

---

① 《李欣淑女士出走后所发生的影响》（续），长沙《大公报》1920 年 2 月 28 日。
② 《李欣淑女士出走后所发生的影响》，长沙《大公报》1920 年 2 月 29 日。

女士这番苦心呀！"①

　　五四以后，本来较闭塞的长沙开始跟上思想新潮。尽管女性自杀事件不会完全绝迹，却有更多的知识女性选择理性的抗争。至 1921 年，长沙女界联合会提出女性须取得"婚姻自主权"，"男子须实行一夫一妻制"②。湖南知识青年的观念已有明显变化，类似现象不限于赵五贞、李欣淑，如湖南祁阳县女学生李星，二十来岁，1921 年毕业于湖南省第三女师范（校址在衡阳），随后在长沙补习英文、算术。其父是商人，在是年年底将她许给一位年过 40 做过营长而有钱的军官王某。事情定下来之后，李女士才得知，好像晴天霹雳，所以坚决不同意。其理由是：①她在专门学校毕业以前，不愿结婚，以免耽误学业；②"此生愿作平民妇，不愿为武人妻"；③"男女婚姻必须以爱情为主"，她和王某既无丝毫的爱情，当然不能结为夫妻。她父亲知道后，赶到长沙劝说，见她不同意，就不让她继续读书了。李女士也不妥协，找亲友借了些路费，独自来到北京，进了女高师补习学校。③

　　五四知识界对女性出走看法不一。鲁迅关心"娜拉走后怎样"？他认为在当时条件下，"实在只有两条路：不是堕落，就是回来"。他指出："自由固不是钱所能买到的，但能够为钱而卖掉。"就妇女地位而言，"为准备不做傀儡起见，在目下的社会里，经济权就见得最要紧了"④。确实，出走女性的经济来源常常成为难题。上述"不愿为武人妻"的李星到京求学后，一度陷入"囊空如洗"，"欲归不得，欲留不可"的经济困境。⑤在舆论帮助下，李星引起一些人的注意，他们"愿为经济上之援助"，其父也终于回信，表示继续接济学费，且"谓婚姻亦听其女自主"⑥。此事总算有了圆满结果。但鲁迅担心，几个人出走，或许还能得到若干人同情，帮助着生活。如果成百上千的人出走，人们的同情就会减少，故"出走""断不如自己握着经济权之为可靠"。他对女性出走委婉地表示反

①　《长沙李欣淑女士的出走》，上海《民国日报》1920 年 3 月 6 日。

②　《湖南女子之五权运动》，上海《民国日报》1921 年 1 月 27 日。

③　《一个决心反对旧式婚姻的女子》，北京《晨报》1922 年 1 月 25 日。

④　鲁迅：《娜拉走后怎样》，《鲁迅全集》第一卷，人民文学出版社 1981 年版，第 161 页。

⑤　《一个决心反对旧式婚姻的女子》，北京《晨报》1922 年 1 月 25 日。

⑥　《再志反对旧式婚姻的女子》，北京《晨报》1922 年 2 月 3 日。

对。其实，当时一些人探讨妇女解放途径时，都得出了类似鲁迅的结论。

出走的女性不一定选择"回来"，却不能无视生存的社会环境。当时女性就业非常落后，"经济独立"也只是空中楼阁。在此困境中，有识之士和新潮青年不得不采取一些临时办法。京、沪等大城市出现了女子互助团体，为走出的女青年提供半工半读的机会。社会舆论也对女性追求婚姻自主、婚恋自由予以支持。在一些新潮青年看来，"'娜拉'式的离婚，何等痛快，何等壮烈"。我国女子应多学娜拉"跳出家庭的樊笼，取得人的生活"[①]。20世纪二三十年代，知识女性的"出走"日益普遍，"娜拉"成20世纪20年代城市新女性的典型。胡适、郭沫若、欧阳予倩、田汉、成仿吾等人都为之所吸引，创作出一批宣传"出走"的戏剧，代表了新文化人的思想主流。

五四时期，青年学生的婚恋观念变化明显，犹如梅生在讨论离婚问题时所云："二三年来，因为新思想的传播和妇女运动的热烈，婚姻自由的要求，恋爱神圣呼声，几至普遍到全国。因而离婚问题，也一天一天变为重大而紧要起来了。"[②] 1927年6月，上海《时事新报》副刊《学灯》编辑部就此调查，答卷人主要是江浙两省受过中等教育的中下层人士。317份答卷（其中女作者44人）分别是（见表4—1）：

表4—1　　　　　　　　　　对于离婚、再婚的态度

调查问题	态度	性别		总人数	百分比
		男	女		
婚姻一经成约，即不宜解散	赞成	42	10	52	16.4%
	不赞成	231	34	265	83.6%
婚姻一经成礼，即不宜解散	赞成	71	19	90	28.5%
	不赞成	202	25	227	71.5%
鳏寡而已有子息者，不宜再娶或再嫁	赞成	90	16	106	33.6%
	不赞成	181	28	209	66.4%

---

①　瑟庐：《从七出上来看中国妇女的地位》，《五四时期妇女问题文选》，中国妇女出版社1990年重印版，第172页。

②　梅生：《离婚问题》，《中国妇女问题讨论集》第五册，《民国丛书》第一编第18册，上海书店出版社1989年影印本，第27页。

调查问题	态度	性别		总人数	百分比
		男	女		
无论有无子息，鳏宜再娶，寡宜再嫁	赞成	170	25	195	62.9%
	不赞成	97	18	115	37.1%
双方同意，即可解除婚约	赞成	257	41	298	94%
	不赞成	16	3	19	6%
有一方不愿同居时，即可解除婚约	赞成	114	19	133	42.1%
	不赞成	158	25	183	57.9%

资料来源：潘光旦：《中国之家庭问题》，《潘光旦文集》第一卷，北京大学出版社 1993 年版，第 117—118 页。

　　可见，"双方同意即可解除婚约"已占据绝对主流，其他情形则多有出入。这在一定程度上反映，婚恋自由观念已在知识界流播开来（但仍受一些社会因素制约）。又据学者 1930 年对燕京大学 60 位女生调查，其中 20 人赞成"无爱情即离婚"（约占 33.3%），10 人认为只要一方不愿同居即可解除婚约（约占 16.7%），28 人认为双方同意即可离婚（约占 46.7%），总计约 96.7% 的人赞成在一定条件下选择离婚。而认为在过渡期内，应忍耐牺牲不离婚者只有 2 人。调查者谓"盖青年心理，'忍耐牺牲'不但无益且有害于社会，盖人生一世，不能勉强应付他人也，故赞成者占极少数"[①]。知识女性的婚恋观念已有显著变化。

　　纳妾是片面贞节伦理的体现。五四时期，不少女青年认识到"片面贞操乃是非人道的，压倒人性的，剥夺人自由权的一种恶风尚"，呼吁妇女觉醒起来，一起来"打破摧残女性的片面贞操"[②]。事实上，绝大多数男性也对纳妾旧俗不以为然。知识精英除了从贞节伦理的双向性、人格平等方面否定纳妾外，还注意到纳妾的家庭危害：①"害家室之和平"。一夫多妻，纷争必不能免，决非家庭之福；②"违背人道"。妻妾争斗，势必以强凌弱；③"伤害身体"。妻妾众多，耗精疲神，寿必不永；④"害

---

　　① 梁议生：《燕京大学 60 女生之婚姻调查》，《民国时期社会调查丛编·婚姻家庭卷》，福建教育出版社 2005 年版，第 67 页。

　　② 清扬：《"贞操"与"节妇"》，《妇女日报》1924 年 3 月 6—8 日。

于生计"。家庭人口众多，生计不易维持，非但没有乐趣，反增痛苦；⑤"堕落家声"。① 1927 年《时事新报》关于娶妾问题的调查表明了人们对婚姻专一性的认识（参见表4—2）：

表4—2　　　　　　　　　　　　娶妾问题的调查

调查问题	态度	性别		总人数	百分比
		男	女		
男子厉行一夫一妻，无论如何，不宜置妾	赞成	217	36	253	79.8%
	不赞成	56	8	64	20.2%
艰于子息时，不妨置妾	赞成	81	13	94	29.6%
	不赞成	192	31	223	70.4%
当兹过渡时期，婚姻多不美满者，此等人离婚既不便，重婚又不可，宜许其置妾	赞成	60	6	66	19.2%
	不赞成	209	38	247	80.8%
或谓男性本多妻，且有妾制之社会，卖淫之风，不若无妾制之甚；妾制既有调节生活之效用，宜任其自然	赞成	30	1	31	9.9%
	不赞成	238	43	281	90.1%

资料来源：潘光旦：《中国之家庭问题》，《潘光旦文集》第一卷，北京大学出版社 1993 年版，第 115—116 页。

可见，答卷人认为，无论何种理由，男子都不应该娶妾。故调查者指出："一夫一妻与不置妾之原则""已深入人心"。而且该调查表明，"男女对于妾制之意见，无大差别"。几年后，对燕京大学男生婚姻态度的调查也显示：194 份答卷中，赞成纳妾者仅 7 人，反对纳妾者 182 人，前者约为 3.6%，后者约占 93.81%，二者比例相差悬殊。② 不过，所谓反对纳妾的观念"已深入人心"，仅着眼于 20 世纪 20 年代的知识界。即使在知识界，也不是全部如此。

与贞节观密切相关者是婚姻主权。在知识精英看来，"结婚为男女自

① 启明：《中国家族制度改革论》，《青年进步》第 25 册，1919 年 7 月，第 13—14 页。

② 葛家栋：《燕大男生对于婚姻态度之调查》，见《民国时期社会调查丛编·婚姻家庭卷》，福建教育出版社 2005 年版，第 39 页。

身之事，故当以男女自主之为正也。谓应以父母代之主婚者，乃不得已而设之补偏救弊之法。今偏既不能补，弊既不能救，则父母代之主婚为不合理"①。但在现实生活中，以父母主婚来补偏救弊的情形仍相当普遍。20世纪20年代初，研究者将中外婚制分为五种：掠夺、买卖、聘娶、允诺和自由。民初法律大体主张以聘娶为主，兼采允诺，即"于父母之命、媒妁之言外，尚需男女两造之同意"。而一般人的理解是，"允诺"与"自由"两种婚制并不矛盾，只是主从关系不同。"允诺者，先由父母议定，再征本人同意。自由者，先由男女两造允洽，再求父母同意。"②

1920年，陈鹤琴等人调查了浙江第五师范（绍兴）、浙江第一师范（杭州）、江苏第十中学（徐州）、南高附属中学（南京）、金陵大学、南京高等师范等校1500多名学生的婚姻状况和观念，收到答卷631份。③ 该调查显示，青年学生关于改良婚姻的各种意见中，以"自由婚姻制"和"双方同意制"（即"允诺"）两条出现的频率最高，各项意见出现频率如下（见表4—3）：

表4—3　　　　　　　　　　　改良婚姻的意见

事项	次数	百分比
自由婚姻制	66	35.87%
双方同意制	39	21.19%
嫁娶宜晚	20	18.96%
经济独立后始娶	8	4.35%
改良女子教育	8	4.35%
学业成就后始娶	6	3.26%
社交公开	6	3.26%
婚礼从简	5	2.71%
改良教育，养成男女互敬习惯	5	2.71%
男女必先相识	4	2.17%

---

① 恽代英：《结婚问题之研究》，《东方杂志》第14卷第7号，1917年。

② 景藏：《婚姻制度》，《东方杂志》第17卷第8号，1920年。

③ 陈鹤琴：《学生婚姻问题之研究》，载《东方杂志》第18卷第4、5、6号，1921年2月至3月。

续表

事项	次数	百分比
男女同学	3	1.63%
结婚后与父母分居	2	1.09%
学识品貌相埒	2	1.09%
离婚自由	2	1.09%
退婚自由	2	1.09%
父母代定婚姻	2	1.09%
不再娶不再嫁	1	0.54%
不应自由离婚	1	0.54%
性情学识相埒	1	0.54%
禁止父母强迫代定婚姻	1	0.54%
总计	184	100%

资料来源：陈鹤琴《学生婚姻问题之研究》，《东方杂志》第 18 卷第 5 号，1921 年。

从表 4—3 可见，主张"自由结婚"和"双方同意者"占全部意见的 57.06%，加上其他改良意见，则赞成新式婚姻者已占绝大多数，而主张"父母代定婚姻"、"不再娶不再嫁"、"不应自由离婚"者总计才占 2.17%。旧婚制已经没有社会基础了，但完全赞成"自由结婚"者也不占绝对多数。

1927 年上海《时事新报》副刊《学灯》编辑部的调查显示，主张婚姻"宜完全由父母或其他尊长作主"，赞成者仅 0.7%，不赞成者达 99.3%，其中 44 位女性全部不赞成。显然，这较之 20 世纪 20 年代初的调查结果又有所进步。"父母作主，但须征求本人同意"，赞成者 41.8%，不赞成者 58.2%，此题女性表示赞成者略高，达 56.82%。"本人作主，但须征求父母同意"，赞成者 80.6%，不赞成者 19.4%。"宜完全由本人作主"，赞成者 34.4%，不赞成者 65.6%。故调查人认为，"婚姻完全由家长决夺之制，今后将归消灭，可无疑义。唯父母之意见，仍有相当之裁可力"。① 总的来看，经过五四思潮的洗礼，知识界多主张婚姻自主，同

---

① 潘光旦：《中国之家庭问题》，《潘光旦文集》第一卷，北京大学出版社 1993 年版，第 113—114 页。

时尽量征求父母同意。就性别差异来看，女性对父母的依赖程度又稍高一些。这说明，一方面，五四以后婚姻自主为大势所趋，另一方面，家庭的作用仍不可忽视。后者有的出于当事人对婚姻的慎重，有的出于对家庭社会影响、经济条件的依赖，具体情形不尽相同。

第三节　婚俗之变迁

　　20 世纪 20 年代，新观念逐渐从京、沪和省会城市波及中小城镇。男性不满婚姻现状的首要原因不是妻子背离了"三从四德"，而是"缺乏知识"，据陈鹤琴的调查后者占了 57.71%。有的丈夫说，从前对婚事很满意，但现在"看见她仿佛是冤家了。为什么呢？因为我受了文化运动的潮流，晓得女子和男子是一律的，无论文学上交际上都要平等的，那晓得我的妻子适得其反，字也不识的，缠足的，面上涂脂粉的，一点没有 20世纪里边光明的现象，所以我现在非常不满意"。故调查者认为，从前讲"女子无才便是德"，现在因为妻子"目不识丁"，心里就不满了。"新文化新思想常常使人不满意、不知足，这种'不知足'、'不满意'的心，就能使人往前进步，往前奋斗。"① 这反映了新思潮的影响和男性对妻子素质的新期待。当调查男性"结婚后喜不喜欢妻子在社会上服务"时，300 份答卷中表示"喜欢"者占 282 人，"不喜欢"者仅 18 人。② 显然，男性对妻子有了新期待，夫妻关系的内涵发生了变化。

　　同时，女性观念也有变化。据济南女师学生隋灵璧等人回忆，五四运动后，他们读了《新青年》、《新潮》、《曙光》及郭沫若的《三叶集》等宣传妇女解放、反对旧道德的书刊后，思想、生活为之一变。此后不久，有的同学居然冲破了封建道德的束缚，解除了家庭包办婚约，实现了婚姻自主；也有不少同学剪去了发辫，甚至还有的公开与男同学通信、交朋

---

① 陈鹤琴：《学生婚姻问题之研究》，《东方杂志》第 18 卷第 4 号，1921 年 2 月。
② 陈鹤琴：《学生婚姻问题之研究》，《东方杂志》第 18 卷第 6 号，1921 年 3 月。

友，打破了学校一贯坚持的男女授受不亲的律条，开始与旧道德决裂。①
这类现象多见于五四以后的新闻报道及后来的个人回忆。因为贞节观念的
更新，女性不以再嫁为非，反抗专制婚姻、追求婚恋自由之事屡见不鲜。

女性要求解除婚约的现象频繁出现，而协议离婚是其主要方式。其中
有的还有离婚仪式，如安徽桐城某方家之女与叶家之子已缔婚约多年，两
家均为大家庭。近年方家之女到蚕桑讲习所学习后，要求自由恋爱，解除
婚约。"日前竟请尔家证婚人及父兄族戚，齐集大宁寺，举行离婚盛典。
当时闻系该女先将婚书交兑与男，男乃将婚书交兑与女，双双情愿，落落
大方。"② 大家闺秀的"离婚盛典"体现了当事人及家庭郑重其事，也反
映人们并没有视离婚为羞耻、不德行为。有的青年采取了温和的方式反抗
旧式婚姻，如报载下述事例：

> （金女士）毕业于洛克菲斯学校，工词翰，精科学，而姿容复艳
> 丽，居恒醉心欧化，主张男女平权、婚姻自由之论。女士垂髫时，父
> 以名进士出守咸阳，为缔姻于同邑富室邹氏。邹子袭父祖余荫，不识
> 学问为何事。女心虽弗善，顾父兄约束严，莫能脱离。既毕业，亦颀
> 然玉立，年及笄矣……（结婚）前一日，女装饰，竟乘父他出，突
> 赴邹氏家。时邹之男女宾已大集，闻女来，争出往观。女前席面南
> 立，畅论平权、自由及种种新学说，口若悬河，容色亦不稍赧。既出
> 所属稿授众宾……曰："郎君为我斧正之。"新郎固俭于腹，未尝学
> 问也。闻女言，瑟缩万状，嗫嚅不能应。久之，女指示众宾曰："学
> 也者，今世界无男女共以为不可一日须臾离者也。今郎君胸无点墨，
> 岂可为偶。特与郎君约重入董帷，三年而后晤。郎果能为妾友，妾当
> 仍为君妇，不然婚姻自由各行其志，非老父所能强也。"言讫，鞠躬
> 谢客，登车而归，星夜兼程晋京。③

金女士给未婚夫的难题，成为她解除婚约的温和方式。这种办法较之

---

① 隋灵璧等：《五四时期济南女师学生运动片断》，《五四运动回忆录》（下），中国社会科
学出版社 1979 年版，第 690 页。
② 《劳燕分飞·和尚庙里交兑离婚书》，天津《大公报》1922 年 5 月 6 日。
③ 《强迫夫婿受教育》，天津《大公报》1920 年 4 月 24 日。

自杀和出走较为理性，体现了女性觉悟的提高。事实上，当时更常见的现象是登报解除婚约，20 世纪 20 年代这类报道比比皆是。比如，广东潮安的陈良璧女士长期受婆婆和丈夫虐待，曾于 1920 年正月悬梁自尽，幸得小姑救免。其后，丈夫恶习不改，多次助母殴妻。陈女士乃于 1923 年 5 月致书丈夫，提出离婚，并将该信登载于当地各报，列述丈夫凌虐妻子、纵情花酒赌博等 8 条罪行。宣布即日起解除婚约，并限丈夫 3 天内答复。同时又发表《陈良璧离婚宣言》，历数 6 年间在丈夫家遭受虐待经过，向社会"宣告离异，解除婚约"①。1922 年有人对周围的 53 对亲戚进行调查，发现其中有 9 对已经离婚。还有 17 对"爱情恶劣"：有的因性情不合，时起争闹；有的因嫌一方不识字，或容貌丑陋而看轻的，辱骂的；甚至在外面做事，终年不回家。"也在面临离婚的危机。"② 杨步伟在《一人女人的回忆》中说：当时留欧学生"有一个风行的事，就是大家鼓励离婚。几个人无事干，帮这个离婚，帮那个离婚"③。以致后人看来，五四以后中国出现了一次离婚高潮。

协议离婚之外，大城市中的诉讼离婚已不少见。据《上海市社会局业务报告》：1929 年，上海市共发生离婚案件 645 起，即每 10 万人中有 23.82 件离婚案。到 1930 年，上海市离婚案上升至 853 起。而离婚的动机 70% 以上是"意见不合"。故有论者认为："这意味着婚姻基础由经济移向爱情，意味着社会对离婚由歧视变为理解、宽容。"④ 又据统计，20 年代末到 30 年代初上海的离婚案中，女方主动要求者占多数。类似情形也见于其他城市，广州女性要求离婚者占 77.1%，天津为 85.7%，北平为 66.1%。⑤

民国年间，北京的讼诉离婚率处于上海、汉口、广州、杭州之后，位居第五。然而，研究者根据当时北平"地方法院"的离婚档案统计，五四时期至 20 世纪 30 年代初，当时北平的讼离率仍呈快速增长之势（见表 4—4）：

---

① 《陈良璧离婚的情形》，《妇女杂志》第 9 卷第 8 号，1923 年。
② 臻悟：《关于离婚的小调查》，《妇女杂志》第 8 卷第 4 期，1922 年。
③ 岳庆平：《家庭变迁》，民主与建设出版社 1997 年版，第 92 页。
④ 邓伟志：《近代中国家庭的变革》，上海人民出版社 1994 年版，第 138—139 页。
⑤ 郭箴一：《中国妇女问题》，商务印书馆 1935 年版，第 70、71、75 页。

表 4—4　　　　　　　　　　1917—1932 年的北平讼离率

年份	件数	讼离率（每 10 万居民之讼离人数）
1917	28	4.48
1918	26	4.23
1919	22	3.51
1920	44	6.88
1921	38	5.87
1922	35	5.51
1923	48	7.52
1924	54	8.29
1925	51	8.06
1926	63	10.30
1927	62	9.35
1928	64	9.55
1929	98	14.5
1930	101	14.9
1931	170	24.2
1932	205	27.8

资料来源：吴至信：《最近十六年北平之离婚案》，《民国时期社会调查丛编·婚姻家庭卷》，福建教育出版社 2005 年版，第 383 页。

当时北平的讼离率从 1917 年至 1932 年总体上增长了 7.3 倍多，虽然并非直线上升，少数年份较上年案例略有减少，而快速增长的势头并无改变。研究者指出：出现暴增案例的年份是五四运动后的一年（1920）和北伐成功、国民革命运动抵平后之一年（1929），而 1931 年的暴增则是由中华民国政府南迁后，商业不整，失业增多，导致"北平经济极度枯窘，积蓄几罄所致"①。中华民国政府南迁后对北平经济、社会的负面影响或许可作进一步研究，而五四运动推动了当时的北平讼离率的升高是非常明显的。新思潮、新文化在 1919 年的爱国运动中高歌猛进，有的觉醒

————————

① 吴至信：《最近十六年北平之离婚案》，《民国时期社会调查丛编·婚姻家庭卷》，第 383 页。

者像赵五贞、李欣淑那样自杀、出走，但更多的是选择讼离。

离婚的目的是追求幸福婚姻，妇女离婚既成正常，再嫁也就习以为常。无论从何种角度报道、评论，总的情形是五四以后有增无减。报载南京夫子庙附近某富翁之女一月之内"三嫁少年郎"：

> 有女丽芬，幼年即受同街何某之聘。丽芬在某女校肄业，素抱自由宗旨。前月中旬，何家因两方面均已长大，择期迎娶。讵结缡未及五日，即在何家吵闹，谓其夫系一乡间土老，不堪与偶，当时逃回娘家，以死逼迫。伊母恐女自尽，即挽人赴何宅要求离婚……女自归家后，未及三日，复与附近某小学教员自由结缡，甫及兼旬，又以细故口角断绝关系，闻现在又将与某中校学生行婚礼云。①

这位富家小姐对婚姻比较挑剔而又草率，不足为训，也不可能得到社会各界的认同，但在上海等商埠，这并不是罕见现象。刘豁公曾有竹枝词讽云：

> 恋爱如今尚自由，欲谈贞操使人愁。
> 朝秦暮楚寻常见，身世真如不系舟。
> 某女士一岁两易其夫，以荡检逾闲见弃于所夫，未几嫁医生某，不数月又下堂去。近为某学校琴歌教员，因与男教员某结不解缘，刻定于月正式结婚。一对可怜虫，不知能否百年和好也。

> 结婚而后又离婚，覆雨翻云不惮烦。
> 海上忽逢陈仲子，鱼轩辗转入侯门。
> 社会之花有所谓五少奶奶者，某公子下堂妇也。飘泊春申江上可二载，偶于女友家，值某师长一见倾心，遽定白首，此飘泊无家之少妇一变而师长夫人矣。②

这些记载从反面印证了离婚、再婚的增多趋势。农村离婚现象相对较

---

① 《自由女三嫁少年郎》，天津《大公报》1920 年 10 月 30 日。

② 刘豁公：《上海竹枝词》，顾炳权编《上海洋场竹枝词》，上海书店出版社 1996 年版，第244—245 页。

少，但也非毫无变化，如贵州平坝县"昔日离婚至不易，无论夫妇若何困难同居，在士夫之家率多隐忍讳言，在官吏之裁判上，亲友之和解上，恒以委曲迁就而求全，撤散离弃为不道德……现在离婚，有明白之法律规定，其所采离异后之救济标准，仍与旧式标准之精神无殊，惟在离婚之原因上，则较旧日之条件为多"①。法律上的变化对各地的观念都有所影响。在陕西同官县，"离婚事则因民风淳厚，男虽极贫，女虽极陋，各安天命，白头相守，不相离弃，俗谓'一竿到底'；近来教育发达，女权渐伸，离婚案件已开端倪"②。广西南宁地区"近来女子多入学校，闻解放之说，有前已下订而竟行反婚者，有已嫁而借故离异者"③。北京、四川等地的竹枝词也记录了类似变迁：

> 恋爱非今得自由，当年亦有凤凰求。
> 恋而复离离复恋，离离恋恋几时休。④
>
> 自由平等竞欧词，蝶使蜂媒独己知。
> 结发夫妻期白首，泰西几个到齐眉。⑤
>
> 合则夫妻违则休，文明恋爱仿西欧。
> 维新万古俱非古，蛮俗惟兹要保留。⑥

由于竹枝词的作者多是传统文人，这些记载不无讥讽之意。他们所述只是极端的、个别的现象，却从侧面折射出五四之后的婚恋变化。在农村地区，寡妇再醮也是很平常的事：

---

① 《平坝县志》（民国二十一年铅印本），《中国地方志民俗资料汇编》（西南卷·下），书目文献出版社 1991 年版，第 543 页。

② 《同官县志》（民国三十三年铅印本），《中国地方志民俗资料汇编》（西北卷），书目文献出版社 1989 年版，第 63 页。

③ 《同正县志》（民国二十二年铅印本），《中国地方志民俗资料汇编》（中南卷·下），书目文献出版社 1991 年版，第 909 页。

④ 沈时敏：《北海闲咏》，《中华竹枝词》（一），北京古籍出版社 1997 年版，第 365 页。

⑤ 冯家吉：《锦城竹枝词》，《中华竹枝词》（五），北京古籍出版社 1997 年版，第 3290 页。

⑥ 谢家驹：《巴渝竹枝词》，《中华竹枝词》（五），北京古籍出版社 1997 年版，第 3328 页。

　　凡中年妇女其丈夫死殁，未生子女不愿守节，可以再嫁，亡夫之父母或亲族得以收回其财礼，寡妇亦得四分一作衣服费。但再嫁之日，以为羞耻之行，假出田做工，或由后门而出，即径自去行，伴侣在野外等候，一路而往新夫家。①

　　孀妇之再醮，由其自主，俗有"头嫁由父母，再嫁由本身"之说。仍有媒妁以为介绍，妇往男家看屋，订明聘金归故夫亲属所得，共立婚约……嫁必于夜间，男家派壮年男女数人以小轿来迎，无鼓乐。②

　　由于生活的实际需要，人们不再鼓励从一而终。有些地方，"丧妻再妻，率重寡妇而轻室女，以室女不谙操作，寡妇必善持家；一有寡妇，居为奇货，索价动逾百金，恬不为怪"③。这反映了传统观念对现实生活的让步。因此，据一些资料反映，寡妇再醮，在乡村中颇为普遍，但礼俗上仍有传统贞节观念的遗存，寡妇再嫁与初婚显然有别，"城市妇女罕有夫死再醮者，乡村则此风盛行，甚有三醮、四醮者。醮时多以夕，孀妇足着红舄，外袭丧履，登舆时掷丧履而去之。乡村虽通行再醮，然亦不以为誉事"④。不过，有钱寡妇的自主权显然增加了，在上海附近，"孀妇有财产，既不愿守节，又不便再嫁，乃坐产招夫，俗称'垫房'"⑤。经济因素较之贞节观念发挥了更重要的作用。

　　旧式婚姻有所谓"六礼"，包括纳采、问名、纳吉、纳征、请期、亲迎。这些礼仪体现了包办婚姻的特征。清末以来，择偶方式趋于多元，而

---

　　① 《宜北县志》（民国二十六年铅印本），《中国地方志民俗资料汇编》（中南卷·下），书目文献出版社 1991 年版，第 929 页。

　　② 《平乐县志》（民国二十九年铅印本），《中国地方志民俗资料汇编》（中南卷·下），书目文献出版社 1991 年版，第 1006 页。

　　③ 《宜川县志》（民国三十三年铅印本），《中国地方志民俗资料汇编》（西北卷），书目文献出版社 1989 年版，第 114 页。

　　④ 《定海县志》（民国十三年铅印本），《中国地方志民俗资料汇编》（华东卷·中），书目文献出版社 1995 年版，第 808 页。

　　⑤ 《川沙县志》（民国二十六年铅印本），《中国地方志民俗资料汇编》（华东卷·上），书目文献出版社 1995 年版，第 23 页。

征婚广告的出现无疑是大胆肯定婚恋自由的体现。1902 年 6 月 26 日、7 月 27 日同时在天津《大公报》和上海《中外日报》刊登了一则征婚广告。《中外日报》称为之《世界最文明之求婚广告》，既因其革除陋俗、提高文化修养的女性观念，又因其体现了自主、平等婚姻的内容。但是，这则征婚广告因偏向于要求女性，而对自身情况交代不清，故引起女权运动领袖林宗素的强烈不满。① 这则征婚广告虽带有居高临下、单向择偶的色彩，却反映了婚恋观念的变化。此后，征婚广告逐渐增多。清末民初，征婚者主要是留学或生活于海外者，当然，也包括国内个别趋时男性，这表明了西俗对中国传统社会的渗透。②

　　在传统的中国，女性的自由择偶比男性困难得多。清末民初，追求自由婚恋的女性有增无已，而公开征婚者则未曾有过。五四时期，由于伦理变革的深入扩展，女性征婚现象应运而生，报载：

　　　　北京某周姓女自幼游学欧美，染一种西洋习气，去岁回国，即在宣武门内某学校充任教务。为出嫁计，未行禀明父母，即在门前挂一招夫广告牌，上书："女学士周□□，现年二十八岁，原籍广东香山人，久寓北京，毕业于美国女子大学，现执教鞭于京师某女子学校。家资及不动产可达五万元之数。自悬牌之日起，至民国八年一月止，各学士如有与□□（女之名）具有同等之能力及资产者，每日午后为会谈期，务请应时驾临可也。"其父自外归，熟视其书，立即大怒，急将牌摘下……闻该牌今日竟未挂出云。③

　　周姓女自行征婚，被父亲看作有辱家声。其实，当时女子征婚已不限于海外归来的留学生。据当时山东某报登载的"北京高等女学毕业生十

---

　　① 闵杰：《近代中国社会文化变迁录》第二卷，浙江人民出版社 1998 年版，第 239—241 页。

　　② 如 1918 年春，苏州男子李某的征婚广告云："敬启者，鄙人年逾四十，膝下无儿，鸾弦既断，治内乏人，谨依文明文例，执行求婚广告。如有淑女，尽可不论清贫，倘愿荆布，请看左列各条……一、年龄十六以上，三十以下；一、学问，至少初等毕业或有同等程度者；一、资格，家世清白，品性和颐，无嗜好之事，能治餐肴，并须天足；一、能力，须能自立之性。附告：遵行文明礼节。"（《求婚广告之新发明》，上海《时报》1918 年 3 月 8 日）

　　③ 《文明女悬挂招夫牌》，上海《时报》1918 年 11 月 17 日。

七岁招亲广告"云：

> 凡有年龄相当、身家清洁、欲娶妻妾者，请至趵突泉（系济南名胜之区）内宝文斋书画店面议可也，每日自上午十时至下午二时，过时不候云云。①

这条征婚广告同样遭受讥评。从个人而言，这或许是一时冲动，并无明确的思想意图。然而，从一个时代来看，择偶方式的变化并非偶然，公开征婚的主体由男性发展到女性尤有意义，甚至可以看作青年女性对旧伦理的挑战。当然，征婚广告还不是当时缔结姻缘的主要途径，而大城市的恋人约会已日益寻常了，有竹枝词云：

北京：
> 风光旖旎海王村，女爱男欢欲断魂。
> 情侣一双廊下坐，喁喁私语到黄昏。②

天津：
> 屋顶游园最上层，与郎挽臂喜同登。
> 昨宵未预乘凉约，勿吃香蕉冰激凌。
>
> 君家何处问檀郎，更恨侬家道孔长。
> 旅馆房间开甚便，春宵双宿两鸳鸯。
> 各饭店旅馆，时有男女借地幽会，谓之开房间。
>
> 倩影喁喁话柳阴，灯明不觉月光沉。
> 别时密订来朝约，座假中街起士林。
> 起士林在特别一区中街，洋点心最佳。③

在择偶方式变化的同时，传统婚礼也有所更新。一般而言，婚礼形式

---

① 《山东某报竟有女学生登广告招亲矣》，北京《晨钟报》1917 年 6 月 8 日。
② 锦堂：《厂甸竹枝词》，《中华竹枝词》（一），北京古籍出版社 1997 年版，第 407 页。
③ 冯文洵：《丙寅天津竹枝词》，《中华竹枝词》（一），第 487 页。（按，丙寅年当为 1926 年。）

与婚姻观念、婚姻内涵密切相关。或者说，旧式婚姻多沿用传统婚礼，新式婚姻多采新式婚礼（当时所谓文明婚礼）。旧式婚礼的繁文缛节限制了男女青年的自由婚恋，也蕴涵男尊女卑思想和片面贞节观念。故就主要情形来看，近代婚礼改良与贞节观念相表里。但其情形也较复杂，其新旧分野并非整齐划一。

清代民间婚礼基本上沿袭旧俗，比如京城，"冠帔袍履，纯从明服，二百年来，未之或易，朱子《家礼》，盖所本也。欧风东渐，始有新仪，共和既更，结婚之式，多所仿效"①。清代学者不乏改良婚俗的主张，戊戌思想家尤重视改良风习。清末革命人士一面进行政治革命，另一面提倡改革婚制。有识之士在中西比较中揭露了传统婚制的"野蛮性"，涉及内容广泛。有人指陈中国婚俗有"男女不相见之弊"、"父母专婚之弊"、"媒妁之弊"、"聘仪奁赠之弊"、"早聘早婚之弊"、"繁文缛节之弊"。其中最后一项即针对结婚礼仪而言，文章赞赏"太西婚礼，亲友咸为鼓乐，或为跳舞，以尽欢忱，而成婚之时，则情年高望重者，接洽男女之间"。在作者看来，中国婚俗仍然属于"野蛮主义"。"文野之殊，自由与专制之别耳，中外婚礼之殊，其故亦在于是。"②传统婚俗被清末改革者赋予了"野蛮"色彩，从而加速了西俗西礼的入华进程。

"光、宣之交，盛行文明结婚，倡于都会商埠，内地亦渐行之。"时人认为"文明结婚"有三长："一、以父母之命，媒妁之言，而取男女之同意，以监督自由。"得到双方父母允准后，"再由介绍人约期订邀男女会晤，男女同意，婚约始定"。"二、定婚后，男女立约，先以求学自立为誓言。""三、婚礼务求节俭，以挽回奢侈习俗，而免经济生活之障碍。"③"文明结婚"不等于自由恋爱，"父母之命，媒妁之言"仍发挥着重要作用，但男女当事人的交往、意见已占一定位置，相对于包办婚姻已经进步。同时，婚礼之"文明"也是其重要方面。

民国初年，"文明婚礼，盛行海上，新妇辄以轻纱绕身，雾影香光，尤增明艳，每共拍一照，以为好合百年之谐。镜中双影，花笑自由，良可

---

① 吴廷燮等纂：《北京市志稿·礼俗志》，北京燕山出版社1998年版，第56页。

② 陈王：《论婚礼之弊》，《辛亥革命前十年间时论选集》第一卷，下册，生活·读书·新知三联书店1960年版，第857—858页。

③ 徐珂编撰：《清稗类钞》第五册，中华书局1984年版，第1978页。

慕也"①。各地婚礼细节有差,民初"文明婚礼"的基本程式为:①司仪人员入席,向内立(奏乐或奏琴)。②男宾入座。③女宾入座。④证婚人入座,向外立。⑤介绍人入席,向对立。⑥新郎新娘入席,向内并立(奏乐或奏琴)。⑦证婚人展读证书。⑧介绍人用印。⑨证婚人用印。⑩新郎新娘用印。⑪证婚人为新郎新娘交换饰物(奏乐或奏琴)。⑫新郎新娘对立,行鞠躬礼三鞠躬。⑬新郎新娘谢证婚人及介绍人,行鞠躬礼。⑭证婚人介绍人退(奏乐或奏琴)。② 对此,时人概括为:"指环互换绾同心,不用交杯酒再斟。宾主贺词主申谢,堂前应节奏风琴。"③ 至五四时期,"文明婚礼"在大中城市进一步流行起来。马车或汽车取代了古老的花轿,有的婚礼选择在饭店举行,不再局限于新郎家中。这些形式较之旧式婚礼更能体现平等性,较易兼容自由婚恋、与自主婚姻接轨。

正如旧式婚礼一样,新式婚礼在实践之中多有变通,有些实为新旧兼用。杭州附近的结婚礼仪就有新旧掺和,兼用中西音乐的情形,所谓"结婚雅尚半文明,新乐声搀旧乐声。不御红巾羞莫掩,金边蓝镜护双睛"④。浸染西俗的青年,结婚仪式可能更加简单,甚至没有婚礼、没有戒指。如 1922 年江苏刘某与上海女子中学李某结婚,事先发一简单通知给十多位亲戚朋友,"届期宾客齐至,男女新人着常礼服,各佩红白花两朵,在大众前平行一鞠躬礼,礼毕即宣布两人因爱情之结果,于今日开始组织家庭,众鼓掌称贺,或赠以鲜花,亦有赠新体诗者","至四时顷用茶点汤面而散,并无酒筵等事"⑤。

不过,即使是恋爱结婚,一般仍要找一两位证婚人,以示慎重。1921年 6 月,语言学者赵元任和杨步伟女士结婚时,仅仅拍了结婚照,然后把照片分寄亲友。他们的朋友胡适认为,找两个人签字,贴 4 毛钱印花,才算合法。于是,他们请胡适、还有一位朱女士 4 人在家吃了一顿饭,饭后

---

① 沈绍李:《海上新竹枝词》,上海《时报》1913 年 4 月 4 日。

② 中华图书馆编辑部编:《婚礼》,《北京指南》卷七,上海中华图书馆 1916 年版,第 8 页。

③ 冯文洵:《丙寅天津竹枝词》,《中华竹枝词》(一),北京古籍出版社 1997 年版,第 491 页。

④ 沈云:《盛湖竹枝词》,《中华竹枝词》(三),北京古籍出版社 1997 年版,第 2071 页。

⑤ 国光:《又一个新式结婚》,北京《晨报》1922 年 1 月 17 日。

请胡、朱两位签名作证。婚书形式为：

> 下签名人赵元任和杨步伟同意申明，他们相互的感情和信用的性质和程度已经使得这感情和信用无条件地永久存在。所以就在本日（十年六月一日，就是西历1921年6月1日）成终身伴侣关系，就请最好朋友当中两人签名作证。
>
> 　　本人签名：杨步伟　赵元任
>
> 　　证人签名：朱　徵　胡适

本人、证人签名之后，结婚仪式就结束了。"为了要破除新旧界中通俗的虚文和无谓的繁费的习气，所以他们申明，除底下两个例外，贺信一概不收：例外一，抽象的好意，例如表示于书信、诗文、或音乐等，由送礼者自创的非物质的贺礼。例外二，或由各位用自己的名义捐款给中国科学社。"这种简朴而创新的结婚仪式成为报纸"新闻"，被称为"不但在中国，就是在世界，也算得一种最简单最近理的结婚式"①，受到知识界的赞扬。

总之，五四时期的婚礼由繁趋简、由中趋洋的趋势在城市中比较明显，但并不完全体现在"文明婚礼"。自由婚姻可能采用新式婚礼，也可能采用旧式婚礼。反之，举行新式婚礼者可能经过自由恋爱，却不排除奉父母之命、媒妁之言的情形。同时，"婚礼务求节俭"的"文明婚礼"在流播过程中多有变异情形，有的奢侈铺张，繁文缛节不亚于旧式婚礼。民初，上海附近的宝山县"始有用文明结婚者"，"大致请德望兼隆者为证婚，纠仪、赞礼皆请戚友任之。证婚人宣读证书，婿与妇钤印、鞠躬，宾朋交致颂词，于是婚礼已成，鞠躬致谢而退。虽无一切仪仗之杂沓，而筵席酬应之费未尝少减于前，此犹仅为表面之改革也"②。上海附近川沙县的婚礼也是"侈靡日甚"，富厚之家"聘金等礼动至数百金，筵馔珍馐，无美不备。小康者竭力效之，甚至贫户亦以朴陋自惭。娶妇者典贷无

---

① 《新人物之新式结婚》，北京《晨报》1921年6月6日。

② 《宝山县续志》（民国十年铅印本），《中国地方志民俗资料汇编》（华东卷·上），书目文献出版社1995年版，第70页。

余……致贫之道，此其一端"。对此，有识之士认为，鉴于旧时婚礼仪节太繁，不妨改行文明新礼，"然所贵文明者，首在去繁就简，黜华崇实，若故事奢靡，无乃已甚，苟能斟酌得宜，庶乎近焉"①。

因之，到20世纪30年代，推行"新生活运动"的上海等城市又出现了由政府举办的"集团结婚"。因其比"文明结婚"更简省而隆重，很快得到一些时髦男女的响应。1935年，上海市政府颁布了"集团结婚"办法，由市长和社会局长证婚。是年4月3日，上海首办"集团结婚"，为57对青年男女举行结婚典礼。据官方档案记录，上海1935年举行了8次"集团结婚"，参加者达1500余人。② 其后，"集团结婚"在南京、北平、杭州等城市时有出现，不过，这种被赋予"新生活"象征意义的婚礼所占比例很小，即使在20世纪的城市中也远未盛行起来。

第四节　新思潮的局限

五四时期，婚恋自由成为时潮，新贞节观已较广泛地波及青年学生。然而，新思潮受到多重局限，一方面是政治和社会环境制约其发展，另一方面则是青年学生自身对其一知半解，甚至多有误读，在行动中出现偏差，从而使新思潮的社会实效大打折扣。

一　社会限制

中华民国法律在一定程度上承认了婚姻自主权，离婚的自由度较前有所增加，但法律在实行中常遇阻碍。针对离婚率升高之势，当局一些人杞忧重重，20世纪20年代有"法部限制离婚"的新闻："近来民间离婚之事，日盛一日，故司法部特于昨日训令各法院，略谓'离婚一事，苟有具备一定之条件者，固法律所不禁。惟是若不稍寓限制，则于风俗前途大有影响。此后各法院对于受理请求离婚之件，务须严加取缔；而对于双方

---

① 《川沙县志》（民国二十年上海国光书局铅印本），《中国地方志民俗资料汇编》（华东卷·上），书目文献出版社1995年版，第23页。

② 严昌洪：《旧式婚礼所折射的妇女地位问题》，《中南民族大学学报》2003年第1期。

手续非十分完备者，尤不宜照准离异。"① 这类训令未必完全落实，而对新思潮的限制是不言而喻的。

五四时期，新潮刊物在城市流播较广，却没有深入广大农村。狭窄的传播渠道限制了新思想的社会影响。当时，中国广大地区尚未进入现代化轨道，仍停留在自给自足的农耕时代，家族制度未经改造。农村宗族组织仍然根深蒂固，乡村"巨族皆有祭田，一岁所出归一人承办。及期，少长咸集，先拜墓，回谒家庙行礼，然后序齿宴饮，共享祭余。敦宗睦族，莫要于此"②。宗族组织和宗族观念仍然是维护传统伦常的重要纽带。方志记载民国年间情形："一般来说，重孝悌友爱之训，以无后为大，喜兄弟同居共炊，家庭组织比较庞大；其次是男尊女卑，男子绝对统治家庭，女子毫无地位……旧时，乡人皆恪守孝道，惟父母之命是从，不敢稍有违反。否则，即为忤逆，不仅受国法族规之严厉制裁，而且还受社会舆论之普遍谴责。"③ 在此环境中，即使是男子主动要求离婚，也非轻而易举。正如当时人所云："一方面因亲权的专制，儿子要解散已成的婚约，大概为父母所不愿。"另一方面，一般社会认为，男子要求解除婚约，大概总是女子相貌、性情有缺点，"女家便以为于名誉有亏损，遂非与男子对垒不可了"④。双方家庭在婚姻问题上仍发挥了不小作用，往往成为婚姻自由的障碍。

家族制度植根于广大农村，又延伸到城市，尤其成为束缚知识女性的无形枷锁。贫病而死的女学生李超就是一个典型事例。她生于广西梧州的士绅之家。父母早亡，有女无子，以胞叔之子过继为子。继兄对李超外出求学百般阻拦，却安排她早些出嫁，以便独享家产。李超冲破家庭阻力，于1918年9月到北京，就读于女子高等师范。继兄拒绝提供经费，李超积愤成疾，患肺炎无钱治疗，于1919年8月病死，年约二十三四岁。后

① 瑟庐：《司法部限制离婚》，《中国妇女问题讨论集》第五册，《民国丛书》第一编第18册，上海书店出版社1989年影印本，第63页。

② 《庆云县志》（民国三年石印本），《中国地方志民俗资料汇编》（华东卷·上），书目文献出版社1995年版，第159页。

③ 《浦江风俗志》第139—140页，载《金华地区风俗志》（上），金华地区方志办公室编印。

④ 高山：《婚姻问题的解决难》，《妇女杂志》第9卷第8号，1923年。

事皆由同乡料理，继兄还在信中指责她"至死不悔，死有余辜"。李超没有轰轰烈烈的事迹，但其遗稿、书信记录的处境和志愿引起北京文化教育界的注意。是年12月在女高师为她举行了追悼会，特邀陈独秀、李大钊、蔡元培、胡适、蒋梦麟等名流到会演讲。会上散发了胡适编写的传记，认为李超"一生遭遇可以用做无量数中国女子的写照，可以用做中国家庭制度的研究资料，可以用做中国女子问题的起点，可以算做中国女权史上的一个重要牺牲者"①。李超追悼会成为讨论妇女问题的重要集会。新文化人关于李超之死的评论重点不尽一致，但大体不离男女平等、女子教育的主题。而"家长族长的专制"、"有女不为有后"、妇女没有财产继承权尤其成为胡适、陈独秀的阐释重心。五四新文化人通过此事深入揭露了家族制度、家族观念对女性解放的重重障碍。

　　民国年间，即使在比较开化的城市，人们的观念仍然是新旧混杂，而其新旧色彩因人而异，不同社会群体差异很大。青年学生新多于旧，一般绅商家庭则旧多于新，甚至完全守旧。当时有大量讥讽婚恋自由的竹枝词出现，这在一定程度上代表了绅商家庭、传统文人的看法。在传统观念和习俗的影响下，固守旧贞节的家庭悲剧仍时有发生。如北京南池子有位住户程姓，"是一个世代书香人家，最讲礼教的"，儿子娶了媳妇后，不到一年就死了。媳妇才19岁，又没有生男育女，"却被礼教捆住了，也就只好忍耐着守起寡来"，且受公婆限制，不准出门一步。守寡10年之后，不料1921年的某天下雨打雷，被吓出了精神病，"语言颠倒，一切猥亵的话，无所不说。及至夜来，更是奇怪，所言都是男女双方互说的话"。她公公、婆婆只是请人烧香画符，并不延医治疗。儿媳明明是被强制守寡逼成精神病，他们却不明白。②

　　按照李大钊的设想，贞节伦理随经济变动而转移，因而他期望在财产公有制基础上建立新道德。不过，近代经济趋势是私有化，公有制仍属于遥远的理想。随着商业化趋势增强，买卖婚姻更盛于前。这基本上是传统旧俗的发展和衍变，与新伦理不是一回事。直到20世纪二三十年代，仍

　　① 胡适：《李超传》，原载《新潮》第2卷第2号等刊，见《胡适文集》（2），北京大学出版社1998年版，第591页。

　　② 《强制守寡逼成的精神病》，北京《晨报》1921年8月2日。

有人认为，"经过五四洗礼的北平，表面上看来，似乎有少数知识阶级的男女，在享受着'恋爱至圣'的两性生活，其实所谓恋爱的骨子里不是渗透了黄金的汁液？至于大多数贫穷无知的妇女以及旧式官僚家里的闺秀，仍然像货物一样，一任媒人的撮合，拿到婚姻市场里去实行交易，或者像礼物一样，凭父母的意志，送往权贵要津之门，以为父母之升官发财的进阶"①。爱情婚姻遭受了金钱的腐蚀，婚恋自由深入、落实于大众生活也变得雪上加霜。

　　青年学生是新观念的主要载体，但其情形也颇复杂。陈东原指出："五四以后，婚姻自由的观念，在智识阶级里似乎已经普遍化了。大多数人已经觉得没有爱情的婚姻，是不道德的。可是纯粹恋爱的结合，总还只有少数人敢去尝试。男女双方，即使互相了解，有了结婚的程度，他们总还得要求家庭的同意，另外转托人来作媒，行那请庚定亲的种种手续。至于那纯粹由家庭解决的，更不用说了。"②尽管有些人认为，"同意婚"与民主思想不相容，在民国已无立足之地。③而事实上，在20世纪二三十年代重视"父母之命、媒妁之言"的青年学生不在少数，所谓"允诺同意婚"仍很流行。许多青年自觉或不自觉地接受了无爱情的婚姻，尤其是女性，一般很难主动提出离婚，以致有女性写道："现代的离婚，固然有女子方面提出或女子方面甘心同意的，但最大的多数都是男子主动的。甚至于被离的女子，始终不知道这回事，最后只迫不得已带着两泓清泪俯首应允了——这简直是十之八九的现象，我真要为我们女子不平了！"④

　　许多女性仍然默默地忍受着痛苦的婚姻，天津觉悟社成员张嗣婧便具有代表性。她在读小学时由母亲作主许嫁给表兄为妻，她在直隶女师读书时，未婚夫得了羊痫风。她于1919年加入觉悟社，却不敢解除婚约，且不听觉悟社朋友的劝阻，仍于1920年践行婚约。次年生下一女后，既受婆婆虐待，生病不能治疗，病重了才买一点廉价药，还得照顾丈夫和孩子。不久，这位求新的知识女性便被旧家庭迫害而死。在中国传统社会，

---

① 《北平婚嫁习俗之一斑》，天津《大公报》1933年11月22日。
② 陈东原：《中国妇女生活史》，上海书店出版社1984年影印本，第399页。
③ 陆秋心：《婚姻自由和德谟克拉》，原载《新妇女》第2卷第6期，参见全国妇联妇女运动历史研究室编《五四时期妇女问题文选》，中国妇女出版社1990年重印版，第244页。
④ 蒋慕林：《男性的离婚》，《妇女杂志》第9卷第8号，1923年。

许多女性都默默无闻地殉旧式婚姻，只是不像张嗣婧那样引人关注。她的可悲之处在于，虽被卷进五四新潮，却不能在个人生活中实践新观念。

二　自杀现象蔓延

20 世纪 20 年代，新思潮继续向社会扩散，对青年学生直接或间接地有所影响。虽然许多人逆来顺受，屈服于社会和家庭，但也有一些青年顽强地与社会抗争，自杀现象便是其表现形态之一。较之积极的社会运动，自杀行为偏离了五四精英思想，折射出一些青年对新思潮的隔膜和误解。

自杀悲剧在五四以后的青年女性中时有发生。20 世纪 20 年代初，上海两位女子的自杀也引起新文化人的注意和评论。一位名叫赵瑛，浙江宁波人，随家迁居上海，先入爱国女校，后读城东女学，在家里跳楼自杀。赵瑛生母早逝，与父妾一起生活，不时生病，"平时态度沉默、迂执，无嗜好。喜欢研究中国字画"，又信佛。她的死因较为复杂，比如信佛的好友不辞而别，出家做尼姑去了，令她精神孤独难耐。不过，人们也注意到，她接受了一些新思想，又"深愤新旧学派都难于解决女子底人生，所以伊颇想抱独身主义。但是家庭中总难免说起'女大须嫁'的话，亲戚中又有许多为伊不入耳之谈去相劝勉，伊都觉得难受"①。她陷入悲观、痛苦而绝望的泥潭不能自拔，终于自杀。另一位名叫席上珍，也是上海城东女学毕业，在《商报》馆做"书记"，负责收发工作，月薪 20 元，与该报总理汤某同一办公室。她之所以在报馆自缢而死，是因汤某向她借了五千元钱买股票，拖延不还（此款又是她向朋友借来），却说"你是我的人，钱在我处，有什么不放心"。又说"你嫁了我吧"。席女士说："你家有妻子，我岂肯嫁你做妾？"关于其死因，多数舆论认为：买股票是汤某引诱的结果，汤借钱不还，又要她作妾，"才造成这悲惨命运"②。虽然赵、席二人死因不尽相同，舆论评说不一，但社会和家庭的不良压力是不言而喻的。这些青年女性接受了新式教育，受新思想感染，因个人意愿和传统习惯的激烈冲突而痛苦不已，只能一死了之。

---

①　玄庐：《死在社会面前的一个女子赵瑛》，《中国妇女问题讨论集》第六册，《民国丛书》第一编第 18 册，上海书店出版社 1989 年影印本，第 157 页。

②　陈望道：《席上珍女士在商报馆里吊死事件》，《中国妇女问题讨论集》第六册，《民国丛书》第一编第 18 册，上海书店出版社 1989 年影印本，第 163、168 页。

如果说上述自杀事件原因复杂，那么，下述两出悲剧则完全是由婚姻铸成。四川乐山县 18 岁的女青年秀英，肄业于成都某女校，成绩甚优，不同意父母在其幼年所定婚约，嫁某绅士家的无赖子。其父乃以不供学费威胁，又致函女校校长。而该校长"素重纲常名教"，见秀英家责有烦言，遂力迫秀英就道。秀英孤立无援，不得已与其兄偕归，"途中将抵家时，自解带缢死于轿中，及归始觉"①。时间虽然过去了几年，秀英又重演了赵五贞的悲剧。

近代新潮中，一些青年对婚恋自由缺乏正确认识。有的所谓婚姻自由实际等同于超前的"性解放"。"废婚论"者认为："自由的人格""就是主张个人绝对自由，不受一切政治、权威、宗教、形式……的束缚"，无需什么结婚证明、结婚仪式等等，故主张"废除婚制"②。于是，所谓自由婚恋也成为老辈讥讽的随意"姘居"。事实上，确有一些男女借婚恋自由之名，行朝秦暮楚之实。胡适曾经指出："中国近年的新进官僚，休了无过犯的妻子，好去娶国务总理的女儿：这种离婚，是该骂的。又如近来的留学生，吸了一点文明的空气，回国后第一件事便是离婚……这种不近人情的离婚，也是该骂的。"③ 离婚同，而所以离婚者不同。对于与新道德、爱情婚姻背道而驰的离婚，新文化人也是不赞成的。故有人主张婚恋自由，但不赞成动辄离婚，因要求离婚的丈夫十之八九在于妻子没有新知识。如果双方愿意离，则无不可。"如果夫要离而妻不情愿离，这就应得顾全顾全人道主义"，劝妻学些新知识就是了。"已结婚的夫妻，多少总可以有一些情感，总应当替对面设想设想。"④

但是，勉强维持的婚姻有时难免变得求仁成恶。长沙周南女校学生袁舜英之死便深刻说明了夫权专制、离婚不自由的危害。袁舜英性情温和，相貌平平；没有文化，天资不高，又缠足。经媒介与李某结婚，开始时相安无事。丈夫在城里读书工作久了，很不满袁舜英的状况。民国七、八年

① 《一个为婚姻自杀的女子》，北京《晨报》1922 年 4 月 14 日。

② 存统：《废除婚制问题》，《中国妇女问题讨论集》第四册，《民国丛书》第一编第 18 册，上海书店出版社 1989 年影印本，第 195—197 页。

③ 胡适：《美国的妇人》，《新青年》第 5 卷第 3 号，1918 年 9 月。

④ 陆秋心：《婚姻问题的三个小时期》，原载《新女性》第 2 卷第 2 号，见《五四时期妇女问题文选》，中国妇女出版社 1990 年重印版，第 239 页。

时，就送她去当地学校读书。至民国九年下半年，丈夫不顾母亲阻拦，又强送袁女士到周南女校读书，自己也在该校兼课。且向人透露：这桩婚姻是"恶社会铸成的"，因自己是基督徒，不便提出离婚。入学后，丈夫李某不许袁舜英出校门一步，虽在同一学校，却担心有失面子，拒绝与她见面，只能以表兄妹相称。袁女士学习十分吃力，英文的压力尤其大，想转到"自治女校"的想法也不能实现。10月某日，丈夫来信，责备袁女士不该去找他，又说她"能改良就好，不能改良，顶好就回家去算了"。袁女士读完信后，跟朋友说："我不好过，并且这功课我也读不来"。随后就投池自尽了。① 袁舜英陷入不能自拔的痛苦婚姻，与丈夫的心理距离没有随入城读书而走近，最后在绝望中上演了悲剧。五四以后，女学生自杀的原因不尽相同，而婚姻问题无疑为首屈一指。这些略有知识、多少感染了新思想的女性，在与社会、家庭和夫权的抗争中，总是显得弱小无力，一些悲观的绝望者只能以非理性的自杀来寻求解脱。

对于青年自杀现象，新文化人给予了高度关注和明确反对，尤其是北京大学学生林德扬自杀后，罗家伦、陈独秀、蒋梦麟、李大钊、瞿秋白、蔡元培等人先后在《新青年》、北京《晨报》等报刊撰文评价此事。② 蒋梦麟分析了青年自杀的主观原因，强调青年应积极奋斗，改良社会。罗家伦从社会现实和人生观两方面剖析了青年自杀现象，认为林德扬事件，"乃是社会杀了他。社会一时不能彻底的改革，恐怕热心的青年，将要一个一个的自杀干净呵！"③ 陈独秀考察了人类历史上自杀的种类和众多原因，认为综合起来不外"（一）社会的压迫（精神的、物质的两方面）。（二）思想的暗示（个人的社会的两方面）"。解决现代青年的自杀问题，仍要从"解除思想的暗示（改造人生观）"和"解除社会的压迫（改造道德的制度的组织）"两方面着手。④ 李大钊强调自杀的社会根源，指出："若是婚姻制度没有弊病，不会发生因失恋殉情而自杀的人。若是家庭制度

　　① 力子：《长沙袁舜英女士自杀事件》，《中国妇女问题讨论集》第六册，《民国丛书》第一编第 18 册，上海书店出版社 1989 年影印本，第 175 页。

　　② 罗检秋：《自杀现象的讨论及其文化意蕴》，《近代中国社会文化变迁录》第三卷，浙江人民出版社 1998 年版，第 417—420 页。

　　③ 罗家伦：《是青年自杀还是社会杀青年？》，北京《晨报》1919 年 11 月 19 日。

　　④ 陈独秀：《自杀论——思想变动与青年自杀》，《新青年》第七卷第 2 号，1920 年。

有解放个性的精神，不会发生因家庭不和而自杀的人。若是学校制度、教育制度没有缺陷，不会发生因考试落第或因课业过劳患神经病而自杀的青年。若是政治制度明朗，不会有因愤世或因不能自由执行职务而自杀的人。就是病苦的人，也与日常生活的安与不安很有关系。"他希望青年"拿出自杀的决心、牺牲的精神反抗这颓废的时代文明，改造这缺陷的社会制度"①。

自杀现象与人类社会相伴随，而五四青年的自杀又带有时代色彩。蒋梦麟曾与一位外国朋友谈及五四运动后的青年心理："（一）事事要问做什么，就是对事事怀疑。（二）思想自由。（三）改变人生观。"这位外国人便说："好危险！将来恐怕有许多青年要自杀。"② 青年自杀不能完全咎于个人因素，李大钊、罗家伦所云"社会杀人"也是言之有据。但从主观上看，青年自杀与当时的思想变动也有关系。20 世纪 20 年代初，中国社会暮气沉沉，步履蹒跚，而新思潮迅速波及广大青年学生，使之产生了思想上、心理上的躁动。个人理想与社会现实之间的巨大反差又导致一些青年增添了悲观厌世情绪。一旦遇上偶然因素的刺激，就会发生偏激行为。按照瞿秋白的说法，产生"自杀的动机，只是觉悟的第一步，并非就是觉悟"③。换言之，自杀者在思想上仍处于半觉醒状态，对五四精英思想的精髓还缺乏全面而深刻的领悟，乃至走入个人抗争的歧途。这类现象虽不能由新思潮负责，却为知识精英们始料不及，实际上也令新思潮的社会效果大为减色。

三　"独身主义"流行

较之自杀，独身是消极而较理智的抗争方式。五四时期，"独身主义"流行一时，有人甚至"预言二十世纪之社会内，概守独身主义"。声势所及，乃至以思想调和、稳健著称的杜亚泉也说"鄙人颇信其言之将实见（现）"④。近年有文章追溯了知识女性独身论的思想源头，认为它是康有为《大同书》及无政府主义"废婚毁家"主张的延续。笔者以为，五四时期的"独身主义"既是一种思想经历，又是复杂的社会现象，这

---

① 李大钊：《青年厌世自杀问题》，北京《晨报》1919 年 12 月 1 日。
② 陈独秀：《自杀论——思想变动与青年自杀》，《新青年》第七卷第 2 号，1920 年。
③ 瞿秋白：《林德扬君为什么要自杀呢?》，北京《晨报》1919 年 12 月 3 日。
④ 恽代英：《结婚问题之研究》"伧父附识"，《东方杂志》第 14 卷第 7 号，1917 年。

一时潮波及一些知识女性及其他青年男女，其思想背景也较复杂。①

　　古代贞女节妇现象与儒学教化分不开，却是社会环境促成的。她们的行为既表现出自觉、自愿的特征，又是社会和家庭推助的结果。后者包括儒学教化、家族制度、个人的宗教信仰、早婚习俗和政府的旌表制度等，其情形颇为复杂。汉魏以后，封建政府采取了救济办法，以维持贫穷节妇的生活。明太祖还诏定对守节者"除免本家差役"。清政府注重旌表贞节，各地官绅也采取了救济措施。乾隆朝以后，在江南一些较富庶地区，地方官绅建立了"恤嫠会"、"保节局"。同治年间，朝廷开始建立"全节堂"，收养年30岁以上的节妇贞女，由政府拨给生活费用。节妇贞女入堂以后，不能无故出堂。最初兴办"全节堂"者为保定府和天津县，后来发展到其他地区，或称"保节堂"、"清节堂"、"立贞堂"、"贞节堂"等，有的州府多达十余个。至1931年，江苏一省以贞节命名的救济所仍有19处，每处数十人、百余人不等。② 同时，清末官绅倡导节烈的努力并未减少。1896年，上海绅士秦荣光、康逢吉为倡导寡妇自愿守节而创立"保节会"，印发规条数十份，以宣传、推广。江苏各级官吏闻风而动，上海县令黄承暄特令刊印大批示条，由保节会填明节妇身份，贴于门前。③ 直到1917年，民国政府颁布的《修正褒扬条例施行细则》仍对从一而终、未婚守节，乃至自杀殉节的妇女予以褒扬。五四前夕，"天津采访局所采天津七县内贞节妇女，呈请核奖者竟有二百七十余名之多"。④

　　与囿于传统伦理、被动独身的贞节妇女不同，19世纪以降，珠江三角洲的番禺、南海、顺德等县出现了新的女性独身群体——自梳女。她们就业于附近的缫丝厂，"家无贫富，女子皆能采桑缫丝，一日所得，多则可七、八角，小（少）者亦三、四角，乡间生活程度，固不若城市之高，以此自给，卓然有余。彼辈既有所恃，又以嫁人为人间最羞耻之事，于是

---

　　① "独身"有广、狭义之分。五四时期就有人指出："广义的是和一切家族、朋友、亲戚，都断切关系，不通问闻，不相往来"，如出家当和尚。"狭义的是专指不结婚而言。其他如社交、事业、行动等，仍和平常人一样"（李宗武：《独身问题之研究》，梅生编：《中国妇女问题讨论集》第五册，《民国丛书》第一编第18册，上海书店出版社1989年影印本，第67页）。本节所论仅就狭义而言，即那些本可结婚成家，却因种种原因而坚持不婚者。

　　② 高迈：《我国贞节堂制度的演变》，《东方杂志》第32卷第5号，1935年。

　　③ 《保全妇节》，《申报》1896年9月15日。

　　④ 无妄：《时评二·礼失而求诸野》，天津《大公报》1918年3月22日。

遂相约不嫁。即为父母所强嫁，亦必不落家。不落家者，嫁后不与丈夫同寝处，越日仍归父母家，与同党姊妹为伴，谓不失落于夫家之意也"①。这些不愿结婚的女子，先是力求自行梳辫为髻，以示终身不婚。如果自梳不成，被父母"强嫁"，则退而成为"不落家"。自梳女通过"自梳"仪式与未婚在家的女青年区别开来，又没有融入已婚的男女之中，而成为游离于正常社群之外的独特群体。自梳女不再居住在父母家里，而是一群女子同在"姑婆屋"中生活，直到终世。

自梳女不是被动践行"三从四德"的模范，而是主动与传统伦理相背离，不能得到家族社会的认同。但她们有独立生活的能力和经济依靠，人们只能对其见惯不怪，任其生息。清末民初，珠江三角洲的自梳女人数众多，有的县可达数千之众。贞节妇女和自梳女与传统伦理的向背大相径庭，但皆以洁身自守为立身信条，甚至以婚姻或改嫁为羞耻之事。她们的另类行为植根于社会土壤和文化环境之中，也与思想观念相关，却与近代激进主义没有明显牵连。进而言之，晚清以降的独身现象及其思想内涵，与康有为等人宣传的"大同"理想、无政府主义并无必然关系。

独身主义的倡导、实践者只是极少数青年男女，但既以"主义"自命，则与默默无闻的独身者略有差异，蕴藏了一定的思想内涵。天津觉悟社的张若名曾是力倡独身主义的新女性。她罗列了独身主义者的种类：第一种人以为"人生的至情，不应施诸一人"，要立于众生之中，永放光芒；第二种人如佛家一样"以独身救全世"；第三种人相信"现在世界上不能发生极平极合式的——知情意三样都合中间还要有一个贯通的精神——婚姻"，所以宁愿"独身以终"；第四种人"眼界太高，一时寻不着佳偶，所以才变成独身主义"；第五种人"有独身癖的"，因为孤独成性，或把婚姻看得极淡；第六种人怕受家庭拖累；第七种人是遇上伤心的境遇，被迫独身；第八种人是为了在社会上做具牺牲性的事业，不结婚以完全尽瘁于工作。② 其实，上述种类有时并非界线分明，如第二、第八种人都是为了牺牲自己以救世，第三、四种都只是暂时的独身主义，第五、

① 胡朴安：《中华全国风俗志》（下），河北人民出版社 1986 年版，第 387 页。
② 张若名：《"急先锋"的女子》，《五四时期妇女问题文选》，中国妇女出版社 1990 年重印版，第 55—56 页。

六种人的心理也有相通之处，第一、七种人虽然处境大异，却未必是真正的独身主义者。张若名自己也认为，第四、六种人遇上合适的条件，就可能不会独身了。

李宗武也分析了一些人主张独身主义的原因："一、得不到满足自己理想的配偶。二、有鉴于别人恶婚姻的痛苦，恐自己也入此旋涡。三、恐怕受经济的压迫——恐结婚后家庭负担过重。四、以独身当作高洁者。五、为避孕妊之苦。六、要努力发展自己的能力，不愿受婚姻之累。"①这里所列一、三、六项与张若名所述完全一致，二、五项的实质内容也与其所列有相同之处。就研究讨论来说，对独身主义的成因条分缕析固属必要，而就践行独身主义的个案来看，其原因可能不止一端，往往兼而有之。

严格来说，上述有些人并非真正的独身主义者：一是所谓因条件所限，暂时怕受家庭拖累而以独身为权宜之计者，一旦条件改善，就会结婚成家。他们主观上不赞同独身生活，只是不得已暂时独身。二是新潮青年在言论中将婚姻与事业对立起来，声称以独身来尽瘁于事业，服务社会。众所周知，天津觉悟社和长沙新民学会的一些成员均声称信仰独身主义，而事实上均无果而终，"独身"有时成为婉拒异性的堂皇之词。时过境迁，他们纷纷进入家庭生活。"觉悟"了的张若名如此，天津觉悟社的其他人也不例外。20世纪出现了一些独身的著名知识女性，而其早年感情经历仍是待解之谜，未必一开始就是独身主义者。因之，事业型的独身主义或许仍不离婚恋主题。

独身主义的思想背景较复杂，而主要与婚姻问题、两性伦理相关，根本上则源于改革婚制、女性解放思潮。独身主义流行的关键原因是现在不易求得"一个合于人生真义的婚姻"，而所谓"时髦的自由结婚"，也不易做"思想、感情、意志三种结合"，令人不敢相信。②李宗武所述一、二项独身原因直接起源于人们对婚姻本质的新认识，与五四精英提倡的爱情婚姻、人格独立完全契合，而其三、五、六项原因也与五四新知识的传

---

① 李宗武：《独身问题之研究》，《中国妇女问题讨论集》第五册，《民国丛书》第一编第18册，上海书店出版社1989年影印本，第67—68页。

② 张若名：《"急先锋"的女子》，《五四时期妇女问题文选》，中国妇女出版社1990年重印版，第55页。

播相关，反映了妇女解放思想，即以经济独立、发展个人能力作为妇女解放的途径。卷入独身主义时潮者既有知识青年，又有文化较低的城乡青年。应该指出的是，当时独身主义的主要实践者，不是引人注目的知识女性，而是默默无闻的青年男女。其中有些接受了新思想，而大多数对新思想一知半解，甚至茫然无知。关于独身主义者的分类，研究者的依据不同，种类各异。独身现象的根本问题是婚姻，而独身主义作为一种信仰，很大程度上基于人们对婚姻问题的主观认知。如果根据独身主义者对婚姻的感知来看，似可作如下区分：

第一种情形是，对个人不幸婚姻的抗争。1916 年，上海一位 21 岁的女青年"通中西文艺"，不愿嫁南市机厂主朱某的侄子为妻，且不听父母劝告，不愿嫁人，"决志修道"①。因不幸婚姻而想独身者不限于女性，还包括男性。比如一位名叫镜影的男青年，在年幼时由父母作主定亲，结婚十五六年了，却与妻子毫无感情，深受不良婚姻之苦，最终下定决心离婚。对于离婚后的打算，自云："像我尝过这种婚姻痛苦的人，总觉得抱独身主义为好。即或要娶吧，不一定要找受过高等或中等教育的，只要不十分笨；更不一定要找貌美而时髦的，只要不十分丑。最要紧的，就是要性情相合。然而在这种戴假面具的社会里，总不如抱独身主义好。"② 婚姻不幸者未必一辈子独身，有的只是一时想法。但五四时期试图以独身来解脱不幸婚姻者确实也不罕见。

第二种情形是，因恐惧婚姻生活而主张独身。一些女青年反感旧婚姻制度，而新的两性关系仍处于建立和完善过程中，同样不能给她们带来美好憧憬，以致害怕进入婚姻生活。浙江女子师范学生魏瑞芝没有婚姻经历，而其《吾之独身主义观》一文，既尖锐批评旧婚姻不平等的两性关系，又担心新婚姻"眼光不远，目标难准，美满虽有，而不多见。被诱者有之，受骗者有之"。总之，对不和谐的两性关系非常"苦闷"。故她主张独身，其理由即①女子出嫁，不能自主。②女子常易受男子的欺侮。③常常被强迫着做不愿意做的事情。④夫妇未必都能意气相投，家庭的快乐难期。⑤一有家室，便顾家庭而忘社会。魏女士把独身当成对于男子的

① 《愿为童贞姑娘·独身主义》，上海《时报》1916 年 12 月 1 日。
② 青山：《镜影的婚姻史谭》，《妇女杂志》第 9 卷第 8 号，1923 年。

自卫手段，视男子为仇敌，不愿意和他结合、组织家庭。①

这两种情形反映了一些青年在接受新思想之后，虽不满旧婚姻状况和婚姻制度，却不能实现恋爱自由、婚姻自主的尴尬处境。一些觉醒了的知识女性，一方面接受了新的思想观念，另一方面却受到传统社会制度和习惯的重重限制。在思想与环境的激烈冲突中，她们不得不消极反抗。有的人选择了激烈的自杀，一些人选择了较为理智的独身。她们是直接因个人婚姻问题而变成了独身主义者。

第三种情形是，一些青年以独身生活为时髦。有的女青年并没有痛苦的婚姻经历，却憧憬着独身的乐趣，于是约邀志趣相投者，以独身主义为标志。如1916年底，南京"有富家少女15人，组织一会，曰不嫁会。会中规则，不但以终身不嫁为誓，且禁为种种冶艳之姿态。故其装饰，一以椎鲁质朴为尚"②。1917年春，江阴西门外某女校八名女生也秘密创立"立志不嫁会"，订立章程。"以立志不嫁，终身自主为目的"，规定："凡会员均有劝人立志不嫁之义务，且有保守本会不使泄露秘密机关之责任。""既入会，当不参预人之婚姻事。若私与男子往来，经觉察后，立除其名"。该校校长侦悉此事后，对八名女生大加训诫，谓"男大须娶，女大当嫁，此人伦之天职也。若守不嫁主义，则蔑视己身，沦丧人权，不爱国之甚也。于是该会顿遭取消"③。1919年，上海又出现了女子不婚俱乐部，据报道：

> 寓居上海八仙桥之女学生蒋某，江苏南通州人，毕业中校，现执教鞭于沪上之某学堂。前日心花怒放，异想天开，发起女子不婚俱乐部，入部年龄资格定章20岁起到40岁止，每年公缴部费六元，得享有部中权利。惟当入部之时须有部员介绍，且于志愿书中预先填明"誓不婚嫁，如有故违愿，甘罚洋六百元"字据。闻已组织就绪，将于近日开幕，并请名人演说，宣布不婚乐趣。④

---

① 魏瑞芝：《吾之独身主义观》，《妇女杂志》第9卷第2号，1923年。
② 童子：《南京之不嫁会》，上海《时报》1916年12月13日。
③ 无聊生：《异哉立志不嫁会》，上海《时报》1917年2月25日。
④ 《女子不婚俱乐部》，天津《大公报》1919年1月9日。

　　这些人多是追求时髦生活的女青年，未必是坚定的独身主义者。她们只是在青春年富之时，享受不婚生活的乐趣。她们并无明确的思想信仰，不要说对当时的激进思想，即使是五四时期妇女解放主张也知之不多。在她们的潜意识中，独身生活正如时装一样，不妨追趋潮流。一旦时装不再新潮，便会迅速将其扔弃一旁。

　　第四种情形是，社会风俗影响下的独身现象。近代以来，以不婚为理想的宗教性独身主义已经淡出，执著于儒家伦理的贞节妇女也不如以往受到推崇，但与之类似的独身现象并未消失。广东自梳女至民国年间仍不罕见。番禺"女子近来多持不嫁主义，尤好联结闺中腻友彼此赁一屋以藏身，名之曰'娘子屋'。此等女子专靠绣花织麻度日，父母无权与其议婚"。近来冈山乡有 12 少女因"父母逼婚太过"，一起在"娘子屋"中服毒自杀。① 这些不嫁女子，与原本流行的自梳女并无不同，显然受当地"自梳"习俗的影响。这些女性与五四新潮关系不大，基本上是沿袭旧俗。

　　在上述两种情形中，个人婚姻问题的困扰表现得较为间接，世风、习惯成为更直接的决定因素，与新思潮的距离也相对较远。独身主义看起来颇为新潮，有些人直接受五四思想的启发，有些则与新思潮没有明显关联。"独身主义"一词的流行，一定程度上反映了新思想与社会环境的紧张。但即使是新潮之中的青年，其思想背景也较为广阔，而不限于近代激进主义。

　　独身主义并非五四思想的原型。五四知识精英虽力倡男女平权、婚恋自由，重视女子教育和独立人格，却不以独身主义为理想和解决途径。陈独秀在讨论青年自杀问题时指出："倒是真有两个可以破灭社会的危险思想，他们却不曾看见。这两个思想是什么呢？一个是独身主义（我以为不婚主义和独身主义是两样），一个就是自杀。"② 不难发现：其一，陈独秀明确反对独身主义，指出其对社会有害无益；其二，他认为独身主义不同于无政府主义，较之无政府主义更能使社会破灭；其三，他之所以将独身主义与自杀相提并论，是因为在他看来二者一旦"成了一种普遍的信

---

① 《十二女子自杀之奇闻》，天津《大公报》1917 年 1 月 17 日。
② 陈独秀：《自杀论——思想变动与青年自杀》，《新青年》第七卷第 2 号，1920 年。

仰，社会便自然破灭，哪里还有别的现象、别的问题发生呢?"①他认为，独身主义不同于"不婚主义"。近代"不婚主义"虽无结婚形式，却有两性关系，有儿童公育和社会延续。清末无政府主义者论"不婚之说"云：破除传统的淫贞之说后，"复多设会场旅馆，为男女相聚之所，相爱则合，相恶则离，俾各遂其情"。为了解决生老病死问题，又多办慈善事业，设立产妇院、养病院、娱老院、育婴院、幼稚园等公共事业，不婚之男女平时出其余财资助之，"有事则入居公院"，"使老有所养，壮有所用，幼有所长"②。这种理想显然与五四时期的独身主义不同。后者不仅没有结婚形式，而且没有其内容。因之，独身主义没有儿童公育问题，其生老病死问题仍依赖于原有社会机制来解决。

瑟庐等人的专文肯定独身现象与文明程度的提高相适应，现代一些女青年"口中每喜欢说自己要抱独身主义"，虽未必实行，但可见她们对自身地位不满足。"这种举动，可说是对于社会的一种反抗，确系促社会改革的动机。"故独身虽不可取，而"由这种动机而来的独身，我以为却是一种可以乐观的现象"③。就此而言，独身主义可谓伴随女权运动而生的必然现象，显然具有积极意义。但是，他并不赞同独身主义，认为其毕竟是一种"文明病"，对于女权运动的发展尚非有利无弊，新妇女界"主张独身主义者的增多，仇视男子心理的普遍，已为人人所共见。这种现象，实在是性与个性冲突的发端，如果不加防遏，将来或许不免与男权专制时代的祸害，没什么轩轾，也是难说的"④。因之，在他看来，独身主义的出现不完全是坏事，却不能任其发展。

周建人认为，独身是个人的自由，他人不必妄加批评。有的事业家、学问家一生匆匆忙忙，不知不觉过了独身生活，虽令人惋惜，却不必评论是非。同样，因经历了痛苦的婚恋而自愿独身者也无可厚非。他注意到，近来因女子教育的发展，谋生能力的增强，又接受了新思想，一些女子不

---

① 陈独秀：《自杀论——思想变动与青年自杀》，《新青年》第七卷第 2 号，1920 年。
② 鞠普：《毁家谭》，原载《新世纪》第 49 期，1908 年。参见张枬、王忍之编《辛亥革命前十年间时论选集》第三册，生活·读书·新知三联书店 1977 年版，第 195 页。
③ 瑟庐：《文明与独身》，《中国妇女问题讨论集》第五册，《民国丛书》第一编第 18 册，上海书店出版社 1989 年影印本，第 82 页。
④ 瑟庐：《妇女运动的新倾向》，《妇女杂志》第 9 卷第 1 期，1923 年。

满旧家庭制度，以独身的喊声表示对"男子专制旧家庭压迫的反抗"。故独身女子的出现也是社会进化现象。但他认为，独身和结婚在道德上并无高下之分，"恋爱和结婚，并不见有污浊，因此也不能认独身为特别高洁，只是极平常的一件罢了！"他尤其不赞成以独身主义来从事女权运动。认为与其高喊这样的独身主义，"不如把这能力，移作改造家庭"①。

独身不是改造旧家庭制度的途径，这种认识在李宗武那里得到较详尽的阐释。在他看来，独身主义也不利于个人发展："一般独身者，大概以为不结婚，便可发展个人能力。殊不知其他方面，因此失掉夫妇子女的互助，慰藉，娱乐，以及其他一切家庭幸福。殊不知有许多个人事业，须夫妇子女的互助，才能达到目的。固执独身主义者，不知不觉之间，把人生陷于冷酷、岑寂、惨淡、沉默、没趣的境域，或竟因此误视世界上一切对象，都含有恶意；世界上一切运动，都是危险。于是所谓黑暗世界，亦就因此实现了。"因此，青年应积极地改造社会、改造旧家庭，而"独身决不是个人发展的捷径，独身决不是改造社会的良药"②。周作人也不赞成以独身发展个人事业，指出古今的政治家、社会运动家、学者、艺术家"诚然不乏独身者，但其中当还有别的缘故，未必全由于热心事业或学问之故：这些人的成功并不以独身为比例"。他劝告青年"不必以童贞生活为理想"，"亦无故取独身办法之必要，连有志于大事业（但非冒险的）或大学问的人在内"③。针对某些人的"独身癖"或"以独身当作高洁"，刘延陵强调，男女之欲为"自然之性"，"独身主义塞绝性觉"，乃是违逆自然之事，为"不善不德"④。鲁迅也忧虑独身主义者的心理变态。他批评教育当局管制青年学生的做法是"寡妇主义"，认为"青年应当烂漫，非如他们的阴沉"，青年不要在精神上"未字先寡"。他虽未论及

① 周建人：《中国女子的觉醒与独身》，《中国妇女问题讨论集》第五册，《民国丛书》第一编第18册，上海书店出版社1989年影印本，第83—86页。

② 李宗武：《独身问题之研究》，《中国妇女问题讨论集》第五册，《民国丛书》第一编第18册，上海书店出版社1989年影印本，第72—73页。

③ 周作人：《是一种办法》，原载《京报》副刊《妇女周刊》第8号，1925年2月。参见《周作人集外文》（上集），海南国际新闻出版中心1995年版，第672页。

④ 刘延陵：《婚制之过去现在未来》，《新青年》第3卷第6号，1917年。

社会上的独身主义，但显然没有视之为正常生活。在他看来，"不得已
而过独身生活者，则无论男女，精神上常不免发生变化，有着执拗猜疑
阴险的性质者居多"①。鲁迅不是针对独身的青年男女，但显然不赞成独
身主义。

男女平等，个性解放，婚恋自由，人格独立，这些都是五四思想的
主旋律。它们以不同渠道流播于青年之中，给人们产生了思想上、心理
上的空前震动。然而，五四思想未被青年学生完全准确地接受，一些主
张改革旧婚制、旧家制的青年也对五四精英思想存在误识。故周作人指
出："独身主义，据我想来不是一种主义，只是一种办法。"独身者
"只因个人或社会的关系，不得不用这种手段，所以我说是一种办
法"②。独身主义反映了一些青年接受、实践精英思想过程中的变异和误
区。倡导者和实践者自身对其尚缺乏了解，只是人云亦云地借用"主义"
一词。

独身主义与传统道德背道而驰，与五四新文化具有同一性，却不是五
四时期的主流文化。不必说独身主义受社会舆论非议，即使在新潮青年
中，也不是主流观念。陈鹤琴对江浙学生的调查表明，赞成独身主义或者
有条件赞成独身主义者为数不多（见表4—5）。

表4—5　　　　　　　　　对于独身主义的看法

意见	理由	人数	百分比
不赞成	因为独身主义会灭绝人类	231	83.7%
	违背生理和心理		
赞成	自由无家室之累	24	8.7%
	中国人口太多		
	可专心服务社会		
	不用养人		

---

① 鲁迅：《寡妇主义》，《鲁迅全集》第一卷，人民文学出版社1981年版，第262—266页。
② 周作人：《是一种办法》，《周作人集外文》（上集），海南国际新闻出版中心1995年版，
第671页。

续表

意见	理由	人数	百分比
有条件赞成	看本人的事业如何	21	7.6%
	不能得适当的女子还不如独身		
	恶人不可结婚		
	有传染病不可结婚		
总计		276	100%

资料来源：陈鹤琴：《学生婚姻问题之研究》，《东方杂志》第 18 卷第 6 号，1921 年。

从所答理由来看，在 276 位答卷人中当以男性居多。中国古代男性主动独身者罕见，五四以后却明显增多。20 世纪 40 年代，钱锺书的小说《围城》深入细致地揭示了男性面对婚姻的复杂心理。现代男性主张独身的原因不一，从择偶因素来看，当时有人认为与男女择偶变化相关：一方面，现代男性"不愿和智识程度相差太远的女子结婚"；另一方面，那些新女性"已从和蔼、温顺、美、爱、富于同情等美德离开，而渐向自慢、倨傲、刚愎、冷酷、忍心这方面去了"。男子成家后，非但不能得着温柔和蔼的安慰，反而引起许多烦闷恶感。同时，现在的新式女子又丧失了俭约的美德，而趋于奢侈，入不敷出，不能不使男子负担、受累，男子"有了这些恐怖，觉得独身生活，到比结婚生活自由安闲得多"。"于是要不独身，也做不到了"①。这种说法大体属于前述"因恐惧婚姻生活而主张独身"者一类，揭示了现代男性赞成独身主义的重要原因。

五四后提倡、讨论独身的青年有男有女，但践行者主要是女性。如果区分性别，则青年学生对于独身主义的态度会存在差异。1930 年，燕京大学对男女学生的调查再次说明了这一点（见表 4—6）。

---

① 李宗武：《独身问题之研究》，《中国妇女问题讨论集》第五册，《民国丛书》第一编第 18 册，上海书店出版社 1989 年影印本，第 70—71 页。

表4—6　　　　　　　　　　男女大学生对于独身意见的比较

意见	195 位男生		60 位女生	
	人数	百分比	人数	百分比
赞成	15	7.69% +	15	25%
反对	137	70.25% +	45	75%
中立	43	22.05% +		
未填	7			

　　资料来源：葛家栋：《燕大男生对于婚姻态度之调查》；梁议生：《燕京大学 60 女生之婚姻调查》。①

　　就反对独身的意见来看，男女生差距不大，明确赞成独身者则以女生为多。这种似乎矛盾的数据可能是因为答卷的设计、统计方式不同，男生的答卷列有中立项，但至少可以肯定的是，女生赞成独身的比例明显高于男生。这一定程度上反映男女社会地位的差异，女性婚姻自主、婚恋自由的程度较男子仍低。女性赞成独身的比例之高，反映出社会现实中不平等的两性关系。五四时期，许多女青年虽然接受了新思想，却不能摆脱束缚她们的社会环境，只能选择独身主义。再则，无论男女，独身主义均不是五四以后知识青年的思想主流。换言之，独身只是新青年在旧社会中万不得已的选择，远非五四新文化的主流。

四　纳妾遗风

　　独身主义者带有消极色彩，却不失理智。更有甚者，在 20 世纪二三十年代以后，很多青年女性仍然成为旧婚制的牺牲，自愿或被迫沿袭传统贞节道德。纳妾仍是民国社会的常见现象。民初法律禁止重婚，规定实行一夫一妻制，但未明令禁止纳妾。有妻而纳妾者，不构成重婚罪。纳妾者与妾在法律上不被看作夫妻关系，而是契约关系，是"家长"与家属成员的关系，有被赡养权和一定的财产继承权。同时，民国法律事实上规定了妾对"家长"无条件的贞操义务。妾与人通奸被看作有夫之妇的通奸

――――――――――

　　① 李文海主编：《民国时期社会调查丛编·婚姻家庭卷》，福建教育出版社 2005 年版，第39、67 页。

行为，被法律禁止。在现实生活中，妻、妾地位不同，社会舆论对纳妾有所批评，却没有法律限制，娶妻后再纳妾也不构成重婚罪。民国社会舆论对是否禁止纳妾进行了多次讨论，赞成者有之，反对者亦有之。1924 年，北京政府颁布《蓄妾限制令》，规定蓄妾须得父母之许可及本妻的同意，仍承认纳妾的存在。

限而不禁的自发状况使得纳妾遗风不息，上流社会不但容忍纳妾行为，甚至以此炫耀，视为身份、财富的象征。军阀武人、官僚、富商三妻四妾比比皆是。一些军阀以纳妾为能事，比前清官僚更加明目张胆，不需要以子嗣为由进行遮掩。正如舆论指出："今日我社会中之蓄妾者，以中流以上之富裕者为多，而尤以居高官享厚禄者为甚。彼等之蓄妾，除淫逸无度以外，殆无其他之目的。其为嗣续之故，不得已而为之者盖甚鲜。"[1]五四时期，新文化人感慨"娶妾的一天更多一天"[2]。有人记 20 世纪 20年代奉天的情况："奉天风气闭塞，女禁尚严。"女校的男教师"寻常不许同学生个人说话，上课时不许发问，不能走下讲台，不能视觉专注一处的"。但是，"军人纳妾之风甚盛，女校修身书，竟有为妾之教。一般女学生，甚至慕军阀财力，情愿作妾的"。不只奉天，某省女子师范学校的某教员，"因欲得军阀或当道的欢心，以巩固自己的势位，故凡有旅长以上的军官，去函求女学生为姨太太者，彼必竭力为之介绍，或举本校学生充当其任，于是该校遂有'姨太太养成所'的徽号，而此翁亦以'月老'著称于世"[3]。在权势的渗透下，女学生成为买卖婚姻的牺牲，纳妾风气蔓延不止。

关于民国妾婢数量，当时社会学者曾有不少调查统计，未必准确无误，却可见一斑。20 世纪 20 年代，有人指出：上海的妇女中，富者整天泡在"游戏场、戏园、酒馆总会肆其欲"，中等之家则"雀战、谈闲天"，贫者则"终日不事事""踽踽道途"等，过着"寄生虫"生活者"约居上海妇女百分之五十"[4]。这些妇女就有相当一部分是妾。有人指出：

---

① 杜亚泉：《论蓄妾》，《东方杂志》第 8 卷第 4 号，1911 年。

② 易家钺：《中国的家庭问题》，《中国妇女问题讨论集》第三册，《民国丛书》第一编第18 册，上海书店出版社 1989 年影印本，第 148 页。

③ 明霄：《为妾之教》，北京《晨报》1922 年 9 月 3 日。

④ 陈晓：《予之上海妇女观》，天津《大公报》1920 年 3 月 29 日。

1921 年 12 月"香港户口报告,中间有一段说是妾的数目,已由 1290 人,增至 2974 人。其原因乃由于华人有资产的都挈眷来港所致"①。广东素来多妾,"社会上咸以妻妾之多寡,视其人财产之丰啬,故往往有纳妾以为虚撑门面者",三妻四妾者在在皆有。② 20 世纪 20 年代有人对广州河南区进行调查,发现 3200 户中有妾 1070 人,有婢 1040 人;老城区被调查者中每 10 户有妾 1 人,每 8 户有婢 1 人。某地被调查的 287 户中有妾 260 人,有婢 262 人。被调查的 78 位学生家中,有妾的约占 50%,有婢的约占 40%。③ 香港、广州婢妾比例之高与官商众多的社会背景是吻合的。

　　民国乡村的纳妾现象也不罕见。有人谈到陕西女子教育落后的原因时指出:20 世纪 20 年代的女学生中,做姨太太的还非常普遍。"陕西现在的官僚、军人、政客、土匪,都要女学生……一般普通人民,也勉强送女儿入学,挂个名字,以便说给某旅长、某团长、某知事……做个姨太太。女儿一家的大小也就由此升官了、发财了。"④ 浙江的兰溪,"纳妾的风气,是很盛行的"⑤。河南安阳"文明结婚"还未流行,"至男子丧偶续娶,无子纳妾,女子丧夫再醮,或因贫被鬻为妾,以及幼女送于夫家充童养息……亦所在有之,不足为怪"⑥。绅士阶层在民国时期已经走向衰落,而军、政官僚成为农村纳妾的主要群体。后者自然也包括许多接受新式教育者,甚至不乏"革命志士"、"留学精英"。

　　20 世纪 20 年代初,南京和北京的妇女团体曾试图在刑法中加入"纳妾以重婚罪论"的条款,但未实现。1930 年,国民政府根据男女平等的精神,确认一夫一妻制原则,对纳妾加以禁止,但名禁而实弛。整个民国时期,纳妾始终不受法律追究。在法律上,纳妾不被视作婚姻关系,但也不会因此追究重婚罪。在社会现实中,士商也不把纳妾看作道德污点。即

---

　　① 沈钧儒:《家庭新论·后序》,周天度编:《沈钧儒文集》人民出版社 1994 年版,第 157 页。

　　② 胡朴安:《中华全国风俗志》(下),河北人民出版社 1986 年版,第 373 页。

　　③ 长野朗:《中国社会组织》,上海光明书局 1930 年版。参见岳庆平《家庭变迁》,民主与建设出版社 1997 年版,第 117—118 页。

　　④ 杨钟健:《陕西社会现状之一斑》,《少年世界》第 3 期。

　　⑤ 仲一:《兰溪的女子》,上海《民国日报》1919 年 9 月 30 日。

　　⑥ 《续安阳县志》(民国二十二年铅印本),《中国地方志民俗资料汇编》(中南卷·上),书目文献出版社 1989 年版,第 100 页。

使在 20 世纪下半期，一些地区如港、澳的富商阶层，纳妾仍然是名正言顺的行为，甚至看作身份排场的象征。婢妾现象客观上因贫困所致，主观而言则显示在商品经济的冲击下，人们的婚姻观念更趋实用主义。民国婚俗中，传统道德的约束力已经减弱，而经济因素的重要性凸显出来。

具有讽刺意味的是，官商纳妾与褒扬贞节烈女仍并行于五四前后。中华民国政府不断表彰节妇烈女，以此作为维系人心风俗的法宝。五四之前，这类报道几乎无日无之。1919 年，大总统徐世昌褒扬"节孝可风"之类的匾额和褒奖令仍在继续颁发，五四以后依然如故。20 世纪 20 年代的褒扬条例仍详细规定："节妇以年在 30 以内守节，至 50 岁以上者为限。若年未 50 而身故，以守节满 10 年者为限。""女子未嫁夫死，自愿守节者得通用之。""节妇烈女，凡遇强暴不从致死，或羞忿自尽及夫亡殉节者属之，其遭寇殉节者同。"[①] 20 世纪 30 年代风行的"新生活运动"也仍然是开列传统道德的旧药方，对医治社会弊病没有明显实效。

综上可见，贞节观念及婚恋习俗的变迁呈现鲜明的群体和地域差异。就社会群体或阶层来看，青年学生的观念变化显著，但仍受到社会、家庭、经济和思想上的重重限制，一些人走上自杀或独身的消极抗争之路，甚至屈服于旧俗而做妾。官、商、军界的权势群体未必恪守传统纲常，却仍然是沿袭、倡导片面贞节观的主流。同时，新思想在大中城市激起了社会波澜，旧习俗（如纳妾）仍广泛遗存于一些城市。新旧观念的对比和冲突在城市中表现得比较强烈，偏远的乡村社会则相对平静。即使在江浙地区，寡妇守节、从一而终仍然相沿成习。20 世纪 80 年代编修的浙江方志记载：

> 五十年前，浦江民家寡妇颇多……守节寡妇，心事都得十分谨慎小心，不得妄自言笑，特别忌与男人接触，偶一疏忽，即遭物议，人言可谓遗憾终生，因有"寡妇难做"之叹。如著名画家倪仁吉，十七岁出嫁，二十夫死，结婚仅四年，并无子女，"行不窥堂，衣不易素"者达 47 年之久，其精神上所受之创伤，难以言宣，而所得者则

---

① 《最近修正褒扬条例施行细节》，毕公天编：《国民快览》，上海书业公所 1922 年版，第64 页。

是"青年失偶，白首完贞"八字坊表，旌其门面而已。更有甚者，青年男女，甫经定婚，并未晤面，而夫夭死，女亦需守节完贞，终生不嫁。①

五四以后，自由恋爱、社交公开的呼声流行于大中城市，但在农村还不易推行。有人保守地评论四川长寿县风俗："大约男女两家由媒妁说合……由父母主婚，无恋爱自由之余地，稍通情愫，人或以非礼讥之。故虽贫贱之家，成人子女（女子）绝不敢抛头露面与不道德之少年相接。"②在广大农村，不仅自由婚恋被一些人看作荡检逾闲，即使是灵活易变的婚礼也很难去旧从新。民国年间，四川方志载："新式婚礼，传自西人，称为'文明结婚'，惟学生喜行之。惟学生旅外自娶，始能完全行之。至本地间有仿者，不过于成婚日略采仪式，未经习惯，老辈旧俗多不悦之；乡间间则概未之见。"③ 新观念、新礼俗尚未深入民众，对乡村的触动更显微弱。

　　① 《江山风俗志》，《金华地区风俗志》（中），金华地区方志办公室编印，第90—91页。
　　② 《长寿县志》（民国十七年石印本），《中国地方志民俗资料汇编》（西南卷·上），书目文献出版社1991年版，第22—23页。
　　③ 《南川县志》（民国二十年铅印本），《中国地方志民俗资料汇编》（西南卷·上），书目文献出版社1991年版，第255页。

第五章

社会文化史视野中的近代京剧

儒家教化，礼乐一体。《礼记》云："乐者，通伦理者也……知乐则几于礼矣！礼乐皆得，谓之有德。""乐统同，礼辨异。礼乐之说，管乎人情矣。穷本知变，乐之情也。著诚去伪，礼之经也。礼乐偩天地之情，达神明之德，降兴上下之神，而凝是精粗之体，领父子君臣之节。"礼乐功用不同，皆用于教民好恶，规范人伦，关系人心风俗。"故乐行而伦清，耳目聪明，血气和平，移风易俗，天下皆宁。"①《孝经》亦云："移风易俗，莫善于乐。"② 乐是教化工具，潜移默化地影响于社会风俗。古时之乐，不囿于庙堂之音，而包括坊间曲艺。清中叶以后，曲艺趋于繁荣。流行于茶楼酒肆的弹词说书，其内容已超出教忠教孝的范畴，所谓"书馆先生压众芳，半为场唱半勾郎。阿谁笑语凭高坐，小调还弹陌上桑"③。这些曲艺多演唱民间故事，夹杂男女私情。清末上海等地还出现了违禁男女合演戏曲之事，当然与传统道德相背离。

京剧是近代重要的文化娱乐，融合众流，流播全国。氍毹之上，英雄辈出，儿女情长；座中观众，如痴如醉，乐而忘返。咸丰朝一位文人写道："大千世界，无非傀儡之场；第一功名，亦等俳优之戏。叹世间颠倒，尽容巴客滥觞；笑我辈婆婆，未免矮人逐队。众人皆醉，举国若狂，是戏是真，即空即色。"④ 顾曲者看破红尘，游戏人生，却也说明戏曲舞

① 《礼记·乐记》，《四书五经》（中），中国书店出版社1985年版，第205、213—214页。

② 《孝经·广要道章》，《十三经》（下），北京燕山出版社1995年版，第2105页。

③ 沪上闲鸥：《洋泾竹枝词》，《上海洋场竹枝词》，上海书店出版社1996年版，第364页。

④ 罗浮痴琴生：《〈昙波〉序》，张次溪编纂《清代燕都梨园史料》（上），中国戏剧出版社1988年版，第386页。

台的复杂蕴涵。京剧既是娱乐休闲，又关乎移风易俗、社会变迁。本章重心不在探讨近代京剧艺术流派或表演程式的变化，而着重从不同视角和社会层面分析京剧舞台反映的文化和社会蕴涵。

第一节　京剧盛极一时

宋、元以降，戏曲迅速发展并呈现地方特色，明代形成北杂剧和南戏之分，而兴于晚明、盛于乾嘉时期的昆曲（昆剧）属于南戏。晚明士风颓废，江南绅商逸乐繁多，戏曲是其重要娱乐消闲。下层民众也好看戏，不拘场所，不在乎演艺，有戏即是难得乐事。士商密集的苏州、扬州，演唱曲艺尤为流行。晚明清初，昆曲被江南士大夫看作雅文化的象征："雅部即昆山腔。花部为京腔、秦腔、弋阳腔、梆子腔、罗罗腔、二簧调。统谓之乱弹。"① 每年八月半苏州虎丘的昆曲大会融唱曲和赏月于一体，极负盛名。张岱记云：

> 虎丘八月半，土著流寓、士夫眷属、女乐声伎、曲中名伎戏婆、民间少妇好女、崽子娈童及游冶恶少、清客帮闲、傒僮走空之辈，无不鳞集……天暝月上，鼓吹百十处，大吹大擂，十番铙钹，渔阳掺挝，动地翻天，雷轰鼎沸，呼叫不闻。更定，鼓铙渐歇，丝管繁兴，杂以歌唱，皆"锦帆开澄湖万顷"同场大曲。蹲踏和锣丝竹肉声，不辨拍煞。②

这是晚明江南戏曲娱乐的场景之一。清王朝以武力征服了中原，最后却在精神上为中原文化所征服，名闻遐迩的江南娱乐迅速吸引了清朝贵族。当西方殖民者野心勃勃地征服世界之时，乾隆帝则不断"南巡"，带回江南的奇珍异宝，还有女乐和戏曲。"高宗初次巡幸江南，因喜昆曲，

---

① 李斗：《扬州画舫录》，中华书局 1960 年版，第 107 页。
② 张岱：《虎丘中秋夜》，《陶庵梦忆》卷五。参见张岱《陶庵梦忆·西湖梦寻》，上海古籍出版社 1982 年版，第 46—47 页。

回銮日，即带回江南昆班中男女角色多名，使隶入南府，谓之新小班。"①
伴随着最高统治者不断"南巡"，江南绅商的逸乐之风逐渐弥漫京城，南
方戏曲在京师接踵登台。乾隆帝大兴土木，在紫禁城及各处行宫建立了规
模不等的戏台。宫内时令庆典的"承应戏"在日期、规模、剧目等方面
均趋于规范。"清自乾嘉之世，海内狃于无事，士大夫日醋嬉于笙歌间，
而宫中尤尚戏曲。歌舞升平，上行下效，流风所被，京师遂为戏剧独盛
之区。"②

　　清代京师剧种几经消长，早期流行昆曲，乾隆末至嘉庆年间诸腔并
奏，徽戏和秦腔合流；道光年间徽戏与汉戏融合，为以皮黄为主的京剧奠
定了基础。"京剧"一词迟至光绪二年（1876）才在《申报》首次出现，
此前人们多称之为"皮黄"、"皮簧"、"京班"、"京调"、"乱弹"③。戏
剧家齐如山将昆腔与皮黄戏的消长过程概括为："乾隆嘉庆年间，北京昆
腔极盛。咸丰、同治的时代，昆腔与皮黄可算是平等。到了光绪初年，昆
腔就微了，但各皮黄班中，每日仍有三两出昆腔……（后来）就不见了。
到民国初年，梅兰芳又极力提倡昆曲，哄动一时。"但昆曲仍然是"一天
比一天衰微"④。

　　清末京师戏班众多，名角辈出。光宣年间，京城活跃的戏班先后有四
十多家。名角之多更是史所罕见，光绪年间沈容圃所绘的"同光十三绝"
（程长庚、卢胜奎、张胜荣、杨月楼、谭鑫培、徐小香、时小福、余紫
云、梅巧玲、朱莲芬、郝兰田、刘赶三、杨鸣玉，其中除杨鸣玉、朱莲芬
二人外，都是京剧演员）还只是名角代表。晚清京剧以老生胜场，继程

　　①　清逸：《南府之沿革》，《丛书集成》三编，第 32 册，新文丰出版公司 1997 年版，第
727 页。

　　②　民哀：《南北梨园略史》，收入周剑云编《菊部丛刊·歌台新史》，参见《民国丛书》第
二编第 69 册，上海书店出版社 1990 年影印本，第 1 页。

　　③　一般认为，《申报》（光绪丙子二月初七日，公历 1876 年 3 月 2 日）刊载的《图绘伶
伦》一文最早使用"京剧"一词，其文云"京剧最重老生，各部必有能唱之老生一二人，始能
成班，俗呼为台柱子"。但在一段时间内，仍然是各种名称并存。故有研究者云："大约过了半
个世纪，'京剧'之名开始在一些中外学人著作的题目、内容中被较多使用。"参见王政尧《关
于"京剧"之名的由来及其重要意义》，中国社科院历史研究所清史研究室编《清史论丛》2007
年号，中国广播电视出版社 2006 年版，第 694—697 页。

　　④　齐如山：《京剧之变迁》，北平国剧学会 1935 年版，第 20 页。

长庚、余三胜、张二奎"老生三杰"之后,清末谭鑫培、汪桂芬、孙菊仙又被称为"老生新三杰"。前、后三杰擅长的剧目众多,唱腔自成风格,推动了京剧走向成熟和繁荣。

晚清京剧爱好者畛域分明,场所和排场也不一样。帝后皇亲有"内廷供奉"的惯例;京城的达官富商时兴堂会;民间多在戏园看戏。兹分述如下:

清承明制,顺治朝礼部设立了教坊司,专司内廷奏乐及演戏诸事。康熙以后又设专管戏曲的南府、景山等机构,道光年间更名为升平署。道光帝对戏曲的喜好显然不及乃祖,京剧在坊间代昆曲而兴,但未迅速得到朝廷的垂青。道光帝一度屏绝民间戏班入内廷演出,又对宫廷剧团和机构加以精简。咸丰帝也曾谕令查禁旗人演戏,但"同治中兴"之后,内廷风气为之一变。光绪帝师、户部尚书翁同龢记云:"咸丰季年,中官习戏者颇多,亦尝传民间戏班在内供应。同治时稍稍开禁,至光绪十七八年而大盛,闾巷歌讴,村社谐笑,亦编入曲,而各戏班排日应承,其教曲者支月粮,赏顶戴,户部有籍可稽者数十人。"①

西太后对戏曲的嗜好不亚于乾隆帝。同治年间,西太后当国,又值江南稍安,"始传外班角色多名,入宫演剧,点缀太平歌舞。如杨月楼、谭英秀等名宿,皆彼时被传入宫供奉者。至光绪时,所传外学之人益多矣!孝钦后复令御前各太监均学戏,令外学角色教授"②。宫中演出时,西太后整天聚精会神地看戏。有时还要对演员的唱、念、身段指指点点,让太监去传话。在她的影响下,同治、光绪两帝都是京剧爱好者。据说,"同治皇帝能演武生,光绪皇帝精于板鼓,高兴的时候,也抄起鼓楗子,打上一出"。有一次慈禧太后做寿,光绪饰演赵云,李莲英演周瑜。③ 光绪十八年,西太后将皮黄戏(京剧)升为供奉内廷后,宫内每年都有数次大戏,即使在中日甲午战争惨败之后,颐和园里仍然是鼓钹喧阗,丝竹悠扬。翁同龢对此不以为然,其日记云:"旧例,宫内演戏皆用高腔",所演"大率神仙之事居多"。咸丰六七年始有杂剧,至光绪十八年"则有二黄,亦颇有民间优伶应差,语多扰杂不伦,此盖三十年来所无也"①。

谭鑫培于1890年7月(光绪十六年五月)充当供奉,此外"先后被选为供奉的有孙菊仙、汪桂芬、时小福、杨月楼、王楞仙、陈德霖、罗百岁、余玉琴、田际云、王瑶卿、侯俊山"等人。② 有研究者统计,从1883至1908年慈禧死去的20多年中,共有供奉内廷77次。③ 这个统计显然是不完全的。仅光绪二十三年(1897)七月至十月间,戏班被宫中"传差"近20次。④ 宫中演戏频繁,西太后"有时赏赐大臣听戏。凡蒙此赏者,均惴惴焉若临大难。盖事后或举戏中事以问,应对稍乖后意,必见呵责立加……而听戏之时,尤为困苦。盖西后上坐,而群臣跪于两廊……苟贿赂小阉,得一草垫者,所费须数百金也"⑤。帝师翁同龢虽不至跪着听戏,但对此颇感厌倦而无奈,只好请示光绪帝允许"带书听戏","仰蒙采纳,并谕明后皆带书往听戏处,若欲看书即仍开卷"⑥。西太后的嗜好当然对世风有所影响。后人称"清末叶,内政不修,规律视同具文,上自皇帝、太后,下至贩夫、走卒,皆嗜戏剧,荒时废业"⑦。谭鑫培等名伶不断得到赏赐,京剧声誉日高,谭则成为"伶界大王"。

西太后不再禁止旗人看戏,不事生计的旗人看戏、演戏成为风气。清朝王公贵族莫不嗜好京剧,一些王府如庆王府、肃王府、端王府、恭王府、醇王府、豫王府等均建有专门戏台,一些著名的贝勒府也有戏台。王

---

① 翁同龢:《翁同龢日记》"光绪十八年六月二十六",第五册,中华书局1993年版,第2533页。

② 谭元寿:《谭门艺语》,北京市政协文史资料委员会编《京剧谈往录续编》,北京出版社1988年版,第228—229页。

③ Joshua Goldstein, *Drama Kings: Players and Publics in the Re-creation of Peking Opera*, 1870 – 1937. University of Calfornia Press, 2007. p. 26.

④ 周明泰:《五十年北平戏剧史料》,参见李真瑜《北京戏剧文化史》,北岳文艺出版社2004年版,第395页。

⑤ 吴之之:《清宫听戏之价值》,《近五十年见录》卷二,见《近代笔记大观》,上海文艺出版社1993年影印本,第20—21页。

⑥ 翁同龢:《翁同龢日记》"光绪五年六月二十四",第三册,中华书局1993年版,第1434页。

⑦ 张次溪:《北京梨园掌故长编》,张次溪编《清代燕都梨园史料》(下),中国戏剧出版社1988年版,第886页。

公贵族家的堂会频频开场，甚至组成"家班"登台。晚清一些富家子弟，
生活优裕，无所事事，不乏京剧爱好者。人称京师世家子弟"开口搬京
腔，昂头唱二黄"①。民初有文人以一位汉军旗人为例，讥讽京城的戏迷：

> 自从他祖父手里弄了个什么荫生，国家另外有恩饷给他，所以一
> 代一代的，可以不耕而食，不织而衣，并且丰衣足食的，源源不绝，
> 因此无事可做，专门讲究听戏……（一些人）和他邀合一路，天天
> 研究这个功课。谁知道越传越多，越听越精，便自然而然的，成了一
> 个大大的风气，并演出无数的戏迷。这戏的支族，大约可分为三大支
> 派：第一北京最多，第二天津，第三就是上海。其余那些小支派，不
> 知其数。②

京剧的兴盛不完全在于朝廷和贵族的扶持，而是依赖于广泛的社会基
础。清末民初，北京的各类会馆多达二三百所，省、府会馆多有专门戏台
（如著名的湖广会馆、江西会馆），有的县级会馆，如山西的洪洞、平介
（平遥、介休县）也有戏台。一些著名的饭庄、大宅门也设置戏台。这些
戏馆为京剧提供了广阔的舞台。

民初堂会戏迅速增多，已不限于王府、贝勒，一些达官富绅以此为时
髦，竞相效颦。据齐如山回忆："在前清虽中堂尚书家中，都不能随便演
戏，固然没有禁止演戏的法律，但果然自己生日演一次戏，则大家一定要
说闲话的。"民初"堂会戏日见其多，最初还只是总长次长的阶级，后则
司长、各银行经理，渐至科长科员、银行小头等等，也来紧紧追随"。几
乎是每一个做官的，每一个银行的人员，都要演回堂会戏。随后商界、学
界也有效法的了。"总之彼时家中有一个老父或老母，则必要出出风
头。"③ 在迁都南京之前，"由民国二年到十七年，堂会戏异常之多，差不

① 李宝嘉：《庄谐诗话》，参见张守常辑《中国近世谣谚》，北京出版社1998年版，第217
页。

② 苍园：《戏迷梦》，《小说月报》第8号，1912年11月。

③ 齐如山：《齐如山回忆录》，辽宁教育出版社2005年版，第240—241页。

多每星期都有两三次"①。

　　普通民众一般在戏园看戏。乾嘉时期,清廷一再禁止官员到戏园看戏。嘉庆八年,朝廷又谕禁官员到酒馆、戏园游宴,但名禁而实弛。咸丰、同治以后,上海、广州、天津、武汉、北京等地出现了一些营业性戏园。仅从名称上看,后人很难区分戏园、酒楼和茶楼。清末京城约有戏园40多处,民初北京较著名的戏园有第一舞台(建于1914年,北京第一家新式剧场)、文明茶园、广德楼、同乐茶园、庆乐茶园、三庆茶园、中和茶园、开乐茶园、广和楼、燕喜堂、广兴园、广乐茶园、丹桂茶园、吉祥茶园、中华茶园、德泉茶园、天和茶园、庆升茶园等20多家戏园。②

　　当时北京之所以称戏园为茶园或茶楼,一说是因为清末"国丧"时,不准演戏,"伶工无以为生,就在茶楼清唱。以后戏园附售客茶,也被称做茶园或茶楼了"③。但这不过是后人的揣测。清代每遇"国丧",戏园百日内都不许唱戏,并非到光绪朝才有此惯例。其实,茶园演戏由来已久。宋代一些酒楼已兼营演戏,清代茶楼演戏的记载更是屡见不鲜,仅以京城竹枝词为例:

> 梨园南北两争奇,得法儿骄施四儿。
> 招子但寻茶馆去,花钱人又占便宜。④
> 茶园(一)楼上最消魂,老斗(二)钱多气象浑。
> 但得隔帘微献笑,千金难买下场门。
> 　(一)演戏之所。(二)小旦呼悦己者曰老斗。⑤
> 　　茶园切末摆来精,(一)尺许红条等戏名。(二)
> 　　栗子葡萄梨共枣,更饶瓜子落花生。

　　①　齐如山:《戏界小掌故》,北京市政协文史资料委员会编《京剧谈往录三编》,北京出版社1990年版,第428页。

　　②　《梨园》,《新北京》第二编第十六类,撷华书局1914年版,第1页。

　　③　黄宗江:《广和楼》,《北京乎》下册,生活·读书·新知三联书店1992年版,第703页。

　　④　佚名:《燕台口号一百首》,雷梦水等编《中华竹枝词》(一),北京古籍出版社1997年版,第121页。

　　⑤　得硕亭:《草珠一串·市井》,《中华竹枝词》(一),北京古籍出版社1997年版,第152页。

（一）茶园于未演戏剧，必先有陈设铺排戏园。（二）间有贴新戏亮台者。①

清代前中期，居京文人学者留下的此类记载不一而足。茶馆演戏一直延续至清末，而且一些茶馆的规模逐渐扩大，功能也偏重于演戏了。故有剧评家认为："从前北京的戏馆只卖茶钱，不卖戏价，就如同现在茶馆带说书一个情形，所以叫作茶园，不叫戏园。"② 这个名称也揭示了戏曲的商业价值。茶园是一个具有商业性质的娱乐场所。在激烈的商业竞争中，茶园为了制造人气，需要一些艺人助兴；艺人则为了生活来源而必须在人群稠密场所演出。于是，茶园与剧场合二为一。

晚清"国丧"期间禁止演戏的规定逐渐为商业化潮流侵蚀。清廷规定每遇斋戒、忌辰日期，决不许娱乐，尤不许演戏，所谓"可怜一曲长生殿，断送功名到白头"一案即系忌辰演戏之故。"国丧"后限演戏三年，"一百日后，戏园中渐有清唱，不穿行头，不开大锣鼓。其后渐有行头，惟不穿红衣。一年以后，渐复旧观矣。戊申，两宫大丧，未及一年，戏园已还旧观，禁令盖渐弛矣"③。事实上，同治帝死后仅一个月，上海宝兴园、龙泉阁茶馆、金桂轩等就以生计为由挂牌清唱。戊申年，慈禧太后、光绪帝死后，上海戏园也仅停演三日就开始清唱了。到"民国元年，各戏园呈请于忌辰斋戒日期准其一律演戏"，得到警察厅批准，以后各戏园就没有忌辰斋戒的限制了。④ 故有的剧评者认为："京师自民国改革以来，声伎淫靡以极。"⑤

清末民初，演戏的名目繁多。京师向无夜戏，下午戏到天黑时分也就接近尾声了。到宣统元年，各戏班均以义务戏为名开演夜戏，日盛月增，从此夜夜演唱，不复禁止。故有竹枝词云："夜戏公然见帝京，争将歌舞

---

① 张子秋：《都门竹枝词》，《中华竹枝词》（一），北京古籍出版社 1997 年版，第 161 页。

② 齐如山：《京剧之变迁》，北平国剧学会 1935 年版，第 119 页。

③ 罗瘿庵：《菊部丛谭》，张次溪编《清代燕都梨园史料》（下），中国戏剧出版社 1988 年版，第 791 页。

④ 齐如山：《京剧之变迁》，北平国剧学会 1935 年版，第 44 页。

⑤ 张次溪：《燕归来簃随笔》，《清代燕都梨园史料》（下），中国戏剧出版社 1988 年版，第 1215 页。

绘承平。缘何不许金吾禁，都有章章义务名。"①夜戏流行起来，根本上还是适应了观众的娱乐需要。"应节戏"更是如此。晚清以来，每逢时令节日，京城戏园都会演出一些应时剧目。比如：元宵节的《逛花灯》、《上元夫人》，清明节的《小上坟》，端午节的《五毒转》、《青石山》、《白蛇传》等，七夕的《天河配》，中秋节的《奔月》，重阳节的《焚锦山》等。在农村，乡民除逢年过节请戏班之外，还常常有为生子祝寿而演"欢乐戏"，为祛病酬神而演"还愿戏"，为庙观落成而演"彩台戏"，为祭祀神祇而演"神会戏"，如此等等，不胜枚举。

清末民初，京剧风靡一时。北京街头"走路的人在大街上随便唱戏，与戏园子里头唱的戏大有关系"。杨月楼的《四郎探母》时兴时，街上的人一张嘴便是"杨延辉"，后来街头便流行孙菊仙的《朱砂痣》、汪桂芬的《文昭关》、谭鑫培的《卖马》、金秀山的《锁五龙》等等。"在大街上一听，便知道戏园子里是什么戏正走运。不但北京如此，到处都是如此。"②堂会戏是官僚富商显阔摆谱，会馆戏多出于应酬交谊，而市井平民在戏园看戏多出于娱乐消遣。清末以降，京剧的政治关怀增强，商业气息更加浓厚，这些变化也包含了由雅变俗的色彩，增添了京剧的舞台魅力和生命力。民初京剧更为大众化，成为市井文化的重要项目。

票友是京剧繁荣的重要基础。"咸同之间，皮黄乘西风之敝，为歌场主宰，一时风行，四海景从。达官贵人，豪商巨贾，嗜痂者大有人在，于是召集同好，互相研讨，是曰票房。"③清末北京的票房前后共有百多处，每处多者三四十人，少者亦十余人。民初创设的票房就有十多家，有的票房名气很大，活动频繁。有的票友还拜梨园中的名角为师，遇到机会就亲自粉墨登场，大过戏瘾。清末民初，北京的京剧票友不乏皇亲贵族，如末代皇帝溥仪的胞叔载涛私淑杨小楼；溥仪的族兄溥侗别号红豆馆主，被看作票友老生中的谭鑫培，称其文、武、昆、乱无不能，生、旦、净、末无不精；袁世凯的次子袁克文学唱小生，曾在江西会馆演出；世袭侯爵的蒙

---

① 张次溪辑：《北平梨园竹枝词荟编》，《清代燕都梨园史料》（下），中国戏剧出版社1988年版，第1178页。

② 齐如山：《京剧之变迁》，北平国剧学会1935年版，第6页。

③ 义华：《上海票房二十年记》，周剑云编《菊部丛刊·歌台新史》，《民国丛书》第二编第69册，上海书店出版社1990年影印本，第16页。

古族人世斌唱武生；四川总督之子满族人关铨林唱老生；北京富绅包桂崇唱小生。票友来源广泛，从皇亲国戚、达官富商，到遗老遗少，文人墨客，市井平民，无所不有。民初京剧票友趋于平民化，普通市民扩大了这一队伍。北京的金城银行、中国大学、交通大学、辅仁大学、邮政局、电车公司、京汉铁路局等商学单位均有票友活动。上海自光绪中叶已有票房，并聘请当地京剧名伶予以指导。民初有的票房"历在各舞台及爱俪园、张园公共场所串演戏剧。或助赈济、充善举，或把注舞台中人，悉尽义务，舆论多之。而每至节令，各方请求串戏者纷至沓来，几至不暇应接"①。票房是京剧人才的养成所和练功房，也是京剧爱好者与演员交流的渠道，一些票友下海成为舞台名角，为京剧的发展锦上添花。

京剧界本身也在清末民初经历了较大发展。民国伊始，传统戏剧团体纷纷产生。1912 年 2 月，曾参加辛亥革命的京剧演员潘月樵、夏月珊等发起成立上海伶界联合会，"以改良旧曲，排演新戏，表扬革命真诠，发阐共和原理，使委靡之社会日就进化，旁及教育慈善事业为宗旨"。该会得到南京临时政府的支持，孙中山于是年 3 月批复："潘月樵、夏月珊等，启导伶界，开通社会，一片婆心，实堪嘉尚。所请各节，既经沪军都督批准立案，自无不合之处，应准其开办。"② 同年，北京戏剧界的田际云、谭鑫培、俞振庭、余玉琴等人将戏界总会精忠庙会所，改组为"正乐育化会"，以谭鑫培、田际云为正、副会长，所有戏界人员都是会员。是年冬，北京喜连成科班更名富连成社，以叶春善为社长。该社在民国年间先后培养京剧人才九百余人，演出剧目四百余出，是京剧史上历时最久、培养人才最多的科班。京剧繁荣一时，名角群星灿烂。民初到 20 世纪 20 年代的名角中，旦角以"四大名旦"（梅兰芳、程砚秋、荀慧生、尚小云）为代表，还有众多旋兴旋替的坤旦；老生有谭鑫培、余叔岩、马连良、周信芳、言菊鹏等；武生有杨小楼、俞振庭等；净行有金少山、郝寿臣、侯喜瑞等；丑角有萧长华等。

民国年间，京剧的社会影响进一步扩大，男女伶的各种义演、赈灾活

---

① 义华：《上海票房二十年记》，《菊部丛刊·歌台新史》，《民国丛书》第二编第 69 册，上海书店出版社 1990 年影印本，第 16—17 页。

② 孙中山：《批潘月樵等呈》，《孙中山全集》第二卷，中华书局 1981 年版，第 264 页。

动层出不穷。仅据戏剧家翁偶虹回忆，民初北京的义务戏主要有：

1916 年 12 月（阴历 11 月）在北京第一舞台演出第一次大义务戏，演员有谭鑫培、杨小楼、王蕙芳、陈德霖、王瑶卿、路三宝、姚佩秋、贾洪林、俞振庭、龚云甫、时慧宝、九阵风、许荫棠、李顺亭、董俊风等。

同年同月，第一舞台全部由女伶演出的义务戏，剧目包括梆子戏和二黄戏，大轴是刘喜奎、赵紫云等演出的《二县令巧断孤女》，其他剧目演员有小月来、金凤奎、鲜灵芝、张小仙、张喜芬等数十人。

1917 年 8 月，第一舞台连演三场赈济水灾义务戏，此时梅兰芳已由沪回京，参加演出，其他演员有王荣山、吴彩霞、胡素仙、杨小朵、路三宝、余叔岩、许荫棠、黄润卿、陈德霖、龚云甫、王瑶卿、王凤卿、姜妙香、杨小楼、田桂凤、孟小如、贾洪林、高庆奎、姚玉芙等。

1918 年以后，"义务戏逐渐增多，罗致名角，不遗余力"。1918 年 10 月第一舞台的义务戏，把年逾古稀的孙菊仙请来参加。1919 年正乐育化会的义务戏也是名角荟萃。1919 年 3 月 10 日和 11 日的两场义务戏，还请到年近古稀、蓄须辍演的老十三旦。同年 9 月 29 日、30 日又有两场义务戏，11 月 1 日、2 日又演了两场，名角众多。其后，几乎每年都有义务戏，到了 1927 年，"四大名旦"、"三大须生"之局已成，往往成为义务戏的主角，然"后起之秀，纷至沓来，义务戏的阵容与剧目，随时翻新"①。

义务戏集中许多名角，成为北京梨园行的大检阅。其间，一些各自挑班的名角共演一剧，创造了难得一见的盛况，反映了剧界对社会的关注和影响，不失为京剧繁荣景象的象征。

1918 年，北京京剧界更加热闹。"梅兰芳之昆曲戏早经次第演唱，天乐园之昆弋班亦为一部分昆曲家所欢迎……排演昆曲方兴未艾，已有如火如荼之观。""北京之男班在前年犹呈衰飒之象，至最近则颇有繁荣之观。此中盟主自不得不推梅兰芳、朱幼芬所组织之裕庆社。"② 在齐如山等人

---

① 翁偶虹：《记忆所及的几场义务戏》，北京市政协文史资料委员会编《京剧谈往录续编》，北京出版社 1988 年版，第 505—512 页。

② 《最近北京剧界之乐观》，北京《晨报》1918 年 12 月 1 日。

的筹备、推动下，1919 年 4 月 21 日，梅兰芳等人起程赴日本演出，自 5
月 1 日起，在东京、大阪等地共演出二十余天，受到日本各界欢迎。这是
京剧首次走出国门，出现在世界舞台上。当时恰逢五四运动爆发前夕，国
内各界对此褒贬不一。① 这次出国演出看起来与五四运动有些不协调，但
对扩大京剧影响不无积极意义。此后，绿牡丹（黄玉麟）于 1925 年、十
三旦（刘昭容）于 1926 年赴日演出，梅兰芳也再次访日，并于 1930 年去
美国、1935 年去苏联访问演出。程砚秋在李石曾、张嘉璈等人的支持下，
也于 1932 年 1 月赴法国、德国、瑞士、意大利等国考察，历时一年多，
其间广泛地与相关人士交流，了解欧洲各国的戏剧音乐演出和教学情况，
并向西方介绍中国京剧。回国后，他撰写《赴欧考察戏曲音乐报告书》，
就引进西方戏剧音乐观念、理论及组织机制提出 19 项建议。这些出国活
动的影响不一，程砚秋的游欧虽然几经准备，但影响仍不能与梅兰芳的游
美比肩。尽管如此，海外京剧演出均受到观众欢迎，有利于京剧走上世界
舞台。

　　晚清京剧向天津、河北、山东、上海、东北各省市及武汉等地传播，
北京的角色常去上海演戏，上海的京剧市场逐渐成熟。② 作为近代大都市
的上海，戏曲门类众多，诸如昆剧、徽调、沪剧、越剧、甬剧、苏剧、闽
剧、粤剧、淮剧等等，都有广泛的社会基础。19 世纪七八十年代，上海
成为京城之外的另一戏剧中心。晚清上海最普及、时髦的戏剧还是京剧，
著名的丹桂及满庭芳茶园就以京剧为盛："茶园丹桂满庭芳，到底京班戏
更强。出局叫来终不雅，避人最好是包厢。"③ 有人记上海戏园兴替：同
治初年，安徽人的满庭芳开业后，"都人士簪裾毕集，几如群蚁附膻"。
"嗣后京戏盛行，燕台雏凤，誉满春江，而徽班遂无人问鼎。现如宝善街
之金桂园、六马路之宜春园、天仙园、四马路之满春园，俱推此中巨擘。

---

① 参见《对于梅兰芳赴日的感想》（北京《晨报》1919 年 4 月 24 日）、《梅花消息》（北
京《晨报》1919 年 5 月 21 日）等文。
② 胡祥翰的《上海小志》云："沪上自京剧盛行后，京中名伶始终未到沪上者，似仅陈德
霖一人。"参见《上海小志·上海乡土志·夷患备尝记》，上海古籍出版社 1989 年版，第 32 页。
③ 佚名：《春申浦竹枝词》，《上海洋场竹枝词》，上海书店出版社 1996 年版，第 55 页。

上灯时候，车马纷来。鬓影衣香，丁歌甲舞，如入众香国里，令人目不暇接。"① 上海的职员、教师、报人及下层民众都不乏京剧爱好者。

民初京剧风格呈现京派、海派之分。当时有人指出："北派花旦，做工尚紧密；南派花旦尚写意……武生武工，沪尚迅疾，京尚从容。须生唱工，沪尚乱弹，京尚家法。"② 京派对艺术要求严谨，讲究一招一式，稳重大方，强调艺术的完美性。京派名角众多，但较拘泥陈规，艺术创新较为迟缓。以上海为中心的海派注重编排新剧，改革舞台风格。海派京剧有《黑籍冤魂》、《新茶花》、《宋教仁》、《阎瑞生》、《黄慧如》、《文明人》、《就是你》等反映现实生活的新戏。其中《阎瑞生》一剧连演两年，场场座满，贴近了市民的现实生活和审美需求。海派京剧也注意汲取话剧、电影中的某些特长，产生了周信芳、盖叫天等艺术家。海派重视票房收益，但艺术处理上有时不免草率、肤浅，甚至将真牛、真马、真汽车搬上舞台，难免有损京剧的艺术特质。

第二节　京剧日趋商业化

京剧虽然在晚清供奉内廷，直接为朝廷服务，但近代京剧主要作为大众文化娱乐而存在，而非教化工具。在观众、演员和戏班之间运行的决定性因素是经济利益，而非政治权力。晚清京剧的繁荣与商业化潮流分不开，而高度商业化倾向又使京剧在成熟中发生变异。

清代商业发达地区如扬州、苏州等地的花部戏商业气息本来浓厚。徽班进京后，坊间演戏的商业色彩也有所增加。光绪年间，民间看戏、演戏之风日盛一日，成为清代继乾隆之后的第二次演戏高峰。清末京剧的繁荣景象反映了官方引导与民间文化的相互交融，但民间文化的主导作用不能忽视。虽然宫廷演剧重视凸显忠孝节义的思想主题，却又不自觉地接受了民间流行的剧种、剧目。进宫演戏虽是荣誉，而演员的走红还依赖于民

---

① 黄式权：《淞南梦影录》，《沪游杂记·淞南梦影录·沪游梦影》，上海古籍出版社1989年版，第116页。

② 脉脉：《汝南剧话》，收入周剑云编《菊部丛刊·品菊余话》，参见《民国丛书》第二编第69册，上海书店出版社1990年影印本，第33页。

间，进宫演出者多是民间走红的伶人。

供奉内廷的演员除了获得巨大声誉外，"每月有月俸三两银子及一石多米……每月总要在里边演几次戏，此名曰传差，每次都另有赏。好的，每次五六两银子，次的也有一二两"①。西太后喜欢的名角得到的赏赐更为丰厚。"凡名角赐俸当值，赏赉有差。谭鑫培奉视六品秩，每赐金四十两，恩遇最优。民初公府亦循例传差，鑫培仅得二十元。"② 民初梨园来自宫廷的收入已经减少，而实际收入则迅速增多了。

原因之一是，比一般演出费高得多的堂会戏在民初泛滥开来。晚清堂会不多，且报酬不高。"外串普通名角皆系银二两，较优者为四两，其十两者则大名鼎鼎之名角也。梅巧玲一生未尝出十两之外。"清末谭鑫培身价最高，"亦不过每堂会百元而已"。"入民国后，骤增至三百元，更涨至五百元。其有交情者，或减至四百元或三百五十元。"③ 1913 年，梁启超任司法总长时堂会，请到京剧名票侗五爷（溥侗）。出演的剧目有《群英会》，溥侗演周瑜，王凤卿演鲁肃，据称这场戏压倒同日演出的其他剧目。这次堂会共花去数百银元，在当时算是所费不赀。民初大总统袁世凯、徐世昌有时也请戏班唱堂会，而最铺张的是 1921 年时任陆军总长靳云鹏为其母 84 岁生日举办的堂会。当时，陆军部全体官员已集资两千元送戏一台作寿礼，而靳云鹏意尤未足，又付出巨资，约请在京名伶。这次被邀名伶皆演双出，剧目主要有：尚小云、贯大元合演《朱砂痣》，九阵风演《水漫金山》，王惠芳、王瑶卿合演《樊江关》，龚云甫、裘桂仙合演《打龙袍》，高庆奎、裘桂仙、陈德霖合演《二进宫》，杨小楼、郝寿臣合演《连环套》，梅兰芳、朱素云、王瑶卿合演《御碑亭》，梅兰芳又演二本《木兰从军》，余叔岩先演《碰碑》，又与王瑶卿等合演《珠帘寨》。这次堂会仅梅兰芳的两出戏就付了 1600 元，④ 不难想象整个堂会耗资之巨，比起梁启超的排场已不可同日而语了。一般而言，京城名角

① 齐如山：《戏界小掌故》，《京剧谈往录三编》，北京出版社 1990 年版，第 428 页。

② 陈房衡：《旧剧丛谈》，刘豁公主编《戏剧月刊》第 3 卷，第 11 期，1932 年。

③ 罗瘿庵：《菊部丛谭》，《清代燕都梨园史料》（下），中国戏剧出版社 1988 年版，第 780 页。

④ 启暌：《堂会戏闻见录》，参见《古都艺海撷英》，北京燕山出版社 1996 年版，第 148—151 页。

"下天津"演出多出于不得已，但在官商云集的天津，他们均获得滚滚财源，民初"天津某宅演剧，一日至费万元"①。

更重要的是，民初梨园的票房收入增长迅速。清末北京、上海、天津等城市人口增长迅速，为文化娱乐提供了广阔的社会空间。光绪末年，京城的京剧戏班有40多家，从业演员达4000多人。② 但市场扩大和戏班增多又使演出市场的竞争日趋激烈。晚清沪、京等城市，茶楼、酒肆、娱乐场所与日俱增。清末京师戏园的商业气息明显增强，时人感慨："从前戏价各园一致，今则不然。此园之价与彼园异，今日之价与明日又异，惝恍离奇，莫可究诘。"③

日益激烈的商业竞争促使京剧戏班走出京城，民初上海、天津、河北、山东、东北等地的京剧演出迅速增多。当晚清北京的戏班还在以"供奉内廷"或"堂会"为荣时，上海的戏班则已经更加市场化运作。为了招徕观众，各戏园竞相以名角、新剧和舞台新装置相号召。这要求演员更为直接地面对观众，为观众熟悉和欢迎，演出广告随之迅速兴起。

在戏剧商业化过程中，报刊成为京剧市场的重要媒介。戏园广告最初依靠街头海报或上门推销，即所谓"某日某园演某班，红黄条子贴通衢"④。至同治十一年五月，《申报》开辟专栏刊登戏目广告，列出丹桂茶园、金桂轩和九乐戏园三家演出的剧目，字体不大，夹杂在各种拍卖及货物广告中，并不显目，⑤ 而戏剧与近代媒介从此结下不解之缘。此后，在沪、京等地报刊上，京剧广告逐渐占据醒目位置。"戏园在报纸上所刊之告白常占全报告白之大部分，舍新角登台或新编本戏不计外，即平常戏目亦多用碗大木戳刊出艺员之名字。"⑥ 戏园之所以愿意投资，正如当时剧评者所云："近来吾国人颇知注重广告学，而戏馆尤甚。盖知广告与营业有莫大之关系，较传单收殊途同归之效。是以风声所树，互相效尤。

---

① 陈彦衡：《旧剧丛谈》，《清代燕都梨园史料》（下），中国戏剧出版社1988年版，第860页。

② 李真瑜：《北京戏剧文化史》，北岳文艺出版社2004年版，第362—365页。

③ 倦游逸叟：《梨园旧话》，《清代燕都梨园史料》（下），中国戏剧出版社1988年版，第836页。

④ 佚名：《都门竹枝词》，《中华竹枝词》（一），北京古籍出版社1997年版，第131页。

⑤ 《各戏园戏目告白》，《申报》1872年6月18日，第7版。

⑥ 徐耻痕：《戏剧与广告之关系》，《戏剧月刊》第1卷，第2期，1928年。

《申》《新》两报之第三张，纵横排列，不留余隙，五花八门，各显其妙……但开戏馆者，无不抱金钱主义，含吹牛性质，一般广告家亦自言不讳。"[1]

清末以后迅速增长的大众传媒，如报纸、杂志、唱片、电影等改变了京剧以往的经营机制，报纸尤是演员与观众沟通的重要环节。1913年梅兰芳首次赴沪演出时，随即拜访了《时报》的狄平子、《申报》的史量才、《新闻报》的汪汉溪，以示敬意。缘此，他在上海文艺圈的影响迅速扩大。回京时，形成多家戏班的人马在火车站迎接争抢之势。其后，他每到一个城市演出，都会邀请当地主要报纸的主编吃饭。如果说，清末演员还可通过"供奉内廷"抬高身价，那么民初以后的名角则更依赖于商业运作。报刊对京剧舞台的操控不只体现于广告、剧评，甚至像北京《顺天时报》那样发动读者投票选举名伶。这不仅捧红了一些演员，而且使京剧舞台更加依附媒体的话语权。

近代京、沪两城的商业、文化环境不同，京剧市场各有千秋而又相互影响。北京以演艺和观众内行而著称，科班众多；上海更注重市场运作，以重金聘请京城名角，重视报刊广告宣传，注意更新戏剧内容和表演形式，以吸引观众。在上海文人眼中，"京师素重优伶，色艺甲天下"[2]，但最终形成"供奉清廷事可哀，名伶取向沪中来。旗员个个皆精戏，歌舞升平安在哉"的局面。[3] 京剧名伶纷纷南下上海，在舞台上一显身手，也获得数倍于京城的薪酬。这自然提升了上海京剧的演出水平。

同时，上海的商业气息熏染着京城梨园，不仅使北京步上海之后，利用报刊登载演出广告，改建新式剧场，而且促使京城演出机制发生变化。在以戏班为组织形式的"集体制"下，演员之间艺术水平差距不大。观众入园看戏一般都只知戏班，不熟悉演员。演员收入是包银，每年与班主约定固定报酬，收入多少与市场无关，名角的年薪最多为纹银几百两。演员不能轻易改搭别班，实现自由流动。1872年，杨月楼到上海丹桂戏园

---

① 剑云：《上海梨园广告谈》，《菊部丛刊·品菊余话》，《民国丛书》第二编第69册，上海书店出版社1990年影印本，第78页。

② 王韬：《名优类志》，《淞隐漫录》，人民文学出版社1983年版，第532页。

③ 朱文炳：《海上光复竹枝词》，《上海洋场竹枝词》，上海书店出版社1996年版，第240页。

演出的收入是年薪 1200 元，比程长庚在京演出的最高年薪高一倍。到"光绪初年，杨月楼由上海回京，搭入三庆班，非常之红，极能叫座。他自己以为拿包银不合算，所以与班主商妥改为分成，就是每日卖多少钱，他要几成。从此以后，北京包银班的成规算是给破了"①。收入分成增加了名角收入，加速了名角制的形成。

　　戏园为了招揽观众，都挖空心思，纷纷以名角相号召。同光年间，京剧舞台日益看重名角，戏班的兴亡也依赖于名角，但一段时间内仍然是班主负责，而非"名角挑班"。"同光十三绝"之一的程长庚开始有专门的琴师、鼓师，而其弟子谭鑫培在 1884 年从上海回到北京后，就自己另组戏班，班中成员各自居住，也有专门的琴师、乐师。光绪二十二年（1896）谭鑫培首次以戏班台柱演员的名义聘请场面艺人，后来视为京剧"名角制"形成初期的一个标志。② 此后，京剧演出形成"行家得眼争前看，遍贴优名预作标"的风气。③ "名角制"以名角相号召，戏班的"头牌"、"二牌"、"三牌"之间收入差距明显。1917 年，在同一戏班，"头牌"梅兰芳每场演出费为 80 元，"二牌"王凤卿为每场 40 元，"三牌"余叔岩每场 20 元。至 20 世纪 20 年代，梅兰芳、杨小楼、余叔岩三人每场堂会的演出费均达 800 元。上海的戏园、剧场不断地聘请京城名角来短期演出，薪酬也愈来愈高。比如，梅兰芳 1913 年首次到上海演出的包月费是 1800 元，1918 年则达月薪 9000 元。程砚秋 1922 年在天津新明戏院的演出费是每月 4000 元，1928 年到上海的演出费则每月达 8000 元。走红的名旦，还有唱片、广告收入。20 年代末 30 年代初，梅兰芳成为香烟、面霜、眼镜等商品的形象代言人。商业化趋势调动了演员的积极性，促进了表演艺术的个性化发展，这种趋势又反过来增强了京剧对观众的吸引力，繁荣了市场，也提升了京剧的象征意义。

　　在商业利益和"名角制"驱动下，捧角成为风气。名角走红虽与演艺相关，却离不开"捧"。捧角现象在很大程度上不是因为艺术嗜好，而

---

① 齐如山：《京剧之变迁》，北平国剧学会 1935 年版，第 95 页。

② 北京市艺术研究所、上海艺术研究所编：《中国京剧史》上卷，中国戏剧出版社 1998 年版，第 150 页。

③ 袁翔甫：《续沪上竹枝词》，《中华竹枝词》（二），北京古籍出版社 1997 年版，第 818 页。

是关乎戏剧的商业价值。演员要人追捧，戏班更需要名角来支撑门面，从而以角造势，增加票房收入。捧角的方式五花八门，一些文人为喜爱的演员写作剧本，在报刊撰文介绍其演技和特长，颂扬其品行。1914 年北京创刊了《戏剧新闻》，1915 年又出现了北京评剧社，这些组织和刊物主要品评京剧坤角。有些名报人也不能免，"在文明园时，《庸言报》主任黄远庸君曾与园主约，每日于池座留一全桌，按月预给包费九十元。其他小团体之结合，大多数之追随……记亦不胜记也"①。民初一些名旦与报界关系密切，其经纪人往往不惜重金在报刊开辟专栏。1928 年梅兰芳在上海演出时，《申报》开辟《梅讯》专栏，对他进行跟踪报道和宣传。据天津《北洋画报》披露，梅氏每天花 100 块银元请人为《申报》专栏撰文。20 世纪 20 年代走红的上海须生孟小冬被人称为"冬皇"，"当时一些报刊，每在孟演一剧后发表剧评时，对孟的唱白，甚至一举手一投足都推崇备至"②。

　　捧角需要经济实力，富商政客、社会闻人、名票都是捧角的中坚力量。③ 有时为了增加观众，一些富商不惜花费巨资请人吹捧，有的富人或票友还买票请人看戏。民国年间，捧角之风集中于旦角，20 世纪二三十年代旦角的更衣室总是放满了花篮、花瓶、装饰的镜子，舞台周围也总是放置着花篮，上面写着赠送人的名字。民初"北京专有一班重女轻男之顾曲家"，专看中和、三庆等戏园的女班演戏。④ 女旦刘喜奎被人封为"刘王"，还有所谓"刘内阁"，有竹枝词云："寻常一辈少年郎，喜为坤伶去捧场。金字写来如斗大，崇街唤作某亲王。"⑤ 一般市民捧角则主要是在戏园为演员"叫好"。戏场观众之"叫好"，古已有之，主要不是赞赏其表演艺术，而是为了捧角。

　　上海观众"追星"、"捧角"的狂热度不逊于京城。1921 年，京剧名

　　① 醒石：《坤伶开始至平之略历》，《戏剧月刊》第 3 卷，第 1 期，1930 年。

　　② 陈维麟：《余叔岩生平回忆片断》，北京市政协文史资料委员会编《京剧谈往录》，北京出版社 1985 年版，第 168 页。

　　③ 一些名角均有后援组织，如民初梅兰芳的后援者名为"缀玉轩"，冯耿光、李释戡、齐如山、张厚载等均为捧梅人物，时人称为"梅党"。

　　④ 《未焚以前之北京第一舞台》，《申报》1914 年 3 月 6 日。

　　⑤ 叶仲钧：《上海鳞爪竹枝词》，《上海洋场竹枝词》，上海书店出版社 1996 年版，第 285 页。

角余叔岩到上海参加赈灾义演，受到戏迷的追捧。程砚秋的戏迷则在其演出时，除送平常的花篮、银盾、缎幛、诗文外，又觅得高约三尺的大银瓶一对，分置舞台左右。余叔岩的戏迷不甘示弱，也找到一对大银瓶，高度超过三尺多，耗资达六千多元，光芒四射，放置在程派演出的舞台上。有的"名士少年"因喜爱多名旦角，一天之内只得赶场捧角："是谁捧角兴偏高，丹桂天蟾日数遭。气竭声嘶犹喝彩，座中笑煞郑樱桃。"①

商业运作导致演出机制发生变化，京剧舞台从依附于官僚贵族而全面走向市场。清末京城一些戏班还根据宫内喜好编演新剧目，以得赏赐。而在更加市场化的上海，剧目内容、演出形式和演员都更受商业利益的支配，适应市民社会的娱乐需要。正如后来舆论所云："戏园的资本家，专门在铜钱眼里翻筋斗……凡是可以有发财希望底事情，他们都能巧立名目、异想天开地做出来。"②晚清民初绅士和舆论不断地呼吁查禁淫戏，从侧面反映了商业化潮流与传统价值观的博弈。京剧商业化导致剧目内容疏离于传统教化，且推动演员性别构成发生变化。男伶独占的京剧舞台至民国初年已经斗换星移，坤角走红一时。

第三节　坤角走红的社会蕴含

京剧长期由清一色男伶演出，乐师及后台人员也全是男性。清末以后，京剧坤角迅速增多，③至民初红极一时，受捧程度超过男角。近年有论著注意及此，④而其社会与文化蕴含仍待发掘。坤角扮演的绝大多数是旦角，与此相关的问题是京剧生、旦地位的变化。有论著认为，老生走红

①　刘豁公：《上海竹枝词》，《上海洋场竹枝词》，上海书店出版社1996年版，第254页。
②　汪仲贤：《剧谈（二十）》，北京《晨报》1921年2月7日。
③　《周易》有乾、坤二卦，而《系辞》又云"乾道成男，坤道成女"，后世遂以"坤"为女性象征。晚清民初，剧界及社会舆论称女演员为"坤角"，以区别于长期独占舞台的男角，似乎使女演员带有另类色彩。本书沿用该词只是为贴近历史，不寓含褒贬意义。
④　北京市艺术研究院、上海艺术研究所编著《中国京剧史》上卷（中国戏剧出版社1998年版）提到京剧女伶的出现；黄育馥的《京剧·跷和中国的性别关系（1902—1937）》（生活·读书·新知三联书店1998年版）从性别结构注意到京剧女伶增多的现象，但此问题仍待深入研究。

是内忧外患的晚清社会呼唤男性雄风的产物,程长庚、谭鑫培等人走红体现了时代需要的阳刚之美;换言之,老生盛行体现了晚清面临的帝国主义压力,而进入民国后,随着人们对民族国家的认同,体现阳刚之美的英雄形象已退居次要,在与"殖民现代性"(colonial modernity)的调适中,产生了不同性别形象的需要,旦角因之兴盛。① 这种阐释不无道理,却局限于政治环境而论。在传统社会,戏剧作为文化娱乐而存在,与政治的关系不像 20 世纪下半期那样密切。不必说清代江南的戏剧娱乐与王朝政治相去甚远,即使在京师,戏剧与政治的关系也被后人夸大了。坤角走红是京剧生旦地位转换的过渡,也是剖析旦角盛行的重要参照。坤角走红与旦角胜场虽不完全相同,但两者社会文化蕴含多有相同或相似。探讨坤角走红现象或可有助于认识清末到民国生旦地位的转换。

一　"髦儿戏"的源流

"髦儿戏"亦称"猫儿戏",全部由女伶演出,最初巡回乡镇,演唱苏、皖地方戏。上海兴起后,髦儿戏登上了近代都市舞台,成为大街小巷的娱乐新宠。京剧流行上海后,髦儿戏班又兼唱或转演京剧,演艺有所提高,规模扩大,开清末坤班走红之先河。近代笔记、小说和竹枝词对此多有记载。但关于其起源,文献记载多含糊其辞,或者以讹传讹。

20 世纪 80 年代以来,专谈髦儿戏的文章约有两篇:有一篇短文认为,"清朝同治、光绪年间,南方一些比较开放的大城市中,曾出现并盛行一种引人注目的'髦儿戏'"。辛亥革命后,髦儿戏便由上海及江浙一带向北方天津、北京等大城市蔓延。② 关于其来历,该短文列举了王韬早年《瀛壖杂志》所载女艺人猫儿的传说和民初流传的"李毛儿首创女班"说,对两说真伪未加分辨。又将髦儿戏流行的时间大幅推后,与事实出入较大。较有学术含量的是《猫(髦)儿戏小考》一文,认为晚清女戏班的发展可分为两个阶段:19 世纪 20 年代中,"上海就有了猫儿戏,全都由六、七岁的小女孩演出",这是前期,为时约 50 年。光绪初年,李毛

---

① Joshua Goldstein, *Drama Kings*: *Players and Publics in the Re-creation of Peking Opera*, *1870-1937*, University of California Press, 2007. p. 54.

② 邓小秋:《髦儿戏的由来》,载《当代戏剧》2003 年第 1 期,第 30 页。

儿来沪，利用自己的名字与"猫儿"巧合，成立女班，剧班规模扩大，女伶年龄有至十六、七岁者，直到清末民初，是为后期。此时名称以"髦儿"最为常见。① 该文指出髦儿戏出现于李毛儿之前，颇为确当，但断定髦儿戏早期皆称为"猫儿戏"，仅由六、七岁女童演出，未免以偏概全。再则，李毛儿是否自觉地利用自己的名字成立女班，以推广生意，抑或旁人、后人将"毛儿"、"髦儿"混为一谈，仍然待考。此外，谓李毛儿之后，"髦儿戏"一词才最常见，在逻辑上、事实上仍缺乏说服力。故髦儿戏的源流仍可进一步考辨，而其复杂语义，在晚清女伶兴起、发展过程中的地位亦有待认识。

关于髦儿戏的起源，现有说法关注小名猫儿的女艺人和同治年间的京剧丑角李毛儿的传说。其根据不外乎海上漱石生（孙玉声）《李毛儿首创女班》一文和王韬的《瀛壖杂志》。然而，这两条记载或为回忆，或为传闻，皆难以为据。实际上，髦儿戏的起源和兴盛并不取决于一两位艺人，而与晚清都市社会的娱乐业状况密切相关。同样，髦儿戏一词的淡出也与女班成熟的背景相关。

有关髦儿戏的起源最初来自口头传说，载诸文字的主要依据则见于咸丰、同治年间王韬的《瀛壖杂志》：

> 教坊演剧，俗呼为猫儿戏。相传扬州某女子擅场此艺，教女徒，率韶年稚齿，婴伊可怜。以小字猫儿，故得此名。沪上北里工此者数家，每当妆束登场，戏锣初响，莺喉变徵，蝉鬓加冠，扑朔迷离，雌雄莫辨，淋漓酣畅，合座倾倒。缠头之费，动至不赀，是亦销金之锅也。②

王韬的笔记属于转录，且标明为"相传"，显然有待考实。后来一些资料则以此为据，以为女艺人猫儿的女班是髦儿戏之起源，本称为"猫儿戏"，后误传为"髦儿戏"。王韬转录的传说在清末民初颇有影响，常

---

① 陆萼庭：《猫（髦）儿戏小考》，《曲苑》第一辑，江苏古籍出版社1984年版，第17—21页。

② 王韬：《瀛壖杂志》卷五，参见《笔记小说大观》第27册，江苏广陵古籍刻印社1983年版，第325—326页。

为一些戏剧资料引用，并逐渐衍变成史实。如姚公鹤在民初云："沪上髦儿戏，当戏市尚在法租界戏馆街时，已与男班并驾齐驱，则其由来盖已久矣。惟髦儿或称'猫儿'，相传系扬州某女子擅长此艺……此女子小名猫儿，故遂以猫儿命名（见王紫诠《瀛壖杂志》）。"①

近代流传最广的说法是，髦儿戏原名"毛儿戏"，发源于同治末年的京剧丑角李毛儿。同治六年春，上海满庭芳戏院开张，邀请天津的京戏班演出，是为京戏首次进沪。"楼上楼下，统售一元。沪人创见，趋之若狂"②。当时，南来京班仍然是清一色的男演员，戏价很贵，只能供达官富商消遣，而京班演员收入微薄。观众与演员都不满京班原有体制，于是有京班丑角李毛儿等人于同治末年（约1874）组织了兼唱京剧的女班，民初海上漱石生的回忆文章云：

> 北京来沪之著名小丑同光时凡三人，为秃扁儿、李毛儿、朱二小……李毛儿留沪最久……惟彼时包银甚微，所入不敷所用，因招集贫家女子，年在十岁以上十六七岁以下者，使之习戏。不论生旦净丑，有渠一人教授。未几得十数人，居然成一小班。遇绅商喜庆等事，使之演剧博资。无以为名，即名之曰毛儿戏班……或以"毛儿"二字疑为时髦女戏，故于"毛"字上加一"髟"字，实则误也。③

这个女戏班角色不多，仅唱徽剧和京剧折子如《教子》、《坐宫》、《探窑》、《游龙戏凤》、《卖胭脂》等三五人合串之戏，主要在堂会、茶楼演出。演艺不高，而经营灵活，每台戏可得16至20多元不等。戏班小有名气，以至民国的回忆文章一再提及。

李毛儿女班的说法最初也是坊间传闻，海上漱石生开始在回忆中载诸文章。这与女艺人猫儿的传说见诸王韬的《瀛壖杂志》一样，经历了由传闻到文字记载的变化，在后人心目中的可信度也随之提高。且不说个人

---

① 姚公鹤：《上海闲话》，上海古籍出版社1989年版，第28页。

② 民哀：《南北梨园略史》，《菊部丛刊·歌台新史》，见《民国丛书》第二编第69册，上海书店出版社1990年影印本，第3页。

③ 海上漱石生：《梨园旧事鳞爪录·李毛儿首创女班》，《戏剧月刊》第1卷，第3期，1928年。

回忆往往失真，即使上述回忆不误，也仅提到该女班名为"毛儿戏班"，尚不能证明其即为"髦儿戏班"。两者虽然谐音，却不能完全等同。作者也认为毛儿戏不能称为髦儿戏，不自觉地说明了两者区别。作者所谓"李毛儿首创女班"乃是首创"京戏"女班，而非演唱苏、皖地方戏的女班，故与唱地方戏的髦儿戏起源不是一回事。其后，一些人不求甚解，引用该材料时误以为李毛儿之前没有女班，乃至引申出李毛儿首创髦儿戏班。如此几经转录，女戏班创始者的角色就在戏曲史上建构起来了。

其后，关于髦儿戏的起源基本不出此两说：如谓"盖上海之有女戏始于京丑李毛儿，购贫家幼女之聪秀者教以歌曲台步，凡绅宦家有喜庆事恒演之，故名。或又谓扬州某女子擅长此艺，教女徒率韶年稚齿，婴伊可怜，以小字猫儿，故得此名"[①]。一些资料虽未明言，实际上据此追溯髦儿戏的起源。有的以李毛儿女班为据，谓髦儿戏出现于光绪初年。[②] 有的则谓"用女子化装登台演唱，好像是始于光绪初年上海的愚园，那固（个）时候叫作髦儿戏，又作猫儿戏"[③]。说法不一，但多认为，髦儿戏或者猫儿戏是同治末、光绪初流行开来的。

然而，两种传说在晚清就已经受到怀疑，王韬晚年也没有坚信其说。约在光绪十年，王韬云：女班，"维扬谓之'髦儿戏'，不知始于何时。上海向亦行之，今废。粤东女班不亚于梨园子弟，始则歌衣舞扇，粉墨登场，继则檀板金尊，笙箫侑酒，真曲院之翻新，绮游之别调也"[④]。这里，王韬称髦儿戏"不知始于何时"，对早年《瀛壖杂志》源于女艺人猫儿之说有所补正。同时，喜好戏曲且留心女班的王韬并不认为髦儿戏始于李毛儿。而按后来说法，光绪初年正是李毛儿戏班红火之时，熟悉上海掌故的王韬对其只字不提，恐非由于孤陋寡闻。王韬的传闻中有"扬州女子名猫儿者"，而王韬的所见之世，则未有李毛儿首创女班的记录。

---

① 胡祥翰：《上海小志》，《上海小志·上海乡土记·夷患备尝记》，第33—34页。
② 后来编撰的资料认为：1875年（光绪元年），"髦儿戏在本年前后出现，这是继女弹词之后出现的一种全部由青少年女演员演出的戏班，活跃在上海及江浙一带，以演出京戏和昆剧为主"。参见《中国近代文学大系》29卷，《史料索引集1·大事记》，上海书店出版社1996年版，第29页。
③ 垂云阁主：《女伶旧话》，《戏剧月刊》第3卷，第12期，1932年。
④ 王韬：《东部雏伶》，《淞隐漫录》，人民文学出版社2006年版，第503页。

　　一般说来，词语的流行往往在已有现象之后，在靠坊间传闻或报纸传播的 19 世纪中期，时间差显然较 20 世纪长一些。故以徽、汉皮簧为底色的京剧虽早已风行京城，并在同治初年进入上海，而"京剧"一词则迟至光绪二年（1876）才在《申报》首次出现。同理，"髦儿戏"一词在同治末年已经流行，同治十年、十一年的《申报》竹枝词已有记载。故就时间上看，髦儿戏当在咸丰或同治初年已经流行上海，所谓李毛儿女班为髦儿戏起源之说则无以立足了。

　　总之，同治末年的李毛儿女班只是女伶发展过程中的片断，虽然于女伶演京剧具有首创意义，但非髦儿戏的起源。目前也无确凿证据表明髦儿戏始于女艺人猫儿。髦儿戏之流行一时，与苏皖女伶大量进入上海、登上近代都市舞台这一语境相关。

　　古时倡优列为"贱民"，隶籍乐户，不受士农工商的礼防约束，男女混杂、合演曲艺之事屡见不鲜。元、明两代，京师杂剧以及在城、乡巡回演出的戏班不乏女性身影。清廷对于女伶演戏是禁民间而不禁内廷。顺治朝的宫廷演戏多由教坊女乐承应，宫中乐队也包括从江南搜罗而来的 24 名女优。康熙帝不嗜女乐，雍正帝一度停止女优承应，雍正七年又废教坊司，改为和声署。乾隆初年则恢复了女优承应之例。"高宗初次巡幸江南，因喜昆曲，回銮日，即带回江南昆班中男女角色多名，使隶入南府，谓之新小班。"[1] 上行下效，乾隆朝官僚富商蓄养优伶者亦不罕见。湖广总督毕沅"家蓄梨园一部，公余之暇，便令演唱"。幕僚钱泳对此心存疑虑，毕沅则谓："'自有文章留正气，何曾声妓累忠忱'。所谓大德不踰闲，小德出入可也。"[2] 嘉庆朝对于官员蓄养优伶、京师内城演戏的禁令时有发布，而京师内城"戏馆日渐增多，八旗子弟征逐歌场，消耗囊橐，习俗日流于浮荡，生计日见其拮据"[3]。

　　乾隆年间，清廷以法律形式禁止女伶登台，否则地方官将被罚薪或撤职。乾嘉年间，京师坊间舞台上都是清一色男角，但女伶在私家戏班，在

---

　　① 清逸：《南府之沿革》，原载北平国剧学会编《戏剧丛刊》第 2 期，1932 年。参见《丛书集成》三编，第 32 册，新文丰出版公司 1997 年版，第 727 页。

　　② 钱泳：《耆旧·秋帆尚书》，《履园丛话》上册，中华书局 1979 年版，第 150 页。

　　③ 张次溪：《北京梨园掌故长编》，《清代燕都梨园史料》（下），中国戏剧出版社 1988 年版，第 884 页。

京师之外、尤其在江南仍普遍存在。苏州和扬州富商云集，人文荟萃，女伶演戏亦经久不衰。

扬州的女子唱曲相沿成俗。"广陵山水明秀，女子之生其地者，大都婉丽温柔，深得六朝金粉气。承平时俗尚奢华，画舫歌声，红桥月色，足令游客销魂。惟好利成习，凡在中人以下人家，养女必先教以歌曲。女往往有巨商物色，可立致万金。不则入平康籍，亦能致富。即郑板桥诗'千家养女先教曲，十里栽花当种田'是也。"某太守亦作绝句云："万姓何知奢愿同，齐驱鹦鹉唱春风。可怜忍把无瑕玉，换得黄金富阿翁。"① 这与京城风俗显然不同，成为女伶滋生的沃土。兴于晚明、盛于乾嘉的昆剧尤多女伶。扬州有的女子昆班多达 18 人，颇为活跃。

苏州也有多家昆剧女班，有论者将其分为"专业女伶"、"倡兼优"和"私家歌姬"（即女乐）三类。② 那时所谓"专业女伶"多是雏伶，无固定戏馆，只能巡回各地，唱一些堂会戏和娱神戏，演技也不高。乾隆晚期，习游幕之业的沈复记某年重阳节云："余与（友人）鸿干俱在苏，有前辈王小侠与吾父稼夫公唤女伶演剧，宴客吾家，余患其扰，先一日约鸿干赴寒山登高。"沈复不喜看戏，却不反感女伶。"女伶中有兰官者，端庄可取"，其妻有意纳为沈氏之妾，只是沈复自己并无此意才作罢。③ 同时，一些官绅巨族喜好蓄养专门的女乐。《红楼梦》不乏演戏场面：贾蔷从姑苏采买了 12 个女孩子，聘请专人教习，到贾妃省亲时便热闹地开演女戏了，其中女伶龄官还受到贾妃的赏赐（第十八回）。

扬、苏的人文社会环境有利于女伶滋生，女戏班也不会因清廷的禁令而销声匿迹。有清一代，朝廷政策与江南文化始终矛盾重重。江南女伶的兴衰或许正是朝野博弈的表征之一。昆剧继嘉庆年间退出京城舞台之后，道咸时期又在江南衰落下去，但女伶并未因此消失。一些贫家雏伶转习花部或其他地方戏曲，髦儿戏便由流转于长江南北的女伶演唱。

近代上海兴起后，迅速取代苏、扬而成为娱乐业中心。江南戏曲中心随之转移。上海人口剧增，拓展了戏曲市场，但这些以男性为主的新增人

① 邹弢：《习俗》，《三借庐笔谈》卷三，见《笔记小说大观》第 26 册，江苏广陵古籍刻印社 1983 年版，第 331 页。

② 陆萼廷：《昆剧演出史稿》，上海教育出版社 2006 年版，第 141 页。

③ 沈复：《浮生六记》，岳麓书社 2003 年版，第 145、149 页。

口加重了性别比例失衡，加深了城市曲艺娱乐对男性审美嗜好的依赖，为女伶发展提供了广阔空间。

嘉道年间，扬州及秦淮一带的女戏班还主要在本地巡演，咸丰年间则日益流转到上海。上海市民最初多来自江苏、浙江，熟悉、喜好地方戏。咸丰年间，太平天国起义对此推波助澜。咸丰十年，"西人拒走李秀成后，江浙富绅庶民金以上海为桃源，点缀升平，市面日盛一日。彼时姑苏之昆班、武班（按此武班系绍兴武班，非京班）因乱离星散，难以集成，而上海间有坤伶演唱，调徽人杂，行头既欠鲜明，衣料半多呢布"①。咸丰年间在上海演唱的坤伶，其行头、服饰都较差，其演出很可能即被称为髦儿戏。她们演艺不高，没有固定戏园，只能在街头因陋就简。同治十一年（1872）刊于《申报》的竹枝词云："吉祥街却不寻常，惟见行人站两旁。忽听一声锣鼓响，髦儿戏正闹头场。"② 这反映了最初在街头演出的情形。同治年间，髦儿戏演出的条件有了较大改善。同治初年上海已有"四美轩"、"杏花园"、"畅月楼"等多家髦儿戏园。其中有昆腔班、徽调班，也有南词滩簧班。③ 这些均在李毛儿创办京剧女戏班之前。

"髦儿戏"别名不一，或称"帽儿戏"、"猫儿戏"，有的文人还称为"妙儿戏"。其初期情形资料甚少，引用较多的是嘉道诗人姚燮对猫儿戏的描述，其云："猫儿戏，谓六七龄女童演剧者。"

> 其形至雏，其性至黠，居然自优，能狙能鹊。三寸之烛，八尺之甏，鼓之舞之，其乐于于。幼则用怜，长则用弃，色虽善魔，往将谁媚？猫儿猫儿，假豹之皮，去豹之皮，群鼠相欺。④

这里刻画了猫儿戏的演出情形，也透露出女伶的不幸命运。但是，不

---

① 民哀：《南北梨园略史》，《菊部丛刊·歌台新史》，《民国丛书》第二编第 69 册，上海书店出版社 1990 年影印本，第 3 页。

② 袁祖志：《海上竹枝词》，《上海洋场竹枝词》，上海书店出版社 1996 年版，第 19 页。

③ 北京市艺术研究所、上海艺术研究所编：《中国京剧史》上卷，中国戏剧出版社 1998 年版，第 251 页。

④ 姚燮：《猫儿戏》，《复庄诗问》卷十三，《续修四库全书》影印清道光刊本，上海古籍出版社 1995 年版，第 18 页。

能据此描述断言其早期必称为"猫儿戏",演员皆为六、七岁女童。《清稗类钞》云:"教坊演剧,俗呼为猫儿戏,又名髦儿戏。"乾隆末叶,秦淮河亭之设宴者,"有十岁以上,十五以下声容并美者,派以生旦,各擅所长,妆束登场,神移四座,缠足之费,且十倍于男伶"。这是秦淮的猫儿戏。同时,"猫儿戏"之称也没有在光绪以后消失。"光绪时,京师有猫儿戏一班,然惟堂会演之,声势寥落,非观剧者所注意也。"① 髦儿戏女伶不完全来自江苏,也有浙江籍人。麒麟童周信芳"原籍甬江,母氏幼唱髦儿戏"②。事实上,髦儿戏之称在其早期、晚期均存在,猫儿戏一词亦如此。徐珂所谓"相传扬州某女子名猫儿者",大约也源于王韬的《瀛壖杂志》。但他同时肯定猫儿戏"又名髦儿戏",二名并存,没有明确区分两词存在的先后。

中国近代剧种多达数百,而以班主命名者非常罕见,除多以地区命名外,也不乏以表演特征取名者,如蹦蹦戏、二人转等等,髦儿戏应属于后者。故徐珂又引清末金奇中和王梦生之说:

> 俗以妇女所演之剧曰髦儿戏者,盖以髦发至眉,儿生三月,翦发为鬌,男角女羁,否则男左女右,长大犹为饰以存之,曰髦,所以顺父母之心也,又俊也。毛中之长毫曰髦,因以为才俊之称……谓之髦儿戏者,意谓伶之年龄皆幼,技艺皆娴,且皆由选拔而得,无一滥竽者也……
>
> 昔以妇人拖长髻而饰男子冠服,至可一笑,故有此称。③

两说略有不同,而均以"髦"为长发之意,谓"髦儿戏"一词源于扮相。故有人称髦儿戏为"帽儿戏"。有资料记同治年间的上海戏园云:除了昆曲、京班、徽班之外,"尚有帽儿戏、花鼓戏,早奉查禁。广东音

---

①　徐珂编撰:《清稗类钞·戏剧类》第11册,中华书局1984年版,第5051—5052页。

②　睦公:《伶人改行琐记》,《菊部丛刊·品菊余话》,《民国丛书》第二编第69册,上海书店出版社1990年影印本,第59页。

③　徐珂编撰:《清稗类钞·戏剧类》第11册,中华书局1984年版,第5051页。

调仅分男女，无生旦净丑之别"，看客无多。① 不妨说，李毛儿之所以成为髦儿戏的重要人物，也恰恰在于"毛儿"之名契合了戏班的扮相特征。同样，髦儿戏的发源、衍生过程中，是否真正存在名为猫儿的女艺人仍值得怀疑。其名"猫儿戏"，也可能是来自女伶的熟练表演和小巧体态。

髦儿戏取名于扮相，在同治年间已经流行于上海，并非自李毛儿女班之后，猫儿戏才成为髦儿戏。但因"髦儿"与"毛儿"发音巧合，坊间传播演戏消息大多是口口相传，不会追究具体字形字义。光绪初年，人们谈论女班演戏时，李毛儿戏班便成为髦儿戏的代表，乃至李毛儿也被附会、拔高为髦儿戏的创始人。至民国初年，李毛儿的形象又在文人学者的笔下得到进一步建构，成为当时盛行女班的始祖。其实，光绪年间，称女班为猫儿戏者仍不罕见，犹如徐珂述京师戏班所云。李毛儿成功地在上海创办了京剧女班，却不是髦儿戏兴起、发展过程中的标志性人物，也很难以之将髦儿戏划分为前后两期。

髦儿戏借上海舞台而引人注目，随后流播于江南之外。它在19世纪中晚期流行开来，亦有其特殊蕴含。换言之，"髦儿戏"一词也包含了晚清文人和市民社会的思想建构。当其流行于秦淮间时，人们对这些女伶的印象多是"技艺皆娴"、"无一滥竽"，对其演艺多有赞赏。上海作为近代文化熔炉，各种曲艺纷至沓来，各显其能，地方戏曲不易脱颖而出。髦儿戏本是演唱地方曲调的女戏班，引人入胜之处在于女伶和扮相。初登上海舞台的这些女戏班虽是时髦事物，却算不上技艺超群。正如评论所云：髦儿戏一词"虽不解是何义，大概总是取其幼稚，不能跟男伶齐驱并驾的意思。那时虽也穿行头，可是唱花脸的并不勾脸"②。清末"髦儿戏不能过瘾，殆成顾曲家定评"③。在一定意义上说，髦儿戏成为顾曲家、老戏班对女伶稚嫩表演的贬评。

晚清舆论对髦儿戏偶有溢美，但总体上不宜高估。在晚清来沪的文人墨客中，喜好髦儿戏者不少，却很少称赞其演艺。有文人将髦儿戏与当局

① 葛元煦：《沪游杂记》，《沪游杂记·淞南梦影录·沪南梦影》，上海古籍出版社1989年版，第33页。

② 垂云阁主：《女伶旧话》，《戏剧月刊》第3卷，第12期，1932年。

③ 小隐：《尊谭室戏言》，《菊部丛刊·品菊余话》，《民国丛书》第二编第69册，上海书店出版社1990年影印本，第19页。

查禁的花鼓戏相提并论："异处求工，淫逞妖姬狂逗童。花鼓新腔送，卖眼春心动。咚！丑态帽儿同，干戈虚弄。一样排场，难把周郎哄。君看轻薄桃花总是空。"① 上海杏花楼的女班擅演武戏，同治十年刊于《申报》的竹枝词云："帽儿新戏更风流，也用刀枪与戟矛。女扮男装浑莫辨，人人尽说杏花楼。"② 但较之老生胜场的京剧，髦儿戏在艺术上望尘莫及。杏花楼的武戏影响也有限。民初仍有报载："髦儿戏者，不过以名妓客串，仅有文戏而无武戏。马班则系歌妓于马上演之而已。要之皆以妓兼优，尚不得谓完全之女伶。自汉镇髦儿戏圈中，有王家班、高家班出，以武场见长，颇负时誉，未几而沪上髦儿戏园中亦以武场竞胜于舞台，而女伶之资格乃于是乎完备。"③ 这从侧面反映了髦儿戏在后人心中的位置。故在 19 世纪，人们称女伶演出为髦儿戏，既是对其扮相的贴切描绘，又带有贬义。

再则，髦儿戏演员多为贫家女子，在茶楼酒肆演出，与青楼多有牵连。晚明清初，"名妓仙娃，深以登场演剧为耻，若知音密席，推奖再三，强而后可。歌喉扇影，一座尽倾。主之者大增气色，缠头助彩，遽加十倍"④。晚清以降，戏、妓兼营则成为普遍现象。有些女伶本为妓女，有的髦儿戏班长期戏、妓兼营，如上海的谢家班、林家班，而闻名沪上的林黛玉便是亦妓亦优。同治年间，嗜好戏曲的绛芸馆主人对上海多数戏班评价不高，独青睐于景芳园的陆小琴，谓其"色艺俱佳，可称冠军，惜误落风尘，且又辱于泥途，深为扼惋"，且"惜口音未除，甬东土语，似嫌不雅"⑤。陆小琴这样误落风尘，而又带地方口音的女伶，在咸同年间的上海当比较常见。上海观众当时称女伶表演为髦儿戏，语意上贬多于褒。这是女伶初登近代都市舞台的特殊名称，带有鲜明的时代和社会烙印。

---

① 香鸳生：《海上十空曲·花鼓戏髦儿戏》，参见葛元煦《沪游杂记》，《沪游杂记·淞南梦影录·沪南梦影》，上海古籍出版社 1989 年版，第 66 页。

② 养浩主人：《戏园竹枝词》，《上海洋场竹枝词》，上海书店出版社 1996 年版，第 358 页。

③ 瀛口：《女伶之发达》，《申报》1912 年 9 月 12 日。

④ 张潮：《虞初新志》卷二十，《清代笔记小说大观》第一册，上海古籍出版社 2007 年版，第 556 页。

⑤ 无名氏：《绛芸馆日记》"同治十年二月初十日"，《清代日记汇抄》，上海人民出版社 1982 年版，第 304 页。

　　髦儿戏之称虽算不上褒词，却是晚清女伶由微而盛的准备阶段，为女班成熟奠定了基础，也是推动女伶表演盛行全国的重要因素。进而言之，京剧在晚清由老生胜场到民国初年旦角走红，反映了观众审美取向从阳刚转重阴柔。这种转变并非一蹴而就，实由江南髦儿戏及女班开其先河。

　　髦儿戏及女班演戏潜移默化地影响了观众的审美倾向。髦儿戏演艺不精，但有市场。髦儿戏最初唱江南地方戏，尤其是徽调，使用的乐器也以笙箫为多，故有人称："髦儿戏俏听人多，一阵笙箫一曲歌。风貌又佳音又脆，几疑月窟降仙娥。"① 其流行于上海后，"见者赏心悦目，闻者荡心。人家有喜庆事，往往招之……此风大盛，名园宴客，绮席飞觞，非得女伶点缀其间，几不足以尽兴"②。晚清上海有所谓"张园宴会徐园戏"的说法，徐园演戏丰富多彩，"每宴嘉宾联雅集，髦儿戏谑最消魂"③，这或许不是个别人的感受。演艺不高的髦儿戏备受市民欢迎，为女伶带来了广阔前景。

　　19 世纪七八十年代，上海成为京城之外的另一戏剧中心，而京剧成为其中最重要的剧种。同光年间，京剧纷纷南下上海，带动一些女伶转习京剧。继李毛儿女班而起，"逮后大脚银珠起班，宝树胡同谢家班继之，林家班又乘时崛起，女班乃风行于时"④。光绪中期，上海有了朱家班、清桂班、双秀班、居之安班、仇如意班、谢家班、林家班等女戏班，光绪后期出现了吴新宝、谢湘娥、林黛玉等名伶。1894 年，上海出现了第一家京剧坤班戏园——美仙茶园，随后又出现了迎仙、美凤、群仙、女丹桂、宝来、大贵、如意、大富贵、居之安、四美园等坤班戏园。这些接踵而起的女戏班自称为某某坤班或坤班戏园，不仅名称上争奇斗艳，而且演出剧目较齐备，比巡回街头的髦儿戏班已不可同日而语了。

　　随着女伶走红和演艺水平提高，人们渐渐改变了称女伶演戏为髦儿戏

---

　　① 颐安主人：《沪江商业市景词》，《上海洋场竹枝词》，上海书店出版社 1996 年版，第135 页。

　　② 《谕禁女伶》，《申报》1890 年 1 月 27 日。

　　③ 颐安主人：《沪江商业市景词》，《上海洋场竹枝词》，上海书店出版社 1996 年版，第 97页。

　　④ 海上漱石生：《梨园旧事鳞爪录·李毛儿首创女班》，《戏剧月刊》第 1 卷，第 3 期，1928 年。

的说法，而多称为"坤班"。上海地方史志介绍坤班时云："坤班，原名毛儿班，后多误作'髦儿班'。"① 坤班成为清末民初比较通常的说法，髦儿戏一词则逐渐成为历史名词了。

综上，髦儿戏至迟在清中期已经流播于江浙地区，咸丰年间传入上海。其起源和兴盛经历了较长时间，并非取决于一两位艺人，不能简单地推测或溯源于猫儿或李毛儿。所谓猫儿、李毛儿开创髦儿戏或女戏班的传说，大致均经历了从坊间传说到载诸文字、再到史实的衍变。一些文人、学者不自觉地参与了建构过程。一些史实常被后人构建为某些个人的创造，因而忽略了其衍变、发展的复杂性。晚清女伶的坎坷历程出现了类似情形，许多历史现象亦复如此。历史上的"重要人物"往往是后人有意或不自觉地建构起来的，时间愈久，可能会离真相愈远了。在晚清上海，髦儿戏一词的含义贬多于褒，但髦儿戏及坤班的流行，较为典型地体现了近代都市的社会心理，其代表的审美倾向、梨园风气对京城乃至全国的戏剧舞台多少有所影响。

二　坤角红极一时

晚清以降，上海等地男女合演出现了屡禁屡演的情形。咸丰年间，上海的广东戏班和花鼓戏班已有男女合演，清政府曾以"有伤风化"为由禁止。光绪年间，上海的广东戏班也一再出现男女合演，有的京戏班援例实行，屡遭查禁。上海合法的男女合演始于法租界的凤舞台。本来，光绪末年，公共租界的丹凤茶园援东西洋各国男女合演之例，呈请公廨及工部局开禁，得男女合班照会。据载：

> 此实为上海男女合演之滥觞。然其时男女伶名虽合班，实不合演，嗣因营业不佳，经理者竟以男女合演为尝试，事为工部局查知，立将照会吊销。遂致十余年来无复继者。法租界凤舞台则援丹凤成案接踵而起，始即男女合演，盖法捕房禁令较宽，而沪人心理日趋淫

---

① 胡祥翰：《上海小志》，《上海小志·上海乡土记·夷患备尝记》，上海古籍出版社 1989 年版，第 33 页。

靡，实非此不足以号召也。①

故有竹枝词云："巾帼须眉两样材，优伶男女本分开。首先出演雌雄挡，法界应推共舞台。"② 随后，各戏园联名再请放宽，得到批准后，"乃大张旗鼓，男女演员并入一戏登台，法租界凤舞台亦然"③。宣统年间，上海的一些戏园（如丹凤茶园）仍以"男女两班一齐登台"作为招揽观众的广告词。清末天津女伶多，有人甚至认为男女合演始于天津："嗣以女伶繁衍盛行于津沽，始有男女合演之作俑。今之关外三省及燕京等处之有男女合演者，莫不由津沽输入之文明耳。是以名伶之产者，燕京为佳，女伶之产者，津沽为多"④。综观之，男女合演之风起于上海法租界，天津紧随其后，北京较迟。

清末京城之外，坤角演戏已是不争的事实。但在北京一隅，坤角的兴起确与政局变化不无关系。辛亥革命之际，京城市面萧条，京剧武生演员俞振庭为扩展生意，从津、沪约聘女伶入京同台演戏，得到当局允许。1912 年 5 月 22 日，俞振庭的双庆班在广和楼演出的《红梅阁》、《杀狗》、《打杠子》、《失街亭》等均实行了男女合演。北京观众"耳目一新，趋之若慕羶之蚁，嗣移文明，生涯益盛，各园闻风兴起，群作业务上之竞争……嗣后来者益多，坤伶魔力遂弥漫于社会，此老名伶王瑶卿所以有阴盛阳衰之叹也"⑤。

由于剧界一些人担心"阴盛阳衰"，加之有些人观念守旧，认为男女合班"殊不雅观"，"既欲谋营业之发达，当多聘名角登台，不必取混合主义"⑥。于是，京剧界出现反对男女合演的声音。当俞振庭招天津女伶金玉兰、孙一清在文明园与王瑶卿等人同台演出时，"迨金、孙演毕，

---

① 胡祥翰：《上海小志》，《上海小志·上海乡土记·夷患备尝记》，上海古籍出版社 1989 年版，第 34 页。

② 叶仲钧：《上海鳞爪竹枝词·共舞台之男女合演》，《上海洋场竹枝词》，上海书店出版社 1996 年版，第 285 页。

③ 海上漱石生：《上海戏园变迁志》（十），《戏剧月刊》第 2 卷，第 2 期，1929 年。

④ 瀛口：《女伶之发达》，《申报》1912 年 9 月 12 日。

⑤ 醒石：《坤伶开始至平之略历》，《戏剧月刊》第 3 卷，第 1 期，1930 年。

⑥ 《剧谈》，上海《时报》1913 年 10 月 17 日。

座客散者遂多，瑶卿等乃大愤，力请于警厅，厉行男女分班以窜之"①。
王瑶卿等人运动正乐育化会，以有伤风化为词，要求当局禁止男女合
演。至 1912 年 11 月，中华民国政府内务、教育两部下文禁止男女同台
演戏。"限定坤角与坤角配出，不得男女合配。"对此禁令，各戏园以
"梨园习惯，每约唱角，以预契约支付银两，一时禁止，于经手事件诸
多困难，请展至本年底再为实行"。几经交涉，中华民国政府同意延至
1912 年底实行禁止。② 于是，自 1913 年始，男女合演遭到禁止，女伶
只得另组坤班。中华民国政府又于 1912 年底公布了《管理排演女戏规
则》，规定女子"出嫁后尚欲继续演习者，须有该夫主之同意"；"教演
戏曲，均需用妇女为教师……须用男教师时，须择年长老成者报厅候
核"③。1913 年京师警察厅又规定，"戏班在戏园或堂会演戏时，无论久
暂，均须呈报警察厅"④。

各地限制坤角的办法不一。"在北则津沽间盛行男女合演而北京则禁
止，在南则禁与不禁随地而异。上海一隅，华界、英界皆禁止，惟法界独
有，若共舞台、鸣新社是也。"⑤ 淞沪警察厅还在剧场设立警官监视处，
取缔女子登台，并注意台上台下"有碍风化"之举。汉口的丹桂戏园出
现男女合演之后，由省议会通过了禁止提案，至 1915 年湖北都督段芝贵
仍据此以明令禁止。⑥ 对于清末出现的"新剧"（文明戏），一些人提出
了更严厉的限制主张。有人针对上海租界指出："女子之演新剧，此我所
绝端反对者也。以上海为狂荡世界，将藉此新剧以诱惑志行薄弱之女子，
而以文明两字为其面具，此败坏风俗、沦丧道德，最可痛心之事也。闻内

---

① 罗瘿庵：《菊部丛谭》，《清代燕都梨园史料》（下），中国戏剧出版社 1988 年版，第
797—798 页。

② 《内务部关于限制坤角登台演戏令函》，《中华民国史档案资料汇编》第三辑文化，江苏
古籍出版社 1991 年版，第 163—164 页。

③ 《管理排演女戏规则》，《中华民国史档案资料汇编》第三辑文化，江苏古籍出版社 1991
年版，第 162 页。

④ 《京师警察厅拟订管理戏班规则致内务部呈》，《中华民国档案史资料汇编》第三辑文
化，江苏古籍出版社 1991 年版，第 166 页。

⑤ 马二先生：《男女合演》，《菊部丛刊·品菊余话》，《民国丛书》第二编第 69 册，上海
书店出版社 1990 年影印本，第 95 页。

⑥ 《讨论维持风化议案》，《申报》1913 年 11 月 16 日；《段巡按禁开男女合演戏园》，《申
报》1915 年 4 月 25 日。

务部已有密饬，令沪海关道道尹禁止，我甚望上海工部局严为取缔也。"①事实上，京、沪等地较小场合（如堂会）并未禁止男女合演。1918 年，上海"大世界"新开办的"乾坤大剧场"也是男女合演，其中女伶有鲜灵芝、马金凤等。② 至于其他城镇乡村，此类情形更是不一而足。从官方规定来看，直到五四之后，尤其是"民国十五年左右，男女合演才复出现。然此时政府亦未发布准予男女合演之明文规定。男女合演之禁的重开，是在民国十九年一月"③。

北京正乐育化会议禁男女合演时，"原想若男女一分演，则女脚人才配脚等等都不足自立，定必消灭。岂知女脚独立后，虽然脚色不足，也可对付成班"。日子长了，又排练出许多配脚。④ 这时，前门外粮食店中和园主薛翰臣"默察北平人士惑于坤伶者甚众，念此时成立坤班定能获利倍蓰"，乃组办坤班，从天津约来小翠喜、金凤奎、张小仙等女伶，"诸坤角卷土重来，呈准在中和献技，三庆、庆乐、广德等园群起效之，而坤班盛极一时矣"⑤。天津女伶刘喜奎于 1913 年底来京演出，那时北京"风雪交加，戏园子门前，早已挂出客满的水牌，唱个《杜十娘》这样的小戏，也照样座无虚席"。当她在第一舞台演出新剧目《新茶花》时，"观众趋之若鹜，剧场门前拥挤不堪"，一场下来，剧班收入大洋一千五六百元。民国三四年间，刘喜奎演戏座价之贵压倒谭鑫培，更无论杨月楼诸伶，以致谭鑫培感叹："我男不及梅兰芳，女不及刘喜奎。"⑥ 并且，梅兰芳的人气也一度不如刘喜奎，《顺天时报》曾开菊选，其结果"梅兰芳得票 232865，为男伶大王"，"刘喜奎得票 238606，为坤伶大王"⑦。

随后，天津女伶鲜灵芝等人纷纷来京演出，为坤角热推波助澜。民国初年，京中各类坤班、坤社有庆和成、小天仙、福春和、荣仙、鸿顺、普

---

①　《时评三·宜禁止女子新剧》，上海《时报》1914 年 7 月 13 日。

②　赵山林：《中国近代戏曲编年》，华东师范大学出版社 2008 年版，第 392 页。

③　苏移：《京剧二百年概观》，北京燕山出版社 1989 年版，第 201 页。

④　齐如山：《京剧之变迁》，北平国剧学会 1935 年版，第 96—97 页。

⑤　醒石：《坤伶开始至平之略历》，《戏剧月刊》第 3 卷，第 1 期，1930 年。

⑥　王登山：《侠骨冰心的女艺术家刘喜奎》，《京剧谈往录续编》，北京出版社 1988 年版，第 92 页。

⑦　剑云：《予之伶界选举观》，《菊部丛刊·剧学论坛》，《民国丛书》第二编第 69 册，上海书店出版社 1990 年影印本，第 22 页。

芳、正德、志德、崇林、凤鸣、德仙、维德、玉仙、育德、崇雅等二十多家。这些坤班、坤社的女伶多则几十人，少则十多人，演出之外，多兼授徒学艺。虽然其演艺参差不齐，存在时间大多很短，但接踵而起的坤班一改男伶独占北京京剧舞台的局面。北京坤班极盛时，"男班除梅兰芳一班可以与之抵抗外，其余男班可以算是都站不住"①。一些戏园还在广告中标明由坤角演出，以招揽观众。于是，"京师歌舞连津畿，女伶日盛男伶微。女伶歌台已六七，男伶歌台仅三四"②。一些戏园为维持生意，不得不加请坤班演出。

民初北京的男角不愿与坤角配戏，来京演出的坤角大多先在城南游艺园演出。1918 年底建成的城南游艺园是北京最大的综合性游艺场，于1919 年 2 月 1 日开场。它共有 4 个剧场，其中最重要的是坤戏场，此外有文明新戏场、魔术场和电影场。这里坤戏场开风气之先，戏中所有角色，除文武场面和跟包以外，举凡生、旦、净、丑以至龙套，一律由女角扮演，上演的剧目以旦角为主。"剧场内的座位，亦有特殊的安排，为增加营业收入，场内的池子座都用一米高的木板分隔成若干方形的格栏，每个格栏内安设四、五个座位，作为包厢，另行收费，楼上也是如此……每在开戏前，一般观众只能预先占座（散座），一经开场便座无虚席了。"③城南游艺园成为坤班演出的固定场所，最早来京的上海女伶碧云霞和琴雪芳都在此一唱而红。碧云霞因嗓音好、扮相美得到了京城顾曲家的认识和肯定。其后在城南游艺园演戏的著名坤角有老生李伯涛、李桂芬，武生韩月樵、刘文奎，花脸张子寿，青衣花旦金少梅、雪艳琴、程艳芳、筱云霞等。许多坤角在此唱红后搭入大戏班，成为京剧名角。1921 年，城南游艺园发生塌楼事故，死一人，伤多人，虽经修复，但业务锐减，直到 20世纪 20 年代末停业。

一段时间内，坤角的演艺水平不及男角，但逐渐得为男性名角接受，并受其指导。清末京、津地区的女伶以唱梆子戏者为多。田际云是清末民

① 齐如山：《京剧之变迁》，北平国剧学会 1935 年版，第 97 页。
② 易顺鼎：《哭庵赏菊诗》，《清代燕都梨园史料》（下），中国戏剧出版社 1988 年版，第763 页。
③ 贾启贤、周万明：《城南游艺园及其坤剧场》，《古都艺海撷英》，北京燕山出版社 1996年版，第 224 页。

初的剧界名人，曾在民初反对男女合演，但发现坤角备受观众青睐时，便于1916年8月创办了女子科班"崇雅社"，培养梆子女演员，兼唱京剧。其子田雨农任社长，招收了50余女生，不久便开始在天乐园演出，1919年以后主要在北京城南的新世界演出，成为最有影响的女子科班。当时北京的坤角济济，其著者先后有老生李桂芬、小兰英、姚玉兰、姚玉英，旦角刘喜奎、张小仙、金月梅、鲜灵芝、福芝芳，武生梁春楼、梁花侬、赵紫云等。至20世纪20年代末，王瑶卿、梅兰芳等人都打破了不收女弟子的行规，培养出坤旦名角。20世纪30年代初，京剧界形成了新艳秋、雪艳琴、章遏云、杜丽云"四大坤旦"的说法。

坤角在一些地方更占优势。清末"上海坤班甚发达，有丹桂、群仙、大富贵、凤舞台四家"，有人撰成《梨花镜》一卷，分须生、花旦、武生、小生、大面五门，得一百二十余人。① 梆子戏本以坤角著称，民初以后活跃于天津的梆子女班就有桂兰社、馨德社、同德社、奎德社等。有人记述民初汉口戏班的兴衰：1914年3月时，"汉上梨园寥若晨星"，只有新民茶园及怡园的两家坤班。"男班反如昙花朝露，旋起旋灭，未闻能支持一年二年者"。至1916年，"汉上梨园凡四，男女各居其半，虽不能曰男伶战胜女伶，总算五年来男伶之极盛时代"。至1917年，"汉上无男伶立足地矣"，而怡园髦儿班一分为二，"髦儿戏园已有四家之多"。后来"所存在者，惟怡园、新民、大舞台三家坤班而已"②。安徽的黄梅戏、沪剧和淮剧等本为男班独演的剧种，至民国初年以后均出现了男女合演的趋势。后来黄梅戏、越剧演变为以女伶为主。民国初年产生的川剧最初禁止女伶登台演出，而同时成都的一些京剧演出已经有了坤角。受京剧影响，流行于西南地区的川剧开始出现男女合演，到20世纪20年代坤角也已走红。1918年，广州开始有女伶登台演唱曲艺，迅速取代了原来称为"师娘"的盲女艺人。至20世纪20年代，粤剧"坤伶亦有铮铮佼佼者"。而"南洋群岛亦间有京剧发现，例以坤伶为主角，男伶不过居里子地位而

① 剑云：《张文奎之优点》，《菊部丛刊·粉墨月旦》，《民国丛书》第二编第69册，上海书店出版社1990年影印本，第27页。

② 秋侠：《汉上梨园五年记》，《菊部丛刊·歌台新史》，《民国丛书》第二编第69册，上海书店出版社1990年影印本，第20—21页。

已"①。20 世纪 20 年代末，中华民国政府取消了男女合演的禁令，各地方戏的坤班纷纷登台，成为舞台主角。

三　何以走红

坤角之所以能破茧而出，在种种限制中兴盛起来，显然有其复杂的社会根源。晚清民初，在观众、演员和剧班之间运行的决定性因素是经济利益。女班的雏形——髦儿戏在晚清上海等商埠的盛行恰恰在于适应了娱乐业的需求。这些演出与宫廷、乃至京城戏剧舞台的着眼点有所不同。以致清末士人感慨：髦儿戏演艺虽然不错，"若说到那爱国心，就一点没有了"②。女艺人并非完全没有爱国心，而是没有明显的社会关怀和政治意识，与清末改革者的期望不相适应。

由于京剧的高度商业化，京剧舞台从依附于官僚贵族而全面走向市场。京剧商业化也导致演员性别比例发生根本变化。一方面是女艺人报酬较男角，乃至儿童都少，戏班费用低廉；另一方面是坤班"缠头之费，所得不赀"，有时甚至"十倍于男伶"③。一些人进戏院看戏，纯粹是为了看女伶。舆论嘲讽他们"专务胡调吊膀，不问唱做如何，惟以好姆妈、好妹子献媚"④。有些人看戏，"不是说鲜灵芝的手好，就是张人仙的脚好。等到散戏时，还要站班行个注目礼"。有的人天天在广和楼富连成科班里鬼混，"寸步不离的跟着，甘心做个特别的高等跟包"⑤。故坤角尽管受到演艺和相关政策的限制，却在民国初年迅速走红，在都市社会赢得了广泛市场，受捧程度超过依赖艺术功底的老生。

坤角走红也与艺术审美风尚相关。艺术是生活的象征，梨园的净、丑角色向来不如生、旦重要，生、旦地位正好反映了社会生活中的两性关系，但清代戏剧舞台上的生、旦地位几经变化。清初至道光年间，京师上演的昆腔、京腔、秦腔均以旦角为主。咸丰到光绪年间，京剧形成之初，老生的重要性取代旦角，出现了"前三杰"、"后三杰"。

---

①　昧莼：《坤伶兴衰史》，《戏剧月刊》第 1 卷，第 5 期，1929 年。

②　醒狮（陈去病）：《告女优》，《二十世纪大舞台》第二期，1904 年。

③　徐珂编撰：《清稗类钞·戏剧类》第 11 册，中华书局 1984 年版，第 5051—5052 页。

④　玄郎：《论沪上之坤班》，《申报》1913 年 2 月 20 日。

⑤　《看戏的目的》，北京《晨报》1918 年 12 月 7 日。

从清末到民初，京剧旦行技艺日精，推陈出新。除原有的青衣、花旦、老旦、武旦、刀马旦之外，新兴了介于青衣、花旦之间的"花衫"。余紫云"打破青衣花旦之界限，采取花旦之身段做表，以济青衣之呆板，于是观众耳目一新"。王瑶卿创新旦角戏装，又极讲究字音，并创新声。梅兰芳吸取了王瑶卿的唱法和昆腔的做法，又"以编排新剧、改良化装独树一帜，显然造成一种花衫地位"①。"花衫"因扮相美，唱、做生动，备受观众青睐。加之，谭鑫培于1917年逝世，旦角地位更加凸显，出现"无旦不成班"的局面。到五四前后，"戏园里的压轴戏，几乎没有一出不是让给旦角去唱的。在昔日梨园行中最擅胜场的须生，一降而为配角地位。即使生旦同演，在海报上那位旦角的名字，至少也得比须生的名字大上半倍"②乃至有的剧评家感慨："吾友秋星谓上海之剧界，已成一旦角之世界。吾谓不仅上海，京师何独不然。混而言之，即谓全中国之剧界，已成一旦角之世界，又胡不可。后生可畏，人才辈出，佳丽天成……虽然，须生为梨园之正宗，真能寻声辨律者，罔弗以须生之唱为嗜好。今则老成凋谢……譬之于家，牝鸡司晨，岂佳兆乎？"③牝鸡司晨的慨叹无济于事，观众的喜好却具有重要意义。

在商业化环境中，观众的好尚决定戏曲演出市场的走向。清末民初仍然是男性主导的社会。对于新兴的近代都市如上海、天津、广州，急剧增加的城市人口拓展了戏曲市场，但这些以男性为主的新增人口加重了性别比例失衡，加深了城市曲艺娱乐对男性审美嗜好的依赖。茶楼酒肆、剧场书馆很大程度上适应了男性群体的娱乐需要。新增的观众显然不像京城的王公贵族、官僚富商那样看重唱、念、做、打的艺术程式，而更直接地倾向于初级的审美情趣。

梅兰芳以扮相之美而在男旦中脱颖而出，又不断研磨，创造了众多美女形象。五四前后，梅兰芳的艺术照遍布各大商埠，乃至流播于美国纽约等地。好讥评时风的鲁迅揶揄道："异性大抵相爱。太监只能使别人放心，决没有人爱他，因为他是无性了……但是最可贵的是男人扮女人了，

---

①　啸父：《旦角之革新者》，《戏剧月刊》第1卷，第4期，1928年。

②　《戏院里的"女权"》，天津《大公报》1930年3月7日。

③　剑云：《第一台之两生两旦》，《菊部丛刊·粉墨月旦》，《民国丛书》第二编第69册，上海书店出版社1990年影印本，第53页。

因为从两性看来，都近于异性，男人看见'扮女人'，女人看见'男人扮'，所以这就永远挂在照相馆的玻璃窗里，挂在国民的心中。"① 鲁迅反感照相馆以梅兰芳剧照作广告，批评盲崇国粹者，属于个人见解，但从两性心理分析旦角"挂在国民的心中"则触及艺术的重要特征。时人指出：爱美为人之天性，而自民初以来，因受外界之影响，"爱美色的观念似乎益加显著，即谓社会上爱美之思想渐渐发达亦无不可。就最浅近者论之，社会上之交际多尚外表仪容之美观……此梅兰芳所以应运而起，而旦角乃渐成戏班组织上之要素也"②。戏剧家刘豁公认为，梅兰芳之所以风靡一时，其主因在于"他的扮相、装束、作派等项是恰恰合于美底原则的"③。

　　"异性大抵相爱"体现了人类社会的本能和潜意识。男旦因扮相美而被人欣赏，包含了潜在的重色因素。礼教森严之时，"异性相爱"的潜意识不能鲜明地表现在舞台上，只能以"内敛"的文学方式流露出来。即使在老生盛行的晚清，一些文人对女伶的偏好也是屡见不鲜。王韬在《申报》等报刊写了不少介绍女伶的文字，怜香惜玉的心情洋溢于字里行间。光绪十一年（1885），山东当局查禁女乐，大小女伶均由官鬻卖，王韬对此愤愤不平，特为其中十余位色艺俱佳的女伶撰写小传。他认为，山东"档子班""所演杂剧，足与菊部诸名优相抗衡。至其靓妆炫服，妙舞清歌，则有过之无不及也，以故趋之者如鹜"。而当局严禁演出，甚至将女伶拘归官鬻，"亦可谓煮鹤焚琴，锄兰刈蕙，大杀风景者矣"④。王韬对文化专制行为的批评饱含了人道主义情怀，与士大夫的主流伦理意识不无疏离。清末民初，京、沪等地不乏偏好女伶的文人，其尤著者易顺鼎声称："若谓天地灵秀之气原有十分存，请以三分与男子，七分与女子，而皆使其荟萃于梨园。"他甚至认为，拜清初遗民思想家孙夏峰、黄梨洲、顾亭林、王船山、李二曲等人，不如拜陈圆圆、马守贞、柳如是、李香君、董小宛、卞玉京、顾横波、寇白门等歌妓。⑤ 这种偏好与清末士人的

　　① 鲁迅：《论照相之类》，《鲁迅全集》第一卷，人民文学出版社 1981 年版，第 187 页。

　　② 梅社编：《梅兰芳》，中华书局 1920 年版，第 35 页。

　　③ 豁公：《从梅兰芳说到群众心理的变迁》，《戏剧月刊》第 2 卷，第 6 期，1930 年。

　　④ 王韬：《东部雏伶》，《淞隐漫录》，人民文学出版社 1983 年版，第 498 页。

　　⑤ 易顺鼎：《哭庵赏菊诗》，《清代燕都梨园史料》（下），中国戏剧出版社 1988 年版，第 761—763 页。

思想主流大相径庭，折射了女伶之盛的社会基础。

旦角一定程度上满足了男性审美的心理需要。就异性审美而言，坤旦较男旦自然而真实，更能满足男性观众的好尚。有人认为：坤班之所以膨胀，不是因为女伶的演技超过男伶，"一言蔽之，无非重艺者不敌好色者之多，遂致阴盛阳衰，成为如斯之现象"①。这种说法虽不免偏颇，却也言之有据。那些被捧的坤角中，总以年轻未婚者居多，相貌美丽与否尤其重要。故就部分观众来说，"好色"确实是其审美需求的根本所在。

综观之，坤伶有色无艺者毕竟不多。女伶盛行无疑也蕴含适应观众艺术审美的成分。就演艺来看，女伶并非毫无优势。女性往往有声音、韵律、表演优势，饰演生、净等角不如男伶，饰演旦角则比男伶自然而亲切，容易达到淋漓尽致的效果。相反，男旦的错位式表演只能提供性别审美的赝品，与男性观众的心理期待存在不小差距。除了一些演艺高超的名角外，一般男旦表演的疏漏之处更是显而易见。当时有剧评者认为，"男子饰旦角，尤不如女子之自然"。"女儿心事细致柔密又非男子所能体贴得到，更非男子所能代言"。故女伶演生丑不能望男伶之项背，而"旦角当然视男子为优也"②。有的提出："盖男装女或女装男，皆有一种不自然之状态"，即间有一二善乎摹拟反串的名角，也只是例外，且不知其费去若干时之研究，始能臻此。"何如以男为生，女为旦，庶可免去一层困苦，省去若干时之光阴乎？"③ 再则，民初女伶的演艺水平已有较大提高，时人评论："自近年之女伶登场后，一时风尚，遂大为变易，生旦净末丑诸角色，或文或武，女伶几无一不通而且工。"④ 事实上，民初"北平坤伶之艺术进步极速，新艳秋之唱，雪艳琴、孟丽君之作派，更非畴昔一般专以色相媚人者所可同日而语"⑤。这些都是坤角走红的艺术依据。

---

① 秋侠：《汉上梨园五年记》，《菊部丛刊·歌台新史》，《民国丛书》第二编第69册，上海书店出版社1990年影印本，第21页。

② 菊园：《女新剧家志》，《菊部丛刊·俳优轶事》，《民国丛书》第二编第69册，上海书店出版社1990年影印本，第23—24页。

③ 马二先生：《男女合演》，《菊部丛刊·品菊余话》，《民国丛书》第二编第69册，上海书店出版社1990年影印本，第96页。

④ 心森：《闲评二》，天津《大公报》1915年1月15日。

⑤ 味莼：《坤伶兴衰史》，《戏剧月刊》第1卷，第5期，1929年。

四 礼俗改良：梨园与社会之间

人性大体带有一定的社会性。在传统社会机制中，女伶的艺术潜能和男性审美好尚往往被压制和扭曲，难以表露。而当社会失控、国家机器运转失灵时，政府的禁令必然大打折扣。民国初年，传统社会进入天崩地坼的时代，礼防废弛，乱象环生，传统道德的约束力丧失殆尽。加之，民初法律名义上肯定了男女平等，"男外女内"的传统习惯也就变得苍白无力了。这些对梨园风习产生了潜移默化的影响。

因工商业发展的需要，也由于女性在报酬及某些技能方面的优势，晚清妇女外出就业日见增多。戊戌时期，在上海、广州、天津等大中城市，茶楼酒肆禁用女性的规定已经失效，纺织、茶栈等行业的女工更是有增无已。据载，到19世纪末，上海女工约有六、七万人。① 晚清以降，城市的娱乐方式日趋多样化，以上海为代表的烟馆、赌馆、跑马场、球场等畸形发达起来。这些场所不仅吸引着男性，而且不乏女性的身影。1912年的报刊还出现了倡用女店员的主张。

从民初到五四，妇女参政、社交公开、男女同校、婚恋自由的新潮接踵而起。一些思想家重视发挥女性的社会作用，甚至视之为民主革命的依靠力量，女性的社会角色更显重要而无所限制。梨园与社会舞台上的女性相互推动，相得益彰。比如，民初刘喜奎曾在妇女领袖沈佩贞的安排下，招收、培训一批女演员，以便为"女子生计会"筹款。一些知识女性登台演戏，正如她们走进社会一样，本质上体现了经济独立、男女平等的观念。五四以后的剧评者认为："本来人类中男女性别之分，无阶级高下、地位轩轾之意义。戏剧既欲表演人生，自须有专饰女性之角色。人类中无女性将无有人类，戏剧中如无搬女之角色，殆亦不能成为戏剧，初不必借重男女平等之学说以抬高女性地位。"② 这种评论说明，本来合乎情理的女伶演戏，却不得不借重"男女平等之说"，反映了女伶初上舞台的真实情形。民初许多女童到梨园拜师学艺，往往遇到家庭和社会的阻力，不得不借重男女平等学说。当民初女性日益走上社会大舞台之时，限制坤角的

① 《女工志盛》，《女学报》第9期，1898年10月。
② 何一雁：《说旦》，《戏剧月刊》第3卷，第11期，1932年。

规定和习俗也就逐渐丧失了社会基础。故男女同台演出的禁令亦不待政府取消而变得有名无实了。

舞台形象与社会角色是相适应的。女性不出闺门、严守闺训之时,其舞台形象集中体现在端庄静淑的"青衣"。在晚清,"青衣"是皮簧梆子里的"正旦",又叫"闺门旦","都是呆呆板板的唱"①。而当妇女融入社会潮流,甚至参与改良旧俗、女权运动和反清革命时,呆板的青衣形象已经远离角色的生活原型,因而日益不能适应观众的审美要求。民初"花衫"取代"青衣"而成为旦角主流,这既是艺术更新的结果,又是女性社会形象的体现。有人谈到王瑶卿的改革时说:以往"为了表现妇女的端庄文静,演员演唱时水袖不动,唇不露齿,老是捂着肚子唱,吐字当然真不了"。王瑶卿吸取刀马旦的表演技术,青衣"改成张口唱",又注意"按照人物性格、身份和规定情景,处理好人物的形体动作",于是创造了"花衫"。后来经过梅兰芳等人的发展,这种旦角形象"能更多表现不同的妇女性格"②。在梅兰芳崛起之前,一些坤角已在戏剧舞台上广泛地呈现了"花衫"角色,重塑了女性形象,恰好反映、适应了女性社会角色的变化。

在清末改良风气中,梨园习俗亦趋于改善。长期以来,官绅禁止坤角或反对男女合演的主要理由是有伤风化。但事实上,清廷禁止女伶登台,却不能杜绝官商的冶游嗜好。晚清男伶或出自科班,或出于"私寓",而后者又称"堂子",往往成为藏污纳垢的场所。一些男伶自幼在"堂子"里生长、学戏,成为嗜戏者和同性恋者的相好,被称为"像姑"。自庚子(1900)以后,"私寓"教戏之风趋于低落,科班的重要性更为凸显。1908年,田际云、谭鑫培、王瑶卿等名伶呼请当局禁止"像姑堂子",因遭一些官员反对未果。民国建立后,田际云等人又"于民国元年四月十五日,曾递呈于北京外城总厅,请查禁韩家潭像姑堂,以重人道。外城巡

---

① 齐如山:《戏剧脚色名词考》,原载《戏剧丛刊》,参见《丛书集成》三编,第32册,新文丰出版公司1996年版,第823页。

② 郭永江:《王瑶卿的舞台生涯》,《京剧谈往录续编》,北京出版社1988年版,第121—122页。

警总厅乃于同月二十日批准"①。梨园的"私寓"随之剧减，演员的培养机制发生了变化，有利于增强伶人、尤其是旦角自尊、自重的职业意识。

民国初年，梨园的改良行动不断，净化舞台成为潮流。北京正乐育化会曾对禁演淫秽剧目提出建议，有的已由教育当局实行。清末戏园后台均曰某班某班。1913 年冬，正乐育化会认为，"班"字近于妓馆之名，应当更改，于是议决改为"社"，于 1914 年正月初一实行，有的还将原来班名一并改换。② 民初以后，优妓不分的状况逐渐改变。许多女演员也力求洁身自好，自尊自重。其中最典型的人物是民初走红的刘喜奎。民初报刊上，许多人对其进行肉麻的吹捧，有的人则不无微辞，竟兴笔墨之争。为此，刘喜奎发表告白：

> ……君等休矣！夫喜奎自喜奎……喜奎诚不肖也，誉之者，又安足以为喜奎重？喜奎诚非不肖也，毁之者，又安足以为喜奎损？无当之誉，无当之毁，其失均也。智者弗为，君子弗许，君等今日之争论，果何为哉……夫吠影吠声，无礼之毁，固喜奎所不任受。即评姿评色，轻薄之誉，亦喜奎所不愿闻。③

她主张演员和观众互相尊重，又矢志婚姻自由，一再逃脱守旧军阀张勋等权贵的纠缠。民初她演出了《新茶花》、《铁血彩裙》、《水底情人》、《虎口鸳鸯》等宣传妇女解放、针砭时弊的新戏，20 世纪 20 年代以后过了 30 年的隐居生活。这样有节操的女伶在民初以后已不罕见。随着梨园环境和社会礼俗的变迁，即使观念保守者也默认坤班存在。1917 年谭鑫培去世后，反对男女合演的北京正乐育化会（谭氏为会长）也不像从前那样坚决了。

戏曲舞台离不开演员与观众的互动，观众的构成亦对舞台角色产生了影响。传统社会强调男女有别，男外女内。茶馆、剧场、曲艺馆都少有女

---

① 张次溪：《燕归来簃随笔·请禁私寓》，《清代燕都梨园史料》下册，中国戏剧出版社 1988 年版，第 1243 页。

② 齐如山：《京剧之变迁》，北平国剧学会 1935 年版，第 98 页。

③ 张次溪：《燕归来簃随笔·刘喜奎娴词翰》，《清代燕都梨园史料》下册，中国戏剧出版社 1988 年版，第 1239—1240 页。

性观众，"不出闺门"成为妇道的体现。清政府对戏园管理严格，但有的禁令时紧时松，也随地而异。乾隆帝嗜好女乐，却是清廷强化管束妇女的关键人物。"乾隆以前，京中妇女听戏，不在禁例，经郎苏门学士奏请，才奉旨禁止。所以一百多年以来，妇女不得进戏园听戏。"① 嘉道年间，朝廷和地方政府的类似禁令时紧时松。"道光时，京师戏园演剧，皆可往观，惟须在楼上耳。某御史巡视中城，谓有伤风化，疏请严禁，旋奉严旨禁止。"② 京城如此，一些地方官也如法示禁。如道光十九年，江苏巡抚裕谦发布禁示九条：

> 一不准妇女入庙烧香，更不许住庙受戒。一不准开设女茶馆。一男茶馆不准有妇女杂坐。一男茶馆有弹唱词曲者，不论有目无目，止准男人，不准妇女，止准唱忠臣孝子、义夫节妇、劝人为善之曲，不准唱才子佳人、私奔苟合、以及豪强斗争、诱人为恶之曲。一戏园不准妇女杂坐。一戏园不准演唱各种淫戏。一花鼓淫戏，不准演唱。一淫书不准售卖，亦不准外省书贾兑换。一淫画不准绘画售卖，违者立拿严办。③

这些禁令虽未必完全落实，但妇女不出闺门仍是主要情形。妇女到人多嘈杂的戏园看戏就更不容易，一般只能看堂会戏。同治年间，朝廷仍有禁止妇女入庙看戏的谕令。

这些禁令至晚清逐渐在京城之外失效。都市社会的新兴娱乐不仅吸引着男性，也使许多女性成为茶楼、酒肆、书馆、戏园的新消费群。"上海一区，戏馆林立，每当白日西坠，红灯夕张，鬓影钗光，衣香人语，沓来纷至。座上客常满，红粉居多。"④ 有些妇女外出游玩时首选时髦的戏院，所谓"第一关心逢礼拜，家家车马候临门。娘姨寻客司空惯，不向书场向戏院"⑤。"入园观剧"引起了妇女的好奇，也为男女交往提供了机会。

---

① 齐如山：《京剧之变迁》，北平国剧学会 1935 年版，第 13 页。
② 徐珂编撰：《清稗类钞》第 11 册，中华书局 1984 年版，第 5065 页。
③ 顾震涛编纂：《吴门表隐·吴门表隐附集》，江苏古籍出版社 1999 年版，第 362 页。
④ 《邑尊据禀严禁妇女入馆看戏告示》，《申报》1874 年 1 月 7 日。
⑤ 张春华：《洋场竹枝词》，《上海洋场竹枝词》，上海书店出版社 1996 年版，第 360 页。

上海出现了"演戏刚逢十月朝，家家妇女讲深宵"的情形。有些观众看完戏之后，"姊笑郎痴郎笑姊，各猜心事过黄昏。更深独坐剔银缸，悄悄凭空六幅窗。玉漏惊魂孤枕冷，犹疑人影一双双"①。在近代商埠，妇女入园看戏渐成风气。观念保守者感慨京城妇女外出看戏："近数十年来，妇女竞言开通，以素不相识之家，联袂而往观剧，以云开通，诚开通矣！若谓不乖礼法，恐未必然。无论何等国家，妇女可不循礼法哉？"②

妇女外出看戏，确与传统礼俗背道而驰，但成为清末以降不可阻挡的趋势，保守者的非议已经无济于事了。观众的性别构成促使舞台风尚发生变化。男观众主导戏园之时，"听戏"者对演员的艺术功底要求较高，必须唱得好，腔圆字正，扮相的美丽与否倒在其次。这与上海观众的"看戏"形成反差。俗云："上海人看戏，先注重女角，尤其要扮相美丽，举动灵活，行头漂亮，眼锋传情，一家子老老小小、大太太、姨太太都要来赏光赏光。"③当时剧评家讥讽上海人不会欣赏京剧，体现了京、海观众的审美差异。随着南北戏曲文化交流增多，正如京城戏班提升了上海舞台的演艺一样，南方观众的审美偏好也会对北方观众和演员有所影响。民初梅兰芳到上海演出后，直接感受到上海舞台贴近观众的演出风格。他汲取海派之长，回京后对自己的化装、表演进行了改革，并在齐如山、李释戡等人的帮助下编演了一系列新剧，使旦角艺术有了新发展，从而超越了一般坤旦的表演水平。

民初，对于初进剧院的京城女观众来说，其好尚与上海人"看戏"更为接近。京城日益增多的女观众成为京剧角色的直接导向。齐如山谈到民初堂会戏时，认为梅兰芳的堂会之所以多于杨小楼，为名角之冠，是"因为小楼之武戏带的人多，价钱较高，故有许多人家不敢演，且有大多数的太太小姐根本就不愿看武戏。堂会戏，当然妇女观众较为重要，所以小楼戏较少"④。女性不仅对堂会戏有影响，而且剧场日益增多的女观众

① 佚名：《续刊沪上竹枝词》，《中华竹枝词》（二），北京古籍出版社 1997 年版，第 1020—1023 页。

② 倦游逸叟：《梨园旧话》，《清代燕都梨园史料》（下），中国戏剧出版社 1988 年版，第 832 页。

③ 笛风：《昆腔班的女伶问题》，《申报》1941 年 4 月 24 日。

④ 齐如山：《戏界小掌故》，《京剧谈往录三编》，北京出版社 1990 年版，第 428 页。

也有类似倾向。梅兰芳等人回忆：

> 从前的北京，不但禁演夜戏，还不让女人出来听戏。社会上的风气，认为男女混杂，是有伤风化的……民国以后，大批的女看客涌进了戏馆，就引起了整个戏剧界急遽的变化。过去是老生武生占着优势，因为男看客听戏的经验，已经有他的悠久的历史，对于老生武生的艺术，很普遍地能够加以批判和欣赏。女看客是刚刚开始看戏，自然比较外行，无非来看个热闹，那就一定先要拣漂亮的看。像谭鑫培这样一个干瘪老头儿，要不懂得欣赏他的艺术，看了是不会对他发生兴趣的。所以旦的一行，就成了她们爱看的对象。不到几年的工夫，青衣拥有了大量的观众，一跃而居戏曲行当里最重要的地位。①

民初京城女性不像清末男观众那样重视"听戏"。她们喜好旦角，为旦角走红推波助澜，也为女伶登台提供了广阔空间。社会礼俗与梨园风气相互影响，梨园风气亦成为礼俗变迁的标杆。

当然，坤角仍受社会环境和艺术水平的限制。有的坤角虽演生角，却因生理条件所限，艺术水平不高。20世纪20年代有舆论认为："坤角须生，十有九个脱不了脂粉气，扮起戏来，简直就是挂髯口的花旦。唱念都是另一个道路，听起来决不是正经须生的滋味；至于做工，那更是随随便便，说不到体贴戏情上去。"② 这种评论虽近苛刻，却是事出有因。坤旦较之男旦不无优势，而一旦结婚、生育，练功、演出均受限制。且缺乏梅兰芳、程砚秋那样的后援力量，艺术的提高和创新难乎其难。再者，许多女艺人易受社会恶势力的欺凌、控制，不少走红的坤角最终成为官僚富商的小妾，其社会地位仍不能与男角比肩。

坤角的艺术和社会局限为男旦带来了发展良机。在京剧舞台需要旦角，而男旦艺术尚未发展之时，坤角因时而兴。反之，男旦成熟的演艺、独出心裁的创新、挖空心思的商业运作，又为男旦更胜一筹提供了可能。

---

① 梅兰芳口述，许姬传整理：《舞台生活四十年》第一集，《梅兰芳全集》第一卷，河北教育出版社2000年版，第114—115页。

② 《新明剧场广告》，北京《晨报》1923年6月16日。

从艺术形象而言，舞台上的旦角，不论由女伶或男伶扮演，其受观众追捧的心理基础、社会蕴含大致相同。从根本上说，1917 年梅兰芳被封为新的"伶界大王"及后来"四大名旦"的崛起，都可以被看作是民初坤角走红的延续和变异。进而言之，在民国京剧舞台上，旦行取代生行而胜场都是基于广阔的社会变迁，而非帝制转变为民族国家这一政治背景，或者日益增强的"殖民现代性"语境所能完全解释的。

坤角走红根源于中国社会的内部变迁，与 20 世纪早期社会、思想变动存在广泛而复杂的关联。从根本上来说，它是受文化娱乐商业化潮流的推动，同时也反映了人伦观念和社会礼俗的变化。就文化环境来看，清末启蒙思想家和革命人士均对戏剧给予了关注，也尝试改编、演出新剧目，推动了梨园的京剧改良。一些人或者为名伶编写剧目、切磋演技，或者自编自演，尝试探索。前者如齐如山与梅兰芳、罗瘿公与程砚秋、陈墨香与荀慧生等人的编演合作，后者如欧阳予倩的京剧表演。"改良新戏"不同程度地反映了清末以来的思想趋向。

第四节　面向西潮的京剧

京剧自形成之日起，就处于渐进改良之中，但大都集中于艺术程式，较少涉及思想内容，早期改良途径仍囿于传统戏曲间的借鉴、融合。在戊戌、辛亥思潮的影响下，清末士人积极推动、参与戏剧改良，出现了一些蕴含新思想、新形式的改良新剧和时装新剧，京剧也留下了西方文化的烙印。现有研究侧重于在近代政治背景下，士人如何以戏剧宣传民族、民主思想，彰显其社会价值；或者侧重于探讨京剧演艺及流派的变化；而对京剧改良进程中的西剧渗透及其正负效果缺少梳理。

晚清以降，中国文化已处在世界性与民族性的不断调适之中，有关京剧的争论和改良大体没有离开这一语境。京剧作为具有浓厚民族性的独特艺术和文化，较之某些曲艺种类更深入地浸染于西学之中。京剧如何从自成体系的传统艺术而面向西潮，又怎样吸取西艺西俗？这些均有待于进一步讨论。

一　剧以载道的思想传统

　　戏剧兼具娱乐和教化功能，各社会群体侧重不同。士大夫偏重教化，却又表现出矛盾心态：一方面，他们"良""贱"分明，"乐户"长期被看作贱民，不属编户之列。在官绅观念中，戏剧只是民间娱乐，难登大雅之堂，更非清庙之清，对其不无鄙薄之意。康熙朝理学大臣李光地指出："乐无分于朝野也。后世虽有议及乐章者，典之有司，不过施之宗庙朝会而已，而教坊词曲，儒者每鄙其淫亵荒唐不之道。""然古之作乐者，非徒以朝庙为重也，移风易俗，全以用之乡党，用之间巷者为要。"李光地对"各省大吏，多以优伶为性命"而不思检束的仕风不满。在他看来，朝廷宗庙之乐闻者不多，教坊词曲则是家喻户晓，关系风俗人心，士大夫对此应多留心改良，而不仅停留于娱乐消闲。

　　李光地的看法反映了儒家传统的另一面，即视戏曲为"剧以载道"的思想工具。一些儒家人物强调戏剧应教忠教孝，以期有益于道德教化。宋儒张载曰："郑卫之音悲哀，令人意思留连，又生惰怠之气，从而致骄淫之心……故圣人必放郑声。"明儒王阳明亦云："若要民俗返朴还醇，取今之戏子将妖淫词调俱去了，只取忠臣孝子故事，使愚俗百姓人人易晓，无意中感激他良知起来，却于风化有益。"①

　　晚清以降，坚守这一传统的士人也不罕见。无锡附生余治是晚清关心世道人心、重视以剧化俗者的典型。他热心于慈善事业，又嗜好戏剧，认为戏曲"原以传忠孝节义之奇，使人观感激发于不自觉，善以劝，恶以惩，殆与《诗》之美刺、《春秋》之笔削无以异……非徒娱心适志已也"②。在他看来，如要教民忠孝节义，则梨园演戏是让家喻户晓而又不费一钱的好途径。盖"男妇环观群听，耳濡目染之余，必有默化潜移之妙。此真极好劝善局面，一举而可使千百万愚夫愚妇无不入耳警心，较之乡约之功何啻百倍？何忧不能家喻户晓耶"③。身处晚清风雨如晦之世，余治可谓"鸡鸣不已"。他不仅上书当道，请求厘定梨园剧目、查禁淫戏

---

① 以上李光地、张载、王阳明等人言论均见余治的《儒先论今乐》，余治编《得一录》卷十一之二"翼化堂章程"，同治八年得见斋刊本，第1—3页。

② 余治：《自序》，《庶几堂今乐》卷前，苏州元妙观得见斋刊本。

③ 余治：《上当事书》，《尊小学斋集》卷三，光绪九年得见斋刊本，第15页。

淫书，又作善恶果报新戏数十种。这些剧目被有的士大夫目为"下里巴人"、"村歌野曲"，实则不过是在昆曲之外，采用"皮簧俗调"。余治奔走呼吁多年，当其年过知命之时，于咸丰九年"试演于江阴、常熟等处"①。

清末士大夫仍然把戏剧当作教化攸关的大事，上层绅士孙宝瑄云："今场市中演戏，其出诸史传可据者盖寡，类皆鄙俚不典。儒臣学士曷不一为倡导之，别选史传中孝弟忠义、瑰奇震愕之事迹，一一为撰词构局，编缀排比，付诸管弦，而去其淫哇芜秽不经者，似于风俗世道略有所补也。"② 在他看来，道德教化是戏剧由俗变雅的关键。这反映了清代士人的雅俗观念和伦理取向，与余治的看法大致相同。一些名不见经传的下层绅士也有类似观念。胡适回忆早年看神会戏的情形：后村的子弟本来想演出有潘巧云的《翠屏山》，但是因为乡绅"三先生"回来了，演出的都是《长坂坡》一类"正戏"，没有一出花旦戏。③ 直到民国初年，除官方公布了整顿条规之外，士绅们仍然不断地关注和批评戏剧演出，可谓关注世道人心。事实上，传统戏剧在晚清陷入了深度的文化困境：戏剧愈益不能发挥教化功能，又愈益被士人赋予更沉重的道德使命，如天僇生所谓"昆曲既废，俗声旋兴"，"所演者非淫即杀"；而国之兴亡，政之理乱，均由风俗而生，故欲移风易俗，匡正人心，"当以改良戏曲为起点"④。

在士人文化的影响下，儒家思想从不同途径渗透于坊间的戏剧舞台。北京广和楼的戏台楹联（制作于道光年间）云："学君臣，学父子，学夫妇，学朋友，汇千古忠孝节义，重重演来，漫道逢场作戏；或富贵，或贫贱，或喜怒，或哀乐，将一时离合悲欢，细细看来，管教拍案惊奇。"⑤这是儒家伦理向普通民众流播的象征。而士庶文化之间的吊诡是，民间戏剧不断地迎合士人雅化的期待，从而接受其思想观念和审美情趣，但雅化

---

　　① 吴师澄：《余孝惠先生年谱》，见《尊小学斋集》附录，光绪九年得见斋刊本，第12页。

　　② 孙宝瑄：《忘山庐日记》下册，上海古籍出版社1983年版，第1141页。

　　③ 胡适：《四十自述》，《胡适文集》第1集，北京大学出版社1998年版，第32页。

　　④ 僇：《论戏曲改良与群治之关系》，《申报》1906年9月22日。

　　⑤ 张次溪：《燕归来簃随笔·广和楼》，《清代燕都梨园史料》下册，中国戏剧出版社1988年版，第1220页。

的戏剧（如昆曲）难保长盛不衰，或许适得其反。嘉道年间，被江南士人视为俚俗的花部戏流行京城，最终融合成京剧，并在光绪年间"供奉内廷"。其间，京剧接受了士大夫的文化观念，音乐、服装和表演艺术不断完善，忠孝节义的内涵更为凸显了，一些剧目在宫内演出时改换了思想主题。例如：民间《桑园会》包含对秋胡夫权思想的嘲笑和揶揄，宫中演出的秋胡戏妻却渲染了男尊女卑的意识；民间《连环套》、《骆马湖》、《恶虎村》等戏包含对黄天霸无义行为的揭露和谴责，宫中演出却渲染了黄天霸的忠于朝廷和大义灭亲。① 但这些宫内剧目未必能在民众市场广泛流传。

流行于茶楼酒肆的戏曲表演显然比宫廷剧目庞杂得多，其中有些倡导忠孝节义，有些则夹杂男女私情。上海的戏曲演出偏重于娱乐，竹枝词有云："丹桂园兼一美园，笙歌从不间朝昏。灯红酒绿花枝艳，任是无情也断魂。"② 这与传统士人的教化观念明显相背离，故"查禁淫戏"成为晚清绅士阶层的一个重要议题。余治谓："天下之治乱系乎人心，人心由乎教化。"教化之大敌一曰淫书，二曰淫戏。"淫戏一演，四方哄动。男女环观，妖态淫声最易煽惑，遂致青年子弟璇阁姬姜，牵惹情魔，难完白璧。是国家岁旌节孝千百人，不及淫戏数回之观感为尤捷。是千百正人君子扶之而不足者，一二贱优狎客败之而有余也。"因之查禁淫戏为第一要务。③《申报》也频频登载查禁淫戏的文章。舆论认为："淫戏之害，尤甚于淫书。"因为只有读书识字者才受淫书毒害，而淫戏的危害更广，遍及妇孺。对于淫戏的招贴和演出，当局"无如之何，此则殊不可解者"④。

当然，人们对"淫戏"的判别标准也有出入。一般而言，"淫戏"是指内容粗俗、表演色情的剧目，但此标准也不易把握。事实上，不同群体、不同时期对同一剧目的评价常有差异。19 世纪，南方流行的花鼓戏被许多人视为"淫戏"。有文章指出："近日民间恶俗，其最足以导淫伤化者，莫如花鼓淫戏。吴俗名滩簧，楚中名对对，宁波名串客班，江西名

① 参见苏移《京剧二百年概观》，北京燕山出版社 1989 年版，第 72—73 页。
② 袁翔甫：《沪上竹枝词》，《中华竹枝词》（二），北京古籍出版社 1997 年版，第 796 页。
③ 余治：《教化两大敌论》，《尊小学斋集》卷一，光绪九年得见斋刊本，第 3—5 页。
④《论淫戏之害》，《申报》1883 年 7 月 26 日。

三角班。所演者类皆钻穴逾墙之事，言词粗秽，煽动尤多。"① 湖南士人杨恩寿记录了同治元年一次看花鼓戏的情形："有书生留柳莺婢于室，甫目成而书僮至，仓卒匿案下。书生与僮语，辄目注案下，案下人亦送盼焉。僮觉，执婢。书生羞而遁。僮婢相调，极诸冶态。台下喝采之声，几盖钲鼓，掷金钱如雨。柳莺流目而笑，若默谢云。"② 这种表演有悖礼教，常受舆论批评。《申报》不乏申禁花鼓戏的文章，③ 当局也曾多次布告禁止。余治所列"淫戏"比较宽泛，认为《西厢记》、《玉赞记》、《红楼梦》等以狎邪为韵事，演戏者"其眉来眼去之状，已足使少年人荡魂失魄，暗动春心，是海淫之最甚者"；《水浒传》以盗贼为英雄，是矫枉过正；而"汉唐故事中各有称兵劫君等剧"，"启小人蔑法之端，开奸佞谋逆之渐"④。但是，戏曲演出的日益商业化使得"淫戏"屡禁不止，体现了传统士人观念与民间文化的差异，也反映了商业化潮流与传统价值观念的博弈。士大夫引导、申禁淫戏的效果甚微，而充分娱乐化、商业化的戏曲演出不可遏止。余治的新剧皆皮簧俗调，集优伶演之，虽有教化效果，却难以持久。后人说："惜其所交皆迂腐曲谨不阔达之流，不复屑赞助。"⑤ 戏班"资用屡困，谤讥间作，先生力经营之不少衰，至病作不能自强，乃诸童各为之所"⑥。余治的戏班被迫解散，所编《庶几堂今乐》剧本28种，仅《朱砂痣》经人改编后流传下来。

那么，如何寻找戏剧的出路，以实现其教化功能？在西学东渐的背景下，西剧自然成为参照。清末士人的雅俗观念仍然根深蒂固，而一些人明确把西方戏剧定位于雅文化。孙宝瑄在1902年正月的日记写道：夜，"往圆明园路观外国剧。西人之剧，男女合演，其裳服之华洁，景物之奇丽，歌咏舞蹈合律而应节。人问其佳处何在？余曰：无他，雅而已矣。我国梨园，半皆俗乐，西人则不愧为雅奏"⑦。孙氏一方面抱怨京城坊间演戏

---

① 《禁止花鼓串客议》，余治编《得一录》卷十一之二《翼化堂章程》，同治八年得见斋刊本，第15页。

② 杨恩寿：《坦园日记》，上海古籍出版社1983年版，第8页。

③ 例如《上海花鼓戏宜禁》，《申报》1877年8月25日。

④ 《翼化堂条约》，《得一录》卷十一之二"翼化堂章程"，第6—7页。

⑤ 参见佩忍《论戏剧之有益》，《二十世纪大舞台》第1期，1904年。

⑥ 郑官应：《庶几堂今乐书后》，《庶几堂今乐》卷前，苏州元妙观得见斋刊本。

⑦ 孙宝瑄：《忘山庐日记》上册，上海古籍出版社1983年版，第469页。

"鄙俚不典",另一方面则赞扬西人演剧之雅,中西之别俨然成为雅俗之分。士人视为"雅奏"的西剧自然摒弃了"淫"、"杀"内容,而这又与戏剧家的社会归趋密切相关。1896 年随李鸿章出使英国的蔡尔康注意到:"英俗演剧者为艺士,非如中国优伶之贱,故戏园主人亦可与于冠裳之列。"① 演剧者跻身士人阶层,戏剧观念自然也较易接近。于是,中西文化在趋"雅"的取向中找到契合点,剧以载道的传统观念也获得了新的履践途径。

二　商业化与西化

在近代,京剧的娱乐功能较之教化效果更为显著。清末京剧的繁荣反映了官方引导与民间文化的相互交融,但民间文化的主导作用不能忽视。京剧商业化自然引起了一些人担忧,梨园也面临官绅社会的巨大压力,而西剧西俗为此创造了有益的舆论氛围。

在上海,"西伶之来华演戏也,道光朝已有之,当时呼为洋戏"。后来,上海就"有外国戏园,华人亦有观者。而西人演戏,于唱歌跳舞甚为注意,且男演男戏,女演女戏,如公共租界圆明园路之兰佃姆,南京路之谋得利是也"②。西俗成为上海舆论支持营业性戏园的依据。光绪初年,上海、广州等地的戏园迅速发展,滋扰之事时有发生,一些人主张发布禁令关闭戏园。对此,《申报》的文章指出:开埠之后,租界均许伶人设馆演戏,香港、上海开其先,镇江、宁波也有戏馆之设。"盖缘西人以观剧为至乐,故西官推己及人,于此事不设厉禁焉。"西方人语:"吾国在上之人惟恐世人无取乐之事,中国在上之人惟恐世人有过乐之端。"故西国戏馆众多,西伶来华演剧也不一而足,对广州等地华官禁止演戏,西人皆不以为然。该文认为,华官禁止演戏是为了防止事端,"第京师各处以及香港、上海从未闻因有演戏酿成大案者,惟在各官设法以禁无赖之滋事,何为禁止演戏也"③。舆论反对因噎废食的禁戏举措,而西剧西俗成为戏剧商业化的有力依据。

---

① 蔡尔康等:《李鸿章历聘欧美记》,岳麓书社 1986 年版,第 151 页。
② 徐珂编:《清稗类钞》第 11 册,中华书局 1984 年版,第 5069 页。
③ 《论禁戏》,《申报》1876 年 10 月 18 日。

从同治到光绪初年，中西戏俗给中国人以直观而鲜明的比照。王韬、曾纪泽等人在日记中感叹西方剧院规模宏大壮丽。反观中国戏园的狭小嘈杂，设施陈旧，不免自惭形秽。至1883年，有人开始对改良戏园旧俗提出建议。文章指出：中西戏剧的差异"不仅在音容节奏，而在于规模章程之殊而已"。中国"戏馆之内喧嚣庞杂，包厢正桌，流品不齐"。"更有各处流氓，连声喝采，不闻唱戏，但闻拍手欢笑之声。藏垢纳污，莫此为甚。"而西方剧场座分上中下三等，几席精洁，秩序井然，"观者洗耳恭听，演者各呈妙技。乐音嘹亮，按部就班"。"从不闻有人焉高声叫采，离座出观。其章程何其肃也。"中西戏剧不同，观众喜好有异。"必强华人以观西戏，未免扞格而不入，但戏仍各从其俗，而章程规模倘能仿照西戏馆之法，庶几两美皆备，犹可以观。"① 中西剧俗的强烈反差，引发了有识之士的改良愿望。

新式剧场令人耳目一新，也引起了戏剧家注意，正如后来程砚秋所说："中国舞台还是古旧建筑，要打算改良舞台上的设施及音乐等，非得先建筑新式剧院不可，不然哪，什么也先谈不到。"② 因之，剧界有的人士力求将戏剧的商业利益和社会价值统一起来。潘月樵和夏月珊、夏月润关心社会和政治，1908年10月，他们在上海租界之外的南市建成了第一个新式剧场——新舞台。"台屋构造步武欧西，有三重楼，可坐数千人，皆绕台作半圆式，台形亦如半月。未开演时，亦垂以幕。须臾，幕启，始奏伎，歌舞弦吹皆如旧，惟布缀景物，时有变化，悦人心目。"③ 新剧场卖票入场，秩序更为规范，也不像茶园那样池子座、边座等级分明，更适应了一般市民观众的需要。

新舞台被称为"中国第一家创造的新式剧场，也是第一家唱改良戏剧者，所以外面底声名极大"。外国团体到新舞台看戏，"每月总有好几次"。当时的剧评家认为，其原因之一是"瞻仰这东亚大陆底第一剧场"；二是"他们入国问俗，先到戏场参观戏剧，就可以知道中国底社会情形

---

① 《中西戏馆不同说》，《申报》1883年11月16日。
② 程砚秋：《周游欧陆返平之程砚秋对各国戏剧之印象谈》（1933），《程砚秋戏剧文集》，文化艺术出版社2003年版，第59页。
③ 孙宝瑄：《忘山庐日记》下册，上海古籍出版社1983年版，第1263页。

和文化程度"①。外国人未必能从剧场深入了解中国社会和文化,但新舞台走在戏剧改良的前列,确实与社会变迁息息相通。

新式剧场的产生不仅是戏剧硬件设施的变化,而且是与剧目内容、演戏风格的变化相辅相成的。夏氏建立新式剧场并不完全是为了商业利益,而是试图通过自己的舞台发表政治主张,传播新思想。新式剧场导致观众空间的变化,也有利于改变原来戏园的一些旧俗,如人声嘈杂、男女分座等等。清末民初,"新舞台"成为改良戏剧、编演时装新戏的带头羊,竹枝词有云:"南市初开新舞台,一班丹桂旧人才。改良戏曲寻常事,灯彩谁家比得来。"② 这里不仅编演了《明末遗恨》、《波兰亡国惨》等传播民族主义的古装新戏,而且演出了《黑籍冤魂》、《赌徒造化》、《新茶花》等数十出针砭社会陋俗的时装新戏。辛亥革命爆发之际,新舞台的伶人在上海参加了陈其美领导的反清起义,协助革命党攻打江南制造局。

与此同时,令人耳目一新的新舞台也带来了可观的经济效益,一时间"途客震于戏情之新颖,点缀之奇妙,众口喧腾,趋之若鹜"。《新茶花》上演时,"甚至有夕照未沉,而客已满座者,其卖座备极一时之盛"③。随后,上海的"茶园"纷纷更名为"舞台",有的则更西化,改成"剧场"。新式剧场随后在沪、京、津等地接踵出现。晚清的"戏园"变成了新式剧场,不只是硬件设施有了改良,而且经营方式由付"茶钱"变为卖票入场,剧场的管理更加规范,观众的公共空间也发生变化,有利于新剧俗的形成。于是,晚清戏剧的商业化和西化趋向融合起来,互相推动,戏剧改良也达到空前的规模和深度。

三 清末的戏剧改良

20 世纪初年,启蒙思想家倡导戏剧改良,并将"剧以载道"的价值观念转化、融合了近代民主思想。梁启超、严复等人重视文艺的启蒙作用,《新民丛报》、《新小说》等刊登载了传播爱国及民主思想的传奇杂剧。受其影响,1902 年 11 月天津《大公报》有专文阐述戏剧的社会作

---

① 汪仲贤:《剧谈(十九)》,北京《晨报》1921 年 1 月 26 日。
② 朱文炳:《海上竹枝词》,《上海洋场竹枝词》,上海书店出版社 1996 年版,第 194 页。
③ 玄郎:《剧谈》,《申报》1913 年 3 月 13 日。

用，指出学堂、报馆和演说是使天下开化的三种办法，但清末新学堂有名无实；报馆又不能尽责任、担义务，实现言论自由；演说也只能行之于租界和教会，不能行于内地和一般民众。故所谓"开化之术"唯有"编戏曲"。"编戏曲以代演说，则人亦乐闻，且可以现身说法，感人最易。"并且国内无论上下，均"以听戏为消遣之助"。"诚能多编戏曲以代演说，不但民智可开，而且民隐上达。"① 作者重视戏剧的社会作用，而教化内容超越了传统的忠孝节义。

反清革命人士更是视戏剧为社会运动的工具，主张对旧剧"去腐败之点，进文明之思，或本民族主义、军国主义及各种科学实业，及采取古今泰西之历史事实，演成一种新戏曲"②。其实施办法是参照西剧，从组织、编剧、舞台、演员培养等方面援西入中。1904 年五六月间，上海《警钟日报》的文章对此已有集中体现：其一，作者对中国剧目多为神话小说、内容因袭不以为然，强调"戏剧者，演历史之小影而状其真者也"③。文章指出："欧美各国之演剧，即撮（摄）近今世界舞台上之小影。人物虽假托，而情事则毕真。"其二，他们以西方话剧为参照，强调戏剧的趋同性："文字之大同在不用文言而专用白话，演剧之大同在不用歌曲而专用科白"，故主张传统戏剧多用道白。其三，为了达到写实、传真的舞台效果，提倡学习西方戏剧的道具布景，"若事实之铺张，微有不足，则以油画衬托之，以电光镜反照之，此所谓道具者是也"④。其四，学习日本的剧界组织办法，由全国戏剧总部审核脚本。在上海特设一"戏剧总机关部，而于各直省各都会则分设支部以隶属之"⑤。这些设想开清末戏曲改良风气之先，随后，陈去病、柳亚子、陈独秀等人均把戏剧作为救亡反清、激发民族主义的重要工具，提出了援西入中的主张。

清末陈独秀创办了白话报刊，致力于开通民智、改良风俗、阐释爱国主义。他于 1904 年 9 月发表《论戏曲》一文，摒弃了士大夫贱视戏子的旧观念，认为戏曲既然有关风俗教化，则应当是"世界上一大教育家"，

---

① 《编戏曲以代演说说》，天津《大公报》1902 年 11 月 11 日。
② 《绍兴戏曲改良会简章（节录）》，《警钟日报》1904 年 8 月 8 日。
③ 健鹤：《改良戏剧之计画》，《警钟日报》1904 年 5 月 30 日。
④ 健鹤：《改良戏剧之计画（再续）》，《警钟日报》1904 年 6 月 1 日。
⑤ 健鹤：《改良戏剧之计画（续）》，《警钟日报》1904 年 5 月 31 日。

"戏馆子是众人的大学堂，戏子是教师"。人的贵贱之分当体现在品行的善恶，而非职业。中国士人把唱戏当作贱业，西洋各国则"把戏子和文人学士一样看待"。他也认为，开通风气的办法中，办学堂"教人甚少、见效太缓"，做小说、开报馆对不识字的人"还是得不着益处"，只有改良戏曲可以感动广大民众。他不仅以西俗为依据为伶人重新定位，而且提出了五条改良主张。在积极方面，他提出"要多多的新排有益风化的戏。把我们中国古时荆轲、聂政、张良、南霁云、岳飞、文天祥、陆秀夫、方孝孺、王阳明、史可法、袁崇焕、黄道周、李定国、瞿式耜等，这班大英雄的事迹，排出新戏，要做得忠孝义烈，唱得激昂慷慨，真是于世道人心，大有益处"。再则，"可采用西法。戏中夹些演说，大可长人见识，或是试演那光学电学各种戏法，看戏的还可以练习格致的学问"。此外，他针对晚清戏曲状况，提出了革除旧俗的三点建议，即"不唱神仙鬼怪的戏"，"不可唱淫戏"，"除去富贵功名的俗套"①。陈独秀所列"淫戏"剧目未必完全恰当，那些"有益风化"的英雄人物也可商榷，其提倡忠孝戏、排斥淫戏的见解仍带有传统雅俗观念的烙印。1905 年，《论戏曲》以文言文形式重载于梁启超创办的《新小说》杂志，主要内容也见于一年之后的《顺天时报》。清末京、津报刊有关改良戏剧的言论不时出现，不少内容相互转录，与陈独秀所说大同小异。

也是在 1904 年，柳亚子、陈去病、汪笑侬等人创办了近代最早的戏剧杂志《二十世纪大舞台》。该刊以"改革恶俗，开通民智，提倡民族主义，唤起国家思想为唯一之目的"②。陈去病、柳亚子均把戏剧作为救亡反清、激发民族主义的思想工具。他们彰显、甚至夸大了戏剧的社会作用，体现了革命人士的剧论风格。陈去病不像陈独秀那样偏重于良贱观念和表演形式，却表明了"男女是一样的"平等思想。这种看法潜意识地以西方文化为参照。他指出女子演戏"原是不独我们中国有的，就是那外国，无论什么东洋西洋，总是一样都有的"。而且就演艺来看，"我们中国的髦儿戏，在世界上也算是数一数二的"。外国女子演戏"没有见过一齐齐整整，会唱，又会串，如我们髦儿戏那种聪明伶俐的"。他对女伶

---

① 三爱：《论戏曲》，《安徽俗话报》第 11 期，1904 年。

② 《二十世纪大舞台丛报招股启并简章》，《二十世纪大舞台》第 1 期第 1 页，1904 年。

演戏评价甚高,但不满女伶缺乏民族主义意识,认为中国的髦儿戏班也有不足,"字虽认识了几个,若说到那爱国的心,就一点都没有了"。不像东西洋的女艺人"人人都能识字,人人都有爱国的心"。髦儿戏班的姊妹也应能编演新剧,"劝劝世人,唤醒唤醒这班痴迷的汉子"①。他以东西洋的女子戏剧为参照,期望髦儿戏班像男伶那样走上民族主义轨道。

清末知识界已在思想内容和表演形式等方面汲取西学,王国维、蒋观云已援引西方美学观念来撰写剧评、研究剧史,如蒋观云具体地提出:欲保存戏剧,使之"有益人心","必以有悲剧为主"②。这些看法显然受西方戏剧观念的启发。20 世纪初,有的青年如欧阳予倩、李叔同等人组织春柳社,编演"文明戏",可谓移植西剧的积极尝试;但清末知识界偏于思想阐述,而缺少艺术实践,他们的主张仍主要表现为"剧评",而非借鉴西学来创作、整理传统剧目。

沪、京梨园不同程度地践履了知识界的改良主张。梨园中的一些人在社会责任心的驱动下,开始汲取西剧之长,不同程度地践行了剧以载道的主张。光绪末年,汪笑侬所在的春仙茶园和夏氏兄弟所在的丹桂茶园是上海改良京剧的主要场所。汪笑侬是满族人,曾经中举,喜好戏曲,同情维新派人士,并与陈去病等革命人士合作,从思想内容和表演艺术上对传统戏剧进行了大胆改革,被看作"旧剧伶人,编演新剧最早者"③。1901 年他在天仙茶园编演京剧《党人碑》,借北宋改革故事悼念"戊戌六君子",斥责镇压维新的守旧势力。其后,他还改编了《桃花扇》等剧,借历史题材批评时政。1904 年 8 月 5 日,汪笑侬等人编演的《瓜种兰因》在上海春仙茶园上演。这出记述波兰亡国史的历史剧在日俄战争发生之际上演,显然包含了警世意图。作为"改良新戏",该剧的服装、情节均为西式,而唱腔仍用皮黄,意外地受到观众的欢迎。接着,汪笑侬等人编演了一系列改良新戏,以京剧传播反清思想。他编写了一些具有新内容的剧目,又对京剧原有剧目进行修改,使唱词、道白明了易懂,雅俗共赏。有

---

① 醒狮(陈去病):《告女优》。此文载于《二十世纪大舞台》第 2 期(1904 年)首篇,在现存合订期刊中,紧接第 1 期末尾,一些论者均将此文误为第 1 期出版。

② 蒋观云:.《中国之演剧界》,原载《新民丛报》第 3 年第 17 期,1904 年。参见阿英编《晚清文学丛钞》(小说戏曲研究卷),中华书局 1960 年版,第 52 页。

③ 徐珂编撰:《清稗类钞》第 11 册,中华书局 1984 年版,第 5124 页。

些剧本发表在当时的报刊上，稍改伶人忽视剧本的旧俗。随后，上海名伶潘月樵和夏月珊、夏月润等人也积极编演改良新戏，注重更新旧剧的思想内涵，成为剧界开风气的人物。

清末京城的梨园风气稍显保守，但并不排斥改良，对西剧西俗也有所开放。在京、津地区，田际云曾积极支持戊戌维新，变法失败后受清政府通缉，经过孙菊仙等人的营救才获释。1905 年，受清朝将军侮辱而自杀的女校长之事被人编成新戏《惠兴女士》，田际云以时装京剧排演该剧，联合谭鑫培连演三天，为女校募捐。王钟声也曾在田际云主持的天庆园偕同艺舟、秋方等演出《爱国血》、《孽海花》等剧。此外，孙菊仙等人也投身于戏剧改良，少年荀慧生曾在京、津参演了改良新剧。田际云、谭鑫培等人还曾计划组织一所正乐学堂，拟聘人教授中西音乐，以汲取西方乐曲的优长，来作为我国戏剧改良之基础，但实效不佳："自田际云排《斗牛宫》后，各班乃竞觅上海时髦戏之脚本而轮演之。然都人士不甚爱好之，其癖嗜者固专重生旦之唱做也。王钟声不得志于杭州，率其众北走京津，新剧初演于京师，颇受社会之欢迎。而司警卫辄以革命党拟之，防范其密，失其自由，钟声且终以此致祸，亦可慨矣！"①

20 世纪早期的改良新戏包括"古装新戏"和"时装新戏"，前者主要是改编传统剧目，后者多取现实题材，又称"时事新戏"。两者演出的服装不同，汲取西剧的程度也存在差异。在剧以载道的取向中，时装新戏在清末民初流行一时。一些主张婚姻自由，抨击陋俗黑幕，揭露社会要案的时装新戏纷纷上演，鲜明地体现了时代思想。时装新戏多采用"文明戏"的布景和服装，在京剧唱腔中加入长篇演说和道白，汲取了早期话剧的表演形式，明显地体现了西方戏剧文化的渗透。

四　援西入中的扩展和成效

民初，都市社会的西化之风明显增强。戏剧在良莠并生中消长，随着民主思潮的低落，一些政治题材的剧目迅速消失，"文明戏"也旋兴旋衰。但这并未从根本上影响戏剧改良的进程，即使维护旧剧者也不能无视

---

① 诗樵：《京华菊部琐记》，《菊部丛刊·梨园掌故》，《民国丛书》第二编第 69 册，上海书店出版社 1990 年影印本，第 7 页。

西剧的渗透。比如，玄郎对上海的改良新戏多有批评，却又承认"新剧源源本本，一线到底，如《女君子》、《鄂州血》、《新茶花》等"，结构完整，一次或连台演出，观众能悉知其情节。而旧剧往往截头割尾，观众于戏"茫无头绪，如行五里雾中"。传统武戏的"甩台、盘杠、使叶子、翻筋头"等技巧，容易产生事故，也宜革除改良。① 这些零散、表层的认识为京剧改良创造了有益的舆论氛围。

民初改良风气弥漫全国，新戏辈出。上海京剧演员冯子和擅演时装新戏，人气旺盛，民初一度成为梅兰芳的仿效对象。1913 年梅兰芳从上海回京后，"就有了一点新的理解"，想"直接采取现代的时事，编成新剧"，于是排演了他的第一部时装新戏《孽海波澜》。② 从 1918 年至 20 世纪 20 年代，大致进入了"四大名旦"竞胜时期，新编剧目更加丰富。当时如齐如山、李释戡与梅兰芳，罗瘿公与程砚秋，陈墨香与荀慧生，清逸居士与尚小云等人的合作均卓有成效。从民初至 20 世纪 20 年代，"只要是争得着大轴主角的人，便有他个人的剧本"③。民初梅兰芳演出时装新戏有时达到万人空巷的效果，如《邓霞姑》结尾的"文明结婚"场面，"梅兰芳蹑革履、披白纱，姜妙香西装而礼服，婚礼新人耳目，万人为之空巷"，剧场座无虚席，且"闻当时民间确有借镜模仿以为结婚之形式者"④。新戏为梅兰芳带了巨大声誉，使之迅速超越谭鑫培，成为新的"伶界大王"。以梅兰芳为标志，京剧的热门行当也由老生转变了旦角。京剧剧目总计不下数千出，而流传至今者多是 20 世纪早期编演的。

如果从思想性和艺术性来衡量，新编剧目未免参差不齐。一些剧目过于求新求异，追趋时髦，后来因时过境迁而退出了舞台。1916 年以后，新编京剧大多是古装新戏，离社会现实相对较远，思想内涵多有差异；但古装新戏与汲取西学并不矛盾。从民初到 20 世纪 20 年代，齐如山、欧阳予倩成为京、沪两地改良京剧而又编演古装新戏的代表人物。

---

① 玄郎：《论改良旧剧（续）》，《申报》1913 年 1 月 8 日。

② 梅兰芳口述，许姬传整理：《舞台生活四十年》第二集，《梅兰芳全集》第一卷，河北教育出版社 2000 年版，第 210 页。

③ 程砚秋：《检阅我自己》（1931），《程砚秋戏剧文集》，文化艺术出版社 2003 年版，第 6 页。

④ 何时希：《梨园旧闻》，《京剧谈往录三编》，北京出版社 1990 年版，第 501 页。

出身书香门第的欧阳予倩怀着做伶人的梦想，抛弃了歧视戏子的旧观念。像许多士子一样，他本来只熟悉传统戏曲。20 世纪初，他东渡日本，在 1907 年春节期间看了李叔同（李息霜）等留日学生演出的《茶花女》后，感到十分惊奇，赞叹戏剧原来有这样一种表现方法！[①] 这对其戏剧观念产生了震动，于是，他加入李叔同等人的春柳社，积极参演文明戏。1916 年以后，他转习京剧，在上海与冯子和、周信芳等人合演《红楼梦》等题材的京剧，探索京剧的编演艺术。齐如山出身于绅商之家，早年博习古代经典，入北京同文馆学习德文和英文，清末三次游历欧洲，曾支持反清革命活动。他一度严厉批评旧剧，对京剧没有信心，但民初以后则致力于改良京剧，为梅兰芳等人编写新剧目，改进表演艺术，前后历时20 年之久。齐氏不能登台演出，却把京剧提升到学术层面，数十年共撰写有关戏剧（主要是京剧）的著述 30 多种，去台湾后仍孜孜不辍整理、研究京剧。民国年间，齐如山像一些传统学者和顾曲家那样，强调发扬京剧的美术化、写意性特征而反对写实；思想上也与五四新潮泾渭分明，故有的论著认为他在京剧走向成熟和雅化过程中抵制了西方文化的渗透。

齐如山、欧阳予倩对京剧传统的理解并不一样，所处文化环境也有差异。欧阳主要在上海及南方演出，早年受新潮影响，注重汲取西方话剧的长处，有人视之为海派京剧的代表；而齐氏久居北京，强调保存传统，对民国戏剧舞台的西化风气不乏批评。尽管如此，他们都把京剧看作一个开放的文化传统，主张对其进行创新，汲取西学的取向并无大异。

首先，两人都重视改进京剧的舞台表演。齐如山游历欧洲后，对京剧大不满意。民初，他在著述、讲演中对京剧多有批评，并写信给梅兰芳对其《汾河湾》等剧的表演提出改进建议；随后，他与梅兰芳等人合作编演了一批时装新戏，以适应市场的需要，这些戏均带有浓厚的西剧色彩。他在欧洲看到许多神话戏和言情戏，觉得"编的排的，都很高洁雅静，返回来看看我们本国的戏，可以说是没有神话戏，有之则不过是妖魔鬼

[①] 欧阳予倩：《自我演戏以来》，《欧阳予倩全集》第六卷，上海文艺出版社 1990 年版，第7 页。

怪，间有讲一点情节的，则又婆婆妈妈，烟火气太重，毫无神话戏清高的意味"。西方言情戏"虽然讲言情恋爱，但也相当高尚，并不龌龊。回来再看中国的言情戏，简直的说，哪一出也够不上言情，都是猥亵不堪。因为这两种事情，所以回国后想试验着编编它"①。民初他发现了梅兰芳这样的优秀演员，于是与李释戡等人合作，在1915年为梅兰芳编了一出"古装新戏"《嫦娥奔月》。内容取材于古老的神话故事，根据画中仕女的装束，做"创制古装戏的蓝本"。对传统的旦角扮相作了改革，同时增设了绚丽的歌舞表演和舞台布置。② 在西方，歌舞剧很受欢迎，于是他编写了《洛神》、《红线盗盒》、《天女散花》、《廉锦枫》、《太真外传》、《上元夫人》等神话戏，汲取昆曲载歌载舞的优长，融入多种舞蹈，使京剧表演更加生动、优雅，从而体现他倡导的"有声必歌，无动不舞"的舞台风格。为了改变传统言情戏的猥亵色彩，他为梅兰芳编写了几出红楼戏，也获得了成功。

齐如山肯定京剧虚拟化、程式化的表演形式，批评"文明戏"表演粗糙，反对海派京剧那样写实，把真刀真枪搬上舞台，但他认为京剧的"美术化"不能完全沿袭。他后来总结："中国剧处处是用美术化的法子来表演，最忌像真；可是西洋话剧完全写真，所以极不容易调和。然而若在国内演剧，也未尝不可拿西洋的方法来参用改变"，只是到了国外，最好演出纯粹的中国剧。③ 可见，他并不完全反对参用话剧的表演艺术。同时，齐如山主张的美术化并不是脱离生活。他为梅兰芳编写、修改的许多剧目都力求使剧情符合生活逻辑，表演更加逼真。

欧阳予倩认为，"旧戏不能废"，而是"要把舞台装置、表演法、场子，与乎剧情的内容极力使其近代化"④。他结合西洋戏剧理论，将话剧表演形式融于传统戏曲之中。1913年，欧阳予倩以话剧形式编演了他的第一出红楼戏《鸳鸯剑》，是将传统内容与西方戏剧形式结合的尝试。

---

① 齐如山：《齐如山回忆录》，辽宁教育出版社2005年版，第105页。

② 梅兰芳口述，许姬传整理：《舞台生活四十年》第二集，《梅兰芳全集》第一卷，河北教育出版社2000年版，第278页。

③ 齐如山：《梅兰芳游美记（甲种本）》，商务印书馆1933年版，第19页。

④ 曲六乙：《欧阳予倩和红楼戏》，苏关鑫编《欧阳予倩研究资料》，中国戏剧出版社1989年版，第395页。

1916 年以后数年中，欧阳予倩主要演出以《红楼梦》为题材的京剧，多是自编自演。当时他与梅兰芳一南一北演红楼戏，被称为"南欧北梅"。梅兰芳说："实际上他排的红楼戏数量比我多得多。我一共只排了三出——《黛玉葬花》、《千金一笑》、《俊袭人》。""他演过的红楼戏，我晓得的已经有九出了。"① 欧阳予倩的红楼戏往往借用话剧分幕的形式，结构更加严谨，删去了旧剧中的幕外戏等碎场子。同时，他也对具体的表演过程加以改进，其中"以《黛玉葬花》、《宝蟾送酒》、《馒头庵》三个最受欢迎"②。

《宝蟾送酒》是讲薛蟠犯人命案入狱，其妻夏金桂想与小叔子薛蝌结为知己，于是派丫环宝蟾送些酒菜过去，以便试探薛蝌情意。这出戏形象地刻画了一段红杏出墙、违背伦常的故事。京剧"送酒"这场戏一般要演三刻钟，唱念做白都相当的重，还穿插了一段歌舞，感情基调在辛辣的讽刺中深沉紧缩。欧阳予倩改编的《宝蟾送酒》别出心裁地对此作了轻喜剧处理，在滑稽风趣的对话和表演中，将人物性格表现得淋漓尽致。剧中再现了丫环宝蟾天真烂漫、无拘无束的生动形象，掩盖了小说刻画的宝蟾作为不干净侍女的一面。这番修改加重了道白，而没有露骨的色情内容。《黛玉葬花》是民初流行剧目，欧阳予倩饰演的黛玉一角也对原有表演有所改进。他说："我总觉得老坐在那儿唱显得僵，必须加些动作，因此我把唱词略加修改，设想当时黛玉百无聊赖，想弹琴吧，琴也弹不成声；她便去调鹦鹉，想对鹦鹉倾诉一番，而鸟也不能给她慰藉；她信步出房，见春残花落，叫紫鹃给她花锄要去葬花……这样就增加了动作，比试演那回活泼一些。"③ 这些改良京剧汲取了话剧的表演长处，一改繁冗的套式，产生了良好效果。

其次，他们都借鉴西方戏剧经验，重视编写、整理剧本。传统戏剧内容贫乏、停滞不前的一个症结就是不重视剧本。当时中国缺少剧作家，可采的新剧本太少。早期话剧团体春柳社均以欧洲或日本的剧本改译，虽有

---

① 梅兰芳口述，许姬传整理：《舞台生活四十年》第二集，《梅兰芳全集》第一卷，河北教育出版社 2000 年版，第 296 页。

② 欧阳予倩：《我自排自演的京戏》，《欧阳予倩研究资料》，中国戏剧出版社 1989 年版，第 79 页。

③ 同上书，第 75 页。

一些成就，但有些剧本完全照搬外国，忽视了中国观众的接受思维和生活背景，效果不佳。在缺少新剧本的情况下，欧阳予倩肯定要"多翻译外国剧本为模范，然后试行仿制。不必故为艰深；贵能以浅显之文字，发挥优美之理想"①。清末民初，他编写了一些文明戏剧本，在 1916 年以后约 15 年的京剧生涯中，又自编自演京剧 20 多个，其中自编的戏文有 18 个，此外编而未演的京剧剧本 8 个。②

　　清末民初，戏剧家开始汲取西方观念来做"剧评"，五四以后至 20 世纪 20 年代末则"多趋重于学术方面之研究与整理"③。齐如山主张研究京剧的人要研究西方话剧："若用研究话剧的科学来整理旧剧，则必能有许多收获。因为中国旧剧，虽然有些部分也有科学的组织，但总是片片断断，枝枝节节"。他认为，因为自己从前在法国研究过话剧，"用话剧科学的方法来整理国剧，总算整理的稍稍有点眉目"④。他以话剧的方法来整理京剧，涉及相当广泛，而以严谨剧本取代梨园的师徒口授，则是其重要途径。由于民初欧阳予倩、齐如山、罗瘿公、陈墨香等人编写、整理了大量剧本，京剧表演更趋严谨和规范，也具有了现代性。

　　再次，两人对改良京剧思想内容的看法虽然不同，但也非背道而驰。传统士人强调"剧以载道"，乃至形成道德教化的偏向。在清末到五四时期的戏剧改良潮流中，旧剧遭受着冲击，但"剧以载道"的传统并无根本改变，只是具体内容已有变化。

　　欧阳予倩肯定剧作承载固有的历史文化，但重视反映时代精神。他认为"所谓内容，就是指一篇戏曲所含的意义。所谓人情事理，即是社会反映的结晶。所谓一个戏曲，没有无内容的，我们要看他的性质如何，思想如何，与时代的关系如何，来定其价值"。传统戏剧与时代的关系或远或近，不可一概而论。自元代以来，戏剧表演屡经变化，内容亦有更新。元代一些剧目反映了民生现实，而后来剧目多是粉饰太平，远离民众生

---

① 欧阳予倩：《予之戏剧改良观》，《欧阳予倩研究资料》，中国戏剧出版社 1989 年版，第 292 页。

② 欧阳予倩：《我自排自演的京戏》，《欧阳予倩研究资料》，中国戏剧出版社 1989 年版，第 73 页。

③ 傅云子：《发刊词》，北平国剧学会编《戏剧丛刊》第 1 期，1932 年。

④ 齐如山：《齐如山回忆录》，辽宁教育出版社 2005 年版，第 385—386 页。

活。欧阳予倩指出："从前那些愚忠愚孝的戏剧"，"那些当局的先生何尝不认为于世道人心有益？"① 但事实上，这些脱离社会的戏剧并不能达到道德教化的效果。旧剧作不能适应社会变迁，并且，在近代中西文化的交融中，旧戏也应获得新的思想内涵。

京剧反映时代精神并不容易，而其途径不一。除了编写新戏外，在观众熟悉的剧目中重塑其人物形象往往能达到事半功倍的效果。清末民初正是妇女解放运动勃兴之时，渗透在传统文艺中的三纲五伦观念开始受到冲击。欧阳予倩早年扮演的角色多是各阶层不同命运的女子，对旧剧中的女子形象有着直接而深切的感受。他在民国初年编演的红楼戏，不仅像一些戏剧人那样同情妇女，而且对剧本进行了修改，对人物加以重新诠释。在他编演的红楼戏中，林黛玉、尤三姐、晴雯、鸳鸯等都是表现个性解放、背离封建礼教的女性。他编演的《杨贵妃》一剧，主题不再是杨玉环和李隆基的爱情悲剧，也没有像以往那样宣扬"红颜祸水"的观念。在他的笔下，"李隆基并不真爱杨玉环，不过是把她当作玩物"。为了平息叛乱，杨玉环最后被赐死，剧情"演成激昂慷慨反抗封建帝王那种自私的、虚伪的爱"②。从而，他对清代洪升《长生殿》的思想主题进行了较大修改，彰显了男女平等意识。他后来编演《潘金莲》一剧也改变了潘氏受谴责的"淫妇"形象，而对其赋予了明显的同情。这一系列为女性"翻案"的戏剧，思想重点在于反对男子重婚、纳妾，强调男女平等的贞操观，讴歌个性解放和婚姻自由，鲜明地反映了时代思潮。

与此不同，齐如山像传统士人一样认为，儒学的孝、忠、贞观念是中国社会的命脉，是现代国家强盛和团结的依靠，而京剧就是灌输这些价值观念的理想工具。这显然与五四思潮保持了距离。不过，齐如山事实上重视借鉴西方观念（如关于言情戏的新认识），他为梅兰芳编写的一些剧目，如《宇宙锋》、《嫦娥奔月》等剧目对爱情的歌颂，对女性个性的张扬等等，与时代趋向也非毫不相干。他看重的人伦教化也或多或少地有了新内容。总之，欧阳予倩较明显地融合西方话剧优长，齐如山则在中西戏

---

① 欧阳予倩：《戏剧改革之理论与实际》，《欧阳予倩研究资料》，中国戏剧出版社1989年版，第195、201页。

② 欧阳予倩：《我自排自演的京戏》，《欧阳予倩研究资料》，中国戏剧出版社1989年版，第81页。

剧对比中改进、彰显了传统戏剧的优势，也不同程度地体现了援西入中的取向。

在 20 世纪 20 年代的京剧舞台上，这一趋势并未停止。"四大名旦"一方面传承、发扬京剧的特长，另一方面则汲取西剧、西俗，为适应观众的需要而改良京剧。梅兰芳之外，1927 年尚小云主演的《摩登伽女》一剧取材料于佛经故事，表现了摩登伽女对爱情的追求以及佛家子弟的坚贞信仰。在表演形式上，该剧除了唱腔、道白仍然是京剧外，其编剧、服饰、音乐均大量汲取西学。"他演的摩登伽女，烫发，穿印度风格的服装，脚下是丝袜和高跟鞋，最后跳英格兰舞。为了跳这个舞，他专请了一位英国舞蹈老师来教授。这出戏里还用上了钢琴、小提琴等西洋乐器"①。这种表演继承、发展了清末时装新剧的路向，又在思想上、艺术上打上了时代烙印，加入西洋乐器的做法也成为京剧的新传统。

荀慧生早年经历曲折，曾学演梆子戏，也是"四大名旦"中唯一能运用跷功的人。清末王钟声到北京演出"新戏"（文明戏）时，荀慧生曾参加其《家庭革命》、《黑奴恨》等剧的演出，饰演乡下姑娘。民初荀慧生专习京剧，艺术上融合创新，如"将一些梆子唱腔有机地融合于京剧唱腔之中"，表演方面"熔青衣、花旦、闺门旦、刀马旦于一炉"，并汲取小生、武生的某些表演技巧，"甚至将舞蹈、话剧、电影的某些长处也糅进他的表演艺术之中"，服装、化妆方面也进行了一些革新，以致被一些保守者讥为"台上跳洋舞"、"邪门歪道"②。但荀慧生博采众长的演艺终于获得观众的认可。

程砚秋是"四大名旦"中从理论、实践上探索中西融合的代表人物。他对京剧的艺术特长充满自信，认为"京剧的本质，因为它是一种象征的艺术，所以比起西洋歌剧，另有许多优点为西洋所不及。但是也有许多不能保留的恶习，似乎应该改良"③。针对民初以来批评京剧的激进主张，他指出："中国戏剧的脸谱，似乎很神秘、奇特；但是西方戏剧也未尝无

---

① 尚长春：《尚小云与荣春社》，《京剧谈往录续编》，北京出版社 1988 年版，第 14 页。

② 张伟君：《荀慧生传略》，《京剧谈往录》，北京出版社 1985 年版，第 315 页。

③ 程砚秋：《程砚秋谈剧》（1939），《程砚秋戏剧文集》，文化艺术出版社 2003 年版，第 171 页。

脸谱。"中国戏剧提鞭当马、搬椅当门的象征性,与"西方写实主义"似乎各自站在一个极端,但西方戏剧也出现了"新的象征主义"。他认为,这"证明了中国戏剧的高贵"①。故对于旧剧的改良,他主张"分作两个时期:一演旧剧的时期,二行改革的时期。这两个时期的过渡,或者也未必能判别分明,但在今天,我决不敢自标了第二个时期"②。他对弘扬京剧非常坚定,而且充满了自信。

与此同时,程砚秋认识到,"西方戏剧之可以为中国戏剧的参考当然很多"③。受中华戏曲音乐院的派遣,他于 1932 年 1 月赴法、德、瑞士、意大利等国考察,历时一年多,了解欧洲各国戏剧音乐的演出和教育,向西方介绍中国京剧。他回国后撰写的考察报告,对中西戏剧音乐的短长详加罗列,就引进西方戏剧音乐观念、理论及组织机制提出了 19 项建议:"实行乐谱制,以协合戏曲音乐在教育政策上的效果";"舞台化妆要与背景、灯光、音乐……一切协调";"舞台表情要规律化,严防主角表情的畸形发展";"习用科学的发音术";"导演者权力要高于一切";"应用专门的舞台灯光学";"音乐须运用和声和对位法等";国家应支持剧院建设;加强中西戏曲音乐艺术的沟通,等等。④ 这些建议总结、深化了清末以来的京剧改良,有些表现出西化色彩,但本质上没有悖离弘扬传统而又融合中西的轨道。

清末民国年间,京剧舞台上的中西融合促进了市场繁荣,但京剧的援西入中也有偏颇和教训。这类失误即使在最成功的京剧大师那里也不能免,梅兰芳将红木家具搬上舞台作真实布景固然失败了,程砚秋引进西方音乐戏剧的 19 项建议(如所谓导演权力应高于一切)也未必完全适用于京剧。有些改良新戏走得更远,以致有剧评者感慨:"近言戏剧改良者,

---

① 程砚秋:《赴欧考察戏曲音乐出行前致梨园公益会同人书》(1932),《程砚秋戏剧文集》,文化艺术出版社 2003 年版,第 18 页。

② 程砚秋:《自欧洲返国途中在康德卢梭号邮船上的谈话》(1933),《程砚秋戏剧文集》,文化艺术出版社 2003 年版,第 48 页。

③ 程砚秋:《赴欧考察戏曲音乐出行前致梨园公益会同人书》(1932),《程砚秋戏剧文集》,文化艺术出版社 2003 年版,第 18 页。

④ 程砚秋:《程砚秋赴欧考察戏曲音乐报告书》,《程砚秋戏剧文集》,文化艺术出版社 2003 年版,第 82 页。

动欲合乎西洋人的眼光，削足就履，在所不惜。"① 但戏剧家的成功之处
在于，他们会随时根据观众需要来调整援西入中的步调，始终没有离开发
扬京剧特长的立足点。

近代京剧没有离开援西入中的潮流。发扬京剧的特长而又参照、汲取
西剧，这是京剧改良的主流。借用晚清流行词来说，"中体西用"是京剧
改良的基本路向。程砚秋在 20 世纪 30 年代初总结到："东方文化与西方
文化是显然不同的，因而东方戏剧与西方戏剧也显然不同的。" "我们的
工作，就是如何使东方戏剧与西方戏剧的沟通。"② 程派之所以自成风格，
恰恰在于看到了中西戏剧的不同，也认识到传统戏剧流派的价值。换言
之，立足于发扬京剧传统的优长，而在具体演艺和舞台设施方面因时制宜
地汲取西剧西俗，注重戏剧的社会效果，这是近代京剧改良的历史启示，
也是京剧繁荣一时的文化底蕴。此外，晚清以来，士人"剧以载道"的
心理期望增强了戏剧改革的工具化和西化倾向，这在五四新潮中达到了极
点。《新青年》延续了陈独秀早年对戏剧的高度关注，却出现了更严重的
西化偏向。

第五节　五四之际的京剧舞台

从戊戌、辛亥到五四，新思潮逐步发展，或多或少地渗透于大众文
化，但其情形较为复杂，精英与大众之间的文化沟通并非随新思潮的发展
而增强。在 20 世纪初民族主义高涨之时，戏剧舞台上出现了关怀时事的
"改良新戏"，且颇有社会影响，但这些"改良新戏"并非京剧主流，而
且在民初以后衰落了。同时，清末以来，知识界积极引进西方"文明
戏"，编演新剧，以期实现改良社会、传播启蒙思想的愿望。但这些尝试
的实际效果显然不能高估，有人在民初写道：

---

① 冯小隐：《顾曲随笔》，《戏剧月刊》第 1 卷，第 12 期，1929 年。
② 程砚秋：《赵欧洲考察戏曲音乐出行前致梨园公益会同人书》（1932），《程砚秋戏剧文
集》，文化艺术出版社 2003 年版，第 17—18 页。

清季欧化输入，士大夫提倡文治，彼时热心社会教育者，以为改良风俗，戏剧词曲，入人尤深。谋于目者，皆忠孝节义之陈迹，谋于耳者，尽肃雍和霭之正声，又以原有戏曲，街谈巷议之故实，靡音曼节之淫词，供旧社会之玩物，赏心则有余，谋新社会之移风易俗则不足，于是新剧一派出焉……是故国内教育不普及，仅恃此少数人以演唱新剧谋风俗之改良，杯水车薪，岂仅无济，十寒一曝，宁易成功。①

正是在此背景下，1917 年至 1919 年，《新青年》等刊物发动讨论戏剧，进一步批评或否定京剧，相关讨论延续至 20 年代。在五四新文化人看来，激烈地改造京剧，或许可使京剧汇入新潮，从而实现改良社会的目标。但激进思潮的客观效果究竟如何？五四思潮与大众文化、或者说士庶文化的复杂关系至今仍扑朔迷离。② 本节将透过京剧舞台来探讨新思潮与大众文化的交融、冲突和歧异。五四思潮对京剧的冲击异常激烈，对京剧改良更是意义重大，但它与京剧舞台只有表层的、局部的契合，两者根本取向存在显著歧异。

一　新思潮的冲击

晚清以来，士人一旦进入北京，总会多少浸染于京剧文化。清末走上历史舞台的绅商、士人和军阀大多没有经受系统的西式教育，而是通过考取或捐纳获得科举功名。他们的经济来源、知识结构与传统士绅差异不大，其生活方式、休闲嗜好也延续了传统习惯。即使像梁启超这样浸染西学较深的知识分子，其情感归依仍是相当传统的。他们在民初成为达官新贵之后，其文化娱乐与京城的市民社会没有强烈的反差。但1905 年废科举导致了传统士绅社会迅速分化。一些人投身革命，而新一代知识精英则沿着"洋学堂"、留学、回国执教或从政这一成长模式运行。

五四知识分子产生于新式教育之中，也依托于现代教育机构而存在，

---

① 姚公鹤：《上海闲话》，上海古籍出版社 1989 年版，第 122 页。
② 这里的士人文化是指 20 世纪早期新知识界的思想主张，庶民文化侧重于市民文化。

是与传统士人不同的新式知识群体。五四新文化人对京剧的好恶不一，其中有的是京剧爱好者，如顾颉刚"自从到了北京，成为戏迷，于是只得抑住了读书人的高傲去和民众思想接近，戏剧中的许多故事也须随时留意了。但一经留意之后，自然地生出了许多问题来"[①]。他注意到京剧历史故事的源流和变化，很想做一部《戏剧本事录》，书未写成，却增加了考证民间传说及民俗的兴趣。但新文化人基本上不喜欢京剧：陈独秀自清末以来就是改革戏曲的健将；鲁迅幼年曾有看社戏的欢乐，而民国元年第一次进北京某戏园时，感到"耳朵只在冬冬喤喤的响"，"戏台下不适于生存"。第二次花重价买了第一舞台的票，想看谭鑫培，戏园环境好一些，却不知台上的角色是谁。"看一大班人乱打，看两三个人互打"，看了近三个小时，谭叫天竟还没有来。台上只是冬冬喤喤的敲打，"红红绿绿的晃荡"，只好提前退场了。[②] 这种感受可想而知；洋博士胡适则"因为太忙之故"，直到1918年4月才应朋友的邀请，第一次在北京看京剧，那是梅兰芳的《玉堂春》。[③] 其后，胡适对京剧提出了激烈的改革主张。

清末"改良新戏"、"文明戏"出现之时，就遇到各方面的责难。剧界和观众对新旧混杂的新戏并不满意。1916年以后，京剧舞台上演的大多是"古装新戏"，而非"时装新戏"。古装新戏离社会现实较远，思想内涵也多差异。五四思潮兴起时，京剧舞台的新戏色彩已经淡化，传统剧目仍占绝对优势。《新青年》延续了陈独秀早年对戏剧的高度关注，从1917年3月至1919年3月，几乎每期都有文章或随感录讨论旧戏，1918年10月还出版了"戏剧改良专号"。1919年1月以后，北京《晨报》也开辟了"剧评"专栏。新文化人通过中西对比，以时代性为立足点，对京剧提出了激烈的改革主张。他们将传统戏剧称为"旧剧"，西方戏剧则成为值得仿效的"新剧"。新文化人虽有传统士人的雅俗观念，而其实质内容则是新、旧对立和中西之分。陈独秀、胡适、周作人、钱玄同、傅斯年、刘半农等人从艺术形式、思想内容指陈京剧的缺陷，言辞之激烈、态

---

① 顾颉刚：《自序》，《古史辨》第一册，上海古籍出版社1982年版，第20页。

② 鲁迅：《社戏》，《鲁迅全集》第一卷，人民文学出版社1981年版，第559—561页。

③ 胡适：《致母亲》，耿云志、欧阳哲生编《胡适书信集》（上），北京大学出版社1996年版，第155页。

度之"不妥协"实属前所未有。

胡适认为，戏曲属于"文学革命"的一个方面，故应以"文学进化"的观念来加以认识和改良。他认为"西洋的戏剧便是自由发展的进化；中国的戏剧便是只有局部自由的结果"。在胡适的观念中，中西戏剧的进化与否，其高下恰如传统的雅俗之分。他认为京剧起源于中下层社会，与文人学士无关，只是"俗剧"，故带有"种种恶劣性"。传统戏曲既俗又缺乏进化，带有许多弱点和不该有的"遗形物"：如过于偏重乐曲；脸谱、嗓子、台步、武把子、唱工、锣鼓、马鞭子、跑龙套等等，都是戏剧的"遗形物"；旧剧最缺乏悲剧观念，结尾都是大团圆；而且中国戏剧在时间、人力、设备等方面最不经济。① 傅斯年也存在类似的雅俗观念，认为"京调的来源，全是俗声"。所以"中国旧戏，实在毫无美学的价值"，比如"违背美学上的均比率"，喜欢夸张、刺激性过强，形式太固定，意态动作粗鄙，音乐轻躁等都体现了这种缺陷。而且，现在流行的旧戏缺乏文学性；内容上"旧戏是旧社会的照相"，没有反映生活。② 钱玄同认为，"如其要中国有真戏，这真戏自然是西洋派的戏，决不是那'脸谱'派的戏，要不把那扮不像人的人，说不像话的话，全数扫除，尽情推翻，真戏怎么能推行呢？"③ 周作人也认为"从世界戏曲发达上看来，不能不说中国戏是野蛮的"。四类旧戏，如淫杀、皇帝、鬼神、灵学，都"有害于'世道人心'"，都没有存在的价值。④

他们以西方戏剧为参照，提出根本改造旧剧，采用西洋百年来的新观念、新方法和新形式。其具体内容包括：编写剧本，以西洋乐器代替京剧的胡琴，靠拢西方戏剧的写实主义，钱玄同、傅斯年甚至主张"废唱"。新文化人激烈地指陈传统戏剧的不足，触及旧剧的某些缺陷，却存在不少误解和偏颇，也缺少植根于大众的戏剧实践。这或许真的像傅斯年自称对"旧戏、新戏都是门外汉"⑤。

为了引起社会对改良戏剧的关注，《新青年》也发表了张厚载的反驳

---

① 胡适：《文学进化观念与戏剧改良》，《新青年》第5卷第4号，1918年。
② 傅斯年：《戏剧改良各面观》，《新青年》第5卷第4号，1918年。
③ 玄同：《随感录》，《新青年》第5卷第1号，1918年。
④ 周作人：《论中国旧戏之应废》，《新青年》第5卷第5号，1918年。
⑤ 傅斯年：《戏剧改良各面观》，《新青年》第5卷第4号，1918年。

文章。这种做法曾让钱玄同不解，主持其事的胡适说：请张厚载做文章，"也不过是替我自己找做文的材料。我以为这种材料，无论如何，总比凭空闭户造出一个王敬轩的材料要值得辩论些"①。显然，他们仿效文学革命的方式，试图发动一场"戏剧革命"。

相反，一些戏剧家对旧戏的艺术价值予以肯定。张厚载认为中国戏剧不写实，用假象会意的方法，是最经济的方法；中国戏剧有一定的规律性，许多套路如唱、念、做、打的表演程式不是用来限制而是帮助表演，"习惯成自然"；唱工是京剧的重要内容，有表示感情的力量，自然不能废弃。他指出：中国戏剧是"中国文学美术的结晶，可以完全保存"。照搬"文明戏"只能损害京剧艺术，②废唱更是"绝对的不可能"③。这种看法缺少改革色彩，却更深入地理解了京剧的艺术特色和价值。

其后，齐如山等人详尽地阐述了京剧的艺术价值。他认为中西戏剧的区别不在于道白与重唱，而在于中国戏剧讲求"美术化"，西方话剧完全"写真"。他认为旧剧的特征是"美"，无论说、唱、做，都不能离开这一特色。正是这种表意的美术化特色与西方戏剧的写实主义形成了鲜明对照。"中国剧处处是用美术化的法子来表演，最忌像真；可是西洋话剧完全是写真。"④在他们看来，中国戏剧的虚拟法和重唱特色体现了较高级的艺术水平，西剧偏重道白和实景则是戏剧初级阶段的体现。针对鲁迅等人讽刺梅兰芳塑造的"美女"形象，齐如山认为，这种"美女"形象虽然不是梅本人的真实面貌，却符合京剧的美术化特征。戏剧家刘豁公也认为，梅兰芳之所以风靡一时，其主因在于"他的扮相、装束、作派等项是恰恰合于美底原则的"⑤。在思想内容方面，与陈独秀等人强调改造旧剧的伦理观念不同，齐如山认为，可以通过京剧来传播孝、忠、贞节观念，塑造良风美俗。

两种观点各执一端，正如有的论者指出：张厚载"只是形式主义地

①　胡适：《致钱玄同》，《胡适书信集》（上），北京大学出版社1996年版，第210页。
②　张厚载：《我的中国旧戏观》，《新青年》第5卷第4号，1918年。
③　张厚载：《新文学及中国的旧剧》，《新青年》第4卷第6号，1918年。
④　齐如山：《梅兰芳游美记（甲种本）》，商务印书馆1933年版，第19页。
⑤　豁公：《从梅兰芳说到群众心理的变迁》，《戏剧月刊》第2卷，第6期，1930年。

论述戏曲艺术的好处",而新文化人的主张也"存在着显著的谬误"①。就历史的过程来看,新文化人的激进主张不过是历史的瞬间,京剧不但没有衰落,而且艺术水平有所提高。京剧发展的实际过程大体接近欧阳予倩的主张:"中国旧剧,非不可存。惟恶习太多,非汰洗净尽不可",故应当从剧本、剧评、剧论等方面加以改良。②

如前所述,欧阳予倩在改良旧戏方面进行了积极尝试。像新文化人一样,他肯定"剧以载道"的传统,也编演了《长生殿》、《潘金莲》等一系列为女性"翻案"的剧目,宣传男女平等的贞操观,讴歌个性解放和婚姻自由,契合了五四思潮。不过,欧阳予倩没有处于民国京剧舞台的中心。且不说他被一些剧评者视为海派角色,排除在京剧正统之外,即使他演红楼戏的影响也囿于东南地区,且为时不长。京剧舞台在1916年以后上演的"新戏"主要是"古装新戏",这些戏虽然有的曲折地反映了时代思潮,但现实意义不及清末民初的"时装新戏"。有的剧评者甚至对清末民初汪笑侬、梅兰芳等人编演反映社会现实的"时装新戏"不以为然,认为所谓"旧戏改良"没有必要,"戏剧本属演古,因不能尽合时宜,亦即不必曲为附会"③。剧界立足于完善而非改造京剧,这与新文化人重建戏剧的激进主张颇多歧异。

梨园与新思潮的明显契合之处是戏园礼俗。传统社会强调男女有别,男外女内。茶馆、剧场、曲艺馆都少有女性观众,"不出闺门"成为妇道的体现。晚清上海妇女虽可进园看戏,最初只能坐在特别的包厢或专用的女宾席上,男女不得杂坐。京城礼防严格,1907年建成的北京文明茶园以演义务戏的名义首次向妇女开放,但一段时间内仍实行男女分坐。直到1917年,北京著名的第一舞台,仍然是"楼上可男女合座,楼下则男女分座"④。五四时期,《申报》等报刊曾对改革剧场管理和剧场习俗进行了广泛讨论。提倡男女平等、公开社交的言论日益增多,一些人更主张大学男女同校。在此背景下,男女分座习俗受到强烈的冲击。1918年,正当

---

① 龚书铎:《"五四"时期关于戏曲的论争》,参见《中国近代文化探索》,北京师范大学出版社1988年版,第185—193页。

② 欧阳予倩:《予之戏剧改良观》,《新青年》第5卷第4号,1918年。

③ 张庆霖:《神秘的戏和律吕》,《戏剧月刊》第2卷,第9期,1930年。

④ 《北京剧场琐谈》,上海《时报》1917年3月31日。

一些人反对男女合座时，一些戏园却已实行男女合座。1918 年底建成的北京城南游艺园就取消了男女分座的限制，同时建成的平安电影院也是如此。20 世纪 20 年代以后，男女分座的现象迅速减少了。这些变化反映了改良思想与剧场习俗的融合。

二　知识界与京剧舞台之异趣

近代京剧舞台受到改良风气的熏染，也受五四思潮的渗透，然而，新文化人以西方戏剧改造京剧的尝试不免事倍功半。就士庶文化的交融而言，较之清末的戏剧舞台一度形成改良风气，五四知识界与梨园戏剧观念之差异呈扩大趋势：

首先，知识界改良戏剧的核心是彰显其社会功能，使之成为宣传民族主义，进行思想启蒙的工具；而梨园的着眼点是观众的喜好和自身的艺术魅力。两者工具化与职业化的异趣走向在五四时期进一步扩大。剧界人士认为：“戏剧的主要目的，是供给民众的娱乐（教化的娱乐），休养群众的能力，补充群众的智识，三者缺一不可。”① 故应注重戏剧的娱乐性，也应使剧目内容及表演形式适应商业化需要。民初梅兰芳等人编演“时装新戏”，正如后来转重“古装新戏”一样，在很大程度上是适应市场需要。在近代都市社会，民间文化娱乐的生存和发展已经不能忽视市场。20世纪 20 年代，京剧舞台的商业化气息并无减弱迹象，这种状况一直延续到抗日战争全面爆发。针对舆论指责梨园“空气污浊”的说法，剧界认为，这“不是戏剧本身的原因”，而是由人的品性决定的。“不能说戏剧是一种使人堕落的职业。”他们认为，戏剧应该职业化，“排斥职业戏剧的理由，可以说毫不存在了”②。

五四新文化人看重“剧以载道”的传统，赋予戏剧以明确的思想使命。他们贬低京剧的唱工，正如胡适所说：唱工戏虽有音乐的价值，却不是最能感人的，是因为观众对“唱工戏懂得的很少，既不能懂得，又如何能有感化的效力呢？”③ 仅从教化功能上看，唱工戏当然

---

① 蒲伯英：《我主张要提倡职业的戏剧》，《戏剧》第 1 卷第 5 期，中华书局，1921 年 9月。

② 同上。

③ 胡适：《致张厚载》，《胡适书信集》（上），北京大学出版社 1996 年版，第 196 页。

不如话剧来得直接而迅捷。因旧剧思想教化作用淡薄，艺术价值也被忽略了。

　　新文化人当然也重视戏剧的艺术价值，惟其审美参照主要是西剧。"文明戏"一度衰落后，又在五四以后复活了。新一代青年学生认识到话剧对于传播新思想、新观念的意义。陈大悲于1921年在北京掀起"爱美剧"（amateur）运动。他认为，"大凡自由研究一种艺术的人都可称为爱美的"。与"爱美剧"相对的名词就是职业的戏剧。① 他认为，戏剧人引导着社会，应该是amateurs（业余的），不应该受资本的操纵。"爱美剧"运动在青年学生中流行一时，成为话剧再兴的一个标志。但这一时潮仅持续了三、四年，或因艺术水平不够，或因组织不力，或因一些人从中谋取私利，与职业戏剧立异的"爱美剧"延续时间短暂，难以为继。抗日战争爆发之际，话剧因宣传抗战的需要再度兴盛起来，而此时，根植于市民社会而离政治较远的京剧则遭受重挫，一些名角被迫息影舞台，京剧艺术明显停滞了。在现代戏剧舞台上，艺术追求的空间已相当狭小。戏剧要么在商业化潮流中体现娱乐价值，要么在政治化语境中成为宣传工具。京剧与话剧的兴衰显示了这种必然逻辑。

　　其次，因为戏剧价值观不同，知识界与剧界的社会关怀也呈现差异。清末梨园之中，汪笑侬、田际云、王钟声等少数人士尝试发挥戏剧的社会功能，以其传播民族、民主思想，与陈独秀、陈去病等人的戏剧观念不无相似；五四时期，上海演员周信芳也注重以京剧来宣传爱国主张，但这并非主流。从清末民初几位走红的名角来看，梨园生活基本上远离了新思潮。

　　清末民初谭鑫培红极一时，又受宫廷青睐，被称为"伶界大王"，并长期担任精忠庙、正乐育化会的首领；但他对政治不感兴趣，甚至对梨园事务也不关心。除了重视其艺术和家庭之外，他一生只有两大兴趣，一是信佛，常去西山进香朝拜；另外是喜欢抽鸦片。又如著名武生杨小楼是一位道教徒，年轻时曾一度中断演戏而整天待在北京白云观，身穿道袍，与道士们一起打坐念经。梨园的朋友将他带回了京剧舞台，

---

　　① 陈大悲：《爱美的戏剧》，见《民国丛书》第四编第63册，上海书店出版社1992年影印本，第13—14页。

而他迷恋道教的习惯一生未改，其思想观念也是相当传统的。他曾有参与改良京剧的打算，却从未真正实践。他们作为梨园的台柱，虽重视改进演艺，却与知识界"剧以载道"，乃至工具化的改良倾向保持了较大距离。

梅兰芳在五四时期也是纯粹的戏剧家，与社会思潮相距较远。五四爱国运动高涨之时，梨园的生意似乎受影响不大。受日本帝国剧场的邀请，以梅兰芳为首的京剧班于 1919 年 4 月 21 日起程赴日演出，同行者有姚玉芙、姜妙香、高庆奎等四十余人。4 月 25 日剧班抵达日本后，受到华侨、留学生及新闻记者的热烈欢迎。随后与相关人士见面，宴会。自 5 月 1 日起，他们在东京、大阪等地共演出 20 余天，演出剧目有《天女散花》、《御碑亭》、《嫦娥奔月》、《麻姑献寿》等，受到日本各界欢迎。五四运动爆发时，留日学生于 5 月 7 日致函剧班，"劝以停演归国"，但"磋商未果"，理由是"实因履行契约及剧场营业之关系，不得已。仍演《御碑亭》"[①]。国人对梅剧班的访日演出褒贬不一。最初，有人认为梅兰芳访日"是中国剧界一件很光荣的事情"，可以考察日本戏剧的情形，中国戏剧"从此可以有改良的机会，发展的希望"[②]。但当梅剧班在国耻纪念日"仍以曼舞轻歌，饱仇人之眼福，在留学生方面观之，自然觉得大大不妥"。于是，舆论认为日本观众欢迎梅兰芳，"与其谓为仰慕艺术，毋宁谓为仰慕颜色。换言之，即非艺术的欢迎，乃色的欢迎也"。梅的京剧艺术在日本实际上"无个知音"[③]。由于履行商业"契约"，戏剧家将剧团利益而非政治态度置诸首位，与五四爱国运动显示出较大的思想差异。但就梨园来说，京剧首次走出国门，登上国外舞台，对扩大影响不无积极意义。

当然，五四前后的京剧舞台也不是完全没有社会关怀。1919 年 6 月初，上海市民"三罢"之时，梨园出现了"伶界救国十人团"，少数剧场及演员曾积极响应，投入到爱国运动中。五四前后，京、沪京剧界的义演、赈灾活动更加频繁。至 1927 年，京剧舞台上"四大名旦"、"三大须

---

① 马宝铭：《梅兰芳首次东渡纪实》，《京剧谈往录三编》，北京出版社 1990 年版，第 102 页。

② 谬子：《对于梅兰芳赴日的感想》，北京《晨报》1919 年 4 月 24 日。

③ 学通：《梅花消息》，北京《晨报》1919 年 5 月 21 日。

生"之局已成，他们成为义务戏的主角，然"后起之秀，纷至沓来，义务戏的阵容与剧目，随时翻新"①。义务戏集中了许多名角，成为京剧舞台的盛会，显示了剧界的社会责任心。不过，这大体是清末义务戏的延续，与五四运动的救亡主题没有关系。

再次，中国戏剧的方向是再造传统，还是努力西化的问题。清末民初，京剧舞台对西剧艺术有所汲取。那些反映现实题材的时装新戏，采用话剧的道白表演，服装和布景都力求写实，但这并非当时京剧舞台的主流，而且为时不久。1915 年以后，一度时髦的"文明戏"也因艺术停滞、思想落伍而衰落，京剧迅速回潮。1914 年，梅兰芳演出了反映妓女生活的长篇新戏《孽海波澜》后，感到"时装新戏"不适合自己，最终回归传统剧目，主要演"古装新戏"。有的"文明戏"演员如欧阳予倩也转而走上京剧舞台，编演《红楼梦》剧目。剧界人士认为，"非驴非马"的"时装新戏"并非京剧发展的方向。齐如山等人一再阐述京剧的美术化特征，反对硬搬话剧的写实手法。他认为"时装新戏"一类混杂性剧目的缺陷不在于表现了新内容，而是其写实表演破坏了京剧的美术化。京剧界批评某些人的戏剧改良"动欲合乎西洋人眼光，削足适履，在所不惜，如锣鼓之喧哗，检场之来往，以及对镜理装，饮场掷垫，皆在应行革除之列。良则良矣，其如已非吾国戏剧之本相"②。这类看法未必尽然，却体现了梨园对京剧西化的担忧和抵制。

五四思潮兴起之际，反映现实题材的时装新戏迅速减少，从传统剧目衍变而来的古装新戏成为主流。后者缺少时代气息，与近代新思潮相距甚远。梅兰芳等人崛起后，五四前夕及 20 世纪 20 年代男旦已成为旦行中坚。至 1918 年，"北京之男班在前年犹呈衰颓之象，至最近则颇有繁荣之观。此中盟主自不得不推梅兰芳、朱幼芬所组织之裕庆社"③。从 1918 年至 20 年代，"四大名旦"竞胜时期上演的剧目大多是古装

　　① 翁偶虹：《记忆所及的几场义务戏》，《京剧谈往录续编》，北京出版社 1988 年版，第 505—512 页。
　　② 冯小隐：《顾曲随笔》，《戏剧月刊》第 1 卷，第 12 期，1929 年。
　　③ 《最近北京剧界之乐观》，北京《晨报》1918 年 12 月 1 日。

新戏,① 题材多取自传统小说、历史故事,其中虽有体现爱国、追求婚姻自由的女性形象。但古装新戏之"新"主要体现在表演技巧,思想内容则与五四新潮存在较大距离。与新文化人主张"废唱"恰恰相反,"唱腔"成为京剧成熟和发展的重要标志。唱腔自成风格的程砚秋在 20 世纪 20 年代末风靡全国,并有超越其早年老师梅兰芳之势。

新文化人对梨园的部分改良显然不满。胡适认为,梅兰芳在 1916 年以后不应该转向传统京剧,而应该发展早年改良新戏的尝试,从而根本上改造京剧。在激进者看来,"北京各园子里常演的新戏,多是打着新戏的招牌,暗地里仍是卖那些皮簧梆子的旧货"②。有的人甚至认为传统戏曲非常落后,也可以说中国无戏剧。他们不像清末士人那样对改良旧戏寄予希望,而是强调"创造新剧"。这种"创造",实质上是以西剧为样板重建。在此之前进行的所谓"改良",不过是编演一种"过渡戏"。③ 不过,他们对"过渡戏"的具体面目尚不清楚。胡适认为,天津南开学校编演的"《一元钱》、《一念差》之类,都是'过渡戏'的一类"④。这类反映现实题材的新戏,汲取了"文明戏"多用对白的特点,体现了较明确的思想内容。

---

① 其主要剧目如下:梅兰芳所演除前述《孽海波澜》、《宦海潮》、《邓霞姑》、《一缕麻》、《木兰从军》、《春秋配》之外,计有《嫦娥奔月》、《牢狱鸳鸯》、《黛玉葬花》、《千金一笑》、《天女散花》、《麻姑献寿》、《红线盗盒》、《上元夫人》、全本《西施》、《洛神》、《廉锦枫》、四本《太真外传》、《俊袭人》、《宇宙锋》、《凤还巢》、《春灯谜》、《生死恨》、《抗金兵》等;程砚秋演出《龙马姻缘》、《梨花计》、《红拂传》、《花舫缘》、《花筵赚》、《鸳鸯塚》、《风流棒》、《孔雀屏》、《赚文娟》、《玉狮坠》、《青霜剑》、《碧玉簪》、《聂隐娘》、《文姬归汉》、《沈云英》、《戡情记》、《梅妃》、《荒山泪》、《陈丽卿》、《春闺梦》、《亡蜀鉴》等;苟慧生有《元宵谜》、《丹青引》、《飘零记》、《绣襦记》、《香罗带》、《妒妇诀》、《钗头凤》、《柳如是》、《埋香幻》、《荆钗记》、《鱼藻宫》、《还珠吟》、《取濮州》、《红楼二尤》、《勘玉钏》、《霍小玉》、《三春结婚》、《婚姻魔障》、《金钟罩》、《西湖主》、《盘丝洞》、《得意缘》、《庚娘》、《杜十娘》、《贩马计》、《白娘子》等;尚小云有《红绡》、《摩登伽女》、《秦良玉》、《张敞画眉》、《五龙祚》、《林四娘》、《谢小娥》、《婕妤当熊》、《千金全德》、《玉虎坠》、《卓文君》、《珍珠衫》、《共叔段》、《峨眉剑》、《桃花阵》、《花蕊夫人》、《白罗衫》、《芦花计》、《前度刘郎》、《白玉莲》、《空谷香》、《团花凤》、《绿衣女侠》、《汉明妃》、《梁夫人》、《比目鱼》等。参见景孤血的《由四大徽班时代开始到解放前的京剧编演新戏概况》,《京剧谈往录》,北京出版社 1985 年版,第 542—544 页。

② 涵庐主人:《是可忍》,北京《晨报》1919 年 4 月 14 日。

③ 傅斯年:《戏剧改良各面观》,《新青年》第 5 卷第 4 号,1918 年。

④ 胡适:《论译戏剧》,《新青年》第 5 卷第 5 号,1918 年。

　　事实上，民国京剧舞台汲取了清末以来的新思想，从内容或演艺上有所改良，但它没有完全成为思想启蒙的工具。五四时期，新思潮对旧剧的冲击力度可谓前所未有，而与京剧舞台的距离较之清末民初反而呈扩大之势。此时，一方面是京剧艺术趋于成熟，另一方面则缺少反映现实生活的改良新戏。剧界基本上不认同新文化人的激进主张，在艺术与政治之间，他们更加关注艺术和市场，也与五四运动的思想倾向存在明显差异。换言之，五四知识界将京剧舞台纳入思想或政治范畴的努力没有实现，旧剧改革也不像文学革命那样取得显著效果。于是，清末民初一度出现的中西戏剧融合之局，到五四时期则随着京剧与话剧渐趋成熟而明显分流。权衡近代京剧舞台独立性的利弊显然是比较复杂的。它反映了新思潮与大众文化的隔膜，却使京剧舞台少受政治风潮干扰，在艺术上获得较为充分的发展。

三　盲目西化的困境

　　新文化不满京剧的"旧货"色彩，又无力实践京剧改良，乃不得不依靠西剧来完成其思想使命，引进和实践西方戏剧遂成为五四青年的时髦。上海、北京一些学校，每逢重要节日都要开庆祝会，由学生排演新剧。但被知识青年推崇、实践的新剧缺乏社会基础。1920 年 11 月，上海著名的新舞台上演"纯粹的写实派西洋剧本"《华奶奶之职业》时，虽然事前上海五大报纸大做了几天广告，而卖座率少得可怜，比演《济公活佛》最低的卖票收入还少了四成。到演出第二幕时，就有人退场。最后只剩下四分之三的看客，有些看客是"一路骂着一路出去的"①。这虽不是新剧市场的全貌，却是一个典型事例。故当时提倡新剧者也承认，20世纪 20 年代初戏剧界虽然没有"严华夷之防"，而"文明新剧"的局面却是"退化的，是堕落的，是海淫海盗的；不但不配在世界底戏剧界估得位置，就把初兴时的新剧拿来一比，也不觉得要起'每况愈下'、'一蹶不振'的感想"②。鉴于此，陈大悲于 1921 年在北京掀起"爱美剧"运动。然而，这也不过是昙花一现。京剧仍然在 20 世纪 20 年代的

---

① 汪仲贤：《剧谈》，北京《晨报》1920 年 11 月 5 日。
② 陈大悲：《中国的新剧还没有迎合群众心理吗？》，北京《晨报》1921 年 6 月 27 日。

京、沪舞台上占据主流地位，乃至提倡新剧的感叹北京的报纸广告"所登的，都是什么'园'咧，'楼'咧，'全武行代打'咧，并没有一家是演新剧的"①。试图以西剧打垮旧剧的五四青年终究不能走出旧剧的包围。

20世纪20年代知识界的戏剧实践陷入了困境，从根本上说还在于一味西化的迷失。当一些人依据西方的戏剧审美来评判京剧的艺术价值，或者试图将京剧纳入思想和政治工具范畴之时，京剧就走向了被丑化或被否定的极端。在此背景下，知识青年们无意也不可能切实地了解、发扬传统戏剧的优长，而其新剧又因艺术局限，"不服水土"而步履维艰。

在五四前后的戏剧探索中，宋春舫等人提出了建设"国剧"的主张。但正如熊佛西所说：人们心目中的"国剧"并不一样，有人认为京剧是"国剧"，又有人将西方话剧，即一般人所谓新剧当作"国剧"，"还有人以为将来的国剧必建设在新剧与旧剧之间"②。在熊佛西看来，能否成为"国剧"只是一个"内容问题"，而不是"外形问题"。中国旧剧缺陷太多，只要"能代表中国人民的生活"，话剧、歌剧"都能为国剧"。③ 他有意淡化戏剧表演形式的重要性，倾向于选择西剧来建设"国剧"。在"国剧"这面旗帜下，新知识界与梨园的新旧竞争、中西异趣仍然非常明显，即使兼容中西的"国剧运动"也不例外。

继"爱美剧"运动之后，留学美国的余上沅、赵太侔、闻一多等人热衷于戏剧实践。1924年底，他们编演的英语古装戏《杨贵妃》在纽约演出获得成功，这增强了其再造中国戏剧的信心。1925年初，他们与梁实秋、熊佛西、梁思成等留美学生在纽约成立"中华戏剧改进社"。余、赵、闻三人于1925年夏天回国，随即开展"国剧运动"，在徐志摩主持的《晨报》副刊开辟"剧刊"专栏，发表通讯和剧论。他们试图超越五四激进思潮，不主张批评旧剧，提出"由中国人用中国材料去演给中国

---

① 杨明辉：《一封讨论新剧问题的通信》，北京《晨报》1921年8月23日。

② 熊佛西：《国剧与旧剧》，世界书局编《现代艺术评论集》，见《民国丛书》第三编第58册，上海书店出版社1991年影印本，第1页。

③ 同上书，第4页。

人看的中国戏剧。这样的戏剧，我们名之曰'国剧'"①。他们肯定保存旧剧，重视利用旧剧的材料；同时又强调不抵制戏剧的"外货"，主张话剧本土化，试图沟通戏剧舞台上的现实主义和象征主义。

"国剧运动"凸显了民族性和本土性，余上沅将"国剧"形容为"种自己的田"，不是跟着外国戏剧走，看起来与五四思潮立异，但批评者认为：他们关于"国剧"的四点主张，即材料、题旨、形式和技术方面，"除'形式'外，都与新剧没有冲突；而所谓'形式'须从旧剧孵化出来却又无具体的办法"②。倡导"国剧"者不熟悉中国戏剧，其思想见解不自觉地凭借西方戏剧。他们之所以发动"国剧运动"，也是因为受辛额创出了"爱尔兰国剧"的启发。③ 故他们虽讲兼容中西，实则无法走出西学语境，而利用旧剧的工作流于"假定"。于是他们"不得不见风使舵"④，讨论、建设的"国剧"仍然是穿着古装或时装的话剧。因其没有社会基础和市场，他们期望的"艺术剧院"始终没有建立起来，苦心经营的国立北京艺术专门学校戏剧系也因经费困难、生源不足而步履维艰。1926年3月，闻一多辞去艺专教务长之职，不久，"国剧运动"就偃旗息鼓了。余上沅痛心地写道："社会，像喜马拉雅山一样屹立不动的社会，它何曾给我们半点同情……社会不要戏剧，你如何去勉强它？社会要戏剧，目下的情形不容它要，你更如何去勉强它？我们应该有一个觉悟，我们应该承认从前走的路不是最好的一条路。"⑤ 社会并非不要戏剧，但以西方话剧为样板的"国剧"在当时确实不是最佳选择。它远离民众的需要，也不可能依靠"国剧"这面旗帜建立其主导地位。

"国剧运动"的失败反映了再造中国戏剧时兼取中西的困难。在20世纪二三十年代的戏剧舞台上，正如剧评者所说："新旧剧各有好处，各

---

　　① 余上沅：《国剧运动》，参见世界书局编《现代艺术评论集》，《民国丛书》第三编第58册，上海书店出版社1991年影印本，第1页。

　　② 马彦祥：《论国剧运动》，参见世界书局编《现代艺术评论集》，《民国丛书》第三编第58册，上海书店出版社1991年影印本，第7页。

　　③ 余上沅：《国剧运动》，参见世界书局编《现代艺术评论集》，《民国丛书》第三编第58册，上海书店出版社1991年影印本，第5页。

　　④ 同上书，第6页。

　　⑤ 余上沅：《一个半破的梦——致张嘉铸君书》，原载《晨报·剧刊》第15号，参见闻黎明、侯菊坤编《闻一多年谱长编》，湖北人民出版社1994年版，第338页。

有价值……个人走个人的路，不必非把对方打得一败涂地不可。"① 话剧
在走向成熟，而京剧艺术更是经历了空前发展，受众群体覆盖城乡。"国
剧运动"热闹之时，北京的戏剧家则在脚踏实地地研究、改良京剧。20
世纪 30 年代，北平、南京相继组织了研究京剧的"国剧学会"等机构。
1930 年，梅兰芳率京剧团在美国演出，次年程砚秋等人又将京剧呈现于
欧洲舞台。京剧得到欧美艺术家的承认，梅兰芳也从美国获得了荣誉博士
学位。在西方观众看来，中国戏剧和文化的象征是具有浓郁民族性的京
剧，而非模仿西方的话剧。20 世纪 30 年代以后，京剧不再是新潮学者的
抨击目标，而成为人们心目中不言而喻的"国剧"。

　　在 20 世纪 20 年代的戏剧改良过程中，不论以何种旗帜出现，新旧融
合还只是局部的、表层的。有的京剧演员反串话剧，或者话剧演员唱几句
京剧，这大抵有些"逢场作戏"，未必意味着艺术认同。同样，新一代知
识分子肯定旧剧的价值，甚至倡导"国剧"，或者一些京剧家赞扬西剧的
优长，虽然体现了艺术上的包容气度，但其思想取向、情感归依仍不免貌
合神离。新知识界与梨园的戏剧改良不仅体现了新旧之分，而且蕴含着中
西之别。新文化人的"戏剧革命"较之"文学革命"带有更浓厚的西学
色彩，且缺乏本土基础，故而两者结果大相径庭。五四之后，"文学革
命"不胫而走，在民间流传已久的白话逐渐取代文言，为社会各界所接
受；"戏剧革命"遭遇的抵制虽不像"文学革命"那样强烈，却被梨园和
广大民众漠视了。调和中西的"国剧运动"也遭遇了同样的命运。

　　20 世纪 20 年代以后，话剧与京剧不像清末民初那样互相渗透，而是
日趋分途。虽然两者在艺术上仍有互相汲取的情形，但戏剧舞台上大体成
为中西双轨，荣枯相易。来自西方的话剧、歌舞剧成为知识界的"戏
剧"，而传统戏曲主要在民间流传。朱自清指出："欧化的新艺术"并
"不能让小市民来'共赏'，不用说农工大众"。于是抗日战争以来又有
"通俗化"运动，以达到雅俗共赏的局面。② 抗日战争时期，都市的京剧
相对衰落，而知识界的话剧勃兴，传统戏曲主要在乡村中生存，故有研究

---

① 张笑侠：《兼葭簃戏话》，《戏剧月刊》第 2 卷第 7 期，1930 年。
② 朱自清：《论雅俗共赏》，《民国丛书》第四编第 56 册，上海书店出版社 1992 年影印本，
第 7 页。

者认为："中国新剧运动自有史以来就有着两条路：一条是属于都市的，一条是属于农村的，不过，最初，这路向只有前者兑了现，而后者仍处在半意识半行动之中。"为了传播新思想，20世纪30年代以后的知识界喊出了"戏剧下乡"的口号，提倡"戏剧到民间去"①。知识界创作的"戏剧"不属于民间文化，却不得不走向民众，回归戏剧的本质。

19世纪末年，面对西潮的梁启超指出："今日非西学不兴之为患，而中学将亡之为患。"② 这种言论在当时颇似杞人忧天，却在后来得到了验证。五四时期，冲击京剧的偏激现象只是历史的瞬间，但对京剧的偏颇态度并未从历史上消失。工具化、盲目西化的幽灵不时地在京剧舞台上游荡，对传统艺术的创新和发展造成了干扰。因为审美的西化趋向，观众日益欣赏西方的歌剧、芭蕾，而同样代表象征主义艺术的京剧表演则逐渐远离人们的视线。除了社会环境变迁的影响外，近代京剧改良过程中的偏向也值得进一步省思。

---

① 田禽：《中国戏剧运动》，《民国丛书》第四编第63册，上海书店出版社1992年影印本，第85—89页。

② 梁启超：《西学书目表后序》，《饮冰室合集》文集之一，中华书局1989年版，第126页。

第六章

雅俗难辨的信仰世界

近代社会空前剧变，人们的价值观日趋多元化。少数知识精英感情上迷恋传统，理智上向慕西方，广大民众则无论在感情上、理智上都仍然非常传统。近代通商口岸及大中城市的物质文明进步明显，大体获得了各阶层的认同，而人的信仰世界更加复杂多彩，很难以中西之别或新旧之分来认识，精英与大众的宗教信仰也不是泾渭分明。

传统士绅多受儒学浸染，儒家伦理既是"内圣"功夫，又是讲求"外王"功业的途径。较之一般民众，无论其尊崇儒学或者心向"异端"，其信仰世界均较有理论色彩。此外，佛、道二教长期传衍，是士绅和大众的共同信仰。晚清以降，精英人物对佛、道二教的态度不同，民间多神信仰的社会地位又等而下之，命运更为坎坷。近年来，研究者对士人的精神世界作了不少正面描述和诠释，对几大宗教的原理、机构和社会衍生多有论述，但对大众的信仰世界仍缺少"了解之同情"。实际上，在精英与大众的信仰世界中，许多内容并无二致，其思想品质也难分高下。近代奉为"宗教"者未必能"教"，贬为"迷信"者也不一定入"迷"。两者的近代形成过程亦可进一步梳理和反思。

第一节　士绅的信仰危机

"三纲"作为传统伦理的核心，数千年来根深蒂固，广泛渗透于社会生活。辛亥革命终结了数千年的专制帝制，民主共和得到广大民众，尤其是商、学、知识界的拥护。在此"天崩地坼"之时，中国人的信仰世界随之发生了强烈地震，忠君观念趋于转变，但新旧更替在不同阶层和群体差异甚大。一般民众还不能准确地理解民主革命，只能在现实生活中逐渐接受新思想、新观念。对于广大农村来说，民主思潮的扩散和深入相当缓慢，但也有端倪可察。有的民俗资料记载：一般平民之家，常在堂屋中设龛，上书"天地君亲师位"，岁时祭祀。"民国以来，有易'君'字为'国'字者"，①"三纲"变革逐渐渗透于社会日常生活。青年学生是最为思想敏感、活泼的群体，易于接受民主共和思想。较为典型的事例是，"民选"总统取代帝制导致了社会偶像的变化。1913 年"二次革命"失败以前，民主革命的中心地区——江苏的一份考试答卷对此有所反映：

> 江苏第一师范学校招考生徒，应考者三百余人，皆中小学生也。校长杨月如先生嘱各举崇拜人物，以表其景仰之诚……计开崇拜孔子者一百五十七人，孟子六十一人，孙文十七人，颜渊十一人，诸葛亮、范文正八人，岳飞七人，王守仁、黎元洪六人，大禹、陶侃、朱熹、华盛顿四人，程德全三人，苏轼、康有为、袁世凯、屠元博二人，伯夷、周公、仲由、苏秦、张仪、秦始皇、张良、萧何、韩信、司马迁、马援、班超、陆九渊、韩愈、司马光、程颐、徐光启、顾宪成、史可法、曾纪泽、梭格拉底、亚里斯多德、马丁·路德、培根、卢梭、梁启超、武训、杨斯盛、安重根、蔡普成……各一人，此外 23 人则无所崇拜也。②

答卷统计虽以笑料登载于报刊，却真实地反映了中小学生的观念变化。拙作《近代中国社会文化变迁录》第三卷首次引用这条材料后，曾引起一些论者注意。人们对其分析、看法可能不尽一致，但不可否认的事实是：崇拜皇帝者如此之少，崇拜孙中山者仅次于孔孟，说明民主共和思想确实产生了一定影响，至少在 1913 年的江苏地区如此。进而言之，民

---

① 《万源县志》（民国二十一年铅印本），《中国地方志民俗资料汇编》（西南卷·上），书目文献出版社 1991 年版，第 320 页。

② 静安女史：《考师范者之笑话》，上海《时报》1913 年 7 月 1 日。

初儒学和忠君观念遭受的冲击并不一样。① 民国初年，皇帝的神圣光环在中下层读书人中已经褪色了，民主思潮对青年学生的信仰世界产生明显震动。

然而，中国具有漫长的帝制传统，皇权崇拜的心理不会迅速消失。如果扩大视野，从不同阶层、不同地域多方面观察，则与皇权崇拜相伴随的忠君观念并没有骤然而逝。袁世凯走向帝制时，文化教育上大肆宣扬忠义道德。1913 年以后，适应政府的保守、复辟步伐，尊孔读经风行一时。随之，政治复辟接踵而起，由袁氏而清室，大有"民不可一日无君"之势。民初帝制丑剧不完全出于利禄之徒的兴风作浪，而有一定的社会基础。除了利益集团的兴风作浪之外，也与一些人的帝制思想和忠君观念密切相关。1917 年，陈独秀在一次演讲指出：

> 数年以来，创造共和、再造共和的人物，也算不少。说良心话，真正知道共和是什么，脑子里不装帝制时代旧思想的，能有几人？……分明挂了共和招牌，而政府考试文官，居然用"上天下泽，履君子以辨上下定民志"，"百姓足君孰与不足"和"学则三代共之，皆所以明人伦也，人伦明于上，小民亲于下"为题……一般社会应用的文字，也还仍旧是君主时代的恶习。城里人家大门对联，用那"承恩北阙"、"皇恩浩荡"字样的，不在少处。乡里人家厅堂上，照例贴着"天地君亲师"的红纸条，讲究的还有座"天地君亲师"的牌位。②

这些现象虽不代表社会全貌，却不罕见。不过，对陈独秀描述的现象又当分析来看，官方考题与市民门联显然有着不同的思想蕴含。一般民众并无明确的政治信念，民初无论是市民，还是农民，都不同程度地遗存帝王观念。"皇恩浩荡"、"天地君亲师"之类的标语只是习俗相沿，没有明确的政治取向，主要反映了一些民众对民主共和的模糊认识，对政局变化

---

① 士人的儒学信仰显然较之忠君观念更为牢固。1906 年，清廷将祭孔升为"大祀"。辛亥革命之后，帝制复辟皆如昙花一现，而尊孔思潮接踵而起。即使在五四之后，儒学仍在东方文化思潮、现代新儒学中显示了顽强的生命力。

② 陈独秀：《旧思想与国体问题》，《新青年》第 3 卷第 3 号，1917 年 5 月。

反应迟钝。广大农民也相类似，只能是政潮中的旁观者和局外人，绝大多数不过是鲁迅小说《风波》中"七斤"一类人物。民众的政治觉悟程度低，这为帝制丑剧增添了不少观众，但他们不是帝制丑剧的主角和推动者。民初帝制现象虽与国民素质不无相关，但很难以此作出完全的解释。不过，对于热衷于帝制复辟的军绅阶层，则当揭示其信仰世界的真实面貌，剖析其迷恋帝制、参与复辟的思想根源。

士为四民之首，是国家政治机制和社会生活中的主导力量，清代"绅士阶层总人数在太平天国前约为 110 万人，太平天国后为 140 万人"。这还不包括属于"绅士边缘人物"的童生和耆老。① 这些绅士及家庭成员所占人口比例并不大，却是封建政府的统治基础。清末民初，士大夫处于激剧分化、蜕变之中。1905 年废科举以后，传统绅士的队伍日减，至 1915 年只剩 70 万—80 万人。清末民初，部分绅士转化为近代商人、企业主，多数则转化为新式知识分子，从事文化教育工作。近代大中城市的不少名流、报人、教师、文化人均从绅士转化而来。他们逐渐接受新思想、新习俗，融入市民社会，其中少数人被推到时代潮头，成为知识精英。

然而，绅士的社会作用没有随数量减少而迅速缩小。清末民初，官绅一体的政治结构没有显著改变。有学者据《宣统三年冬季职官录》统计清末中央各部官员的出身，其中属于有功名的传统绅士占 88.4%，新式学堂及其他来源只占 11.6%。② 类似情况在各级地方政府中同样存在。清王朝的覆亡是多种政治合力作用的结果，这注定了新政府政治构成的复杂性。民初北方诸省官员多为清朝旧人，山西民谣云："清朝改民国，换汤不换药；百姓地狱苦，官绅天堂乐。"③ 这是北方诸省的一个缩影，即使是革命力量较大的南方省份也相类似。有论者统计浙江 62 个州县新政府领导人的已知身份。其中任都督（军政长、司令）的 28 人中，有革命党人 8 人、旧军官 11 人、前任官 2 人、绅士 7 人；任民政长（民事长）的 61 人中，有旧军官 1 人、前任官 19 人、绅士 41 人；任县议会议长的有

_____

① 张仲礼：《中国绅士——关于其在 19 世纪中国社会中作用的研究》，上海社会科学院出版社 1991 年版，第 109 页。

② 张玉法：《中国现代化的区域研究——江苏省》，"中央研究院"近史所 1982 年版，第 525 页。

③ 《山西民谣》，张守常辑《中国近世谣谚》，北京出版社 1998 年版，第 616 页。

绅士 19 人。① 绅士仍然是新政府的重要领导者。在野的下层绅士也有类似情形，他们参与社会活动较早，在民初社会、政治生活中仍扮演着青年学生无法比拟的角色，民初舆论评论安徽桐城的绅士云：

> 势绅分两种。什么两种咧，一是亡清遗老的老资格；二是宦官同那宦官的后人。这两种人的势力，膨胀了不得。那些"把持诉讼"、"破坏公益"，都是他们一种恒业。是以一般可怜虫，屈服于他们的声威低下，真是有理无处说，有冤没处伸咧。②

绅士的社会角色固然不少，如举办社会公益，维护地方秩序等。他们是"大传统"的传承者，正统观念比下层民众牢固。三纲五常是他们难以离舍的精神依赖，即使没有名利的驱动，也往往不自觉地成为其维护者和践履者。

民初及后来研究者论及近代道德状况时莫不有乱象环生、信仰危机的评价。李大钊在 1919 年指出："近几年来常常听关心世道人心的人，谈到道德问题。有的人说，现在旧道德已竟破灭，新道德尚未建设，这个青黄不接人心荒乱的时候真正可忧。"③ 中国人面临空前的信仰危机。不过，后世的研究多着墨于趋新人士，如新潮青年的自杀现象。这种取向隐含的寓意是，观念守旧者因一味保守，信仰危机不像趋新者那样严重。其实，那些坚持传统、固守"三纲"的保守者则处于更加痛苦的信仰危机之中，其甚者不得不像梁济、王国维那样以身殉道。

当然，保守人物中也是鱼龙混杂，品行良莠不齐。他们一般内则以发扬孝道、固守贞节为治家之本，外则以忠君拥清相标榜，表现出对传统纲常的信仰和维护。如果说，袁世凯复辟确实多出于利禄之辈的兴风作浪，那么，张勋复辟包含的忠君因素还是比较明显的。因清帝下诏逊位，也因民国政府优待清室。据《清史稿》"忠义传"所载，辛亥革命中殉清的文臣武将仅约 100 余人，这比历代殉国的忠臣数量明显偏少。一些清朝臣子

---

① 汪林茂：《浙江绅士与辛亥革命》，《近代史研究》1990 年第 5 期。
② 《桐城社会写真》，上海《民国日报》1920 年 3 月 10 日。
③ 李大钊：《物质变动与道德变动》，《新潮》第 2 卷第 2 号，1919 年。

变成了民国官吏，一些人则隐忍苟活，另有企图。

　　民初两次帝制复辟蕴含的伦理道德显然不可同日而语，趋附新朝与拥戴前朝仍有高下之分。清朝虽由满族入主中原，而历经二百多年的改良和满汉融合，汉化之深已是不容否认的事实。无论就王朝正统或是文化上看，满汉之间的裂痕已不明显。比如，清末民初有关清朝的坊间故事基本上淡化了乾隆、光绪诸帝的满族形象，对他们的口碑褒贬也与历代汉族皇帝无异，而主要看重功德。清末反满宣传被民初"五族共和"的新话语取代之后，满汉差异进一步消亡，并且社会动荡、风俗浇漓的现实使一些人不自觉地怀念起"康乾盛世"。故从社会心理上看，具有复辟的社会基础者唯有清室，而一生善于钻营、反复无常的袁世凯则不然。沈曾植的行为代表了清朝遗老的心理："项城称帝，天下骚然。初，公已洞烛其逆谋，谋有以覆之。至是，谋益力。与康更生（康有为字广厦，号长素，又号更生）等往来擘画，常夜以继日。"[①] 袁世凯的"逆谋"及败亡，增强了清朝遗民的信心，也使之加快了拥清复辟的步伐。陈独秀曾经分析反袁称帝的社会心理，认为"反对帝制的人，大半是反对袁世凯做皇帝，不是真心从根本上反对帝制"[②]。既然如此，则拥戴清室也是有帝制思想者的必然归宿。

　　拥清复辟不是一些人的心血来潮，仍然具有思想史意义。可以说，那些人执著于传统而又陷入了信仰危机。他们虽不完全排斥西方文化，但未能解决新旧调和、中西融合的问题，只能拘泥于传统伦理，以致殉"君臣大伦"。康有为和张勋在民初被复辟势力推许为文、武"二圣"，象征了军阀武人和保守文人两个群体。前者首领人物是张勋，此外如倪嗣冲、张怀芝、张镇芳等都是骨干。这些人割据一方，参与或支持 1917 年的宣统复辟。他们的拙劣表演既出于争权夺利，又有一定的思想根源。鉴于民初党派纷争、社会动荡、纲常离析的社会乱象，他们强调社会秩序，重视恢复传统纲常。1914 年，孔教会向袁世凯提出尊孔读经以正人心风俗的建议，袁世凯表示交教育部商议。安徽都督倪嗣冲迅速上书袁世凯，认为

---

　　① 王蘧常：《沈寐叟年谱》，参见申君《清末民初云烟录》，四川人民出版社 1984 年版，第 113 页。

　　② 陈独秀：《旧思想与国体问题》，《新青年》第 3 卷第 3 号，1917 年。

挽救"天下纷扰，纪纲荡然"局面，"其切要处，只孝悌、忠信、礼义、廉耻八字，为正人心、厚风俗之本"。为了灌输这些道德学说，他"吁请大总统特饬教育部改良教法，大学、中学、小学均严读经之令"①。在一批地方军阀的支持下，孔教会声势扩大，尊孔读经也变成国策。1914 年12 月，参政院确定"诚宜视忠孝节义四者为中华民族之特性，而以此为立国之精神"②。接着，教育部拟订了提倡忠孝节义的实施办法。

然而，政府的法令、教育部的文件对维护传统纲常的实效甚微，一些拥兵自重者很自然地借助于手中武力。1917 年宣统复辟时，军阀们的奏折、溥仪的"上谕"都高扬恢复旧道德的旗帜。张勋、倪嗣冲等人请溥仪复辟的奏折云：

> 窃经国以纲纪为先，救时以根本为重。我朝开基忠厚，圣圣相承，立教则首尚人伦，敷政则勤求民隐……虽经捻发寇氛之巨，卒赖二三大臣效忠疆场，用能削平祸乱，弼我丕基。盖仁泽入人既深，而王纲又足以维系之也……乃共和实行以后，上下皆以党贿为争端，各便私图，以贪济暴，道德沦丧，民怨沸腾。③

张勋、倪嗣冲等人俨然效法曾、左、李等"中兴名臣"，以恢复纲纪的使命自任。这种冠冕堂皇的言辞无疑可以掩盖个人私欲，但在主观上也有忠君观念作怪。民国时期有人评论张勋："其人愚忠顽固，亦属可哂，他对满清是忠贞到底。"④ 这不能说毫无根据。

武人之外，还有一些文人从事"忠君"活动。他们的复辟期望和行为带有殉道色彩，所谓"天苟欲亡吾国，则四千年往圣先贤之大训，忠臣孝子之奇行义烈，将皆荡为冷灰寒烟，无复踪迹可寻，宁独一家一人之

---

① 《倪嗣冲呈致大总统呈》（1914 年 5 月 26 日），《中华民国史档案资料汇编》第三辑文化，江苏古籍出版社 1991 年版，第 16—19 页。

② 《参政院为导扬中华民国立国精神拟定教育办法致大总统咨》，《中华民国史档案资料汇编》第三辑文化，江苏古籍出版社 1991 年版，第 37 页。

③ 张慧庵：《复辟详志》，《近代中国史料丛刊》三编第八十辑第 797 册，文海出版社影印本，第 29—30 页。

④ 许金城辑：《民国野史》，《近代中国史料丛刊》初编第九十八辑第 979 册，文海出版社影印本，第 51 页。

谱乘而已。若犹有前沈后扬之一日，则彝伦大谊不晦益明，邪说诐辞等诸燀火。穷则思变之时，正吾道来复之会"①。他们自幼研习儒家经典，深受传统纲常伦理的熏陶，其中有些是前清官僚，如劳乃宣、胡思敬、郑孝胥、陈宝琛、瞿鸿禨、刘廷琛、陈毅、梁鼎芬等，有些人虽在前清中的职位不高，但却是吸纳新知、学贯中西的学者，如康有为、王闿运、辜鸿铭、罗振玉、宋育仁、沈曾植、陈三立、柯劭忞等人。他们是留恋清室的遗老，或者直接参与复辟活动，或者暗中支持，有的则表现出对政治风云的超然态度，但都不失为清朝忠臣。辛亥之后，他们仍忠于清室，成为君臣纲常的维护者。辛亥年"殉清"的帝师陆凤石曾对徐世昌说："古人有言，死易，立孤难。吾为其易者，此后皇室经费，惟子是赖矣。"② 徐世昌没有成为托孤的忠臣，但一些遗老确实想做托孤之臣。帝师陈宝琛说："民国不过几年，早已天怒人怨，国朝二百多年，深仁厚泽，人心思清，终必天与人归。"③ 他们似乎对清室复辟充满了信心。

民初的社会乱象让他们对清廷复辟抱有幻想。王闿运、宋育仁在民国初年任职于清史馆、国史馆，却不忘清帝。1914 年，王、宋等人联合国史馆遗老呈请宣统复辟。劳乃宣则著《正续共和解》，要求袁世凯像伊尹一样还政于清室。此事引起舆论非议，也令准备帝制自为的袁世凯反感，因而袁氏"令交内务部查办"④。罗振玉后来任职于伪满洲国，虽是受利欲驱动，但也是为清室尽忠的践履途径。他们的行为方式不一，却有其共同之处：将社会危机归因于道德失范，视重振三纲五常为解决途径。他们自觉或不自觉地把忠君看作人伦之本和思想信念。瞿鸿禨在请求溥仪听政的奏折中称：

> 查中国以君主立国越四千年，而三纲五常乃君主立国之本。盖积家为国，造端伦常。大伦有兄弟而序其长幼，必先系子于父。人伦有

---

① 李岳瑞：《杨毓甫先生家传》，闵尔昌录《碑传集补》卷三十四，《近代中国史料丛刊》初编第 100 辑，文海出版社影印本，第 14 页。

② 唐文治：《记陆文端公事》，参见卞孝宣、唐文权编《辛亥人物碑传集》，团结出版社1991 年版，第 611 页。

③ 溥仪：《我的前半生》，群众出版社 1979 年版，第 68 页。

④ 远生：《顽民之谬说》，《申报》1914 年 11 月 21 日。

朋友而析及男女，必别系妇于夫。纳五常于三纲之中，即以君纲揭其领，大纲既振，小纲皆举，斯乱萌无自而生。故真能爱国之民，鲜不爱君。而真能爱民之君，即为爱国。反是者今日之乱而已矣。①

这不过是从董仲舒到宋明儒家的老调重弹。"真能爱国之民，鲜不爱君"的论调是直接从三纲伦理中推衍出来的，体现了鲜明的忠君意识。即使到了1920年，有的遗民仍在日常生活中对废帝敬若神明，如张勋复辟时的"议政大臣"刘廷琛在上海做寿，其情形是：

> 中堂高悬废帝亲书"福寿"二字……刘氏父子先一日已朝服香案，九叩谢恩，不日更须上谢恩折。其他亡清余孽所赠祝联甚多，狂悖之词几不胜纪……以郑孝胥一幅之词为最怪，词云："犯上作乱暴易暴，无父无君食其报。刘公谱序雷行天，天意分明殛群盗。潜楼继起行其言，欲伸大义回乾坤。是父是子系名教，眉寿康强在一门。"陈夔龙一幅，中有两名句云："岁时伏腊惟知汉，伉俪神仙合姓刘。"宾客满堂，读此等词句，无敢訾议者。②

这里一方面对民国社会大加斥责，另一方面则对亡清忠心不二。与做寿类似，请求溥仪赐谥也成为表达忠心的机会。"清室逊位以来，时闻有赐谥遗臣之事……近闻有清室某遗臣亡故，竟有人联名请谥于清室。"③这些现象看起来冥顽可笑，却表现了忠君信仰面临的尴尬处境。

康有为构建了理想主义的大同世界，而其道德观念是相当传统的，既像旧式士大夫一样娶妻纳妾，又像古人感激知遇之恩。民国建立以后，康有为"嗟纪纲之亡绝"④，积极推动孔教运动，以图恢复旧的纲常道德。诚如梁启超评论乃师："有为始终谓当以小康义救今世。对于政治问题，对于社会道德问题，皆以维持旧状为职志。自发明一种新理想，自认为至

①　张戆庵：《复辟详志》，《近代中国史料丛刊》三编第八十辑第797册，文海出版社影印本，第32页。

②　《亡清余孽祝寿之怪现象》，上海《民国日报》1920年10月6日。

③　箴：《请求清室予谥之奇闻》，《申报》1920年12月30日。

④　康有为：《不忍杂志序》，《康有为政论集》（下），中华书局1981年版，第769页。

善至美，然不愿其实现，且竭全力以抗之过之，人类秉性之奇诡，度无以
过是者。"① 他身处中西交融的时代，却没有超越政教合一的思维模式，
而始终坚信孔教的救世功用，被弟子们看作"以孔教复原为第一着手"
的宗教家。② 民国元年，在他的主持下，由其弟子陈焕章及清朝遗老沈曾植
等人在上海成立孔教会。随后，康有为被推为总会会长，在各地设立分会，
出版刊物。儒学在古代尚未成为"国教"，在近代更难于"以孔教立国"，
康有为的孔教主张仍流于工具层面。即使如此，他的努力也是一相情愿。

孔教会挽救"礼俗沦亡，教化扫地"的政治途径是拥清室复辟。1917
年复辟失败后，康有为辞去孔教会职务，但对清室忠心不改。面对天下乱
局，康有为一度寄望直系军阀吴佩孚来结束战乱，然而，他的梦想很快被
北伐军的节节胜利所粉碎。他在上海过完七十岁生日后，给废帝溥仪的
"谢恩折"称："臣回天无术，行泽悲吟，每念家国而咎心，宜使祝宗以祈
死。"③ "祈死"的康有为没有像屈原、王国维那样投水尽忠，却在北伐军
逼近上海时躲到了青岛租界，数日后暴病而亡，也算是以死谢君恩了。

执著于忠君信仰而狼狈不堪者不一而足。1917 年宣统复辟"诏书"
多由万绳栻起草，而刘廷琛在其中加上两句："以纲常名教为宪法之精
神，以礼义廉耻收溃决之人心。"陈宝琛在旁见此，称赞他"可谓半部
《论语》治天下"。1917 年 7 月 4 日，有人告诉刘廷琛各方面反对复辟情
形，劝其悬崖勒马。刘"正色曰：吾既忠于故君，当与同尽，决不朝秦
暮楚，与世俗浮沉也"④。复辟失败后，刘廷琛逃到了上海。

陈宝琛是清末"清流派"人物。民初虽积极参与宣统复辟，但并不
真正了解主子的心思。"九·一八"事变后，他一再劝阻溥仪去东北建立
"满洲国"，不赞成依附于日本侵略军，这与郑孝胥、罗振玉式的"忠君"
又有所区别，被溥仪指责为"忠心可嘉，迂腐不堪"。即使溥仪做了日本

---

① 梁启超：《清代学术概论》，《饮冰室合集》专集之三十四，中华书局 1989 年版，第 60
页。

② 梁启超：《南海康先生传》，《饮冰室合集》文集之六，中华书局 1989 年版，第 67 页。

③ 康有为：《追述戊戌变法经过并向溥仪谢恩折》，《康有为政论集》下册，中华书局 1981
年版，第 1125 页。

④ 翘生：《复辟纪实》，《近代中国史料丛刊》三编第八十辑第 797 册，文海出版社影印
本，第 81 页。

侵略军的傀儡，他还一再给溥仪上密折，为其恢复大清江山出谋献策，又以 80 岁高龄多次从福建老家去"满洲国"谒见溥仪。他没有顾及旧主背叛民族利益的行为，但"朝廷"对他的忠心并不领情。

更带悲剧色彩的事件是梁济、王国维的自杀。清末以来，在民政部任职的梁济对人心风俗之变忧心忡忡。辛亥革命爆发后，他就劝说京城的革命党人"立宪足以救国，何必革命"。接着，在广西同乡的团拜会上一再表示"以死义救俗之志"，在"关帝、文昌两殿行礼，皆告于神明必将以死义救末俗"①。他处心积虑地从事维护清室的活动。1917 年张勋复辟发生前夕，他认为此时复辟不利于清室，曾"秘为书亟阻之。略云：效忠故君，需计久长，忽为复辟迂谋……惟严责民党遵辛亥逊位诏书行真共和……即真正忠于清室万年不朽之业也"②。然而，事与愿违，愚顽的军阀为清室自掘坟墓，将其推到不遵"逊位诏书"的尴尬处境。而复辟失败后，那些积极策划复辟的武人、名士们竟无人殉节，梁济尤感痛心疾首。1918 年春，他因虑人心日泯，爱取忠孝廉节事，撰《好述金鉴》、《暗室青天》、《庚娘传》三剧本，授陕西易俗社伶人排演。但是，传统的忠孝节义进一步受到冲击，梁济在心理上已经陷入绝望，久有"死义"的他在 60 岁生日来临之际，于 1918 年 11 月（农历十月初七）自沉于北京积水潭，并留下《敬告世人书》：

> 吾竭诚致敬以告世人曰：梁济之死系殉清朝而死也……今花甲将周，儿辈张罗为寿，虑亲朋来集。国庆有数载，吾尤尚存。与我素志不符，深觉可耻……吾因身值清朝之末，故云殉清。其实非以清朝为本位，而以幼年所学为本位。吾国数千年，先圣之诗礼纲常，吾家先祖先父先母之遗传与教训，幼年所闻，以对于世道有责任为主义。此主义深印于吾脑中，即以此主义为本位，故不容不殉。③

梁济一直对人心末俗忧心忡忡，自杀乃是殉其"主义"，即传统纲

① 梁焕鼎：《桂林梁先生遗书》卷首"年谱"，京华书局 1925 年刊本，第 49 页。
② 同上书，第 55 页。
③ 梁济：《敬告世人书》，《桂林梁先生遗书》之一"遗笔汇存"，京华书局 1925 年刊本，第 81—82 页。

常。殉清、殉"主义"互为表里，也就是以殉清的名义来践履中国的纲常名教。正如陈独秀所说："梁先生自杀的宗旨，简单说一句，就是想用对清殉节的精神，来提倡中国的纲常名教，救济社会的堕落。"故他认为，无论梁氏是不是殉清，"总算以身殉了他的主义，比那把道德、礼教、纲纪、伦常挂在口上的旧官僚，比那把共和、民权、自治、护法写在脸上的新官僚，到底真伪不同"①。

梁济忠于清室而死，虽然对社会状况不满，但遗书希望民国之人像他忠于清朝那样忠于民国，"对于民国职事，各各有联锁巩固之情"。这恰恰说明，梁济对共和制度没有绝望，甚至寄予希望。只是自己与之并非同道，不能为民国尽力，不得不随无望的帝制而去。因之，与其说梁济之死是出于对共和制度的失望，毋宁说是对清室绝望。梁济自杀在北京文化界激起了波澜，卷入其事者意图或不尽同。儒家的道德理想主义对医治民初世风不无价值，也可转化为重建道德理念的思想资源。惟其如此，陈独秀、陶孟和、胡适等新文化人虽然对梁济殉清不以为然，但肯定其殉"主义"的人格。

9 年之后，王国维之死与梁济自杀的思想蕴含和心态大致相同。王国维于 1927 年"五月初三日自沈于颐和园之昆明湖"。在端午节之际，自沉于皇家园林，这让人联想到屈原殉国，也必然把王氏之死看作殉清。在社会变局中，一些文人学者仍执著于"幼年所学"而又无可奈何，故陈寅恪有"一死从容殉大伦，千秋怅望悲遗志"的评论。② 陈寅恪认为，"夫纲纪本理想抽象之物，然不能不有所依托，以为具体表现之用"。故"理想抽象"的纲纪必然依托于"具体表现"的清朝。吴宓日记云："王先生此次舍身，其为殉清室无疑。大节孤忠，与梁公巨川同一旨趣。"③后人的解释不免带有社会烙印，或为表达自己思想的方式。陈寅恪、吴宓的诠释不无主观性，却与梁济的《敬告世人书》如出一辙，符合王国维的思想逻辑。简言之，梁、王之死的思想根源在于对清室绝望。在共和制度几经冲击而未动摇、清室复辟日益渺茫之时，他们自幼形成的纲常信仰

① 陈独秀：《对于梁巨川先生自杀之感想》，《新青年》第 6 卷第 1 号，1919 年。
② 陈寅恪：《王观堂先生挽词并序》，参见吴学昭《吴宓与陈寅恪》，清华大学出版社 1992 年版，第 54 页。
③ 吴宓：《吴宓日记》（3），生活·读书·新知三联书店 1998 年版，第 345 页。

遭受了毁灭性打击。逐渐加深的绝望心理一旦遇到刺激因素，势必发生非常行为。梁、王等人成为祭奠传统价值理念的牺牲，不能说"重于泰山"，但也不是"轻于鸿毛"。在近代"主义"横行、信仰的谎言泛滥成灾时，梁、王等人生活在真实的信仰中，这无疑是值得尊敬的。无论口是心非的"忠臣"，还是殉清、殉"主义"而死者，其人格高下有差，而信仰的困境并无大异。

第二节　社会变迁与佛道信仰

儒、释、道号称中国三大教，可谓是制度型宗教，也是人们常说的"大传统"。除儒家伦理之外，佛、道二教是传统士绅的主要信仰。清朝重视佛教，京城的王公贵族、平民百姓礼佛成风，寺庙、僧众之多超越前代。康雍时代的雍王府变成了京城最大的喇嘛庙——雍和宫。它的威严、繁荣和丑闻，几乎成为清代以来佛教衍生的一个象征。

民国以后，佛教组织发展到新阶段。1912 年 4 月 11 日，中华佛教总会在上海留云寺成立，推敬安法师为会长，道兴、清海为副会长，以"统一佛教，阐扬法化，以促进人群道德完全，国民幸福为宗旨"①。该会得到南京临时政府的同意，在全国设立 20 多个省支部和 400 个县支部。是时，各地侵夺寺产、毁灭佛像的情况时有发生。为了保护佛教，敬安法师曾北上走访内务部，呈书袁世凯。敬安法师逝世后，熊希龄出面与袁氏交涉，终于以大总统令颁布了中华佛教总会章程。

民初佛教潜伏着危机，佛教界人士试图振兴，太虚法师为寺僧的代表人物。1913 年在追悼敬安法师的法会上，太虚法师雄心勃勃地提出"教理革命、教制革命、教产革命"的口号，并于 1915 年撰成《整理僧伽制度论》，提出改革寺僧制度，大小寺院的财产均归佛教公有。又强调佛教的入世性，关怀政治，主张僧人参加选举而不组建政党。1918 年，太虚法师与章太炎、蒋作宾、陈元白、张謇、王一亭等人在上海组织了佛学团

---

① 《敬安、清海等组织中华佛教总会的有关文件》，《中华民国史档案资料汇编》第三辑文化，江苏古籍出版社 1991 年版，第 705—714 页。

体——觉社。报载："沪、汉、京、津间研究佛学者，为昌明佛学，开悟人心起见，取自觉觉他行圆满之义创立觉社，广征同志，以研究佛学，讲演佛理，编印佛书，流通佛经。"① 同年 12 月创刊由太虚法师任主编的《觉社丛书》（季刊）。1920 年元月，太虚法师创刊《海潮音》，这是近代历间最久、发行量最大的佛教刊物。借助于近代新闻出版工具，佛教的传播、与大众的沟通日益迅速而广泛，佛教形象和事件更易引起社会注目。针对日益强劲的科学主义思潮，有的寺僧如印顺法师阐发太虚法师的思想，提出了"人间佛教"的理念，主张以理性精神超越神道，使佛教完全回归人间，只是社会实效有限。太虚法师改革僧伽制度的设想因遭受佛教界内部的阻力而停止，20 世纪 20 年代以后经办的佛学院则在培养僧界人才方面略有成就。

在近代社会变迁中，一方面是丛林佛教相对衰落，寺僧对教理缺少创新，教制废弛，失去了往日的威严；另一方面则是居士佛教的兴起，一批造诣深厚的学者、思想家虔诚地信仰、研究佛教，上海、南京为其重镇。居士佛教之所以一枝独秀，或许是因其信仰形式便于兼顾现实利益和生活，在因应社会变迁和科学思潮方面更有优势。晚清以来，谭嗣同、康有为、章太炎、梁启超等思想家均信佛、讲佛，并且汲取佛学以构建其思想体系。杨文会的弟子欧阳竟无是民初居士佛教的代表，此外如吕澂、江味农、韩清静等皆为民国著名居士。欧阳竟无主张维持佛教的超越性，不赞成教徒过度关心和参与世俗政治，但也不完全超然社会之外。他于 1912年 9 月组织了中国佛教会，创刊《佛学丛报》，鼓吹用佛教统一国民思想。1922 年，欧阳竟无与吕澂等人在南京创办支那内学院，致力于培养佛学人才，研究佛教，其学术品位也非一般寺庙所能比肩。民国年间，除上海、南京之外，其他城市如北京、汉口、长沙等均有居士林、正信会、佛学社一类组织。

事实上，居士较之寺僧而易于深入社群，许多居士并不像欧阳竟无那样强调远离世俗。1918 年成立的觉社吸引了上海等地商界人士参加，社会影响非一般寺僧可比。居士佛教扩大了社会影响，便于灵活及时地回应新思潮。觉社的成立一定程度上是为了回应新思潮，更明显的事例是北京

---

① 《觉社研究佛学》，《申报》1918 年 11 月 14 日。

居士张宗载、宁达蕴针对《新青年》而于 1919 年成立了"佛教新青年会"，出版《佛化新青年》杂志，得到太虚法师、蔡元培、梁启超、章太炎等人的支持。该会在一些地区设立了分会，入会者达 3000 多人。民国居士佛教的另一成功之处是吸引了一些著名学者重视或信仰佛教，使其在思想上汲取佛学。胡适、汤用彤等学贯中西者长期研究佛教史，梁漱溟、熊十力等人融合儒、佛，汲取西学，建立了现代新儒学。就近代知识界来看，他们对道教或有微词，有的人且将其打入"迷信"之列，但对佛学大体上立足于正面阐发。

　　值得注意的是，佛教与近代社会、政治变迁密切相关。中国民间宗教在 20 世纪遭受了巨大冲击，有论者称为"反宗教运动"。它在 20 世纪早期的第一阶段是清末新政至共和革命时期（1900—1915），主要发生在华北平原；第二阶段是国民政府时期（1927—1930），主要发生在长江下游及广东省。在两次运动中，"民间神的塑像遭到亵渎或被强行从农村寺庙中拆除，而寺庙本身则被改建为小学或地方政府的办公室，寺庙与宗教组织的财产收入成为村政府的财政来源"①。两期"反宗教运动"的中心均邻近中央政府，与国家政策密切相关。袁世凯作为"帝制时代中国最积极提倡现代化的人"，与第一阶段的"反宗教运动"联系在一起，"在没收寺庙及其财产方面取得了不小的成功"②。

　　这一看法具有启发意义，20 世纪早期的反宗教现象确与政府、精英阶层相关，也与现代化语境分不开，但其背景和情形均比较复杂，政府和精英的作用因时而异。所谓第一期"反宗教运动"实质上是反民间多神信仰，而非反制度型宗教。其中心区域不限于首都附近，在长江中下游地区、广东，乃至四川均发生了此起彼伏的冲突事件。袁世凯在当时的现代化进程中不无积极作用，如训练新军、建立近代警察制度、开办学堂等方面，但与所谓"反宗教运动"关系不大。民初激烈的反宗教迷信事件恰恰发生在袁世凯势力薄弱地区。

　　晚清京城僧人社会地位空前之高，"多交接王公，出入宫掖，以故声

---

①　Prasenjit Duara, *Rescuing History from the Nation*: *Questioning Narratives of Modern China*, Chicago, the University of Chicago Press, 1995. pp. 95 – 96.

②　Ibid. p. 97.

价极高。谚谓：在京的和尚，出京的官"①。宗教、政治之间互相利用和渗透，寺庙并非不染红尘。清末京城和尚依附清廷，南方一些僧侣则积极参加反清活动，为民主革命助一臂之力。民国建立后，佛教并不像一些论著所谓很快衰落下去了，而是保持了一定活力，且享有较高的社会地位。不过，佛教上层人物与普通僧众的命运不完全一样。

清末戊戌维新之际，朝廷曾有以庙产兴学的打算。在康有为等人的推动下，为了迅速发展教育，戊戌年五月上谕云："至于民间寺庙，其有不在祀典者，即著由地方官晓谕民间，一律改为学堂，以节靡费而隆教育。"② 这是清末庙产兴学之滥觞，但实际影响有限，因其一则针对"不在祀典"的民间寺庙，京城内外被官府纳入祀典的佛道寺庙大多不在其列。再则，该上谕不久即随变法受挫而被搁置。是年八月上谕云："各省祠庙不在祀典者，苟非淫祀，著一仍其旧，毋庸改为学堂，致于民情不便。"③ 是否"淫祀"本是不确定的，而顾及"民情"则是明确规定。19世纪末年，修建寺庙之风已经衰退，改庙为学之事也不多见。无论是扩充孔庙还是庙产兴学，戊戌之际基本上实效甚微。

倒是张之洞的兴学策，虽然目标不在废淫祀、立孔教，而影响力更显深巨。他于戊戌年推出的《劝学篇》，被上谕称为"持论平正通达，于学术、人心大有裨益"。该书既反对"异教相攻"，指出扶翼孔教的办法"要在修政，不在争教"。基督教"传教既为条约所准行，而焚毁教堂又为明旨所申禁"。荐绅先生不要鼓动愚民制造教案。④ 为了实现兴学计划，他提出将书院改为学堂。有的府、县书院简陋，则以善堂之地、赛会演戏之款、祠堂之费来补充，还可以"佛道寺观改为之"。"大率每一县之寺观取十之七以改学堂，留十之三以处僧道。其改为学堂之田产，学堂用其七，僧道仍用其三。"⑤ 如此大规模地以庙产兴学，佛道寺观难免首当其冲。张之洞的兴学办法没有立刻实行，却在1901年以后变得理所当然。

---

① 王小隐：《负暄絮语》，《中国近世谣谚》，北京出版社1998年版，第253页。

② 朱寿朋编：《光绪朝东华录》第4册，中华书局1958年版，第4126页。

③ 同上书，第4204页。

④ 张之洞：《劝学篇》外篇"非攻教第十五"，苑书义等编《张之洞全集》第12册，河北人民出版社1998年版，第9769—9770页。

⑤ 张之洞：《劝学篇》外篇"设学第三"，《张之洞全集》第12册，第9739—9740页。

清末新政开始后，有的督抚重提庙产兴学。1904 年，湖广总督端方上奏朝廷，两湖办学已有成效，兴学办法"亦有就地方祠堂、公所、庙宇量地增设者"①。次年，直隶总督袁世凯奏办警务事亦云：其"所需经费，以地方本有之青苗会支更费用及赛会演戏一切无益有余之款，酌提充用"②。这些新政对不在国家祀典的民间诸神显然有所冲击。

　　然而，各地毁学事件时有发生，兴办新式教育亦步履艰难。民国建立后，推广新式教育成为国策，庙产兴学之风随之重兴。民初几年，各地争夺庙产事件频频发生，大多是对辛亥至民元庙产兴学潮的反拨。在这些冲突中，大体是政府和绅商结为同盟，而乡民则站在僧道一边。这场斗争的利益集团实际上一边是绅商，另一边是僧道。庙产兴学直接损害了僧道的经济来源和生存环境，无疑会遭到他们明里暗里的阻挠。对于绅商而言，其儒学修养多少形成了对"怪力乱神"的反感，因为宗教本来只是他们发挥社会政治作用、影响乡民的工具。在兴办新式教育之后，他们有了施展社会领导才能的新方式，宗教的作用退居次要。再则，庙产兴学能给更多的绅商子弟提供就学机会，对他们是有利无弊之举，因之基本上予以支持。就广大乡民来看，由于长期的宗教信仰，他们担心拆毁神像会失去精神的庇护，加之无力送子弟去新式学校就读，故庙产兴学看起来只是"弊多利少"。一旦受到煽动，他们自然成为寺庙财产的保护者。

　　民初政府重视佛教，实施信教自由。但在民元之际、在少数地区，佛教生活不免受到一些震动。1913 年 3 月，袁世凯内务部训令各省民政长，禁止父母送未成年子女为僧尼，也禁止官吏勒令僧尼还俗："查从前各省人民往往因家贫之故，而以未成年之子女送为僧尼者，一经剃度，终身桎梏，其父母既不履行教养之义务，其子女亦不保其身体之自由，于民刑两事均有违背。又从前各省官吏，对于僧徒往往有无罪而勒令还俗者，虽无摧残教众之恶意，究为专制时代之弊端，均非国家以法律保障人民之意也。"③ 同年 6 月，内务部又公布《寺院管理暂行规则》，保护寺庙财产。

　　民国时期，中央和地方的政令常有出入、因人兴废，绅商和寺僧均可

---

①　朱寿朋编：《光绪朝东华录》第 5 册，中华书局 1958 年版，第 5165 页。
②　同上书，第 5393 页。
③　《内务部训令第 139 号》，《政府公报》第 304 号，1913 年 3 月 12 日。

找到有利于自身的法律和权力依据。这种政治环境加剧了冲突的持续性、反复性。1913 年以后，庙产既受法律明令保护，地方僧众乃纷纷要求发还庙产。比如，安徽某县僧侣表示，"如不能达到发还目的，该僧徒势以死拼"①。在上海，闸北第六区商团事务所拟在分水庙内附设一小学校，令庙内尼姑迁出，遂有杨家宅乡民出而反对，双方互不妥协，以致乡民100 多人与闸北商团及巡警发生激烈冲突，巡警开枪打伤乡民 1 人。② 事后，警厅发出告示："分水庙现在开办市立小学校系闸北市议会为普及教育，开通地方起见……乃该乡民等迷信胶固，无知妄作，敢于今昨两日聚男妇数百人两次到分水庙无理滋闹，肆行殴毁，不服巡警开导，实属藐法已极。"③ 乡民也针锋相对，请律师告商团诸人"焚毁神像"及巡警开枪已触犯法律。其主要依据是该庙原为乡民所有，《约法》"第六条第三款，人民有保有财产之自由。第七款，人民有信教之自由。且袁大总统命令内务部通咨亦谆谆以保护祠庙财产为地方官之责"④。在双方冲突中，舆论多站在兴学的商团一边，认为僧人、尼姑、道士"皆在淘汰之列"，护法者"之保护不必过于热心"⑤，但在袁世凯政府时期，发还庙产也有法令依据。

　　1915 年，袁政府一再申令保护庙产。8 月 7 日内务部呈文："对于寺庙财产，责成该管地方官切实保护。嗣后，地方绅民再有籍兴学及公益事宜，意图侵占事情，该地方官应严加禁阻。如或违抗，即按刑律治罪。"⑥ 8 月 10 日，大总统申令：对于庙产应与人民财产同等看待，"保护民间财产为地方官应有之职权，国家一视同仁，断不容营私罔利之徒横加蹂躏"⑦。10 月，政府又颁布《管理寺庙条规》，"综厥大纲，除关于宗教内部教规一切从其习惯外，对于宗教行政多采提倡保护主义……并令将住持

---

① 《僧徒誓死争庙产》，《申报》1913 年 7 月 15 日。
② 《乡民大闹分水庙》，《申报》1913 年 3 月 2 日。
③ 《乡民大闹分水庙续志》，《申报》1913 年 3 月 3 日。
④ 《乡民大闹分水庙五志》，《申报》1913 年 3 月 7 日。
⑤ 纳：《杂评三》，《申报》1913 年 3 月 8 日。
⑥ 《内务部请明令保护佛教庙产致大总统呈》，《中华民国史档案资料汇编》第 3 辑文化，江苏古籍出版社 1991 年版，第 696 页。
⑦ 《内务部请饬属保护寺院财产致各省巡按使、都统咨》，《中华民国史档案资料汇编》第 3 辑文化，江苏古籍出版社 1991 年版，第 697 页。

传继寺庙财产分别注册，庶官厅有所稽考而侵占之风或可少息"①。这些公之于众的政策法规向僧道们传递了利好信息。

在此背景下，争夺庙产的冲突接踵发生。例如，上海浦东南汇县北蔡镇有佛庙崇庆寺，庙宇宽敞，有大殿 5 间，内供观音大士神像，东西两厢各有 3 间房屋。清末，政府饬各县设立学校，江苏省法律学校毕业生蔡颂尧捐产创设初等小学堂，政府批准该校设于崇庆寺观音殿内。1915 年，江苏省视学鉴于该初等小学"成绩尚佳"，令县知事传谕该庙住持，将观音殿内神像迁往东面城隍庙内，腾出正殿以扩充教室，分级教学。此举遭庙僧及乡民的强烈反对，而校长蔡颂尧等未予理睬。1915 年 8 月 16 日，他发现学校的桌凳被烧香者毁损，乃向庙僧诘责。不料，善男信女们欲殴打蔡颂尧等人，到晚上 9 点，忽有鸣锣之声，立时聚集乡民 2 千余人，各持扁担、竹杠等物，将蔡颂尧房屋的墙壁、瓦面及室内用具捣毁，并且放言要与学校诸人"拼命，俾得保全庙中神像不致迁移"②。据调查，这次风潮是受了崇庆寺僧人长龄等人的煽动。事后，长龄及几位带头闹事者被警方逮捕。但风潮并未结束，两个月后，学校虽已开学，10 月 27日，北蔡小学"又被乡民聚众捣毁校具，并将迁出之神像 14 尊重复搬回"③。

类似事件也频见于湖南。沅陵新胜镇群英两等小学、岳阳培能女子实业学校、衡山正蒙两级教员养成所、安化乙种商业学校等校皆因与寺庙财产纠纷而被捣毁。④ 毁学案接踵发生显然有其复杂的社会文化根源。民初一些绅商不顾民情，强行将寺庙改为学校，甚至以办学之名，行侵占庙产之实。寺庙和乡民积怨已久，势必伺机报复夺回。而 1915 年毁学案频发的直接导因是政府保护庙产的政策出台和北京政界崇佛热。正如当时舆论所云："寺僧之心理，以为前此寺院之改设学堂、寺产之改充学款，皆由革命而起也。革命者，革我辈僧侣之命也。今民国仍返乎帝国，一切将复旧制，则我僧侣允宜恢复固有之势力。蓄此一念，于是以藐视学界之心，

①　《管理寺院条例之呈核》，《申报》1915 年 10 月 13 日。
②　《浦东闹学风潮四志》，《申报》1913 年 8 月 23 日。
③　《再志浦东闹学怪剧之第二幕》，《申报》1913 年 11 月 2 日。
④　《湘省毁学案何多》，《申报》1915 年 10 月 15 日。

挟其历年积愤一齐发泄。"①

袁世凯复辟帝制期间，日本向中国提出"二十一条"，包括派日本僧人来华传播密宗和日本真宗的条款。袁世凯一面准备接受"二十一条"，以获得复辟帝制的支持；另一面鼓励南方高僧北上讲经，暗含抵制日本僧侣之意。1915 年 6 月，教育总长汤化龙等召集京师佛教大僧在通俗图书馆开会演说，并就佛教改革、佛教与行政的关系、佛教宗旨的改革之法与行政上的关系"三大政策"，与大僧们征求意见。7 月，筹安会的孙毓筠自命耽精佛典，在北京发起讲经会，召请南方高僧月霞、谛闲来京讲《楞严经》。8 月 1 日，月霞、谛闲两法师到京，欢迎会在江西会馆举行。谛闲法师在回答寺僧振兴佛教之策时提出："欲行整顿，当复清规而刷新教育。"月霞法师则提出："创设华严大学，意欲多数佛徒通晓经典，堪为社会导师，则非特佛教可兴，即国家亦蒙其福。"② 8 月 8 日，两法师开始在江西会馆讲《楞严经》，听众达 2000 余人。北京不少达官贵人纷纷"皈依"佛门，袁世凯的长子袁克定与谛闲法师讨论佛法数日，并表示"中国舍佛教外无宗教，欲讲宗教非提倡佛教不可"③。

不久，两位高僧对北京高官的意图已有所了解，不甘心为帝制造舆论。有一天，月霞法师升座说法，反复讲"欲念"一章，云"万事皆起于欲，万事亦败于欲"。又说人的欲望无止境，所谓"作皇帝"、"万万岁"之类，"皆欲念二字之误"。袁世凯的亲信段芝贵等人闻之大怒，欲对月霞法师以"军法处置"。孙毓筠连夜送月霞法师出京，谛闲法师讲完《楞严经》后，也返回南方。北京民间为之谚语云："皇帝做不成了，和尚也跑了。"④ 其后，孙毓筠又在江西会馆开设佛教讲习会，继续邀请高僧为北京政界讲经。北京政界的崇佛热犹如尊孔祀天一样，都是为帝制复辟服务的。袁世凯政府对于佛道诸教，既非完全压制，又非一味纵容，主要是将其纳入文化工具的范畴。无论如何，袁世凯在民初还算不上是"反宗教运动"的推动者。

---

① 默：《杂评二·湘省毁学案感言》，《申报》1915 年 10 月 15 日。
② 《两法师开讲楞严经》，《申报》1915 年 8 月 12 日。
③ 《谛闲法师与袁克定谈经》，《申报》1915 年 10 月 20 日。
④ 刘成禺：《月霞说法》，见《洪宪纪事诗本事簿注》，山西古籍出版社 1997 年版，第 38页。

　　近代寺庙佛教之所以呈衰落之势，不仅因为高僧较少、教理不能因应社会变迁，而且也与佛门弟子受社会风气的侵蚀、蔑视教规相关。晚清以来，丛林规范虽存，却已废弛。民初各地僧众违法乱纪之事时见报道：苏州"某寺僧某甲借得本寺香工之草帽竹布长褂，至胥门外马路李姓花间寻欢。至次早出门时，方悉身伴所带洋18元有余尽被龟鸨等挖去，当与龟鸨争闹。龟鸨见其头有香洞，知是和尚，故扭至胥门警察派出所"①。有些僧尼甚至在诵经礼忏时夹唱淫词小曲，有的尼姑参与贩卖鸦片烟土。② 为此，佛教青年会向内务部呈文云："近来佛化陵夷，人心邪僻，无修僧侣常有放焰口时，夹唱淫词、羼杂小曲。由来日久，相习成风。在显则有伤风化，在幽则蔑佛慈，诚为我众教之污点也。本会已谆诚再四，仍未尽革除，仍由本会严定戒条，通知在会僧众一体奉守，以肃清规，外拟请大部出示布告，严行禁止。"内务部应其所请，训令省、县各机关重申佛门戒律。③ 佛教组织自身无力约束僧侣，不得不求助于政府管制。

　　五四时期，道德建设成为知识界的热门议题，但对医治社会风气无济于事，社会腐朽风气进一步侵蚀佛门。有人讽刺上海信徒："女偷和尚却公然，总说同参欢喜禅。三世修来今共验，家家户户伴僧眠。"④ 这虽有点夸张，却非仅见。有诗讽刺雍和宫喇嘛："紫衣紫帽颇夷犹，徒弟钱粮吃尽休。讽罢番经喉止痛，雍和宫外找姘头。"⑤ 这当然不是空穴来风，当时报载雍和宫白姓喇嘛自称活佛，妄以药粉按摩治病，诱惑妇女，广收女徒，"致有种种暧昧情事"，据说被诱惑的妇女中还有某府格格。经报纸披露后，警察将白喇嘛拘捕讯问。⑥ 对此，北京政府令喇嘛印务处发出布告，要求喇嘛严守清规，⑦ 只是收效甚微。

　　1918年以后，北京政府的崇佛风气有所减弱，加之新文化潮流对佛、

---

　　① 《僧人宿娼累及巡长》，《申报》1914年6月25日。

　　② 《女尼亦贩烟土》，《申报》1914年9月14日。

　　③ 《通令禁止寺僧滥唱淫词》，《申报》1914年5月18日。

　　④ 朱文炳：《海上光复竹枝词》，《上海洋场竹枝词》，上海书店出版社1996年版，第222页。

　　⑤ 《喇嘛》"画上题诗"，陈师曾画《北京风俗图》第二十四图，北京古籍出版社1986年版。

　　⑥ 《雍和宫喇嘛案近闻》，《申报》1918年7月4日。

　　⑦ 《蒙藏训令第二十九号》，《政府公报》1918年5月11日，第825号。

道等教产生了冲击，佛门境况颇呈江河日下之势。1918 年 4 月 18 日，北京各寺院喇嘛 50 余人请愿要求维持生命。因为自 1918 年初以来，该城喇嘛仅支领一个月钱粮，每人只得中票一元多，且余款一直没有发放确期。故要求政府蒙藏院拨款维持生命。但在一些地区，佛教活动仍受地方政府的重视和支持。如粤东为六祖诞生之地，释门弟子众多，曾达数万人。清末以降，佛教寺庙遭受破坏，广州仅留华林、海幢、光孝、大佛四寺，其余改建为公共场所。1921 年，四寺常住影圆和尚为护法计，联合各沙门及粤中名士发起佛教阅经社，将华林寺所藏佛经一千余本，移存社内以供研究，并将各种佛经印刷销售，以广流传。在成立大会召开之时，到会名士三百余人，且陈炯明对于佛学社亦表支持。自该社成立后，一时间政学界人士前往阅经者络绎不绝。[1]

道教纯属本土宗教，它构想的神仙世界和看似消极的人生哲学具有浓郁的民族性。历代儒家士人对道教方术不乏批评，而对其思想多有汲取。实际上，古代许多著名学者、思想家、文学艺术家皆与道教密切相关，深受道教的浸润、陶养。故鲁迅云："前曾言中国根柢全在道教，此说近颇广行。以此读史，有多种问题可以迎刃而解。"[2] 此语是褒是贬、是否准确姑且勿论，如果从道教与大众文化的关系来说，鲁迅此论并非没有根据。道教扎根于下层民众，左右着民众的信仰世界，构成了社会风俗的重要内容，故重视改造国民性的鲁迅深感道教的潜在影响力。

道教与大众信仰血肉相连，但与国家和精英的关系则比较复杂。清代以来，道教多被官方打压，与政府的关系疏远，甚至多处于对立；道教的鬼神之说也难得儒家士人的认同。到近代，道教遭受西学西教以及科学主义思潮冲击。除了个别精英人物（如改良思想家郑观应）虔诚地信仰、阐发之外，道教大体成为精英人物的批判对象。在中国近代化进程中，道教虽以消灾降福来吸引民众，但其清静无为、消极退让的人生哲学与进取、变革的新思潮格格不入，其神仙符箓、长生不老之术也与科学主义背道而驰。加之，道教虽植根民间，却不像其他宗教那样与近代政治潮流密切相关，道士们不像一些佛家子弟那样投身于反清革命。清末以后，道教

---

[1] 《广州佛教徒之大宣传》，北京《晨报》1921 年 12 月 28 日。

[2] 鲁迅：《致许寿裳》，《鲁迅全集》第十一卷，人民文学出版社 1981 年版，第 353 页。

的社会地位更显式微。

道教门派众多，辛亥革命后纷纷成立教团组织，其中较大的教派是全真道和正一派。作为全真派祖庭的北京白云观，"在前清时代，观中方丈与王公通声气，威焰赫赫。钻营之辈，多奔走乞怜于其门，势力极伟。民国成立以来，如蛟龙失水，其势顿衰"①。1912 年，北京白云观方丈陈毓坤主持成立了以全真派为主的道教组织"中央道教会"，未获政府承认。同年 9 月，龙虎山六十二代"天师"张元旭在上海成立以正一派为主的"中华民国道教总会"，提出了"昌明道教，以维世道，以道为体，以法为用"的宗旨，该会同样未获政府批准。当时，各省还出现了一些地方性道教组织，如 1927 年上海火神庙成立"中国道教总会"、沈阳太清宫成立了"中国道教会关东总分会"等。道教学者陈撄宁创办了"中华仙学院"，主编《仙学月报》、《扬善半月刊》等杂志。但是，总的来看，道教远不如佛教、基督教、伊斯兰教受政府重视。20 世纪三四十年代，上海的道教界最为活跃，但张元旭之后的张恩溥也不过循正一道旧例，仅留六十三代"天师"的空名而已。

在庙产兴学风潮中，道观如同佛寺一样在劫难逃。城隍是古代不同阶层和社群的共同信仰，城隍庙一般由道士主持，属于一县的道教中心。直到清末，城隍一直以地方守护神形象合法存在，但在辛亥革命之后遇到了空前挑战。1912 年，国民党人柏文蔚任安徽都督期间，曾下令将各府、县城的城隍庙宇充公，改作学校之用。此事遭到当地绅民的强烈反对。由于柏文蔚态度坚决，安徽改庙为学的计划仍得以实行。至 1912 年 10 月底，当警察奉命拆毁省城的东岳庙神像时，冲突终于发生了。"一时间哄动无知愚民数百人，群起与巡士为难。巡士见势不妙，纷纷由岳庙后门逸出。"随后，警厅派兵弹压，"于是市铺大起惊慌，一律闭门躲避"②。此事以柏文蔚向袁世凯"请假"而暂告结束，但此后一段时间内，城隍庙"装修偶像，拂拭神龛"的现象并不少见。

黄兴任湖南都督时也出现了类似情形。他拟将长沙、善化两县的城隍庙改为贫民工艺厂，但当地商民认为"善化城隍庙系定湘王，最著灵验，

---

① 胡朴安：《中华全国风俗志》（下），河北人民出版社 1986 年版，第 12 页。
② 《皖垣毁灭东岳神像之风潮》，《申报》1912 年 11 月 2 日。

有捍卫城池之功"，不能拆毁。商民还认为，"西人之有教堂，亦犹中国之有庙宇"。因此，他们集结七百多人，在省城散发传单，议决保护之策。① 由于商民的强烈反对，黄兴的计划只得搁置起来。这类现象虽有利益因素，却主要反映了民间信仰的根深蒂固。

五四时期，道教遭受新文化人批评，道教的大部分神祇沦落为"迷信"。1928 年，南京国民政府颁布的《神祠存废标准》对道教信仰产生沉重打击。其后，南京国民政府又颁布了一系列管制寺庙的法规。地方政府随之要求道教宫观、住持重新登记、造册，官府对僧道、寺产的控制得到进一步强化。民国年间，道教的许多宫观毁坏、圮废，各观自传自养，没有统一性的全国组织。上海等地道教界人士试图筹组道教团体，但因得不到政府支持而烟消云散，道教总体上趋于衰落了。20 世纪 40 年代，北京白云观有道士 78 人，识字者仅 10 多人。他们每天的工作不过是打扫卫生和处理日常琐事，早晚读经的规定已不能实行。有些道士得过且过，成天晒太阳打发日子。道士们的生活非常清苦，饭食差，穿补丁道袍。②

道教已经在民间流传了 1800 余年，在许多地区，道教已成为民众的主要信仰，其祭祀活动、宗教仪式也积淀为民俗、民风。民国时期，北京白云观已失去了政治地位，"然每届旧历元宵，辄开庙以招游人，至二十日而毕。倾城士女，摩肩接毂，比之厂甸，殆犹过之"。正月十七、十八两天为白云观极盛之时。"十七日观中于夜间行打鬼之礼，而十八日则为神仙大会，尤为白云观中全盛之日也。十八日观内方丈预先招集道教会二三百人，于夜十二钟开神仙大会，分班诵经。"③ 南方的云南、四川、福建、湖南、安徽等省，道教宫观也是香火袅袅，信者芸芸。一些著名的道教场所，尤其是散布于五岳的道教宫观长期受民众的虔诚朝拜。湖北的武当山也是庙会繁多，香火旺盛。南方民间遇有丧事，也必请道士设坛诵经，超度亡灵。民国年间，道教在学理上停滞，组织上衰微，但它仍植根于民众之中，是民间社会获得精神慰藉的重要资源。

---

① 《湘人反对拆毁城隍庙》，《申报》1913 年 1 月 5 日。

② 牟钟鉴、张践：《中国民间宗教史》，人民出版社 1994 年版，第 56—57 页。

③ 胡朴安：《中华全国风俗志》（下），河北人民出版社 1986 年版，第 12 页。

例如，碧霞元君相传是东岳大帝之女，或说是他的夫人、孙女。宋真宗时封为天仙玉女碧霞元君，又称天仙圣母，泰山娘娘，专管子孙繁衍，降福消灾，是北方最重要的女神，正如闽、粤地区的天后、南方的观音享有崇高地位。在华北和东北民间，娘娘庙数量之多，只有观音、关帝和土地神能与之相匹。在其发源地山东，各县都有许多碧霞元君庙，据清代后期县志记载，仅菏泽县就有 39 座之多。每年的正月和四月（四月十八日为娘娘生日），泰山顶上的碧霞元君祠都吸引了大批香客，每年香客达数十万人。① 碧霞元君是一位法力广大的女神，但最重要的是能送子。她能倾听上至皇太后、下至平民百姓的声音，关照与生育及女性相关的要求。这些内涵恰好与传统孝道相吻合。因传统礼俗的限制，到娘娘庙进香者绝大多数是男性，妇女的要求只能由男性代为转达。"娘娘庙"的繁荣及香客的性别构成正是明清时期人伦礼俗状况的象征之一。

北京的碧霞元君庙也很多，明末北京及附近地区就有 20 多座。至清代，其中最重要者为东、西、南、北、中"五顶"，被称为"东顶"的东岳庙建于 14 世纪，年代最早。此外，北京西郊妙峰山的碧霞元君祠建立虽晚，而建筑规模与泰山的娘娘庙几乎一样，香火之盛超过"五顶"，康熙皇帝敕封为"金顶"，大门上方还嵌有嘉庆皇帝御书的"敕建惠济祠"。清代后期，妙峰山的祠庙不断得到京城商业行会和官商的资助，日趋繁荣。每年农历四月初一至十五日，妙峰山的进香者络绎不绝。进香者多由各地香会组织，成群结队而来，也有单个的香客。这时，妙峰山附近的路旁涧中会有一些善会开设的"茶棚"（多设在平时关闭的沿途小庙），为进香者提供稀粥、茶水等。所谓"孤峰矗立妙峰山，各处人们把愿还。香火亟盛烟无断，昼夜不停庙不关"②。从 1900 年到民国初年，因政局动荡和气候原因，妙峰山的香客有所减少，但 20 世纪 20 年代以后，随着交通条件的改善，妙峰山的香火又兴盛起来，并且吸引天津及河北的香客。这自然引起了新一代学者的关注。五四之后，知识界开始以局外人的态度来研究碧霞元君崇拜。1925 年农历四月，顾颉刚等 5 人赶在妙峰山庙会

① 彭慕兰（Kenneth Pomeranz）：《泰山女神信仰中的权力、性别与多元文化》，参见韦思谛（Stephen C. Averill）编《中国大众宗教》，陈仲丹译，江苏人民出版社 2006 年版，第 121 页。

② 子鸿：《燕京竹枝词》，《中华竹枝词》（一），北京古籍出版社 1997 年版，第 398 页。

期间前往调查 3 天，回来后 5 人都撰写了文章，发表在孙伏园任主笔的《京报》副刊上，统称为《妙峰山进香专号》。此事受学术界的重视，也是中国民俗学走向田野调查的重要标志。

第三节　大众信仰辨析

中国是多神信仰的国度，近代除了基督教、伊斯兰教、佛教和道教得到国家承认、纳入管理的制度型宗教之外，还有民众的多神信仰。后者融合了佛、道诸说，带有地方色彩，基本不在政府管理范畴。在近年的西方论著中，它们往往被定义为"大众宗教"。不过，其具体内涵又因人而异，有的认为，大众宗教是"超越了所有社会界限的所有人共同信仰的宗教"，于是丧葬习俗及与春节有关的活动都可以当作大众宗教的例证；有的认为，大众宗教"是指与精英阶层相对的下层阶层的宗教"[①]。"大众宗教"仍然是一个见仁见智的概念，笔者认为其主要分歧不在于研究对象，而是研究路径和重心。本节不打算对民间鬼神信仰进行个案描述，而仅就报刊所载，对民初大众信仰的实情略作勾勒，综述其基本特色，从而为个案研究提供参考。

家内供奉是践行民间虔诚信仰的重要形式。民国小康之家均有家堂，"各处大同小异，概系小龛一座，悬钉梁间，内供之神，随处不同。有粘贴红纸，上书家堂香火百灵圣众，或家堂众圣之神位。亦有设立油漆木牌，上书家堂香火之神，或天地君亲师，或中溜神或禁忌神。又有供观音、猛将、五圣等神像。小户家因无祠堂亦将祖先木主同供是龛，每逢朔望燃烛炷香、无敢稍息"[②]。家堂是一个缩小的神庙，较之寺庙的祭祀更加方便。四川合江县，"县人神祀最多，自木石、禽兽、进而迎尸范偶，靡不致祀。而人世一切禨祥祸福，率惟神之归。家以内，通祀天地君亲师，杂以他神及昭穆考妣……又，祀五祀、坛神。五祀者，门、户、井、

---

①　韦思谛（Stephen C. Averill）编：《中国大众宗教》序言，陈仲丹译，江苏人民出版社 2006 年版，第 2—3 页。

②　士方：《滑稽余谈·辨妄篇》，上海《时报》1913 年 9 月 7 日。

灶、中霤也……家以外，桥头路隅，时有观音、土地、山王神像，及阿弥陀佛、泰山石敢当等神号石刻，而天堂随处遇焉"。此外，人各有业，业各有祀，如纸业祀蔡伦、泥木石业祀鲁班等，"益以释道、巫觋等不典之神，而神祀遂滥"①。

较之家堂，民间信仰的"公共空间"具有丰富的社会蕴含。比如，近代城市化进程加速，乡民信仰随之延续到都市社会。四川多会馆，"凡同籍人皆各立庙为会馆，馆中所祀各有期。至期，则同籍者皆相宴集"②。这类祭祀无疑包含了同乡集会的意味。近代城市与乡村的多神信仰虽各有特色，比如庙宇分布、信徒构成、活动举办等，但本质无异。即使在京、沪等大城市，民间的鬼神信仰至民国不衰，其中最重要的公共场所仍然是寺庙。

北京是人文荟萃之地，除了儒学教化场所外，寺庙多达数十家。其中庙宇有：历代帝王庙、清太庙、先师庙、关帝庙、文昌帝君庙、都城隍庙、东岳庙、黑龙潭龙神庙、火神庙、观音大士庙、宁佑庙、蚕神庙、北药王庙、南药王庙、小药王庙、宣仁庙、凝和庙、昭显庙、仓神庙、五道庙、三官庙、精忠庙、碧霞元君庙、察罕喇嘛庙、西红庙等，不胜枚举。③ 这些庙宇多与大众信仰相关。许多未列入上述名单的寺、观、祠也是如此。

上海由中世纪的县城迅速发展为近代都市，不像北京那样庙宇林立，城隍庙成为最重要的祀神场所，香火之盛非各省可比。城隍的来历说法不一，有的说起源于北宋，有的说"始自明太祖取城复于隍之义"，清代则谓"城隍专司鬼篆神之姓名，各处不同。既不认为佛寺之类，又不视为社稷之神，于创设之义，全不符合"④。事实上，城隍与佛、道信仰相关，几乎是阴间的县官，管辖一县民众的鬼神世界。有些县流传着"三个知县，不如一个城隍"⑤ 的民谚，上海城隍庙更是如此。"相传城隍神即邑

---

① 《合江县志》（民国十八年铅印本），《中国地方志民俗资料汇编》（西南卷·上），书目文献出版社 1991 年版，第 162—163 页。

② 《重修彭山县志》（民国三十三年铅印本），《中国地方志民俗资料汇编》（西南卷·上），书目文献出版社 1991 年版，第 189 页。

③ 邱钟麟编：《新北京指南》第二编，第 14 类，撷华书局 1914 年版，第 2—4 页。

④ 《时评三》，《申报》1912 年 11 月 2 日。

⑤ 苍园：《菩萨谭》，参见《中国近世谣谚》，北京出版社 1998 年版，第 703 页。

人秦裕伯，元时人。明初征为行省参议，不就。殁后屡著灵迹，为生民保障。殿前列石皂隶四，传闻自海上浮来，甚奇"①。

秦裕伯为上海护城神，每年有城隍出游的"三巡会"，报载：平日上海"城隍庙，素称热闹，香火之盛，他庙不及。一般求财、求字、问福、问寿者，肩相摩，踵相接，匍匐座前，叩头如捣蒜，乞灵签筒，络绎不绝。计历 10 分钟，求签者已有 34 度。前后香火摊头，约有 30 余处，遥见香客，先为招呼。噫！文明之地，犹迷信难除，内地更无论矣"②。当然，上海人同样表现了多神信仰的特征。有竹枝词云："庙里烧香尽至诚，手提元宝拜神明。城隍参罢参星宿，须把芳年记得清。"③ 佛、道宗教中的人物如观音、如来、地藏、关帝、东岳等都是经常被朝拜的神。普度众生、大慈大悲的观音尤其受上海人崇敬。每逢二月十九、六月十九、九月十九这几个观音节日，上海民众都要祭拜观音，一些家庭还设立了观音塑像。有的家庭也供奉关帝神像，以便随时祭拜。

大众多神信仰与制度型宗教的政治地位相差天壤，可是信仰者并无严格的上下之分。民众是主要信徒，士绅文人也不乏其人。不同阶层、不同群体参与民间诸神的祭祀、庙会活动的动机或有差异。许多民众之所以逢庙便拜，崇信那些真假不分的神灵，主要是出于消灾祈福的需要和风俗濡染。大致说来，大众多神信仰的特征可概括为娱乐性、实用性、同一性和一定条件下的叛逆性，兹分述如下。

一　融合娱乐和民俗的多神信仰

民间公共场所的拜神活动往往与大众娱乐融合起来。北京旧历新年"娱乐最大的地方就是庙会，白云观、大钟寺、厂甸……游人如蚁"④。各庙均有定期的庙会，清代京城农历每月集会三次的五大庙会是土地庙、花市集、白塔寺、护国寺和隆福寺，分布于城内。但民初以后，北京大规模的庙会趋少，"北京庙会中，春外郊场，渐趋冷落。南顶跑马，中顶排

---

① 葛元煦：《上海城隍》，葛元煦等《沪游杂记·淞南梦影录·沪南梦影》，上海古籍出版社 1989 年版，第 3 页。

② 《城隍庙香火之盛》，上海《时报》1917 年 11 月 26 日。

③ 朱文炳：《海上竹枝词》，《上海洋场竹枝词》，上海书店出版社 1996 年版，第 200 页。

④ 严午楼：《旧历新年之北京土俗种种》，北京《晨报》1922 年 1 月 27 日。

会，早已停止。即妙峰山进香，如顾颉刚《妙峰山》一书所记，亦较前冷落。而城内庙会，亦多衰歇者，文昌庙会已废"①。

这方面也呈现地域差异。广东潮州每年"正月除演戏之外，有一种是'神游'：即将神庙中神像，用木轿抬至街上游行。——在迷信时代，大约是驱逐邪祟的意"②。湖南邵阳一带"每逢初一、十五，多半要到各寺中去拜佛，至遇上正月十五（上元）、七月十五（中元）、十月十五（下元）三日，寺中的人，妇人尤为拥挤，间或也有一小部分男人混杂在内，他们各自到那奇形怪相的木偶前，烧几炷香，焚几束纸，咕咕噜噜的诵经"③。中元节尤其受人重视，全国大多数地区都在鬼节举行盂兰盆会。

盂兰盆会起源于旧俗阴历七月十五日的"鬼节"。每逢"鬼节"，民间都要祭鬼。后来这种习俗渐渐与佛教"目连救母"的故事、道教的地官生日（中元节）结合起来，于是有了盂兰（盆）会，人们延僧设醮，普济孤魂。有民谣云："盂兰会，何时起？相传古有目连僧，救母直入地狱里。母饿方进盘中餐，汹汹饿鬼群相争。神仙示我施舍法，终日默诵盂兰经。年年七月十五日，世俗设醮度孤魂。"④ 民国初年，盂兰会习俗相沿不变。在北京，"七月十五夜，放灯并建盂兰盆会，燃灯唪经，超度孤魂，多与南俗同。运河二闸亦于中元例有盂兰会，扮演秧歌、狮子诸杂技。晚间沿河燃灯，谓之放河灯。正阳门外于是日有庙市，都人于此赛神焉。京西妙峰山每七月开山半月，士女烧香者甚众"⑤。著名的北海公园也总是在七月十五日举行盂兰会："中元又到会盂兰，北海依然设法坛。宏大诸天佛子力，设斋原慰鬼饥寒。"⑥ 天津"海河历年七月十五日举办盂兰大会，以资超度亡魂，每次靡费颇巨。且于会场日，红男绿女拥挤异常，警察无论如何弹压亦必发生冲突之事"⑦。有文章描写七月放河灯的情形：

---

① 王宜昌等：《北平庙会调查报告》，北平，民国学院 1937 年版，第 25—26 页。

② 杜笑僧：《潮州的社会状况》，北京《晨报》1922 年 6 月 17 日。

③ 《宝庆、新化、武冈的社会状况》，北京《晨报》1921 年 6 月 5 日。

④ 《盂兰会》，天津《大公报》1920 年 9 月 9 日。

⑤ 中华图书馆编辑部编：《岁时俗尚》，《北京指南》卷七，上海中华图书馆 1916 年版，第10 页。

⑥ 沈时敏：《北海闲咏》，《中华竹枝词》（一），第 371 页。

⑦ 《恶俗宜除》，天津《大公报》1917 年 8 月 2 日。

晚上，天已暗下来的时候，放河灯开始了。最大的一只船在前面，船头上，是用竹片扎成的鬼头王，身高七尺，头大如斗，二只眼睛是二盏汽油灯，雪亮的光，可以照上几里路，鬼王头身旁，还有两个小鬼。船舱缠彩布作棚，里面灯烛辉煌，坐和尚十余人，一边放焰口，一边奏箫鼓。后面跟着一船念佛婆，倒像是个佛堂。再后面就是一连串的跟着四五只放河灯的小船，船是狭长的，船上共有十多个人，除三个摇橹的是汉子外，放河灯的却全是未出嫁的少女。①

　　各地情形或有差异，但总是热闹非凡，观者摩肩接踵。民国初年，中元节依然盛行，上层社会也不例外，有些也不乏时代色彩。据载："民国以来，北海天王殿有追悼阵亡将士之会，请喇嘛僧念经。上灯后，有施食焰口，并糊冥器，且有坦克车及轮船、汽车，此则昔年之所无，今始有之。"②

　　上海也盛行盂兰会："沪上每届七月，各街各弄必设盂兰盆会，名曰打醮。或僧或道，团聚一室，法鼓金铙，洋洋盈耳。壁间悬挂纸灯纸钱纸衣裤，随风飞舞。"③ 上海的盂兰会已有一些新装饰和商业气息。1917 年上海劝业场的盂兰会，以电灯装饰各种鬼怪，劝业场借此招揽游客，活跃商业买卖。盂兰会带有浓厚的迷信色彩，又耗费钱财，给地方治安增加负担，故每当举办前后，总有舆论提出批评和改良建议。有的指出：沪上迷信尚多，"一般之社会中新奇其外表而腐恶其根性者，正难一一悉数"。"吾人对于劝业场之盂兰会灯彩，即不必发生事端，而亦早有盼其益事改良之愿望也。"④ 言者谆谆，而听者藐藐。其后，盂兰会沿袭不改，城市中尤为多见。如 1919 年的南京，因上年盂兰会被警察厅取缔，而"今夏金沙井有岗警遇鬼之趣事，大夫第又发生地方鬼打架之奇闻。一般无知愚民咸疑与严禁盂兰会有关，警察亦为之胆寒，故相率取放任主义，不复禁止，以致大街小巷连日举行盂兰会，异常热闹，鬼之势力亦大矣哉"⑤。

---

① 《放河灯》，上海《民国日报》1946 年 8 月 16 日。
② 吴廷燮等纂：《北京市志稿·礼俗志》，北京燕山出版社 1998 年版，第 312 页。
③ 周瘦鹃：《老上海三十年见闻录》上册，上海大东书店 1928 年版，第 4 页。
④ 步陶：《劝业场之盂兰会灯彩》，《申报》1917 年 9 月 3 日。
⑤ 梦碧：《盂兰会盛行之原因·警察原来也怕鬼》，上海《时报》1919 年 8 月 11 日。

　　江南地区的迎神赛会也是与信仰相关的娱乐活动。为了祭神纪念，或求雨驱瘟，或祈求丰收，每逢某些农历节日（尤其是清明节），乡民总是抬着寺庙的神像出巡，这就是迎神赛会。各地信奉的神祇不一，而赛会的形式大同小异。如浙江的湖州、嘉兴抬菩萨出游："队伍前一般有一大旗开道，旗为三角形，有锯齿形边，旗顶有飘带……后面是轿子，菩萨就坐在轿中。四周还有凉伞、旗帐等簇拥。"① 迎神赛会聚集一乡或数乡乡民，劳民伤财，易肇事端，各地政府均予以明禁。1914 年清明节前夕，上海当局就下令严禁举行迎神赛会，但一些地方乡民仍照旧举行，且与警察发生了冲突。② 浙江桐乡屠甸镇的警民冲突更为激烈，乡民捣毁了警察所，殴伤巡警，警察则开枪打死两名赛会乡民、打伤多人，警察伤民事件又激起了商民罢市。③ 袁世凯专权之时，上海等地警察多以防范"乱党"为名严禁迎神赛会。袁氏覆亡后，上海附近每届清明均有迎神赛会，警民冲突仍然不断。1917 年 12 月，上海近郊塘湾镇乡民的迎赛猛将会与警察发生冲突。④ 1919 年 3 月，浦东乡民拟在清明节将定水庵、护海公、三庄庙、刘公祠、观音堂、社庄庙、东戚王庙等处神像抬出举行迎神赛会，被警察严厉禁止。但禁令依然无效，双方又起冲突，警察逮捕为首者十余人。⑤

　　对于年复一年的警民冲突，舆论多有评论。有的认为，对于赛会要因势利导，既不能禁止，则不必派兵弹压。⑥ 有的认为，迎神赛会虽是一种迷信，而乡民酬答田祖、消灾祈福的行动也是情有可原。解决的办法应该是多办小学、半日学校、露天学校等，并派农学专家到各地向国民普及农业知识。⑦ 上海实业家穆藕初指出：民国初年，国内政争不断，无教育实业可言，人民不能安居乐业。这是迎神赛会屡禁不止的心理基础。而"按农业通例，收成之丰歉，视乎乡民之智识程度而定。故善谋国是者，

---

　　① 上海民间文艺家协会编：《稻作文化与民间信仰调查》，学林出版社 1992 年版，第 46—47 页。

　　② 《严禁迎神赛会之文告》，《申报》1914 年 4 月 7 日。

　　③ 《迎神肇事案已将解决》，《申报》1914 年 4 月 11 日。

　　④ 《乡民迎神赛会之风潮》，《申报》1917 年 12 月 15 日。

　　⑤ 《禁止赛会不生效力》，上海《民国日报》1919 年 4 月 4 日。

　　⑥ 《既不能禁，何苦派兵》，上海《民国日报》1919 年 4 月 13 日。

　　⑦ 步陶：《杂评二·塘湾镇之神会风潮》，《申报》1917 年 12 月 15 日。

使普及教育,科学昌明,交通便利,息率减轻,更求产额增多,物品进步,农人直接受其益,国家亦间接受其利⋯⋯而无谓之崇祀,亦不禁而自绝矣"[1]。这些评论从不同方面揭示了迎神赛会的社会根源和解决途径。随着五四民主和科学思想的传播,20 世纪 20 年代以后都市郊区的敬神娱乐活动渐趋减少。

二 大众的实用理性

与西方基督教社会有所不同,中国的宗教信仰带有鲜明的实用色彩。无论是被政府承认的佛、道诸教,还是民间分散、独立的众神崇拜,均与日常生活需要分不开。清末陈独秀指出:"我们中国人,不问佛菩萨喜欢不喜欢,只管烧香、打醮、做会、做斋。"烧香就有灶神香、土地香、城隍香、火神香、观音娘娘香、送子娘娘香等,安徽有许多人成群结伴,到九华山汪洋庙朝山进香。并且全国"哪一处的人,不喜欢烧香、打醮、做会、做斋,无非是想求福消灾罢了"。在陈独秀看来,这些迷信活动有害无益,菩萨也没那么灵验。人们花费许多冤枉钱,"无非是想发财发福,求子求寿。其实香烧过了,钱花尽了,还是不发财,不发福,不得子,不长寿的,也不知有几多"[2]。尽管如此,民间信神风气还是很浓,许多人都带有"宁可信其有,不可信其无"的心理。近代知识精英的启蒙宣传也无济于事,五四以后,广大农村地区的信仰世界大体依然如故。

1928 年,李景汉等人的定县社会调查曾涉及东亭乡村社会区内 62 村敬奉各种庙宇的原因,不妨列表 6—1 分析:[3]

表 6—1　　　　　　河北定县 62 村敬奉 435 座庙宇之原因

敬奉原因	庙宇数目	庙宇名称
祈福免祸	113	老母、观音、七神、五神、三皇、三清、城隍、罗汉、土地、五圣老母等庙
招魂追悼	68	五道庙

---

① 穆藕初:《迎神赛会之心理评议》,上海《民国日报》1919 年 4 月 24 日。
② 三爱:《恶俗篇·敬菩萨》,《安徽俗话报》第 7 期,1904 年。
③ 李景汉编:《定县社会概况调查》(重印本),中国人民大学出版社 1986 年版,第 431 页。

续表

敬奉原因	庙宇数目	庙宇名称
祈求降雨	50	玉皇、龙王、五龙圣母、老张等庙
镇邪祟	48	真武、二郎、齐天大圣、太公等庙
祈祐子嗣	23	奶奶庙
祈免疾病	18	药王庙
祈免畜病	17	马王庙
祈免虫灾	10	虫王、八蜡庙
祈免瘟疫	2	瘟神庙
求财	1	财神庙
其他普通崇敬	85	关帝、三义、老君、文庙、周公、刘秀、韩祖、北岳、李靖、苍姑等庙

　　如果宽泛地将"招魂追悼"和"普通崇敬"看作较具超越性的敬奉行为，则这类庙宇共计153座，占435座庙宇的三分之一强，其余近三分之二则完全是为消灾祈福而设立。不过，那些为"招魂追悼"、"普通崇敬"的庙宇也不排除包含实用目的。

　　这种倾向在其他地区也不例外。民国年间，南岳衡山的香火旺盛，每年阴历七、八、九月，湖南各县居民，到此朝拜菩萨的"每年不下数万。男男女女，结队成群，上山朝拜"。进香的目的，是求菩萨保佑家中清吉；"或是求增父母的寿数；或是要求自己发财，与免去自己以前的罪恶及以后的凶灾。至于借此去游览名胜，赏赏景致的，简直的是凤毛麟角"①。在医疗落后的社会状况中，民间求神治病极为普遍。四川民间"病人服药不效，则延巫觋至家，张挂神像，歌舞，又燃九品烛，拜跪悔过迁善，祖神默佑"②。上海浦东"乡愚无识者，每遇不意事，或伤风感冒，即至神前焚香祷告，求签以占吉凶"③。因迷信成风，上海巫师众多："巫师多女故称娘，扮鬼装神事渺茫。闺阁妆楼皆敬信，有时禳解即安

————————

　　①　秉宣：《湘人尊崇南岳的陋习》，北京《晨报》1922年3月3日。
　　②　《定远县志》（清光绪年刻本），《中国地方志民俗资料汇编》（西南卷·上），书目文献出版社1991年版，第316页。
　　③　胡朴安：《中华全国风俗志》（下），河北人民出版社1986年版，第211页。

康";还有"走阴差":"俗传替死走阴差,有术招魂共诉怀。"① 遇上天灾人祸,无论士绅还是乡民,都可能烧香求神,甚至大张旗鼓地祭祀。

关于中国人的信仰心理,鲁迅曾有深刻揭示:"中国人自然有迷信,也有'信',但好像很少'坚信'……畏神明,而又烧纸钱作贿赂,佩服豪杰,却不肯为他作牺牲。尊孔的名儒,一面拜佛,信甲的战士,明天信丁。宗教战争是向来没有的。"② 中国没有类似基督教的宗教组织,也没有为神主而战的宗教战争。民间诸神之所以受到膜拜,恰恰是因其适用了世俗生活的需要,这在不同阶层并无大异。

三　信仰的异化

大众信仰本质上只是给人以精神慰藉,无害于国家权力和社会秩序,但有时表现出一定的叛逆色彩。在一定条件下,大众信仰可以被人利用,成为骗敛钱财或对抗官府的工具。历代官绅反对"淫祀",镇压"邪教",但只要不威胁到王朝稳定及社会秩序,民间多神信仰则既不被承认,又不被严禁。实际上,明清时期所谓"邪教"也非一成不变。官府曾严厉镇压白莲教,也曾利用义和团"扶清灭洋"。在一定时期、一定地域,某个教派被官方看作清白的佛教徒,或许以后又被当作"邪教"遭镇压。民间秘密宗教长期公开或半公开地进行活动,以致为其神祇和首领立庙祭祀。当社会动荡、矛盾激化之时,民间信仰则变得复杂难辨,有的被人利用,成为骗钱作恶、犯上作乱的工具。这类现象在民国年间仍不鲜见,尽管不是主流。

1914 年,广东顺德有大圣会一类组织,利用邪术敛钱。"无知男女踵门求教者逾千人"③。江苏、山东接壤地带出现了万佛共和团,且收有不少上海信徒。舆论认为,这种组织阳假佛教之名,阴行敛钱之实,"其教授之法与庚子义和团大致相同"④。万佛共和团借用佛教之名,又加上时髦的"共和"二字,但与官方控制下的佛教仍有显著差异,不久即被政

---

① 颐安主人:《沪江商业市景词》,《上海洋场竹枝词》,上海书店出版社 1996 年版,第 174 页。

② 鲁迅:《运命》,《鲁迅全集》第六卷,人民文学出版社 1981 年版,第 131 页。

③ 《广东"拿获大圣会皇帝军师续记"》,《申报》1914 年 2 月 23 日。

④ 《查禁万佛共和团》,《申报》1914 年 6 月 6 日。

府严加查禁。

民初东北的秘密宗教门派众多，有黄天、在理、白莲、红灯、大乘、哼哼、六门神等教。诸教之中，以黄天教势力最大，蔓延最广。黄天教又称黄天道、皇天道，有时又称无为教、无为道。其起源说法不一，一般认为是明代嘉靖年间的北直隶人李宾创立。他曾注解道教经书，又自称是弥勒佛出世所化的普明佛转世，教义吸取了佛、道的某些说法，其后的支派又掺和了民间迷信。清代乾隆年间屡办"邪教案"，黄天教未能幸免。同治、光绪年间，黄天教一度复活，至民初盛行于东北。

各地民众卷入黄天教的方法、仪式不尽相同。比如，铁岭屯的传教者以"施送丹仙符箓之术，藉资煽惑"。挖洞沟一带"老幼男女咸坠入教……有土筑祠堂一座，内置铜泥各像，除每月朔望致祭外，且逐日烧香叩头祈福"。小河沿一带教首大施符箓疗病。[①] 在沿袭民间迷信仪节的同时，黄天教也有佛、道诵经传道的特征。长春附近的教首"常升坛劝教，引人入壳，被惑者甚众。有妇女将金银首饰变卖以供致祭香资，早、午、晚祈祷三次，冀免全家祸灾……（教首）传教树党，并发给菩萨……以及各种邪书，密送各家以供诵读，祈福免祸"[②]。同时，黄天教也有时代烙印。针对民国社会弊端，有的教首宣称"民国将危，后清将兴，真主降生有年，将来登基，省城文庙作金銮殿，信从该教有无量之幸福，背乎该教遭莫大之灾祸。故愚民纷纷从之"[③]。可见黄天教包含一定的政治目的，只是在政府的严厉镇压下未成气候。1914 年，地方政府捕获其首领蔡国山、大智和尚、谢永发等人，但不久该教又死灰复燃。1915 年夏，长春一带又有黄天教组织发现，男女老幼入教者颇多。其后，黄天教教徒还进入山东等地。"直奉战争以来，从东三省来了不少土匪……有的扮成平民，以传黄天教为名，到处访察各家财产，以为择肥而噬的地步。若能早早入黄天教，破费若干金钱，则可免去抢劫的大祸。教中也是以烧香、念佛、诵经、歌咒为唯一的主要功课，愚民因而破家荡产者，捉将官里去的，比比皆是。"[④]

----

① 化险：《纪关东之邪教》，《申报》1914 年 8 月 3 日。

② 《吉林黄天教近耗》，天津《大公报》1914 年 7 月 15 日。

③ 化险：《纪关东之邪教》，《申报》1914 年 8 月 3 日。

④ 李干忱编：《破除迷信全书》，美以美会全国书报部 1924 年版，第 394 页。

又如，民初山西各县盛行一种哑叭教。"其传教之手续，极端秘密，往来必于夜间。其领袖名为老掌，或曰上辈掌柜，专司周行各处，密布教义，行祀神祈祷之礼。其下则为执事、引进等职。初入教时，无所要求，年深月久，必纳费用。老掌于初一、十五等日，至各处集会行礼。入教者即于此时行之。"老掌传道一般初讲善恶因果、生死轮回之说，继则杂讲《四书》。老掌讲道，多在夜间，男女混杂，入教者多为青年男女。① 此类下层宗教，不一而足。乡民愚昧固然是其屡禁不绝的思想根源，而社会动荡、民不聊生更是其生长的社会土壤。

民国城市中的左道邪术也是名目繁多，比如南京的"江湖技术"：算命者有"敲铁板"、"摇串铃"、"牵雀算命"多种，求神看病则有"鬼谷数"、"走阴差"、"看香头"、"管灵哥"、"捉魂"等术数②，而各地妖术谣传也是此起彼伏。上海"谣传进士死还苏，广授观音武帝符。倘或世人迷不信，竟教行路一人无"③。1914 年的江苏镇江有借"圆光"之术骗钱者，一些无业游民在城中遍粘招贴，"广布羽党，刺探隐情，混名圆光，假托鬼神，胡言乱语，强索金钱，无知愚民，往往受骗"④。不久，"南京连日忽发一种奇异谣言，传白莲教以妖术放纸人剪鸡毛，且剪妇人发髻及小儿阳具，一般愚民异常恐惧"。后经警察查明，并未发现"妇人发髻及小儿阳具"被剪之事，只有十几处地方鸡毛被剪，不过是几名道士的骗钱术。他们"先行摇惑人心，俾爱发髻之妇人及有小儿之家畏惧。该道士即宣称画符三道，以破妖术。每符一道，铜元一枚"⑤。警察将查明真相公诸报纸，南京城的妖术恐慌便迅速平息了。但这类事件并未绝迹，同时广州、天津均有类似现象。几年之后，上海也有女巫杨氏在美租界"屋内供奉杨大仙三老爷神像。妖言惑众，骗人钱财，声言三老爷能治疾病，并可求财得财，求子得子。以致一般愚夫愚妇，不惜金钱前往焚香祈祷"⑥。各地政府对左道邪术均严加查禁，也没有出现孔飞力描述的

① 胡朴安：《中华全国风俗志》（下），河北人民出版社 1986 年版，第 114—115 页。
② 同上书，第 143—144 页。
③ 朱文炳：《海上光复竹枝词》，《上海洋场竹枝词》，上海书店出版社 1996 年版，第 222 页。
④ 《禁示邪术骗人》，天津《大公报》1914 年 4 月 4 日。
⑤ 《妖道造谣骗钱之诡术》，天津《大公报》1914 年 6 月 27 日。
⑥ 《女巫接到吓诈信函》，《申报》1917 年 10 月 8 日。

那种"妖术大恐慌"①。这或许与社会机制以及传播媒介的变迁不无关系。社会愈开放，"妖言"就愈难以惑众了。

四　信仰世界的同一性

鬼神信仰非下层民众独有，官绅群体，甚至精英人物也参与其中，尽管其动机和方式不无差异。

清末官绅的鬼神信仰并不比大众逊色。众所周知，清廷纵容、利用义和团的鬼神信仰成为史所罕见的荒诞剧。即使在经受重创，签订丧权辱国的《辛丑条约》之后，许多官员仍不醒悟。1904 年，安徽巡抚请加封城隍封号，署四川总督请加寺僧封号，署两广总督请颁华光匾额及龙母封号。② 这些请封未得礼部批准，而地方大员的信仰状况可见一斑。

民国初年，守旧官绅的祀鬼之风弥漫全国。1914 年，南方旱情严重，文武官吏纷纷求神祈雨。镇江"文武各官禁止屠宰，虔求雨泽，并每日赴邑拈香拜祷，仍未大沛甘霖"。于是一些人赴天都庙"焚香叩祷，恭迎都天大部神像"，游行街市，"官民晨夕祈祷，颇为诚恳"③。扬州、苏州等地均有类似报道。有的地方官被人讥为"不恤苍生恤鬼神"。据载：有灌云县知事陶士英，搜括民脂民膏，"以致怨声载道，民不聊生。然每届中元节，例必于县署前大湖滨举行盂兰会，普济鬼神。今岁仍如原处举行，并加种种点缀，如湖中荷花灯，湖亭百花灯，无不光耀灿目，洵属奇观，然所费已不下数百元。前岁报载灌云竹枝词有'不恤苍生恤鬼神'句，不图于今益信"④。

1919 年，华东地区发生瘟疫，许多官吏纷纷求助于神仙菩萨。福建省城内外到处建醮诵经，而"李督之母史太夫人仍恐民间举行愿力薄弱，经功欠缺，捐资 1000 元为发起，在本省最高级机关之东岳庙立全闽禳灾祈安七昼夜大醮坛。绅商两界非常赞成。一方由李督亲诣岳庙行香……（另）一方舁仁圣大帝神像（即东岳神）亲诣于山玉皇阁……另请大帝通

---

① 参见孔飞力（Philip A. Kuhn）：《叫魂——1768 年的妖术大恐慌》，陈谦、刘昶译，上海三联书店 1999 年版。

② 《论疆臣之迷信神权》，《东方杂志》第 1 卷第 11 期，1904 年。

③ 《迎神祈雨之盛况》，《申报》1914 年 7 月 8 日。

④ 海州人：《知事举行盂兰会》，上海《时报》1919 年 8 月 17 日。

令城台九庵十一涧神将到坛"。随行执事达万人，钲鼓震天。"据父老声称此次大醮会能使全城持斋，荤腥罢市 7 天，实为有岳庙以来所未闻空前绝后之盛举。"① 而上海的绅商也呈请在中元节将城隍神舁出巡游，"借以驱除疫疠"，此事得到上海县知事、淞沪警察厅的批准。上海南市鸡鸭同业也在三泰码头建醮三天。② 皖系军阀张敬尧相信神道，在其任湖南督军其间，对一些大的庙宇善堂，"或亲往上香，或奉献匾额，他的僚属以及兄弟、太太、姨太太也时常到各处庙宇上香"。因此，当时湖南"城乡都陆续热热闹闹的办'皇经章醮'，使各处'安福延龄'。诸如此类，难以胜数"③。

"北京星相扶乩之风甚盛，不特旧人物笃信，新人物亦复斤斤乐谈。一般官僚，无以不以八字及五官求人评判吉凶。"④ 士绅的鬼神信仰则有时带有理论色彩，比如披上了灵学的外衣。20 世纪 20 年代舆论云："近数年来，国人忽呈一种变态之心理，如扶乩占卜之术，既盛行于一般社会，而号称缙绅先生，复多以治灵学修来生相标榜，废人道而崇鬼道，弃自力而尚他力，其为害殆不可以纪极。"⑤ "相传孔子曾在梦中与神通而获得启示；周代曾在宫廷设仙窟以为扶鸾场所；汉司马懿之孙善于扶鸾，盖因见神鸟啄雪成字，传达神意，以警奸治邪，灵验异常之故。渐次演化以桃木仿制鸾形而开砂降乩。"⑥ 民国年间，"扶乩时来的神仙之流，大多是佛道二教中的名人，如吕纯阳、济颠、邱长春、白玉蟾等人，甚至还有二教中的神圣，如释迦、观音、老子等人，也有历代名人如关羽、文天祥等，另外还有诗人、文人、名僧、名道、才女等，全看扶乩人的意向、兴趣而定，好用何人名义，就是何人，这一点与宗教毫无关系"。但佛、道二教对扶乩的态度略有不同，佛教不许教徒扶乩，而道教是承认扶乩行为的。⑦

扶乩占卜是"灵学家"的嗜好。1917 年 10 月，上海俞复、陆费逵等

---

① 《闽峤求神除疫记》，天津《大公报》1919 年 8 月 10 日。

② 《大疫中之迷信怪象》，上海《民国日报》1919 年 7 月 29 日。

③ 《请看湖南之神仙世界》，北京《晨报》1919 年 11 月 19 日。

④ 胡朴安：《中华全国风俗志》（下），河北人民出版社 1986 年版，第 1 页。

⑤ 坚瓠：《国民之精神病》，《东方杂志》第 18 卷，第 4 期，1921 年。

⑥ 《基隆县志》（1954—1959 年铅印本），《中国地方志民俗资料汇编》（华东卷·下），书目文献出版社 1995 年版，第 1616 页。

⑦ 高坦：《扶乩》，全国政协文史资料委员会编《旧中国的社会民情》，安徽人民出版社 2000 年版，第 499 页。

人创立盛德坛和上海灵学会，并于1918年1月出版《灵学丛志》，黎元洪为该刊题词，严复以及废帝溥仪的老师英国人庄士敦均表示支持。上海灵学会声称"专研究人鬼之理、仙佛之道，以及立身修养种种要义"。他们宣传"灵学者，实为凡百科学之冠，可以浚智慧，增道德，养精神，通天人"①。他们在盛德坛恭请各路"圣贤仙佛"临坛显圣。盛德坛由孟轲的化身为主，庄周、墨翟的化身为辅，临坛的有张天师、关羽等神的化身，还有颜回、曾参、董仲舒、朱熹、陆九渊等大儒的化身。这些"圣贤仙佛"临坛写字作诗，煞有介事。

非独上海，1918年7月，北京也有连仲良、朱翰墀、朱品三等人创设悟善社，创办《灵学要志》，随后开坛扶乩。悟善社里"有将军，有总理，有省长"，角色齐备，还把吕纯阳拉到乩坛上做主角，演出了不少滑稽戏。有一回，天旱不雨，信徒们找他求雨。他说："雨不该我管。"大家就一天请他五次，最后才答应"代求上帝，但是雨不雨我不负责任"。鬼神迷信有时被官绅们利用，成为掩饰罪恶的工具。五四时期的亲日官僚陆宗舆曾被吕纯阳"降谕打过二十手心"，但是后来又在家里唱戏摆酒，替吕纯阳做生日。吕纯阳则替他吹嘘，说"这是忏悔"。舆论指出：悟善社那些人"都是从人民离乱中得着安富尊荣"，他们装神弄鬼，不是由于对生活的绝望，而是像陆宗舆那样有了"罪恶的自觉"，就像屠户杀完生来拜佛，"拜佛是杀生的消灾道场"，"拜完了佛，更奋勇杀生"②。

各地不乏类似情形，如较有名的无锡溥仁坛，"第一日即请孔子降临，他如关公、张桓侯、岳武穆、徐庶、文昌帝君等，皆先后到坛"。梁山好汉武松、革命家黄兴以及济颠僧、吕纯阳二仙均到坛解疑答问③，做一些自欺欺人的表演。20世纪20年代浙江某县的鸾仙迷信也是日见其多，鸾坛林立各处，"入坛者，茹素持斋，终朝跪拜，为鸾仙之弟子。喧传入坛者能洗除以前罪过，将来能登天成佛。以此号召，故愚者趋之若鹜也"④。

---

① 《余冰臣先生书》，《灵学丛志》第1卷第3期，1918年。
② 止水：《为什么替吕纯阳做生日唱戏》，北京《晨报》1921年5月21日。
③ 《记无锡溥仁坛》，上海《时报》1918年3月7日。
④ 胡朴安：《中华全国风俗志》（下），河北人民出版社1986年版，第263页。

　　与此类似，民间禁忌习俗不仅流播于下层民众，而且见诸于官绅阶层。清末民初北京："顺天旧府本有阴阳学，已久废。惟天文生择地择日，在旧社会占有无形大势力，凡官员之起程上任，人民之婚姻丧葬，莫不惟其言是听。迩来都市之迷信，尚不能破除。"① 一些官员相信山神风水的说法，如北京准备拆除正阳门时，当局已经批准，但某官员说"正阳门开放每有不幸之事随之"，第一次开放有庚子拳祸，第二次开放有北京兵变。当准备拆除时又有张家口兵变，因此正阳门不能动。于是，拆城之议作罢。② 当时官员不是从保护古建筑，而是从迷信观念来反对拆城。

　　民初官场的禁忌很多："安庆修理宝塔，动工的日子，要算算和省长的八字冲犯不冲犯。北京选举总统的日子，听说也会请有名的算命先生，推算和候补总统的八字合不合。"湖南督军张敬尧"到处都建造九天玄女庙，出战时招呼士兵左手心写一'得'字，右手心写一'胜'字，向西对九天玄女磕几个头，保管得胜……皖南镇守使马联甲的侄女得了疯病，用5000元请张天师来治，那天师带领一班法官，请到天兵天将，用掌心雷将妖捉了去，天师所过的芜湖、安庆、九江等地，众人围着求符咒的不计其数"③。20 世纪 20 年代初还有"国务总理讲扶乩、信八字，财政总长信风水、移财政部的事实"④。这是官场迷信的缩影，类似现象远不止此。

　　上海附近的乡绅"习俗尚鬼，信卜筮，好淫祀，疾则先祈祷而后医药，乡村尤甚。近则缙绅之家，且求仙方，问巫觋，祷告求福。迷信之风，盖牢不可破"⑤。清末上海流行择日、算卦的风气，当时的竹枝词对此多有记载：

择日馆
阴阳两造拣良辰，亦有专精择日人。
开馆悬牌招客选，吉凶趋避术通神。

① 吴廷燮等纂：《北京市志稿·礼俗志》，北京燕山出版社 1998 年版，第 416 页。
② 《京城拆城中止之理由》，《申报》1914 年 7 月 28 日。
③ 陈独秀：《克林德碑》，《新青年》第 5 卷第 5 号，1918 年 11 月。
④ 杨明斋：《评中西文化观》，中华书局 1924 年版，第 265 页。
⑤ 《章练小志》（民国七年铅印本），《中国地方志民俗资料汇编》（华东卷·上），第 52 页。

卜课

垂帘卖卜亦生涯，翻弄金钱一卦排。

著蔡有灵门若市，先生名字噪同侪。

居然设案庙门前，自命文王易卦专。

择日批皇兼拆字，一旬可得数千钱。①

　　清末民初相信灵魂不灭和祀神扶乩者，也不限于落后文人和守旧官绅。与时俱进的文化巨子梁启超不仅信佛、学佛，晚年还像许多广东人那样相信扶乩，并以此来与已逝世的夫人谈话。② 直到 1940 年，许地山仍感慨："数十年来受过高等教育的人很多，对于事物好像应当持点科学的态度，而此中人信扶箕的却很不少，可为学术前途发一浩叹。"③ 几乎同时，蒋梦麟也提到："扶乩的人多半是有知识的……有好几位外国留学的博士学士，到如今还是相信扶乩。有一位哈佛大学毕业生，于抗战期间任盐务某要职，扶乩报告预言，推测战局，终被政府革职。"④ 这类现象在 20 世纪三四十年代的文人学者中并非罕见。

　　信仰世界并不完全因社会阶层而分泾渭。近代制度型宗教佛、道、基督教的信徒既有官绅、社会精英，又包括下层民众。许多民众不信鬼神之说，也很少拜菩萨。而许多文臣武将都信仰民间鬼神，甚至康有为、梁启超、严复等一些著名思想家也不例外。无论是制度型宗教或是民间多神信仰，其信徒的社会归属并不清晰。精英人物与社会民众的信仰世界实际上没有本质不同，可谓雅俗难辨，高下难分。不过，在制度层面或官方话语中，中国的信仰世界仍有明显的高下之分。

第四节　宗教迷信话语的形成

　　儒家排斥鬼神信仰，所谓"子不语怪力乱神"，官绅阶层打击民间信仰

---

① 颐安主人：《沪江商业市景词》，《上海洋场竹枝词》，第 166、173 页。

② 罗检秋：《新会梁氏：梁启超家庭的文化史》，中国人民大学出版社 1999 年版，第 208 页。

③ 许地山：《扶箕迷信的研究》，商务印书馆 1999 年版，第 115 页。

④ 蒋梦麟：《西潮·新潮》，岳麓书社 2000 年版，第 24 页。

者代不乏人。因为与国家权力的关系不同，历代社会信仰皆有正统、非正统之分，前者为"正祀"，后者则被官绅贬为"淫祀"。20 世纪以后，基督教、伊斯兰教及狭义的佛、道信仰逐渐上升为政府承认的"宗教"，民间多神信仰则成为不受保护的"迷信"。目前相关研究主要从启蒙思潮追溯了近代反迷信话语的起源。21 世纪初，有学者研究了戊戌变法的宗教改革，指出"宗教"和"迷信"两词均采自日本，用于表达那时中国话语中本不存在的西方概念，而两词的流行均与梁启超相关。① 其后，国内相关文章也集中讨论了启蒙思想背景，尤其是梁启超的观念。② 此外，也有论者提到，"'宗''教'二字连缀成词，并非日本传统词汇所独有"，从六朝到唐、宋，佛门相关的典籍里"宗教"一词几成习语。日本学者以"宗教"来对应西文"religion"，也是几经磨合，直至 1884 年才有定谳。③ 有的文章考察了明末至 19 世纪的基督教背景，指出西方传教士及奉教士大夫对于中国传统"正祀"和"淫祀"，除儒家之外均目为"迷信"而力辟之。④

笔者认为，近代宗教迷信话语成因复杂，既有士大夫的思想传统，又有外来文化背景，更有政权干预的直接作用。"宗教"、"迷信"均为古词而在近代赋予了新义，其现代语义虽受日语影响，却一直处于变化之中。并且，精英人物运用该词时，即使同一党派，其内涵也时有差异。戊戌之际的"庙产兴学"沿袭了禁毁淫祀的传统，而社会实效不大。戊戌至五四的启蒙思潮也非建构宗教迷信话语的关键因素：梁启超的宗教思想与后世宗教迷信话语显然不同；五四新文化人也没有确定"宗教"、"迷信"的具体内涵。在近代中国，究竟何为"宗教"，何为"迷信"，根本上不是由精英思想来界定的。杜赞奇曾将宗教的等级制度、信仰、网络、教义及仪式看作构成"权力的文化网络"要素，论述了华北农村的四种宗教组织。⑤ 本节主要从历史过程中研究精英思想、国家权力和民间信仰的复

① Vincent Goossaert: 1898: The Beginning of the end for Chinese Religion? *The Journal of Asian Studies*, Vol. 65, no. 2. 2006. p. 320.

② 如沈洁的《"反迷信"话语及其现代起源》，《史林》2006 年第 2 期。

③ 陈熙远：《"宗教"——一个中国近代文化史上的关键词》，《新史学》第 13 卷第 4 期，2002 年。

④ 路遥：《中国传统社会民间信仰之考察》，《文史哲》2010 年第 4 期。

⑤ 杜赞奇（Prasenjit Duara）：《文化、权力与国家——1900—1942 年的华北农村》，王福明译，江苏人民出版社 1996 年版，第 111—122 页。

杂关系，剖析宗教迷信话语的形成，进而认识政治权力如何转化为文化
秩序。

一 戊戌以前的信仰观念

在历史上，除了儒学常居正统之外，佛、道二教与封建朝廷的关系则
沉浮不定。民间多神信仰的正邪之分、正祀淫祀之别也是变幻莫测。这些
信仰在国家礼制中的地位随皇帝好恶、与皇朝的渊源关系而定。至近代，
中国人的信仰世界更是随社会变迁和权力关系而变化。

近代宗教话语与西教东渐分不开。近代以前，基督教仍处于中国信仰
世界的边缘。明末清初，中西文化交流频繁，有的士大夫宽容或信奉天主
教，但它还不占主流。清中期，天主教在士大夫中已成绝响，几乎被目为
邪教。道光初年福建学者陈寿祺代总督作《正俗十诫》，主张禁止天主教
传播："自莠民渐兴，邪教蔓衍。国法森严，犯者无赦。闽中各郡，奸徒
聚党结会，诱惑愚民，而又潜图不轨……福宁则崇奉西洋天主教……又闻
有斋会之名，假立斋堂，披缁诵经，舍法服而服奇邪之服，弃法言而习鄙
悖之言。聚集之期，男女杂溷，以为彼教中人而咸无避弃，外犯科条，内
伤风教，亟宜禁止，毋得故违。"① 这体现清中期官绅阶层对来华天主教
的基本态度。两次鸦片战争以后，禁令渐除，传教载入条约，基督教在华
地位逐渐上升。

从 19 世纪中期开始，中国人的信仰世界被进一步工具化。拜上帝教
成为太平天国起义军的唯一正教，民间信仰，乃至儒、佛、道都被打入邪
魔外教的地狱，但清政府统治区的宗教邪正却决然相反。信仰之争与两个
政权的成败难解难分。太平天国旋兴旋灭，起义军的精神外衣拜上帝教随
之消解。然而，基督教对中国政府和信仰世界的影响力非但没有减弱，而
且与日俱增。

洋务运动时期，来华基督教凭借其合法地位，不断向清朝的权力机构
渗透。在社会上，教民冲突不断，教案时有发生。面对教士势力扩张不
止，一些士大夫试图加以阻止。光绪初年，即使被守旧者指为"勾通洋

---

① 陈寿祺：《正俗十诫为总督桐城汪尚书作》，《左海文集》卷十，《续修四库存全书》影
印清刻本，上海古籍出版社 1995 年版，第 48 页。

人"的郭嵩焘也担忧天主教势力"纵庇教民"、"作奸犯科",主张"无论所习何教,但涉官事,即与平民一体处断"①。他曾上奏清廷,主张"涉法补救"已立条约,以避免教士"纵教民为奸恶,动辄挟制地方"。然而同时,郭嵩焘只得承认"苟为洋人,应依洋律处理,苟为中国人,应依中国律处理"②。传教士的治外法权事实上使"一体处断"的愿望付诸空谈。

　　此后,基督教权势日炽,教士地位更高。具有象征意义的是,清末地方官对各区总主教、主教均按相应官阶品秩接待,有的教士"竟僭用地方官仪仗",而官府不予追究。③ 这种情形不仅是下层民众难以想象的,而且也是儒、释、道三教首领不可企及的。尽管如此,在晚清士人心目中,基督教与民间多神信仰却无高下之分。有些人在西学中源、中西会通的思维中,将其教义等同于墨家"兼爱"、佛家慈悲之旨。走向世界的洋务思想家大体将基督教与儒、释、道三教相提并论,却仍然流露出明显的尊儒贬耶倾向。薛福成日记云:以全球人口计,信基督教者34%,信回教者16%,信印度教者16%,信儒、释、道及日本神道教者36%,其余则"未受教化,或杂教不足比数者也"。在他看来,基督教"早已失耶稣之真传",而其修造教堂,厚敛教民,举国若狂,"甚属无谓"。诸教之中,"本末兼该,体用兼备,裁制得中而无訾议者,舍儒教吾谁与归!"④开明的士人尚且如此,那些闭塞、保守的绅民排斥西教也就不足为奇了。

　　薛福成论述宗教流派时,还有"杂教"之目,不自觉地将民间多神信仰与几大宗教相提并论。值得注意的是,康、梁之前,维新人士宋恕在1895年初已经用"宗教"一词综论中外信仰。他认为,世界各大宗教虽有流弊,却皆为救世而起。即使被中国士大夫目为邪教的"北方之在理,南方之先天、无为诸教,其初亦皆豪杰之士悯民无教而创立之,故亦颇能

---

① 郭嵩焘:《伦敦与巴黎日记》,钟叔河主编《走向世界丛书》,岳麓书社1985年版,第55页。

② 郭嵩焘:《请饬总署会商驻京公使严订神甫资格以免发生教案片》,《郭嵩焘奏稿》,岳麓书社1983年版,第370页。

③ 《外务部奏改正地方官接待教士章程折》,《东方杂志》第5卷第7期,1908年。

④ 薛福成:《出使英法义比四国日记》,《走向世界丛书》,岳麓书社1985年版,第226、313、535页。按:薛福成列举的各教人数百分比或有误。

斟酌儒、道，井井有条。及后人者多而莨莠杂，于是始有借以诈财、渔色者，谋反则决其无，邪术亦莫须有"。清中期的川楚白莲教徒，本无谋反之意，由于"贪酷有司诬良虐逼"，才铤而走险。传教来华救民于水火之说亦不确，"中国但须申明孔氏教"，"自可转衰为盛，岂必基督哉"。晚清教案不断，也是因地方官办理不善。宋恕认为，宗教是人类文明的阶段性产物，"文明之极，必复归于无敎（教）。何也？智者立教，愚者从焉。文明之极，人人皆智，上帝犹不得主之也，况同类乎！"① 显然，宋恕所谓宗教，不仅指来华基督教及本土儒、佛、道，而且包括民间教派及多神信仰。在他看来，民间信仰既非邪教，基督教也不能拯救中国，只有儒教才能救中国；宗教是人创造出来的，不会永恒存在。

19 世纪，像宋恕那样具有近代观念者仍属凤毛麟角。维新思想家大多在传统语言框架内，立足于社会改革，沿袭传统的正祀、淫祀话语。本来，中国民间诸神遍布各地，靡费财物，历代官绅常斥为"淫祀"。"正祀"是封建政府承认、列入祀典的祭祀，而"淫祀"则是通常所说过分的、不合礼制的祭祀。中国正、淫祀之分源远流长，《论语》谓"淫祀无福"，汉应劭《风俗通义》有《正失》、《祀典》等篇专辟淫祀禁忌及神仙之说。唐、宋两代，地方官在江南、四川禁毁淫祀事件屡见不鲜。明代也一再出现禁淫祀及庙产兴学行动。清初理学名臣汤斌巡抚江宁时，也在苏州禁毁五通神，改神祠为学宫。故研究者认为，戊戌以前的禁毁淫祀与20 世纪初以后的庙产兴学具有连续性。②

不过，这种连续性更直接地体现在 19 世纪中晚期。此时，精英阶层打击淫祀的言行层见迭出。洋务运动之初，开矿山、修铁路、建工厂等举措常遭遇重重阻力，其中包括一些乡民以风水、民间神祇为由而加阻拦。故当时思想家如陈炽、郑观应等人主张对民间信仰和寺庙进行改革。陈炽作于 90 年代初的《庸书》专列"淫祀"一节，其中云：

> 谓宜弛拜天之禁，听斯民自致其诚，申敬祖之文，俾四海益兴于

① 宋恕：《六字课斋津谈. 宗教类第十》，胡珠生编《宋恕集》上册，中华书局1993 年版，第75—79 页。

② Vincent Goossaert：1898：The Beginning of the end for Chinese Religion? *The Journal of Asian Studies*，Vol. 65，no. 2. pp. 324—325. 2006.

孝。而直省所有祠庙，除载在祀典外，一切无名不正之祀，概行毁撤，祠屋祭产，改为宣圣庙堂。春秋祭祀，乡官主之，并主行乡饮酒礼，宣讲训谕，敬老尊贤……彼道家则宗老子，西教则奉耶稣，佛氏则释迦如来，天方则谟罕默德，开宗明义，饮水思源，必礼之，敬之，皈依而崇奉之，而后人心始快也。①

除尊孔之外，他肯定道、佛、伊斯兰、基督诸教，也主张保护列在祀典、遵守轨范的寺庙，而将不在祀典的"淫祀"、不守法规的丛林道院列为改革对象，同时他也鼓励僧道还俗。

清末兴学潮强化了精英和政府对民间寺庙的排斥倾向。陈炽已提出："其各省丛林道院。藏垢纳污，坐拥厚资，徒为济恶之具。有犯案者，宜将田宅一律查封，改为学校。僧道还俗，愿入学者，亦听之。"② 1898 年春，章炳麟再提鬻庙主张："宋元丰时有鬻庙之令，张方平奏罢之，儒者至今勿敢道。余以为宋时之误，在鬻祠庙而不及寺观；其于祠庙，又勿别淫祠也……余是以建鬻庙之议，而以淫祀与寺观为鹄焉。"章氏鬻庙之策涉及较广，主要针对那些"功非地箸，国非旧壤，祭非子姓，而滥以庑宇宅其神灵"的"淫祀"。他认为，卖庙可以代赋税，或者"县取一区，以为学校之址"，以节省办学经费，是有利无弊的。③ 这与数年前陈炽所论、数月后康有为上疏的庙产兴学策基本一致。可见，在康有为、张之洞之前，陈炽、章太炎已提倡庙产兴学，"百日维新"及后来清末新政只是发展或实行了前人主张。

随着基督教话语的影响增强，戊戌思想家不自觉地接受了基督教范式，传统精英观念遂与西教话语结合起来，形成打击民间信仰的合力。以中国马丁·路德自任的康有为，试图改革儒教，独尊孔子，建立与基督教相抗衡的孔教。1898 年康有为"废淫祀折"的重要根据是："淫祠遍地，余波普荡，妖庙繁立于海外，重为欧美所怪笑……然旋观欧美之民，祈祷

----

① 陈炽：《庸书·内篇卷上》，赵树贵、曾丽雅编《陈炽集》，中华书局 1977 年版，第 33—34 页。

② 同上书，第 30 页。

③ 章太炎：《訄书初刻本·鬻庙第四十七》，《章太炎全集》（三），上海人民出版社 1984 年版，第 98—99 页。

必于天神，庙祀只于教主，七日斋洁，膜拜诵其教经，称于神名，起立恭默，雅琴合歌，一唱三叹，警其天良，起其斋肃，此真得神教之意，而又不失敬教之心。"① 在西方宗教的观照下，康有为不免自惭形秽，主张废"淫祀"、尊孔教。

因之，戊戌变法将寺庙纳入社会改革范畴。康有为提出民间立庙专祀孔子，并行孔子纪年以崇国教。"其祀典旧多诬滥，或人神杂糅，妖怪邪奇，或无功德，应令礼官考据经典，严议裁汰。除各教流行久远，听民奉教自由，及祀典昭垂者外，所有淫祠，乞命所在有司，立行罢废，皆以改充孔庙，或作学校，以省妄费，而正教俗。"② 废"淫祠"目的有二：其一是将其改作孔庙，扩张孔教；其二是以庙产兴办学校。他要废止的"淫祠"并无严格标准，既不涉及遍布全国的孔庙，又不包括"流行久远"、"祀典昭垂"的佛道庙观，而主要针对民众信奉的地方神祇。

康有为的奏折暂得清廷认可，但并无明显实效。戊戌时期，知识精英多未明确区分宗教和迷信，只是沿袭传统"正祀"、"淫祀"说法来进行社会改革。他们主要着眼于礼制范畴，而非信仰本身的高下，与后来宗教迷信话语仍然有别。戊戌前夕宋恕以"宗教"一词统摄中外各教和诸神信仰，但该词究竟是直接来自日语，或是将中国佛家的"宗教"一词赋予近代意义，以古词来格今义，仍待进一步研究。至少，他所谓"宗教"较之西方基督教及日后制度型宗教范畴更广，与近代日语的"宗教"概念仍有差异。同时，清末兴学潮流的真实动因也不能完全归结为启蒙思潮。一些人批评神权是为了兴办洋务，办学是直接服务于权力扩张。在兴学潮中，庙产之所以成为官绅、宗教界和民众关注的焦点，不完全、甚至主要不在于观念冲突，而是因为庙产成为可以再分配的权力资源。即使是康有为的庙产兴学主张，也被孔教论和"改充孔庙"主张大打折扣。维新派涉及民间信仰的社会改革仍借助于"正祀"、"淫祀"传统，且带有功利主义色彩。他们还没有以科学精神和理性主义来界定庞杂的信仰世界，建立"宗教"和"迷信"的等级秩序。喜用新名词的梁启超也不例外。

---

① 康有为：《请尊孔圣为国教立教部教会以孔子纪年而废淫祀折》（1898 年 6 月 19 日），《康有为政论集》（上），中华书局 1977 年版，第 280 页。

② 同上，第 283 页。

二　梁启超的宗教迷信观

"迷信"一词早见于魏晋以来的汉译佛籍中，"属于佛经格义而作宗派哲理的阐释"，而不是指民间淫祀。在明末清初的中西礼仪之争中，天主教的汉语文献才开始用"迷信"一词批判中国的佛、道二教和民间信仰。① 晚清之世，"迷信"一词赋予了新义，并用来翻译英语 superstition。该词运用范围很广，褒贬寓意不明，大体相当于执著信仰或笃信，与清末以后倾向于指称非理性、非科学的信仰习俗不同。从语言学角度看，"迷信"的基本用法是从原来动词至民国以后演变为名词，专指民间多神信仰。

如果考量思想地位或用词频率，那么可以肯定，梁启超对近代宗教迷信话语意义非凡。其实清末梁启超尚未明确定义其内涵和外延，更没有以其指称和区分中国的多神信仰。梁氏观念中的"宗教"范畴很广，不仅涉及后来的制度型宗教，而且包括民间多神信仰。他指出："宗教是各个人信仰的对象"，"从最下等的崇拜无生物，崇拜动物起，直登最高等的如一神论、无神论，都是宗教"。他也认为，宗教"完全是情感的"，含有秘密性，不可能"用理性来解剖他"②。这些论述未必完全准确，却不乏见地。因为宗教信仰虽然千差万别，但在精神作用方面难分高下。1899年，梁启超在日本演讲中国的宗教改革，阐发了孔教的"六个主义"，尚未走出康有为的思想藩篱。他同时提到佛教，又讲孔教对诸子之学的包容。③ 此时，他所谓"宗教"较之西方概念广泛得多，包括儒家这样有主义的思想学说。

20 世纪初，梁启超开始注意宗教的迷信内涵。但他所谓"迷信"，主要是作为动词来概称认知事物、信仰的非理性态度，而非具体对象。他在概述西欧文艺复兴时提到，"一时学者，不复为宗教迷信所束缚，卒有路得新教之起，全欧精神，为之一变"④。这里他将"宗教迷信"连用，泛

---

① 路遥：《中国传统社会民间信仰之考察》，《文史哲》2010 年第 4 期。

② 梁启超：《评非宗教同盟》，《饮冰室合集》文集之三十八，中华书局 1989 年版，第18—20 页。

③ 梁启超：《论支那宗教改革》，《饮冰室合集》文集之三，中华书局 1989 年版，第54—60 页。

④ 梁启超：《论学术之势力左右世界》，《饮冰室合集》文集之六，中华书局 1989 年版，第111 页。

指欧洲中世纪的非理性状态。他认为，人的信仰有"正信"，有"迷信"，宗教信仰即是非理性的"迷信"，故自称"吾畴昔论学，最不喜宗教，以其偏于迷信而为真理障也"①。"宗教与迷信常相为缘故。一有迷信，则真理必掩于半面。迷信相续，则人智遂不可得进，世运遂不可得进。故言学术者不得不与迷信为敌，敌迷信则不得不并其所缘之宗教而敌之"②。正像来华传教士指责中国民间信仰为迷信一样，梁启超也未将不同时期的基督教区别对待，认为"耶教唯以迷信为主，其哲理浅薄"③。在他看来，迷信是宗教家的基本思维特征。"西人所谓宗教者，专指迷信宗仰而言，其权力范围，乃在躯壳界之外。以灵魂为依据，以礼拜为仪式，以脱离尘世为目的，以涅槃天国为究竟，以来世祸福为法门，诸教虽有精粗大小之不同，而其概则一也。"而孔子不是这种意义上的宗教家，"其所教者，专在世界国家之事，伦理道德之原，无迷信，无礼拜，不禁怀疑，不仇外道，孔教所以特异于群教者在是。质而言之，孔子者哲学家、经世家、教育家，而非宗教家也"。中国的张道陵、袁了凡（专提倡《太上感应篇》、文昌帝君、《阴骘文》者）可谓为宗教家。④ 从 19 世纪末笼统地视孔子为宗教家，到 20 世纪初将其排除在外，这种变化主要缘于梁启超对宗教的新认识，即将"迷信"当作宗教信仰的基本特征。

梁启超认为道教及中国民间多神信仰也有迷信，但随着佛学兴趣及造诣的增长，他认为不能以寻常宗教同视佛教。佛教包含宗教和哲学两方面，入道之法在于智慧。"佛教之信仰乃智信而非迷信"。"佛教之最大纲领曰：'悲智双修。'自初发心以迄成佛，恒以转迷成悟为一大事业。其所悟者，又非徒知有佛焉而盲信之之谓也……他教之言信仰也，以为教主之智慧，万非教徒之所能及，故以强信为究竟。佛教之言信仰也，则以教徒之智慧，必可与教主相平等，故以起信为法门。佛教之所以信而不迷，

①　梁启超：《论宗教家与哲学家之长短得失》，《饮冰室合集》文集之九，中华书局1989年版，第44页。

②　同上书，第49页。

③　梁启超：《论中国学术思想变迁之大势》，《饮冰室合集》文集之七，中华书局1989年版，第76页。

④　梁启超：《保教非所以尊孔论》，《饮冰室合集》文集之九，中华书局1989年版，第52页。

正坐是也。"① 他一再阐扬佛教的平等精神和自觉意识，认为其"信而不迷"，非他教可比。至此，梁启超已将儒学和佛教主流从迷信范畴分析出来。这一看法对清末民初知识界不无影响，却是晚清思想的总结。换言之，此前，否定孔子为宗教家以及偏好佛学的倾向在章太炎等人那里已经具备，梁启超的观念没有什么特殊意义。

在梁启超看来，除佛教之外，中西宗教无不迷信。不过，他所谓"迷信"并非后人那样纯属贬义。他说，"言穷理则宗教家不如哲学家，言治事则哲学家不如宗教家"。何以言之？中外成就大业者多有宗教思想，如英国的克林威尔、格兰斯顿，法国的贞德，美国的华盛顿、林肯，意大利的玛志尼、加富尔等，"其所以能坚持一主义，感动舆论，革新国是者，宗教思想为之也"。他以"迷信"一词来描述信仰主义的热诚和执著，故大谈贞德"以迷信、以热诚""感动国人而摧其敌"，加富尔"其迷信之力亦颇强"，格兰斯顿"其迷信之深，殆绝前古"②。可见，梁启超只是高度肯定宗教的精神力量，并没有否定"迷信"宗教。他甚至赋予了"迷信"宗教的道德力量，彰显其积极意义。这与以理性主义、科学主义为基础的启蒙思想仍有距离，与后来以"迷信"指斥民间多神信仰更是迥然不同。

清末梁启超喜用宗教、迷信一类新词，却没有区分两者的思想品质。清末在政治上与之对垒的章太炎、刘师培也相类似。20 世纪初，章太炎推崇佛家唯识学，好谈无神论。在他看来，"宗教之高下胜劣，不容先论。要以上不失真，下有益于生民之道德为准的"。故"虽崇拜草木、龟鱼、徽章、咒印者，若于人道无所陵藉，则亦姑容而并存之。彼论者以为动植诸物，于品庶为最贱"，拜之则自贱滋甚，但以众生平等观视之，则佛教、基督教辈，比诸拜动植诸物，"其高下竟未有异也"③。章太炎试图沟通哲学和宗教，"立教以惟识为宗"，不以拜神为法式，但并未排斥民

---

① 梁启超：《论佛教与群治之关系》，《饮冰室合集》文集之十，中华书局 1989 年版，第 46 页。

② 梁启超：《论宗教家与哲学家之长短得失》，《饮冰室合集》文集之九，中华书局 1989 年版，第 45 页。

③ 章太炎：《建立宗教论》，《章太炎全集》（四），上海人民出版社 1985 年版，第 408—409 页。

间多神信仰，体现了等视所有拜神教的思想。

1907 年，刘师培概述古代学风云："两汉之时，学者迷信经术。""夫六经之学，本不足致用于后世，惟愚赣之人，迷信其说，奉若天帝，盖不以学术视六经，实以宗教视六经也。信仰既虔，故修身治国，俱有定向。""以愚赣之儒生，倡迷信之学术，犹足收化民成俗之功，则以学非伪学之故也。"两汉以降，"儒生日趋于智，而迷信儒术之心衰。儒术既衰，故节义之风，亦逊于两汉"。唐代士人于学术则"无所迷信，而后人之于学术则介于迷信非迷信之间。惟其无所迷信，故既无尊崇君主之诚，复无崇拜圣贤之念"。他比较汉、唐士风："汉代风俗之良"是由士人"迷信"经术、"积德在躬"的结果，而唐代士人"无所迷信"，则"不以营利为耻，纵任性情"，"士风趋于贪鄙"①。在尊崇汉学的刘师培看来，士人"迷信"儒经较之"无所迷信"对于士风和政俗更有利。这些作动词使用的"迷信"一词，没有明确的褒贬寓意，也没有专指民间信仰。清末思想精英事实上大多没有明确区分制度型宗教和民间多神信仰。

三 清末激进舆论的指向

19 世纪晚期，废弃淫祀和庙产兴学成为《申报》的议题，但直至 20 世纪初年，在清末新政提上日程，兴学育材似乎成为官绅社会的共识之后，庙产兴学才真正付诸行动。庙产兴学不仅针对民间多神信仰，而且涉及佛、道寺观，在官方引导中，社会舆论已经出现反思、批评多神信仰的风气。《东方杂志》、《中外日报》、《安徽俗话报》等报刊也对这些论题展开了讨论。同时，宣传破除迷信，讽刺迷信神权的小说、诗文与日俱增。在此氛围中，以西方观念为参照的宗教范畴逐渐确定；以往士大夫批评的"淫祀"则被纳入"迷信"范畴。于是，信仰世界的价值准则已被无形转换："淫祀"一词表明礼制上不被承认，"迷信"一词则标明了非理性色彩，蕴含科学主义的价值评判。

《东方杂志》是 20 世纪早期的重要学术刊物，对宗教和迷信话语的形成发挥了明显作用。该刊批评地方官吏和民众的鬼神观念，指出他们信

---

① 刘师培：《论古今学风变迁与政俗之关系》，原载《政艺通报》第 13、14、15 号，收入《左盦外集》卷九，《刘申叔先生遗书》第 49 册。

仰城隍、龙母、风水、画符诵咒以及迎神赛会等，都是"迷信神权"①。
其中"迷信"内容虽然涉及制度型宗教，如西方天堂地狱之说，但主
要针对民间多神信仰。该刊有关宗教的专论认为："任世界进步至何等
地位，宗教之作用终不消灭。"因为科学家虽能阐发物之用，但不能阐
明物之本体。再则，社会演进不止，却不能解决不平等现象，人们需要
宗教的慰藉。那么，中国需要什么样的宗教？文章注意到"今日服习儒
教者若干人，宗印度者若干人，信穆哈者若干人，从基督者又若干人"。
四大宗教赫赫显目，而中国道教及民间多神信仰则未提及。该文指出，
"吾国成立原素，重赖惟一之儒"。然而，准诸佛教、伊斯兰教、基督
教皆有"祈忏之仪"、"有归根复命之天国"，儒教未免美中不足，故主
张在儒、佛之间"裁镕二者，别演一宗，重修教仪"②。融合儒佛、别演
一宗的设想未必可行，而狭义的宗教定义及排斥民间信仰的倾向已相当
明显。

　　20世纪初，《东方杂志》转载了多篇论述宗教迷信的文章，使该论题
一时成为舆论热点。其中转载1906年的《申报》文章已明确将"宗教"
和民间"迷信"区分对待，表现出鲜明的精英主义倾向。文章认为："野
蛮时代有野蛮时代之宗教，文明时代有文明时代之宗教。"宗教与群治关
系密切，欲自强图存，则必自改革宗教始。中国数千年以儒为国教，以
释、道二教为附属，政治、学术皆从中产生，并不是缺乏思想家，而是无
实行之人。宗教的推行必需"假手于最大多数之下等社会，而吾国之下
等社会则除迷信神鬼以外无事业，除徼福避祸以外无营求，而持斋捧经一
术焉，而迎神设醮一术焉，而祀狐诣鬼又一术焉。一游内地，则五家之
村，十室之邑，无地无淫祠，无岁无赛会……是以《封神传》、《西游记》
为圣经，以文昌、财神为教主，而义和团兴，而白莲教出，而下流社会遂
无一可用"。该文一方面声称儒教为中国宗教之本，肯定儒学的现代意
义，对释、道二教也姑置勿论；另一方面则将民间多神信仰列为"迷
信"，加以贬责。并且认为，中国宗教之所以不如西方发达，是由于"千

---

① 《论疆臣之迷信神权》，《东方杂志》第1卷第11期，1904年。
② 蕙照：《宗教扬榷引论》，《东方杂志》第3卷第7期，1906年。

百年后迷信日益深，思想日益阻……今日不得不执此以为罪案明矣"①。就学理上论，即使视儒学为宗教，多神信仰也不是阻止儒教深入民间的根源。何况儒学本非宗教，根本不可能像基督教那样深入大众。该文将儒家排斥"怪力乱神"的思想传统与西方宗教观念结合起来，将中国民间多神信仰作为"迷信"而予以否定，已经淋漓尽致地表现出精英主义观念，是20世纪初年建构宗教迷信话语的典型言论。

有的文章更是将宗教、迷信与社群对应起来，对"下流社会"的鬼神信仰大加贬斥：

> 中国之所以日即于贫弱者，其原因非一端，而下流社会之迷信鬼神，实为其一大影响……试一游中国全土，无论十室之邑，一廛之地，而岁必有迎神设醮之举，縻巨资而不惜，经大乱而不改。且不特内地为然也，海外各埠，但有华商侨居之地，亦必因仍故国之风……中国之宗教行于上而不行于下，故至今日，惟士大夫间有学术，而农工商贾以至妇女则无之。所谓天经地义三纲五常之大法，惟上之人自喻之，而下之人初不了然也……于是听天由命之说起，而鬼神遂大有权。②

该文以精英主义立场分析中国贫弱的根源，笼统地将学术归之于士大夫，将鬼神信仰归之于下层社会。这种言论在清末舆论中不一而足，与后来政府打击民间多神信仰的思想本质完全一致。

与此同时，一些地方性刊物传播了类似观念。陈独秀主办的《安徽俗话报》注重改良礼俗，多涉社会风习。1904年发表的《恶俗篇》主要讨论了改良婚俗和民间信仰。陈独秀撰文云："那佛教的道理，像这救苦救难的观世音，不生不灭的金刚佛，我是顶服的，顶敬重的。但是叫我去拜那泥塑木雕的佛像，我却不肯。"③ 文章不排斥佛教，但反对民间浪费

---

① 《中国宗教因革论》，原载《申报》丙午年七月初八日，《东方杂志》第3卷第10期节录，1906年。

② 《论革除迷信鬼神之法》，原载《中外日报》乙巳年三月初五日，见《东方杂志》第2卷第4期，1905年。

③ 三爱：《恶俗篇·敬菩萨》，《安徽俗话报》第7期，1904年。

财物的偶像崇拜。同时，"风水的迷信"也是其重点批判的"恶俗"。文章认为，风水书之所以泛滥成灾，"其中一半是江湖惰民，借祸福趋避的话，拿他来骗衣骗食的。一半是迷信风水的读书人，谈玄衍《易》，从空理想上附会出这种学问的"①。该刊已用"迷信"一词指称民间的风水、鬼神信仰，代表了清末激进刊物的基本倾向。

由于庙产兴学或社会改革的现实需要，加之一些刊物受西方宗教观念的潜在影响，清末激进舆论不自觉地营造了打击民间多神信仰的文化氛围。其中有的主张与清末启蒙思想不无契合之处，但不能说代表了启蒙思想的主流，或者说不能体现启蒙思想家的基本主张和中心论题。这些激进舆论未必直接蕴含权力背景，却客观上为国家权力对民间社会的渗透和重构廓清了道路。

四　权力秩序的重建

近代宗教迷信话语的建构是在权力直接干预下完成的。古代政府及官绅将民间信仰区分为正祀、淫祀，体现了礼治主义本质。② 1912 年《中华民国临时约法》第二条第七项载明"人民有信教之自由"，现代法治取代了古代的礼治主义。如何在现代体制下重建民间信仰秩序？民国精英人物在思想上借重西学和西教。民初许多政界要员、社会精英，乃至军事将领纷纷皈依基督教，宗教与权力的关系进一步深化。

孙中山早年皈依基督教，投身革命时明确反对偶像崇拜，曾与陆皓东一起捣毁村中北帝庙神像。民国初年，孙中山发表的政令、演讲均重视基督教，也明令保护佛教和回教，批准佛教会立案，但没有提到本土道教，而且对民间多神信仰多取否定态度。他在民国元年指出："世界宗教甚伙。有野蛮之宗教，有文明之宗教。我国偶像遍地，异端尚盛，未能一律崇奉一尊之宗教。今幸有西方教士为先觉，以开导吾国。惟愿将来全国皆钦崇至尊全能之上主，以补民国政令之不逮。伏愿国政改良，宗教亦渐改

① 咄咄：《恶俗篇·论风水的迷信下》，《安徽俗话报》第 21、22 期合刊，1905 年。

② 刘广京 编：*Orthodoxy in Late Imperial China*（Berkeley：University of California Press，1990）、*Heterodoxy in Late Imperial China*（Honolulu：University of Hawaii Press，2004）二书对于中国礼制体系中儒教"正统"和视为"异端"的佛、道及民间多神信仰均有广泛讨论。

良，务使政治与宗教互相提揭。中外人民，愈上亲睦。"① 这种倾向对民国宗教政策的影响是不言而喻的。民初政界、文教界精英已将民间多神信仰视为迷信。当时蔡元培、唐绍仪、宋教仁、汪精卫、吴稚晖等人的"社会改良宣言"提出："婚、丧、祭等事不作奢华迷信等举动"，"戒除迎神、建醮、拜经及诸迷信鬼神之习"，"戒除供奉偶像排位"，"戒除风水及阴阳禁忌之迷信"② 。这显示了既承认宗教信仰自由，又否定民间迷信的二分倾向。

　　民国政潮变幻，而打击民间信仰的轨道基本未变。民初，袁世凯集团与国民党人对峙、争夺，权力对信仰世界的干预可从两方面考察：

　　在国民党势力较强的省区如安徽、湖南、广东、上海等地，毁庙兴学及由此引发的冲突接踵而起。③ 这些地区的毁庙行动主要针对民间"淫祀"。安徽都督柏文蔚答复毁改城隍庙的理由云：城隍之名在北宋以前不见记载，本无神主。契丹始有城隍寺，仍是佛寺之类。至前清"演为不经之谈，谓城隍专司鬼箓，某人为某处城隍。此原巫觋之流造言惑众，流俗风靡，是我国民最大污点。本都督毁淫祠，正欲毁城隍为拔本清源之计"④ 。他们首先拿城隍庙开刀，除因城隍庙遍布各城、庙宇可作他用之外，也因其不属"佛寺之类"，可以列入"淫祀"而名正言顺地毁改。同时，广州的毁庙行动也是针对"淫祀"，而不敢触动"正祀"。广州每街原有土地庙、华光庙等，各庙均有常款，由坊人经营。1913 年初，广东警察厅欲提各庙常款以办公益，拆除庙中偶像。一时民怨沸腾，几致交哄。经人提议将各庙改为孔子庙或坊人议事公所，警察厅知众怒难犯，暂且同意。"于是广州市中孔子庙林立"，后来警察厅又强令将各庙偶像送至教育司署设所陈列。⑤ 这里，孔庙成为民间信仰的临时庇护场所，尽管

---

　　① 孙中山：《在广州圣心书院欢迎会上的演说》（1912 年 5 月 11 日），《孙中山集外集补编》，上海人民出版社 1984 年版，第 78 页。

　　② 蔡元培：《社会改良会宣言》（1912 年 2 月 23 日），《蔡元培全集》第 2 卷，中华书局 1984 年版，第 127—140 页。

　　③ 罗检秋：《近代中国社会文化变迁录》第三卷，浙江人民出版社 1998 年版，第 75—76、88—91、256—259 页。关于近代庙产兴学及社会冲突的个案研究可参见徐跃的《清末四川庙产兴学及由此引起的僧俗纠纷》，载《近代史研究》2008 年第 5 期。

　　④ 《柏都督论废城隍祠之理由》，《申报》1912 年 11 月 1 日。

　　⑤ 《粤教育司署将开偶像陈列所》，《申报》1913 年 4 月 29 日

为时不长，却可暂避警厅冲击。民初国民党人的毁庙运动中，"正祀"与"淫祀"，或者说"宗教"与"迷信"的畛域已不难分辨了。

袁世凯政府尊孔崇佛，保护制度型宗教，视之为政治工具。针对民初社会乱象，袁政府申明信教自由，依法保护寺庙财产，1913年颁布的《寺庙管理暂行规则》第一条云："本规则所称寺院，以供奉神像，见于各宗教之经典者为限。"第四条又云："寺院住持及其他关系人不得将寺院财产变卖、抵押或赠与于人。但因特别事故，得呈请该省行政长官经其许可者不在此限。"① 可见，袁政府保护的神像以"见于各宗教之经典者为限"，不包括基本上无经典的民间诸神，实际上只限于儒、佛、回、道、基督诸教。再则，即使是受保护的寺庙，如果经省行政长官批准，仍然可以变卖、抵押或赠与。这样，政府权力又使国家法令大打折扣。

较之前清，民初政府处置庙产、干预民间信仰的力度明显增强了。民初政府推行乡村自治，各村设立自治公所，由村长总揽全村事务。政府权力遂逐渐深入到农村社会，一定程度上取代原有的绅权和族权。李景汉的调查表明：清末到民国年间，河北定县的庙宇大幅减少，至1930年，全县尚存庙宇至少879座，其中在城关者22座，其余857座分布在453个村内。定县的借庙兴学始于光绪三十年，但当时成效有限，其高潮出现在1914年夏孙发绪任知县后。比如，定县翟城村绅士米鉴山在清末已有村治规划，至民国初年其子米迪刚自日本留学归来后，村治遂进入了"组成时期"。孙发绪任知县后，将翟城村树立为模范县，先后创设自治公所、自治讲习所、通俗讲习社、图书馆等。1915年1月，该村创设"风俗改良会"，除了禁早婚、废缠足、禁跪拜之外，还禁止"丧事的照庙说书、念经、糊纸人等项"，春节的贴灶、门香，"其余迷信风俗，都改正"②。在官方支持下，翟城村成为远近闻名的"模范村"。孙发绪提倡毁庙兴学，"于是有许多村庄，都把庙宇中神像拆毁，改为学校"，是年全县毁庙达二百处之多。③ 其中，该县东亭乡村社会区内62村的庙宇，光

<hr>

① 《寺庙管理暂行规则》，《中华民国史档案资料汇编》第三辑文化，江苏古籍出版社1991年版，第692—693页。

② 李景汉编：《定县社会概况调查》（重印本），中国人民大学出版社1986年版，第110—111页。

③ 同上书，第417、173页。

绪初年约有 435 座，至 1928 年有神像的庙宇仅存 104 座。毁庙数较多的年份依次是：1914 年，200 座；1915 年，45 座；1900 年，27 座；1910 年，10 座；1904、1911 年均为 6 座；1905、1908、1917 年皆为 6 座；其余年份均在 5 座以下。[①] 1900 年毁庙较多与发生"教案"有关，民初毁庙高潮则直接缘于知县施政，而五四新文化运动对村民信仰的冲击尚不明显。

民初两大政治势力处理民间信仰时，无不显示出宗教和迷信的二元取向。这种格局直至国民党北伐成功、重建全国政权也没有大变。官方政策和精英观念对民初学者产生了不同程度的影响。徐珂编纂、刊于 1917 年的《清稗类钞》颇具代表性，是书列有"宗教类"和"迷信类"，关于宗教的定义是："宗教者，以神道设教而设立诚约，使人崇拜信仰者也。"在此意义上，他将宗教分为一神教（如基督教、回教）、多神教（如印度婆罗门教）、无神教（如释教之本相）、敬物教（如拜树拜虫之类，我国有之）。中国宗教除佛、道、基督、回教之外，儒家全系学说，"不具迷信，固非宗教所能比拟"。而民间"旁门左道之宗教"不可胜数，如"弥勒教、白莲教、天理教、中洋教、上帝教、三祖教、黄天教、在理教、义和团、大乘教、大成教、萨满教，及崇拜一切自然物如水火龙蛇之类者，非流于妖邪，即困于鄙陋，实皆不足以言宗教也"[②]。可见，他认为一切宗教皆有迷信色彩，其中又有高下之分，既将民间诸神列入"宗教类"，又批评其"妖邪"、"鄙陋"。这种看似矛盾的认知折射出认同近代宗教观念的倾向。

不过，徐珂尚未完全接受宗教迷信话语，故云："不辨事理之是非而佞信，曰迷信。国人鲜明科学，诞妄不经之言自易入耳。且借口于晚近西人之研究灵魂学，哲学家亦颇加以思索，乃不敢直斥其谬，更有引为谈助而资消遣者。"[③] 他并未以"迷信"专指下层民众信仰，而是泛指那种非理性、诞妄不经的信仰。其内容包括各种神仙方术、禁忌习俗、斋醮祀鬼、诵经祈祷、迎神赛会、求签谶兆、鬼狐怪异等事。它们既见诸下层民众的多神信仰，又存在于官绅阶层和制度型宗教之中。民初士人仍在宽泛

意义上使用"迷信"一词，赋予了非理性色彩和贬义，但一般还没有特指民间多神信仰。

南京国民政府是确立宗教迷信话语的关键时期。此时，宗教迷信逐步与信仰类别对应起来，"迷信"主要成为特指民间多神信仰的名词，"宗教"则用于基督教、伊斯兰教，以及狭义的佛、道二教。北伐成功后，国民党迅速在各地建立县党部，下设农民协会、商民协会、工会、学生会、妇女协会等"群众组织"，实际上成为执行政府权力，改造民间文化，控制民众意识的机构。地方党部与中央政府反"迷信"的激烈程度、具体措施略有不同，但基本倾向无异。在江、浙等省地方党部的推动下，南京政府迅速制定、颁布了相关法令，政府权力进一步延伸到农村。1928年8月，浙江省富阳县党部呈请"查禁寺庙药笺，以除迷信，而维生命"。浙江省党部迅速转呈国民党中央执行委员会，并加按语："鉴于迷信之亟宜破坏，生命之亟宜维护"，请"国民政府迅予通令各省严行查禁"①。稍后，上海特别市党部亦呈道院、悟善社等迷信机关"设坛开乩，谣言惑众，恳令内政部严禁"。同年10月，内政部随即复函："查事涉迷信，雍蔽民智，阻碍进化，自应查禁，以遏乱源，除分别函令各特别市、各省民政厅将道院、同善社、悟善社一体查禁，并妥善处理其财产作为慈善公益之用。"② 在此背景下，国民政府内政部于1928年10月颁布了《神祠存废标准》（以下简称《标准》）。它未经广泛调查和深思熟虑，而是在政权初建时，为了消弭"谣言惑众"、"以遏乱源"，重建权力系统而急促出台的，故是否合乎科学和文明"标准"就不能不令人怀疑了。

《标准》将中国众多神祇分为"先哲类"、"宗教类"、"古神类"和"淫祠类"，对其区别对待，存废不一。③ 它注意到历史文化传统，又集近代宗教观念和西方话语之大成，奠定了民国以后中国信仰世界的基本格局。

　　① 《国民党中央秘书处抄转浙江省富阳县党部呈请取缔寺庙药笺迷信活动函》，《中华民国史档案资料汇编》第五辑第一编文化（一），江苏古籍出版社1994年版，第490—491页。

　　② 《内政部关于查禁道院及悟善社等迷信机关致国民政府秘书处函》，《中华民国史档案资料汇编》第五辑第一编文化（一），江苏古籍出版社1994年版，第491—492页。

　　③ 以下未注引文均见《神祠存废标准》，《中华民国史档案资料汇编》第五辑第一编文化（一），江苏古籍出版社1994年版，第495—560页。

《标准》继承并发展了古代正祀、淫祀传统，将之转化为宗教迷信话语。其中指出：远古先民以神道设教，向有一定之秩序，而春秋以后淫祠泛滥，毒害人心。随后，它追溯了从战国时期西门豹废"河伯娶妇"到清代汤斌禁毁五通神等十件"毁除淫祠，破除迷信"的事例。《标准》将古代淫祀纳入"迷信"范畴，故对以往"附会宗教，实无崇拜价值"及世俗传说"毫无事迹可考者"，如张仙、送子娘娘、财神、二郎神、齐天大圣、瘟神、痘神、玄坛，以及时迁庙、狐仙庙等"合于淫祠性质之神，一律从严取缔，以杜隐患"。此外，《标准》强调先哲如伏羲、神农、黄帝、嫘祖、仓颉、后稷、大禹、孔子、孟子、公输般、岳飞、关羽的神祠"应一律保存，以志景仰"。古代部分正祀遂被纳入民国祀典，具有了合法的宗教地位，古代的正祀、淫祀构成了近代宗教、迷信之分的基本框架。只是在现代背景下，"正祀"之神已经减少，"淫祀"范围大幅扩展。

西方宗教是《标准》的重要背景。"宗教者，以神道设教，而立诚约，宗旨纯正，使人崇拜信仰之神教也。"专祀一神者为一神教，如基督教、回教；并祀多神者为多神教，如佛教、道教。"属于宗教性质之神祠，一律应予保存。惟流俗假宗教之名，附会伪托之神，与淫祠同在取缔之列。"《标准》肯定四大宗教的正统地位，但域外和本土宗教又分轩轾：回教"其教旨尚清洁，重团体，教典曰可兰经"；基督教，"欧美各国多奉之，其教以平等、自由、博爱为主"。在完全肯定两大宗教的同时，对佛教、道教分析而论：肯定佛教的成佛超凡之旨，也承认喇嘛教的地位，但认为"世俗崇拜偶像之佛，而不能通晓佛理，遵奉佛旨"，则失佛家主旨。《标准》肯定道教祀祭老子、元始天尊、三官、天师、王灵官、吕祖诸神，但其"流毒"白莲教、义和团、大刀会、小刀会及"最近之硬肚会、红枪会等"，"应即根本纠正"。此外，世俗社会在人死后请僧、道之人唪经，名曰超度，均为无稽，应予废止。显然，《标准》不反对崇奉基督教的偶像，而对中国民间崇拜佛、道偶像不以为然；不反对基督教、回教的宗教仪式，却指责中国民间延请僧人、道士为死者念经超度，其中显示了西方宗教观念的潜在影响。

看起来，《标准》是近代启蒙思潮的产物，蕴含了科学主义本质，但并未彰显科学性和民主性，而是强化了权力的渗透。《标准》认为古代属于正祀的"古神类"，如日神、月神、火神、魁星、文昌、旗纛之神、五岳四渎、东岳大帝、中岳、海神、龙王、城隍、土地、八蜡（其中仅先啬、司啬可存）、灶神、风雨雷电之神等皆在废止之列。理由是，"我国古代崇祀之神，今多讹误，或为释道两氏所附会，失其本意，或因科学发明以后，证明并无崇祀之意义"。所谓因"科学发明"以后无崇祀意义，大致是指所祀之神虽见诸经典，却"毫无事迹可考者"（如载诸佛经的阎罗）；或者如城隍神那样，将某先贤附会，夸大护祐作用；或者源于小说、传说（如《封神榜》、《西游记》记载的）的一些神。

《标准》依据国民党各级党部的主观意图制定，而没有顾及各地民情，很难称得上科学。世界各民族宗教所祀之神大多源于传说，除个别创始者事迹可考外，其他多属无稽。《标准》保留载诸佛典的地藏王、弥勒、文殊、观世音、达摩诸神，道教的元始天尊、三官、天师、王灵官、吕祖诸神，甚至大禹以前的"先哲类"诸神都只是民间传说，事迹同样不可考，故实际上不是以事迹真伪来区分诸神高下。所谓事迹无考，仅仅是否定民间神祇的一个借口。这样的评判标准显然有失科学性。同样，在任何信仰中，尽管方式不一，神祇的社会作用无一不是被夸大的，而就其对人心理上、精神上的价值而言，被《标准》存废的诸神并无本质区别。

同时，《标准》也缺乏民主性。其中"先哲类"和"宗教类"诸神的存废在很大程度上取决于与国家政权的关系。古代先哲众多，道德垂范不一，诸如忠君、爱国、气节、正直、重民等。关羽、岳飞是忠君爱国（实为忠于朝廷）的典范，尽管其事迹在民间已被小说、戏曲一再建构，却是历代政府的崇祀对象，民初袁世凯政府仍然如此。[①] 此外，清初阐发民本思想的顾炎武、黄宗羲、王夫之三人在几经曲折之后，已被清末政府列入正祀。"先哲类"保留了祭祀关、岳，而对其他先哲包括顾、黄、王只字不提，其道德取向是不言而喻的。在"宗教类"诸神中，虽然白莲教等民间宗教影响巨大，组织严密，且各有典籍，却因与官方处于对立或不合作状态，只能落入遭禁命运。

总之，民间诸神的命运不在于其是否符合"科学"，而在于权力背景。正如杜赞奇所说："作为政府，它可以制定分类标准，以便规定和限

---

① 袁世凯政府祭天祀孔之时，确定武祀为关、岳二人，见罗检秋《祭祀关岳，提倡忠义道德》，《近代中国社会文化变迁录》第三卷，浙江人民出版社 1998 年版，第 225—228 页。

制合法的竞争范围。国民政府区分了真正的宗教信仰和迷信，从而使其权力延伸到了可以控制的佛教及其他团体。"政府谴责迷信而保护宗教，通过法律"确认合法的信仰者，排斥那些难以进行政治控制的信仰者，从而巩固其在地方社会的政治权力"①。

重定信仰世界的权力秩序，并不意味着制度型宗教可以独善其身。就在政府制定《标准》时，南京国民政府内政部长薛笃弼在全国教育会议上提议没收寺产，以充教育基金。该议案虽遭宗教界反对，未能完全实行，但不乏社会反响，难免给佛道寺庙产生影响。20 世纪 30 年代的地方志记载，华北的乡村学校多由庙宇改建而成。比如，至 1933 年，顺义有新学校 203 所，其中有 160 所设在以前的庙宇中。在一些地区，和尚、道士反对没收庙产，普通村民也反对，"县政府不得不派警察下乡搬出佛像，而将庙宇改为学校"②。在《标准》实行过程中，地方党部与民众的冲突接踵而起。③ 虽一度暂停实行，却没有废止。1930 年 4 月，国民党中央又将《标准》及"国民政府公布之监督寺庙条例各数份"分发各级党部。④

五　政权与精英思想的差异

民国政府废止民间诸神与近代启蒙思想不无关系。清末以来，民间多神信仰遭受批评，五四时期尤甚。1918 年 5 月，《新青年》第四卷第五号发表陈大齐的《辟灵学》、陈独秀的《有鬼论质疑》及钱玄同、刘半农等人的"随感录"。此后该刊还发表陈独秀的《偶像破坏论》、刘叔雅的《难易乙玄君》及易白沙等人的文章，将清末以来的反"迷信"发扬到极致，看起来影响了政府决策。不过，民国政策与近代精英思想仍然有别。

近代思想精英关于改造民间信仰的看法并不一致。清末，陈独秀批评

① Prasenjit Duara, *Rescuing History from the Nation*: *Questioning Narratives of Modern China*, Chicago, the University of Chicago Press, 1995. pp. 109 – 110.

② 杜赞奇：《文化、权力与国家——1900—1942 年的华北农村》，江苏人民出版社 1996 年版，第 138 页。

③ 三谷孝的《秘密结社与中国革命》一书对此多有论述，并认为《神祠存废标准》"实行了不到 4 个月就废除了"，参见中国社会科学出版社 2002 年版，李恩民等译，第 205 页。

④ 《国民党中央执行委员会秘书处奉发〈神祠存废标准〉致各级党部函》（1930 年 4 月 30 日），《中华民国史档案资料汇编》第五辑第一编文化（一），江苏古籍出版社 1994 年版，第 495 页。

民间多神信仰，而不否定宗教，在观念上呈现二分趋向，鲁迅则明确否定反"迷信"时流。鲁迅认为，西方宗教与中国民间信仰均起源于先民"不安物质之生活"，而有形上之需求。"欲离是有限相对之现世，以趣无限绝对之至上者也。"西方一神教与中国多神崇拜并无不同，"设有人，谓中国之所崇拜者，不在无形而在实体，不在一宰而在百昌，斯其信崇，即为迷妄，则敢问无形一主，何以独为正神？宗教由来，本向上之民所自建，纵对象有多一虚实之别，而足充人心向上之需要则同然"。在鲁迅看来，多神教、一神教、拜物教本质无异，事实上否定了正趋形成的宗教迷信话语。同时，鲁迅批评近代"志士"以救亡和科学为理由而归罪民间信仰，认为历代亡国惨祸，"正多无信仰之士人，而乡曲小民无与"。至于"奉科学为圭臬之辈"，借元素细胞之说，夺人信仰，其实"无当于事理"。比如以科学为据，"怀疑于中国古然神龙者，按其由来，实在拾外人之余唾"。国势强弱不同，各族神话的价值自异。"顾俄罗斯枳首之鹰，英吉利人立之兽，独不蒙垢者，则以国势异也"。故中国的出路，不在毁弃民间信仰，"伪士当去，迷信可存，今日之急也"。鲁迅所云"伪士"，主要不是思想启蒙者，而是清末新政中的官绅。他注意到，随着庙产兴学的兴起，一些人"占祠庙以教子弟。于是先破迷信，次乃毁击偶像，自为其酋，聘一教师，使总一切，而学校立"。所培养的学生则知识浅薄，志操卑下，"所希仅在科名"，甚至不及佛门弟子。一些地方禁止乡人迎神赛会，也不免"钩其财帛为公用"。"嗟夫，自未破迷信以来，生财之道，固未有捷于此者矣。"① 鲁迅的言论既是针对西方话语有感而发，又是对清末新政积弊的针砭，远远超越了启蒙思想背景。

从清末思想线索来看，鲁迅的言论似乎是章太炎"用宗教发起信心，增进国民道德"的回响。不过，鲁迅的宗教观不限于基督教、佛教所谓"正信"，而包括民间多神信仰。他珍视一切有价值的民族文化，注意到民间信仰塑造民族精神的积极意义，反对一味追趋西方话语。当然，鲁迅的言论也因时而变。五四时期，他批评扶乩迷信之风，对道家的神仙符箓之术也有讥贬。但其杂文、小说一方面尖锐地批评"伪士"们趋时营私，

① 鲁迅：《破恶声论》（1908 年），《鲁迅全集》第八卷，人民文学出版社 1981 年版，第 23—34 页。

另一方面则对民间信仰寄予了同情和肯定。从清末至五四，他探索民族精神、塑造民族魂的基本思路没有改变。这与官方以权力界定民间诸神的价值和正邪显然不同。

再则，否定民间多神信仰的新文化人很少将宗教、迷信二分开来。五四时期陈独秀认为，"将来一切宗教皆在废弃之列"，即使以西教为模本、最具理性色彩的孔教也不例外，故"主张以科学代宗教，开拓吾人真实之信仰"①。他超越了宗教与迷信的二分思维，反对一切偶像：

> 泥塑木雕的偶像，本来是件无用的东西，只因有人尊重他，崇拜他，对他烧香磕头，说他灵验，于是乡愚无知的人，迷信这人造的偶像真有赏善罚恶之权，有时便不敢作恶，似乎偶像却很有用。但是偶像这种用处，不过是迷信的人自己骗自己，非是偶像自身真有什么能力。这种偶像倘不破坏，人间永远只有自己骗自己的迷信，没有真实合理的信仰，岂不可怜！
> 天地间鬼神的存在，倘不能确实证明，一切宗教，都是一种骗人的偶像：阿弥陀佛是骗人的，耶和华上帝也是骗人的，玉皇大帝也是骗人的。一切宗教家所尊重的崇拜的神佛仙鬼，都是无用的骗人的偶像，都应该破坏！

陈独秀不仅否定大众的偶像崇拜，而且反对一切宗教的偶像崇拜。他进而认为，"国家也不过是一种骗人的偶像"。一些人保存这种偶像，"不过是借此对内拥护贵族财主的权利，对外侵害弱国小国的权利罢了"。此外，"世界上男子所受的一切勋位荣典，和我们中国女子的节孝牌坊，也算是一种偶像"，容易产生伪道德。在他看来，人的信仰"当以真实的合理的为标准"，宗教上、政治上、道德上各种"虚荣欺人不合理的信仰，都算是偶像，都应该破坏！"② 这些激进主张不可能实行，却体现了五四启蒙思想的本质。由此可见，陈独秀并没有以双重标准来衡量制度型宗教和民间多神信仰，与20世纪的官方政策只是貌似而实异。

---

① 陈独秀：《再论孔教问题》，《新青年》第2卷第5号，1917年。
② 陈独秀：《偶像破坏论》，《新青年》第5卷第2号，1918年。

　　"以美育代宗教说"是五四时期蔡元培提出的著名主张，当时有人不赞同，后人也有不同阐释，有的认为其过于超前，不可能实行。这里不必多加评论，而此时他等视一切宗教信仰的思想显然值得注意。他认为，宗教的内容皆经科学的研究解决了，自然是不可信的，而西方人仍然入堂礼拜，相沿成习。这就像"前清时代之袍褂"，虽不适用了，但觉得毁之可惜，沿用之也未尝不可。又如祝寿、会葬之仪，在学理上无价值，却是社交活动，参加者"藉通情愫"，"欧人之宗教仪式，亦犹是耳。所可怪者，我中国既无欧人此种特别之习惯，乃以彼邦过去之事实，作为新知"。"误听教士之言，一切归功于宗教，遂欲以基督教劝导国人"，有些人则因之提倡孔教，皆因不明宗教之真相。他指出：

　　　　无论何等宗教，无不有扩张己教、攻击异教之条件。回教之谟罕默德，左手持《可兰经》，而右手持剑，不从其教者杀之。基督教与回教冲突，而十字军之战几及百年。基督教中又有新旧教之战，亦亘数十年之久。至佛教之圆通，非他教所能及，而学佛者苟有牵拘教义之成见，则崇拜舍利受持经忏之陋习，虽通人亦肯为之。甚至为护法起见，不惜于共和时代附和帝制。宗教之为累，一至于此。

　　故他提出"舍宗教而易以纯粹之美育"①。他对一切宗教均持否定态度，认为"倚赖鬼神的宗教"，将来没有存在的余地，宗教思想本不发达的中国更是如此。1921 年，他重申十年前所著《哲学要领》的观点，认为"宗教上的信仰，必为哲学主义所取代"②。故蔡元培不仅非议多神信仰，而且反对基督教宣传，赞成"非宗教运动"。在他看来，西方传教士与中国的神汉巫婆并无高下之分，"现今各种宗教，都是拘泥着陈腐主义，用诡诞的仪式，夸张的宣传，引起无知识人盲从的信仰，来维持传教人的生活"③。这种认知从侧面体现了等视一切宗教及民间信仰的思想倾

　　① 蔡元培：《以美育代宗教说》，《新青年》第 3 卷第 6 号，1917 年。

　　② 蔡元培：《关于宗教问题的谈话》（1921 年 8 月 1 日），《蔡元培全集》第四卷，中华书局 1984 年版，第 70 页。

　　③ 蔡元培：《非宗教运动——在北京非宗教大同盟讲演大会的演说词》（1922 年 4 月 9 日），《蔡元培全集》第四卷，中华书局 1984 年版，第 179 页。

向，与民元"改良社会宣言"仅非议民间"迷信"已有变化。与后来政府区分高下，存废不一的做法也有所不同。

再次，新文化人怀疑证据不足的历史传说，包括被神化的先哲人物。《标准》保存的"先哲类"神祠仅有孔、孟得到新文化人的肯定（但也非神化），其他如伏羲、神农、黄帝、嫘祖、仓颉、后稷、大禹等均在存疑之列，这在"古史辨"派的研究中已有鲜明体现。相反，民间信仰和传说却受到他们重视。五四以后，他们对民俗、歌谣和民间多神信仰的调查、研究，不仅揭示了民众社会生活的丰富多彩，而且从侧面说明了民俗信仰的合理性，与民国政府居高临下地贬低、否定民间信仰大异其趣。

五四以后，科学主义磅礴发展，但知识界对于宗教和迷信的认识仍有差异。即使指责民间多神信仰的文章也承认："什么叫做'迷信'？这个问题，很不容易回答。何以呢？迷信并不是一定不变的东西。平常说非科学的、非哲学的，都叫做迷信，但是，科学和哲学，自己也还在那里自问自答的解决不了……（科学史上）那从前的妖言，现在已变成事实；从前的真理，现在已成了迷信。那么，现在的真理，到了将来，又谁能够保得住他不变成迷信呢"[1] 科学上还有许多未解之谜，而民间多神信仰又植根深厚。因之，所谓宗教与迷信之分亦难得知识界的一致认同。一些人认为，信仰世界无所谓宗教、迷信之分，只有程度不同："尝窃闻某教士言，无论何种高尚的宗教，皆不能脱离迷信。宗教即迷信。"野蛮人的偶像崇拜，"吾人笑其迷信，然此即野蛮人之宗教"。中国农村的打醮赛会，亦不得谓为非宗教举动。"故宗教即迷信，迷信即宗教。"惟其有"鄙陋与高尚"、"有益或无益"之别。"凡下等的宗教举动必无益于个人而有害于社会，凡高尚的宗教举动必有益于个人而无害于社会。"[2] 他们以信仰行为的利弊来区分高下，却否定宗教迷信的本质区别，这颇能代表一些人的心理。后来戏剧家齐如山则根本否认信仰的高下之分，他认为：

> 世界有许多社会，是靠着信仰维持它的团体秩序。若说它迷信，则世界上宗教无不迷信。比方说乡间农民因天旱祈雨求福，有许多人

---

[1]　周昌寿：《迷信》，《东方杂志》第 18 卷第 4 号，1921 年。
[2]　杨□康：《迷信与宗教》，《申报》1921 年 9 月 1 日。

讥笑他们迷信，可是教会中做弥撒、祈福、祈祷和平等等，也是常有的事；靠龙王固然不敢说求的下雨来，靠耶稣就求的下来吗？何所谓迷信呢……（教会中人）说中国人迷信，最重要的是拜偶像，我个人是不拜偶像的，但西洋人又何尝不拜偶像呢？他教堂中左一位圣人，右一位圣人，有铜的，石的，石膏的，那都是什么意思呢？①

这类质疑并非仅见，也不是没有依据的。无论是陈独秀、蔡元培那样否定一切宗教，还是齐如山等人那样强调制度型宗教与民间信仰的同一性，事实上都没有肯定"宗教"和"迷信"的二分做法。因而，否定民间多神信仰而肯定制度型宗教，实难代表五四启蒙思想的主流。如果细加分析，则20世纪二三十年代的官方政策与五四思想已经分道扬镳。在后来的相关研究中，不必说海外学者，即使国内研究者也没有沿用近代宗教迷信话语。②

综上可见，近代宗教迷信话语形成于复杂的社会环境之中，启蒙思潮、包括梁启超和五四新文化人对此不无意义，但主要定型于国家权力的渗透之后。在近代政治变局和社会改革中，国家权力对民间信仰的干预得以不断深入，宗教和迷信的畛域逐渐清晰起来。民国政府将以前的"淫祀"及部分"正祀"纳入"迷信"范畴，而曾经处于边缘的外来信仰上升为宗教正统，从而使信仰世界转变为新的"文化网络"，实现了权力秩序的重建。宗教迷信话语蕴含的等级秩序显示了民间信仰与国家权力的亲疏关系及其工具性差异。近代宗教与迷信的分野主要是由权力来界定和完成的。与其说，宗教迷信话语起源于启蒙思潮，毋宁说是国家意识形态和权力渗透的结果，反映了清末民初政权参与、控制民众社会的加强。

---

① 齐如山：《齐如山回忆录》，辽宁教育出版社2005年版，第210页。

② 如李向平的《信仰、革命与权力秩序：中国宗教社会学研究》（上海人民出版社2006年版），侯杰、范丽珠的《世俗与神圣：中国民众宗教意识》（天津人民出版社2001年版）等书均将民间多神信仰纳人宗教范畴。

结语：追求德性与关怀大众

近代中国政局变幻，新潮奔腾，知识精英轮流登上历史舞台，各领风骚数十年。精英思想立说不同，却有贯通不变的特质。它们传承儒家的入世取向和经世意识，深浅不同地浸染于西学西俗，并关注着民众的精神世界。清末民初，知识界纷纷评说人伦礼俗的现状，发表改革主张，有时也矫枉过正，出现思想误区和偏见，但其言论主题大体不离追求德性的轨道。

一 重释传统德性

何谓德性？中外学者的解释言人人殊，即使在相对一贯的思想传统内，也有大相径庭的德性概念。简言之，德性主要体现为对善的追求和实践。德性蕴藏于文化传统之中，具有鲜明的民族性。以儒学为代表的中华文化彰显了人伦道德主题，也蕴含丰富的德性之学。即使带有规范色彩的忠、孝、贞节伦理也不乏德性内涵。如果摒弃其中不平等、片面的、非人道的规范教条，它们均可作为德性而重释和继承。

清末民初，知识精英或借重西学，或阐释传统，但在否定旧纲常，以西学改造人伦规范方面具有一致性。目前有关近代人伦道德的研究，一般重视新旧更替或中西融合，故多将其纳入"转型"的框架。实际上，文化及道德的重建并不完全是转型问题，而主要体现在继承、改造和重释传统的过程。近代人伦礼俗的改良始终没有脱离这一过程。忽视这方面，就难免在认识和实践中走入误区。

清末思想家融合中西，也重释了传统德性之学。谭嗣同将儒家的"仁"与西方"以太"、"电"等近代概念对应诠释，成为改造传统纲常的思想典范。康有为以儒家仁学和大同理想会通西学，构建了新的道德理想主义。清末革命志士是否定三纲而又传承德性的重要群体，融合中西的取向与维新派大体相同，但他们主要从实用层面贯通中西，对传统德性的阐述尚嫌薄弱。他们在摒弃三纲道德时，比较依重西学资源，有时且将传统"慈孝"与西方"博爱"学说对立起来，认为"孝慈者，私之别称也"，而"博爱平等，公之至也。慈孝与博爱，及公与私皆成反比例。然慈孝有害博爱平等，而博爱平等无损于慈孝，且有益之"①。在西学语境中，他们尚未理性地阐释传统德性之学。

民国年间，西学多层面、多渠道地渗透于中国思想，中西文化的冲突和融合趋于激烈而深入，知识精英大体阐扬传统德性的思想价值，又以西理西法来改造人伦规范。在这方面，激进的新文化人与折中调和论者具体主张不尽相同，后者被研究者看作"文化保守主义"者。但他们所谓"保守"，并非排拒西学，而主要体现在肯定、阐释传统的价值，试图以传统德性来补救现代社会的道德混乱，带有道德理想主义色彩。

在民初孔教运动的代表人物康有为看来，"今欲救吾国人于洪水中，必先起其道德之心"。他所谓"道德"还主要是儒家伦常，所谓"父不父，子不子，夫不夫，妇不妇，则无以为家；行不知所言，立不知所立，则无以为身；伥伥何之，茫茫何适，不知所师从，不知所效法，则无以为心"②。终其一生，康氏始终是一位文化救国论者，典型地体现了传统儒家的思维定式。从戊戌时期致力于思想启蒙，到民初陷入孔教论泥潭，康有为的道德主义取向基本未变。惟其如此，他始终怀有对儒家德性的追求。他说："夫伦行或有与时轻重之小异，道德则岂有新旧中外之或殊哉！"因此，儒家的"仁智勇"三达德不可少，"即言伦行，父慈子孝，兄友弟恭，君仁臣忠，夫义妇顺，朋友有信"也不能缺少③。他坚信儒家德性之学并无大错，只是在实践上误入歧途。然而，康有为的道德理想主

----

① 真：《三纲革命》，《辛亥革命前十年间时论选集》第二卷，下册，生活·读书·新知三联书店 1963 年版，第 1019 页。

② 康有为：《中国学会报题词》（1913 年 2 月 11 日），《康有为政论集》下册，中华书局 1981 年版，第 799 页。

③ 康有为：《以孔教为国教配天议》（1913 年 4 月），《康有为政论集》下册，中华书局 1981 年版，第 843 页。

义未能准确地融会近代观念。针对民初社会状况,他把近代道德困境归咎于自由、平等学说,而宣称"若今日事自由、平等,日言民意、民权,则吾国散乱将亡,则中国千秋万年永失自由平等,吾国民永无民意民权焉"①。这种认识当然不能完成重释、重建德性的使命。

　　民国年间推崇中国文化的梁启超、杜亚泉、严复、梁漱溟等人均通晓西学。他们与《新青年》群体的根本分歧不在政治主张,而在于如何认识传统道德的价值。梁启超的学术主张因时而变,对传统德性的肯定和重释则从清末延续至五四时期,前后思想无殊。20世纪初,其融合中西学说、专论国民精神的《新民说》就对忠、孝道德重新阐释:忠、孝为中国相传的天经地义,"虽然,言忠国则其义完,言忠君则其义偏。何也?忠、孝二德,人格最要之件也,二者缺一,时曰非人"。如果仅言忠君,则君主自身没有尽忠之路,欧美民主国家之民也都没有忠德,但事实上,他们"应尽之忠德,更有甚焉者也"。"人非父母无自生,非国家无自存。孝于亲,忠于国,皆报恩之大义,而非为一姓之家奴走狗者所能冒也。"他认为,"君之当忠更甚于民"。同样,孝虽是子女对于父母之责任,而为人父者,"何尝可以缺孝德?"② 显然,梁启超把忠、孝看作包括君父在内共守的普遍德性,其忠、孝对象也不限于君主和父母,而是推己及人,广泛应用于国家和社会之中。到20世纪20年代,梁启超更加推崇孔子人格和儒家学说,认为在调和物质生活与精神生活的问题上,儒家的人生观"最为合理"③。基于此,他以阐发儒学为己任,彰显了中国文化的精神价值。

　　戊戌时期严复凸显了中西文化的差异,认为"中国最重三纲,而西人首明平等;中国亲亲,而西人尚贤;中国以孝治天下,而西人以公治天下;中国尊主,而西人隆民"。即使中国与西方自由最相似的"恕"、"絜矩"也是貌似而实异④。这或许是他大力译介西学的思想注脚。然而,严复晚年极力倡导传统道德,主张忠、孝、节、义应作为立国精神:

---

　　① 康有为:《中国颠危误在全法欧美而尽弃国粹说》(1913年7、8月),《康有为政论集》下册,中华书局1981年版,第913页。

　　② 梁启超:《新民说》,《饮冰室合集》专集之四,中华书局1989年版,第18—19页。

　　③ 梁启超:《先秦政治思想史》,《饮冰室合集》专集之五十,中华书局1989年版,第182页。

　　④ 严复:《论世变之亟》,《严复集》第一册,中华书局1986年版,第3页。

　　盖忠之为说，所包甚广，自人类之有交际，上下左右，皆所必施，而于事国之天职为尤重。不缘帝制之废，其心德遂以沦也。孝者，隆于报本，得此而后家庭蒙养乃有所施，国民道德发缘于此，且为爱国之义所由导源。人未有不重其亲而能爱其祖国者。节者，主于不挠，主于有制，故民必有此，而后不滥用自由，而可与结合团体……至于义，则百家之宜，所以为人格标准，而国民程度之高下视之。①

　　严复主张抽象地发扬传统道德，其所谓忠、孝、节、义主要是在改造三纲伦理，摒弃忠君观念和片面节孝基础上的德性之学。他这番主张往往被后人视为思想落伍的标志，却是针对民初道德状况有感而发，并非无的放矢。可惜他在实践中误入歧途，被野心家利用，一度成为守旧复辟的思想工具。

　　严复早年大力输入西学，力辟"中体西用"论，而一生言行实际上不离中学为体的轨道，只是其"中体"范围仅限于忠、孝、节、义一类传统道德。这种取向在民初学者文人中并不罕见。杜亚泉对此有明确申述："道德有体有用，体不可变而用不能不变。""变者什一，不变者仍什九也。"② 这似乎晚清以来中体西用论的老调重弹。不过，晚清所谓不变的"中体"范围较宽，至少包括以三纲五常为核心的全部道德，杜亚泉等人则进一步辨析了道德的体、用，既肯定新旧德性的相通性，又对具体的人伦规范进行变通。杜亚泉云："吾人当确信吾社会中固有之道德观念，为最纯粹中正者。但吾人虽不可无如是之确信，却不可以自封自囿。世界各国之贤哲所发明之名理，所留遗之言论，精深透辟，足以使吾人固有之观念益明益确者，吾人皆当研究之。""且吾人之所取资于西洋者，不但在输入其学说，以明确吾人固有之道德观念而已。"西洋道德史上虽有过激者，"然以彼之长补我之短，对于此点，吾人固宜效法也"③。

　　"体常用变"论代表了民初一批学者文人的新道德观。所谓道德之体

① 严复：《倡导中华民国立国精神议》，《严复集》第二册，中华书局 1986 年版，第 343—344 页。

② 高劳：《国民今后之道德》，《东方杂志》第 10 卷第 5 号，1913 年。

③ 伧父：《战后东西文明之调和》，《东方杂志》第 14 卷第 4 号，1917 年。

即是德性之学。在杜亚泉看来，中国德性之学不仅"纯粹中正"，而且与西学相通。这在其刊发的他人论著中得到了补充诠释，如有人提出以"仁爱"救济国民道德："道德之本质，仁与爱而已矣。仁与爱，历万古而不敝者也。道德之形成（形式或云科条）则常因政体之组织、时势之转移而有所变迁者也。"儒教之三纲五常，耶教之十诫，释教之苦修，"三教之科条互异，而以仁爱为基初无少殊也"。因此，改良道德状况"当另创道德科条，以救一时之敝。更宜发扬仁爱之理，以期万古之隆"①。关于"道德科条"的具体内容，他们的观念与五四新文化人存在差异，但其"仁爱之理"与新文化人的新孝道、新贞节本质相通。

杜亚泉的"体常用变"论以及梁启超对儒学精神价值的阐释，都表现出肯定传统德性的倾向。政治家孙中山也不例外。他不赞同五四激进思潮，不像许多人那样否定传统，而强调恢复"固有的旧道德"，实则对传统道德加以改造和重释，彰显其优长：

> 讲到中国固有的道德，中国人至今不能忘记的，首先是忠孝，其次是仁爱，其次是信义，其次是和平……现在一般人的思想，以为到了民国，便可以不讲忠字，以为从前讲忠字是对于君的，所谓忠君……如果忠字可以不要，试问我们有没有国呢？我们的忠字可不可以用之于国呢？我们到现在说忠于君，固然是不可以，说忠于民是可不可呢？忠于事又是可不可呢？我们做一件事，总要始终不渝，做到成功；如果做不成功，就是把生命去牺牲亦所不惜，这便是忠……故忠字的好道德，还是要保存。讲到孝字，我们中国尤为特长，尤其比各国进步得多。《孝经》所讲孝字，几乎无所不包，无所不至。现在世界上最文明的国家讲到孝字，还没有像中国讲到这么完全。所以孝字更是不能不要的。国民在民国之内，要能够把忠孝二字讲到极点，国家便自然可以强盛。②

---

① 《予之国民道德救济策》，《东方杂志》第 10 卷第 7 号，1913 年。

② 孙中山：《三民主义·民族主义第六讲》，《孙中山全集》第九卷，中华书局 1986 年版，第 243—244 页。

　　孙中山针对五四思潮而肯定了忠、孝道德，但其实际内涵已有更新。例如：他所谓忠，不是忠君，而是忠于人民和事业。他把人民作为国家的主体，蕴含了近代平等意识和民主观念，也体现了传统忠德的转变。他对传统"仁爱"、"信义"、"和平"也进行了新的阐发，彰显了传统德性的现代价值，与严复等人的主张并无大异。唯因时移势异，严、孙言论的社会效果已迥然不同。

　　五四新文化人激烈地批判了传统忠、孝、贞节伦理，不仅以近代民主、科学和法制精神改造三纲道德，而且反对调和新旧。他们从个性解放、人格独立来剖析传统伦理的缺陷，不乏真知灼见。李大钊以唯物史观分析道德的本质，把伦理学建立于物质生活和经济基础之上，较晚清思想家有所深入。陈独秀认为，"现代伦理学上之个人人格独立，与经济学上之个人财产独立，互相证明，其说遂至不可动摇；而社会风纪，物质文明，因此大进"①。故主张"以个人本位主义，易家族本位主义"，进而改造损害独立人格及自由、平等权利的忠孝道德②。胡适宣传的"易卜生主义"，成为冲击旧贞节的时代强音，本质上也是提倡个性解放。周作人主张"人的文学"，强调他主张的人道主义，乃是"个人主义的人间本位主义"③。无论是老师辈的《新青年》群体，还是《新潮》学生，其思想主张大多打上了个人主义色彩。这可以看作对晚清国家主义、民族主义的超越，对三纲五常的巨大冲击是不言而喻的。

　　在五四思潮中，新文化人聚焦于孔子之道与现代社会生活的对立性。陈独秀的名言是："孔子生长于封建时代，所提倡之道德，封建时代之道德也；所垂示之礼教，即生活状态，封建时代之礼教，封建时代之生活状态也；所主张之政治，封建时代之政治也。"故主张对儒学为代表的旧伦理，应"勿依违，勿调和"④。他们常常混淆孔学与后儒的区别，以便为批儒寻找依据。李大钊也有类似言论："孔门的伦理，是使子弟完全牺牲他自己以奉其尊上的伦理；孔门的道德，是与治者以绝对的权力责被治者

---

① 陈独秀：《孔子之道与现代生活》，《新青年》第2卷第4号，1916年。
② 陈独秀：《东西民族根本思想之差异》，《新青年》第1卷第4号，1915年。
③ 周作人：《人的文学》，《新青年》第5卷第6号，1918年。
④ 陈独秀：《孔子之道与现代生活》，《新青年》第2卷第4号，1916年。

以片面的义务的道德。"① 看起来,他们的基本思路是将儒家伦理与现代生活完全对立起来,排斥之不遗余力。

之所以如此,根本上与统治者利用孔儒维护旧道德分不开。从历史根源来看,儒家伦理在正统化过程中,德性本质被扭曲、淹没,沦落为专制政治的婢女。在现实社会中,袁世凯及北洋政府的文教政策凸显了儒家伦理的规范性和反民主性,刺激了孔教运动的高涨,同时也引起了一些学者、思想家的反击。正因此,新文化人注重揭露儒学与帝制的深刻联系。吴虞有言:"孔二先生的礼教讲到极点,就非杀人吃人不成功。""吃人的就是讲礼教的,讲礼教的就是吃人的呀!"② 这是作者因受成都教育界的迫害有感而发,也是对全国保守风气的抨击。新文化人力图寻找专制政治的社会根源,自觉或不自觉地让儒家伦理充当了替罪羊。

那么,他们彻底抛弃了传统德性吗?不然,西化或去旧从新只是他们的思想途径,实质上他们进入了重释、发展传统德性的新阶段。他们自幼受儒学熏陶,灵魂深处多少留有儒学的影子,作文、演讲仍借用儒学原理,甚至思维习惯也留下儒家重道轻器的烙印。他们抨击儒家伦理,改革旧礼俗,但并没有否定儒家德性之学。激烈如吴虞也坦言:"不佞常谓孔子自是当时的伟人,然欲坚执其说以笼罩天下后世,阻碍文化之发展,以扬专制之余焰,则不得不攻之者,势也。"③ 孔子作为"伟人"的重要依据是较早地洞悉了道德本质,提出了求仁向善的履践途径。从清末到五四,知识精英无不与传统道德存在关联,涉足于传统德性之学。李大钊的言行鲜明地体现了忠、恕道德。蔡元培对不同思想的"兼容并包"在本质上传承了儒家的恕道和仁学。他还将风行近代的自由、平等、友爱纳入儒学范畴:

> 所谓自由,非放恣自便之谓,乃谓正路既定,失 [矢] 志弗渝,不为外界势力所征服。孟子所称 "富贵不能淫,贫贱不能移,威武

---

① 李大钊:《由经济上解释中国近代思想变动的原因》,《新青年》第 7 卷第 2 号,1920年。

② 吴虞:《吃人与礼教》,《吴虞集》,四川人民出版社 1985 年版,第 171 页。

③ 吴虞:《致陈独秀》(1916 年 12 月 3 日),《吴虞集》,四川人民出版社 1985 年版,第385 页。

不能屈"者，此也。准之吾华，当曰义。所谓平等，非均齐不相系
属之谓，乃谓如分而与，易地皆然，不以片面方便害大公。孔子所称
"己所不欲，勿施于人"者，此也。准之吾华，当曰恕。所谓友爱，
义斯无歧，即孔子所谓"己欲立而立人，己欲达而达人"。张子所称
"民胞物与者"，是也。准之吾华，当曰仁……是以鄙人言人事，则
必以道德为根本；言道德，则又必以是三者为根本。①

　　中西道德学说是否如此一致还可再加探讨，而蔡元培对儒家仁、义、
恕之学的推重由此可见一斑。

　　新文化人抨击愚孝言行，但又肯定孝道德性，甚至在实践中保留传统
色彩。鲁迅谨守孝道，先是接受母亲安排的无爱情婚姻，后来又把前妻当
作"母亲给我的一件礼物"，"好好地供养"。而潜在的孝悌观念，又促使
他为胞弟肩负了过多不恰当的经济义务，以至于在传统孝道和现实生活的
冲突中陷入了尴尬。时移世变，人的社会和家庭角色随之转变，传统的家
庭生活方式也必然有所更新。进而言之，周氏兄弟的失和，也缘于鲁迅在
现代社会中扮演了一个不相称的角色，其孝悌情结遭遇了现代思想的挑
战。此外，胡适也因母命而接受无爱情的婚姻，虽然获得了新旧人物的尊
重，却将自己一贯看重的爱情与婚姻分而置之，导致个人生活染上以爱殉
孝的悲剧色彩。严恩椿一面主张小家庭，另一面肯定中国孝道可为"凡
百道德信条之依据"，其优长"万非欧西所可比拟"。被四川绅士们指为
不孝的吴虞，既反对父权压制，又一直赡养父亲。

　　这种复杂性与个人经历无疑相关，蔡元培、胡适、陈独秀、周氏兄
弟、傅斯年、郁达夫、瞿秋白、王光祈、朱经农等都有幼年丧父、孤儿寡
母的经历。从思想起源来看，母子感情成为孝道的根源，幼年的生活经历
塑造了他们的思想性格。一方面，他们对社会、人生的阴暗面有切身体
验，在心理上积淀了改造社会的思想基础。另一方面，早年母子相依为命
的处境，又增强儿女对母亲的感情依赖和感激心理。这恰好是先秦孝道的
主要立说根据。同时，他们自幼接受了传统教育，深受儒学熏染。青少年

---

　　① 蔡元培：《在育德学校演说之述意》（1918 年 1 月 5 日），《蔡元培全集》第三卷，中华
书局 1984 年版，第 121 页。

时期又接受了西学，认同于近代观念和社会生活。故对中西伦理均有所汲收，对传统伦理也有所选择和保留。这些生活和受学经历影响了其言行，然而透露出五四新文化人的思想真相。

一些新文化人其实处于文化情结与思想理性的复杂矛盾中。他们既想解除传统人伦规范的束缚，又想发扬传统美德，建立以德性为基础的新道德。为此，他们设想了一些具体履践途径。鲁迅、陈独秀等人主张以爱为基础建立新型孝道，吴虞则提出以和代孝。沈雁冰向往"社会主义的解决法"，认为中国国情:

> 第一是中国家庭内父母对于子女的关系远非西洋家庭之比。中国家庭，父母对于子女事事要干涉，子女做的事也事事要父母担责任:所以在形式上，虽然子女是卑于父母，是受父母管理的，而在实际上，子女和父母是一体，是相等的……第二，父慈子孝，兄爱弟悌……的对等伦理观念是中国家庭生活的擎天柱，很有补苴扶助的力量，无形中消灭个人主义的发展。第三，因于社会工业的幼稚，妇女自谋生活能力之薄弱，家庭反觉得是人人所必需的。[①]

主张女性解放、改良家庭的沈雁冰注意到传统伦理的积极意义，肯定其蕴含的"对等"、"相等"因素。民国学者潘光旦对社会主义思潮不以为然，但同样认为:"家庭为栽培同情心最良善之场所，亦有可言者。自亲子之爱，兄弟之爱，推而为戚族之爱，邦人之爱，由近及远，由亲而疏:此同情心发展之自然程序也。重家庭之制，即所以慎同情心活动之始。我国古代唯孔门诸儒发明此旨最详;孟子亲亲仁民，仁民爱物二语，实为千古不可磨灭之论。"[②] 在他看来，激进知识分子主张的婚姻绝对自由、儿童公育之类皆不可行，家庭的作用不能忽视。这正是培育爱心，发扬儒家仁爱思想的最佳场所。两人的政治观点虽有出入，却都注意到中国家庭伦理的优长，可谓殊途同归。

---

① 沈雁冰:《家庭改制的研究》，《中国妇女问题讨论集》第三册，《民国丛书》第一编第18册，上海书店出版社1989年影印本，第128—129页。

② 潘光旦:《中国之家庭问题》，《潘光旦文集》第一卷，北京大学出版社1993年版，第136页。

在五四思潮中，有些人虽批评传统纲常，却用心良苦地肯定其德性内涵，比如从自然的爱情来辨明贞节：

> 贞是人类天性中有的，是爱的一种表示，也是人的自由。不能强迫人贞，也不能强迫人不贞。假使女子果然得着如意的配偶，自然拼命守贞，若是强他不贞，他性命都可以不顾，这是剧曲史书常有的事。若是得不着如意的配偶，他便不贞，也是天性，也绝对不必强他假贞……至于守节诸端，与守贞大不一样。守节是他丈夫死了，不再嫁人，或是也随他丈夫死了，这是我很不赞成的。然而若是女子果然得着如意的丈夫，除此以外，他心目中绝对寻不出第二人来配他；他丈夫死了，他便为他守节，这也是爱的结果，不算不道德，不然的时候，再嫁也无妨于道德。[①]

此类言论表明新贞节伦理以自由、爱情为基石，而非绝对否定守贞、守节。事实上，五四伦理革命本质上并未背离传统德性。比如，新贞节的核心思想是以男女平等代替片面性，这与传统恕道，孔子所云"己所不欲，勿施于人"是本质相通的。又如，"社交公开"作为"男女大防"解体的表征，一定程度上是把"五伦"中的朋友之道，由男性扩大到全体社会成员。

在近代中国，许多外来新词迅速传播，构建了新的价值观念和文化语境。与此同时，"旧瓶装新酒"式的思想变革也屡见不鲜。经过一些学者、思想家的阐释，许多传统语汇担当了以旧开新的使命，儒家伦理学说也不例外。换言之，对于传统的忠、孝、贞节观念，不能笼统地评论然否，而在于它们涵盖的具体内容是否适应现代社会生活。从今天的角度来，人们对传统伦理的态度早已超越了简单地继承或抛弃，而是如何立足于现实需要，发掘可供利用的思想资源。

近代知识精英改造人伦礼俗，可谓筚路蓝缕，影响深远。如何发扬、建设适应现代社会生活的德性之学，从而实现理想的良风美俗？这仍然是

---

① 王晴霓：《两性的道德》，《中国妇女问题讨论集》第三册，《民国丛书》第一编第18册，上海书店出版社 1989 年影印本，第 47—48 页。

当代知识分子值得探究的课题。近年来有学者提出，应该建立"一种普遍主义的底线伦理学"，这种"道德底线"需要得到人们的共识，"也可说是社会的基准线、水平线"。又认为，"这种普遍主义还坚持传统社会与现代社会在道德上的一种连续性，坚持道德的核心部分有某些不变的基本成分"。道德的基本底线用中国的语汇来说也可最一般地概括为"己所不欲，勿施于人"①。笔者以为，现代道德底线或许不限于"恕"，不妨对儒家"四维八德"有选择地进行广泛发掘和重释，而"道德底线"说提示了传统德性与现代社会的连续性。换言之，现代伦理需要人类社会建立共同的"底线"或普遍价值，因此不可能完全摒弃或抹杀文化遗产，不可避免地要继承、改造和转化传统。

中国传统思想资源丰富，儒、道、墨、法诸家学说自创立之始，无不关注人伦礼俗。诸家学说不同程度地渗透于中国社会，塑造了道德世界的多重色彩和复杂性，其思想价值并未在现代社会中湮没，五四时期首当其冲的儒学亦然。儒家伦理历经二千余年的演变、发展，影响所及不限于士人阶层，并且不同程度地渗透于大众生活。近代对传统伦理的解构和重释，很大程度上是如何认识、确定儒家伦理的思想价值和现代意义。儒家伦理包含了人伦和德性的双重性，既有专制传统，又不乏人文精神。后者既可作为建立"道德底线"的借鉴，又可成为改良传统、吸纳近代新知新理的基础。

现代学者提出，儒家的仁学，包括其忠恕之道及通和之学都可成为普遍伦理的价值理念，此说与清代士人一再阐发的仁学主题基本相同。在经历了五四思潮之后，在现代化语境中旧话重提，这一主题仍有现实针对性。近代以来，随着君臣纲常崩溃、对忠君观念的批判，传统忠德也遭到曲解和践踏。近代矫枉过正的偏颇固然与传统忠德被专制政治笼罩相关，但也在于人们对忠德的理解过于狭隘。就德性渊源来看，"忠"不限于"忠君"，而且其原始意义不是忠君。清末激进人士否定忠君观念时已有此认识："中心为忠，对于社会之言也。故曰忠恕，曰忠信，皆对于人人之言，非对于一人之言也。自后世移而属诸臣仆，而忠之义失。于是以助

---

① 何怀宏:《良心论》，上海三联书店 1998 年版，第 419—420 页。

强权为忠，以媚一人为忠。"① 仅就字义而言，传统的忠德包含忠诚、忠信、忠恕、忠敬、忠直等相当广泛的意义，它适应于社会道德秩序的诸多方面，非但不囿于君臣关系，而且不限于上下级之间。因之，摒弃忠君观念并不等于否定忠德的价值。

作为现代社会高扬的思想主题之一，爱国表现为对祖国的忠诚，其德性基础与传统忠德本质一致。爱国观念的形成不能缺少一定的文化氛围，包括语言、习俗、地域因素，还有思想、学术等文化传统。儒学仍然是其中不可忽视的文化资源。

忠德的现代意义不限于爱国，而有更广泛的表现形式，如忠于家庭、主义、信仰、职业，都有其存在根据。人既然不能在混乱无序的状态中生活，就必然建立一种维系社会的合理道德。这方面不能完全依赖法律，而一定程度上需要个人的自觉、自律。在此，传统的忠德仍然具有借鉴意义，甚至可以成为现代职业伦理和人际伦理的普遍原则。现代社会倡导的爱岗敬业实际上要求人们具有忠诚、忠信的德性，应恪尽职守、公私分明，在职业人际关系中讲求诚信。同时，鉴于现代价值观念的沧桑巨变，见利忘义、唯利是图的现象已经习以为常，真理和正义被一些人视为草芥，因而忠于真理和正义依然是现代社会不可缺少的道德基石。

改造家庭伦理是五四思潮的主题之一。人格平等、个性解放、男女平权曾经风靡一时，种种否定家庭的"主义"也一度流行。但经过百余年的理论探索和社会实践，人们不能不承认，家庭仍然是当代社会的基本要素，完善家庭伦理仍然是中西伦理的起点。无政府主义的乌托邦，"极左"的社会主义方案均被历史潮流冲刷得无影无踪。人们不得不回到现实的基点上，重建家庭伦理，呼唤社会和谐。这一方面要立足于现代社会生活，改革伦理规范；另一方面也必须继承、重释传统德性，以家庭伦理为基础来建设良风美俗。

孝道是家庭伦理的核心内容。在专制社会，体现亲亲之情的孝道染上了政治色彩，统治者对"移忠作孝"的倡导又加深了孝道的工具化偏向，使其不平等性和愚昧色彩雪上加霜。近代知识精英批判传统孝道，摒弃其

---

① 鞠普：《论习惯之碍进化》，原载《新世纪》第 56 期，1908 年。见《辛亥革命前十年间时论选集》第三册，生活·读书·新知三联书店 1977 年版，第 198 页。

愚昧、落后性无疑是势所必然，但改造传统孝道不等于抛弃德性内涵。儒家提倡的"父慈子孝"立足于仁爱精神，根本上也不与现代价值观念对立。"父为子纲"的旧规范已经不合时宜，而尊亲养亲、尊老爱幼的美德仍然是现代社会不可或缺的。父母的慈爱润泽子女，使之健康、幸福地成长，有益于塑造其善良德行，完善人格修养。此外，孝成为感恩、敬老、亲亲之情的体现，与社会风气息息相通。社会的和谐和良性循环不能缺少孝道。所谓"老吾老，以及人之老；幼吾幼，以及人之幼"，正是孝道德性的社会化体现。故孝道的意义不止于家庭和谐，事实上也是解决社会问题的有益途径。

当然，现代孝道并不排斥新的价值观念。父母慈爱，但不是溺爱；子女孝顺，但不可愚孝。"父慈子孝"也必须以人格平等和角色责任为前提。学识不同，长幼礼节有序，而人格平等。父母虽怀慈爱之心，却不能忽视教育子女的责任；子女尊敬父母，却也有"几谏"之责。"父慈子孝"是一种相互对待的德性，其最终归宿是完善双方的道德修养。

夫妇伦理是家庭存在和延续的基本条件。近代以来，夫妇之伦遇到了空前严峻的挑战，离婚率升高成为普遍趋势。尽管如此，传统贞节道德仍可以重释和发展，以适应现代社会变迁。古代贞节品德并非专对女性而言，而应是男女共有的道德规范。《说文解字》云："妻，妇与夫齐者也。"① 这种平等意识在封建时代难以生长，却被清代有识之士发现和阐释，成为改造两性伦理的参照。古代"男女有别"最先着眼于生理和社会角色，后来逐渐扩展至礼仪和伦理规范，乃至形成片面的贞节伦理。以现代眼光来看，片面的贞节观已经腐朽不堪，而男女之间的生理、社会差异仍然是不可否认的事实。顾及这些差异恰恰是互相尊重、男女平等的体现。爱情是现代婚姻的基石，而爱情具有鲜明的专一、排他性。在完善、发展爱情婚姻方面，经过改造的忠德和贞节观仍有现代价值。

作为人伦道德外化的传统礼俗在近代发生深刻变迁，西礼西俗成为时髦。然而，正如法国启蒙思想家伏尔泰指出："中国人的无休止的各种礼节妨碍了社交来往，只有深交的人才可以在室内免除这些繁文缛

---

① 许慎：《说文解字》卷十二下，中国书店出版社 1989 年影印本，第 1 页。

节。然而这些礼节可以在整个民族树立克制和正直的品行，使民风既庄重又文雅。这些优秀品德也普及到老百姓。"① 传统礼俗的繁文缛节、尊卑贵贱内涵不足为训，而某些原理在现代中国并非毫无价值。良风美俗的形成不能完全依赖于模仿西方，继承传统礼俗的合理精神和仪节仍有必要。

二　走向大众的文化史

就精英思想来看，清代以来有关人伦礼俗的改良言行表现出关怀大众的取向。先秦儒家原本关注百姓日用之学，奠定了道不远人的思想传统。但在秦以后的专制社会中，作为人伦礼俗核心的三纲五常严重脱离了大众生活。儒学主流的思想重心不是下层民众，而是王朝秩序，于是产生了"饿死事小，失节事大"一类纲常教条，出现了众多愚忠愚孝的"道德模范"。明清之际，士大夫阶层出现了后世称为早期启蒙思想的"异端"学说。有识之士发扬经世传统，贴近百姓日用之学，使儒学忧国又忧民的传统有所发扬。

清代许多学者沉迷故纸，专一于考经证史。然而，即使在乾嘉时期，以戴震、汪中为代表的一批学者仍然关注民生现实，为下层民众立言。戴震认为，讲仁、义、礼不能离开"人伦日用"。汪中通过考释儒家礼制，批评了背离情理的贞节、孝道旧俗。许多学者也流露出改良人伦礼俗的现实关怀，见解不一，却均注重民情民生。这种取向在近代启蒙思想家那里得以彰显和发展。从戊戌、辛亥到五四时期，知识精英改革人伦礼俗的语境不同，而关怀大众的主旨一脉相承。"开民智"、"新民德"不仅是戊戌思潮的主题，而且是辛亥和五四新文化的核心。清末民初的知识精英将"改造国民"作为国家富强的前提，所思所想关注着民众的精神世界和生活方式。当然，他们的大众关怀也非准确无误，如愿以偿。他们有时难免带有精英主义的偏见，还不能完全洞悉民间的信仰、习俗和人伦关系，难以对其社会历史根源作出深刻的分析；加之，伴随着持续的现代性追求，日益扩张的西方话语限制了知识精英的认识视野，使之有时对大众文化的价值评判有失公允。

---

① 伏尔泰：《风俗论》上册，梁守锵译，商务印书馆1995年版，第217页。

与此同时，后来的研究又放大了精英思想的弱点。研究者对近年海内外的文化分层大多耳熟能详，一旦涉及近代社会改造、思想启蒙、新文化运动这类论题，就不能对文化分层视而不见。目前学术界在这方面已经取得了不少成果，但值得注意的是，人们论述思想启蒙、新文化运动时多聚焦于知识精英，而对民众接受、参与新思潮的过程很少注意。反之，考察近代风俗习惯则又着眼于城乡民众，对精英思想的社会运行及其与大众文化的交融不再涉及。历史的真实图像无疑复杂得多，文化层面和社会群体也非彼此对应，整齐划一。这些显然值得研究者重识和反思。

数十年来，海内外史学界对与历史大事相关的宗教信仰多有论列，如白莲教、太平天国及义和团的宗教信仰。不过，大众信仰不完全是社会运动的影像，而有其独自的衍生环境。在没有发生历史大事的时段和地区，大众信仰显得平淡无奇，却更加丰富而真实。近代精英人物的信仰世界也不囿于轮流登台的"主义"，其特征和内容也与大众信仰颇多相同或相似。如某些鬼神信仰和禁忌习俗，知识精英与城乡民众的差异性并不像人们估计的那样形同天壤。一些学贯中西的思想家、著名学者仍然崇信民间诸神，甚至沿袭民间宗教仪轨，日常生活禁忌繁多。鬼神迷信流传于民间社会，又为一些地方官吏、文人学者接受。"子不语怪力乱神"有时只是儒家的冠冕之词，实际上在明清士人、甚至民国人物的文集、笔记、小说中均有大量记载。知识精英、官绅阶层与大众之间的信仰世界如何交叉、渗透，仍然是有待深化的研究领域。

在不同文化的交融过程中，精英思想往往处于主导地位。从戊戌到五四，知识精英对民众的精神生活给予了高度关注，不断地进行思想启蒙，尝试改造民众的精神世界。这些努力是否完全准确无误，卓有成效呢？近代中国人的精神世界确实经历了一个觉醒历程，精英与大众的精神面貌大有改观，但其负面效果也不容忽视。康有为的孔教运动没有逃脱失败的命运，知识界不得不在西潮的席卷下追求五光十色的主义。大众信仰一定程度上被"净化"了，却也在不断的改造、冲击下分崩离析，无所适从。有些时候、有些地区，民众的精神世界变得空虚、漂泊。于是，党派和国家权力进一步向信仰世界渗透，民众的精神世界被扭曲、控制，成为党派、权力之争的工具。而与此同时，随着传统信仰世界的崩溃和转变，传统的道德教化荡然无存，风俗日趋浇漓，乃至充满了仇恨和暴力。

不难发现，在精英思想与大众文化的交融过程中，西方话语不断强化，产生了一些始料不及的后果。近代社会的负面现象与西方思想的扩张并非毫不相干。比如，以科学为旗帜的西医提升了中国医疗水平，使得人们的健康状况大幅改善。但民国年间西医迅速扩张之时，一度出现了废除中医的偏激思潮。这种现象显然不是从业者利益所能完全解释的，事实上与知识精英、政府的西化倾向密切相关。西医话语建立后，中国人的医学信仰被彻底颠覆了。然而，多年后人们又不得不重新肯定中医的价值，注重中西结合而不是排斥、对立。但在依赖西医的习惯下，不必说中医发展步履维艰，甚至继承祖业也变得力不从心。中医精华在不断地流逝，诊治的方法日益西医化，传统医德难以发扬，中医的危机始终挥之不去。

又如，近代丧祭习俗的变迁既受城市化、商业化潮流推动，又受精英思想、官方政策的影响。从清末"祖宗革命"、五四丧礼改良到国民政府的新礼制，传统丧祭习俗得以根本改革，西礼西俗逐步深入。随时推移，城市居民渐渐不能保留原有的家祭习俗，敬宗法祖观念已经荡然无存。不过，当青年人日益陶醉于"拜上帝"而不"敬祖先"的西礼西俗，感慨社会冷漠、骨肉疏远的现状时，或许应该反思一下近代的"祖宗革命"。家祭习俗中的迷信观念和繁文缛节虽然不合时宜，而岁时节日以某种形式表达对祖先的怀念和崇敬，传承亲情和孝道仍然是有意义的。

注意到这些，并非否定或忽视近代精英思想的成就和价值，而是试图从历史变迁中获得新发现、新认识。比如，近代习俗改良几经曲折，成就巨大，却也得失并存，有的知识精英对此有所警觉，阐发了真知灼见。他们的探索和思考不可能在近代"力挽狂澜"，却对后人的认识提供了启示。

研究者涉及较多而一致认同的文明风尚，其实也值得反思。"文明"，这个看起来全民信仰的价值理念，在近代中国实际上并非至善至美，而明显地带有工具化色彩。晚清许多人将来自外洋的日用器物、婚丧礼仪、饮食消费以及休闲娱乐贴上了"文明"标签。至清末民初，"文明"引领着都市社会的生活时尚，也成为思想领域的价值尺度。但近代文明风尚一开始就与奢侈消费结下了不解之缘。许多人对其真实内涵一知半解，借以附庸风雅，甚至为私利、私欲寻找依据。即使某些文明礼仪也不例外，一度流行的"文明结婚"实则较之旧式婚礼的繁文缛节并不逊色。

清末以来，知识精英对西方文明的内涵多所辨析，也对近代文明风尚有所评论。康有为认为："今之学者，不通中外古今事势，但闻欧人之俗，辄欲舍弃一切而从之，谬以彼为文明而师之。"若不推其因而审其果，则流害甚大①。他赞同引进西方文明，但否定盲崇西俗。章太炎指出："今之言文明者，非以道义为准，而以虚荣为准。持斯名以挟制人心，然人亦靡然从之者。盖文明即时尚之异名，崇拜文明，即趋时之别语。"② 他们看到了西方"文明"旗帜下的道义缺失，对西方价值观保持了谨慎态度，也否定了盲崇"文明"的时潮，实则冷静地对待源自西方的社会风尚。③ 但是，康、谭等人的特立独见并非知识界的主流思想，也不为后来人注意。类似"文明风尚"的异化现象，既与西方文明观本身的复杂语义和内涵相关，又植根于近代道德失范的社会土壤。只要这些条件没有根本改观，西方文化、近代观念的异化现象就不会在中国消失。

总之，近代精英思想与大众文化的差异性鲜明可见，但又不能判为两橛，有时你中有我，我中有你，同异互见，有时则是貌合神离。如果完全以精英思想为研究取向和重心，则近代大众必然在史学中处于失语状态。于是，文化史论著虽如雨后春笋，而大众文化依然无足轻重，没有一席之地；或者成为精英阶层改造、批判的对象，大众的生活状态、真实意愿不能得到完整地体现和阐述。还原历史真相需要史学研究者转换思维，超越长期囿于精英思想的研究框架，重视大众文化，开掘和深化相关课题，撰写"走近大众的文化史"。另一方面，大众文化研究也要改变画地为牢的局面，不仅"眼睛向下"，而且注意研究精英思想的社会运行，梳理精英思想和大众文化的交融和互动。

---

① 康有为：《欧洲十一国游记二种》，钟叔河主编《走向世界丛书》，岳麓书社 1985 年版，第 235 页。

② 章太炎：《复仇是非论》，《章太炎全集》（四），上海人民出版社 1985 年版，第 274 页。

③ 参见罗检秋的《清末民初知识界关于"文明"的认知与思辨》，《河北学刊》2009 年第 6 期。

主要参考文献

一　相关著作、笔记和日记

《四书五经》（宋元人注），北京，中国书店出版社1985年版。

《十三经》，北京燕山出版社1991年版。

《清史稿》（启功、王钟翰等点校），北京，中华书局1977年版。

孙诒让：《周礼正义》（王文锦、陈玉霞点校），北京，中华书局1987年版。

郭嵩焘：《礼记质疑》，长沙，岳麓书社1992年版。

皮锡瑞：《经学通论》，北京，中华书局1954年版。

戴震：《孟子义字疏证》，《续修四库全书》影印清乾隆刊本，上海，上海古籍出版社1995年版。

汪中：《新编汪中集》（田汉云点校），扬州，广陵书社2005年版。

凌廷堪：《校礼堂文集》，北京，中华书局1998年版。

俞正燮：《癸巳类稿》，道光十三年求日益斋刊本。

《癸巳存稿》，光绪十年刊本。

黄式三：《儆居集》，光绪十四年刊本。

陈澧：《东塾读书记》，上海，中华书局四部备要本。

郑献甫：《补学轩文集》，咸丰十一年刊本。

郑珍：《巢经巢文集》，1914年花近楼刊本。

曾国藩：《曾文正公全集》，《近代中国史料丛刊》续编第一辑，台北，文海出版社影印本。

曹元弼：《复礼堂文集》，1917年自刊本。

余治：《尊小学斋集》，光绪九年得见斋刊本。

郭嵩焘:《郭嵩焘诗文集》(杨坚编),长沙,岳麓书社1984年版。

曹元忠:《笺经室遗集》,王氏学礼斋1941年刊本。

陈炽:《陈炽集》(赵树贵、曾丽雅编),北京,中华书局1997年版。

宋恕:《宋恕集》(胡珠生编),北京,中华书局1993年版。

康有为:《大同书》,上海,中华书局1935年版。

　　　　《康有为政论集》(汤志钧编),北京,中华书局1981年版。

梁启超:《饮冰室合集》(林志钧编),北京,中华书局1989年版。

谭嗣同:《谭嗣同全集》(蔡尚思、方行编),北京,中华书局1981年版。

严复:《严复集》(王栻编),北京,中华书局1986年版。

章太炎:《章太炎政论选集》(汤志钧编),北京,中华书局1977年版。

　　　　《章太炎全集》,上海,上海人民出版社1982—1986年版。

孙中山:《孙中山全集》,北京,中华书局1981—1986年版。

鲁迅:《鲁迅全集》,北京,人民文学出版社1981年版。

胡适:《胡适文集》(欧阳哲生编),北京,北京大学出版社1998年版。

陈独秀:《独秀文存》,合肥,安徽人民出版社1987年版。

蔡元培:《蔡元培全集》(高平叔编),北京,中华书局1984年版。

吴虞:《吴虞集》(赵清、郑城编),成都,四川人民出版社1985年版。

梅兰芳:《梅兰芳全集》,石家庄,河北教育出版社2000年版。

程砚秋:《程砚秋戏剧文集》,北京,文化艺术出版社2003年版。

潘光旦:《潘光旦文集》,北京,北京大学出版社1993年版。

周作人:《周作人散文》,北京,中国广播电视出版社1992年版。

钱泳:《履园丛话》,北京,中华书局1979年版。

屈大均:《广东新语》,北京,中华书局1985年版。

王宜昌等:《北平庙会调查报告》,北平,民国学院印行1937年版。

沈复:《浮生六记》,长沙,岳麓书社2003年版。

王韬:《瀛壖杂志》,见《笔记小说大观》第27册,江苏广陵古籍刻印社1983年版。

姚公鹤：《上海闲话》，上海，上海古籍出版社 1989 年版。

胡祥翰等：《上海小志·上海乡土记·夷患备尝记》，上海，上海古籍出版社 1989 年版。

葛元煦等：《沪游杂记·淞南梦影录·沪南梦影》，上海，上海古籍出版社 1989 年版。

郭嵩焘：《郭嵩焘日记》（杨坚整理），长沙，湖南人民出版社 1980—1983 年版。

翁同龢：《翁同龢日记》（陈义杰整理），北京，中华书局 1989—1997 年版。

孙宝瑄：《忘山庐日记》（任琮整理），上海古籍出版社 1983 年版。

郑孝胥：《郑孝胥日记》（劳祖德整理），北京，中华书局 1993 年版。

［美］保罗·S. 芮恩施：《一个美国外交官使华记》，北京，商务印书馆 1982 年版。

二　资料汇编及方志

朱寿朋编：《光绪朝东华录》，北京，中华书局 1958 年版。

徐珂编著：《清稗类钞》，北京，中华书局 1984 年版。

余治编：《得一录》，同治八年得见斋刊本。

胡朴安编著：《中华全国风俗志》，石家庄，河北人民出版社 1986 年版。

张枏、王忍之编：《辛亥革命前十年间时论选集》，北京，生活·读书·新知三联书店 1960、1963、1977 年版。

钟叔河主编：《走向世界丛书》，长沙，岳麓书社 1985 年版。

全国政协文史资料委员会编：《辛亥革命回忆录》，北京，中华书局 1962 年版。

中国社会科学院近代史研究所编：《五四运动回忆录》，北京，中国社会科学出版社 1979 年版。

梅生编：《中国妇女问题讨论集》，《民国丛书》第一编第 18 册，上海，上海书店出版社 1989 年影印本。

全国妇联妇女运动历史研究编：《五四时期妇女问题文选》，北京，中国妇女出版社 1990 年重印版。

中国第二历史档案馆编：《中华民国史档案资料汇编》第三辑文化，南京，江苏古籍出版社 1991 年版。

中国第二历史档案馆编：《中华民国史档案资料汇编》第三辑教育，南京，江苏古籍出版社 1991 年版。

中国第二历史档案馆编：《中华民国史档案资料汇编》第五辑第一编文化，南京，江苏古籍出版社 1994 年版。

中国第二历史档案馆编：《中华民国史档案资料汇编》第五辑第一编教育，南京，江苏古籍出版社 1994 年版。

雷梦水、潘超、孙忠铨、钟山编：《中华竹枝词》，北京，北京古籍出版社 1997 年版。

顾炳权编：《上海洋场竹枝词》，上海，上海书店出版社 1996 年版。

丁世良、赵放主编：《中国地方志民俗资料汇编》（华北卷、东北卷、中南卷、西南卷、华东卷、西北卷），北京，书目文献出版社 1989—1995 年版。

张守常辑：《中国近世谣谚》，北京出版社 1998 年版。

李景汉编：《定县社会概况调查》（重印本），北京，中国人民大学出版社 1986 年版。

李文海主编：《民国时期社会调查丛编》，福州，福建教育出版社 2005 年版。

《中华族谱集成》编委会编：《中华族谱集成》，成都，巴蜀书社 1995 年版。

邱钟麟编：《新北京指南》，北京，撷华书局 1914 年版。

中华图书馆编辑部编：《北京指南》，上海，上海中华图书馆 1916 年版。

毕公天编：《国民快览》，上海，上海书业公所 1923 年版。

姜德明编：《北京乎》，生活·读书·新知三联书店 1992 年版。

吴廷燮等纂：《北京市志稿·礼俗志》，北京燕山出版社，1998 年版。

上海通社编：《上海研究资料》，上海，上海书店出版社 1984 年版。

张次溪编纂：《清代燕都梨园史料（正续编）》，北京，中国戏剧出版社 1988 年版。

阿英编：《晚清文学丛钞》（小说戏曲研究卷），北京，中华书局 1960

年版。

　　苏关鑫编：《欧阳予倩研究资料》，北京，中国戏剧出版社 1989 年版。

　　北京市政协文史资料委员会编：《京剧谈往录》，北京，北京出版社
1985 年版。

　　北京市政协文史资料委员会编：《京剧谈往录续编》，北京，北京出
版社 1988 年版。

　　北京市政协文史资料委员会编：《京剧谈往录三编》，北京，北京出
版社 1990 年版。

　　周剑云编：《菊部丛刊》，《民国丛书》第二编第 69 册，上海，上海
书店出版社 1990 年影印本。

三　报纸期刊

《申报》

《时务报》

《湘报类纂》

《新民丛报汇编》（宣统元年普新书局石印本）

天津《大公报》

长沙《大公报》

北京《晨报》

上海《民国日报》

《新青年》

《国粹学报》

《东方杂志》

《安徽俗话报》

《二十世纪大舞台》

《大陆》

《国粹学报》

《小说月报》

《解放画报》（周剑云主编）

《妇女杂志》

《戏剧月刊》（刘割公主编）

《戏剧丛刊》（北平国剧学会编）

四　今人论著及译著

蔡尚思：《中国礼教思想史》，香港，中华书局 1991 年版。

瞿同祖：《中国法律与中国社会》，北京，中华书局 1981 年版。

余英时：《士与中国文化》，上海，上海人民出版社 1987 年版。

刘志琴主编，李长莉、闵杰、罗检秋撰：《近代中国社会文化变迁录》（第一、二、三卷），杭州，浙江人民出版社 1998 年版。

郭松义：《伦理与生活——清代的婚姻关系》，北京，商务印书馆 2000 年版。

龚书铎：《中国近代文化探索》，北京，北京师范大学出版社 1988 年版。

李文海：《世纪之交的晚清社会》，北京，中国人民大学出版社 1995 年版。

乔志强主编：《中国近代社会史》，北京，人民出版社 1992 年版。

王贵民：《中国礼俗史》，台北，文津出版社 1993 年版。

邓伟志：《近代中国家庭的变革》，上海，上海人民出版社 1994 年版。

姜涛：《中国近代人口史》，杭州，浙江人民出版社 1993 年版。

李长莉：《晚清上海的社会变迁——生活与伦理的近代化》，天津，天津人民出版社 2002 年版。

欧阳哲生：《新文化的传统——五四人物与思想研究》，广州，广东人民出版社 2004 年版。

梁景和：《近代中国陋俗文化嬗变研究》，北京，首都师范大学出版 1998 年版。

孙燕京：《晚清社会风尚研究》，北京，中国人民大学出版社 2002 年版。

严昌洪：《中国近代社会风俗史》，杭州，浙江人民出版社 1992 年版。

张仲礼：《中国绅士——关于其在 19 世纪中国社会作用的研究》，上海社会科学院出版社 1991 年版。

李孝悌：《清末的下层社会启蒙运动：1901—1911》，石家庄，河北教育出版社 2001 年版。

张寿安：《十八世纪礼学考证的思想活力》，北京，北京大学出版社 2005 年版。

张国刚主编：《中国家庭史》，广州，广东人民出版社 2007 年版。

罗国杰主编：《伦理学》，北京，人民出版社 1989 年版。

张锡勤等编著：《中国近现代伦理思想史》，哈尔滨，黑龙江人民出版社 1984 年版。

张岂之、陈国庆：《近代伦理思想的变迁》，北京，中华书局 1993 年版。

陈来：《古代宗教与伦理——儒家思想的根源》，北京，生活·读书·新知三联书店 1996 年版。

何怀宏：《良心论——传统良知的社会转化》，上海，上海三联书店 1994 年版。

李承贵：《德性源流——中国传统道德转型研究》，南昌，江西教育出版社 2004 年版。

刘海鸥：《从传统到启蒙：中国传统家庭伦理的近代嬗变》，北京，中国社会科学出版社 2005 年版。

陈东原：《中国妇女生活史》，上海，上海书店出版社 1984 年影印本。

熊月之：《西学东渐与晚清社会》，上海，上海人民出版社 1994 年版。

罗苏文：《女性与近代中国社会》，上海，上海人民出版社 1996 年版。

肖群忠：《孝与中国文化》，北京，人民出版社 2001 年版。

袁熹：《北京近百年生活变迁》，北京，同心出版社 2007 年版。

陆萼廷：《昆剧演出史稿》，上海，上海教育出版社 2006 年版。

苏移：《京剧二百年概观》，北京，北京燕山出版社 1989 年版。

王政尧：《清代戏剧文化史论》，北京，北京大学出版社 2005 年版。

么书仪：《晚清戏曲的变革》，北京，人民文学出版社 2006 年版。

赵山林：《中国近代戏曲编年》，上海，华东师范大学出版社 2008 年版。

齐如山：《京剧之变迁》，北平国剧学会 1935 年版。

北京市艺术研究院、上海艺术研究所编：《中国京剧史》，北京，中国戏剧出版社 1998 年版。

　　田根胜：《近代戏剧的传承与开拓》，上海，上海三联书店 2005 年版。

　　赵世瑜：《狂欢与日常——明清以来的庙会与民间社会》，北京，生活·读书·新知三联书店 2002 年版。

　　牟钟鉴、张践：《中国民间宗教史》，北京，人民出版社 1994 年版。

　　李向平：《信仰、革命与权力秩序：中国宗教社会学研究》，上海，上海人民出版社 2006 年版。

　　侯杰、范丽珠：《世俗与神圣：中国民众宗教意识》，天津，天津人民出版社 2001 年版。

　　许地山：《扶箕迷信的研究》，北京，商务印书馆 1999 年版。

　　［美］施坚雅（G. William Skinner）主编：《中华帝国晚期的城市》，叶光庭等译，北京，中华书局 2000 年版。

　　［瑞士］雅克布·布克哈特（Jacob Burckhardt）：《意大利文艺复兴时期的文化》，何新译、马香雪校，北京，商务印书馆 1988 年版。

　　［美］麦金太尔（Alasdair Mac Intyre）：《德性之后》，龚群等译，北京，中国社会科学出版社 1995 年版。

　　［法］谢和耐（Jacques Gernet）：《蒙元入侵前夜的中国日常生活》，刘东译，南京，江苏人民出版社 1998 年版。

　　［德］罗梅君（Mechthild Leutner）：《北京的生育婚姻和丧葬：十九世纪至当代的民间文化和上层文化》王燕生等译，北京，中华书局 2001 年版。

　　［英］彼得·伯克（Peter Burke）：《什么是文化史》，蔡玉辉译，北京，北京大学出版社 2009 年版。

　　［美］孔飞力（Philip A. Kuhn）：《叫魂——1768 年的妖术大恐慌》，陈谦、刘昶译，上海，上海三联书店 1999 年版。

　　［美］韦思谛（Stephen. C. Averill）编：《中国大众宗教》，陈仲丹译，南京，江苏人民出版社 2006 年版。

　　［美］杜赞奇（Prasenjit Duara）：《文化、权力与国家——1900—1942 年的华北农村》，王福明译，南京，江苏人民出版社 1996 年版。

　　［德］诺贝特·埃利亚斯（Norbert Elias）：《文明的进程：文明的社

会起源和心理起源的研究》（第一卷，西方国家世俗上层行为的变化），
王佩利译，北京，生活·读书·新知三联书店 1998 年版。

　　[日] 佐藤慎一：《近代中国的知识分子与文明》，刘岳兵译，南京，
江苏人民出版社 2006 年版。

五　英文论著

Redfied, Robert. *Peasant Society and Culture*, the University of Chicago
Press, 1963.

Liu Kwang-ching（刘广京）ed. *Orthodoxy in Late Imperial China*,
Berkeley: University of California Press, 1990.

Liu Kwang-ching ed. *Heterodoxy in Late Imperial China*, Honolulu: University of Hawaii Press, 2004.

David Johnon, A. J. Nathan, E. S. Rawski, eds. *Popular Culture in Late
Imperial China.* Berkeley : University of California Press, 1985.

Mann, Susan. *Precious Records*: *Women in China's Long Eighteenth Century*, Stanford: Stanford University Press, 1997.

Hershatter, Gail. *Dangerous Pleasures*: *Prostitution and Modernity in
Twentieth-Century Shanghai* , Berkeley: University of California Press, 1999.

Kai-wing Chow. *The Rise of Confucian Ritualism in Late Imperial China*:
Ethics, Classics, and Lineage Discourse , Stanford: Stanford University Press,
1994.

Burke, Peter. *Varieties of Cultural History* , Ithaca: Cornell University
Press, 1997.

Mann, Susan. *The Talented Womem of the Zhang Family.* Berkeley: University of California Press, 2007.

Goldstein, Joshua. *Drama Kings* : *Players and Publics in the Re-creation
of Peking Opera*, 1870—1937. Berkeley: University of Calfornia
Press, 2007.

Lu Weijing（卢苇菁）. *True to Her Word*: *the Faithful Maiden Cult in
Late Imperial China*, Stanford: Stanford University Press, 2008.

Duara, Prasenjit. *Rescuing History from the Nation*: *Questioning Narratives of Modern China*, Chicago: the University of Chicago Press, 1995.

Roetz, Heiner. *Confucian Ethics of the Axial Age*, State University of New York Press, 1993.

Braudel, Fernand. *The Structures of Everyday Life*, *Civilization & Capitalism* 15 – 18*th Century*, *volume*1. Harper & Row, Publishers, New York, 1981.

Cheng Weikun（程为坤）. "The Challenge of the Actress: Female Performers and Cultural Alternatives in Early Twentieth Century Beijing and Tianjin". *Modern China* Vol. 22, No. 29（April 1996）.

Goossaert, Vincent. "1898: The Beginning of the end for Chinese Religion?" *The Journal of Asian Studies*, Vol. 65, no. 2.（2006）.

后　记

　　这部作品是我近年研究的结集，也是多年来思考、探索的一个成果。20世纪90年代初，我撰写《近代中国社会文化变迁录》（第三卷）时，深感清末民初人伦礼俗的巨大变化，有待于深入系统的研究。1993年初《变迁录》完稿后，因读在职博士，研究重心转移到诸子学领域。其后十多年，较侧重于学术思想史研究，撰著、出版了《近代诸子学与文化思潮》、《嘉庆以来汉学传统的衍变与传承》等书。

　　2006年以后，我重新关注近代社会文化、尤其是人伦礼俗问题，颇有些老友重逢的喜悦，随后撰写、发表了几篇论文。2008年春，我申报的"清末民初人伦礼俗研究（1895—1923）"有幸被列为"中国社会科学院重点课题"，研究期间发表相关论文十余篇，其中多篇被《中国社会科学文摘》、中国人民大学复印资料《中国近代史》、《历史学》等刊转载。2011年底，课题按时结项，提交的结项成果（本书初稿）被诸位专家鉴定为"优秀"。这些无疑是对这项研究的肯定和鼓励。

　　本书即将付梓之际，谨对在课题立项、研究到结项过程中，对给我以支持和帮助的诸位专家及学界朋友们表示衷心感谢！中国社会科学出版社的郭沂纹编审、郭鹏先生等为本书出版付出了辛劳，也在此致以谢忱！

　　秋天是收获的季节，对于学者来说，收获主要是精神的而非物质的。我在"知天命"之年的感悟是：继续在史学园地里精心耕耘，收获精神财富，不为利禄而"辍耕之垄上"。

罗检秋
2012年8月17日